LES CHEMINS DE LA VICTOIRE

FIDEL CASTRO RUZ

LES CHEMINS DE LA VICTOIRE

FIDEL CASTRO RUZ

TRADUIT DE L'ESPAGNOL
PAR
MARIE KOSMOWSKI

Michel LAFON

Titre original :
Por todos los caminos de la Sierra : la victoria estratégica

DIRECTRICE D'OUVRAGE
ELSA LAFON

Photos et documents rassemblés par les spécialistes
Elsa Montero Maldonado et Asunción Pelletier Rodríguez.
Cartes : Otto Hernández Garcini, Gral de Brig. Amels Escalante Colás
et Jorge Oliver Medina.

Tous nos remerciements à l'Oficina de Asuntos Históricos del Consejo de Estado, au Ministerio de las Fuerzas Armadas Revolucionarias, au Durero Caribe S.A., et à l'Oficina del Historiador de La Havane.

7-13, boulevard Paul-Émile-Victor – Île de la Jatte
92521 Neuilly-sur-Seine Cedex

www.michel-lafon.com

Introduction

J'ai hésité longtemps sur le titre de ce récit. Je ne savais pas s'il fallait l'intituler *La Dernière Offensive de Batista* ou bien *Comment trois cents hommes en mirent dix mille en déroute,* qui a un côté conte des *Mille et Une Nuits !* Ce sera finalement *Les Chemins de la victoire...* J'y inclus une petite autobiographie des premières années de ma vie sans laquelle on ne comprendrait pas le sens de ce livre. Elle explique ce qui m'a mené à la révolution et à la lutte armée dans les montagnes de la Sierra Maestra.

Je suis né le 13 octobre 1926. À vingt-quatre ans, j'obtenais mon diplôme de droit à l'université de La Havane. Trois ans plus tard seulement, je menais l'attaque de la caserne de Moncada à Santiago de Cuba. Ce fut notre premier affrontement militaire.

Créée par les États-Unis après leur intervention dans l'île pendant la seconde guerre d'Indépendance menée par José Martí[1], l'armée cubaine était en fait un instrument efficace aux mains des entreprises nord-américaines et de la haute bourgeoisie cubaine.

La grande crise économique qui sévit aux États-Unis au début des années trente impliqua des sacrifices énormes pour notre

1. Le Cubain José Martí (1853-1895) a passé sa vie à lutter contre la domination espagnole. Il a été tué au cours d'un combat. Trois ans plus tard, les colons quittaient le pays.

pays: les accords commerciaux imposés par les Américains nous rendaient totalement tributaires des produits de leur industrie et de leur agriculture. Le cours d'exportation du sucre était pratiquement réduit à néant. Non seulement nous n'étions pas indépendants, mais nous n'avions pas le droit de nous développer. On peut difficilement imaginer pires conditions pour la vie économique d'un pays d'Amérique latine.

Le pouvoir de l'impérialisme avait grandi au point de faire des États-Unis la première puissance mondiale. Et le régime tyrannique du général Fulgencio Batista, chef de la junte militaire depuis 1933 et qui allait devenir président de la République de Cuba en 1940, était totalement soumis aux diktats américains. Dans ces conditions, initier une révolution à Cuba semblait bien difficile. Nous fûmes peu nombreux à en rêver, et au final, personne ne peut s'attribuer de mérites individuels dans la prouesse que nous avons réalisée: ce fut bien la réunion d'idées, d'actes et de sacrifices d'un grand nombre de gens, pendant de longues années, dans de nombreuses parties du monde, qui nous mena à la victoire. C'est grâce à tous que l'indépendance pleine et entière de Cuba a pu être conquise, et que la révolution sociale résiste avec honneur depuis plus de cinquante ans aux agressions et au blocus des États-Unis.

À cette étape de ma vie, me voilà en mesure d'offrir mon témoignage sur l'histoire de mon pays. J'ai l'espoir qu'il aura une certaine valeur pour les futures générations. Il est aussi le fruit du travail et de la rigueur de chercheurs qui, dix ans durant, ont réuni les documents permettant de constituer une grande partie de ce livre. Ces cartes, ces lettres, ces notes, démontrent concrètement quelle stratégie nous avons suivie sur ces chemins de la victoire.

Les circonstances qui m'ont conduit au combat restent gravées dans ma mémoire. J'ai plaisir à me les remémorer. Elles expliquent comment je suis arrivé aux convictions qui ont finalement déterminé le cours de mon existence : je ne suis pas né avec les réalités du monde... mais je les ai vite saisies.

Dans ma ville natale de Birán[1], seules deux institutions n'appartenaient pas à ma famille : le télégraphe et l'école publique. Très tôt, à défaut de garderie ou de jardin d'enfants, on choisit pour moi : on me faisait asseoir chaque matin au premier rang d'une classe. C'est ainsi que, par la force des choses, j'appris à lire et à écrire.

En 1933, alors que je n'avais pas franchi le cap des sept ans, la maîtresse changea le cours de mon existence. Convaincue de mon intelligence, cette femme très dévouée à son pays – elle ne percevait même pas le salaire qui lui était dû –, encouragea mes parents à m'envoyer à Santiago de Cuba, où résidait sa famille, pour y poursuivre mes études. Je fus logé dans une pauvre habitation de bois presque dénuée de meubles et qui gouttait de partout lorsqu'il pleuvait. Mais là, je ne fus même pas inscrit dans une école de la République comme celle de Birán ! De longs mois s'écoulèrent sans que je suive le moindre cours. Je ne faisais qu'écouter les exercices de solfège que répétait sur un vieux piano la sœur de mon ancienne institutrice, professeur de musique au chômage. J'appris à additionner, à soustraire, à multiplier et à diviser grâce aux tables de calcul imprimées au dos d'un cahier rouge : on me l'avait donné pour que je m'entraîne à la calligraphie. Personne ne me fit faire la moindre dictée ni ne vérifia quoi que ce soit de mes travaux. Chaque jour, on apportait une cantine dans la vieille maison. Elle contenait de quoi alimenter sept personnes, dont la sœur et le père de ma maîtresse. J'ai connu la faim, tout en croyant que c'était de l'appétit. À l'aide d'une des dents de ma petite fourchette, je pêchais le dernier grain de riz. Je réparais mes chaussures avec du fil à coudre.

Juste en face de notre modeste maison, un institut d'études secondaires était occupé par l'Armée. C'est là qu'un jour me conduisit ma maîtresse, dans une société où l'argent régnait de

1. Petite ville de la province de Holguin, dans le sud-est de Cuba.

façon absolue. Ma famille n'en avait pas été informée. Cette expérience me fit perdre du temps sur le plan scolaire, mais elle fut en même temps riche d'enseignements : j'y ai vu des soldats qui frappaient des gens avec la crosse de leur fusil. Je pourrais écrire un livre entier avec ces souvenirs...

Après quelques péripéties, je fus enfin envoyé au cours préparatoire de l'école des Frères La Salle, à proximité de la première cathédrale érigée par les Conquistadors espagnols à Cuba. Nous étions en janvier 1935, j'avais huit ans, un nouvel apprentissage commençait.

J'étais externe dans cet établissement et je vivais désormais dans une nouvelle maison, très proche de celle que j'ai évoquée plus haut. La sœur de ma maîtresse, celle qui enseignait la musique, venait de s'y installer. Le consul d'Haïti habitait avec nous, ayant épousé une femme de la famille. Mon frère Ramón et ma sœur Angelita m'avaient rejoint : mes parents payaient une pension pour chacun de nous. Au moins, nous ne souffrions pas de la faim.

Je révisais jusqu'à plus soif les règles d'arithmétique. C'était mon seul plaisir. Dans cette maison, on ne jouait pas. J'étouffais. On ne m'avait même pas emmené une seule fois au cinéma ! Pour la première fois de ma vie, je me rebellais de façon consciente. Je refusais de manger les légumes insipides qu'on m'imposait et j'enfreignais les règles d'éducation en vigueur dans ce foyer de culture française. Je devins tellement réfractaire à toute discipline qu'ils décidèrent de m'envoyer à l'internat de l'école. Ils m'en avaient menacé plus d'une fois pour me faire plier, sans savoir que c'était exactement ce que je cherchais. Ce que tant d'autres enfants redoutaient signifiait pour moi la liberté. J'allais enfin jouir des délices de l'internat. Ce fut la première récompense que je reçus de ma vie. J'étais heureux.

À partir de là, mes problèmes allaient devenir tout autres. J'étais arrivé à Santiago avec deux ans d'avance ; j'entrai chez les Frères La Salle avec un an de retard. Je suivis facilement les deux premières années. La vie dans cette institution était merveilleuse avec Ramón et mon autre frère, le petit Raúl, qui y avait été inscrit avec nous. Comme tous les autres garçons, nous rentrions chez nous trois fois par an : pour Noël, pour la Semaine Sainte et pour les vacances d'été, pendant lesquelles Ramón et moi vivions en totale liberté.

Grâce à mes bonnes notes, je sautai une classe et passai directement en quatrième année, rattrapant ainsi le temps perdu. Pendant le premier trimestre, tout se passa bien. J'obtenais des résultats satisfaisants et j'entretenais d'excellentes relations avec mes nouveaux camarades de classe. Chaque semaine, je recevais un bon point pour ma conduite, tout en me comportant comme n'importe quel autre élève. Puis, il y eut un incident avec un des plus sévères surveillants des garçons de l'internat.

L'école disposait d'un vaste terrain situé de l'autre côté de la baie de Santiago : Renté. C'était le lieu de détente de la congrégation. On y emmenait les pensionnaires les jeudis et dimanches, jours où nous n'avions pas d'activité scolaire. Il y avait un beau complexe sportif. Je nageais, je pêchais et j'effectuais des explorations. Non loin de l'entrée de la baie, on apercevait les vestiges de la bataille navale de Santiago[1] sous la forme de grands projectiles qui ornaient l'entrée des constructions. Un dimanche, sur le chemin du retour entre Renté et le quai de Santiago, je me chamaillai avec d'autres pensionnaires. Nous n'étions pas encore arrivés à l'école que nous étions déjà réconciliés. Néanmoins, le surveillant auquel j'ai fait allusion me prit à part. Il faisait déjà presque nuit quand il m'emmena dans un long couloir où personne ne pouvait nous voir. Dans l'obscurité, et sans me laisser l'opportunité de m'expliquer, il me donna une gifle monumentale. C'était un homme jeune et costaud. J'en fus tout étourdi et la claque résonna longtemps dans mes oreilles... Deux ou trois semaines plus tard, il chercha de nouveau à m'humilier : il me donna une tape sur la tête en prétextant que j'avais bavardé dans les rangs. En fait, ce n'était pas moi... Cette fois-ci,

1. Le 3 juillet 1898, cette bataille opposa les États-Unis d'Amérique à l'Espagne dans le cadre de la Guerre hispano-américaine qui se termina, en 1901, par l'indépendance de Cuba.

j'étais un des premiers à sortir de la salle du petit déjeuner (nous essayions toujours de la quitter rapidement pour avoir le temps de jouer à la balle avant le retour en classe). Je tenais un petit pain beurré dans la main, comme nous en avions l'habitude quand nous quittions le réfectoire après avoir avalé précipitamment notre repas. En réaction à la frappe du surveillant, je lui jetai le pain au visage et lui administrai une rafale de coups de poing. Mon éclat de colère se produisit devant l'ensemble des élèves, internes et externes, si bien que l'autorité et les méthodes abusives de ce surveillant perdirent considérablement de leur pouvoir. On raconta mon exploit dans l'école pendant pas mal de temps.

J'avais presque onze ans alors, et aujourd'hui encore, je me souviens parfaitement de son nom. Je ne le répéterai pas. Je n'en ai plus entendu parler depuis plus de soixante-dix ans et je ne lui garde pas rancune. Quant à mon ami bavard à l'origine de l'incident, j'ai su, bien des années après le triomphe de la Révolution, qu'il avait eu une conduite exemplaire !

Cet incident ne resta pas sans conséquences pour moi. Il avait eu lieu quelques semaines avant Noël. Nous allions pouvoir partir pour plus de quinze jours de vacances. Le surveillant restait surveillant et moi, j'étais toujours élève. Nous nous ignorions mutuellement. Par dignité, je veillais à me conduire de façon irréprochable. Lorsque nos parents vinrent nous chercher, manifestement convoqués par les dirigeants de l'école, ces derniers leur mentirent sur les faits : ils nous accusèrent, Ramón, Raúl et moi, d'un comportement inadmissible. « Vos trois fils sont les pires voyous qui soient passés dans notre école », dirent-ils à mon père. Je l'ai su plus tard par des amis agriculteurs à qui celui-ci avait rapporté tristement ces propos lors d'une visite pour la fin de l'année. Mon frère Raúl avait à peine six ans, Ramón a toujours été remarquable de bonté et je n'avais rien d'un voyou.

J'eus bien du mal à supporter qu'on me renvoie étudier seul à Santiago après les vacances. Ramón et Raúl, qui n'avaient rien à voir avec cette affaire, finirent l'année à Birán. Moi, en janvier 1938, je fus inscrit comme externe à l'école Dolores, dirigée par des jésuites, un établissement beaucoup plus exigeant et rigoureux en matière d'études que son rival des Frères La Salle. Je résidais maintenant chez un commerçant espagnol ami de mon père. Cette fois, je n'eus à souffrir d'aucun manque, mais je me sentais étranger dans cette maison.

Au début de l'été, Angelita, ma sœur aînée, me rejoignit à Santiago dans le but de préparer son examen d'entrée au collège. Une enseignante noire fut engagée pour l'aider. Elle se servait d'un énorme livre qui contenait toutes les matières à étudier pour le test. J'assistais aux cours. C'était le meilleur professeur, et peut-être aussi la meilleure personne que j'aie connue dans ma vie. Il lui vint à l'idée que je pourrais étudier en même temps que ma sœur puisque je devrais passer le même concours un an plus tard seulement. Elle éveilla en moi un intérêt indéfectible pour le savoir. Elle était l'unique raison pour laquelle j'étais disposé à supporter la maison du commerçant espagnol en cette période estivale.

Tombé malade à la fin de l'été, je dus être hospitalisé pendant trois mois à l'hôpital de la Colonie Espagnole de Santiago de Cuba. Pas de vacances pour moi cette année-là... Dans cet hôpital mutualiste, pour deux pesos par mois (l'équivalent de deux dollars), on avait droit aux soins médicaux. Une maigre somme et pourtant, bien peu de gens pouvaient s'offrir ce luxe. Dix jours après mon opération de l'appendicite, la plaie s'est infectée. Mes projets d'études avec le professeur s'envolèrent en fumée et mon séjour à l'hôpital dura quelques semaines supplémentaires.

À la fin de cette année 1938, mes frères et moi fûmes de nouveau réunis en internat au collège Dolores. Je dus faire des efforts pour rattraper le temps perdu. Une nouvelle étape commençait. J'approfondis mes connaissances en géographie, astronomie, arithmétique, histoire, grammaire et anglais.

Un jour, j'écrivis une lettre au Président des États-Unis : dans son fauteuil roulant, avec le ton de sa voix et son visage avenant, Franklin Delano Roosevelt avait attiré ma sympathie. S'ensuivit une longue attente, jusqu'à ce que, un matin, les autorités de l'école annoncent ce succès inespéré : « Fidel correspond avec le Président des États-Unis. » Roosevelt avait répondu à ma lettre. Enfin, c'est ce que nous croyions. Ce qui arriva était, en réalité, une note des membres de l'ambassade : ils nous informaient qu'ils avaient reçu ma lettre et qu'ils m'en remerciaient. Nos rapports se sont arrêtés là mais d'après ce que j'ai appris sur l'homme par la suite, je pense que Franklin Delano Roosevelt, d'une santé fragile et qui adopta une position exemplaire face au fascisme, n'aurait pas pu ordonner l'assassinat d'un adversaire. Il est très probable qu'il n'aurait pas lancé les bombes atomiques contre deux villes sans défense du Japon, ni déclenché la Guerre froide, deux actes inutiles et dont les conséquences furent terribles[1].

L'école Dolores était tenue par la vieille bourgeoisie de la province principale de Cuba, qui est aussi la plus orientale. Il y régnait davantage de rigueur académique et de discipline que dans celle de La Salle. Les jésuites, presque tous d'origine espagnole, avaient été ordonnés prêtres après une formation avancée et ils devaient exercer une tâche ou une responsabilité en tant que membres de cet ordre. Le préfet de l'école, le père García, était un homme droit, mais aimable et accessible, qui discutait volontiers avec les élèves.

Depuis ma première année d'études jusqu'au baccalauréat, je passais toujours mes vacances à Birán, région de plaines et de plateaux d'environ mille mètres d'altitude. Au milieu des bois et des pinèdes parsemées de mares coulaient des ruisseaux. Là, je m'imprégnais de la nature. Je m'y sentais libéré, loin des contrôles que m'imposaient les écoles, des familles qui m'hébergèrent à Santiago, et même de mes proches à Birán. Certes, chez moi, j'étais toujours défendu par ma mère, et mon père m'accordait sa tolérance : grâce à mes résultats prometteurs

1. Franklin Roosevelt mourut en avril 1945 et c'est son successeur, Harry Truman, qui prit l'initiative du bombardement d'Hiroshima et de Nagasaki, et qui participa activement à l'instauration de la Guerre froide.

dans mes études, je bénéficiais d'un prestige croissant dans ma famille.

Je pris moi-même la décision de partir de l'école Dolores pour m'inscrire au Collège Belén à La Havane. Là, à l'inverse de ce qui s'était passé à La Salle, le responsable le plus direct des pensionnaires – nous étions plus de cent – ne se montrait pas autoritaire, et loin de se comporter en ennemi, il devint un ami. Espagnol de naissance comme la plupart des jésuites de ce collège, le Père Llorente devait être bientôt ordonné prêtre. Son frère aîné exerçait son sacerdoce chez les Esquimaux d'Alaska. Sous le titre *Au pays des glaces éternelles*, il avait décrit le quotidien, les coutumes et les activités de ce peuple indo-américain qui vivait dans une nature vierge, ce qui nous emplissait d'étonnement. Llorente avait été officier du service de santé pendant la guerre civile d'Espagne. Il nous racontait l'histoire dramatique des prisonniers fusillés... Son travail consistait à certifier qu'ils étaient bien morts avant qu'on les enterre. Le Père Llorente ne parlait pas de politique ; je ne me souviens même pas de l'avoir entendu aborder ce sujet. C'était un jésuite fier de son ordre religieux. Il encourageait les activités qui éprouvaient l'esprit de sacrifice et le caractère de ses élèves. Tous deux, nous avons planifié une chasse aux crocodiles dans la Cienaga de Zapata où se trouvaient des milliers de ces reptiles, et, plus tard, nous avons organisé une escalade du pic Turquino. Mais la goélette qui devait nous conduire par mer de Santiago à Ocujal ne réussit jamais à démarrer et il n'y avait pas d'autre moyen d'y aller. Nous dûmes abandonner notre projet... Je me souviens que je portais un des fusils automatiques calibre douze que j'avais pris chez mon père. Comme il m'aurait été utile, plus tard, lorsque je me suis engagé dans la guérilla dont le fortin principal se situait précisément dans cette zone !

Lorsque j'obtins mon baccalauréat en lettres, à dix-huit ans, j'étais sportif, explorateur, alpiniste, amateur d'armes – mon père m'avait appris à les utiliser – et bon élève dans les matières dispensées au collège où j'étudiais. Cette année-là, je fus nommé meilleur athlète de l'école et chef des explorateurs avec le plus haut grade. Ma mère écouta avec ravissement les applaudissements de l'assistance lors de la soirée de remise de diplômes. Pour la première fois de sa vie, elle s'était confectionné une robe du soir. C'est toujours elle qui m'a le plus soutenu dans mon projet d'étudier.

Dans l'annuaire du lycée correspondant à ma promotion, on voit une photo de moi avec la légende suivante : « Fidel Castro (1942-1944). S'est distingué dans toutes les disciplines en relation avec les lettres. Excellent, il a été un véritable athlète, défendant avec courage et fierté les couleurs du collège. A su gagner l'admiration et l'affection de tous. Poursuivra la carrière du droit et nous ne doutons pas qu'il remplira de pages brillantes le livre de sa vie. Fidel a de l'étoffe, sans compter qu'il est un artiste. »

En réalité, je dois dire que j'étais meilleur en mathématiques qu'en grammaire. Je les trouvais plus logiques, plus exactes. J'ai étudié le droit parce que je parlais beaucoup : tout le monde affirmait que je deviendrais avocat. Je n'ai pas pris ce chemin par vocation.

À cette époque, les écoles d'élite lançaient dans la vie active une masse de bacheliers dépourvus de toute culture politique. Sur un thème essentiel comme l'histoire de l'humanité, on nous racontait seulement les inévitables aventures guerrières depuis les Perses jusqu'à la Seconde Guerre mondiale. Histoires qui, bien entendu, captivaient les enfants et les jeunes gens. La production et la vente de jouets guerriers est une affaire aussi rentable que celles des armes... En revanche, on ne nous a jamais dit un mot du système social qui mène aux conflits eux-mêmes. À l'école, on nous instruisait sur l'histoire de la Grèce antique et de Rome, mais on mentionnait à peine les civilisations plus anciennes comme celles de l'Inde ou de la Chine, sinon pour nous raconter les campagnes d'Alexandre le Grand ou les voyages de Marco Polo. Aujourd'hui, il est impossible d'écrire l'Histoire en occultant ces deux pays. Et bien sûr, inutile d'imaginer qu'on ait pu parler des civilisations maya, aymara-quechua, du colonialisme et de l'impérialisme.

Lorsque j'ai obtenu mon baccalauréat, il n'existait qu'une université à La Havane. Nous y entrions sans la moindre conscience politique. Sauf exception, tous les élèves étaient issus de familles de la petite bourgeoisie qui souhaitaient ardemment un avenir meilleur pour leurs enfants. Presque aucun étudiant n'appartenait aux secteurs les plus défavorisés de la société. Beaucoup de fils de familles détentrices du pouvoir poursuivaient leurs études supérieures aux États-Unis, s'ils n'y étaient pas allés plus tôt. Il ne s'agissait pas de choix individuels : c'était l'héritage de leur classe. La participation de la grande majorité des étudiants de l'université à la Révolution à Cuba est une preuve de la valeur de l'éducation et de la conscience de l'être humain... Tous les éléments que j'ai mentionnés jusqu'ici peuvent aider à comprendre ce qui arriva par la suite.

Je ne vins pas à l'université le premier jour pour m'éviter les brimades humiliantes : on tondait de force tout nouvel arrivant ! Mais je me fis couper les cheveux bien court afin qu'on m'identifie comme nouvel élève... Je me suis rendu au stade pour voir comment faire du sport, et lequel. Il y avait du basket, du base-ball, de la course à pied : tout ce que j'aimais. J'eus du mal à me libérer de mes engagements vis-à-vis du manager de l'équipe de basket de Belén. Il m'avait pris sous son aile depuis longtemps, mais il entraînait un club trop aristocratique à mon goût. Je lui expliquai qu'étant étudiant à l'université, je ne pouvais pas jouer dans une autre équipe et risquer ainsi d'affronter celle de mes camarades. Il ne voulut rien entendre et nous coupâmes les ponts. L'école me demanda aussi de jouer au base-ball sous les couleurs de ma faculté, et j'acceptai. Les dirigeants de la faculté de droit me prièrent ensuite de poser ma candidature pour devenir délégué dans une section. J'obtempérai volontiers.

J'avais une multitude de choses à faire chaque jour et j'habitais dans un quartier éloigné, là où s'était installée Lidia, la sœur aînée de mon père, toujours attentionnée et affectueuse à notre égard. Elle avait décidé de quitter Santiago pour La Havane lorsque j'entamai mes études universitaires. Un jour, je me rendis compte que j'avais à peine le temps de respirer. Je sacrifiai la pratique du sport pour me consacrer aux tâches que m'assignaient les dirigeants de l'école. J'ai dû mener un rude combat pour être élu délégué de la section d'anthropologie, un poste particulièrement convoité. Ce travail m'amena à me confronter à un ancien cadre de l'université selon lequel prendre part à la direction de l'école impliquait forcément un engagement politique. C'est ainsi que débutèrent mes activités dans cette sphère.

Je n'avais pas imaginé à quel point la politique politicienne, la simulation et les mensonges prévalaient dans notre pays. Mais je ne m'en rendis pas compte tout de suite. Lorsque l'élection eut lieu, j'obtins cinq fois plus de votes que mes adversaires et je contribuai ainsi au triomphe des candidats de notre bord dans d'autres sections. En quelques mois, je devins le leader des élèves de première année, dans une des facultés les plus peuplées de l'université de La Havane. Cela me donna une importance déterminante, mais c'était très tôt. Je n'avais pas la moindre idée des intérêts qui prévalaient autour de cette université.

À mesure qu'elle me devenait familière, j'apprenais aussi combien l'histoire de cette université était riche. Elle avait été fondée à l'époque des colonies. Les personnages illustres de la culture et de la science étaient représentés par des statues de bronze ou de marbre ; des places, des bâtiments et des institutions universitaires portaient leur nom.

Nous éprouvions une admiration toute particulière envers les huit étudiants en médecine qui avaient été fusillés le 27 novembre 1871 par les volontaires espagnols. Ils avaient été accusés d'avoir profané la tombe d'un journaliste réactionnaire au service du régime colonial, un fait qui se révéla plus tard totalement faux. Près de mon école s'étendait un petit parc appelé Lidice – bourgade tchécoslovaque où les nazis avaient perpétré un horrible massacre. Tout cela réuni nous ouvrait à une conscience politique internationale.

Les noms des révolutionnaires Martí, Maceo, Céspedes,

Agramonte[1], entre autres, figuraient partout et suscitaient notre admiration, sans que nous attachions d'importance à leur origine sociale. Ce n'était pas la même atmosphère que celle dans laquelle j'avais baigné dans l'école d'élite dont les professeurs venaient d'Espagne. Certes, une grande part de la culture cubaine a pris ses racines en Europe, mais c'est aussi de là que viennent l'esclavage et le colonialisme...

Au moment de mon entrée à l'université, en 1944, Batista avait été battu aux élections. Le pays était présidé pour la deuxième fois par Ramón Grau San Martín, un professeur de physiologie. Il avait déjà accédé au pouvoir en 1933, en pleine crise économique mondiale, essentiellement grâce à la classe ouvrière : entraînée par le petit parti communiste, celle-ci avait mené une grève générale contre le régime du tyran Gerardo Machado[2]. Dans ce processus vers une indépendance limitée par l'amendement Platt[3], les travailleurs, mais aussi les étudiants et le peuple dans son entier, avaient joué un rôle fondamental.

Un jeune révolutionnaire anti-impérialiste, Antonio Guiteras, représentant d'autres forces populaires, avait alors été nommé ministre de l'Intérieur. Il s'était illustré par ses mesures courageuses et anti-impérialistes. Mais Fulgencio Batista, qui venait du secteur militaire révolutionnaire des sergents et soldats professionnels, était devenu dans le même temps chef des armées. Après quoi, gagné à la cause des secteurs réactionnaires et de

1. José Martí (1853-1895), Antonio Maceo Y Grajales (1845-1896), Carlos Manuel de Céspedes (1819-1874) et Ignacio Agramonte (1841-1873) se sont tous battus contre la colonisation espagnole et pour l'indépendance de Cuba.

2. Gerardo Machado (1871-1939) fut élu président de la République de Cuba en 1925. Son mandat fut marqué par le développement économique de l'île mais aussi par la répression violente de l'opposition.

3. L'amendement Platt avait été voté par le Congrès des États-Unis en 1901, après le retrait des Espagnols de Cuba. Il permettait à Washington d'intervenir dans les affaires intérieures de l'île et d'établir deux bases navales : l'une à Bahia Honda, l'autre à Guantánamo. Il fut abrogé en 1934 par Franklin Roosevelt, mais les États-Unis conservèrent Guantánamo.

l'ambassade des États-Unis, il avait renversé ce gouvernement radical qui avait à peine duré cent jours. Il avait alors pris le pouvoir jusqu'à l'élection de Grau San Martín, en 1944.

Dans les années quarante, l'anticommunisme avait émergé avec force, résultat du contrôle des esprits par le truchement d'une communication massive. Les fondements de la domination militaire et politique du monde étaient posés. Il ne restait donc presque rien, dans notre haut lieu d'études, de l'esprit révolutionnaire des années trente.

Le parti créé par le professeur San Martín, et qui le porta à nouveau à la présidence en vertu des gloires passées, prit le même nom qu'avait utilisé José Martí pendant la dernière guerre d'Indépendance : Parti Révolutionnaire Cubain, à quoi fut ajouté le qualificatif d'« authentique ». Peu après, un sénateur prestigieux de ce parti, Eduardo Chibás, fit part de son mécontentement envers le gouvernement. Il venait d'une famille aisée mais incontestablement honorable, ce qui était inhabituel dans les partis traditionnels de Cuba. Alors que la télévision n'existait pas encore chez nous, il disposait d'une demi-heure d'expression, chaque dimanche à 20 heures, dans l'émission de radio la plus écoutée du pays. Ce fut le premier cas, dans notre patrie, d'utilisation promotionnelle de ce moyen de communication massive. Tout à coup, on connaissait le nom de Chibás dans le moindre recoin du pays. Ainsi, en dépit de l'analphabétisme de la population, surgit un mouvement politique au potentiel prometteur parmi les travailleurs de la ville et de la campagne, et au sein de la petite bourgeoisie.

Les idées marxistes faisaient plus facilement chemin parmi les ouvriers d'usine les plus avancés et les intellectuels les plus remarquables. Ainsi le poète révolutionnaire Rubén Martínez Villena, mort jeune, victime de la tuberculose, peu de temps après avoir accompli son œuvre la plus marquante : le renversement de la tyrannie de Machado. Il reste aujourd'hui encore ses poèmes, dont on se souvient et qu'on récite souvent. Mais dans les années quarante, les préjugés anticommunistes, émanant toujours des secteurs privilégiés et dominants de la société cubaine, continuèrent à se multiplier. Ils n'avaient pas faibli depuis les jours glorieux de 1922 où Julio Antonio Mella avait créé la FEU (Fédération Estudiantine Universitaire) et, un peu plus tard, avec Baliño – compagnon de José Martí dans sa lutte pour l'indépendance –, le premier Parti Communiste de Cuba.

Depuis 1944, le gouvernement corrompu de Grau San Martín était chaotique, irresponsable et cynique. Il cherchait à asseoir son contrôle sur l'université et les quelques instituts publics de deuxième cycle. Son instrument fondamental n'était pas la répression, c'était la corruption. L'université dépendait des fonds de l'État.

Un sujet sans scrupules fut nommé ministre de l'Éducation. Il y eut des détournements de fonds atteignant des millions de dollars. Rien qui s'apparentât à un programme d'alphabétisation ne fut mené à bien. La réforme agraire et d'autres mesures promulguées par la Constitution de 1940 passèrent à la trappe. En 1945, Batista avait quitté le pays, cousu d'or, et s'était installé en Floride. Il avait laissé à Cuba les forces armées comblées d'avancements et de privilèges et un nombre non négligeable de partisans bénéficiant de responsabilités au Congrès et dans les municipalités, d'emplois dans la bureaucratie des institutions sociales et des entreprises privées.

Le pire de tout fut l'arrivée au pouvoir, en même temps que Grau San Martín, de pseudo-révolutionnaires. D'une manière ou d'une autre, ces gens s'étaient opposés à Machado et Batista. Voilà pourquoi ils se croyaient révolutionnaires... Et c'est au pire de ces groupes que furent dévolues des responsabilités importantes dans la police répressive, comme le bureau des investigations, la police secrète, la police motorisée et d'autres corps de cette organisation. Les tribunaux d'urgence furent maintenus. Tout citoyen pouvait être arrêté sans se voir accorder la moindre chance de bénéficier d'une liberté provisoire. En bref, pendant le mandat de San Martín, tout l'appareil répressif de Batista demeura, inaltérable.

Sous différentes appellations, une série d'organisations se formèrent. Elles étaient animées par des personnes qui avaient été en relation avec Guiteras et d'autres leaders prestigieux de la lutte contre Machado et Batista. Dans les rangs de cette pseudo-révolution, on comptait des personnes courageuses et sérieuses, considérées comme révolutionnaires, un terme qui a toujours été attractif pour les jeunes à Cuba. Les organes de presse leur assignaient ce qualificatif, alors qu'il ne s'agissait que d'un embryon de révolution sans programme social sérieux, sans objectifs susceptibles de mener à l'indépendance du pays.

En réalité, l'unique programme révolutionnaire et anti-impérialiste restait celui du parti fondé par Mella et Baliño, qui avait été dirigé un temps par Rubén Martínez Villena. Ce jeune et précieux leader avait proclamé dans un poème passionné : « Il faut une cartouche pour tuer les fripons / pour achever l'œuvre des révolutions (...) » Mais en 1944, le Parti Communiste de Cuba était bien isolé. Le nombre d'anti-impérialistes éclairés et de communistes militants ne dépassait pas cinquante ou soixante étudiants sur plus de douze mille. Moi-même, fervent des protestations contre le gouvernement, je me sentais seulement poussé par certaines valeurs, dont je compris bien plus tard qu'elles étaient encore très éloignées de la conscience révolutionnaire que j'ai acquise à l'âge adulte. Cependant, déjà, des milliers d'étudiants dénonçaient la corruption qui régnait, les abus de pouvoir et les maux dont souffrait la société. Toutes les fois où nous dûmes descendre dans la rue, ils n'hésitèrent pas à le faire.

Notre université entretenait des relations avec les exilés dominicains en lutte contre Trujillo[1] et les soutenait pleinement. De même, les Portoricains qui réclamaient leur indépendance sous la direction de Pedro Albizu Campos pouvaient compter sur notre appui. Autant d'éléments d'une conscience internationale présente dans l'esprit de nos jeunes et qui me motivait moi aussi : on m'avait attribué la présidence du Comité pour la Démocratie

1. Le général Rafael Leonidas Trujillo Molina, dictateur de la République Dominicaine de 1930 à son assassinat en 1961.

Dominicaine et du Comité pour l'Indépendance de Puerto Rico.

Un épisode de mon parcours universitaire pourrait aider à comprendre ce que j'y ai vécu. Lorsque j'ai entamé ma deuxième année de droit, j'étais déjà bien plus au fait de ce qui se passait dans l'université et dans le pays. Personne n'eut besoin de m'inviter à participer aux élections de la faculté. Moi-même, je persuadai un étudiant énergique et intelligent, Baudilio Castellanos, qui commençait ses études, de postuler dans la section où j'avais postulé l'année précédente. Je le connaissais bien car nous étions de la même région du sud-est de Cuba. Il avait préparé le baccalauréat dans une école dirigée par des religieux protestants. Son père était pharmacien dans une petite localité du centre, Marcané, qui appartenait à une entreprise américaine, à quatre kilomètres de ma maison à Birán.

Nous sélectionnâmes, parmi les étudiants de première année, ceux qui se montraient suffisamment actifs et enthousiastes pour intégrer la liste des candidatures. Je comptais sur l'appui total des élèves de deuxième année, chez qui nos adversaires ne purent même pas recruter assez d'étudiants pour former une liste contre la mienne. Nous adoptâmes la même ligne que l'année précédente, et nous obtînmes une victoire écrasante. Notre majorité confortable parmi les étudiants en droit nous permettait de décider qui serait le président des étudiants de la faculté. Ceux de la cinquième et dernière année étaient nombreux, ceux de quatrième année arrivaient au moment où la durée des études secondaires avait été prolongée d'un an, il y avait donc peu de monde dans ce niveau. Nous n'avions pas la majorité des délégués, mais la plupart des étudiants nous soutenaient.

C'est à ce moment-là que nous entrâmes en contact avec le Parti Orthodoxe et avec les militants de la Jeunesse Communiste, tels que Raúl Valdés Vivó et Alfredo Guevara, entre autres. Je fis la connaissance de Flavio Bravo, un être intelligent et capable, qui dirigeait le mouvement à Cuba. Je pus laisser les choses en l'état et attendre un an de plus. Finalement, mes relations n'étaient pas mauvaises avec les délégués des cours supérieurs, politiquement neutres. Mais je ne supportais pas l'esprit de compétition, d'autosuffisance et de vanité qui accompagne souvent les jeunes, encore maintenant.

Je ne pouvais pas espérer pour autant passer une troisième année de cours normale. Les engagements politiques que j'avais pris devaient me mener vers d'autres chemins. Mais auparavant, il me faut signaler que j'ai réellement failli perdre la vie alors que j'avais à peine vingt ans. J'ai couru ce danger sans en tirer aucun profit, seulement pour la cause noble que je découvris par la suite.

De fait, notre activité et notre force attirèrent prématurément l'attention des dirigeants de l'unique université du pays. Notre centre d'études avait une importance spéciale de par ses racines historiques et le rôle qu'il avait joué dans cette république diminuée par l'amendement Platt. La nouvelle présidence de la Fédération Estudiantine Universitaire était tentée de s'imposer, puisque le président précédent avait occupé une haute responsabilité dans le gouvernement de Grau.

Fidèle à mon caractère rebelle, je tins tête au groupe puissant qui contrôlait l'université. Des jours passèrent, des semaines, sans autre compagnie que la solidarité de mes compagnons de première et deuxième année de droit. À plusieurs occasions, je sortis de l'université, escorté de groupes d'étudiants qui se pressaient à mes côtés. Quoi qu'il arrive, je continuais d'aller en cours et poursuivais mes activités, jusqu'au jour où l'on me signifia que je n'étais plus autorisé à pénétrer dans l'enceinte de la faculté.

Le lendemain, un dimanche, je partis à la plage avec ma fiancée. Couché à plat ventre, je me mis à pleurer : j'étais décidé à braver cet interdit et je savais ce que cela signifiait. L'ennemi avait atteint la limite de sa tolérance. Dans mon esprit Don Quichotte, je n'avais pas le choix, je devais défier la menace. Puisque j'avais la possibilité d'avoir une arme, j'en porterais une désormais, et elle ne me quitterait pas.

Un militant du Parti Orthodoxe, avec qui j'étais devenu ami parce qu'il aimait le sport et fréquentait souvent l'université, me racontait comment s'étaient passés les affrontements aux dictatures de Machado et de Batista. Nous bavardions souvent et il connaissait notre objectif. Aussi, lorsqu'il eut connaissance de la situation et de ma décision, il remua ciel et terre pour éviter le pire.

Par la suite, de nombreux événements se sont déroulés ; je les ai racontés à diverses occasions et je ne veux rien y ajouter ici, mais je ressens la nécessité d'exprimer que, depuis lors, je fus prêt à tout et portai donc une arme en permanence. Les expériences de ma vie à l'université m'ont servi dans la longue et difficile lutte[1] que j'entrepris peu de temps après. Ma réflexion mûrit rapidement. À peine trois ans s'étaient écoulés depuis ma sortie de l'université lorsque mes compagnons d'idéal et moi-même prîmes d'assaut la caserne de Moncada, la seconde place militaire du pays. Ce jour marqua la renaissance de l'insurrection armée du peuple de Cuba pour conquérir sa pleine et entière indépendance et vivre au sein de la république de justice rêvée par notre héros national, José Martí. La grève générale devint à nouveau une arme fondamentale dans notre lutte. C'est grâce à un mouvement massif que nous avons remporté la victoire totale, le 1er janvier 1959.

Après le triomphe final, de célèbres et inlassables historiens, sous la houlette de Pedro Álvarez Tabío, historien lui-même, et grâce à l'initiative de Celia Sánchez[2], ont parcouru tous les recoins de la Sierra Maestra où s'étaient déroulés ces

1. Contre Fulgencio Batista, revenu au pouvoir à la suite d'un coup d'État, en 1952.

2. Celia Sánchez (1920-1980) a rejoint le mouvement révolutionnaire dès 1953 et a participé à la guérilla dans la Sierra Maestra. Confidente de Fidel Castro, elle a occupé plusieurs postes officiels, notamment secrétaire de la Présidence et présidente du Conseil des ministres.

événements. Ils ont récolté des informations auprès des gens qui vivaient dans les endroits où nous étions passés. Ils ont archivé tous les éléments sans lesquels personne, moi le premier, ne pourrait assumer la responsabilité de chaque détail. Ils donnent la preuve de la totale véracité de ce que j'expose ici.

D'un autre côté, seul le meneur et le chef de cette force de combattants novices peut prendre la responsabilité de relater de façon rigoureuse les événements des soixante-quatorze jours de combat au cours desquels nous, les révolutionnaires, parvînmes à mettre en déroute les plans des forces armées soutenues et équipées par les États-Unis, et fîmes que l'impossible devînt possible. Il n'y a pas d'autre moyen de rendre hommage à ceux qui sont tombés durant cette épopée. Je ne connais pas d'autre exemple d'un tel conflit dans notre patrie. Les luttes glorieuses pour l'indépendance s'étaient terminées plus d'un demi-siècle auparavant. À cette époque, les armes, les moyens de communication étaient totalement différents ; il n'y avait pas de tanks, d'avions, de bombes allant jusqu'à cinq cents kilos de TNT. Nous avons dû recommencer à zéro, motivés par nos convictions : j'avais, dès la fin de mes études secondaires, et en dépit de mes origines, une conception marxiste-léniniste de notre société. Je croyais profondément en la justice.

Je me suis inspiré de l'excellent ouvrage d'Álvarez Tabío dont j'ai conservé l'essentiel. Le cartographe Otto Hernández Garcini, des experts en manœuvres militaires et des dessinateurs ont élaboré les cartes que contient ce livre. De tels plans étaient nécessaires pour que les professionnels des armes puissent délivrer une analyse sur ce qui s'est passé.

Il faudrait encore expliquer comment, après la dernière offensive de l'ennemi qui brisa les fondements de la tyrannie, aux dires du Che, nous avons porté depuis la Sierra Maestra jusqu'à la plaine notre conception de la lutte. Raconter comment, en seulement cinq mois, nous avons défait dix mille hommes suréquipés qui défendaient le régime pour nous emparer de toutes leurs armes. Ce sera l'objet d'un autre ouvrage, à paraître bientôt, sur la contre-offensive rebelle, rapide et impressionnante, qui nous a conduits aux portes de Santiago de Cuba et au triomphe de la Révolution cubaine.

Ce livre-ci en est le préambule. Il vous emmène, depuis le début de la révolte, sur les Chemins de la victoire.

1

Situation générale du pays et de la lutte révolutionnaire en mai 1958

Après dix-huit mois d'affrontements dans les montagnes de la Sierra Maestra, les forces armées de Fulgencio Batista lancèrent une grande offensive contre le Premier front révolutionnaire. Leur objectif: écraser définitivement la révolte. Déclenchée en mai 1958, ce fut leur opération la plus ambitieuse, et aussi la mieux préparée.

Dès 1957 et le début de la guerre, un climat d'insurrection marqué s'était instauré dans tout le pays. Alors que notre guérilla prenait de l'ampleur dans la montagne, l'appareil clandestin du Mouvement 26 juillet[1] se réorganisait dans les villes. Frank País était responsable national des actions du Mouvement depuis l'emprisonnement de Faustino Pérez et d'Armando Hart, l'un en mars, l'autre en avril. Il accomplit un travail remarquable dans la réorientation des groupes armés, l'organisation de la lutte dans le secteur ouvrier et l'aménagement de la résistance civile. Puis il concentra ses efforts sur le rassemblement des membres du Mouvement issus de la section ouvrière pour l'attaque de Moncada. Il s'agissait de créer notre propre armée de combat-

1. Nom donné au mouvement en écho à la date de l'attaque de la caserne de Moncada, à Santiago de Cuba, le 26 juillet 1953.

tants : si l'appel à la grève que nous envisagions ne rencontrait pas le succès escompté, nous serions prêts à nous battre.

Après l'attaque manquée du Palais présidentiel, le 13 mars, par le Directoire révolutionnaire, durant laquelle son chef, José Antonio Echeverría, fut mortellement blessé, les armes utilisées dans cette action furent envoyées à Santiago de Cuba. Frank en transmit une partie à la colonne 1, par voie maritime. C'est avec elles que fut livré le sanglant combat d'Uvero[1], le 28 mai, grâce auquel nous avons pu récupérer un grand nombre d'armes (carte p. 340).

En mars 1957, Frank País envoya quelques jeunes combattants renforcer le petit groupe de trente hommes qui avait survécu aux attaques des troupes de Batista à Alegría de Pío[2]. Sous le commandement des parachutistes et du général Casillas, celles-ci nous avaient poursuivis avec acharnement. Nous combattions désormais avec les armes récupérées par le futur commandant Guillermo García, le premier paysan qui se fût rallié aux survivants de l'expédition du *Granma*.

Nous avons alors décidé de créer la colonne 2, et de la placer sous le commandement d'Ernesto Guevara. Médecin militaire des expéditionnaires, le Che s'était distingué dans la rude bataille d'Uvero : avec une petite escorte seulement, il avait pris en charge et soigné les blessés. Il fut le premier officier à accéder au grade de commandant (document p. 288-289).

Uvero créa un sentiment de frustration chez les dirigeants militaires de la tyrannie. On assista à une recrudescence de la

1. L'attaque de la caserne d'El Uvero, le 28 mai 1957, fut la première action d'ampleur des rebelles. Elle causa la mort de six guérilleros et rendit « adulte » la guérilla, selon les mots du Che.

2. En 1956, Fidel Castro, le Che et quelque quatre-vingts révolutionnaires avaient affrété un yacht au Mexique, le *Granma*, et débarqué sur les côtes de Cuba pour renverser Batista. Après plusieurs jours de marche, séparés et poursuivis, ils durent affronter les troupes de Batista à Alegría de Pío. Seuls une vingtaine de rebelles réussirent à se regrouper dans les montagnes de la Sierra Maestra, autour de Fidel Castro et de Che Guevarra.

répression sur les paysans de la Sierra Maestra. Deux épisodes causèrent alors une grande émotion dans l'opinion publique nationale, secouant fortement le régime : le 30 juillet 1957, Frank País fut capturé et assassiné en pleine rue, à Santiago de Cuba. Sa mort déclencha une réaction populaire spontanée d'une telle ampleur que la ville fut paralysée pendant plusieurs jours. L'enterrement du jeune combattant devint la manifestation de rébellion la plus marquante dans l'histoire de Santiago jusqu'à ce jour. Elle exprimait clairement un désaveu généralisé pour Batista. À l'évidence, cette ville traditionnellement patriotique se serait rebellée avec nous si nous avions pu occuper la caserne de Moncada, le 26 juillet 1953.

Deuxième événement important : le soulèvement de l'équipage naval de Cienfuegos, le 5 septembre 1957, sous la direction de notre mouvement. Les insurgés réussirent à dominer la base navale de Cayo Loco grâce à la participation des milices du Mouvement et de nombreux citoyens qui prirent part aux combats, depuis différents points de la ville, avec les armes qu'on leur avait distribuées. Toute la journée et une partie de la nuit, la lutte fit rage dans les rues de Cienfuegos. Mais les unités renforcées de l'Armée envoyées de Santa Clara, Matanzas, Camagüey et La Havane vinrent finalement à bout des derniers feux de résistance populaire. Le soleil se leva sur une ville à nouveau aux mains de l'ennemi.

Après le combat de Mar Verde, le 29 novembre 1957 – au cours duquel périt Ciro Redondo –, après celui de la colline de Conrado, le 8 décembre, soutenu par les hommes du Che contre les forces du commandant Engel Sánchez Mosquera, après enfin que la colonne 4 eut occupé El Hombrito, grâce au Che encore, la pénétration de l'ennemi en territoire rebelle par le front oriental perdit de son élan. Sánchez Mosquera dut se replier vers Ocujal par les flancs du Turquino. Sur le front occidental de la Sierra, une compagnie ennemie, placée sous les ordres du commandant Merob Sosa, qui avançait en direction d'El Macho depuis El Pilon dans sept camions, tomba dans une embuscade et fut démembrée aux alentours de Mota, le 20 novembre, par un peloton de la colonne 1 commandé par Ciro Frías. Une autre nouvelle troupe, placée sous les ordres du commandant Antonio Suárez Fowler, fut battue à Gabiro le même jour par un groupe dirigé par Efigenio Ameijeiras, par Juan Soto – qui mourut dans ce combat – et d'autres officiers de la colonne 1. Les forces de notre unité, à ce moment-là, ne dépassaient pourtant pas les cent quarante hommes armés !

Forte de ces avancées, dès le début de l'année 1958, l'Armée rebelle pouvait envisager son développement et entrer dans une nouvelle étape de la guerre. Au mois de mars, deux nouvelles colonnes, la 6 et la 3, partirent de La Mesa, dans la Sierra Maestra, sous le commandement de Raúl Castro Ruz[1] et de Juan Almeida Bosque. Tous deux combattants de Moncada et expéditionnaires du *Granma*, ils venaient d'accéder au grade de commandant (documents p. 290-293). L'un avait pour mission de créer le Second front oriental Frank País, et l'autre le Troisième front Mario Muñoz, aux abords de Santiago de Cuba (carte p. 344). À eux deux, ils menaient plus de cent vingt combattants de la colonne 1, de bons pelotons armés. L'Armée rebelle s'enrichissait d'hommes d'expérience et de qualité.

Pendant les mois de février et mars 1958, des journalistes, aussi bien cubains qu'étrangers, ont afflué dans la Sierra. Notre lutte dans les montagnes de l'Est faisait l'objet d'un intérêt croissant dans le monde entier. Parmi ces visiteurs, j'ai reçu l'Argentin Jorge Ricardo Masetti, qui écrivit plus tard un livre sur notre lutte, puis l'Équatorien Carlos Bastidas, assassiné par les unités répressives de Batista, le Mexicain Manuel Camín et l'Uruguayen Carlos

1. Il s'agit du demi-frère de Fidel Castro, auquel il fait allusion dans l'introduction de ce livre. Il occupe la présidence du Conseil d'État depuis le 24 février 2008.

María Gutiérrez, qui ont publié de bons reportages dans la presse de leurs pays respectifs, l'Espagnol Enrique Meneses, auteur de quelques-unes des photos emblématiques de la lutte dans la Sierra, enfin les Nord-Américains Homer Bigard et Ray Brennan.

Le 27 février 1958, le lieutenant-colonel Carlos San Martín, chef de la Section des Opérations de l'état-major de l'Armée, présenta à ses supérieurs un mémorandum classé ultrasecret et intitulé «Plan F-F»[1]. Ce document détaillait les opérations de la grande offensive ennemie prévue pour l'été 1958, avec l'accord du directeur des Opérations, le général en chef Martín Díaz Tamayo, et du chef de l'état-major de l'Armée, le général Pedro A. Rodríguez Ávila (document p. 294). Parallèlement, tandis que la guérilla s'organisait, le climat insurrectionnel continua à s'accroître partout dans l'île. L'atmosphère était propice au soulèvement populaire : l'organisation du Mouvement se renforçait progressivement, le régime imposait une répression de plus en plus brutale, et les victoires des troupes rebelles incitaient de plus en plus les Cubains à participer de façon massive à la lutte contre la tyrannie.

Les combats continuaient dans la plaine du Cauto. Camilo Cienfuegos, qui venait d'accéder au grade de commandant, rejoignit les troupes, accompagné d'une petite colonne sous son autorité. C'est alors que nous lançâmes la seconde attaque du campement ennemi à Pino del Agua (carte p. 342). Nous étions à la mi-février 1958, et c'était la première action de grande envergure opérationnelle pour notre Armée rebelle. Rappelons que c'est aussi à ce moment-là que nous créâmes les colonnes 6 et 3, commandées respectivement par Raúl Castro Ruz et Juan Almeida. Nous étendîmes notre action à l'est de la Sierra Maestra jusqu'aux montagnes du nord-est de l'ancienne province orientale (carte p. 344).

1. F-F pour «Fase Final» (phase finale) ou «Fin de Fidel».

Le 21 mars 1958, l'ennemi réunit son état-major pour préparer les futures opérations. L'entretien dura quatre heures. Y participèrent tous les chefs de file militaire du régime, entre autres le général Francisco Tabernilla Dolz, chef de l'ensemble de l'état-major, Pedro A. Rodríguez Ávila, chef de l'état-major de l'Armée, le général Eulogio Cantillo Porras – chef, à ce moment-là, de la Division d'Infanterie –, qu'on avait déjà décidé de nommer chef de la zone des opérations, en vue de la prochaine offensive, et le colonel Manuel Ugalde Carrillo, chef, jusqu'alors, de la zone des opérations.

Le colonel Ugalde Carrillo proposa de créer de nouveaux bataillons antiguérilla, comportant chacun deux compagnies de fusiliers équipées d'armes lourdes. Chacun de ces bataillons devait comprendre cent quatre-vingt-six hommes et serait pourvu de deux mortiers de 60 millimètres, deux bazookas de 4,2 pouces (30 millimètres), deux mitrailleuses de calibre 30, douze fusils automatiques, quarante-huit carabines et cent quatorze fusils, ce qui leur assurerait une puissance de tir considérable. La nouvelle offensive pourrait commencer immédiatement après la récolte de la canne à sucre...

La proposition du chef de la zone des opérations fut rejetée. L'état-major de l'Armée élabora donc un autre plan. Il incluait la création de neuf bataillons, eux-mêmes composés de trois compagnies chacun. Quinze des vingt-sept compagnies requises étaient déjà en place. Elles conserveraient la même composition. Les douze autres seraient des compagnies de quatre-vingt-cinq fusiliers chacune et seraient constituées de nouvelles recrues. En principe, les bataillons auxquels étaient assignées les missions les plus importantes seraient constitués par une des compagnies renforcées de la Division d'Infanterie et deux des nouvelles compagnies de fusiliers. Un total d'environ trois cent soixante hommes par bataillon, soit le double de ce qu'avait proposé Ugalde Carrillo. Ce chiffre permettait sûrement de tranquilliser les stratèges de l'état-major. D'autre part, la dotation d'armes lourdes à l'une des compagnies pouvait laisser croire à une solution sacrifiant la mobilité mais garantissant une force plus solide. En définitive, ce schéma fut suivi dans les grandes lignes. Seule modification à ce plan : le nombre d'hommes qui ne cessa de croître.

De notre côté, les hommes en formation dans les écoles termineraient leur préparation par étapes entre la mi-mars et la mi-juillet. Par conséquent, on ne pourrait compter sur le nombre de guérilléros nécessaire à l'offensive avant la deuxième quinzaine d'avril.

Le Mouvement pensa alors que le moment de déclencher une grève générale révolutionnaire était arrivé. Cela avait toujours été l'objectif stratégique final pour venir à bout de la tyrannie. La date du 9 avril fut choisie. Je n'ai pas l'intention d'entrer dans un examen détaillé du processus qui conduisit à cet échec[1] : les discussions menées au sein de la direction nationale du Mouvement, la réunion du Naranjo, dans la Sierra Maestra, dans les premiers jours de mars 1958, la tentative de grève en dépit des actions héroïques menées dans un grand nombre de localités du pays... J'évoquerai seulement deux conséquences de ce fiasco qui me paraissent importantes pour la suite.

D'abord, il faut comprendre que ce fut un coup très dur pour le Mouvement. Nous dûmes réorganiser nos forces et réviser complètement les fondements de notre organisation. Ce que nous fîmes au cours de la réunion du 5 mai 1958 à Mompié, au cœur du territoire du Premier front, dans la Sierra Maestra. Nous avons décidé d'augmenter le nombre d'actions insurrectionnelles et d'unir définitivement les différentes forces révolutionnaires. Par le biais de Radio Rebelle, je dus expliquer les leçons à tirer de ce fiasco. Je manifestai mon optimisme sur la lutte à mener contre la tyrannie : « Nous avons perdu une bataille, mais nous n'avons pas perdu la guerre. »

1. Cette grève, insuffisamment planifiée, fut rapidement étouffée par le gouvernement.

Je dois signaler que la plupart des dirigeants du Mouvement n'ont jamais considéré que le développement d'une force militaire puisse mettre en déroute les forces armées de Cuba, et c'est bien normal. Ils pensaient seulement notre petite troupe capable de faire germer un mouvement révolutionnaire au sein de l'Armée professionnelle qui, de concert avec le Mouvement et sous sa direction, affaiblirait Batista et ouvrirait la voie à un soulèvement populaire d'ampleur. Même si nous travaillions à réunir les conditions favorables à une véritable révolution, avec la participation éventuelle des militaires honnêtes désireux de s'y joindre, nous étions partisans de créer une force armée offensive.

Lors de notre tentative avortée du *Granma,* nous disposions d'à peine cinq pour cent de l'armement nécessaire à la victoire. Il nous fallait des fusils de précision et d'autres équipements pour vaincre les forces au service de Batista. Nous avions dû repartir de zéro après l'attaque surprise de l'ennemi à Alegría de Pío : nos effectifs (que nous avions organisés, entraînés et équipés pendant plus de deux ans) avaient été pratiquement anéantis en quelques jours seulement (carte p. 336). Dans ces conditions, nous ne pouvions pas exiger des autres qu'ils croient à notre victoire militaire : il fallait d'abord que nous fassions nos preuves. Aujourd'hui, je n'ai pas le moindre doute sur le fait que, sans la victoire de l'Armée rebelle, la Révolution n'aurait jamais pu aboutir.

Deuxième conséquence de la grève avortée du 9 avril : la tyrannie s'est sentie encouragée à accélérer ses plans d'une grande offensive contre nous, et en particulier contre le territoire du Premier front, dans les montagnes de l'Orient. Le Commandement militaire à la solde de Batista considérait que nous étions démoralisés par notre déroute. C'était mal connaître la détermination de notre petite armée et sa faculté à renaître de ses cendres.

Telle était donc la situation dans la Sierra Maestra et dans tout le pays au printemps, lorsque la grande offensive fut déclenchée dans le but de liquider, une fois pour toutes, la menace rebelle.

La tyrannie pensait anéantir notre petite Armée rebelle sur les hauteurs d'Espinosa. Un groupe de vingt-quatre hommes faillit en effet être éliminé avec tous ses futurs commandants : Raúl, chef du Second front oriental, le Che, chef du front de l'est du Turquino et de la colonne Ciro Redondo, Juan Almeida, chef du Troisième front oriental, ainsi que Camilo Cienfuegos, qui dirigeait l'avant-garde de notre colonne, et enfin Efigenio Ameijeiras, qui dirigeait l'arrière-garde de celle-ci. Sous mon commandement, avec le reste des expéditionnaires du *Granma*, nous assénâmes de nombreux coups aux parachutistes de Mosquera et aux troupes de Casillas, sans souffrir la moindre perte. Jusqu'au moment où l'ennemi se trouva prêt à nous éliminer à cause de la trahison d'Eutimio Guerra[1], sans conséquences heureusement.

La stratégie ennemie consistait à organiser les nouvelles unités en dehors de la zone des opérations, et à les faire arriver au dernier moment pour profiter au maximum d'un effet de surprise. Au début du mois de mars, la direction de la zone des opérations considérait déjà les neufs bataillons comme insuffisants. Elle augmenta leur nombre à treize, sans compter un autre bataillon d'infanterie de marine sollicité auprès de la Marine de Guerre, ainsi que deux escadrons de la Garde rurale. Le chef de l'état-major avait fait référence à la colonne 6, commandée par Raúl, qui, à cette date, avait déjà instauré le Second front, en affirmant qu'elle constituait « une menace grave pour l'arrière-garde ». Dès le 25 mars 1958, quatre mille citoyens avaient été enrôlés comme

1. Eutimio Guerra était un guide rebelle. Il livra des informations au camp de Batista sur la position des insurgés, qui subirent un bombardement.

militaires de réserve. Ils devaient se tenir disponibles pour toute éventualité.

Le haut commandement prit la décision d'incorporer aux forces de la zone des opérations de nouveaux contingents provenant de différents commandements militaires dont la participation n'avait pas été envisagée au départ. Ainsi, cinq nouvelles compagnies de la Division d'Infanterie furent rajoutées, une du Régiment d'Artillerie, deux du Génie, deux de la Force aérienne de l'Armée, une de l'École des Cadets et neuf des différents régiments de la Garde rurale. Un total de vingt unités. Les semaines suivantes, d'autres compagnies continueraient à rejoindre les troupes. Au total, cinquante-cinq unités étaient prévues pour l'offensive. La majorité d'entre elles étaient composées indistinctement de soldats relativement expérimentés et de nouvelles recrues.

Le 25 mai, premier jour de l'offensive, l'ennemi avait mobilisé pas moins de sept mille hommes. Il finit par compter, au total, près de dix mille soldats.

Pour lutter contre le torrent de forces qui s'apprêtait à déferler sur nous, le Premier front de la Sierra Maestra avait réuni deux cent vingt combattants armés – notamment les effectifs de la colonne du Che –, organisés en pelotons et escadrons. La plupart étaient placés sous le commandement de jeunes soldats inexpérimentés, mais il s'agissait d'hommes d'honneur, pleins de bonnes intentions. D'autres petites unités de la colonne 3 du commandant Juan Almeida, dirigées par Guillermo García, s'étaient déjà incorporées à la défense, et près de quarante hommes de la troupe intrépide de Camilo, les premiers combattants de la plaine, marchaient en direction de la Sierra Maestra (carte p. 352). Tous ensemble, nous étions à peu près trois cents.

Ce livre raconte fidèlement ce qui s'est passé. Il relate comment, avec trois mille combattants victorieux et l'appel à la grève générale du 1er janvier 1959, nous avons mis en échec toutes les manœuvres contre-révolutionnaires.

2

Comment nous avons préparé la défense de notre territoire

AVRIL 1958

DIM	LUN	MAR	MER	JEU	VEN	SAM
--	--	1	2	3	4	5
6	7	8	9	10	11	12
13	14	15	16	17	18	19
20	21	22	23	24	25	26
27	28	29	30	--	--	--

MAI 1958

DIM	LUN	MAR	MER	JEU	VEN	SAM
--	--	--	--	1	2	3
4	5	6	7	8	9	10
11	12	13	14	15	16	17
18	19	20	21	22	23	24
25	26	27	28	29	30	31

L'opération de Pino del Agua (carte p. 342), en février 1958, nous avait démontré combien nos forces avaient progressé. Au printemps, nous pouvions donc commencer à appliquer des tactiques et des mouvements combinés plus complexes que ceux que nous avions pratiqués pendant toute la première année de guerre, qui ne s'apparentaient finalement qu'à des actions de guérilla. Nous nous préparions désormais à affronter un ennemi qui utiliserait des stratégies et des tactiques classiques pour atteindre son objectif. La différence de moyens était énorme. Face à un tel adversaire, nos combattants se résumaient à des civils armés qui ne sauraient pas résister à l'attaque d'unités régulières.

Les jours qui suivirent la grève avortée du 9 avril 1958, nous les passâmes à organiser notre résistance. L'étape que nous abordions aurait une importance primordiale dans le développement ultérieur de la lutte révolutionnaire. Nous avions conscience que la prochaine attaque contre l'Armée rebelle serait la plus forte, la plus organisée, la plus ambitieuse de toutes... Et la dernière. L'ennemi projetait de pénétrer jusqu'à la région de La Plata à partir de trois endroits différents (carte p. 348). Des groupements avaient été constitués, préparés et équipés spécialement pour cette campagne, avec tous les moyens militaires possibles. Au total, dix mille hommes furent lancés contre la montagne. L'artillerie, l'aviation, des unités navales, des tanks et un important appui logistique les soutenaient dans l'opération (carte p. 350).

De notre côté, un plan émergea. Par essence, il s'agissait d'organiser une défense échelonnée de notre territoire de base qui permettrait de résister pied à pied à l'avancée de l'ennemi, de la freiner jusqu'à l'usure, et enfin de l'arrêter. Nous pensions concentrer nos forces dans l'attente du moment opportun pour lancer la contre-attaque. Même si notre adversaire atteignait ses objectifs, nos forces devraient pouvoir continuer à harceler sans relâche ses troupes et ses lignes de ravitaillement. Dans un message daté du 8 mai, adressé au capitaine Ramón Paz, en charge de la zone de la Plata, j'expliquai (document p. 295) : « Nous allons leur résister sur tous les chemins en nous repliant peu à peu dans la Sierra, et en essayant de leur occasionner le maximum de pertes. Si l'ennemi parvient à envahir tout le territoire, chaque peloton devra se mettre à la guérilla et combattre l'ennemi en l'interceptant sur tous les chemins, jusqu'à l'en déloger. C'est un moment décisif. Il faut combattre comme jamais. »

Cette alternative pouvait signifier que nous revenions à la situation des premiers mois de la guerre, mais avec beaucoup plus d'armes et d'expérience. Quoi qu'il arrive, nous ne doutions pas un instant de récupérer rapidement notre territoire : l'ennemi ne pourrait rien contre les terribles dégâts que nous lui ferions subir. Mais quelles seraient alors les conséquences sur la population, voyant les habitations brûlées, les infrastructures détruites, les plantations et le bétail perdus, les paysans mis à la rue ?

Autre problème : nous subirions dans ce cas la perte des installations que nous avions besoin de défendre. La majorité avaient été montées au tout début de l'année aux alentours de La Plata. Cet endroit jouissait de conditions optimales de par sa situation au cœur de la montagne, dans une région relativement difficile d'accès, presque au centre du territoire rebelle du Premier front. Quelques familles paysannes y habitaient et elles collaboraient avec courage à notre lutte. C'est pour toutes ces raisons que j'y avais établi à maintes reprises mon Commandement de transition, principalement sur les modestes terres des paysans Julian Pérez, plus connu sous le surnom de Santaclarero, et Osvaldo Medina. Voilà aussi pourquoi je décidai d'y transférer le Commandement général.

Le 13 avril, je quittai La Plata pour rejoindre le Commandement du Che à La Mesa. J'ai dû accomplir ce trajet à marche forcée car je ne me sentais pas bien à ce moment-là, mais j'y étais contraint pour diverses raisons. Tout d'abord, il me paraissait indispensable d'utiliser Radio Rebelle, qui fonctionnait dans cette zone depuis la fin février, pour communiquer avec le peuple et lui insuffler du courage après le revers de la grève. Il fallait non seulement annoncer que notre lutte continuait, mais qu'elle était de plus en plus efficace et organisée. Par ailleurs, le journaliste argentin Jorge Ricardo Masetti voulait m'interviewer. Enfin et surtout, j'étais désireux de m'entretenir avec le Che sur la situation créée par la grève avortée et l'offensive ennemie qui ne tarderait pas à se produire.

Le 16 avril, j'intervins sur Radio Rebelle pour la première fois. Dans mon allocution, j'analysai les raisons du fiasco de la grève du 9 avril, je dénonçai quelques-uns des crimes récemment perpétrés par la tyrannie, tels que le bombardement sauvage du village de Cayo Espino ainsi que la mort d'un enfant, Orestes Gutiérrez[1]. Je proclamai ma confiance absolue en la victoire. Je

1. Ce petit garçon de six ans avait été tué lors de l'attaque de son village, Cayo Espino, par les forces aériennes de Batista.

ne savais pas combien de personnes à Cuba écoutaient la toute récente Radio Rebelle, mais je voyais en elle un moyen essentiel d'informer et de divulguer des nouvelles, ainsi qu'un outil de communication avec l'extérieur. J'expliquai au Che qu'il fallait transférer l'émetteur vers la zone de La Plata, plus stratégique, et qui disposait de forces suffisantes pour le défendre. Les techniciens, pleins de compétence et d'abnégation, avec Eduardo Fernández à leur tête, réalisèrent une prouesse : en moins de dix jours, ils parvinrent à démonter la station, ils la transportèrent à dos de mulet dans la Sierra Maestra, et ils la remirent en route. À la fin avril, nous disposions d'un moyen de communication directe avec l'étranger. Radio Rebelle émettait de nouveau, cette fois depuis son emplacement définitif à La Plata. Elle nous servirait aussi à communiquer avec le Second front oriental et avec celui de Juan Almeida à Santiago de Cuba.

Autre décision-clef prise lors de ce voyage : le déplacement du Che vers l'ouest du Turquino, avec une mission immédiate, organiser notre école naissante de recrues. Il devenait urgent de donner de l'ampleur au centre rudimentaire d'instruction de combattants novices de Minas de Frío. Celui-ci fonctionnait déjà avec la collaboration enthousiaste d'Evelio Laferté, un ancien lieutenant de l'armée ennemie. Nous l'avions fait prisonnier lors du combat de Pino del Agua et il s'était rallié à notre cause. Jusqu'à la mi-avril, les quelques recrues destinées à cette école avaient fait des exercices élémentaires de marche, de maniement d'un fusil, et avaient acquis des notions de tactique. Notre absence de moyens nous empêchait de réaliser des exercices à tirs réels.

L'idée était que le Che prenne en charge l'instruction des recrues afin de donner une nouvelle impulsion à la formation de ceux dont nous avions besoin. Le Che entendit mes arguments et se prépara volontiers à remplir ses nouvelles fonctions. Je trouvai en lui un compagnon à qui je portais une haute estime, autant pour ses capacités que pour son désintéressement avéré et sa bravoure.

Depuis Minas de Frío, il pourrait aussi prêter une attention directe aux préparatifs de la défense du secteur occidental de notre territoire central. Lorsque viendrait le moment du combat, on pourrait lui confier, si nécessaire, la direction de la défense de tout ce secteur. D'ailleurs, c'est bien ce qui arriva. Pour l'heure, après son départ de La Mesa, le commandement de la colonne 4 fut confié à Ramiro Valdés, jusque-là chef en second de la colonne.

À proximité de La Plata, dans la région du Naranjo, nous avions monté une armurerie rebelle. Elle était située dans la ferme de Clemente Verdecia et placée sous la responsabilité du capitaine Luis Crespo. Dans cet atelier rustique, on réparait les armes défectueuses et l'on fabriquait ce qui pouvait servir à nos hommes dans les combats : des grenades, des projectiles comme les M-26 ainsi que les armes pour les lancer (document p. 299).

Il fallait aussi confectionner la plus grande quantité possible de mines : elles seraient utilisées dans les embuscades contre l'ennemi en mouvement. Pour cela, nous devions récupérer, par tous les moyens, les éléments nécessaires à la fabrication de ces mines, que ce soient le métal, les détonateurs ou les câbles. Nous ne manquions jamais d'explosifs de bonne qualité car plusieurs bombes, parmi celles que l'aviation déversait contre nous presque quotidiennement, ne sautaient pas, et nous en extrayions la charge. Faire exploser une mine sur le chemin de l'avant-garde d'une troupe en marche avait déjà donné de bons résultats par le passé car cela avait un double effet : d'abord les pertes provoquées, ensuite le désarroi créé dans l'unité. C'est pourquoi semer la confusion, mettre hors d'état de combattre ou, dans le meilleur des cas, liquider l'avant-garde, restait l'une de nos tactiques de prédilection.

Crespo – expéditionnaire du *Granma* – et ses collaborateurs s'engagèrent avec succès dans la fabrication des mines. Lors de l'offensive, la quasi-totalité de nos escouades et pelotons disposaient de ces armes artisanales. Ils les utilisèrent maintes fois avec une réelle efficacité.

À partir du mois d'avril, le rassemblement du matériel par tous nos organes de liaison s'accéléra. Même les anneaux des bandoulières de mitrailleuses et les douilles des balles tirées par les avions ennemis servaient de matière première à l'armurerie. Nos hommes avaient reçu pour instruction de les ramasser quand ils en trouvaient et de les envoyer à l'armurerie du Naranjo.

Un petit groupe de femmes, chargées de confectionner des uniformes, s'installa à l'armurerie. Elles y bénéficiaient de meilleures conditions pour travailler et recevoir les fournitures nécessaires. À la même époque, nous commençâmes à poser des jalons pour monter un premier atelier de tannage du cuir : nous voulions mettre en place la fabrication de bottes et de chaussures pour éviter d'avoir à en acheter à l'extérieur.

Nous avons créé nos premiers hôpitaux et établissements scolaires dans la zone de La Plata. À la fin du mois de mars, nous avions commencé la construction d'un hôpital à Camaroncito, sur le fleuve, sous la responsabilité du docteur Julio Martínez Páez. Cette installation ne fut jamais complètement terminée : elle servit pourtant dès le début mais elle fut très endommagée par une crue, en pleine offensive. Le personnel fut transféré à La Plata même où, il opéra provisoirement pendant la majeure partie de la bataille, dans une des premières installations construites spécialement, et qui, à la fin, devint notre Commandement général.

Nous avons été rejoints par les docteurs René Vallejo et Manuel, Fajardo, dit Piti, et leurs assistants. Tous venaient de la ville de Manzanillo, où Vallejo possédait une clinique privée. Ses activités de soutien à la lutte clandestine le contraignirent bientôt à prendre le chemin de la montagne. Tout ce groupe s'établit dans un endroit qu'on appelait Pozo Azul, près de La Habanita, au fond d'une vallée profonde très difficile d'accès par la terre, et pratiquement hors d'atteinte par avion. C'est là que, dans une construction rudimentaire érigée avec l'aide des voisins, ils mirent en place le premier hôpital sédentaire de notre Premier front. L'hôpital de Pozo Azul fonctionna jusqu'au début de l'offensive. À ce moment-là, nous décidâmes de transférer ses équipements à La Plata, craignant une avancée de l'ennemi, ce qui n'arriva finalement pas. Pendant la majeure partie de l'offensive, Vallejo vécut dans une maison campagnarde à Rincón Caliente, à mi-chemin entre la maison du Santaclarero et le quartier de Jiménez.

La tyrannie avait une prison à Puerto Boniato... Nous avions la nôtre également, Puerto Malanga[1], du nom de l'aliment salvateur des rebelles ! Située dans la zone de La Plata elle aussi, elle était dirigée par le capitaine Enrique Ermus et constituée de quelques cabanes construites à cet effet dans le fond de la vallée du fleuve. Nous y détenions non seulement les soldats que nous avions fait prisonniers, mais aussi quelques-uns de nos combattants, condamnés pour un manquement à la discipline ou un délit quelconque.

Le soir du 30 mars 1958, un petit bimoteur venant du Costa Rica avait atterri dans la région de Cienaguilla. Y avaient pris place, en plus d'Evelio Rodríguez Curbelo, Huber Matos et quatre ou cinq autres compagnons, mais surtout Pedro Miret, dit Pedrito. Remarquable compagnon d'armes, il avait été blessé et interpellé à Moncada, puis arrêté au Mexique trois ou quatre jours avant le départ du *Granma*. Le chargement comportait deux mitrailleuses calibre 50, quelques dizaines de fusils – parmi eux quelques carabines semi-automatiques italiennes Beretta –, des projectiles pour nos mortiers et près de cinquante mille cartouches, le tout envoyé par un ami portoricain influent. Les premiers renforts venus de l'extérieur !

En panne, cet avion ne réussit jamais à redécoller. Nous avons dû l'incendier pour que l'ennemi ne puisse pas l'identifier.

1. N.d.t : *boniato* signifie patate douce et le *malanga*, similaire à l'igname aux Antilles, est un tubercule très apprécié à Cuba.

N'empêche : pour notre première tentative, cet envoi de matériel par voie aérienne se soldait par un succès. Cela nous encouragea à aménager une piste d'atterrissage pour les petits avions. Il fallait seulement trouver un lieu relativement protégé dans notre territoire central. Évidemment, en pleine montagne, peu de sites se prêtaient à cet objectif, mais nous eûmes la chance d'en dénicher un, près du fleuve La Plata, plus ou moins à la moitié de son cours, à l'embouchure du ruisseau de Manacas. À cet endroit, la vallée était large et disposait d'un espace plat de dimensions suffisantes. Quelques-uns de nos hommes commencèrent immédiatement à aménager la piste. Nom de code : Alfa.

L'approvisionnement par l'extérieur devenait ainsi, pour la première fois, un facteur important de nos plans. Il était symptomatique du changement qualitatif de la guerre dans la montagne. Jusqu'à présent, les armes de notre guérilla provenaient surtout des saisies lors des combats. Nous allions continuer à nous équiper ainsi tout en créant les conditions idéales pour bénéficier d'un surcroît de matériel de guerre. Plusieurs mésaventures récentes, pourtant, m'avaient fait perdre confiance dans les possibilités réelles des organisateurs du Mouvement en exil. Je pense en particulier à l'expédition d'El Corojo, début avril, au cours de laquelle un lot d'armes conséquent était tombé aux mains de l'ennemi à Pinar del Río. J'étais de plus en plus convaincu qu'il fallait organiser directement nos propres mécanismes d'approvisionnement.

Sans aucun doute, la priorité était de rassembler la plus grande quantité possible de matériel de guerre. Dans les semaines antérieures au déclenchement de l'offensive, certaines escouades rebelles ne disposaient pour leurs armes semi-automatiques que d'une douzaine de balles ! Voici un commentaire éloquent de Celia Sánchez dans un de ses messages des premiers jours d'avril : « Lorsqu'on écrira l'Histoire, on ne pourra pas le croire. Nous nous sommes défendus avec le M-26. » C'est vrai. Ils furent nombreux, les soldats rebelles qui s'en furent au combat seulement armés de nos projectiles artisanaux, et qui, en réalité, faisaient plus de bruit qu'autre chose. Cela n'a pas empêché les porte-parole de la tyrannie d'inventer et de propager cette rumeur ridicule selon laquelle l'armée avait trouvé des douilles russes, ce qui mettait en évidence nos liens avec les communistes. Pourtant non, il n'y avait pas un seul Russe dans la Sierra.

Inutile de dire que dans ces conditions, l'utilisation de notre matériel obéissait à des règles strictes. D'une part, nous exhortions sans relâche les rebelles à économiser les balles pendant les combats. Nous punissions même ceux qui gaspillaient les munitions en ne leur en fournissant pas d'autres ensuite ! D'autre part, nous exercions un contrôle sévère sur l'attribution des armes et des balles : si elles n'étaient pas assignées à quelqu'un, elles devaient être envoyées aussitôt au poste de Commandement. J'ai assumé moi-même cette fonction essentielle.

Dans notre stratégie, la préparation du terrain sur lequel nous nous défendrions lors de la première phase de l'offensive comptait parmi les priorités. Début avril, nous nous sommes concentrés sur la construction de tranchées, d'abris et de tunnels. Dans toutes mes conversations et dans toutes mes communications écrites avec les chefs des unités rebelles, j'insistais lourdement sur ce point. Lors de l'attaque de l'ennemi, je tenais à ce que nos hommes occupent des positions fortifiées à partir desquelles ils seraient capables d'opposer une résistance efficace et prolongée. Ils se replieraient le long des lignes successives des tranchées. Là, les abris les protégeraient de l'aviation. En somme, il fallait transformer la Sierra en une véritable ruche dans laquelle notre adversaire n'aurait pas le choix : il devrait s'y enfoncer encore davantage.

Autre élément important des préparatifs : l'installation d'un réseau téléphonique entre les points-clefs du territoire rebelle. Jusqu'alors, la communication entre nos forces avait été réalisée exclusivement grâce à des messagers, en général des paysans de la Sierra qui s'étaient engagés dans nos rangs. Ils connaissaient le terrain pierre par pierre et ils étaient entraînés à couvrir de longues distances dans des laps de temps étonnamment brefs. Mais une fois l'offensive engagée, sur un théâtre d'opération assez vaste, nous aurions besoin d'appliquer un système d'échange d'informations quasi instantané. L'ennemi, lui, disposerait des moyens les plus modernes pour ses propres liaisons.

La solution – le téléphone – nécessitait des appareils et des câbles en grande quantité. En avril, les patrouilles de fusiliers qui opéraient sur les contreforts de la Sierra reçurent l'ordre de récupérer chaque combiné et chaque mètre de câble téléphonique qu'elles trouveraient dans les plantations et les raffineries de sucre, les usines et les villages des abords de la montagne, jusque sur la côte du golfe de Guacanayabo. Nous regroupâmes très rapidement les éléments demandés et nous eûmes la rude tâche de tendre les lignes entre les points que nous avions sélectionnés, tout d'abord pour le Commandement – encore temporaire – de La Plata, les installations de la colline de Mompié, près de la maison de la famille du même nom, et sur le terrain de la Maestra que nous avions appelé Miramar del Pino.

Dans le même temps, l'ennemi avait établi un blocus de la montagne, et l'avait encore renforcé en prévision de l'offensive. Le problème du ravitaillement de la population de la campagne et de nos combattants devenait donc critique. Pour créer une base alimentaire autosuffisante, nous décidâmes de réquisitionner la plus grande quantité possible de têtes de bétail dans les fermes proches de la Sierra qui appartenaient à de grands propriétaires terriens de mèche avec la tyrannie. Nous avions l'intention d'emmener ces bêtes dans la montagne et de les répartir de façon à garantir viande et lait à la population paysanne engagée parmi nous.

Dès les premières semaines d'avril, nos patrouilles furent envoyées dans différentes directions. Elles atteignirent toutes les plus grandes fermes d'élevage de la côte et des contreforts de la montagne, et même jusqu'aux abords de Bayamo. Tous nos chefs et collaborateurs paysans avaient des instructions précises sur la gestion du bétail de la Sierra et de celui qui arrivait de la plaine. On ne pouvait disposer d'aucune bête sans ordre express et le sacrifice des vaches était interdit. Toutes les têtes de bétail furent recensées sur le territoire rebelle.

Le sel posait aussi un problème crucial. Pour assurer le ravitaillement pendant le blocus, nous avons envisagé de monter une petite entreprise de salaison de la viande, dans la maison de Radamés Charruf, voisin du quartier de Jiménez, et sous la responsabilité du combattant Gello Argelís. Évidemment, l'entreprise – qui avait ouvert au milieu du mois de mai – ne pouvait fonctionner sans viande et sans une abondance de sel dont il fallait que nous puissions assurer la fourniture. La solution était évidente : notre territoire était bordé par la mer au sud. Il s'agissait d'organiser, dans quelques lieux sélectionnés de la côte, une production de sel à grande échelle par la méthode traditionnelle de l'évaporation de l'eau de mer au soleil. À la mi-avril, sur le conseil de Celia Sánchez, cette tâche fut confiée au combattant José Ramón Hidalgo, qui sélectionna quelques plages aux alentours d'Ocujal.

Le ravitaillement en essence, pétrole et autres combustibles revêtait lui aussi une grande importance à cause de la mise en route de l'émetteur et de différentes installations, comme l'entreprise de salaison, qui en avaient absolument besoin. C'était un poids de plus dans nos recherches déjà tendues de fournitures, à ajouter au rassemblement incessant de vivres, médicaments et autres marchandises auquel il fallait imprimer un rythme toujours plus intense.

Pendant les semaines qui précédèrent l'offensive, notre activité d'arrière-garde s'accrut et se révéla à la hauteur de ce qui était requis. Le pilier de ce travail fut, plus que jamais, Celia Sánchez. Depuis Las Vegas de Jibacoa, où elle avait installé sa base d'opérations, elle coordonna tout ce travail avec dynamisme. Grâce à ses efforts, notre ravitaillement continua à arriver et nous parvînmes à accumuler quelques réserves, certes minimes, mais qui se révélèrent décisives dans les moments cruciaux de l'offensive. Celia fut ainsi chargée d'organiser la production de sel, la fabrication du fromage, le développement de jardins potagers, d'élevages de porcs et de volailles. Tout cela s'ajoutait à l'administration du territoire rebelle et à sa collaboration dans la fourniture des matériaux et outils nécessaires à la construction des tranchées, sans oublier la multiplication des contacts hors de la Sierra pour obtenir des informations, des subsides et autres appuis...

Malgré tous les signes qui laissaient supposer que l'effort de l'ennemi se concentrerait sur la zone que nous avions appelée le Premier front, le schéma défensif que nous pensions appliquer exigeait de déployer nos propres forces, à savoir les trois colonnes qu'il comportait. Dans cette phase préparatoire, je demandai à Almeida de revenir dans notre zone pour nous porter renfort avec une partie des effectifs du Troisième front oriental. Le reste devait demeurer sur son territoire pour y contenir toute initiative ennemie et faire pression, depuis l'arrière-garde, sur les troupes engagées dans l'offensive.

En ce qui concerne les troupes de Camilo Cienfuegos et d'Orlando Lara, dans la plaine, il était convenu qu'elles se maintiendraient dans leur zone d'opérations pour faire pression sur l'arrière-garde ennemie. Cependant, début mai, j'ordonnai à Lara de nous porter renfort avec son petit groupe de guérilleros sur le flanc nord-ouest. Et dès le mois de juin, prévoyant le moment le plus crucial de l'offensive, j'indiquai à Camilo à quel moment il devait nous renforcer de vingt ou trente guérilleros. Quant à l'unité de Raúl, Second front oriental, étant donné la distance et l'importance de sa mission, nous n'en déplaçâmes aucun homme.

À la fin du mois d'avril, le secteur Nord-Ouest de notre territoire était défendu par quelques escouades seulement: celles d'Angelito Verdecia et de Dunney Pérez Álamo, placées sur le chemin allant de Cerro Pelado à Las Mercedes ; celles d'Andrés Cuevas et Marcos Borrero, sur le chemin d'Arroyón ; celles de Raúl Castro Mercader et de Blas González, sur le chemin de Cayo Espino. Les effectifs de la colonne de Crescencio Pérez protégeaient les accès à ces lieux depuis Cienaguilla.

Pour ce qui est du secteur Nord-Est, nous disposions des forces de la colonne 4 dans la région de Minas de Bueycito – qui furent bientôt rejointes par les renforts envoyés par Almeida depuis le Troisième front, sous le commandement de Guillermo García –, du peloton d'Eduardo Sardiñas, Lalo, à Los Lirios de Naguas, et de l'escouade commandée par Eduardo Suñol Ricardo à Providencia. Dans le Sud, à ce moment-là, seules quelques patrouilles de fusiliers occupaient le terrain. Au début de l'offensive, le nombre total de nos combattants ne dépassait pas les deux cent trente hommes armés.

Le 8 mai, des bruits coururent selon lesquels l'ennemi avait débarqué des troupes dans le Sud, à El Macho et à Ocujal. Tout paraissait indiquer que nous nous trouvions en présence des premiers signes de l'offensive que nous attendions. « Je considère qu'ils commenceront à avancer d'un moment à l'autre depuis différents endroits », écrivis-je à Ramón Paz à 23 heures, ce 8 mai, quelques minutes avant de recevoir les premières informations sur ces supposés débarquements. J'envoyai un message semblable à Celia et j'ajoutai : « Il faut aller au-devant d'eux avec énergie. Je crois qu'ils ont déjà avancé, mais il est encore temps. Quel dommage que nous disposions de si peu de détonateurs. Que va-t-il arriver ? Je suis sûr que nous les vaincrons. Nous allons voir s'ils avancent dans l'immédiat ou s'ils nous donnent deux ou trois jours, ce qui me paraît illusoire. »

Cette nuit-là, je commençai à prendre les dispositions nécessaires pour répartir nos forces si peu nombreuses sur les principaux points-clefs. Dans le message que j'envoyai à Paz, je lui ordonnai d'avancer « à marche forcée en direction de Santo Domingo ». Il devait y laisser le peloton de Francisco Cabrera Pupo, qui aurait pour mission de défendre le chemin entre Estrada Palma et Santo Domingo, le long du fleuve Yara, à la hauteur de Casa de Piedra. Paz devait aller à Palma Mocha et se poster sur le chemin qui montait jusqu'au lieu-dit El Jubal, à hauteur de la maison du compagnon paysan Emilio Cabrera. Depuis cette position, il pourrait se porter vers toute force ennemie qui tenterait de faire une incursion depuis la côte, le long du fleuve Palma Mocha. C'était une des deux voies d'accès les plus directes, avec celle de La Plata, vers notre territoire central depuis le sud. Paz et Cuevas étaient deux capitaines de peloton, l'un avait travaillé dans les mines de Charco Redondo et l'autre venait de Las Villas. Ils étaient tous deux d'excellents chefs.

Au moment où je rédigeai mon message à Paz, celui-ci se trouvait à proximité d'Agualrevés. Le 5 mai, il était passé par La Estrella, au-dessus de Minas de Bueycito, où il était arrivé avec plus de trois cents taureaux et trente chevaux qu'il avait récupérés à La Candelaria, aux abords de Bayamo, selon les instructions que j'ai mentionnées précédemment. Le 9, Paz arriva à Santo Domingo, et le jour suivant, il occupa les positions que je lui avais indiquées, aux abords immédiats de la maison d'Emilio Cabrera. Les effectifs de Paco Cabrera Pupo se trouvaient encore à Santo Domingo et ils se déplacèrent en aval pour s'installer à Casa de Piedra.

Dans le message à Paz du 8 mai (document p. 295) j'avais résumé les autres positions défensives adoptées sur les accès les plus directs à la zone de La Plata. De par sa situation et les installations qui y avaient été créées, j'avais décidé qu'elle était l'axe central de la défense. « À Providencia, Eddy Suñol assurera la première résistance et freinera l'ennemi jusqu'à la maison de Piedra. Arrivé à cet endroit, Suñol se repliera et c'est le peloton de Paco qui défendra le chemin de Santo Domingo. [...] Lalo

Sardiñas protégera l'entrée de Lirios et de Loma Azul et nous nous occuperons de celle de La Plata... »

Avec ces dispositions, tous les principaux accès à la zone de La Plata étaient donc couverts depuis le nord-est. La voie possible de pénétration à partir de Minas de Bueycito serait défendue par les hommes de Ramiro Valdés et par les renforts du Troisième front commandés par Guillermo. Pour le sud, j'envoyai cette même nuit le soutien d'un groupe de combattants à Paz. Je transmis l'ordre à Crescencio et à ses effectifs de harceler l'ennemi qui aurait débarqué à El Macho. Dans le secteur Nord-Ouest, les positions qui avaient été désignées depuis la fin avril furent maintenues.

Le 9 mai, les bombardements et le mitraillage aérien redoublèrent d'intensité. La frégate qui mouillait au large de la côte actionnait ses canons en concentrant ses tirs sur le bassin du fleuve La Plata. Le lendemain, j'appris que le débarquement annoncé le 8 n'avait jamais eu lieu. Fausse alerte... Je décidai aussitôt de réorganiser nos forces. Le peloton de Cuevas qui se trouvait avec l'escouade de Marcos Borrero passerait à Mompié, sur le terrain de la Maestra. Il attendrait, en réserve, de se déplacer dans la direction nécessaire. L'escouade d'Álamo, qui se trouvait avec Angelito Verdecia sur le chemin entre Cerro et Las Mercedes, se positionnerait à El Toro, à mi-chemin entre Mompié et Casa de Piedra, pour se tenir disponible elle aussi. L'escouade de Raúl Castro Mercader, qui était sur le chemin d'El Jibaro avec celle de Blas González, monterait au-dessus de Las Mercedes sur le chemin menant à Gabiro et San Lorenzo. Marcos Borrero et Blas González resteraient sur leurs positions respectives.

Ces deux dirigeants allaient être remplacés avant le début de l'offensive par Horacio Rodríguez et Alfonso Zayas. Angelito Verdecia passa deux jours plus tard à une position plus favorable sur le même chemin, sur le coteau de La Herradura. Le reste des effectifs de Crescencio restèrent sur leurs positions : ils protégeaient les accès depuis Cienaguilla.

Dans le secteur Nord-Est, Suñol demeurait à Providencia, Lalo Sardiñas à Los Lirios et les hommes de Guillermo et Ramiro dans la région de Minas de Bueycito, pendant que l'escouade de Paco Cabrera Pupo, qui stationnait depuis deux jours à Casa de Piedra, gagnerait les hauteurs de la Maestra, entre Santo Domingo et La Plata. Selon les circonstances, elle pourrait servir de réserve également. Ces effectifs restèrent quelques jours de plus à Casa de Piedra jusqu'à ce que Paco occupe sa nouvelle position avec une partie de ses hommes, alors que l'autre restait en place sous le commandement de Félix Duque.

Au sud, Manuel Acuña devait attendre à El Macho avec les effectifs de la colonne 7 qui y avaient été envoyés, René Rodríguez et Pedrito seraient à l'embouchure de La Plata et Ramón Paz sur le fleuve Palma Mocha.

Dans le message par lequel j'informai Celia de ces nouvelles dispositions, je lui demandai de faire savoir au Che – et j'insistai pour qu'il transmette la directive à tous nos officiers – que, « pour chaque chemin que puisse emprunter l'ennemi, il fallait préparer au moins vingt lignes défensives ». J'indiquai aussi : « La gestion du matériel, des chaussures et vêtements doit continuer à être assurée jusqu'au dernier moment. Avec le temps que nous avons gagné, notre position est bien meilleure. »

Le jour suivant, j'écrivis à Celia Sánchez, toujours depuis Mompié : « De toute façon, je ne considère pas que nous gaspillons de l'énergie parce que nous avançons les préparatifs. En outre, cela nous arrange de disposer d'un temps minimum pour finir ce que nous avons commencé, entre autres, le téléphone. [...] Nonobstant la fausse alerte, tout le monde doit rester sur le qui-vive pour qu'ils ne puissent pas nous prendre par surprise. »

À partir de ce moment-là, effectivement, nous nous tenions prêts au combat. Nous avons accéléré tous les préparatifs de la défense du territoire. Le Che parcourut les positions du secteur pour instruire directement les chefs de chaque troupe. Les nouvelles des mouvements des forces ennemies, ainsi que de l'occupation de divers postes, se multipliaient, toutes sans fondement. Une autre information, à laquelle nous avons accordé peu de crédit au début, faisait état de l'atterrissage d'un petit avion, le 10 mai, sur notre piste flambant neuve de Manacas. Cette fois, c'était bien vrai. Le 12 mai, lorsque la nouvelle fut confirmée, je donnai des instructions à Crespo pour qu'il commence aussi à fabriquer des bombes qui pourraient être lancées par avion. J'écrivis au Che: «Étant donné qu'un premier avion a déjà atterri et qu'il faut absolument maintenir cette voie ouverte le plus longtemps possible, en dehors d'utiliser la piste pour des actions défensives, cette zone revêt la plus grande importance pour nous et il faut absolument la défendre.»

Je renforçai les effectifs d'El Macho avec l'escouade de réserve d'Álamo et adjoignis aux positions de l'embouchure une mitrailleuse calibre 50 – celle de Braulio Curuneaux[1] – et un mortier. J'envoyai Paz vers la plage d'Ocujal, muni lui aussi d'une mitrailleuse calibre 50, celle de Rafael Albis Ochoa, dit Albio, et de Fidel Vargas. Il devait couvrir les autres points à proximité des lieux où aurait pu s'effectuer un débarquement. Ainsi, tous les accès depuis la mer étaient protégés, sauf l'embouchure des fleuves Palma Mocha et La Magdalena: à ce moment-là, je ne disposais tout simplement pas des effectifs nécessaires. Les pluies incessantes qui tombaient alors m'obligèrent à remettre au 13 ma reconnaissance de ces positions. À cause du mauvais temps, il me fallut trois jours pleins!

Après cette étude de nos diverses positions, je modifiai un peu la distribution de nos forces sur la côte. Pour appuyer encore

1. Bien que l'on ait écrit Coroneaux dans la presse et dans quelques livres, le nom qui figure dans sa signature et sur son acte de naissance est bien Curuneaux.

plus la protection de l'embouchure de La Plata, j'y envoyai une escouade d'Álamo, et je laissai les effectifs de Crescencio à El Macho, effectifs augmentés et placés sous les ordres de René Fiallo et de Raúl Podio, cependant que Manuel Acuña retournait couvrir l'embouchure du fleuve Macío. Ainsi, le bassin de La Plata s'était converti en une véritable forteresse qui pouvait non seulement empêcher le débarquement de l'ennemi, mais aussi constituer une force de résistance le long du fleuve au cas où les soldats arriveraient à avancer sur terre.

Mon unique préoccupation dans ce secteur restait l'embouchure du fleuve Palma Mocha où, quelques jours plus tard, nous parvînmes finalement à dépêcher une escouade commandée par Vivino Teruel.

Nous étions convaincus que nous pourrions résister à l'ennemi. Pour cela, notre stratégie ne variait pas : nous devions défendre notre territoire de base et les principales installations qui y avaient été créées – Radio Rebelle, la piste d'atterrissage, l'armurerie, les hôpitaux, les ateliers de confection, l'entreprise de salaison, la prison et l'École des recrues. La propre dynamique de notre résistance de fer, concentrée sur le noyau central de notre territoire, aurait deux effets : d'une part l'affaiblissement de l'ennemi et la perte de son initiative dans l'offensive, d'autre part la concentration de nos forces. Les conditions seraient alors créées pour nous permettre, après un certain laps de temps – que nous avions évalué à trois jours –, de lancer la contre-offensive, et vaincre, capturer ou expulser l'ennemi de la montagne (carte p. 354).

Le 25 avril, j'avais envoyé un message à Faustino Pérez pour lui faire part de mon état d'esprit... et de ma détermination : « Nous nous préparons à affronter l'offensive de la dictature dans les prochaines semaines. La mettre en déroute est une question de vie ou de mort. Le Mouvement doit avoir conscience de cette réalité et concentrer ses efforts pour défendre cette tranchée. Le moral de nos troupes est au plus haut ; nous sommes sûrs que nous résisterons et nous attendons impatiemment que l'avancée commence. »

À la mi-mai, dans une émission de Radio Rebelle, nous disions ce qui suit à propos des préparatifs de l'ennemi et de notre position de combat :

« Le Commandement général rebelle se tient informé des mouvements ennemis dans tous leurs détails. [...] Le peuple de Cuba sera informé, point par point, du déroulement des opérations. Nous sommes à la veille de la bataille la plus violente de l'histoire de la République. Après l'épisode de la grève générale, la dictature, emportée par son optimisme, croit qu'elle va trouver les partisans de la Révolution plongés dans le découragement. Nous qui sommes des vétérans de cette lutte si inégale, nous qui, autrefois, n'étions qu'une poignée insignifiante d'hommes sans armes et sans munitions ; nous qui connaissons ces montagnes sur le bout des doigts, nous qui savons quel genre d'hommes nous comptons, nous qui connaissons le courage de chaque combattant et la compétence de chaque commandant, de chaque capitaine rebelle, nous avons l'esprit tranquille.

» Chacun de nous sait que, même si nous mourons tous, jusqu'au dernier, le fusil à la main, ce sera une victoire. Ce sera un exemple impérissable pour les générations à venir. Cela ravivera dans notre patrie les grandes épopées de l'Histoire. Nous avons eu l'orgueil de jouir de la liberté, les armes à la main : ils se trompent, ceux qui croient que nous pourrions nous rendre et accepter, soumis et honteux, le joug de l'oppression ! Quelle sottise de se faire des illusions, face à une légion d'hommes qui ont vaincu soixante-dix fois l'ennemi sur les champs de bataille ! On nous propose de déposer les armes, nous n'avons qu'une réponse : qu'ils déclenchent l'attaque ! Il est l'heure de combattre, pas d'implorer une reddition. »

Le 25 mai, à Las Vegas de Jibacoa, eut lieu la première réunion avec les paysans en territoire rebelle. Ce jour-là, nous discutâmes avec tous les habitants de la zone, et de nombreux quartiers proches, des mesures à prendre pour assurer la récolte du café et organiser le reste de l'activité économique. C'était important à cause du blocus imposé à la Sierra par l'ennemi et de l'imminence de l'offensive. Le même jour, très près du lieu de notre réunion, commença la bataille que nous appelions de nos vœux et que nous avions préparée avec tant de soin, sûrs de notre victoire.

3

L'occupation de Las Mercedes

MAI 1958						
DIM	LUN	MAR	MER	JEU	VEN	SAM
--	--	--	--	1	2	3
4	5	6	7	8	9	10
11	12	13	14	15	16	17
18	19	20	21	22	23	24
25	26	27	28	29	30	31

Le 25 mai 1958, l'ennemi déclencha la première phase de son attaque (carte p. 356). Ce jour-là, sous les ordres du commandant Pablo Corzo, le bataillon 17 quitta sa base de Cerro Pelado, renforcé par la compagnie 81 du bataillon 20. Direction Las Mercedes. C'est dans ce hameau que débuta la grande offensive contre nous. C'est aussi là que prendrait fin cette opération, soixante-quatorze jours plus tard, par une victoire éclatante de l'Armée rebelle.

Ce premier combat constitue un exemple typique de notre stratégie de défense. De par son nombre et sa puissance de tir, infiniment supérieurs, notre adversaire a fini en effet par atteindre son objectif immédiat : il a pu occuper le terrain... Oui, mais seulement après avoir dû vaincre une résistance tenace qui ralentit son avancée, chamboula ses plans, commença à détériorer sa puissance et démontra le moral d'acier du combattant rebelle.

Las Mercedes, dans le nord-est de notre territoire central, n'avait pour protection qu'une seule escouade rebelle, à peine plus d'une douzaine d'hommes commandés par le capitaine

Angel Verdecia, Angelito. Ce groupe maîtrisait le terrain à l'arrière, sur la colline de La Herradura, entre Las Mercedes et Sao Grande, couvrant notamment le chemin qui conduisait au village. Il allait résister, seul, pendant tout un après-midi.

Dès les premières heures de la matinée, l'aviation ennemie commença à bombarder et à mitrailler avec intensité toute la zone proche du chemin du Cerro. Elle concentra ses tirs sur le flanc et la colline de La Herradura. Pour la première fois, les avions T-33 à rétropropulsion entraient en action contre les rebelles. Ils avaient été livrés à Batista par les États-Unis quelques semaines auparavant. Sur le relief peu accidenté de Las Mercedes, ils pouvaient opérer avec facilité et en totale sécurité.

Peu avant midi, les forces du bataillon 17 entamèrent leur avancée depuis El Cerro, une partie à pied, une autre en camion. Elles étaient accompagnées par cinq chars de combat rapides T-17 de la compagnie C du Régiment mixte 10 Mars. Sur cette première partie du trajet, il ne se passa pas grand-chose. Certains que l'attaque aérienne intensive avait détruit les positions défensives rebelles, les soldats progressaient lentement, prenant d'extrêmes précautions, tirant sans cesse pour signaler leur présence. Ils traversèrent ainsi l'Arroyón, appelé aussi la rivière Caney, où commence maintenant le terrain de la Cité scolaire Camilo Cienfuegos. Peu après, ils dépassèrent le hameau Sao Grande. Face à eux, à un peu plus d'un kilomètre, se dressait la colline de La Herradura, longue terre peu élevée qui s'étend en arc de cercle d'est en ouest, tel un gardien jaloux de Las Mercedes et de la Sierra Maestra.

L'avant-garde ennemie poursuivit son avancée le long du chemin et sur chaque côté. En l'absence de tout signe de la présence des rebelles, les soldats étaient déjà presque persuadés que deux ou trois heures de marche facile, tout au plus, les séparaient de leur objectif. C'est alors qu'Angelito donna l'ordre d'ouvrir le feu : nos ennemis se trouvaient à moins de deux cents mètres de leur but.

La surprise les paralysa pendant un bon moment. En gérant intelligemment ses tirs, l'escouade rebelle combattit pendant tout le reste de l'après-midi. Seul le déploiement de nos adversaires en un large front sur le flanc de la colline – qui était couverte, comme elle l'est encore maintenant, de pâturages et de rangées de guazumas[1] – obligea le capitaine rebelle à ordonner la retraite. Il était aux alentours de 17 heures.

Nos combattants occupèrent alors une seconde position défensive derrière le cimetière, entre La Herradura et le village. L'escouade d'Angelito avait dissimulé une mine de cinquante livres d'explosifs sur le chemin : elle sauta dans les rangs ennemis, un peu avant que la nuit tombe, alors que les premiers hommes commençaient à descendre. La détonation ajouta de nouvelles pertes à celles qu'ils avaient déjà subies pendant le combat et les stoppa net. Pendant la nuit, les soldats campèrent sur le terrain et sur le flanc intérieur de la colline, à quelque quatre cents mètres de la seconde position rebelle.

Toute la journée, les forces rebelles, positionnées sur les hauteurs de Las Caobas et d'El Moro, de l'autre côté de Las Mercedes, sous le commandement des officiers Horacio Rodríguez et Raúl Castro Mercarder, avaient observé le déroulement du combat. Les deux chefs avaient reçu l'ordre express de ne pas intervenir, sauf si l'ennemi parvenait à déloger l'escouade d'Angelito Verdecia et continuait son avancée. Ces deux modestes pelotons avaient pour mission de défendre d'importants accès à l'intérieur du territoire rebelle.

Il faut dire que cette stratégie n'était pas parfaitement comprise par tous les combattants rebelles, ni par la plupart de nos chefs, à ce moment-là. Dans l'esprit d'un grand nombre d'entre eux, il n'y avait qu'une chose à faire : opposer toutes les ressources humaines dont nous disposions pour offrir la plus grande

1. Arbre qui peut atteindre vingt-cinq mètres de hauteur et dont les ramifications s'étendent depuis la base du tronc.

résistance possible et contenir l'ennemi là où il concentrait son attaque. D'autre part, il faut reconnaître qu'il n'était pas facile, pour un soldat rebelle, solidaire et désireux de prendre part à la lutte, de regarder ses compagnons se battre avec bravoure sans accourir à leur aide. Ainsi à Las Mercedes, de nombreux membres des pelotons d'Horacio et de Castro Mercarder supportaient mal que les hommes d'Angelito Verdecia luttent durement à quelques centaines de mètres de leurs positions et soient finalement obligés de reculer, alors qu'eux-mêmes restaient inactifs. Il faut se mettre à leur place pour comprendre que c'est au prix d'un grand effort de volonté et de discipline qu'ils obéirent à l'ordre qu'ils avaient reçu de leurs chefs.

Ce même après-midi, pendant qu'Angelito se battait à La Herradura, se tenait la première réunion des paysans de la Sierra Maestra à Las Vegas de Jibacoa. Nous nous trouvions à quinze kilomètres de nos compagnons, mais j'ai quand même tout su du déroulement des opérations, heure par heure, grâce aux rapports que m'envoyait Horacio. Ses messages me permirent d'élaborer l'exposé sur le combat qui fut diffusé sur Radio Rebelle le jour suivant, dans le premier des nombreux rapports de guerre que nous avons émis systématiquement pendant toute l'offensive ennemie.

Cette nuit-là, Raúl Castro Mercader envoya cinq combattants de son peloton entrer en contact avec Angelito dans le cimetière de Las Mercedes. Ces hommes restèrent avec le groupe le lendemain et luttèrent à ses côtés. Certes, je fus contrarié d'apprendre que ces compagnons avaient combattu avec des fusils Mendoza alors qu'ils avaient très peu de munitions. Le Che m'expliqua qu'il avait pris lui-même la décision de leur donner ces fusils: comme il fallait les armer avant de tirer, ils ne dépenseraient pas autant de munitions qu'avec un semi-automatique. Par ailleurs, dans le peloton de Raúl Castro Mercader, d'autres hommes étaient équipés d'un mécanisme similaire, mais mieux pourvus en munitions.

À l'aube du 26 mai, la bataille reprit. L'ennemi se déploya en direction du cimetière. Encore une fois, la poignée de combattants menés par Angelito lutta avec ténacité. Ils ne se replièrent qu'au dernier moment, menacés de se voir encerclés par les forces adverses, en supériorité numérique et aidées dans leur déplacement par le faible relief et l'ouverture du terrain. Le capitaine rebelle ordonna alors d'occuper une troisième ligne de défense. Il plaça le gros de sa troupe à l'entrée du hameau, sur la rive gauche du fleuve Jibacoa, tandis qu'un autre petit groupe se portait sur la plus haute des collines, sur la rive droite, en face du village, quelques centaines de mètres derrière le cimetière.

En dépit de ses efforts et de sa puissance, à 14 h 30, l'ennemi n'était pas encore parvenu à traverser le fleuve. Il n'entra à Las Mercedes qu'à 15 heures. Angelito ordonna alors la retraite et ses hommes se replièrent sans désordre jusqu'aux contreforts d'El Moro. Ils y rejoignirent la troupe du capitaine Raúl Castro Mercader et ils continuèrent à affronter l'ennemi. L'aviation refit alors son apparition et le bombardement des mortiers reprit. Deux des chars de combat rapides repartirent à l'avant-garde. Finalement, devant le harcèlement continu de l'aviation, les hommes des capitaines Verdecia et Castro Mercader se retirèrent vers El Gurugú, où était posté Alfonso Zayas. Alors que la nuit tombait, l'ennemi n'était parvenu qu'à occuper Las Mercedes.

Pour nous, il ne s'agissait pas pour autant d'une défaite : un bataillon entier, armé de mortiers et d'armes automatiques, soutenu par des chars de combat et des avions, avait dû combattre pendant près de trente heures contre moins d'une vingtaine d'hommes équipés de simples fusils et pourvus d'un nombre plus que limité de munitions.

L'escouade rebelle ne souffrit aucune perte dans cette action, bien qu'on ait annoncé au début qu'il y avait eu un blessé. À part trois ou quatre combattants qui gagnèrent les positions d'Horacio Rodríguez, l'essentiel de la troupe se retira sur les hauteurs d'El Moro et rejoignit le peloton de Raúl Castro Mercader. Ce jour-là, avec Celia et un petit groupe de compagnons, je retrouvai Horacio, au-dessus de Las Mercedes, pour observer le déroulement du combat. Je pus ainsi constater l'extraordinaire résistance qu'opposa la douzaine d'hommes d'Angelito. Le rapport diffusé par Radio Rebelle le jour suivant, que je rédigeai et signai, incluait une mention spéciale bien méritée, « pour son courage extraordinaire », au capitaine Angelito Verdecia et aux combattants qu'il commandait : « En dépit de l'extraordinaire supériorité numérique, la qualité d'armement et l'appui aérien dont ont bénéficié les forces ennemies, nos hommes ont écrit une page d'un héroïsme particulier. »

La veille, lorsque nous avions rapporté la première journée de combat, nous avions affirmé, avec une vision prémonitoire, que la résistance que nous opposions à Las Mercedes était « le symbole de ce que sera la Sierra Maestra pour les soldats mercenaires de la tyrannie ». Et nous avions ajouté ceci : « Le haut commandement ennemi est déconcerté par les hypothèses tactiques de nos forces. Ils ignorent si nous défendrons le terrain pouce par pouce ou si nous les laisserons pénétrer jusqu'aux points les plus stratégiques de nos défenses. Hier, premier jour de combat important, on pouvait observer un enthousiasme fébrile et enflammé chez tous les hommes du front révolutionnaire et dans le peuple qui lutte à nos côtés. Un minimum seulement de nos forces est entré en action. Il est difficile de contenir l'impétuosité de ceux qui restent en réserve ou en manœuvre lorsqu'ils entendent les tirs de leurs compagnons depuis la première ligne. Nous devons continuellement leur expliquer que la guerre n'est pas seulement une question de bravoure, mais aussi une affaire de technique, de psychologie et d'intelligence.

» Ces hommes sont les mêmes que la dictature a invités, dans de ridicules proclamations, à rejoindre les casernes pour se soumettre au joug indigne de l'oppression. Nous sommes en train de leur apporter une réponse.

» Il y a des notions que ni les despotes ni leurs sbires ne peuvent comprendre. Ce n'est pas la même chose de combattre pour une solde, louer une personne pour un misérable tyranneau, charger un fusil pour une paie de vil mercenaire, et d'être un soldat d'un idéal patriotique. On peut parler à un mercenaire de la vie parce que sa vie lui importe plus que sa cause ; il se bat pour sa solde et s'il meurt, l'aiguillon qui le poussait disparaît avec sa vie. En ce qui concerne l'homme d'idéal, la vie ne lui importe pas. Ce qui lui importe, c'est son idéal : il ne touche pas d'argent, il supporte volontiers tous les sacrifices que lui impose une cause qu'il a embrassée avec désintéressement. Mourir n'a pas plus d'importance que vivre. Ce qui lui importe, c'est l'honneur, c'est la gloire, c'est le triomphe de sa cause.

» Ici, nos hommes savent qu'en donnant leur vie ils servent leur cause. Ils ont vu mourir nombre de leurs compagnons et ils connaissent le respect, l'affection, la loyauté et l'admiration avec lesquels on se souvient des héros morts au combat. Ils sont acquis à l'idée qu'un individu peut mourir, mais pas la cause qu'il défend. Dans l'idéal de la Révolution, ceux qui sont tombés continuent à vivre et tous ceux qui tomberont continueront à vivre eux aussi. L'idéal est une forme supérieure de la vie dans laquelle la mort individuelle ne compte pas.

» Je sais que ce qui préoccupe le plus les cadres de la dictature est la ténacité du soldat rebelle. Ils n'arrivent pas à la comprendre. Peut-être ai-je déjà expliqué leur inquiétude devant le fait que, malgré leurs avions, leurs tanks, leurs mortiers, leurs énormes moyens économiques, leurs réserves inépuisables de munitions et leurs milliers de mercenaires, ils n'arriveront pas à s'emparer d'une tranchée rebelle si nous ne voulons pas qu'ils la prennent. »

Nul doute que la résistance qu'opposa l'escouade rebelle d'Angelito Verdecia à Las Mercedes fut un symbole – elle couvrit de gloire et de prestige cet officier aguerri qui, quelques semaines plus tard, allait trouver la mort dans un combat inégal. Ce fut aussi une annonce claire de ce qui se produirait plus tard. Après ce combat à Las Mercedes, le Che m'informa avec satisfaction :

« Angelito, comme de juste, s'en est sorti sans encombre. » Notre plan avait parfaitement fonctionné.

Cette première résistance, à Las Mercedes, infligea un coup rude à l'ennemi sur le plan psychologique. Il y subit les premières pertes de son offensive. On ne put en déterminer le chiffre, mais elles furent nombreuses. Après le premier jour d'affrontement, Angelito Verdecia rapportait qu'il avait lui-même fait sept morts. Mais pour le commandement adverse, le plus grave fut de constater que les rebelles étaient capables de défendre une position avec succès et d'appliquer une tactique d'usure progressive.

Le 28 mai, l'état-major de l'Armée de la tyrannie publia un rapport officiel dans lequel, entre autres choses, était dit ceci : « Un contingent de l'Armée qui opérait à Cerro Pelado et Las Mercedes a eu un accrochage avec un groupe de hors-la-loi, en leur infligeant dix-huit morts et en leur prenant dix-huit fusils de chasse et des munitions. Nous continuons à poursuivre l'ennemi en fuite qui terrorise les paysans, vole leur bétail, brûle leurs récoltes et détruit leurs habitations et leur matériel de labour. »

Il s'agissait d'un mensonge éhonté, comme d'habitude. Nous n'avions pas essuyé la moindre perte. On ne nous avait pris aucune arme et personne ne nous poursuivait. Les rebelles n'avaient commis aucun des mauvais traitements qui étaient dénoncés. En revanche, il était certain que l'Armée, elle, avait perdu des hommes. Ce rapport constituait une tentative ridicule de dénigrer les combattants révolutionnaires en les appelant « les hors-la-loi ». En insistant sur le fait qu'ils combattaient avec des fusils de chasse, il s'agissait de nous présenter comme une bande désorganisée de délinquants et de voyous qui seraient aisément battus par les forces de l'ordre établi.

Le 29 mai, au micro de Radio Rebelle, je donnai la réponse suivante : « N'est-il pas ahurissant, chers auditeurs, d'entendre le rapport de l'état-major qui affirme qu'il a infligé dix-huit morts aux rebelles à Las Mercedes et que l'Armée poursuit les hors-la-loi ? Que vont penser les soldats de la dictature, ceux-là même qui ont participé au combat et qui savent bien que tout cela n'est que mensonge ? Comment avoir confiance en un commandement militaire qui ment de façon éhontée devant ses propres soldats ? Il n'y aurait rien d'étonnant à ce que, dans quelques jours, dix-huit malheureux paysans soient lâchement assassinés pour justifier le communiqué de l'état-major, comme c'est arrivé maintes fois. On n'arrive jamais à savoir s'ils mentent pour assassiner ou s'ils assassinent pour mentir; s'ils sont plus hypocrites qu'assassins ou plus assassins qu'hypocrites. »

Pour souligner encore davantage la différence entre la véracité de nos communiqués et les mensonges des communiqués ennemis, je donnai instruction aux speakers de Radio Rebelle de conclure chacune de leurs retransmissions par la lecture de ce paragraphe que je leur avais préparé : « Les nouvelles de Radio Rebelle sont strictement conformes à la vérité. Nous les transmettons à mesure que nous les recevons officiellement ou de sources dignes de foi. Nous ne cachons pas nos pertes parce que ce sont des pertes glorieuses. Nous n'exagérons pas celles de l'ennemi parce qu'on ne défend pas la cause de la liberté avec des mensonges, parce qu'on ne détruit pas ainsi les forces adverses. De plus, les hommes qui tombent en face de nous sont aussi des Cubains qu'un régime tyrannique et odieux sacrifie sur l'autel d'une cause ignoble et honteuse. »

Dès le début des combats, nous avions jugé important de tenir le peuple informé des faits réels. Il était aussi nécessaire de clarifier notre conduite vis-à-vis du soldat ennemi.

Après l'occupation de Las Mercedes, dans l'après-midi du 26 mai, la tyrannie chercha à consolider ses défenses et se consacra à son activité préférée : l'assassinat de paysans, l'incendie et la destruction de leurs habitations, le saccage de leurs biens. Comme nous le craignions, les crimes et abus dont elle nous accusait à Las Mercedes furent commis par ses troupes elles-mêmes.

En suivant la ligne de conduite criminelle à laquelle ils nous avaient déjà habitués, et cherchant peut-être à justifier les chiffres fabuleux des pertes rebelles dans le combat, les soldats calmèrent leur frustration et leur soif de sang en entamant une série d'assassinats parmi la population de la région. Voici un cas qui sert d'exemple ; il fut aussi dénoncé par Radio Rebelle, sur la base d'informations fournies par Horacio Rodríguez qui continua, pendant toute cette période, à nous envoyer constamment des nouvelles : « Ils ont émasculé le garçon qu'ils ont tué à Calambrosio. Ensuite, ils lui ont tiré quatre balles dans la poitrine et l'ont emmené sur le pont de Jibacoa. Là, ils l'ont mis en travers du pont et lui ont jeté trois pierres. Il s'appelait Telmo Rodríguez. Ils l'accusaient de collaborer avec les rebelles. »

La victime de ce crime, dont le nom complet était en réalité Telmo Márquez González, avait fait partie de la troupe d'Angelito Verdecia. Il se trouvait chez lui, en permission, quand il avait été surpris par les soldats. Il fut emmené, blessé mais encore vivant, à Jibacoa, où il subit des actes de torture avant d'être assassiné. Hélas, ce ne fut pas le seul crime perpétré à ce moment-là. Il y eut encore bien d'autres jours où l'Armée se comporta aussi sauvagement, et bien d'autres endroits de la Sierra où les soldats commirent des actes aussi barbares.

À part ces actions criminelles, l'unique incident notable les jours qui suivirent l'entrée des soldats à Las Mercedes fut l'explosion d'une jeep ennemie, près du Cerro, le 27 au matin, sur une mine posée par les rebelles. Elle provoqua au moins cinq pertes, dont peut-être quatre morts, parmi lesquels un officier. En réponse, les soldats continuèrent à assassiner des paysans et à incendier des maisons. Presque toutes les habitations situées le long du chemin entre le Cerro et Las Mercedes furent réduites en cendres, de même que celles de La Herradura, et quelques-unes dans le hameau de Las Mercedes.

À partir du jour de l'occupation de Las Mercedes, je passai une bonne partie de mon temps à instruire les chefs positionnés sur la seconde ligne de défense, en arrière du hameau. Il fallait leur indiquer les mesures à prendre pour protéger les deux directions principales que pourrait prendre l'ennemi pour pénétrer plus avant dans le territoire rebelle : soit en direction de Las Vegas de Jibacoa, via Las Caobas, La Güira, Los Isleños et El Mango, soit vers San Lorenzo via Gabiro et La Esmajagua. La première de ces directions se trouvait sous la garde de vingt combattants au total, placés sous les ordres d'Horacio Rodríguez et répartis depuis la colline de Las Caobas jusqu'à celle de Los Isleños. Une escouade dirigée par Marcos Borrero protégeait le chemin d'Arroyón par la zone de la colline de La Güira. Pour renforcer cette ligne, j'envoyai, dans la nuit du 28 mai, Andrés Cuevas avec son groupe. Ses combattants, en petit nombre mais disciplinés et aguerris, se positionnèrent eux aussi dans la zone de Las Caobas. La deuxième direction était surveillée depuis El Moro par le petit peloton commandé par Raúl Castro Mercader, qui avait reçu le renfort de quelques hommes d'Angelito Verdecia.

Même si, selon moi, l'ennemi risquait moins de choisir le chemin de Las Vegas[1] pour son avancée ultérieure dans le territoire rebelle, c'était celui qui me préoccupait le plus. De par ses conditions topographiques, cette voie se prêtait mieux à un déploiement des troupes. Il était donc nécessaire d'établir une meilleure répartition des maigres forces dont nous disposions sur ce front. Par ailleurs, même s'il n'y avait aucune raison de douter de la capacité combative d'Horacio Rodríguez, il n'avait pas une grande expérience. J'avais quand même décidé de le laisser là-bas pour ne pas avoir à réaliser des mouvements de troupes

1. Il s'agit toujours de Las Vegas de Jibacoa, un village perché dans les collines au nord de Mompié.

dans une situation aussi mal engagée où l'ennemi pouvait lancer une attaque à tout moment.

En ce qui concerne Horacio, je m'attachai à l'instruire en détail. Le jour de l'occupation définitive de Las Mercedes par l'ennemi, je lui envoyai des indications précises pour que ses soldats construisent des tranchées profondes et disposées sur les trois points les plus stratégiques de cette zone, à savoir sur la colline de Las Caobas, à la sortie du chemin d'Arroyón et sur la colline de Los Isleños, sur l'arrière-garde des positions rebelles. Dans ce même message, je lui recommandai d'installer la cuisine dans une maison de paysan en arrière des lignes : il était important que ses hommes puissent manger quelque chose de chaud pendant qu'ils seraient cantonnés là-bas. Je lui fis aussi parvenir un détonateur et un peu de câble pour une mine.

Je renouvelai mes recommandations à tous les chefs de peloton et d'escouade sur l'économie de munitions. Le jour où j'étais descendu à proximité de Las Mercedes, pas loin de l'endroit où fut livré le premier combat de l'offensive ennemie, je m'étais rendu compte que quelques-uns de nos compagnons n'avaient pas une conscience très claire de l'impérieuse nécessité d'économiser les balles. Le gaspillage des munitions que nous avions obtenues au prix de tant de sacrifices et d'efforts figurait parmi les choses qui m'indignaient le plus et je n'ai cessé de rappeler les hommes à l'ordre sur ce sujet, pendant tout le temps que dura la guerre. Le pauvre Horacio, qui n'était pas le principal responsable du gâchis que j'avais constaté, reçut ce message de ma part : « L'ordre le plus important que je dois te donner est d'économiser les balles à tout prix. Il existe un ennemi pire que l'Armée, actuellement : ce sont les imbéciles qui tirent des balles pour rien. »

Dans la nuit du 27 mai, au lendemain, donc, de l'occupation de Las Mercedes par l'ennemi, je pris aussi des décisions concernant l'autre direction possible pour l'Armée, celle de San

Lorenzo. Je fis reculer la position de Raúl Castro Mercader sur la colline d'El Moro. La présence des soldats dans le hameau de Las Mercedes et leur contrôle du chemin vers Bajo Largo et La Montería créaient une menace pour les forces de la colline d'El Moro qui pouvaient être attaquées. D'autre part, des informations avaient filtré sur la position des rebelles : à cause de leur proximité des lignes ennemies à Las Mercedes, on pouvait supposer que les soldats essaieraient de les déloger ou de les liquider par un tir d'artillerie ou de mortiers. Aussi, il était préférable de les déplacer vers un point adéquat sur le même chemin de San Lorenzo, et d'y préparer une bonne ligne défensive. Nous décidâmes de situer ce point sur le flanc de la colline d'El Gurugú, à deux kilomètres de Las Mercedes, et j'y disposai le peloton de Castro Mercader.

Dans l'après-midi du 28 mai, les soldats commencèrent en effet à bombarder la colline d'El Moro avec les mortiers. Ils l'occupèrent en peu de temps. Dès que la position fut gagnée, sans avoir rencontré de résistance rebelle, la première mesure prise par le bataillon fut de brûler les trois maisons situées sur la colline.

Ce même jour, en même temps que les instructions que je donnai sur les deux directions principales que l'ennemi pourrait emprunter, je décidai de renforcer un troisième chemin qui montait à Minas de Frío depuis Las Mercedes en passant par Purgatorio. Cette position avait une importance relative car les soldats auraient du mal à passer par ce sentier pendant que les forces rebelles se maintenaient sur le chemin de San Lorenzo. Et même si l'ennemi se retirait, l'avancée dans cette direction resterait la plus logique. Il pouvait encore tenter une infiltration-surprise par ce chemin, ou une manœuvre de diversion ou d'attaque d'une de nos positions principales. C'est pourquoi je ne voulais pas « renoncer à prendre la moindre précaution ». Je l'écrivis ce jour-là au lieutenant Laferté, et en même temps je l'informai que j'allais choisir des hommes et un chef à l'École de recrues pour former ce groupe.

Pour donner une idée approximative de la maigre capacité de nos réserves en hommes et en armes à ce moment-là, il suffit de dire que j'assignai à cette position quatre compagnons : deux qui venaient de l'escouade de Cuevas, armés de leur fusil, et deux autres issus de l'École de recrues, que j'équipai d'un fusil 30.06 avec un canon scié en provenance d'un de nos campements de la Maestra, un fusil fabriqué avec des pièces d'un Springfield défectueux et d'un autre rifle qu'on avait trouvé. J'informai le Che de la constitution de cette troupe avec un optimisme caractérisé : « Ils pourront au moins résister avec de bonnes tranchées pendant que nous leur enverrons des renforts. »

Le fait de dominer ce troisième chemin présentait un autre avantage : il permettait de l'utiliser de façon offensive pour atteindre l'arrière-garde de l'ennemi, une fois qu'il aurait commencé son avancée vers San Lorenzo. Convaincu qu'il s'agirait d'un des itinéraires empruntés par les soldats, j'insistai sur la nécessité de le protéger convenablement. Dans ce but, je proposai au Che d'envoyer quarante à cinquante recrues de Minas de Frío pour travailler à l'amélioration des fortifications dans cette direction. J'insistai de la même façon auprès d'Horacio. Le 1er juin, je lui écrivis : « Surtout, creuse des fosses plus ou moins tous les cinquante mètres, sur le chemin de la retraite, pour vous protéger des avions. Beaucoup de trous et beaucoup de fortifications ! »

Horacio m'avait déjà certifié, deux jours plus tôt, qu'il prenait les mesures nécessaires sur le chemin de Las Vegas pour empêcher le passage des tanks de combat rapide et des camions ennemis.

Je me trouvais alors dans l'attente de la livraison imminente d'une cargaison d'armes : elle devait arriver sur la piste de Manacas, notre point Alfa, d'après les codes que nous utilisions dans nos communications avec l'étranger par Radio Rebelle. Ce vol atterrit en effet le 29 mai, en provenance de Miami. Pedro Luis Díaz Lanz pilotait le petit avion, accompagné dans cette expédition par le journaliste Carlos Franqui, qui resta avec nous lorsque l'appareil redécolla, le même jour, pour la Jamaïque.

Le 29 mai, tout le secteur Nord-Ouest du front rebelle était protégé par les forces d'Horacio Rodríguez et de Raúl Castro Mercader. Ils avaient pris place sur les deux accès principaux de la Maestra depuis Las Mercedes avec leurs propres renforts, plus une petite escouade sur l'accès secondaire du chemin de Purgatorio. Plus à l'ouest, le Che avait redistribué les forces disponibles qui appartenaient presque toutes à la colonne 7 de Crescencio Pérez : d'abord un peloton de vingt-neuf hommes, avec de nouvelles armes, sous les ordres de César Suárez, avait été réparti entre Cienaguilla et Aguacate dans une direction que pourrait utiliser l'ennemi pour atteindre La Habanita en passant par Los Ranchos de Gua ; ensuite un autre groupe de vingt-sept combattants armés de huit ou dix fusils, sous les ordres de Mongo Marrero et d'Angelito Frías, à El Porvenir, allait protéger un autre chemin d'accès à La Habanita, en passant par Aguacate et Pozo Azul. Ce groupe aurait aussi pour mission de défendre les installations de l'hôpital rebelle du docteur René Vallejo. Enfin, sur la zone de Cupeyal et Puercas Gordas, d'autres escouades étaient postées. Elles devaient, si nécessaire, se retirer vers La Habanita, par le chemin de Tío Luque. L'accès entre El Jíbaro à La Montería était couvert par la petite troupe dont le commandement avait été confié à Alfonso Zayas. Un peu plus bas, en direction de Purial de Jibacoa, les positions étaient occupées par l'escouade de Ramón Fiallo.

Dans la nuit du 29 mai, une mine posée par l'escouade d'Eddy Suñol, postée à l'entrée de Providencia, dans le secteur Nord-Est du front, éclata à La Cantera, près d'Estrada. Elle fit exploser un camion plein de soldats ennemis. Suñol nous informa que la déflagration avait fait huit morts, dont un officier, et dix blessés. Même si ces chiffres étaient exagérés, l'effet des mines rebelles commençait à se faire sentir de façon significative dans les rangs adverses.

Il n'y eut pas d'autre incident majeur dans tout le secteur à la fin du mois de mai. Il tomba des pluies diluviennes... L'ennemi fortifiait ses positions à Las Mercedes et aux alentours. En guise d'offensive, il se contentait de tirs de mortiers vers ce qu'il présumait être les positions rebelles. Il faisait aussi quelques incursions près du périmètre de notre campement. Au cours de l'une d'elles, une patrouille de soldats à cheval passa à quelques mètres seulement de l'escouade de Marcos Borrero, à La Güira. Le chef rebelle ordonna à ses hommes de ne pas tirer et laissa passer l'occasion d'infliger quelques pertes à l'ennemi. Je ne peux toujours pas me l'expliquer...

Lorsque je l'appris, le 1er juin, j'ordonnai aussitôt le remplacement de Marcos Borrero, d'abord par le capitaine Fernando Basante, puis par le combattant Aeropagito Montero, qui fut promu lieutenant. J'en profitai pour confirmer de façon explicite l'ordre que j'avais déjà donné : « Si [les soldats] s'approchent suffisamment pour qu'on leur inflige quelques pertes, il faut tirer sur eux et récupérer leurs armes. »

Ce fut aussi au cours des derniers jours de mai que l'Armée ennemie posta des forces importantes à Cayo Espino, Purial de Jibacoa et Cienaguilla. Il s'agissait de compagnies appartenant aux bataillons 12 et 13, sous les ordres des capitaines Pedraja Padrón et José Triana Tarrau. Le renforcement de la ligne Cayo Espino-Purial, surtout, nous laissa à penser qu'un pas avait été franchi pour le lancement d'une seconde attaque ennemie vers La Habanita, même si nous étions persuadés que le coup principal dans ce secteur du front Nord-Est serait porté depuis Las Mercedes vers San Lorenzo. À ce moment-là, le bataillon 19 n'était pas encore arrivé dans la zone d'Arroyón, ce qui allait, nous le verrons plus tard, modifier notre appréciation de la stratégie.

En prévision de cette éventualité, je rencontrai le Che, le 1er juin, pour élaborer la meilleure tactique à adopter avec les forces de la colonne 7 au cas où les soldats occuperaient La Habanita. J'indiquai qu'il faudrait donner l'ordre à Crescencio de regrouper ses troupes de l'autre côté des lignes ennemies et de maintenir un harcèlement constant de ses services d'approvisionnement et de l'arrière-garde dans tout le secteur occidental: la partie extrême ouest de notre front, en effet, ne pouvait pas soutenir une défense du territoire rebelle, à la différence de la partie centrale où nous avions concentré nos forces les plus aguerries et les mieux armées. Malgré cela, j'étais convaincu que, le moment venu, les hommes se battraient avec la même détermination que celle qu'avait montrée l'escouade d'Angelito Verdecia à Las Mercedes. J'étais sûr que l'ennemi aurait beaucoup de difficultés à atteindre la Maestra par cette zone. Cependant, il fallait prévoir toutes les hypothèses possibles. Au cas où la résistance rebelle serait vaincue dans ce secteur, la colonne 7 agirait sur l'arrière-garde de l'ennemi. Certes, elle le ferait dans des conditions très difficiles et devrait s'appuyer sur la participation de paysans de la région. Mais s'ils se comportaient sans hésitation et avec intelligence, ils perturberaient suffisamment l'ennemi et lui porteraient même des coups puissants.

À la même époque, la presse nord-américaine publia une interview accordée par le dictateur Fulgencio Batista. Entre autres mensonges, insanités et déclarations infondées, celui-ci affirmait qu'au cours des derniers combats, l'Armée avait saisi « un drapeau de la Chine communiste et des douilles de fabrication russe ».

En réponse à cette déclaration, Radio Rebelle fit le commentaire suivant: « D'ici peu, selon Batista, Chou En-Lai[1] et Mao Tsé-toung dirigeront les manœuvres de notre Armée. Pauvre petit dictateur, chaque jour plus misérable, plus ridicule, plus timbré ! »

Pour commémorer le premier anniversaire du combat d'Uvero[2], Radio Rebelle transmit un programme qui se terminait ainsi :

---

1. Chou En-Lai (1893-1978), cofondateur avec Mao Tsé-toung du Parti communiste chinois.

2. Lire note 1 page 2.

« Si la différence en équipement militaire et en ressources est très grande, les adversaires les plus acharnés ne pourront que reconnaître la qualité humaine exceptionnelle de nos hommes qui, sans être d'un sang différent ni d'une nationalité différente de ceux qui luttent avec la dictature, démontrent de façon irréfutable que la morale, la justice d'une cause et l'idéal sont les facteurs décisifs dans une guerre.

» Le soldat de la dictature se bat bien quand il est entouré et attaqué, parce qu'on lui a fait croire que s'il est fait prisonnier, il subira les mêmes tortures et les mêmes horreurs que celles dont il a été témoin et qui sont infligées dans ses quartiers aux adversaires de la tyrannie. Quand un soldat de la tyrannie attaque, c'est avec une inefficacité incroyable parce qu'il ne combat pas pour sauver sa vie, mais parce qu'on le paie pour suivre des ordres, comme on achète une bête ou comme on acquiert un troupeau pour l'envoyer à l'abattoir où les usufruitiers de ce négoce font fortune.

» Le militaire cubain, qui est brave en tant qu'homme, en tant que soldat de la tyrannie qui a converti les Institutions armées en une clique au service de la pire cause, remplit un des rôles les plus tristes qu'on puisse jouer dans une guerre.

» En commémorant aujourd'hui le premier anniversaire du glorieux et héroïque combat d'Uvero, nous nous souvenons avec affection des héros qui sont tombés ce jour-là. Nous faisons le serment que nous saurons tous tomber avant de plier nos drapeaux auréolés de plus de soixante-dix combats victorieux. Nous envoyons un message au peuple pour lui rappeler que nous avons connu des jours pires, lorsque nous avions moins de munitions, moins d'armes et moins d'expérience, sans que nous nous départissions pour autant de notre courage, sans douter un seul instant de la victoire finale. »

Pendant les premiers jours de l'offensive, je me déplaçais surtout entre La Plata – où se trouvait l'émetteur de Radio

Rebelle – et Mompié, lieu central d'où je pouvais me tenir informé de tous les incidents arrivant dans les trois secteurs du front. Début juin, le téléphone était installé entre ces deux points, avec une liaison intermédiaire sur la colline de Jiménez, que les rebelles appelaient « *la tiendecita de la Maestra* »[1]. Nos techniciens de Radio Rebelle avaient même installé une espèce d'amplificateur qui permettait de donner suffisamment de volume à la voix du téléphone pour être captée par le micro de la radio. De cette manière, je pouvais communiquer avec l'étranger depuis Mompié ou Jiménez. Cependant, l'installation n'avait pas atteint Minas de Frío, qui avait une importance stratégique décisive et où se trouvait le poste de Commandement du Che pour le secteur Nord-Ouest. À moins que j'aille leur rendre visite moi-même, ma communication avec lui ou nos compagnons de l'École de recrues devait passer par l'intermédiaire de messagers. Le 3 juin, je me rendis à Las Minas pour constater quelle était leur situation et j'y restai vingt-quatre heures avant de retourner à Mompié.

Juste avant mon départ, l'aviation ennemie lança les bombardements et mitraillages parmi les plus féroces qu'ait subis Minas de Frío dans toute la guerre. La maison du vieux Mario Sariol, notre collaborateur paysan si efficace, reçut une pluie de mitraille et même quelques fusées de fabrication nord-américaine : en dépit de l'embargo sur la livraison d'armes, l'aviation de Batista avait utilisé des fusées fournies par les Américains. J'en fus tellement indigné que le lendemain j'écrivis à Celia, à la fin d'un long message, ce paragraphe qui, depuis, a été abondamment cité (document p. 301) :

« En voyant les fusées qui ont été tirées sur la maison de Mario, je me suis juré que les [Nord-]Américains vont payer très cher ce qu'ils sont en train de faire. Lorsque cette guerre s'achèvera, commencera pour moi une guerre beaucoup plus longue et

1. Littéralement, le petit magasin de la Maestra.

considérable : celle que je vais leur déclarer. Je me rends compte que cela va être mon véritable destin. »

La duplicité de la politique nord-américaine envers le régime de Batista et la Révolution était évidente. En mars, le gouvernement des États-Unis avait annoncé la suspension de tous les envois d'armes à la dictature. Il s'agissait d'une première prise de distance du pays avec la tyrannie dont la permanence au pouvoir à Cuba commençait à déranger les États-Unis. En même temps, les Américains avaient préconisé une sortie alternative à la crise cubaine qui, de fait, empêchait la Révolution d'accéder au pouvoir. Cependant, la fourniture d'armes se poursuivit par d'autres moyens, y compris par l'intermédiaire de la base navale de Guantánamo[1], sur laquelle nous avions reçu des renseignements des compagnons de notre Mouvement aux États-Unis.

L'utilisation de fusées nord-américaines pendant l'attaque de Minas de Frío ne faisait que confirmer ma théorie, basée en définitive sur la propre histoire de Cuba et des aspirations séculaires des États-Unis à exercer leur empire sur notre pays. Selon moi, une véritable révolution à Cuba était incompatible avec les intérêts nord-américains. C'est pourquoi mon message à Celia n'exprimait pas tant une volonté délibérée de créer des heurts entre la Révolution et le pouvoir des États-Unis qu'une réaction tout à fait logique à leur politique aussi hypocrite que sournoise. L'affrontement me semblait inévitable parce que notre voisin du Nord n'accepterait jamais à Cuba la présence d'un pouvoir projetant de libérer totalement la nation.

Dans ce même message, j'insistai auprès de Celia Sánchez pour qu'elle monte à Mompié afin d'y installer son poste de Commandement. Bien avant le début de l'offensive ennemie, elle avait établi celui-ci dans la maison de Bismark Galán Reina, à Las Vegas de Jibacoa. De là, aidée par quelques collaborateurs – entre autres Roberto Rodríguez, que tout le monde appelait El

1. Lire note 3 page XXI.

Vaquerito[1], et Arturo Aguilera, surnommé Aguilerita à cause de sa maigreur –, elle avait entrepris de répondre aux milliers de petites et grandes choses dont avaient besoin les forces rebelles pour résister efficacement à l'assaut à venir. Mais, début juin, la situation de Las Vegas de Jibacoa était devenue précaire à cause de la présence du puissant contingent ennemi à Las Mercedes.

À ce moment précis, mon principal souci ne tenait pas dans l'avalanche de soldats qui nous tombaient dessus. Comme je le disais à Celia dans la même lettre : « Je pense que nous avons suffisamment avancé nos plans de défense. Le problème qui me préoccupe le plus actuellement est que les gens ne se rendent pas compte que, dans un plan de résistance continue et échelonnée, on ne peut pas tirer en deux heures les cartouches qui doivent durer un mois. Mon seul recours est de garder celles qui restent et ne plus donner une seule balle à qui que ce soit, jusqu'à ce que ce que cela devienne une question de vie ou de mort, parce que, réellement, plus personne ne disposerait plus d'une seule balle. Je ne me lasse pas d'insister sur ce point qui constitue vraiment notre talon d'Achille. »

L'épisode suivant illustre bien la nécessité d'économiser nos munitions.

Le samedi 7 juin au matin, après quelques jours d'un calme relatif dans tout le secteur, les hommes d'Angelito Verdecia firent exploser une mine près du campement ennemi de Cerro Pelado, sur son parcours vers la Sierra, ce qui occasionna six ou sept pertes parmi les soldats de l'Armée. Deux jours plus tard, le lundi 9, depuis une autre direction, les soldats ennemis tentèrent une percée par le fleuve Jibacoa avec l'appui d'un char de combat rapide. Ils se heurtèrent aux hommes de Cuevas (ils avaient relevé les effectifs du peloton d'Horacio, qui, lui, était

1. N.d.t. : le petit cow-boy.

resté sur place) dans une embuscade aménagée sur le chemin de La Herradura qui montait de Las Mercedes vers Las Vegas. Les soldats n'avaient pas eu le temps d'améliorer leurs positions. Pendant l'escarmouche, les rebelles utilisèrent plusieurs dizaines de balles et firent exploser une mine, tout cela pour un maigre résultat : ils ont stoppé l'avancée de la patrouille ennemie en même temps qu'ils reculaient eux-mêmes, la position s'avérant difficile à défendre.

Même si je ne pouvais pas accuser Cuevas d'une quelconque faute, lui qui avait démontré sa bravoure et ses capacités, il s'agissait selon moi d'un comportement inacceptable. D'où ma réaction relativement violente dans le message que j'adressai le lendemain à Horacio : « Je considère que nos hommes ont joué hier un rôle piètre et honteux. Vous n'arrivez pas à comprendre qu'il faut creuser de véritables tranchées et pas des petits trous qui ne servent à rien. Vous devrez peut-être payer bien cher votre expérience, mais les coups que vous recevrez vous la feront acquérir. J'ai peine à penser que vous n'avez même pas été capables de défendre cette position pendant quinze minutes. Je recommande à l'avenir un maximum de discipline et de fermeté. Il semble que la dure bataille va débuter d'un moment à l'autre. »

Cette dernière recommandation était motivée par les nouvelles que j'avais reçues dans l'après-midi à propos d'un débarquement ennemi sur la côte sud, signe évident que l'Armée créait les conditions pour donner le signal de la deuxième phase de son offensive : l'envahissement, depuis plusieurs lieux, du cœur du territoire rebelle. En ce qui concerne le secteur Nord-Ouest, ces signes se confirmèrent à peine trois jours plus tard, avec l'arrivée sur le théâtre des opérations d'une seconde unité de combat, le bataillon 19, sous les ordres du commandant Antonio Suárez Fowler.

4

Pression depuis Minas de Bueycito

MAI 1958						
DIM	LUN	MAR	MER	JEU	VEN	SAM
--	--	--	--	1	2	3
4	5	6	7	8	9	10
11	12	13	14	15	16	17
18	19	20	21	22	23	24
25	26	27	28	29	30	31

JUIN 1958						
DIM	LUN	MAR	MER	JEU	VEN	SAM
1	2	3	4	5	6	7
8	9	10	11	12	13	14
15	16	17	18	19	20	21
22	23	24	25	26	27	28
29	30	--	--	--	--	--

Bien avant le 25 mai, le bataillon 11 de l'Armée de la tyrannie occupait déjà le village de Minas de Bueycito, au nord-est du territoire rebelle. Commandé par le lieutenant-colonel Angelito Sánchez Mosquera, il y avait exercé une répression sanglante sur la population.

Durant les semaines qui avaient précédé la grande offensive, l'ennemi avait réalisé plusieurs incursions dans la montagne. Il y avait eu quelques affrontements sans gravité avec les forces rebelles. Celles-ci étaient essentiellement composées des effectifs du capitaine Guillermo García, renforcés par une partie de la colonne 3 – de Juan Almeida – et de la colonne 4, dirigée par le commandant Ramiro Valdés depuis que le Che était parti à Minas de Frío.

Le vendredi 23, rebelles et soldats s'étaient contentés d'échanger des tirs à Montero. Le lendemain, aux alentours de San Miguel, l'ennemi perdit un soldat. Le 28, alors que l'offensive avait déjà commencé avec l'occupation de Las Mercedes, je reçus des nouvelles de Ramiro : il m'annonçait deux nouveaux heurts, à Los Doctores et à Montero.

Les principales unités ennemies s'étaient déployées en perspective de l'offensive. Dans ces conditions, nous n'en doutions pas, le rôle du bataillon 11 serait déterminant. Il était posté à proximité du village d'Estrada, un point de départ idéal pour effectuer tout mouvement en direction de notre territoire par le nord.

Depuis Minas de Bueycito, l'adversaire tenterait probablement de nous atteindre par le cours supérieur du fleuve Buey pour occuper successivement La Otilia, San Miguel, El Macío et La Estrella. Dès lors, trois tactiques s'offriraient à lui : soit poursuivre l'avance vers le sud en dépassant Platanito, Caña Brava et La Habanera, pour atteindre la Maestra dans la région de Santana de Buey ; soit changer de cap vers le sud-ouest jusqu'au terrain d'El Descanso, en dépassant Banco Abajo et Banco Arriba ; soit continuer jusqu'à Caña Brava et contourner le ruisseau vers le sud-ouest et le début de la rivière California.

Quelle que soit l'option choisie, l'Armée, si elle atteignait son objectif, se trouverait alors en position favorable pour poursuivre son avancée en direction de La Jeringa ou San Francisco, sur le cours supérieur du fleuve Yara. Mais seules les deux dernières options approcheraient le bataillon 11 de son objectif final vers l'ouest : Radio Rebelle et le Commandement du Premier front.

La première action importante dans ce secteur se déroula le jeudi 29 mai. Le bataillon 11 entreprit sa progression depuis Minas de Bueycito vers l'intérieur de notre territoire. À la mi-journée, après avoir dépassé La Otilia, la troupe ennemie se heurta à l'embuscade tendue par Guillermo García à la hauteur d'El Macío. Nous avons pu stopper l'avancée de la colonne principale des soldats et nous sommes même parvenus à empêcher le chef ennemi d'encercler les positions rebelles. Sánchez Mosquera ordonna un bombardement de mortiers pour déloger les hommes de Guillermo, sans succès, mais notre compagnon Manuel Díaz fut assez gravement blessé.

La bataille continua par intermittence pendant les trois jours suivants. Nous avions face à nous trois cents hommes bien armés et expérimentés. Ils nous imposaient une pression constante et multipliaient les tentatives habiles d'infiltrer nos flancs. Pourtant, nous avons pu ralentir leur avancée grâce à la mobilité des escouades rebelles et la détermination sans faille de chacun de leurs membres. Par ailleurs, Guillermo avait le don de placer des embuscades en profitant au maximum du terrain. L'une après l'autre, elles se révélèrent très efficaces.

Au cours de ces nombreuses actions, le messager rebelle Misaíl Machado fut surpris par une patrouille ennemie, le 3 juin, et tomba au combat. Il fut notre premier mort lors de cette offensive.

Nos hommes combattirent à nouveau avec courage et efficacité à La Estrella entre le 8 et le 9 juin. Cela ne suffit pas pour empêcher l'ennemi d'avancer, mais il progressa bien lentement : le 20 juin, réapprovisionné en munitions, Sánchez Mosquera atteignit les alentours de La Estrella. En dix jours, le puissant bataillon 11 n'avait pénétré le territoire rebelle que de quelques kilomètres. Ce constat en dit long sur la ténacité et l'efficacité de notre résistance dans ce secteur... Mosquera établit son campement à La Estrella, soit pour récupérer des forces après les journées éreintantes vécues par ses soldats depuis leur départ de Minas de Bueycito, soit pour revoir ses plans. Analysée à la lumière de ce qui s'est passé dans les jours suivant la bataille des 8 et 9 juin, cette deuxième hypothèse est la plus vraisemblable.

Jusque-là, le bataillon 11 avait suivi l'itinéraire du fleuve Buey qui l'amènerait à la Maestra par la zone de Santana. De notre côté, dans ce secteur, nous ne connaissions qu'un seul problème : la dépense excessive de balles par nos combattants. Ramiro m'avait informé qu'il ne lui restait que la moitié des munitions que je lui avais envoyées en prévision de cette opération. Il revint sur le sujet au téléphone le 11 juin. Je lui répondis immédiatement dans des termes très durs :

« Ne pensez pas recevoir une seule cartouche. Arrangez-vous avec ce que vous avez, ou vous paierez bien cher ce manque de sens commun. Les balles ne doivent être tirées que pour tuer et à bout portant, pas pour faire du bruit. Vous ne pouvez pas gaspiller en une heure les munitions qui doivent durer un mois. Les hommes qui tirent cinq cents balles avec une mitrailleuse en quelques minutes et qui s'en vantent ensuite méritent d'être fusillés. Je ne suis pas disposé à permettre que la Révolution soit vaincue par la faute de crétins. J'enverrai une autorisation exceptionnelle aux commandants et aux capitaines d'agir de manière drastique contre tout acte de lâcheté ou de stupidité. Je t'enverrai des instructions détaillées au fur et à mesure des événements. Ce dont nous avons le plus besoin, à cette heure, c'est de beaucoup d'intelligence.

» Nous avons su défendre la Révolution et la faire revivre avec vingt cartouches par fusil. À Palma Mocha, nous n'avons pas eu besoin de deux cent quatre-vingts balles pour tuer cinq soldats. Nous étions pourtant des novices... »

Selon moi, le ton que j'avais employé avec Ramiro était indispensable. Il fallait que nos combattants prennent pleinement conscience de la nécessité d'épargner nos ressources au maximum. D'un autre côté, je reconnais que les défenseurs de ce secteur faisaient des efforts surhumains pour résister à la pression imposée par l'ennemi. Dès le lendemain, j'envoyai un message au Che. Je lui racontai bien sûr les événements récents du secteur Nord-Est, mais j'ajoutai : « Envoie-moi aussi cinq cents balles 30.06 que je dois faire parvenir à Ramiro, même si je m'y résoudrai le plus tard possible car c'est le seul moyen pour qu'il nous reste des munitions. Hier, je lui ai dit qu'il ne fallait pas qu'il croie en recevoir une de plus. Je continue à penser que c'est le point le plus faible de notre stratégie. »

Le ton cassant de la réponse que j'avais opposée à la requête de Ramiro peut sembler paradoxal puisque, sous cape, je préparais l'envoi de cinq cents munitions – ce qui restait dérisoire. Il faut comprendre que c'est grâce à cette fermeté que nous résistions, en dépit de tous les pronostics. Et, plus important encore, c'est ainsi que nous pouvions nous persuader de sortir vainqueurs.

En définitive, le 13 juin, j'ai pu faire parvenir quatre cents cartouches pour les fusils 30.06 à Ramiro. Un tout petit renfort. Dans le message que je joignis à l'envoi, j'insistai à nouveau sur ce point critique et je lui renouvelai aussi notre confiance en la victoire (document p. 304).

«Il faut que j'économise les balles, c'est une question de vie ou de mort. J'attends une aide importante de l'extérieur dans le courant du mois. Je suis sûr que nous pourrons résister si nous menons notre plan de lutte à bien. Il nous faut trois mois pour recevoir les renforts nécessaires avant de nous lancer dans l'offensive, lorsque l'ennemi sera virtuellement épuisé.»

Je restais confiant sur la possibilité de recevoir des approvisionnements de l'extérieur, mais j'étais aussi convaincu que nos plans de défense nous permettraient de tenir avec nos propres moyens et ceux que nous arracherions à l'ennemi, jusqu'au moment où l'offensive s'userait et serait stoppée. L'Histoire m'a donné raison.

Cette assurance m'a conduit à donner un ordre au commandant Camilo Cienfuegos, le 11 juin : alors qu'il opérait depuis deux mois environ dans la plaine du Cauto, je lui demandai de venir aussitôt, avec le meilleur de ses troupes, pour renforcer la Sierra attaquée. Voici les termes de ce message (document p. 302) :

«Après avoir examiné soigneusement la situation et analysé les plans de l'ennemi, j'ai décidé de t'envoyer d'urgence ce message.

»J'ai besoin de toi ici avec tout l'armement dont tu peux disposer. Une bataille de la plus grande importance va être livrée dans la Sierra. Ils vont concentrer le gros de leurs forces contre nous pour nous porter un coup décisif. Le nombre d'hommes qu'ils peuvent envoyer ici n'a pas d'importance: ce qui importe, c'est que nous disposions du minimum nécessaire pour profiter autant que possible des extraordinaires avantages du terrain où nous savons que le combat sera livré. Et tu dois t'intégrer dans ce minimum.

» Le transfert de tes troupes jusqu'ici, en dehors du courage qu'il implique en cet instant, présente un avantage: en quelques jours, si la stratégie générale le requiert, tu pourras retourner dans ta zone initiale. En outre, l'ennemi a édifié ses plans en prenant en compte que tu es là-bas[1]. Nous allons donc faire en sorte qu'il t'affronte ici. Et pour profiter des avantages de ton séjour là-bas, il faut que tu laisses une patrouille dans cette zone afin de tromper l'ennemi et que tu te déplaces jusqu'ici sans que personne ne le sache ni ne devine ton but.

» Dirige-toi vers la zone de Santo Domingo. Je pense t'envoyer un message par une autre voie pour m'assurer que tu le reçoives bien. Je suis absolument sûr du succès de nos plans.

» Avec toute mon amitié. »

Les hommes aguerris que je lui demandais étaient au nombre de quarante. Dans un message que je joignis au premier, j'écrivis à Camilo: « Après avoir concentré d'importantes forces sur le front de la Sierra à partir duquel il n'a pas pu avancer, l'ennemi a effectué un premier débarquement, hier, à Las Cuevas. Je n'ai pas encore reçu confirmation de ces renseignements, mais je les crois exacts. Je pense que c'est un signe que les affrontements vont bientôt commencer. D'un moment à l'autre, l'Armée va se frotter à nos hommes. »

Dans un texte annexe, pour ne pas alarmer inutilement Camilo, je joignis cette information sur nos plans et lui rappelai notre confiance indéfectible: « Le mouvement dont je parle fait partie d'un plan et d'une série de mesures: consolidation de points par où doivent arriver des armes (quelques-unes sont déjà

1. Dans la plaine du Cauto.

là), plan minutieux de résistance à l'offensive et de contre-offensive immédiate. Nous avons transformé la Sierra en une véritable forteresse, truffée de tunnels et de tranchées. La station de radio est devenue un bastion de la brèche révolutionnaire. Nous disposons d'un réseau téléphonique et les choses se sont considérablement améliorées. Je t'explique cela pour que tu n'aies pas l'impression fausse que nous sommes dans une situation difficile. Je pense que la Victoire est proche. »

À ce moment-là, sur le Premier front de la Sierra Maestra, on trouvait les colonnes 1 et 4, la troupe de Crescencio (cette dernière très pauvrement armée), et le groupe de combattants d'Almeida venus du Troisième front. Soit, au total, à peine deux cents hommes. Après la double offensive de l'ennemi par le nord et l'ouverture d'un nouveau secteur au sud, le débarquement du bataillon 18 à Las Cuevas avait bien eu lieu le 10 juin (nous en parlerons dans le chapitre suivant). À ce stade, l'incorporation de Camilo et de ses forces au Premier front répondait à deux objectifs : en premier lieu, profiter de ce qu'apporterait l'intégration de ce chef courageux et compétent et de sa troupe, certes réduite, mais aguerrie et combative ; en deuxième lieu, et c'était très important, on pouvait compter sur Camilo et le Che pour défendre les trois secteurs dans lesquels, à l'évidence, serait répartie l'action, à en juger par les mouvements de troupe de l'Armée.

Camilo n'a pas hérité d'une mission facile. Il devait d'abord traverser le cercle ennemi de la Sierra. Une fois arrivé dans la montagne, il lui fallait éviter les groupements de soldats qui opéraient par là pour arriver enfin au cœur même du territoire rebelle, et tout cela en un minimum de temps ! Mais je ne doutais pas un seul instant qu'il y parvienne.

Le jour suivant, dans un nouveau message où je lui confirmai mon ordre, au cas où les deux précédents auraient été interceptés, je lui recommandai une fois de plus d'effectuer ce mouvement dans le plus grand secret pour que personne ne connaisse son but, et de prendre toutes les précautions nécessaires lors de la traversée des lignes ennemies.

Camilo, comme je l'avais espéré, accomplit sa mission avec succès. Deux semaines à peine après mon premier message, il se trouvait, avec quarante de ses combattants, dans la zone de La Plata.

Au début du mois de juin, pendant que tous ces événements se déroulaient dans la zone du fleuve Buey, j'avais commencé à recevoir des informations confuses sur des mouvements présumés de troupes à partir d'Estrada Palma et El Cerro, en direction du fleuve Naguas, et, peut-être, de Santo Domingo. C'est Horacio Rodríguez qui m'avait envoyé la première information de ce type, le 2 juin. Il l'avait confirmée trois jours plus tard, se fondant sur des bruits qui couraient parmi des riverains d'El Cerro.

Évidemment, ces renseignements m'avaient semblé peu fiables, mais on ne pouvait pas les négliger pour autant. D'après nos calculs – avant le commencement de l'offensive –, l'ennemi avait deux voies d'accès possibles au cœur de notre territoire. Il pouvait pénétrer jusqu'à Santo Domingo en partant soit du nord, soit du nord-ouest. S'il optait pour la première direction, de Cannabacée à Los Lirios ou tout autre point situé sur le fleuve Naguas, il devrait traverser El Cacao, qui n'était séparé de Santo Domingo que par La Manteca. S'il choisissait la deuxième direction, il y avait davantage de variantes. En partant d'Estrada Palma d'abord, il pourrait suivre le cours de la rivière Nuagas et traverser pour atteindre El Cacao. Depuis Estrada Palma ensuite, il pourrait aller vers Providencia, puis, en longeant la rivière Providencia, jusqu'à Palma Criolla et arriver à El Cacao. Enfin, il pourrait se rendre de Cerro Pelado à Providencia en passant par Los Corrales. Évidemment, si l'ennemi était posté à Providencia, il pourrait prendre le chemin du fleuve Yara, qui était l'itinéraire le plus vraisemblable.

La situation de l'escouade d'Eddy Suñol à Providencia et du peloton de Lalo Sardiñas à Los Lirios offrait une réponse aux deux choix possibles pour l'ennemi : s'il pénétrait dans la zone de Naguas par un point de son arrière-garde, Lalo devrait faire volte-face et tendre une embuscade à l'adversaire. Mais ces nouvelles ne furent pas confirmées.

En définitive, aucune rumeur n'était fondée. Une seconde troupe emboîta le pas au bataillon 11, mais elle suivit la même direction. Le 12 juin, il parut possible que l'ennemi tente une incursion par Providencia ou au large du Yara en direction de Casa de Piedra et Santo Domingo, ou de tout autre point envisagé précédemment. Je demandai donc à Suñol de se replier jusqu'au chemin de Gamboa pour protéger l'accès à El Naranjo et à Santo Domingo. Celui-ci m'avait informé que cette troupe n'arriverait peut-être pas à Providencia car le fleuve était profond et rendait difficile les transports, mais qu'elle essaierait de pénétrer directement au Salto, derrière les lignes rebelles, en traversant La Llorosa jusqu'à La Plata.

Le rapport militaire sur la situation du secteur Nord-Est établi pour Radio Rebelle le 12 juin disait ceci : « Au nord de la Sierra, vers Bueycito, l'ennemi a lancé l'offensive en essayant de progresser vers la montagne. Après deux jours d'intenses combats, il a été stoppé. Il n'est parvenu à avancer que de trois kilomètres en territoire rebelle et il l'a payé cher en nombre de tués. »

Le même communiqué réitérait ce qui était devenu un leitmotiv des émissions de Radio Rebelle : « L'Armée rebelle combat avec courage contre des forces supérieures en nombre et en armes. L'ennemi ne pourra pas vaincre la ténacité et la résistance héroïque que lui oppose et lui opposera chaque jour avec un peu plus d'intensité l'Armée rebelle. »

En fait, il n'y avait rien de nouveau à donner comme information... Après quelques heures de calme relatif à La Estrella, le 10 juin, le chef du bataillon 11 avait envoyé l'essentiel de ses troupes tenter une nouvelle avancée vers le cours supérieur du Buey. En deux jours, les soldats avaient atteint Caña Brava et Platanito. Notre hôpital de campagne, installé là et dirigé par le docteur Sergio del Valle, avait déjà été évacué. Les trois kilomètres auxquels Radio Rebelle avait fait allusion avaient été gagnés à feu et à sang face à la résistance des combattants de Guillermo García et des escouades de la colonne 4.

Jusque-là, il semblait que le plan ennemi n'avait pas varié. Il maintenait son objectif : atteindre la Maestra dans la zone de Santana. Cependant, depuis le 10 juin, Sánchez Mosquera avait commencé à s'avancer le long de l'affluent du Buey, le Palmarito, à hauteur de La Estrella, pour atteindre les bourgades de Banco Abajo et Banco Arriba, et peut-être le terrain d'El Descanso.

Le 12 juin, après avoir occupé Caña Brava, il envoya une partie de ses forces par un autre affluent du Buey, le California, pour atteindre le territoire du même nom par une autre route.

Ce même jour, les chefs rebelles de cette zone continuaient à penser que le coup principal porté par l'ennemi viendrait par le Buey, en direction de La Habanera et la Maestra à Santana. Les informations envoyées par Ramiro rendaient compte de l'occupation de Caña Brava et confirmaient que cette voie avait été choisie par l'ennemi pour son avancée principale. Quant à Lalo Sardiñas, depuis sa position de Los Lirios, il m'apprit que les soldats entraient à Banco Abajo mais qu'il n'était pas certain pour autant que l'ennemi avait modifié ses plans.

Le lendemain, la situation commença à s'éclaircir. Dans l'après-midi du 13 juin, des soldats de Sánchez Mosquera arrivèrent à El Descanso et établirent leur campement aux alentours de la maison d'Hipólito Vázquez, un de nos sympathisants paysans. Le peloton rebelle le plus proche était celui de Lalo, embusqué à Los Lirios, à trois heures de marche. Celui-ci m'annonça le mouvement ennemi le 14 dans la matinée.

L'arrivée de cette troupe à El Descanso modifia la situation tactique. Au premier abord, il ne fut pas possible de déterminer son intention : s'agissait-il d'un mouvement de diversion ? Le chef du bataillon 11 avait-il envoyé une petite troupe à la recherche d'approvisionnement à Estrada Palma en passant par le fleuve Naguas ? Les forces armées pouvaient aussi avoir décidé de changer de direction et de pénétrer dans notre territoire par le nord-est... Ces différentes hypothèses nous ont alors contraints à redistribuer nos forces.

Les deux accès directs à la zone de Santo Domingo avaient été couverts dès le début du mois de mai en prévision de l'offensive. Eddy Suñol avait maintenu ses positions à Providencia. Toute la plaine se trouvait à découvert jusqu'à Estrada Palma. De cet endroit, il était possible d'opposer une résistance efficace au cas où l'ennemi tenterait une incursion en suivant le fleuve Yara depuis Cerro Pelado. L'autre accès restait surveillé par les troupes réduites en hommes et en armes de Lalo Sardiñas depuis Los Lirios. Entre Providencia et Santo Domingo, la petite troupe de Félix Duque protégeait un accès vital à la Maestra par El Cristo, El Toro et Gamboa. Enfin, à Santo Domingo même, l'escouade de Paco Cabrera Pupo campait aux alentours de la maison de notre sympathisant Lucas Castillo. Elle devait porter renfort dans toute direction qui serait menacée. Cinquante hommes pauvrement armés et disposant de peu de munitions : voilà tout l'effectif dont nous disposions pour affronter ceux qui mettaient le cœur de notre territoire en péril.

En supposant que la troupe arrivée à El Descanso le 13 juin avait pour mission de combattre, elle pouvait continuer à avancer jusqu'à Los Lirios ou prendre le chemin de Loma Azul jusqu'à La Jeringa. Une fois là-bas, soit elle descendrait vers Pueblo Nuevo et Santo Domingo, par le Yara, soit elle escaladerait directement la Maestra pour prendre les troupes rebelles à revers. La troisième possibilité consisterait à poursuivre sa marche en traversant la Sierrita jusqu'à El Cacao et monter sur la hauteur pour redescendre directement sur Santo Domingo. En outre, il fallait prendre en compte que les mouvements de troupe d'El Descanso étaient susceptibles de se combiner avec ceux du reste des forces du bataillon 11. Celui-ci, pour le moment, semblait maintenir la direction originale.

Depuis Los Lirios, Lalo Sardiñas n'avait qu'une mission : empêcher l'ennemi d'emprunter le premier des itinéraires envisagés. À l'aube du 14 juin, il m'envoya un message. Avec une grande intelligence tactique, il préconisait un déplacement vers El Cacao pour intercepter les soldats s'ils optaient pour la troisième variante. Comme il avait reçu l'ordre de ne pas bouger de Santo Domingo, il attendait le contre-ordre pour se mouvoir.

Ma réponse fut claire. Prévoyant que la troupe ennemie prendrait le chemin de Loma Azul vers La Jeringa, j'ordonnai à Lalo de rester à Los Lirios, et, au cas où mon hypothèse se vérifierait, de tenter de l'intercepter avant qu'elle n'atteigne La Jeringa. Une fois de plus, nos plans prenaient en compte notre supériorité en matière de mobilité, puisque nous n'avions pas suffisamment d'hommes pour protéger tous les accès. « Nous pâtissons du manque d'une réserve minimale », écrivis-je au Che dans le message que je lui envoyai à 14 heures le 14 juin.

Évaluer les implications du mouvement de l'ennemi ou déterminer les possibilités qui s'offraient à lui ne me demanda pas beaucoup de temps. Concernant la voie d'El Cacao, le danger n'était pas immédiat. Nous aurions quelques heures pour prendre les mesures nécessaires. Dans notre tactique de défense de La Plata importait surtout l'urgence, ce qu'il fallait faire sans attendre. Le message sibyllin que j'envoyai au Che est révélateur de notre perception du danger présenté par la troupe qui occupait El Descanso : « J'aviserai s'il avancent par là. » Une seule chose était sûre : nous n'avions perdu ni optimisme, ni confiance. « La situation s'est un peu compliquée. » C'est tout ce que j'étais prêt à admettre.

En définitive, le mouvement ennemi ne me prit pas par surprise. Le 14 juin, avant d'avoir reçu le message de Lalo, j'avais écrit à Orlando Lara qu'on pouvait s'attendre à ce que l'Armée cherche, d'une manière ou d'une autre, à attaquer les entrées prévisibles de la Maestra par le nord, c'est-à-dire Las Vegas de Jibacoa et Santo Domingo. Le même jour, je donnai l'ordre à Suñol d'envoyer quelques-uns de ses hommes, et quelques autres de Lara, couvrir le chemin d'Arroyón à la hauteur de La Llorosa. Il s'agissait d'éviter que l'ennemi ne parvienne à El Toro par ce biais.

Parmi les mesures de la nouvelle stratégie provoquée par le débarquement du bataillon 18 à Las Cuevas – que nous relaterons dans le chapitre suivant –, j'envoyai des instructions au commandant Ramiro Valdés, chef de la colonne 4 depuis que le Che était cantonné à Minas de Frío. Le 14 juin à 7 heures, lorsque je me mis à rédiger ce document de dix-huit pages pour Ramiro, dans la maison du Santaclarero à La Plata, je n'avais pas encore appris que la colonne de Sánchez Mosquera, qui exerçait sa pression justement dans le secteur de Ramiro, avait changé de direction. Après s'être repliée vers La Estrella, elle était arrivée à El Descanso. J'étais parti de la supposition que la force ennemie continuerait à essayer d'avancer dans la même direction avec l'intention de cerner le terrain de la Maestra par la zone de Santana.

À partir de cette hypothèse, je demandai à Ramiro de poster une escouade sur le chemin menant à El Hombrito, une autre sur la hauteur d'Escudero et deux à l'entrée du fleuve La Mula – trois accès possibles depuis le nord et le sud à la Maestra, à l'est de Santana et du pic Turquino. Je lui demandai aussi de concentrer le reste de ses effectifs, c'est-à-dire le gros de la troupe, en défense du chemin qui montait de Minas de Bueycito à Santana, sur l'itinéraire qu'essayait apparemment de suivre Sánchez Mosquera. But de la manœuvre : retarder l'avancée de l'ennemi et « lui faire payer le plus cher possible son incursion ». En d'autres termes, vu la force de frappe du bataillon 11 et la faiblesse de notre opposition, je prévoyais que nous ne pourrions pas contenir son avancée jusqu'à la Maestra. Par conséquent, l'objectif de la défense restait la guerre d'usure. Il fallait épuiser l'ennemi, briser son élan offensif.

Dans le même message, je reprochai à Ramiro d'avoir laissé commettre deux des péchés cardinaux de notre décalogue guérillero : le manque de préparation des défenses adéquates et le gaspillage de munitions.

«Je considère qu'en dépit de mon insistance, vous avez négligé le problème des tranchées et des défenses. J'ai dû batailler moi-même pour que les hommes ouvrent de véritables fosses et préparent des tranchées efficaces et non des petits trous ridicules, ce qui semble être la tendance de l'immense majorité de nos combattants. Sur ce chemin de Las Minas à Santana, bien fortifié, ni Mosquera, ni qui que ce soit ne peut avancer sans saigner à blanc sa troupe.»

Et en ce qui concerne les munitions :

«Il m'apparaît que les hommes ne combattent pas l'ennemi avec intelligence. À en juger par les balles qui ont été tirées, il devrait y avoir cent morts dans les lignes ennemies. Puisque nous sommes en défense et qu'ils doivent avancer, cela devrait leur occasionner de nombreuses pertes.

» Tu auras peut-être l'impression que je lésine sur les munitions. Tu dois comprendre que je ne peux pas épuiser nos maigres réserves pour un seul poste alors que je suis conscient du temps minimum pendant lequel nous devons résister et des étapes successives auxquelles nous devrons faire front. J'ai vraiment l'impression que nos hommes ne manquent pas de courage, mais qu'ils ne combattent pas avec cette compétence.»

Ce dernier point était crucial car il n'y avait pas de réserve de munitions inépuisable, pas plus que de renforts en hommes. Dans ce même message, j'exposai largement les stratégies que je pensai appliquer devant l'offensive imminente : «En ce moment, je réfléchis aux semaines et aux mois à venir. Cette offensive va être la plus longue de toutes car c'est la dernière. Après l'échec de celle-ci, Batista sera perdu, irrémédiablement, et il le sait. Aussi va-t-il jouer son va-tout. C'est donc une bataille décisive et il va la livrer sur le terrain qui nous est le plus familier. »

Je précisai ensuite :

« Je concentre tous mes efforts à convertir cette offensive en un désastre pour la dictature, en prenant une série de mesures destinées : premièrement, à garantir la résistance organisée pour une longue période ; deuxièmement, à saigner à blanc et épuiser l'Armée ; troisièmement, à rassembler les éléments et armes nécessaire pour nous lancer dans l'offensive lorsqu'ils commenceront à céder.

» Je suis certain que nous allons faire payer à l'ennemi un prix très élevé. À l'heure qu'il est, il est évident qu'ils ont pris du retard sur leurs plans, et même si je présume qu'il faudra lutter durement, étant donné les efforts qu'ils doivent déployer pour gagner du terrain, je ne sais pas jusqu'à quand ils garderont leur enthousiasme intact.

» Il faut que la résistance se renforce de jour en jour. Il en sera ainsi tant que leurs lignes s'éloigneront et que nous nous replierons jusqu'aux endroits les plus stratégiques. »

Notre tactique consistait à organiser une défense échelonnée, toujours plus ferme, parce que nos lignes se concentreraient et coûteraient toujours plus cher à l'ennemi, qui devrait faire face à trois éléments. D'abord, l'extension progressive de ses lignes de ravitaillement sur un terrain très défavorable où il n'avait pas la capacité de garantir la sécurité de son arrière-garde et où il était constamment exposé aux attaques de ses convois d'approvisionnement. Ensuite, l'obligation de gérer les opérations sur un territoire que nous connaissions sur le bout des doigts et où nous avions préparé nos tactiques de défense les plus élaborées. Enfin, l'impossibilité morale et matérielle dans laquelle se trouvait l'ennemi – et les faits me donnèrent raison – de résister à une guerre d'usure.

Pour suivre cette politique de concentration de nos forces au cas où l'Armée atteindrait le Maestra, j'ordonnai à Ramiro de transférer le campement principal de la colonne 4 de La Mesa à Agualrevés, à l'ouest de Santana, dans la Maestra. Le déplacement comprenait toutes les installations, les ateliers, les vivres et le bétail. En conséquence, toujours au cas où l'ennemi atteindrait la Maestra par Santana, les forces et ressources de ce secteur rebelle ne seraient pas isolées de la colonne 1 dans les accès à La Plata. Elles seraient intégrées dans un système unique de défense qui comprendrait à ce moment-là les importants territoires à l'est du Turquino.

Je donnai des instructions détaillées à Ramiro sur les positions qu'il devrait déployer dans le cas où l'Armée franchirait la Maestra. Je dois préciser que je ne concédais à l'ennemi aucune possibilité d'avancer au-delà de Santana : « Une fois que nos forces seront postées à Agualrevés, le recul sera terminé. Avec le Turquino d'un côté et la Maestra de l'autre, nous protégerons ce flanc et il sera impossible qu'une armée avance par cette zone. »

Ce secteur se trouverait ainsi hors d'atteinte de l'ennemi, comme je l'expliquai dans le message adressé à Ramiro où je récapitulai nos principaux objectifs :

« 1° Protéger et maintenir le territoire de base pour nous ravitailler en armes et munitions par voie aérienne, opération qui est déjà très avancée.

» 2° Maintenir la radio, qui est devenue d'une importance capitale.

» 3° Résister de façon organisée pendant trois mois, laps de temps que je considère indispensable pour pouvoir nous lancer dans l'offensive avec suffisamment d'hommes et de matériel.

» 4° Opposer une résistance toujours plus forte à l'ennemi à mesure que nous nous concentrerons et occuperons les points les plus stratégiques.

» 5° Disposer d'une base où fonctionneront l'Organisation, les hôpitaux, les ateliers, etc. »

Cette défense du « territoire de base » autour de La Plata, dans l'attente du passage à la contre-offensive, prenait maintenant davantage de sens. En réalité, le 14 juin, lorsque je rédigeai ce long message, il restait à peine quinze jours avant l'épuisement de l'élan offensif de l'Armée de la tyrannie et le début de la seconde étape. Celle-ci se caractériserait par le fait de limiter l'étendue de cette offensive et par la préparation de la contre-offensive rebelle.

5

Débarquement au sud

JUIN 1958						
DIM	LUN	MAR	MER	JEU	VEN	SAM
1	2	3	4	5	6	7
8	9	10	11	12	13	14
15	16	17	18	19	20	21
22	23	24	25	26	27	28
29	30	--	--	--	--	--

Le débarquement ennemi eut finalement lieu le mardi 10 juin sur la côte sud de la Sierra (carte p. 358 et document p. 311). C'est au bataillon 18, sous les ordres du commandant José Quevedo Pérez, qu'échut cette mission. Ce bataillon avait été créé en vue de l'offensive à partir d'une compagnie mixte composée d'effectifs de la caserne Maestre del Ejército, située sur la base de San Ambrosio, à La Havane, et d'hommes de l'École des Cadets. La compagnie avait essuyé un échec cuisant au mois de février lors du combat de Pino del Agua, et le commandant Quevedo y avait été affecté au début du mois de mars.

Pendant les semaines précédant la première phase de l'attaque, ces effectifs avaient été amplifiés jusqu'à la création des compagnies appelées G-4 et École des Cadets, auxquelles s'était ajoutée une nouvelle compagnie – la 103 – avec le Régiment 10 d'Infanterie, basé à Santo Antonio de Los Baños.

Le bataillon 18 disposait donc de trois cent quinze hommes, sans compter les tireurs de mortiers et le personnel sanitaire. Il était équipé d'un mortier de 81 millimètres, d'un autre de 60, d'un bazooka de 3,5 pouces[1], de deux fusils automatiques Browning,

1. Lance-roquettes de 88,9 millimètres.

d'une mitrailleuse Thomson, de fusils semi-automatiques Garand, de carabines San Cristóbal et de fusils Springfield. Un armement relativement lourd. Les soldats avaient assez de munitions pour tenir un mois dans la montagne.

Le bataillon se mit en marche le 9 juin et partit en direction de Santiago, en camion, vers 16 heures. Deux jeeps et des mules récupérées dans la zone de Contramaestre faisaient aussi partie du convoi. S'y ajoutèrent, en tant que guides, cinq hommes qui connaissaient bien la Sierra. Cette même nuit, la frégate *Máximo Gómez* et une autre embarcation partirent de Santiago pour arriver à Las Cuevas au matin, au pied du massif du Turquino. Le débarquement commença immédiatement, rendu compliqué par la mer houleuse et les fortes vagues, caractéristiques de cette côte. En effet, la plage de Las Cuevas n'en est pas vraiment une : c'est plutôt une grève de grosses pierres rondes. Les hommes gagnaient la terre dans de petites barques pendant que les mulets, qui regimbaient, étaient jetés à l'eau de force.

À part les quelques tirs de ratissage qui accompagnent habituellement une opération de ce type, le débarquement s'effectua sans combats. Il n'y avait pas de rebelles à Las Cuevas. C'était un des rares endroits de débarquement éventuel qui n'était pas protégé par nos hommes, à cause de la faiblesse de nos moyens dans le secteur. J'avais attendu de disposer d'hommes mieux équipés. Trop tard...

Je dois avouer qu'en apprenant le débarquement, ma première réaction fut le doute. Le lendemain, j'écrivis à Ramón Paz[1] que, si la nouvelle était confirmée, « cela indiquerait indubitablement que les forces ennemies connaissaient la position de nos troupes ». Malheureusement, dans les documents que nous avons saisis, il n'existe aucune référence aux raisons qui ont conduit au choix de Las Cuevas. Les plages d'Ocujal ou de La Plata, notamment, présentaient de meilleures conditions naturelles,

1. Ramón Paz dirigeait les troupes rebelles à Ocujal.

c'est pourquoi nous les avions davantage fortifiées. Le choix de Las Cuevas – heureux pour le commandement ennemi – permit à cette opération de se dérouler sans rencontrer aucune résistance. On peut penser que le débarquement, s'il avait croisé une patrouille rebelle et vu les conditions difficiles, aurait été pratiquement impossible. Ou bien qu'il aurait été mené à bien au prix de nombreuses pertes humaines dans l'Armée.

Par une coïncidence singulière, le 9 juin, jour où le bataillon 18 se mobilisa depuis Santiago, je rédigeai un message au chef de la troupe ennemie cantonnée à cet endroit. Une sœur du combattant Orlando Pantoja qui habitait près de Contramaestre avait grimpé sur la colline, où elle avait appris que le chef en question s'appelait José Quevedo. Je le connaissais : nous avions étudié en même temps à l'université de La Havane et nos relations étaient restées cordiales jusqu'au coup d'État de Batista. J'avais décidé de lui écrire, comme je le lui indiquai dans ma lettre (document p. 305), « sans y réfléchir, sans te dire ni te demander quoi que ce soit, seulement pour te saluer et te souhaiter très sincèrement bonne chance ». En réalité, dans cette missive, je fis bien davantage que le saluer...

« Il était difficile d'imaginer, assis sur les bancs de l'université, qu'un jour nous lutterions l'un contre l'autre, bien que, peut-être, nous nourrissions les mêmes sentiments à l'égard de la patrie que, j'en suis sûr, tu vénères autant que moi. »

Voilà comment commençait ma missive. Je la poursuivais par un constat amer sur la conduite criminelle de l'Armée cubaine et de ses chefs qui, à la différence de Quevedo, massacraient les habitants des territoires qu'ils maîtrisaient. En me rappelant nos années d'études, j'écrivis à mon ancien camarade : « Je n'avais pas, et je n'ai toujours pas, en dépit des circonstances douloureuses qui ont porté les forces armées à la rescousse de la politique la plus néfaste de notre histoire, de sentiments de haine envers les militaires. J'ai mis en accusation, verbalement, le comportement de beaucoup de gens, et plus généralement des membres de l'Armée, mais jamais mes mains, ni celles de mes compagnons, n'ont été tachées de sang. Elles n'ont jamais été avilies par des mauvais traitements infligés à un prisonnier militaire. »

Je concluais enfin cet appel indirect à l'honneur et à l'honnêteté de ce chef militaire : « On ne peut même pas réellement parler d'esprit de corps ! Où trouver ce sentiment, base de l'union, qu'exploitent ceux qui ont mené l'Armée à une guerre absurde et insensée ? Le plus digne, le plus honorable des militaires, sur un simple soupçon, peut être pris, humilié, frappé et jeté en prison comme un vulgaire délinquant, ce que ne tolérerait jamais une armée détentrice d'un véritable esprit de corps au sein de ses officiers. »

Il n'est pas difficile de deviner l'intention qui se cachait derrière cette lettre... À l'instar de Quevedo, certains officiers de l'Armée de la tyrannie ne s'étaient pas compromis dans des crimes et abus. Ils devaient souffrir de l'opprobre qui retombait sur les militaires de carrière cubains, et ils étaient susceptibles de se rebeller. L'appel indirect à la conscience et au sentiment de l'honneur militaire de la vieille école pouvait faire germer la première graine d'une remise en question dans l'esprit d'un individu tel que Quevedo – j'appris plus tard qu'il avait été mêlé à la conspiration militaire avortée contre Batista, en avril 1956[1].

Ma lettre ne parvint jamais à son destinataire, pour des raisons évidentes... Je retrouverai cet officier plus tard, dans des circonstances bien différentes.

Je reçus les premières informations sur le débarquement de l'ennemi au soir du 10 juin. Je fis tout de suite quérir le peloton

1. Le 4 avril 1956, Quevedo prit part à la conspiration contre Batista dirigée par le colonel Ramón Barquin, attaché militaire qu'il avait rencontré au cours d'un voyage à Washington. Un échec après lequel Quevedo fut emprisonné, interrogé et relâché faute de preuves.

d'Andrés Cuevas, dans la zone de Las Mercedes, et je demandai au Che d'envoyer d'urgence sept hommes de Minas de Frío, en équipant cinq d'entre eux de fusils Garand. Orlando Lara était monté avec certains de ses hommes depuis la plaine pour se poster sur le chemin entre Las Mercedes et Las Vegas de Jibacoa. « Il faut maintenant prêter le maximum d'attention à la côte », lui écrivis-je à l'aube du mercredi 11 juin.

Après le débarquement à Las Cuevas, le plan ennemi me paraissait évident : avancer jusqu'au cœur du territoire rebelle depuis trois points principaux (carte p. 348). Par le nord-ouest, depuis Las Mercedes et Arroyón, il mettrait le cap sur Las Vegas de Jibacoa et peut-être Providencia. Par le nord-est, depuis la zone de Buey Arriba vers la Maestra, puis, apparemment, en direction de Santana et de La Jeringa. Enfin, par le sud, depuis Las Cuevas vers Palma Mocha et le haut de La Plata. À ce moment-là, on ne voyait pas clairement où serait porté le coup décisif dans le secteur Nord-Est, même s'il était probable qu'il serait dirigé vers San Lorenzo ou Las Vegas de Jibacoa. Aucun changement de trajectoire du bataillon 11 ne s'était produit, il avançait toujours depuis Minas de Bueycito.

Dès lors, la défense de la zone du fleuve La Plata prit une importance primordiale : c'était la menace qui impliquait le plus grand risque. L'accès au territoire rebelle se ferait beaucoup plus facilement par le sud. En outre, une avancée depuis cette direction mettrait en danger immédiat le champ aéronautique de l'embouchure de Manacas. « Il faut essayer de défendre la piste Alfa autant que possible, et éviter qu'ils pénètrent jusqu'à la mer », écrivis-je au Che dans la nuit du 10 juin. Dans le même message, je lui demandai un renfort de sept hommes : « La vallée de La Plata est le point que nous devons protéger le plus longtemps possible. »

Le débarquement du bataillon 18, ajouté aux informations transmises par Ramiro sur la reprise de violentes actions dans la région de Minas de Bueycito, indiquait sans nul doute possible que l'ennemi se tenait prêt à lancer la deuxième phase de son offensive. Le 11 juin, en vue de renforcer la défense du territoire autour de La Plata, je donnai l'ordre à Camilo de revenir de la Sierra avec les quarante hommes les mieux armés et les plus aguerris de sa troupe, pour descendre ensuite dans la plaine (document p. 302).

En ce qui concerne le front du sud, j'étais pratiquement convaincu que l'ennemi débarquerait aussi à l'ouest de La Plata, à El Macho, El Macío ou peut-être même à La Magdalena, et qu'il avancerait simultanément depuis l'est et l'ouest par les chemins de la côte vers le fleuve La Plata. Une fois les troupes rassemblées à l'embouchure, elles commenceraient leur avancée en amont.

Pour cette raison, d'autres variantes d'action de l'ennemi ne me paraissaient pas vraisemblables. Je ne croyais pas à un débarquement direct à l'embouchure de La Plata, ni à la pénétration de notre territoire en partant d'El Macho ou d'El Macío en direction de la zone de Caracas. Je ne croyais pas plus à l'avancée par le fleuve Palma Mocha ni au débarquement à La Magdalena et à la progression par ce fleuve vers El Coco et El Roble, puis, de là, vers Minas de Frío ou jusqu'à Cahuara, et de là encore jusqu'à Jigüe... Je n'y croyais pas, mais il fallait pourtant bien prévoir ces contingences dans nos plans de défense.

En ce qui concerne le front du sud particulièrement, la situation s'était fluidifiée au cours des deux jours suivant le débarquement, et notre planification défensive évoluait également de façon très dynamique. À force de s'adapter constamment aux événements, et en gardant toujours un coup d'avance sur l'ennemi, la flexibilité de notre réaction fit naître une des tactiques-clefs les plus importantes du succès de l'Armée rebelle. Cette première phase de la campagne sur le front sud, jusqu'à l'arrivée de Quevedo à Jigüe, en constitue peut-être un des exemples les plus significatifs.

Je vais tenter ici de reconstituer l'enchaînement vertigineux des événements qui se déroulèrent pendant ces journées de combats.

Pedro Miret se trouvait toujours sur le front rebelle retranché à l'embouchure du fleuve La Plata. Je lui transmis mes instructions pour la défense de ce secteur (document p. 312).

« Il faut opposer la première résistance sur la côte et par les flancs les plus lointains, sur les endroits stratégiques des chemins qui viennent du Macho et de Palma Mocha. Si vous devez vous replier jusqu'au fleuve [La Plata], il faut résister en amont jusqu'au terrain [d'aviation], mètre après mètre. Détruire l'avion si nous ne pouvons rien faire pour le sauver, rendre inutilisable le tracteur en enlevant des pièces essentielles à son fonctionnement, et les garder. Il est très important qu'ils aient à payer de nombreuses vies chaque kilomètre qu'ils gagnent. Creusez beaucoup de tranchées où vous aurez à résister. »

Comme on peut l'apprécier, ces instructions résumaient l'essence de notre plan, à savoir la résistance échelonnée et tenace contre l'ennemi pour rendre son avancée difficile et la retarder le plus possible. Il fallait pratiquer, inexorablement, la guerre d'usure, sans chercher à vaincre, ce que nous pourrions difficilement faire compte tenu des effectifs rebelles concentrés sur la côte.

J'avais prévu que la bataille décisive se livrerait au Jigüe (carte p. 354), c'est pourquoi j'avais décidé d'en faire l'ultime point de la retraite rebelle. Ce n'était pas un rêve ou une inspiration. C'était le résultat d'une connaissance intime du terrain et de tout le temps que j'avais consacré à analyser le mode de fonctionnement de l'Armée. Cela me permettait, dans la plupart des cas, de prévoir assez exactement ce qui allait se passer. Sur cet échiquier de manœuvres des bataillons soutenus par l'aviation et la marine, tout semblait possible. Ces facteurs furent essentiels dans la stratégie qui mena à la déroute de l'ennemi.

Dans un autre message à Pedro, j'insistai à nouveau : « Il faut que tu résistes vraiment et que tu ne les laisses pas arriver au Jigüe, ni à Purialón si possible. Ce chemin est formidable pour le combat. »

Après le débarquement à Las Cuevas, la défense d'Ocujal et l'occupation du terrain par le peloton de Ramón Paz ne présentaient plus d'intérêt. Le lendemain de cette opération, je lui donnai donc l'ordre de se replier jusqu'au Palma Mocha, à hauteur de la maison d'Emilio Cabrera, à El Jubal. Un des chemins venant de Las Cuevas menait à ce point et constituait une des voies possibles de pénétration de l'ennemi.

Je me consacrai ensuite à l'organisation des premières mesures de défense de la zone située entre le Turquino et Palma Mocha. J'informai aussi Paz que j'avais demandé à l'escouade de Vivino Teruel, qui protégeait l'embouchure jusqu'à présent, de reculer d'environ un kilomètre en amont du fleuve pour constituer une première ligne défensive. Paz devait envoyer une escouade « [...] le plus en avant possible sur le chemin entre la maison d'Emilio et Las Cuevas, à l'affût de tout mouvement ennemi pour lui opposer une première résistance ». J'indiquai enfin à Almeida de se poster avec quelques hommes issus du Troisième front à la hauteur du Palma Mocha, entre ce fleuve et celui de La Plata. Ce serait une espèce de réserve prête à se mouvoir là où l'on aurait besoin d'elle.

Notre préoccupation principale, à ce moment-là, n'était pas que l'ennemi occupe Ocujal ou Las Cuevas ou tout autre endroit de la côte : c'était l'embouchure de La Plata. Dans un long message daté du 11 juin, j'expliquai à Paz quel était notre objectif essentiel après le débarquement : « Il faut maintenant empêcher l'ennemi d'arriver jusqu'en haut. »

J'analysai dans ce même message les différentes hypothèses d'action des troupes fraîchement débarquées. Je supposais qu'elles occuperaient en priorité Ocujal et la plage de Playa Mocha pour assurer leurs deux flancs. À partir de là, trois itinéraires s'offriraient à elles : partir de Las Cuevas en direction du cours supérieur du Palma Mocha en suivant le chemin qui part d'El Jubal, suivre le cours du fleuve dans la même direction, ou, dernière option, avancer vers La Plata en suivant la côte. Dans le premier cas, l'ennemi se heurterait aux troupes de Paz. Dans le deuxième, il rencontrerait celles de Teruel. Dans le dernier, il affronterait celles de Miret, postées sur le chemin de la côte, le plus près possible du fleuve Palma Mocha. L'escouade de Teruel devrait alors harceler l'arrière-garde ennemie.

Selon cette planification, le gros des effectifs de Paz resterait en réserve et ne manœuvrerait que suivant les circonstances. Il fallait aussi prévoir l'hypothèse qu'un des deux chemins – celui de la colline, ou celui le long du fleuve – soit occupé par l'ennemi. Dans ce cas, l'aile rebelle qui s'y trouvait devait se replier jusqu'à la maison de Cabrera, qui serait le pivot de la planification. « C'est là que commence un autre plan », annonçai-je à Paz. En effet, j'étais déjà en train de l'élaborer sur la base du repli de ces mêmes forces sur les divers accès au terrain de la Maestra dans la zone de Palma Mocha.

L'hypothèse la plus improbable était la suivante : « Ils peuvent faire un exploit et monter par le Turquino, mais, s'ils le font, nous nous arrangerons pour qu'ils ne recommencent pas. » Dans ce cas, il conviendrait de renforcer les positions de l'escouade avancée de Paz, de fermer, avec quelques hommes, la sortie du Turquino vers le Joaquín et, éventuellement, vers le cours supérieur du Yara ou le terrain de la Maestra à l'est de La Plata.

Lorsque j'envoyai ce message à Paz, je supposais qu'il s'était déjà replié d'Ocujal jusqu'au Palma Mocha, selon mes instructions, au cas où le débarquement se serait produit à l'ouest d'Ocujal. En réalité, Paz avait décidé d'attendre ma réponse à la nouvelle du débarquement et il s'était contenté de renforcer la troupe qui gardait, sous les ordres de Fernando Chávez, la plage de Bella Pluma et le chemin de la côte entre Las Cuevas et Ocujal. En revanche, le 11 au matin, Teruel fit replier ses troupes jusqu'à la maison d'Emilio Cabrera, en amont du fleuve.

Il y avait un chemin qui remontait, du sud au nord, tout le cours du fleuve Palma Mocha, depuis l'embouchure jusqu'à la maison d'Emilio. C'était celui qu'avait emprunté notre petite troupe rebelle après son premier combat victorieux à l'embouchure de La Plata le 17 janvier 1957. Tous ces accès se résumaient à des sentiers de montagne sur lesquels on ne pouvait évoluer qu'à pied et, sur certaines parties, à cheval ou à dos de mulet. En plus, cette région était recouverte de la végétation vierge et impénétrable de la Sierra que seuls les paysans et les rebelles savaient traverser.

En ce qui concerne le secteur plus occidental de la côte, j'avais peu d'espoir que les petits groupes envoyés à El Macho et à El Macío puissent résister efficacement à un débarquement ennemi. Ils étaient en effet composés principalement d'hommes peu aguerris provenant pour la plupart de la colonne 7 de Crescencio Pérez qui avait rassemblé des paysans de la région. Par ailleurs, dans ma tactique, la défense de ces points revêtait peu d'importance comparée à celle de l'accès à l'ouest vers La Plata, là où se trouvaient Radio Rebelle et le Commandement.

Si l'on envisageait un second débarquement à La Magdalena, entre La Plata et El Macho, ces groupes demeureraient prêts à affronter l'arrière-garde ennemie et ils se borneraient à protéger l'accès à la zone de Caracas par le fleuve El Macío ou par la hauteur d'El Macío. Mais, parmi toutes les variantes de manœuvre, celle-ci restait la moins probable, à mon avis, car prendre cette route éloignerait les soldats du noyau central du territoire rebelle. Je conseillai encore au Che, le 12 juin, d'envoyer des instructions à Crescencio, responsable direct du secteur le plus occidental, pour qu'il fortifie le chemin entre El Macío, El Ají, Arroyones et San Lorenzo.

Pour toutes ces raisons, je décidai un mouvement supplémentaire dès le 11 juin : une escouade de six hommes, commandée par le lieutenant Ciro del Río, se trouvait à El Macho depuis quelques jours. Je lui ordonnai de se retirer pour rejoindre les troupes de Pedro Miret sur le chemin de la côte entre La Magdalena et La Plata. Nous verrons plus tard qu'une autre partie de la colonne 7 dut couvrir d'autres positions importantes.

J'aspirais à organiser l'ensemble de nos maigres moyens pour défendre méthodiquement le fleuve La Plata et retarder le plus possible le moment où l'ennemi le dominerait.

«J'ai un plan qui me paraît adéquat pour défendre le bassin de La Plata pendant au moins trois mois, de façon à ce que nous ayons un point où nous puissions recevoir les armes en toute sécurité», écrivis-je au Che le lendemain du débarquement. Et je le répétai à Miret: «Nous défendrons chèrement La Plata sur ses deux flancs et par la mer.»

Je me demande encore maintenant pourquoi les stratèges ennemis n'ont pas réalisé un débarquement de soutien à l'ouest. En effet, la présence de leurs troupes dans la zone d'El Macho nous aurait obligés à disperser encore plus nos moyens si limités de défense sur le front sud. En outre, ils auraient eu la possibilité de pénétrer plus rapidement dans le territoire rebelle.

Andrés Cuevas arriva le soir à Mompié avec son escouade, une quinzaine d'hommes. Ils sortaient d'un long et violent combat de cinq heures dans la matinée et d'une marche infernale sous la pluie, dans la boue et à travers des rivières en crue. Je pus les rencontrer puisque mon Commandement se trouvait là pour un moment.

«Les hommes de Cuevas sont formidables, écrivis-je à Miret le lendemain. Hier ils ont combattu l'ennemi à Las Mercedes et l'ont obligé à reculer. Et à 22 heures, ils sont déjà là, sous la pluie, prêts à obéir à mes ordres.» Une fois de plus, Cuevas avait donné la preuve qu'il était l'un des chefs les plus efficaces, capable d'accomplir, avec ses hommes, les tâches les plus difficiles et les plus héroïques.

Cette nuit-là, les hommes mangèrent le repas apporté par Celia et prirent un peu de repos. Pendant ce temps, leur chef me racontait les derniers événements survenus dans la zone de Las Mercedes et écoutait mes instructions détaillées sur sa prochaine mission. À l'aube du jour suivant, tous se mettaient déjà en route vers leur nouveau poste, de l'autre côté de la Maestra. L'escouade que j'avais demandée au Che les accompagnait. Elle était commandée par le frère de Ciro, le lieutenant Hugo del Río.

Andrés emportait aussi mes instructions pour les capitaines rebelles de la côte. Le peloton de secours devait se poster à l'embouchure du fleuve Palma Mocha, sur la rive du côté de La Plata. De cette position, il dominerait le bord de la mer et la plaine de l'embouchure, au cas où l'ennemi progresserait sur terre depuis Las Cuevas. Ce groupe disposait d'une mitrailleuse tripode calibre 30, manœuvrée par Primitivo Pérez.

J'avais envoyé Cuevas à cet endroit afin de répondre à ce que je supposais être l'objectif principal de l'ennemi. Il avait débarqué au sud et visait donc l'occupation du bassin de La Plata. Pour y parvenir, il devait s'emparer de l'embouchure du Palma Mocha. Par bonheur, je connaissais parfaitement le terrain et je savais que ce lieu était propice à une bonne embuscade, que les soldats arrivent par terre ou par mer. Il avait déjà été le théâtre d'un des plus violents combats de la première année de guerre, en août 1957.

Selon mes nouvelles instructions, l'escouade de Teruel se posterait plus en amont du fleuve, exactement « cinquante mètres au-delà de l'endroit où le chemin venant de Las Cuevas croise celui qui va à Palma Mocha ». Les hommes devraient se positionner sur les deux rives du fleuve afin d'empêcher l'arrivée, depuis Las Cuevas, de renforts pour la troupe qui se heurterait aux rebelles. Et il était précisé ce qui demeure un exemple du degré de minutie de nos prévisions en matière de position de nos troupes : « Ces hommes ne doivent pas se poster entre le chemin et la mer, mais au-dessus du chemin. » Nous avions en effet prévu l'éventualité que, s'ils se trouvaient de l'autre côté, ils pourraient se trouver cernés, au moment du combat, entre l'arrière-garde de la colonne ennemie et la mer.

Entre-temps, pour lui démontrer la confiance que j'avais en lui, j'avais désigné l'officier le plus ancien, Paz, comme responsable de ces positions. Il demeurerait chez Emilio Cabrera avec la majeure partie de ses troupes, prêt à toute éventualité. Une des deux mitrailleuses de calibre 50 arrivées du Costa Rica dans le même avion que Miret serait apportée à Teruel par les deux mitrailleurs Albio Ochoa et Fidel Vargas. Elle servirait à attaquer l'ennemi sur son arrière-garde lorsqu'il se heurterait à Cuevas, ceci dans le cas où la troupe ennemie descendrait en direction de l'embouchure du fleuve.

Toutes ces dispositions servaient à préparer ce qui, à mes yeux, constituait un piège parfait: «Dans cette situation, le mieux pour nous serait que [les soldats] arrivent par la terre, où il pourrait se produire quelque chose de plus fort que dans El Oro ou El Pozón, parce que je vous assure que s'ils entrent, ils ne pourront pas sortir. S'ils viennent par la mer, ils seront aussi repoussés, même si le piège ne serait pas énorme.»

Je faisais référence à l'embuscade d'El Oro de Guisa pendant le combat de Pino del Agua (carte p. 342) en février 1958, et au combat du Pozón en avril, deux actions qui nous furent très favorables.

Je recommandai à Paz et Pedrito de dissimuler ces positions et d'éviter toute fuite due à l'indiscrétion des habitants du coin. Mes instructions comprenaient aussi la préparation des tranchées et des fortifications destinées à résister aux bombardements, ainsi que la nécessité d'économiser les munitions au maximum. J'ajoutai enfin: «Pedro doit avoir au moins deux hommes armés en face de la piste, au cas où l'ennemi tenterait un débarquement des troupes en hélicoptère.» Il avait en effet été question, au cours des derniers mois, de l'acquisition d'hélicoptères par Batista. Je me souviens que nous nous sommes inquiétés pendant un certain temps d'un débarquement héliporté. Cependant, il semble que cette solution n'ait jamais été envisagée par les stratèges de la tyrannie.

Soucieux de le tenir informé en permanence du déroulement des événements, j'envoyai au Che un examen des dispositions tactiques ainsi que mon évaluation de la situation. « Les soldats sont vraiment en mauvaise position, et il faut donc qu'ils se déplacent. Devant l'impossibilité de leur barrer le chemin dans les deux directions, nous allons leur tendre un piège à Palma Mocha, qui offre d'exceptionnels avantages. Il protège aussi La Plata d'une avancée de l'ennemi. Il faut compter sur la perte d'Ocujal car nous n'avons pas suffisamment d'hommes pour la défendre. Il faut en faire autant pour El Macho, par où ils peuvent débarquer quand bon leur semble. [...]

» Ainsi, comme le pic Turquino nous sert d'appui sur la gauche, nous les empêcherons d'avancer jusqu'à La Plata par le bord de la mer. Il peut être défendu efficacement depuis la mer et par les sentiers côtiers. Je suis persuadé que le plan de l'Armée se tourne dans cette direction. »

A la fin du message, j'ajoutai avec une pointe de découragement : « C'est une véritable marée humaine qui va nous tomber dessus. » C'était vrai, mais je restais absolument convaincu que nous pourrions contenir et repousser ce flux. J'avais exprimé le même sentiment dans une note destinée à Radio Rebelle : « La dictature a lancé contre nous une véritable marée humaine de soldats. C'est aussi un flot de sang qu'ils vont déverser sur les chemins de la Sierra Maestra à mesure qu'ils essaieront d'avancer, s'ils puisent suffisamment de courage dans la cause honteuse qu'ils défendent. »

Dans les jours qui suivirent son débarquement, le bataillon 18 établit son campement et fit quelques incursions d'exploration par les deux chemins qui partaient de son poste. Celui de la côte se dirigeait vers El Dian et Bella Pluma ; celui de la colline menait au fleuve Palma Mocha. Nous n'eûmes alors aucun contact avec les soldats. Ils arrivèrent même à occuper temporairement le hameau de Bella Pluma sous le regard de la patrouille rebelle commandée par Fernando Chávez, mais ils ne tentèrent pas d'aller plus avant, vers Ocujal, où se trouvait toujours le peloton de Ramón Paz.

Le jeudi 12 juin, Andrés Cuevas partit de Mompié pour se rendre à l'embouchure du Palma Mocha. Un peloton de l'École des Cadets du bataillon ennemi pénétra alors dans la bourgade du même nom. Il en repartit après avoir brûlé deux ou trois maisons paysannes situées au bord du fleuve. Le lendemain, les différentes forces rebelles commencèrent à occuper les nouvelles positions que je leur avais indiquées. Après avoir traversé Mayajigüe, Camaroncito et El Naranjal à marche forcée, la petite troupe de Cuevas grimpa sur le mont de La Caridad et se laissa glisser de l'autre côté. Ils campèrent et dînèrent dans la maison de Graciliano Hierrezuelo, à La Caridad. C'est de là que Cuevas put envoyer un messager à Ocujal pour transmettre mes instructions à Paz.

Les rebelles laissèrent leurs havresacs dans la maison et descendirent jusqu'au fleuve, puis, en aval, ils occupèrent leur position à l'embouchure. Trois combattants étaient restés dans la maison pour garder les équipements et préparer les repas. Le reste des effectifs, y compris ceux qui étaient chargés de la mitrailleuse calibre 30 que manœuvrait Primitivo Pérez, furent postés par Cuevas, suivant mes instructions, sur le flanc rocailleux qui fermait et dominait la petite plaine de l'embouchure du Palma Mocha, à l'ouest.

Obéissant à mes nouvelles instructions, Paz déplaça ses effectifs. Le chemin de la côte était obstrué par l'ennemi. Il dut donc couper à travers la montagne, sur les flancs du Turquino. Il monta par le ruisseau d'Ocujal, alla chercher les sommets d'El Dian, et passa par la maison de Fernando Martínez. Celui-ci et son fils Albio se joignirent à la troupe. Ils descendirent ensuite le flanc de La Esmajagua et atteignirent le fleuve Palma Mocha. En arrivant, Paz laissa quelques hommes en embuscade sur le chemin du fleuve, environ un kilomètre au-dessus d'El Colmenar. Il décida d'envoyer la mitrailleuse 50 au poste de Cuevas avec

Albio Ochoa, Fidel Vargas et les autres combattants en charge de cette arme. Ils se rendirent donc à l'embouchure du fleuve. Comme je l'ai dit, les havresacs étaient restés avec la troupe de Cuevas à La Caridad. Ce détail aura son importance un peu plus tard.

L'escouade de secours envoyée avec Cuevas, sous le commandement d'Hugo del Río, se posta sur le fleuve avec la troupe de Paz. Celle de Teruel, qui se trouvait en amont, fut envoyée à côté du chemin de Las Cuevas, à El Colmenar. Le plan consistait à laisser passer l'ennemi avant d'empêcher sa retraite ou l'arrivée de renforts. Le groupe près de la maison de Cabrera fut renforcé par une escouade commandée par Roberto Elías et se mit à proximité de Las Cuevas, sur un poste avancé. Grâce à tous ces déplacements, le guet-apens que nous tendions à l'ennemi à Palma Mocha était fin prêt. Paz avait apporté quelques modifications à mon plan initial, mais elles étaient pleines de bon sens.

Après le départ du capitaine Cuevas de Mompié, je ne reçus plus de nouvelles de la situation dans le secteur de Palma Mocha jusqu'à l'après-midi du 15 juin. Cela m'inquiétait car je ne savais pas si les déplacements que j'avais demandés seraient exécutés avant les mouvements qu'allaient sûrement initier les soldats. Si ce n'était pas le cas, l'occasion de leur asséner un coup déterminant, ou au moins de résister à leur avancée vers La Plata, serait perdue. Le matin du 15, je reçus un premier message de Cuevas, un peu confus, dans lequel il ne disait pas s'il avait contacté Paz et s'il avait exécuté mes instructions. Je lui répondis aussitôt : « Je n'aime pas ce qui se passe. Tu ne me donnes pas d'explications claires. Paz est arrivé depuis un bon moment et vous n'avez pas encore vérifié s'il a eu ou non mon message. »

En fait, Paz avait suivi mes instructions depuis deux jours déjà. La veille, il m'avait envoyé deux messages que je n'avais pas encore reçus. Dans l'un d'eux, il m'expliquait en détails toutes les dispositions qu'il avait prises (document p. 316). Dans l'autre, il m'informait que le 14 juin, une troupe ennemie était entrée dans El Colmenar, à moins d'un kilomètre de son poste. Elle avait tiré quelques cartouches, avait brûlé la maison d'Alberto Peña, puis était retournée à Las Cuevas. Pedro Millet était au courant de la fusillade : la veille, il avait envoyé un messager, Luis Felipe Cruz Castillo, un de nos agents de liaison les plus efficaces, pour prendre contact avec Cuevas et Paz.

Après cette incursion des soldats, Paz décida, très intelligemment, de transférer son embuscade un peu plus bas. Cette nouvelle position était très proche d'El Colmenar, à quelques dizaines de mètres du chemin venant de Las Cuevas.

Je fus délivré de mon inquiétude lorsque je reçus le message de Paz où il m'expliquait tout ce qu'il avait fait. Je lui répondis immédiatement :

« Je me réjouis fort que tu sois arrivé à Palma Mocha. J'ai l'impression que c'est là que nous allons remporter une de nos premières victoires.

» Ta carte est très claire et j'approuve tes décisions. La seule chose que je ne comprends pas est l'endroit où se trouve Teruel. Tiens compte du fait que les forces destinées à arrêter les renforts ennemis doivent se poster à un endroit stratégique, au-dessus du point où ils sont susceptibles d'arriver. Nos défenses doivent être bien préparées et soigneusement dissimulées. Dans le cas précis du chemin venant de Las Cuevas, il faut que ce soit près de la mer, ou bien au-dessus du chemin, on peut supposer qu'ils arriveront par là et il faut les laisser entrer pour qu'ils tombent dans l'embuscade.

» La défense ne peut pas s'exercer sur le chemin, mais d'un côté, qui doit être évidemment le plus haut possible.

» Sur le chemin qui vient de Las Cuevas vers la maison d'Emilio, il faut poster les défenses en travers de la route pour ne pas les laisser passer.

» En cas de combat sur La Playa, il est plus que probable que le renfort essaiera d'arriver par le chemin qui part de la petite maison où j'ai dormi la dernière fois que nous nous sommes vus. Je considère que c'est l'éventualité la plus probable et logique. Il faut que tu détaches ne serait-ce que deux hommes sur le chemin le plus haut (celui qui part à proximité de là où tu te trouves) pour qu'ils progressent le plus possible en direction de Las Cuevas et tirent sur toute troupe qui essaiera d'avancer afin de la retarder le plus possible.

» De même, voilà ce qu'il faudra faire lorsque tu verras que le combat a lieu sur la plage de Palma Mocha : si l'escouade qui est sur le chemin entre Las Cuevas et la maison d'Emilio est bonne et rapide, elle peut s'avancer, s'approcher et tirer sur la garnison pour lui faire croire qu'elle va être attaquée. Ainsi, elle hésitera à envoyer des renforts [...]

» N'hésite pas à donner des instructions très précises à Teruel pour qu'il sache quoi faire s'il risque qu'on lui coupe la retraite, et surtout, convaincs-le qu'ici, dans la Sierra, il est impossible de capturer qui que ce soit, et qu'il est toujours possible de s'en sortir si on combat bien. »

Avec toutes ces dispositions et les mesures prises par Paz, le piège était prêt dans ses moindres détails. À partir de ce moment, j'eus la certitude que la troupe ennemie qui avait débarqué à Las Cuevas courait au désastre. Cette conviction était renforcée par la grande confiance que j'avais en Paz, en son intelligence et son esprit combatif. Aussi, je lui envoyai ce message le 16 juin :

« Tu agis à bon escient. Continue à utiliser ton cerveau et tu vas voir comme nous allons les mettre en échec, dès le début. Dans la guerre que nous livrons, l'intelligence est un facteur décisif. »

En résumé, le plan était le suivant : si l'ennemi prenait l'un des deux chemins inférieurs, Teruel le laisserait passer. Arrivée au fleuve, la troupe pourrait choisir entre deux directions. Si elle optait pour celle du haut, elle tomberait dans l'embuscade de Paz. Si elle passait par le bas, elle tomberait dans celle tendue par Cuevas pendant que Paz bloquait l'arrière-garde. La mission de Teruel consisterait à empêcher la retraite de l'adversaire vers Las Cuevas, et à arrêter les éventuels renforts qui pourraient être envoyés de là. Si l'ennemi empruntait le chemin supérieur, vers la maison d'Emilio, il se heurterait à l'escouade d'Elías. Paz devrait alors renforcer cette position et empêcher la retraite des soldats.

Pendant ce temps, Pedro Miret maintenait sa position sur la plage de La Plata pour arrêter toute tentative de débarquement, et l'escouade de Ciro del Río protégeait le chemin de la côte qui menait à La Plata depuis l'ouest. À El Macho et El Macío, la colonne 7, commandée par l'excellent lieutenant Raúl Podio, devrait résister en cas de débarquement et se replier vers le fleuve Macío. De cette manière, toutes les hypothèses semblaient prévues, et tous les accès depuis le sud protégés.

6

L'ennemi arrive à Las Vegas de Jibacoa

JUIN 1958						
DIM	LUN	MAR	MER	JEU	VEN	SAM
1	2	3	4	5	6	7
8	9	10	11	12	13	14
15	16	17	18	19	20	21
22	23	24	25	26	27	28
29	30	--	--	--	--	--

Le 10 juin, jour du débarquement du bataillon 18 sur la côte sud, je décidai de changer notre dispositif de défense dans la direction de Las Vegas de Jibacoa. Cette ville, j'en étais sûr, constituait le prochain objectif de l'ennemi dans le secteur Nord-Occidental. Nos troupes commandées par Horacio Rodrígues reçurent ainsi l'ordre de se concentrer en deux groupes : l'un d'eux devait couvrir le chemin de La Herradura qui montait par le fleuve – là où Andrés Cuevas avait connu un accrochage le 9 juin –, et l'autre, plus fourni en hommes, serait chargé d'empêcher l'avancée des soldats par le chemin des camions, qui montait de Las Mercedes à Las Vegas en traversant Los Isleños et El Mango. La douzaine d'hommes de l'escouade d'Orlando Lara, qui étaient arrivés à Las Vegas depuis la plaine et qui attendaient en réserve, viendraient soutenir ce second groupe, sur son arrière-garde, dans la région d'Isleños.

Par ailleurs, à cause de la menace qui couvait dans le secteur méridional, Cuevas reçut l'ordre de marcher vers Mompié dès le lendemain. J'avais l'intention, comme on l'a vu dans le chapitre précédent, de l'envoyer renforcer les lignes rebelles sur la côte.

Les effectifs de Raúl Castro Mercader et d'Angelito Verdecia campaient sur leurs positions sur le chemin de San Lorenzo, tandis que le Che demeurait à Minas de Frío. Il veillait sur la partie la plus occidentale du front, défendue par la colonne 7 de Crescencio Pérez. Pendant ces dernières semaines, le travail de préparation des tranchées et autres abris n'avait pas cessé, sous la direction d'Huber Matos et d'Arturo Aguilera.

Le matin du 11 juin, les soldats entrés dans Las Mercedes tentèrent d'améliorer leurs positions en occupant les hauteurs de Las Caobas, une colline qui dominait le chemin carrossable menant du hameau à Las Vegas. Ils avancèrent à nouveau sur le chemin du fleuve. Cuevas n'avait pas encore reçu l'ordre d'aller vers Mompié. Il avait donc eu le temps de consolider son territoire. Un combat intense eut lieu, sous une averse torrentielle, de 8 heures à 13 heures. L'ennemi fut repoussé et subit de nombreuses pertes. Dans le communiqué de Radio Rebelle sur cette action, que nous avons appelée « le combat du Potrero de Jibacoa »[1], nous mentionnions le fait que nos effectifs réduits, mais très aguerris, n'avaient tiré que trois cent cinquante balles. C'était peu, mais je demandai quand même à Horacio de se rendre sur le champ de bataille dès le lendemain pour récupérer les munitions que les soldats avaient pu laisser avant de se replier. Ce coup nous permit d'immobiliser l'ennemi dans son campement de Las Mercedes. Il ne fit aucune tentative de mouvement pendant les jours suivants.

Cependant, la situation fut considérablement modifiée entre le 13 et le 14 juin, à l'arrivée d'une importante troupe dans la zone d'Arroyón. Nous en reçûmes la première nouvelle le 14, par le biais, comme toujours, d'Horacio Rodríguez, avec qui je restais en liaison constante puisqu'il m'envoyait des messages

1. N.d.t. : Le Potrero est un enclos.

plusieurs fois par jour. Il s'agissait, nous le sûmes plus tard, d'une nouvelle unité de combat, le bataillon 19, placé sous les ordres du commandant Antonio Suárez Fowler. Elle comprenait trois compagnies d'infanterie – les numéros 91, 92 et 93 – ainsi qu'une escouade armée de mortiers, au total près de quatre cents hommes.

L'arrivée de cette unité nous éclaira sur les intentions de l'ennemi : stationné à Arroyón, il ne pouvait se diriger que vers Las Vegas de Jibacoa pour ensuite pénétrer dans le territoire rebelle dans la montagne (carte p. 356). Toute autre direction supposait la traversée de l'imposant massif de La Llorosa qui bouche totalement le panorama vers le sud-est. L'autre solution aurait consisté à contourner cette montagne vers l'est pour entrer dans Providencia, ce qui était totalement dénué de sens.

Lorsque je reçus les informations d'Horacio, le 14 juin, j'arrivai à la conclusion que l'offensive en direction de Las Vegas était imminente. J'ignorais, à ce moment-là, que le bataillon 19 avait choisi Arroyón comme base avancée et qu'il attendrait quelques jours avant d'agir. Le commandement ennemi devait encore fixer le « jour J », c'est-à-dire le moment où serait lancée la seconde phase de l'offensive depuis les trois points déterminés de l'attaque.

J'alertai aussitôt de l'imminence du combat les deux capitaines chargés d'empêcher leur avancée. J'ordonnai en particulier à Lara de progresser jusqu'à l'arrière-garde et de rejoindre Horacio. Je joignis à ce message un ensemble de recommandations tactiques. En effet, Lara avait pour toute expérience du combat celui des plaines du Cauto où il avait pratiqué la guérilla. Je craignais qu'il n'ait pas saisi toutes les spécificités de notre lutte dans la montagne.

« Si [les soldats] continuent à avancer, laisse-les s'approcher, fais d'abord exploser des mines pour qu'ils se sentent moins protégés et ouvrent le feu.

» Il est possible que l'aviation bombarde le chemin. Restez bien dans les tranchées sans donner aucun signe de vie pour prendre la troupe par surprise. Ne tirez pas, même s'ils le font, attendez qu'ils en soient à leur deuxième fusillade. Surtout, utilise un Garand[1]. »

Je communiquai aussi à Lara mon évaluation de la situation dans le secteur : « Il est très possible qu'ils se déplacent jusque-là demain, ils n'ont pas d'autre choix. » Et je conclus avec les uniques paroles d'encouragement qui me paraissaient adéquates dans ces circonstances : « Bonne chance à tous ! »

Enfin, partant du principe qu'il fallait tout prévoir, je dépêchai ce même jour une petite escouade de huit hommes sur le chemin qui menait à La Llorosa, sur la colline d'El Espejo. Cette escouade comprenait quatre hommes du peloton d'Eddy Suñol, deux de la troupe de Lara et deux élèves de l'École de recrues.

Le lendemain, dimanche 15 juin – jour de la fête des pères –, mes prévisions se vérifièrent. L'ennemi avança depuis Arroyón par le chemin de Las Vegas. Il échangea quelques tirs avec les hommes d'Horacio et se retira à nouveau. Une fois de plus, je n'étais pas satisfait par le comportement de nos combattants et je le reprochai vivement à Horacio :

« J'aimerais bien que tu m'expliques pourquoi vous n'avez pas laissé les soldats s'approcher. Pourquoi as-tu éprouvé le besoin d'ouvrir le feu à une distance telle qu'on ne pouvait pas provoquer la moindre perte, et en mettant à découvert votre position ? Cela l'a exposée à un bombardement et vous a fait perdre toute chance de prendre l'ennemi par surprise. Je veux connaître les raisons de tes décisions. Pour moi, c'est une tactique inappropriée et elle ne correspond pas aux instructions que je t'ai fait transmettre par Lara.

1. Le Garand est un fusil semi-automatique.

» Vous ne m'avez pas dit combien de munitions vous avez gâchées, comme si c'était un élément négligeable. Vous n'avez pas mentionné, alors que je vous l'ai demandé expressément, si vous aviez parcouru le terrain où a combattu Cuevas et si vous avez récupéré des munitions.

» Votre comportement est inexplicable. Vous ne tuez pas un [...] seul soldat, vous ne prenez pas un fusil, vous tirez quand il ne le faut pas et vous ne tirez pas quand vous le devriez [...]. Vous gaspillez des balles et vous mettez à découvert nos positions. Ce n'est pas une façon de faire la guerre. À quoi vous servent les mines ? Maintenant, ils vous bombardent à nouveau. C'est la conséquence de ce qui s'est passé hier ; un risque qui n'est pas compensé par les résultats de l'escarmouche.

» On va voir de quoi vous êtes capables. »

En réalité, nous étions en présence d'une feinte de la compagnie 93, sur ordre du chef du bataillon 9. Celui-ci voulait vérifier s'ils rencontreraient une résistance quelconque de notre part au moment de la vraie manœuvre. Le lendemain, l'aviation fut particulièrement active au-dessus des positions rebelles. Elle les bombarda et les mitrailla intensivement, plus longuement ce jour-là que pendant toute la guerre jusqu'alors. C'était un signe évident : non seulement les positions rebelles avaient été repérées, mais la tentative d'avancée vers Las Vegas était aussi très proche.

Au regard de la piètre prestation d'Horacio, je pris la décision de poster Lara plus avant, de sorte que les soldats rencontrent ses hommes lors de leur avancée. Obéissant à mes ordres, Lara fit immédiatement creuser des tranchées sur les flancs de La Llorosa, face au chemin d'Arroyón, où il se posta, au-devant et à droite des positions d'Horacio.

Le 17 juin, la troupe ennemie qui campait à Arroyón fit une nouvelle incursion en profondeur et rencontra immédiatement les hommes de Lara. Quelques minutes après le début de l'accrochage, un projectile tiré d'un lance-roquettes blessa grièvement Orlando Lara. On crut d'abord qu'il s'agissait d'un tir de mortier qui était tombé juste dans la tranchée, mais dans ce cas il ne serait pas resté grand-chose de Lara et de ses compagnons. Lara fut transféré en urgence à Las Vegas pour recevoir les premiers soins, puis on l'envoya à La Habanita.

Je donnai alors l'ordre à Horacio de prendre le commandement. Il m'envoya un rapport dans lequel il m'expliquait qu'ils avaient tiré peu de balles – huit ou dix en moyenne par combattant –, qu'ils avaient occasionné au moins la blessure de quatre soldats et qu'ils s'étaient repliés. Il ajoutait: «Nous ne pouvions pas les laisser s'approcher davantage. Ils mettaient en place la mitrailleuse 30 et deux mortiers. Nous devions tirer sur eux à une distance d'à peu près deux cents mètres pour les atteindre, mais les mortiers pouvaient nous atteindre aussi. Il fallait que nous débarrassions le terrain car ils nous avaient parfaitement localisés.»

Horacio avait fait reculer les troupes rebelles de trois cents mètres, ce qui les situait à peu près à six cents mètres derrière l'embranchement du chemin d'Arroyón qui menait à Las Mercedes. Je répondis à son message que ses explications m'avaient convaincu. Mais je lui envoyai un nouvel avertissement.

«Fortifie bien les lignes que tu soutiens maintenant, les soldats vont croire que tu campes toujours sur les précédentes. Essaie de ne pas les laisser les découvrir jusqu'à ce que cela devienne indispensable.

[...]

» Ce qui me réjouit le plus est que tu portes autant d'attention à la dépense de munitions.

» Je suis persuadé que si nous luttons avec intelligence, ils ne prendront jamais Las Vegas. Il faut que nous résistions le temps nécessaire jusqu'à ce que nous soyons approvisionnés en armes, et que nous les assaillions ici lorsqu'ils seront bien fatigués.»

Le Che, lui, jugea le recul d'Horacio inutile. La malencontreuse blessure de Lara nous privait de sa présence dans ce secteur délicat au moment crucial qui approchait. La situation était, certes, préoccupante.

Le lendemain, nous étions tous dans l'attente du début de la véritable offensive ennemie en direction de Las Vegas. Mais la journée fut relativement calme. La force cantonnée à Arroyón continuait à recevoir des renforts tels qu'une escouade de chars de combat rapides, de camions et de bulldozers. Il paraissait évident que l'ennemi possédait des informations assez précises sur les préparatifs rebelles le long du chemin de Las Vegas, y compris sur les tranchées que nous avions ouvertes pour essayer de barrer la route aux équipements motorisés.

À ce moment décisif, nous étions sérieusement menacés dans pas moins de trois directions, sans compter des dangers de moindre importance dans d'autres secteurs de ce vaste front que nous devions défendre à tout prix. Pour cela, nous avions dans le centre et au nord-ouest un peu plus de deux cents hommes dûment armés.

Je déplaçai alors les poignées de combattants dont nous disposions sur les différentes positions qui en avaient besoin, en accord avec l'urgence et la gravité du danger qui se présentait.

En ce qui concerne le secteur de Las Vegas plus particulièrement, voici où nous en étions : après le débarquement du sud, je n'avais pas vu d'autre solution que d'envoyer dans cette zone l'escouade d'Andrés Cuevas. En effet, si l'ennemi pénétrait dans notre territoire par cette direction, cela constituerait une menace beaucoup plus immédiate et dangereuse. Si, au contraire, le secteur critique se situait dans la région de La Plata, je ne savais pas où puiser des renforts pour aller d'urgence à la rescousse des maigres forces qui défendaient l'accès à la Maestra sur le flanc oriental. Camilo était toujours en chemin, depuis les plaines du Cauto. Il se dirigeait vers cette zone, justement, pour la défendre à tout prix.

D'autre part, malgré mon impression de plus en plus claire que, dans le secteur Nord-Ouest, l'ennemi concentrerait ses objectifs sur Las Vegas de Jibacoa, je ne pouvais négliger la présence du bataillon 17 à Las Mercedes. Il pouvait parfaitement tenter un assaut simultané en direction de San Lorenzo. C'est pourquoi il était impensable d'affaiblir nos lignes défensives de ce secteur. On s'en souvient, le chemin de San Lorenzo était défendu à partir de la colline d'El Gurugú par les effectifs de Raúl Castro Mercader et d'Angelito Verdecia. D'autres petits groupes avaient été postés dans la région de Gabiro et sur le chemin de Purgatorio. Quelques dizaines d'hommes devaient protéger ces positions en cas d'attaque de l'ennemi en direction de San Lorenzo, ou même Minas de Frío. Il n'aurait pas été raisonnable de muter les hommes de cette zone pour renforcer les lignes d'Horacio, même s'ils avaient cruellement besoin de soutien.

En ce qui concerne les groupes de combattants de la colonne 7 de Crescencio Pérez qui étaient répartis dans bon nombre de positions à l'ouest du front, il fallait prendre en considération divers paramètres. D'abord, Crescencio était un vieux combattant paysan. Ses troupes étaient constituées d'habitants de la région qui connaissaient parfaitement le terrain, mais peu d'entre eux avaient des armes de guerre. Nous disposions néanmoins, parmi les mieux armés, de très bons combattants tels que son fils, Ignacio – qui mourut à Jiguaní, presque à la fin de la guerre. Ensuite, je notai que, sur le front occidental, d'importantes unités ennemies étaient stationnées – les bataillons 12, 13 et 16 – et qu'elles pourraient bien participer à l'opération multiple qui se dessinait. Elles essaieraient d'atteindre la Maestra par La Habanita. Enfin, je ne pouvais pas affaiblir les positions de Crescencio Pérez pour renforcer celles d'Horacio, qui devrait défendre l'accès à Las Vegas avec les hommes dont il disposait à ce moment-là.

En conséquence, une seule solution s'imposait: il fallait que la résistance se fasse avec ténacité et intelligence, sur un terrain partiellement favorable à l'ennemi dans la mesure où il lui permettait d'avancer en se déployant. Il pouvait employer des moyens mécanisés, y compris de l'artillerie de campagne, au moins au début de sa progression.

Les points fondamentaux à défendre se situaient un peu plus à l'est. C'était là, selon moi, que l'ennemi porterait le coup principal. Là qu'il concentrerait l'essentiel de ses forces.

Le haut commandement ennemi avait d'abord fixé la date du début de la seconde phase de l'offensive au 18 juin, sur tous les fronts. Mais l'arrivée du bataillon 11 du lieutenant colonel Sánchez Mosquera à El Cacao avait pris plus de temps que prévu et, comme nous le verrons dans le chapitre suivant, il n'était pas encore parvenu au point prévu. De là, il devait donner l'assaut à Santo Domingo, cœur de l'armée rebelle sur le versant nord de la Maestra.

Le 19, tout était finalement prêt du point de vue de l'ennemi. Le bataillon qui avait débarqué quelques jours plus tôt avait reçu l'ordre de se diriger vers l'intérieur de la montagne, jusqu'à un point avancé d'où il pourrait lancer l'assaut. Au nord-ouest, deux bataillons complets et renforcés – le 1er à Las Mercedes et le 19 à Arroyón – se tenaient, eux aussi, prêts à attaquer.

Dans la matinée du jeudi 19 juin, plusieurs bataillons ennemis se mirent simultanément en mouvement : le 11 de Sánchez Mosquera avança vers Santo Domingo au nord-est, le 18 de Quevedo vers La Caridad dans le secteur Sud, et les 17 et 19 entreprirent l'offensive en direction de Las Vegas de Jibacoa, sur le flanc gauche de notre ligne. Chacun venait de sa base respective, c'est-à-dire Las Mercedes et Arroyón. Au total, plus de cinq cents hommes participèrent à cette opération, avec l'appui de plusieurs tanks T-37, de l'aviation et de deux batteries de mortiers.

Les soldats atteignirent assez facilement la croisée des deux chemins. Là ils unirent leurs forces et commencèrent à progresser sur un seul front, relativement ouvert, d'une longueur de cinq cents mètres, des deux côtés du chemin qui menait à Las Vegas. Les mortiers bombardaient sans relâche les positions rebelles.

Après quelques tirs sur l'ennemi, les hommes d'Horacio reçurent l'ordre de se replier et établirent une nouvelle ligne de défense derrière Los Isleños, au pied de la colline d'El Mango. Les conditions pour arrêter la poussée ennemie y étaient bien plus favorables car le terrain se rétrécissait entre le flanc en pente de La Llorosa et le ravin du fleuve Jibacoa, sur la gauche des positions rebelles. Nos adversaires se voyaient donc dans l'obligation de resserrer leur front et de le circonscrire à quelques mètres des deux côtés du chemin, ce qui facilitait notre tâche. Sans aucun doute, à cet endroit, il était possible de défendre notre ligne, au moins pendant quelques heures, et d'infliger quelques pertes à l'ennemi. Si nos combattants avaient été disposés à opposer une véritable résistance et s'ils avaient soigneusement préparé le terrain, notamment en posant des mines pour retenir l'avancée des tanks T-37, ils auraient pu changer le cours des événements ce jour-là. Mais non, ils n'ont pas tenu bien longtemps... La retraite ordonnée par Horacio se prolongea sans qu'il trouve une solution pour aller se placer au-delà de la colline d'El Mango. Il m'envoya un rapport, un peu après midi, sur ce qui était arrivé.

Dans un message envoyé à 14 h 10, le Che me confirma qu'en se repliant, Horacio avait laissé totalement libre la zone d'El Mango et qu'il s'était posté sur l'autre rive du fleuve, dans la montée de la colline d'El Desayuno. Cela signifiait que l'ennemi pouvait traverser, sans le moindre problème, la zone où la résistance aurait pu se montrer le plus efficace.

Le Che m'informa aussi des dispositions qu'il avait prises dans le secteur en vue du repli de la ligne rebelle jusqu'à la colline d'El Desayuno. Parmi celles-ci, l'occupation de terrains autour de Las Vegas par quelques combattants de l'école de Minas de Frío. Cette nuit-là, il m'apprit qu'il était descendu jusqu'à la maison de José Isaac, sympathisant paysan qui vivait à Purgatorio, à mi-chemin entre Las Vegas et Minas de Frío. Il me demanda quoi faire au cas où Las Vegas tomberait entre les mains de l'ennemi le lendemain, ce qui, il le craignait, était plus que probable. Le Che avait conçu le projet, un peu risqué au vu des conditions, de harceler les soldats depuis l'arrière-garde avec une partie des effectifs rebelles qui protégeaient la direction de San Lorenzo et quelques hommes de Crescencio qui étaient disponibles à La Habanita.

Lorsque j'appris les événements de la journée, j'arrivai à la même conclusion : la chute de Las Vegas était désormais inévitable. En d'autres circonstances, il aurait fallu renforcer les nouvelles positions rebelles à El Desayuno et préparer rapidement une ligne de défense assez solide pour contenir l'avancée des soldats vers Las Vegas, dès le lendemain. Cela n'aurait été ni la première ni la dernière fois qu'une situation difficile se retournerait en une nuit. Mais, étant donné ce qui s'était passé sur les autres fronts, il était absolument impossible de prendre des hommes d'autres secteurs pour essayer de renforcer la ligne rebelle qui défendait Las Vegas.

Notre réponse à la situation créée dans la nuit du 19 juin devait donc tenir compte de ce que, le jour suivant, l'ennemi occuperait Las Vegas de Jibacoa. Une fois cela admis, il fallait s'assurer qu'il ne pourrait pas faire un pas de plus. En fin de compte, la configuration de ce village se prêtait bien à notre objectif. Il se trouvait dans une des vallées le long du fleuve Jibacoa, entouré de toutes parts par des montagnes et des terrains qui, si nous les occupions, pourraient se convertir en une véritable souricière pour les soldats. C'est pourquoi la première mesure prise par le Che me paraissait tout à fait justifiée.

En dernier ressort, ce qui était arrivé à Santo Domingo et sur le chemin de Las Vegas, et qui semblait se passer dans le sud, était une des variantes que nous avions prévues, à savoir la pénétration de l'ennemi au cœur du territoire rebelle et la concentration de nos forces en anneaux défensifs, toujours plus étroits, dans l'intention de protéger jusqu'à la fin la zone de La Plata et sa logistique : l'hôpital, la radio et toutes nos installations. Et si, finalement, nous n'étions pas capables de la défendre, nous nous disperserions en petits groupes pour commencer à nouveau la guerre de mouvement que nous avions menée les premiers temps.

Si Las Vegas était occupée dès le lendemain par l'ennemi, ceux qui devaient défendre son accès jusque-là seraient répartis à tous les endroits permettant de contenir ultérieurement l'avance de la troupe vers la Maestra à hauteur de Mompié, et en particulier dans la région connue sous le nom de Minas del Infierno, la voie naturelle d'accès à Mompié depuis Las Vegas.

J'envoyai un message au Che dans lequel j'insistai une fois de plus sur la conception de base du plan : « Tant qu'il reste un espoir de garder le territoire de La Plata, nous ne devons pas changer de stratégie. Le problème essentiel est le nombre insuffisant d'hommes pour défendre une région aussi vaste. Nous devons nous reconcentrer avant de nous relancer dans une autre action. »

À l'aube du vendredi 20 juin, les soldats ennemis reprirent leur marche, comme nous l'avions prévu, en direction de Las Vegas. Après une faible et brève résistance, les combattants rebelles abandonnèrent la colline d'El Desayuno. À midi, ils avaient déjà dépassé les dernières maisons de Las Vegas et s'étaient arrêtés dans la montée vers Minas del Infierno. Ils laissèrent ainsi le chemin dégagé à l'ennemi dont l'avant-garde entra à Las Vegas au début de l'après-midi, quasiment sans avoir tiré une seule balle.

Le ton du message que je reçus du Che cette même après-midi était éloquent : « Au cours de cette révolution, je n'ai pas reçu de coup aussi désespérant que celui d'aujourd'hui. Je me suis efforcé, avec Miguel, de protéger le flanc gauche d'Horacio avec deux fusils et quatre grenades pour couvrir toute la colline qu'il avait à sa gauche. Tranquillisé parce qu'ils n'ont pas tiré une seule balle de toute l'après-midi, et m'apprêtant même à récupérer des bombes qui, à ce qu'on dit, ont été enterrées, au moment où je réussis à articuler une ligne de défense et à descendre à Las Vegas, je reçois une note de Sori qui m'annonce qu'il n'y a plus âme qui vive en ce lieu et qu'Horacio se retire vers Antonio el Gallego [Antonio Morcate, voisin de Minas del Infierno] avec ses troupes.»

Le Che concluait son message d'une pointe d'ironie dont il avait le secret: «Ces deux derniers jours, on n'a pas tiré une balle. Ton ordre d'économiser les munitions a été respecté à la lettre.»

Les informations que j'avais reçues de Las Vegas confirmaient pleinement cette analyse du Che. Avant de recevoir son message à La Plata, où je demeurai pendant toute cette période, j'avais écrit à Celia, restée à Mompié afin d'assurer la liaison. Après lui avoir raconté combien je trouvais honteuses et décevantes les nouvelles de Las Vegas, je lui indiquai:

«Transmets au Che mon ordre d'enquêter sur ce qui s'est passé et de désarmer tous ceux qui ont fait preuve de lâcheté. Qu'il envoie des élèves de l'École des recrues et fournis-leur les fusils ainsi récupérés.

» Qu'il fasse prisonnier le responsable de la perte du détonateur, du câble et de la bombe ainsi que de toute atrocité du même genre et qu'il donne l'ordre à Horacio de résister mètre par mètre pour conserver ce qu'il reste de Las Vegas avec les hommes dont il dispose.»

À ce moment-là, j'ignorais encore qu'il était impossible d'opposer quelque résistance que ce soit: Las Vegas avait été virtuellement abandonnée à l'ennemi, même si j'étais convaincu que les soldats atteindraient leur objectif. Aussi, je demandai à Celia de transmettre un ordre à Aguilerita: commencer à creuser de bonnes tranchées d'une part pour fortifier Minas del Infierno, d'autre part pour protéger le chemin qui montait à la Maestra.

Ce serait probablement l'itinéraire que suivrait l'ennemi pour poursuivre sa pénétration dans notre territoire.

Dans le même message plein d'amertume du Che, il me demandait des instructions précises sur les actions à envisager pour l'école de Minas de Frío, les positions de Raúl Castro Mercader et d'Angelito Verdecia dans la zone d'El Jíbaro, et pour celles de Crescencio Pérez. Il ajoutait avec une appréciation très sûre de la situation dans le secteur : « Il faut prendre en considération le nombre de chemins à défendre. Je n'ai pas d'armes pour assumer cette tâche si l'une de ces troupes ne m'apporte pas son aide. Je ressortirai de leur cachette les fusils de chasse et nous verrons [...]. Je resterai chez José Isaac jusqu'à ce que je reçoive une réponse et des instructions explicites. Si le 21, à 5 heures du matin, je n'ai rien reçu, j'agirai à ma convenance et selon les circonstances. »

Lorsque je reçus ce message, je demandai à Celia, par téléphone, de lui faire part des décisions suivantes :

1° Déplacer les hommes de Raúl Castro Mercader et d'Angelito Verdecia vers Minas del Infierno et la montée de Mompié pour protéger cet accès.

2° Placer sous leurs ordres les effectifs d'Horacio et de Lara.

3° Que la colonne 7 couvre les positions qu'occupaient antérieurement les troupes de ces deux capitaines sur le chemin de San Lorenzo.

4° Je descendrai sur la nouvelle ligne de défense pour redistribuer les armes du contingent d'Horacio et de Lara aux renforts des dix recrues de l'école que le Che devait envoyer, ainsi qu'à cinq hommes du peloton de Jaime Vega que j'emmènerai avec moi.

Vega nous avait rejoints quelques jours auparavant avec un groupe de combattants de la province de Camagüey.

J'avais toujours su que le Che pourrait prendre en charge la défense du secteur le plus occidental de notre front si les circonstances l'exigeaient. C'est ce que je lui fis savoir, cette même nuit, dans un second message où je lui demandai de défendre la Maestra depuis Purgatorio jusqu'à Mompié, y compris Minas de Frío. De fait, pendant toutes les semaines de préparation de la défense de notre territoire, et pendant l'offensive ennemie, le Che avait été en charge du commandement du front. Il subsiste dans les archives des dizaines de messages que nous avons échangés, dans lesquels je lui donnai non seulement des indications sur les actions à entreprendre dans son secteur, mais aussi des informations sur les événements survenus dans les autres. Quant à lui, il me tenait au courant des mesures qu'il avait prises conformément à mes instructions, mais il me faisait aussi des propositions et m'informait sur ce qui se passait.

Les déplacements qui venaient d'être décidés durent être révisés presque aussitôt au vu des événements qui se déroulèrent à partir du 21 juin.

Ce jour-là, Horacio avait demandé qu'on lui envoie Luis Crespo pour l'aider dans le commandement de ses hommes. Il souffrait d'une jambe et ne pouvait pas bouger. Il tenta de se justifier auprès de Celia sur la tournure qu'avaient prise les événements en expliquant qu'elle n'était due ni à la lâcheté, ni à un manque de décision. Il souligna qu'il avait ordonné à ses hommes de ne pas se replier de chaque embuscade avant d'avoir provoqué deux ou trois pertes dans les rangs ennemis.

Cet argument démontrait qu'Horacio n'avait pas compris l'essence de notre conduite face à l'offensive : résister à tout prix. Je lui indiquai aussitôt qu'il serait remplacé par Crespo pour commander la troupe de Minas del Infierno. Précédemment, Crespo avait eu la responsabilité de la fabrique de mines d'El Naranjo, près de Santo Domingo. Cette installation avait été démantelée et évacuée lorsque le bataillon de Sánchez Mosquera avait envahi le secteur.

Par la suite, Horacio apporta la preuve de ses qualités de combattant et de chef de guérilla. Son intrépidité fut justement la cause de sa mort, à Manzanillo, le lendemain du triomphe de la Révolution, lorsqu'il s'attacha à capturer quelques sbires de la tyrannie qui avaient réussi à s'échapper. Mais sa conduite à Las Vegas de Jibacoa avait été réellement fâcheuse.

Le bataillon 17, qui avait participé à la conquête de Las Vegas de Jibacoa, retourna à Las Mercedes le 22 juin. Ne demeurèrent que trois compagnies du bataillon 19 qui établirent leur campement dans la partie basse de la vallée et sur les petites hauteurs proches du fleuve.

La prise relativement facile de Las Vegas fut un revers significatif pour nous. C'était une base d'opérations importante. J'y avais établi le Commandement à plusieurs reprises. Celia s'y était installée pendant plusieurs semaines pour y assurer la gestion de la guérilla. Là, nous pouvions compter sur la collaboration de tous les paysans de la région. C'est là aussi que nous avions initié la première assemblée paysanne, le jour même du début de l'offensive.

Las Vegas de Jibacoa constituait un des lieux symboliques de notre lutte. En outre, il bénéficiait d'une situation stratégique, au pied de la Maestra, au centre du secteur Nord-Ouest de la zone d'opération de la colonne 1. L'ennemi pouvait y faire parvenir des engins motorisés par le chemin carrossable de Las Mercedes. Il pouvait donc assurer facilement un appui logistique à la troupe postée à cet endroit, qui pourrait alors entreprendre des actions offensives dans diverses directions, par les accès qui montaient depuis la vallée vers divers points de la Maestra, et, parmi ceux-ci, des lieux vitaux comme Minas de Frío et Mompié.

Toutefois, la conséquence majeure de l'occupation de Las Vegas fut peut-être son impact sur le moral du commandement ennemi. Le peu de résistance qu'il rencontra et son succès rapide contribuèrent, en même temps que l'occupation de Santo Domingo, à surmonter le revers subi par le bataillon 18 dans le secteur méridional et à créer l'illusion que la bataille contre l'Armée rebelle serait gagnée assez facilement. Cela se traduisit par un surcroît d'initiatives et une plus grande agressivité. D'un autre côté, cette sensation de confiance pouvait se révéler trompeuse et l'amener à commettre de dangereuses erreurs d'appréciation... C'est d'ailleurs ce qui arriva.

Après le 20 juin, nous avons dû prendre tous ces éléments en compte pour décider des mesures adéquates. L'ennemi campait au pied de la Maestra. En montant le long du fleuve La Plata pour rejoindre cet endroit, la présence des soldats à Las Vegas passait au second plan des priorités. La meilleure tactique consistait à les empêcher de faire un pas de plus, c'est-à-dire de les contenir, en utilisant uniquement les forces strictement nécessaires. Il serait temps, alors, de passer à la contre-offensive.

7

L'ennemi prend Santo Domingo

JUIN 1958						
DIM	LUN	MAR	MER	JEU	VEN	SAM
1	2	3	4	5	6	7
8	9	10	11	12	13	14
15	16	17	18	19	20	21
22	23	24	25	26	27	28
29	30	--	--	--	--	--

Le 15 juin 1958, les quatre cents soldats qui occupaient El Descanso depuis deux jours étaient partis se poster à l'embouchure de Los Lirios. Lalo Sardiñas les observait depuis sa position... Il faut imaginer l'effet qu'un tel nombre pouvait produire sur le chef guérillero. Il voyait défiler, à quelques centaines de mètres seulement, un bataillon presque complet parmi les plus expérimentés de l'Armée, placé sous les ordres du chef le plus sanguinaire des forces de Batista.

À ce moment-là en effet, l'essentiel des troupes de Sánchez Mosquera s'était regroupé et avait déjà reçu des renforts. Le 16 juin, le bataillon 11 au complet poursuivit sa marche au bord de la Maestra et s'établit à El Verraco. J'avais donc vu juste : l'ennemi avait changé son angle d'attaque dans ce secteur. Il fallait protéger Santo Domingo sans attendre. J'ordonnai à Paco Cabrera Pupo de poster son escouade sur la hauteur d'El Cacao pour défendre cette entrée, et à Lalo de se retirer sur le chemin entre Rancho Claro et Loma Azul. De là, il pourrait agir selon les événements.

Le 16 juin, je reçus deux messages de Ramiro : l'ennemi avait changé de cap après être arrivé à Quintero. La majorité du bataillon 11 s'était dirigée vers La Estrella, comme je l'avais pensé. J'aurais la certitude de ne pas m'être trompé quatre jours plus tard, lorsque j'apprendrais que la troupe entrée dans Santo Domingo était celle qui avait avancé depuis Minas de Bueycito.

Malheureusement, nous n'avons jamais pu mettre la main sur les ordres de manœuvre envoyés par l'état-major de Bayamo au bataillon 11, ni sur les archives se référant aux opérations menées par Sánchez Mosquera. Il est donc toujours impossible de connaître la cause officielle de ce changement de direction. Nous ignorons s'il s'agissait d'une manœuvre préconçue ou d'une variante imposée par les circonstances.

En tout cas une chose est certaine : ce mouvement ne correspondait pas au programme initial (voir carte p. 346). Comme nous l'avons vu, le Plan F-F prévoyait l'établissement d'une ligne nord-sud qui aurait coupé la Maestra aux abords de Palma Mocha. Du point de vue des stratèges de la tyrannie, cet aspect du plan avait été accompli le 10 juin : le bataillon 11 avait réussi sa pénétration dans le territoire rebelle depuis Minas de Bueycito, pendant que le bataillon 18 s'était établi plus au sud, à Las Cuevas (carte p. 358).

L'état-major devait alors concentrer à Estrada Palma les lignes arrière d'approvisionnement des bataillons opérant sur les fronts nord et nord-ouest. Depuis ce village, il aurait été très difficile de soutenir le bataillon 11 si celui-ci s'était trouvé à l'est de Los Lirios sans base intermédiaire avancée. Celle-ci, idéalement, devait se situer à Santo Domingo. Voilà ce qui a pu motiver les changements dans le plan original qui devint le suivant : les soldats devaient d'abord occuper Santo Domingo, et monter ensuite par le fleuve Yara jusqu'à La Jeringa ou tout autre lieu d'où il serait possible de lancer l'assaut contre le territoire de la Maestra.

Il paraît cependant peu vraisemblable qu'un chef de la trempe de Sánchez Mosquera se soit laissé persuader de changer sa direction d'attaque pour cette unique considération, alors qu'il touchait du doigt son objectif initial : cerner le terrain de la Maestra. D'autres facteurs, que nous ignorons, ont dû intervenir.

Quoi qu'il en soit, une chose est sûre : notre tactique d'usure avait donné les résultats escomptés. L'avancée depuis Minas de Bueycito s'était révélée ardue et coûteuse pour l'ennemi. La ténacité et la mobilité des rebelles avaient miné la combativité du bataillon, amenuisé l'énergie de son offensive et épuisé ses forces. En de telles circonstances, le chef du bataillon 11 pourrait avoir pensé qu'il valait mieux faire un détour qui mènerait son unité dans une zone d'où il serait en mesure de lancer un assaut plus direct si les conditions s'y prêtaient.

Connaissant la mentalité des dirigeants militaires de la tyrannie, je suis même tenté de croire que la décision de changer de cap a été prise unilatéralement par le chef du bataillon. L'état-major de Bayamo aurait été mis devant le fait accompli. Il aurait alors modifié le plan des opérations du bataillon 18 dans le but que la rencontre tant attendue des deux unités sur le terrain de la Maestra – premier pas définitif vers l'accomplissement du Plan F-F – se produise plus à l'ouest que selon la planification initiale, c'est-à-dire près de la naissance du fleuve La Plata, au lieu d'un point situé sur la Maestra, à l'est de Palma Mocha.

Évidemment, tout ce qui précède relève de la pure spéculation. Ce qui est certain, c'est qu'entre le 12 et le 13 juin, Sánchez Mosquera avait commencé à changer de direction – on ne peut pas parler d'un repli, encore moins d'une retraite – et que le 16, nous étions complètement préparés aux conséquences de ce changement. Outre les mesures déjà mentionnées, je commençai à mettre en place une escouade de sept combattants à La Plata, commandés par Huber Matos. Ils étaient armés de fusils Garand. Je pensai leur adjoindre deux élèves de l'École de recrues que j'avais demandés au Che.

Huber Matos s'était distingué, en tant que capitaine, dans la construction de tranchées. Il était arrivé dans le même avion que Miret avec d'autres compagnons d'armes, deux mitrailleuses 50, des carabines, ainsi que dix mille cartouches de carabine M-1 envoyées par un ami de la Révolution cubaine. Il n'avait passé que quelques mois dans la Sierra Maestra. Plus tard, il allait se révéler aussi ambitieux que traître : il utilisait les outils de l'anticommunisme pour semer le trouble. Mais cela ne nous empêchera pas de citer ici les actions auxquelles il participa.

Son groupe partit de La Plata pour soutenir Paco Cabrera Pupo sur les hauteurs d'El Cacao, à l'aube du 17 juin. J'avais déjà acquis la conviction que l'ennemi tenterait sa pénétration par ce point.

Le bataillon 11 arriva à El Cacao le jour-même. Paco Cabrera Pupo occupait la position depuis la veille suivant mes instructions. Ses hommes avaient creusé des tranchées au bord du terrain qui était complètement à découvert. À quelques centaines de mètres habitaient les paysans Hilde Álvarez et Elpidio Cedeño, dont les combattants dépendaient pour le ravitaillement.

Lorsqu'ils étaient étendus dans les tranchées peu profondes, à travers les herbes de Nouvelle-Guinée[1], les rebelles pouvaient apercevoir quelques maisons d'El Cacao, en contrebas. Le coteau qui descendait vers la vallée devant eux était recouvert d'une végétation dense à travers laquelle serpentait le chemin que devrait emprunter l'ennemi pour gagner le sommet. En face, à plus d'un kilomètre à vol d'oiseau, le prolongement de Providencia en direction de l'est bouchait presque complètement le panorama. Derrière ce terrain, sur la droite, se dressait un autre mont qu'on appelait El Infierno. Sur la gauche, le bord du mont d'El Cacao s'emboîte avec la colline d'El Brazón, à peu près de la même altitude. À droite, celle-ci commence à s'élever jusqu'au flanc imposant de la colline d'El Gallón. Derrière et en bas, très en contrebas, s'étendent Santo Domingo et le fleuve Yara.

La poignée d'hommes de Paco Cabrera Pupo avait dans son dos le flanc abrupt et pelé qui descendait sur deux cents mètres

1. Cette plante, dont les feuilles atteignent 25 à 30 cm, se plaît particulièrement en terrain humide.

de profondeur jusqu'à la gorge par laquelle se faufile le paisible ruisseau Santo Domingo avant de rejoindre le Yara. Des paysans avaient bâti leur maison près du ruisseau, au fond de la gorge, et ils avaient dénommé ce lieu, allez savoir pourquoi, La Manteca[1].

Le 17, peu avant le lever du soleil, l'ennemi apparut au loin. Il monta depuis El Verraco sur le terrain d'El Infierno et amorça sa descente vers El Cacao. À peu près à la même heure, j'envoyai le renfort à Santo Domingo. Défendre ce point constituait une priorité. L'occupation de Santo Domingo présentait en effet un double danger : d'abord la présence de soldats au pied du cœur rebelle de La Plata ; ensuite l'affaiblissement des positions avancées rebelles à Providencia et Casa de Piedra qui auraient l'ennemi dans leur dos, en amont. Il s'agissait vraiment de ma plus grande inquiétude à ce moment-là, même si le danger tactique paraissait plus proche. Je savais parfaitement que, à l'heure de vérité, une poignée d'hommes défendraient jusqu'au bout la montée vers la Maestra par El Naranjo.

Pour conjurer cette nouvelle menace, je demandai au Che de m'envoyer une escouade de six hommes armés de M-1, sous les ordres de Geonel Rodríguez. Je pensais les expédier aussi en renfort sur les hauteurs d'El Cacao. Le Che comptait sur ces effectifs de réserve pour se défendre d'une quelconque intrusion de l'ennemi à Las Minas depuis San Lorenzo. Mais, une fois de plus, il fallait parer au plus urgent.

Sánchez Mosquera établit son cantonnement à El Cacao à la mi-journée du 17 juin. Il envoya un convoi de mulets vers Estrada Palma, en quête de ravitaillement.

Diverses rumeurs selon lesquelles les troupes de l'Armée s'étaient déjà rassemblées à Santo Domingo arrivèrent jusqu'à

1. N.d.t. : *manteca* signifie la graisse, le beurre.

moi. Les événements se précipitaient par rapport à mes prévisions. Dans l'attente d'une confirmation de la part de Paco Cabrera Pupo, je pris quelques mesures préventives. J'ordonnai à Félix Duque d'avancer par le Yara, en amont, et de se positionner le plus près possible de l'ennemi pour ouvrir le feu et contenir nos adversaires s'ils tentaient une incursion en aval. Par ailleurs, je demandai à Eddy Suñol de se replier en amont pour organiser la défense de l'entrée du fleuve depuis Providencia. Ces dispositions visaient à parer au plus pressé mais elles répondaient aussi aux exigences d'une autre tactique. Même si la nouvelle était erronée, j'étais en effet convaincu qu'il serait très difficile d'empêcher l'ennemi d'entrer à Santo Domingo. Comme toujours, j'essayais de précéder les événements d'un ou deux coups. Je me préparais déjà à l'idée d'encercler la troupe qui aurait réussi à pénétrer dans Santo Domingo.

Entre-temps, les renforts de l'Armée étaient parvenus sur les hauteurs d'El Cacao. Après avoir évalué la situation sur le terrain, Paco Cabrera Pupo et Huber Matos conclurent que leur position n'était pas favorable : selon eux, si les soldats montaient par le flanc d'El Cacao, ils auraient la possibilité de se déployer et de se protéger dans la végétation. Lorsqu'ils percevraient nos tirs, ils encercleraient les forces rebelles. En plus, celles-ci se trouveraient à découvert, mal dissimulées par la végétation basse et donc exposées à une attaque aérienne. Enfin, la retraite devrait s'effectuer par le versant abrupt de La Manteca, très pelé et difficile à descendre, avec un facteur aggravant puisque l'ennemi aurait pris possession des hauteurs.

Ces considérations, à mon avis, relevaient du bon sens, mais elles partaient du principe qu'il fallait abandonner la position des hauteurs. Or de mon point de vue, il restait important de maintenir une force de guérilla bien ancrée dans ses tranchées quand il était question de contenir une troupe d'infanterie dans son ascension. Nonobstant, Paco décida de faire reculer son embuscade là où le chemin qui descend des hauteurs d'El Cacao vers

Santo Domingo croise le ruisseau pour la première fois. L'endroit présentait des avantages indiscutables, mais aussi des inconvénients : certes les rebelles pouvaient se cacher dans la végétation et se poster non seulement sur le ruisseau, mais aussi sur les deux rives, sur les pentes de la gorge. L'ennemi, à ce moment-là, n'avait rencontré aucune résistance depuis cinq jours : tout laissait supposer qu'il avancerait en file indienne, tout au long du chemin, sans prendre de précautions particulières. La densité de la végétation et le terrain accidenté rendraient difficile toute manœuvre d'encerclement de la part des soldats une fois qu'ils seraient tombés dans une embuscade. En somme, nous bénéficiions d'un lieu propice pour opposer une résistance temporaire et infliger un certain nombre de pertes à l'ennemi. Mais d'un autre côté, ce n'était pas une position défendable pendant une période trop longue, surtout avec de si maigres effectifs. Le plan de Paco consistait à tendre plusieurs embuscades du même type tout au long de la descente jusqu'au fleuve, tout en sachant d'avance qu'il serait impossible de barrer la route à l'ennemi jusqu'à Santo Domingo.

Dans la nuit du 17, Paco m'informa de ses intentions et me confirma que l'ennemi s'était déplacé depuis El Cacao. Je modifiai les ordres que j'avais donnés à Duque et Suñol en conséquence : ils devaient maintenant attendre que les soldats soient arrivés à Santo Domingo avant d'effectuer les mouvements que je leur avais indiqués précédemment. Notre souplesse en matière de tactique nous permettait de nous adapter aux changements de situation. À l'aube du 18 juin, j'écrivis au Che que je pensais que l'ennemi parviendrait à occuper Santo Domingo : « [...] Dans ce cas, nous tenterons de le bloquer dans la maison de Lucas [Castillo], et en profitant des avantages du terrain, nous tenterons de l'empêcher de monter ou de descendre sur le fleuve, mais aussi d'entrer [ni vers les hauteurs d'El Naranjo, ni de La Plata] pendant que Suñol continuera à empêcher son avancée depuis Providencia. »

Dans ce but, j'avais l'intention de fermer le fleuve avec les hommes de Duque par le bas, et avec ceux de Lalo Sardiñas par le haut. Je pensais ordonner au Che, dans ce cas, de déplacer sa troupe vers Pueblo Nuevo, et de boucher la montée par El Naranjo avec les forces de Paco Cabrera renforcées des escouades d'Huber Matos et de Geonel Rodríguez.

Comme on le verra dans ce qui suit, ce plan fut appliqué pour l'essentiel dans la première bataille de Santo Domingo.

Nous avions alors conscience que l'entrée de l'ennemi dans Santo Domingo marquerait le déclenchement intensif de l'offensive. J'écrivis au Che : « Si le choc se produit à Santo Domingo, il va y en avoir partout. » J'avais l'intention de descendre le plus près possible de Santo Domingo, le lendemain, pour observer de près la situation. Les événements qui se déroulèrent dans d'autres secteurs m'empêchèrent de quitter La Plata.

Les habitants de Santo Domingo et El Naranjo étaient restés chez eux, inquiets et indécis. Depuis quelques jours, des rumeurs alarmantes et contradictoires sur l'approche de l'Armée couraient dans la région. La petite école dont s'occupait Rolando Torres Sosa – qu'on surnommait El Barberito[1] – était toujours ouverte malgré les mitraillages fréquents et les bombardements. L'armurerie de Luis Crespo, dans la maison de Clemente Verdecia à El Naranjo, fonctionnait aussi, bien qu'on ait pris toutes les mesures pour garantir une évacuation rapide en cas de nécessité.

Les combattants de Paco Cabrera, une quinzaine tout au plus, se tenaient cachés depuis deux nuits dans les fourrés bordant le ruisseau, quelque cinq cents mètres au-dessus des maisons de La Manteca. Ils n'établirent pas de campement, ils ne firent pas de cuisine, ils ne suspendirent pas leurs hamacs. Le soir du 17, ils pensaient qu'ils devraient combattre dès le lendemain matin. Ils passèrent la nuit sous tension. Ils connaissaient la puissance de l'ennemi, de l'autre côté de la montagne : ils savaient qu'ils

1. N.d.t. : le petit barbier.

n'auraient pas à affronter une patrouille, ni un peloton, ni même une compagnie, mais tout un bataillon.

Au matin du 18 juin, à travers la végétation qui les cernait, les rebelles ont vu le violet foncé du ciel se dissoudre en une brume grise. Les premières heures de la matinée s'écoulèrent pendant que le soleil, dans son ascension, diluait les ombres du fond de la vallée. La journée passa sans que le combattant de garde ne donne l'alarme qu'ils attendaient tous avec angoisse. Ils se sentaient un peu déconcertés. Et si toute cette anxiété était sans fondement ? Et si les soldats étaient allés vers Providencia au lieu de prendre le chemin de Santo Domingo ? Le guetteur, depuis le haut de la colline, les informa que l'ennemi ne bougeait pas. Il ne restait donc qu'à attendre. Les rebelles ne pouvaient toujours pas cuisiner : la fumée les aurait fait repérer. De toute façon, qu'auraient-ils fait cuire ? Depuis deux jours, ils n'avaient rien avalé.

Après avoir grimpé la pente d'El Cacao, le chemin vers Santo Domingo s'enfonce dans la végétation, parvient au hameau et passe à proximité des maisons avant d'entamer la descente escarpée. Serpentant dans le pâturage, le sentier se précipite alors vers le fond de la gorge. Il faut avancer avec précaution pour ne pas glisser. Le cavalier hésite, met pied à terre ou décide de faire confiance à l'instinct aveugle de sa monture. La moindre précipitation, la moindre faute d'inattention peut provoquer une chute fatale. S'il a plu, le sol est doublement traître : collant et glissant. Mais c'est encore pire s'il y a du soleil. Un guazuma tordu ou un maigre palmier – qui ne donnent pas beaucoup d'ombre – nuancent les interminables méandres du sentier.

Sánchez Mosquera resta immobile toute la journée du 18. À l'évidence, le commandement de Bayamo voulait synchroniser l'entrée du bataillon 11 à Santo Domingo avec les attaques simultanées dans les deux autres principaux secteurs. Le 19 juin fut le «jour J» choisi par l'ennemi pour le début de la deuxième phase de l'offensive. Depuis plusieurs jours, le bataillon 19, sous les ordres du commandant Suárez Fowler, était arrivé à Arroyón, où il s'était contenté de quelques incursions de diversion sur le chemin de Las Vegas.

Les soldats lancèrent enfin une attaque en règle, combinée avec celle du bataillon 17 du commandant Corzo qui avançait depuis Las Mercedes. La veille, le bataillon 18 de Quevedo avait entamé son mouvement depuis la côte. Il devait se heurter aux forces rebelles qui protégeaient l'accès du sud.

Dans l'après-midi du 18 juin, je prévins Paco Cabrera Pupo que je lui enverrais du renfort le lendemain tout en l'encourageant brièvement: «Ne laissez pas entrer l'ennemi, par aucun chemin.»

Je lui recommandai aussi d'utiliser des mines. Je voulais vérifier l'efficacité des explosifs fabriqués artisanalement, à mon initiative, dans l'armurerie de Luis Crespo. De fait, ce sujet revenait dans tous les communiqués que j'envoyai alors aux chefs des rebelles. J'écrivis au Che: «Je meurs d'envie de voir éclater une mine aux pieds de leur avant-garde. Celle qui vient d'El Cacao a fait une promenade. Elle va avoir une bonne surprise!»

L'escouade de M-1 envoyée par le Che arriva à La Plata dans la nuit, sous les ordres de Geonel Rodríguez.

«Tu vas voir qu'aujourd'hui il y aura une opération d'envergure», annonçai-je au Che le 19 à 6 heures du matin. Le ciel était clair et ensoleillé. On entendait déjà, vers La Plata, la canonnade de la frégate *Máximo Gómez.* Après avoir écrit ce message, je me préparai à partir en direction de Santo Domingo avec les hommes de Rodríguez.

Plus ou moins en même temps, ce matin du 19 juin, le bataillon 11 se mit en mouvement. La compagnie 96 allait en avant-garde. Le chef du bataillon se trouvait au centre de la colonne, avec la compagnie A. L'arrière-garde était couverte par la compagnie 97.

Notre guetteur, un jeune paysan nommé Castallanos, posté sur la hauteur d'El Cacao, détecta le mouvement. Dès qu'il eut la certitude de la route prise par la troupe, il descendit à toute vitesse à travers le pâturage pour avertir Paco que l'ennemi approchait.

Après la pente escarpée, le sentier qui descend vers La Manteca pénètre à nouveau dans la végétation. Le terrain s'égalise dans la mesure où le chemin suit la pente jusqu'au ruisseau. Deux cents mètres après avoir avancé dans les fourrés, le chemin rejoint la rive droite du cours d'eau cristallin qui s'écoule sur le flanc d'El Gallón. Juste avant, il s'est redressé, alors que l'eau est déjà profonde du fait de l'érosion et des centaines de milliers de pieds qui l'ont traversée. Le chemin croise le ruisseau par un gué, près d'une petite mare nichée dans la roche où coule un filet d'eau glacé. Des deux côtés de la rivière, les rives sont couvertes d'une épaisse végétation.

Paco Cabrera Pupo avait calculé qu'à cet endroit l'avant-garde ennemie serait obligée de marcher en file indienne et s'arrêterait pour se désaltérer. D'après leur itinéraire, ils n'avaient pas dû trouver d'eau depuis leur longue ascension du flanc d'El Cacao. Paco eut donc l'idée de tendre une embuscade autour de la petite mare afin de prendre l'avant-garde par surprise quand elle chercherait à se rafraîchir.

Sur la rive gauche, à un endroit d'où l'on dominait quelque trente mètres du chemin lorsqu'il rejoignait le ruisseau, Paco, Huber Matos, Evelio Rodríguez Curbelo et un combattant nommé Raulito, chargé de faire exploser la mine, se mirent en position. La végétation s'éclaircissait un peu.

Sur la rive droite, la majeure partie du peloton de Paco s'était rassemblée avant la dernière courbe du sentier. Au centre, Paco Cabrera González et Miguel Ángelito Espinosa étaient entrés dans l'eau. L'un se dissimulait derrière une grosse pierre, l'autre derrière les racines d'un imposant ficus ; ils occupaient sans nul doute les positions les plus périlleuses car ils se trouvaient à moins de trente mètres du croisement du ruisseau et de la mare. Ils étaient chargés d'ouvrir le feu sur l'avant-garde lors de sa halte dans l'eau.

Lorsque le guetteur, à bout de souffle, arriva pour donner l'alerte, les combattants se précipitèrent sur leurs positions respectives. Les longues minutes avant le combat s'écoulèrent lentement. La visibilité était nulle. L'ennemi ne se rendrait compte de l'attaque qu'au dernier moment.

Peu avant 7 heures, le peloton d'avancée de la compagnie 96 atteignit le sommet. Les premiers hommes y attendirent quelques minutes le reste de la troupe qui montait laborieusement la côte. Leur moral était excellent. Ils pensaient trouver une quelconque résistance avant d'atteindre le terrain. Ils explorèrent la crête et découvrirent les tranchées qui avaient été ouvertes quatre jours auparavant par les hommes de Paco. Ils transmirent l'information au chef du bataillon qui se trouvait plus bas. Celui-ci ordonna de poursuivre la marche. Il était persuadé qu'ils entreraient dans Santo Domingo sans avoir tiré un seul coup de fusil.

Sur le chemin, l'avant-garde obligea un Haïtien habitant El Cacao à se porter en avant, en éclaireur. L'homme, inquiet, indiqua du doigt la bifurcation du chemin : à droite vers El Brazón, à gauche vers La Manteca et Santo Domingo. Le capitaine Orlando Enrizo, qui commandait la compagnie, opta pour la deuxième direction.

La laborieuse descente commença. Les soldats marchaient en bavardant et en plaisantant. De temps à autre fusait un juron, lorsque l'un d'eux dérapait ou perdait l'équilibre, ce qui l'obligeait à se raccrocher à la première plante qu'il pouvait attraper. Ils arrivaient peu à peu à l'orée de la forêt et progressaient sans prendre la moindre précaution.

Les rebelles embusqués écoutaient leur avancée. Ils percevaient les conversations et les cris. Les premiers à distinguer l'ennemi furent ceux qui étaient postés sur la rive droite. Ils donnèrent immédiatement le signal qu'attendaient leurs compagnons avec impatience, sur l'autre rive et dans la rivière. Paco m'a raconté qu'à ce moment-là tous se raidirent, l'arme au poing. C'est une sensation que nous avons tous connue, celle des derniers instants qui précèdent le combat.

Selon ce qu'ont relaté les combattants de cette embuscade, le premier soldat qui surgit dans le champ visuel des deux rebelles cachés dans l'eau était un homme noir et corpulent. Il portait son fusil, un Garand, à l'épaule. Il ralentit un instant, cherchant à deviner le sentier sur l'autre rive. Il entra dans l'eau et fit quelques pas en direction de la pierre derrière laquelle était blotti Paco Cabrera González. Quatre ou cinq soldats, ainsi que l'Haïtien, apparurent à sa suite.

Soudain, le premier soldat s'arrêta, pétrifié. Une silhouette barbue, coiffée d'un chapeau, avait surgi derrière la pierre, un fusil à la main : le combattant rebelle tira à une distance de moins de dix mètres.

En une seconde, le ruisseau retentit des tirs rebelles. Paco Pupo commença à tirer avec son Beretta. Juste après, le combattant chargé de la mine mit les câbles en contact et fit exploser la bombe au détour du chemin, là où venaient d'arriver d'autres membres de l'avant-garde ennemie. Ceux qui avaient atteint la rivière se collèrent, terrorisés, contre le bord de la mare où la pierre formait une petite encoignure. D'autres se jetèrent à l'eau. Quasiment personne ne fit un geste pour se défendre. L'Haïtien, au premier tir, sauta sur les pierres et, rapide comme une flèche, passa derrière Paco Cabrera González qui était occupé à tirer et à recharger son arme en toute hâte. « Ne me tue pas ! Ne me tue pas ! » cria l'Haïtien. Il resta là, submergé par l'eau qui lui arrivait jusqu'au nez, hurlant sans relâche pendant tout le combat.

Au début, le tir ennemi fut désorganisé. Tout le monde ouvrait le feu, aussi bien ceux qui se trouvaient sur le chemin derrière la mine, que ceux qui tardaient plus en arrière et ceux qui étaient encore sur les hauteurs. Là, un tireur de mortier installa son arme et envoya deux ou trois projectiles, sans but précis. Ils canardaient tous, sans concertation, partout et nulle part.

Après vingt minutes de combat, le chef de la compagnie parvint à donner des ordres cohérents et envoya deux pelotons pour cerner l'embuscade rebelle des deux côtés.

Péniblement, et sans se servir de ses fusils, le peloton qui avançait sur le flanc droit atteignit la ligne des positions rebelles en amont. Voyant la manœuvre, Paco ordonna la retraite. Le premier combat se concluait par le résultat escompté. L'ennemi avait subi douze pertes dans son avant-garde. Les rebelles se repliaient indemnes malgré l'intensité du feu ennemi et la proximité de leurs adversaires. L'action avait duré un peu plus d'une demi-heure. Les tirs se calmèrent momentanément pendant que les soldats se regroupaient et récupéraient leurs blessés et leurs morts. Il était environ 7h45.

Entendant le début du combat, les habitants de Santo Domingo et El Naranjo abandonnèrent précipitamment leurs maisons. Ils cachèrent dans la forêt leur pauvre mobilier, leurs vêtements, tout ce qu'ils ne pouvaient pas emporter. Ils laissèrent leurs maisons vides. Pendant que le père et ses fils s'occupaient de cette besogne, la mère prenait par la main ses enfants les plus petits; un nourrisson dans les bras, elle commençait son ascension vers El Naranjo ou Gamboa, ou bien vers Pueblo Nuevo, en amont, où elle pourrait trouver refuge pour elle et sa famille. Les maisons de La Manteca furent abandonnées elles aussi, mais le temps manqua à leurs occupants pour emporter quoi que ce soit.

Quelques centaines de mètres plus bas, Paco Cabrera Pupo prépara une seconde embuscade semblable à la première. Sur la hauteur, Sánchez Mosquera ordonna de poursuivre l'avancée par la rivière et par les deux flancs latéraux. Il ne voulait pas courir le risque de tomber dans un deuxième piège et de continuer à perdre des hommes, ce qui endommageait son prestige d'habile stratège anti-guérillero. En même temps, il ordonna le branle-bas de combat, arrosant la forêt d'un feu continu, non seulement de fusils, mais de mortiers et de bazookas.

Sánchez Mosquera avait décidé, en outre, de faire payer cher aux paysans leur soutien supposé aux rebelles. La troupe, marquée par le revers qu'elle avait subi et par la marijuana, ou par tout autre stimulant dont chacun disposait dans son paquetage, réduisit en cendres les maisons de La Manteca. Parmi d'autres, les habitations de Placído Vaillant, de Lucrecia Santana, d'Eduardo et Ismael Tamayo brûlèrent avec tout ce qu'ils possédaient au monde. La troupe emporta sur son passage tous les animaux qu'elle trouva – poules, canards, dindons, cochons –, elle s'empara du café, du cacao, du riz, des légumes, de tout ce qui pouvait servir. En une demi-heure, les familles de La Manteca furent ruinées.

Après l'affrontement, Paco Cabrera Pupo m'adressa un message urgent. J'avais entendu le bruit du combat pendant que je descendais à flanc de coteau d'El Naranjo avec l'escouade de Geonel. Je demandai au Che d'envoyer les sept hommes qui restaient en réserve à Minas de Frío. Un autre messager était parti à la recherche de Lalo Sardiñas pour lui transmettre l'ordre de venir immédiatement dans la zone de combat.

Peu après, les soldats avancèrent, déployés. Avec la douzaine d'hommes dont il disposait, Paco Cabrera Pupo comprit qu'il ne pourrait rien faire pour les arrêter. Aussi donna-t-il le signal de la retraite. Les combattants descendirent jusqu'à la maison de Lucas Castillo, traversèrent le Yara vers la rive gauche et prirent à l'extrémité du terrain de Gamboa, en face de la maison de Lucas. Ils avaient, à leur droite, le ruisseau d'El Naranjo et, un peu en arrière, en contrebas, l'armurerie de Crespo et les autres maisons d'El Naranjo. Ils pensaient pouvoir résister depuis ce point à toute tentative d'avancée de l'ennemi en direction de la Maestra, si c'était bien son intention, après l'occupation de Santo Domingo.

À 10h20, les premiers soldats parvinrent au fleuve Yara. Ils se mirent à explorer les alentours de la maison de Lucas Castillo, sur la rive droite, et firent leurs préparatifs de campement. Apparemment, ils n'avaient pas l'intention de poursuivre leur avancée, même s'ils persistaient à tirer avec toutes les armes en leur possession. Ils étaient observés, depuis les contreforts de Gamboa, par les hommes qui, le matin même, leur avaient fait payer cher leur tentative de pénétration au cœur du territoire rebelle.

L'escouade de Geonel et celle de Paco Cabrera Pupo arrivèrent en même temps à El Naranjo. Au Commandement, il ne restait plus qu'un fusil : le mien, ainsi qu'un grand nombre de mines, des câbles et des détonateurs pour les faire exploser. Je m'approchai de la maison désertée de Lucas Castillo avec tout ce matériel pour le cas où les soldats viendraient vite à bout de la résistance de Paco. J'avais l'intention de créer un champ de mines qui pourraient se déclencher en simultané. Mais je dus rebrousser chemin avant d'arriver à destination.

Peu après son arrivée chez Lucas Castillo, où il établit aussitôt son poste de commandement, Sánchez Mosquera ordonna à deux pelotons de partir en aval afin de récupérer les blessés. Depuis leur poste d'observation, les rebelles décomptèrent sept brancards. Il est dommage que nous n'ayons pas disposé, à ce moment-là, de suffisamment d'hommes pour couvrir ce chemin : il était tout à fait prévisible que l'ennemi l'empunterait pour évacuer les blessés. Un second coup, dans la même journée, aurait eu un impact considérable sur le moral du tout-puissant Sánchez Mosquera.

Les morts furent récupérés et enterrés près de la maison de Lucas. Le terrain devint peu à peu le cimetière de tous les soldats tués pendant les jours de combat. Leur chef n'en fit probablement pas le décompte auprès du haut commandement. À la fin de la guerre, les rebelles découvrirent près de cent tombes qui, pour certaines, contenaient plusieurs corps. Ce cimetière accueillit aussi les cadavres de paysans victimes de la cruauté de ce chef sanguinaire. Parmi eux, Lucas Castillo et des membres de sa famille, assassinés quelques jours plus tard.

La troupe qu'avait dépêchée le chef du bataillon 11 avec les sept blessés descendit sans encombre le long du fleuve et campa à Casa de Piedra. Duque avait observé ces mouvements depuis Gamboa alors qu'il se dirigeait, à la mi-journée, vers la zone de Leoncito qui touchait Santo Domingo, en aval du fleuve. Il fit volte-face pour essayer d'intercepter ces soldats au cas où ils auraient eu pour mission de monter le long du ruisseau El Cristo, en direction d'El Toro ou Gamboa, et de parvenir à la Maestra. Duque commandait alors neuf hommes.

Le lendemain, cette même troupe passa par Providencia et poursuivit sa marche sans encombre jusqu'à Estrada Palma où elle prit soin des blessés. On se perd en conjectures sur sa destination suivante. On n'a jamais pu déterminer si elle est restée séparée du reste du bataillon et ne participa donc pas à la bataille de Santo Domingo, ou si, au contraire, elle retourna à sa base opérationnelle. Et dans ce deuxième cas, rentra-t-elle par le fleuve ou par El Cacao depuis Providencia ? Et si elle passa par le fleuve, pourquoi ne fut-elle pas interceptée ?

Tout indique que dans la confusion, le chemin du fleuve ne fut pas couvert par les rebelles jusqu'au 29 juin. Je postai nos deux forces essentielles qui opéraient dans la zone sur les principaux accès de la Maestra. Celle de Duque fut envoyée sur le contrefort de Gamboa, en face de Santo Domingo, tandis que celle de Suñol stationnait à El Toro. Ils n'étaient pas en mesure de couper la route par le fleuve qui, semble-t-il, fut laissé libre par l'ennemi après que le bataillon 11 fut entré à Santo Domingo.

Chapitre 7

Conformément à mes instructions, Suñol se retira de Providencia après l'arrivée de Mosquera. Le 20 juin, c'est-à-dire au lendemain du combat de La Manteca, j'informai le Che : « Suñol a effectué un repli parfait, sans aucune perte. Il est déjà en train de protéger l'accès à la Maestra par El Cristo et El Toro. »

Maintenir la position avancée de Providencia n'avait plus aucun sens après l'occupation de Santo Domingo et de Las Vegas de Jibacoa. Par chacun de ces villages, l'ennemi pouvait attaquer l'arrière-garde rebelle à Providencia. Les semaines suivantes, cette zone ne fut quadrillée que par un groupe de fusiliers commandés par Urbano Garcés, fils du paysan Polo Garcés, plus connu sous le sobriquet de Viejo[1]. Cette escouade avait pour mission de surveiller les mouvements ennemis et, dans la mesure du possible, de les harceler.

1. N.d.t. : vieux.

8

Grave menace sur le Sud

JUIN 1958						
DIM	LUN	MAR	MER	JEU	VEN	SAM
1	2	3	4	5	6	7
8	9	10	11	12	13	14
15	16	17	18	19	20	21
22	23	24	25	26	27	28
29	30	--	--	--	--	--

Le 16 juin 1958, le poste de commandement ennemi de Bayamo ordonna la mise en application concrète de la tactique prévue dans le Plan F-F. Il s'agissait d'amener à se rejoindre les forces du bataillon 18 de Quevedo et celles du bataillon 11 de Sánchez Mosquera (carte p. 358).

Dès l'aube du 18 juin, José Quevedo et deux de ses compagnies devaient remonter le Palma Mocha jusqu'aux hauteurs du fleuve, sur la terre de la Maestra, pour mettre ensuite le cap sur l'ouest. Ils avaient pour mission de localiser la prison de Puerto Malanga, décrite dans un document transmis par Bayamo avec une assez grande précision : un bâtiment de construction récente en forme de L situé à la source d'un des affluents de La Plata. Le chef du bataillon devait prendre possession des lieux et incorporer les soldats prisonniers à son unité. Après quoi il stationnerait dans la zone entre Jigüe, El Naranjal et les flancs de la Maestra.

Le 20 juin, la troisième compagnie du bataillon 18 se transporterait par la mer jusqu'à l'embouchure du fleuve La Plata où serait établi le point de ravitaillement avec l'arrière-garde du bataillon. À cet effet, la frégate *Máximo Gómez* devait continuer à patrouiller le long de la côte, assurer le transfert de la compagnie à La Plata et fournir l'appui direct de son artillerie lorsque le chef du bataillon le lui demanderait.

C'est là ce que prévoyait le commandement de Bayamo. Mais les choses se passèrent autrement : lorsqu'il reçut ces ordres en effet, le commandant Quevedo consulta ses éclaireurs et choisit d'emprunter un autre itinéraire. On peut imaginer ce qui a pu motiver sa décision. D'une part, il a dû se rendre compte que le chemin préconisé par le poste de commandement, le long du fleuve Palma Mocha, était dangereux et peu praticable. Avec beaucoup de bon sens, le chef de bataillon supposa certainement qu'il se heurterait à la résistance rebelle s'il essayait de monter par le fleuve. Il avait raison puisque c'est là, en effet, que l'attendaient Paz et ses hommes ! En outre, ses éclaireurs durent l'informer que cet itinéraire ne présentait pas les meilleurs atouts pour aller s'emparer de la prison rebelle : après avoir atteint les sources de La Plata, les deux compagnies se verraient obligées de bifurquer vers le sud et donc de descendre des flancs de la Maestra. On peut penser que les éclaireurs proposèrent donc à Quevedo de prendre le sentier qui montait à La Caridad avant de redescendre sur El Naranjal. De là, les troupes pourraient monter jusqu'à la prison en suivant le fleuve, et continuer vers la Maestra dans la même direction d'avancée.

Convaincu sans doute par ces arguments, le chef du bataillon opta pour cette route peu passante et moins attendue pour les soldats. Une décision astucieuse. Nous pensions en effet, en toute logique, que l'ennemi préférerait rester sous la protection relative de la frégate le long de la côte, ou bien qu'il monterait par le chemin plus rebattu et donc plus conventionnel du fleuve.

Quevedo ne pouvait pas prévoir les conséquences de son choix sur nous, mais elles nous étaient fortement défavorables : les troupes ennemies allaient croiser les deux positions rebelles qui les attendaient, puis elles continueraient par un chemin sur lequel nous n'avions pas prévu la moindre résistance, tout simplement parce qu'il était très peu probable que le chef du bataillon et ses hommes l'empruntent.

La décision de Quevedo a permis à l'ennemi de renverser la situation sur le front sud. Mon ancien camarade d'université a ainsi pu sauver ses troupes du piège que nous avions si soigneusement préparé et sur lequel nous fondions tous nos espoirs.

Voici maintenant ce qui arriva à partir du 18 juin...

Au matin, la compagnie de l'École de Cadets et la 103 du bataillon 18 marchèrent en direction du fleuve Palma Mocha. Elles emmenaient un convoi de mulets avec des provisions pour quinze jours de campagne. La compagnie G-4 resta à Las Cuevas, sous les ordres du capitaine José Sánchez González. Comme nous venons de le dire, elle devait être transférée par la mer, le 20, à La Plata pour assurer le ravitaillement du bataillon.

Les unités ennemies progressaient très lentement et avec d'extrêmes précautions. Elles ne parvinrent près du fleuve que dans l'après-midi. Elles avaient emprunté le plus haut des deux chemins possibles. Elles croisèrent l'escouade de Teruel, qui suivit mes instructions et les laissa passer sans un geste et sans se découvrir. Cette nuit-là, les soldats installèrent leur campement à El Colmenar, à environ deux cents mètres de l'endroit où Ramón Paz les attendait, les yeux grand ouverts et les nerfs à vif. Les soldats dormirent pendant que les rebelles veillaient, prêts à combattre dès le lendemain.

À 11 heures, le 19 juin, Quevedo reprit sa marche et réalisa le mouvement qui prit par surprise Ramón Paz, Andrés Cuevas et les autres chefs rebelles : au lieu de poursuivre en amont ou en aval, il traversa et commença à monter par le chemin de La Caridad, laissant sur sa droite et sur sa gauche les deux embuscades. Une menace gravissime pesait soudain sur les rebelles : si la troupe arrivait au sommet de La Caridad, elle ne rencontrerait aucune difficulté pour descendre de l'autre côté jusqu'au fleuve La Plata, à la hauteur d'El Naranjal. En conséquence, l'ennemi arriverait sur l'arrière-garde rebelle stationnée sur la plage de La Plata et occuperait une position dans la profondeur du territoire rebelle.

Lorsque Ramón Paz réalisa les risques que nous encourions, il fit une évaluation rapide du danger et décida d'intercepter les soldats avant qu'ils n'aient gravi le sommet. L'unique solution consistait à lancer ses combattants à toute vitesse vers la colline, à travers champs, suivant un itinéraire à peu près parallèle à celui de l'ennemi. Il ordonna aux plus robustes d'atteindre, avant les soldats, un endroit du chemin où l'on pourrait tendre une embuscade. Les rebelles devraient commencer à combattre dès qu'ils entreraient en contact avec l'ennemi, pendant que le reste du peloton arriverait. Paz dut prendre cette décision en urgence : il n'eut pas le temps de planifier quoi que ce soit d'autre, ni même de m'informer de son choix, pas plus que d'alerter Cuevas et Teruel.

Au terme d'une escalade épuisante à travers une végétation dense, Paz, Ango Sotomayor – son second –, Hugo del Río et cinq ou six combattants réussirent à dépasser les soldats et à prendre position à un détour rocailleux du chemin, à deux cents mètres du sommet. À peine deux heures plus tard, le peloton était rassemblé au complet et préparait l'embuscade.

Pendant ce temps, vers midi, l'ennemi avait atteint les premières habitations de La Caridad. Les combattants de Cuevas qui étaient restés là pour surveiller les havresacs échangèrent quelques coups de feu avec l'avant-garde et se replièrent en amont. Nos affaires furent saccagées, notre ravitaillement volé et le reste incendié (la prise de havresacs appartenant aux rebelles se produisit très rarement pendant toute la guerre). Les soldats n'avancèrent pas davantage cet après-midi-là. Ils campèrent sur place. Cela donna le temps à Paz de préparer tranquillement son embuscade pendant la nuit.

Cuevas eut connaissance du déplacement ennemi, de la perte des havresacs et de la destruction de sa cuisine grâce à un agent de liaison paysan. Il envoya immédiatement un message à Pedro Miret qui me le transmit à 14 heures. Je le reçus dans la nuit et le trouvai forcément inquiétant: Cuevas, qui était lui-même alarmé par la situation, annonçait que les soldats se dirigeaient vers La Plata et qu'il n'avait aucune nouvelle de Paz. Tout cela ne faisait que s'ajouter à tous les événements défavorables de la journée: l'ennemi avait pénétré au sud jusqu'à La Caridad, il avait entamé avec succès son avancée vers Las Vegas de Jibacoa sur le front nord-ouest, et pour le nord-est, il était arrivé à Santo Domingo...

Miret m'écrivit à son tour: «Il semble que les soldats se dirigent vers El Naranjal. Ils ont déjà dépassé le fleuve Palma Mocha et ont continué par La Caridad. Je ne sais pas ce qui est arrivé à Paz.» Pedrito suggérait que Cuevas quitte sa position à Palma Mocha et qu'il se poste sur le chemin qui montait le long du fleuve La Plata depuis la côte, au-dessus du terrain d'aviation, à l'embouchure de Manacas. Ainsi, il protégerait aussi un chemin qui descendait de La Caridad. Il proposait également d'accélérer le déplacement de ses hommes vers Purialón et d'envoyer quelques effectifs en amont pour éviter d'être pris par surprise par l'arrière-garde.

Toutes ces mesures paraissaient opportunes. En réalité pourtant, la meilleure décision à prendre aurait été la suivante: d'une part faire couvrir les deux chemins qui descendaient de la hauteur de La Caridad à El Naranjal, puis jusqu'au fleuve, par les rebelles placés à l'embouchure de La Plata; d'autre part donner l'ordre à Cuevas et aux unités rebelles de l'ouest d'occuper une position sur la plage et à l'embouchure du fleuve.

À ce moment-là, je n'étais sûr que d'une chose: l'ennemi avait évité le piège que nous lui avions tendu. Il s'était faufilé entre les deux embuscades. J'étais extrêmement inquiet de ne pas avoir de nouvelles de Paz et de ne pas avoir localisé exactement les hommes de Quevedo.

La situation était critique. Jusqu'alors, je m'étais concentré sur deux points: conjurer le péril le plus imminent représenté par la pénétration de Sánchez Mosquera à Santo Domingo, et suivre les événements sur le front de Las Vegas de Jibacoa. Tout cela passait désormais au second plan. Il fallait garder les idées claires et prendre d'urgence les dispositions nécessaires sur le front sud. Et, dans une situation aussi difficile, je comptais sur La Plata pour la réserve d'hommes, les fusils et les mines que j'ai déjà mentionnées.

Avant tout, il fallait localiser la force ennemie et la position des rebelles commandés par Ramón. Je dépêchai donc un messager avec la mission de trouver Paz et de lui donner de nouvelles instructions. En ce qui concerne Cuevas, il était évident que si les soldats parvenaient à La Caridad, garder sa position n'avait plus aucun sens. Dans son message à Pedrito, Andrés Cuevas indiquait qu'il était encore posté à l'embouchure du Palma Mocha. Par ailleurs, la présence de Cuevas dans la zone de Santo Domingo était importante pour renforcer cet autre front si dangereux. En fait, avant de connaître les événements survenus au sud, j'avais demandé à Paz d'envoyer le plus vite possible l'escouade de Cuevas dans l'intention de l'utiliser à Santo Domingo, où résidait la principale menace.

Si l'information que j'avais reçue était avérée, les forces de Pedro Miret devaient se replier immédiatement vers El Naranjal, non seulement pour éviter de se retrouver isolées, mais aussi pour organiser une défense plus concentrée du territoire de La Plata. Dans la même idée, les lignes défensives du secteur plus occidental – El Macho, El Macío, La Habanita, Cienaguilla, Cayo Espino – devaient aussi se replier. Les maintenir n'avait plus de sens alors que l'ennemi était positionné sur le cours supérieur du fleuve La Plata.

Je m'occupai aussitôt de réunir assez de combattants pour défendre les installations de La Plata. Dans le chapitre précédent, j'ai déjà évoqué le message que j'avais envoyé au Che dans la nuit du 19 juin. Je le mettais au courant de la situation, du danger que représentait la présence de la troupe ennemie on ne savait où, du risque de perdre le territoire et toutes les infrastructures que nous avions réussi à créer au prix de tant de sacrifices – l'hôpital, la radio, les magasins de vivres et de munitions, les ateliers, enfin, tout... – et j'insistai : « Le problème essentiel réside dans le fait que nous n'avons pas suffisamment d'hommes pour défendre une zone aussi vaste. Il faut nous reconcentrer avant de nous lancer à nouveau dans une guerre irrégulière. »

Cette alternative de « la guerre irrégulière » restait possible pour affronter la force toujours plus nombreuse et mieux armée. Mais le prix à payer serait très élevé : on exposerait au danger ce moment historique de la Révolution et l'on risquerait de perdre nos installations.

J'étais déterminé – et je le fis savoir au Che – à poursuivre dans la voie stratégique que nous avions fixée tant qu'il resterait un espoir de conserver notre territoire de La Plata. Dans le même message, je demandai au Che de concentrer les effectifs de Crescencio à l'ouest du territoire le plus menacé. Ce repli signifiait l'abandon de la côte à l'ouest de La Magdalena et de toute la zone de La Habanita, mais il permettrait de consolider la défense du secteur occidental à partir de Minas de Frío.

Face à l'infiltration de l'ennemi, nous n'avions plus le choix : sur la base des informations dont je disposais à cet instant, je pouvais déduire que la force rebelle placée à l'embouchure de La Plata se trouvait pratiquement à la hauteur de l'arrière-garde ennemie. Il fallait donc que celle-ci se retire. C'est ce que je fis savoir à Pedro Miret dans un message. Je tentai d'y insuffler le peu d'optimisme que je m'efforçai de conserver en dépit des événements : « La situation est difficile, mais il faut y faire face. »

En réalité, il ne restait pas beaucoup d'options viables. Néanmoins, il serait démontré, une fois de plus, que dans une guerre comme celle que nous menions, comme dans toute autre lutte, la situation qui paraît la plus désespérée peut trouver une issue si l'on garde de la sérénité et la volonté de se battre.

Cette nuit-là à La Caridad, rien ne changea. Les soldats campèrent dans la maison paysanne de Graciliano Hierrezuelo et dans une autre plus proche du sommet, à moins de six cents mètres de l'embuscade tendue par Paz. Quant à moi, je ne savais toujours rien. J'étais préoccupé par ce qui se passait au sud et dont j'ignorais tout, inquiet par l'arrivée de l'ennemi à Santo Domingo, irrité par le comportement des combattants chargés de défendre le front de Las Vegas. Sans exagérer, je peux dire que la nuit du 19 au 20 juin fut l'une des pires que je passai de toute la guerre.

À La Caridad, l'ennemi commença son avancée dès le lever du soleil. Il tomba aussitôt dans l'embuscade de Paz. Dans la fusillade qui s'ensuivit, les soldats utilisèrent tout ce qui était en leur possession. Après une heure de combat, ils durent retourner à leur point de départ. Les mortiers continuèrent à tirer sur les rebelles pendant le reste de la matinée. Ces tirs blessèrent grièvement deux combattants rebelles : Fernando Martínez et son fils Albio. Le premier mourut sur place pendant que le second était transféré à l'hôpital de Martínez Páez à Camaroncito. Hélas, tous les efforts pour le sauver furent inutiles.

Ce n'est qu'à 10 heures du matin, le 20 juin, que je reçus de Paz l'information de l'embuscade qu'il avait tendue. Cela me tranquillisa un peu, même si je n'en connaissais toujours pas le résultat. Je maintins néanmoins ma décision d'ordonner à Miret de se replier. En outre, je finis par me rendre compte que, dans l'hypothèse où les soldats atteindraient El Naranjal, la situation ne serait pas si grave car il leur serait difficile de continuer à avancer, et même de quitter ce lieu.

Peu après midi, je reçus davantage de nouvelles de Paz sur le combat et le recul de l'ennemi. Voilà qui éclaircissait considérablement la situation. Maintenant, il fallait avant tout empêcher les soldats de poursuivre leur progression. Partant du principe que Paz maintiendrait sa position et parviendrait à repousser définitivement l'ennemi, il restait deux solutions à Quevedo pour accomplir sa mission : soit continuer en direction de Palma Mocha, c'est-à-dire sur la route initialement prévue ; soit retourner sur la côte, réembarquer et débarquer sur un autre point, qui, en toute logique, ne pouvait se situer que sur la plage de La Plata. Bien sûr, à ce moment-là, je ne savais pas que Quevedo n'avait pas pris l'itinéraire indiqué par le commandement de Bayamo, ce qui aurait été un élément de plus en faveur de la seconde possibilité. Mais, en me mettant à sa place, j'étais arrivé à la conclusion que tenter un nouveau débarquement constituait la solution la plus viable.

Au vu de cette analyse, j'ordonnai à Miret de renforcer la position de Paz à La Caridad au moyen de dix hommes bien armés. Il retournerait avec le reste de ses effectifs en aval, le plus près possible de la plage pour résister pas à pas à l'avancée ennemie qui se produirait sûrement le long de ce fleuve.

Et j'écrivis à Paz : « Tu n'imagines pas comme il est important que tu aies repoussé les soldats sur ce chemin. Je te félicite, ainsi que tes valeureux compagnons d'arme, pour la réussite de cette opération. Cela nous permet d'améliorer une situation qui aurait été difficile si les soldats étaient arrivés à Naranjal. »

Ce 20 juin, la présence d'esprit de Paz, son énergie communicative, associées à la discipline, la hardiesse et l'agressivité de ses hommes nous ont sauvés d'une situation hautement dangereuse. Leurs exploits se révélèrent d'ailleurs exceptionnels pendant toutes ces journées. Paz a su réagir avec rapidité et détermination à l'attaque surprise ennemie, démontrant ainsi ses qualités de tacticien, de chef et de combattant.

Dans le même message, je l'informai des renforts que je lui envoyais et lui indiquai qu'une autre escouade de huit hommes allait renforcer la position de Roberto Elías sur le chemin du mont de Palma Mocha.

Pendant ce temps, dans l'après-midi, les soldats de la tyrannie tentèrent à nouveau de rompre la défense de Paz et de ses hommes à La Caridad. Il y eut un combat intense au cours duquel l'ennemi se comporta plus habilement et essaya de contre-attaquer les positions rebelles. Néanmoins, la troupe aguerrie de Ramón Paz, portée par son succès précédent et stimulée par son chef, contint l'avance des soldats et les repoussa alors qu'ils étaient pourtant plus nombreux, mieux armés et pourvus d'abondantes munitions. Au cours de cette action, ils subirent plusieurs pertes alors qu'il n'y eut même pas un blessé dans les rangs des rebelles. Une fois de plus, cela prouvait qu'un moral inébranlable et une volonté de fer rendaient notre guérilla pratiquement invincible et capable de soutenir une position bien choisie et préparée avec soin.

Le 20 juin toujours, l'ennemi engagea la deuxième partie de son plan : la compagnie G-4 du bataillon 18 commença à débarquer sur la plage de La Plata. Elle avait pour mission de servir d'appui logistique pour les deux autres compagnies qui, elles, devaient pénétrer en profondeur dans le territoire rebelle.

Nous avions particulièrement fortifié l'embouchure du fleuve La Plata, tout au long de la côte : en raison de sa situation dans l'axe de sa probable direction d'attaque, j'avais toujours eu la certitude que l'ennemi l'utiliserait. Elle présentait des conditions topographiques privilégiées pour établir un campement d'arrière-garde et tous les avantages, notamment sa situation en tête de plage[1] pour son offensive vers le sud. C'est la raison pour laquelle nous avions déployé un nombre de rebelles assez élevé à cet endroit. Ils avaient de grandes possibilités d'ouvrir de bonnes tranchées, et ils étaient renforcés, en outre, par une de nos deux armes lourdes : la mitrailleuse calibre 50 manœuvrée par Braulio Curuneaux. La position était sous la responsabilité de Pedro Miret, assisté de René Rodríguez et de Dunney Pérez Álamo.

1. La tête de plage est la zone occupée par l'ennemi au-delà d'un fleuve ou de la mer en vue du débarquement du gros des troupes.

Cependant, la situation des rebelles postés à l'embouchure du fleuve avait commencé à se détériorer juste avant le débarquement. Nos hommes étaient restés inactifs pendant plusieurs jours dans l'attente de celui-ci, ils souffraient de la faim, les conditions d'approvisionnement étant difficiles, et ils manquaient d'une discipline suffisamment rigoureuse : des manifestations de désorganisation et de petites querelles avaient éclaté entre des groupes obligés de cohabiter pendant une période prolongée. Tout cela avait provoqué un certain degré de relâchement. À ces éléments s'ajoutaient le manque de décision manifesté sur ce front dans les jours qui avaient suivi la manœuvre de Quevedo en direction de La Caridad, et un certain manque de rapidité dans l'accomplissement des ordres que je leur avais envoyés...

Il faut dire que ces ordres s'étaient multipliés dans les vingt-quatre heures précédant le débarquement. La situation de Paz étant incertaine, j'avais d'abord dit à Pedrito de se replier vers l'intérieur. Puis, pensant qu'il s'était déjà replié, je lui avais demandé d'occuper de nouvelles positions, le plus près possible de la plage. Dans la pratique, les conditions des opérations changeaient constamment et mes ordres s'ajoutaient aux précédents sans que ceux-ci aient été accomplis.

Tout cela contribua à créer, au moins en apparence, une certaine confusion. Et le fait est que, lorsque les soldats s'approchèrent de la côte pour préparer leur débarquement, ils n'essuyèrent pratiquement aucun tir. Quand on pense aux dégâts qu'auraient pu infliger des rebelles bien retranchés avec l'appui d'une mitrailleuse 50 manœuvrée par un de nos meilleurs artilleurs ! Le débarquement aurait peut-être eu lieu malgré tout, mais l'ennemi aurait subi un grand nombre de pertes. Une telle victoire, jointe à celle de Paz à La Caridad, aurait compensé largement la piètre prestation rebelle de Las Vegas de Jibacoa.

Pedrito m'envoya d'abord un message succinct pour m'annoncer le débarquement. Il ajoutait qu'Álamo avait opposé de la résistance avant de se retirer, comme on le lui avait ordonné, et que toute la troupe se trouvait sur le chemin de Purialón. Cette nouvelle m'étonnait beaucoup : le fait que l'ennemi ne leur ait pas laissé le temps de faire quoi que ce soit me surprenait, et celui que la troupe d'Álamo soit dispersée laissait supposer une retraite inorganisée.

Je reçus plus tard un rapport plus détaillé et je me rendis compte que les choses ne s'étaient pas passées comme elles l'auraient dû. Néanmoins, le jugement de Pedrito sur les événements et sur le comportement des hommes d'Álamo était positif. J'appris aussi que, au moment du débarquement, René Rodríguez se dirigeait déjà vers Jigüe avec une partie des effectifs de la plage, ce qui pouvait avoir affaibli la résistance opposée sur la plage.

Une telle insistance à occuper des positions le long du cours inférieur du fleuve à l'embouchure de Manacas, de Purialón ou Jigüe, me laissait à penser que Pedrito n'avait pas bien compris le sens de mes nombreux avertissements sur ce qu'il fallait faire au cas où l'ennemi forcerait la ligne protégée par Paz à La Caridad et parviendrait à El Naranjal. Dans cette hypothèse, il était absurde de maintenir une troupe plus bas que ce point, surtout après le débarquement. C'est pourquoi je répétai à Pedro que si l'ennemi entrait dans El Naranjal, il devait se déplacer avec toute sa troupe en amont. Et j'insistai pour qu'il prenne contact avec Paz afin de coordonner leurs actions.

Au milieu de cette agitation permanente, l'attitude de Paz me tranquillisait. Il savait prendre les décisions opportunes en fonction des circonstances. D'un autre côté, la réunion des deux forces était nécessaire pour réaliser le plan qui commençait à mûrir dans mon esprit.

Pour l'heure, comme je l'ai déjà évoqué, je ne m'inquiétais plus de la pénétration possible des soldats jusqu'à El Naranjal. Je me rendais compte que si nous opposions une résistance adéquate, il était impossible qu'une colonne ennemie continue à avancer.

Pendant la nuit du 20 au 21 juin, j'initiai les préparatifs d'une résistance à l'aide de mines. Dissimulées derrière un buisson, des branches ou des feuilles, elles pourraient mettre en déroute toute avant-garde qui s'aventurerait au-delà d'El Naranjal. J'étais quasiment certain de notre capacité à paralyser les soldats dans cette direction. En outre, le lieu se prêtait non seulement à l'arrestation de la troupe, mais aussi à sa capture.

Ce qui me préoccupait, c'était la position de l'autre troupe ennemie. Selon mes informations, elle montait par le fleuve Palma Mocha vers El Jubal. Là, dans la maison d'Emilio Cabrera, devait se trouver embusqué Roberto Elías. Il n'y était pas en réalité, mais je ne le sus que le jour suivant. Je demandai donc à Paz de renforcer cette position et d'envoyer quelques hommes en exploration vers El Jubal dès l'aube, pour évaluer la situation sur le terrain. Je donnai aussi l'ordre à Paz de se replier avec tous ses hommes vers El Naranjal cette même nuit. Cet ordre le surprit peut-être étant donné qu'il avait combattu toute la journée précédente avec succès pour empêcher l'ennemi de traverser La Caridad en direction d'El Naranjal. J'avais évalué la situation : si les soldats parvenaient à briser la résistance de Paz, ce que je ne savais pas encore, il fallait de toute façon que celui-ci se replie plus haut sur El Naranjal. Mais s'il maintenait sa position à La Caridad, il fallait justement laisser le champ libre à l'ennemi pour l'inciter à poursuivre dans cette direction. J'étais tellement sûr qu'ils tomberaient dans la souricière que je cherchais à ôter tous les obstacles de leur chemin.

À cette occasion, Ramón Paz démontra cependant la perspicacité de sa tactique. Dans le message que je reçus le lendemain, il me confirmait qu'il avait obéi à mes ordres et qu'il avait posté sa troupe à El Naranjal. Il ajoutait : « Je pense que si nous obligeons les soldats à se battre sur un terrain qui nous convient, nous pourrons non seulement les épuiser, mais les faire reculer et les vaincre. J'ai l'intention de mettre deux combattants pour les harceler où qu'ils aillent, mais loin de l'embuscade que nous avons tendue. »

La nouvelle ligne défensive d'El Naranjal était assurée par les effectifs de Paz et de Pedro Miret, et par l'escouade de la mitrailleuse 50 d'Albio Ochoa et de Fidel Vargas. Paz posta les hommes d'Álamo avec l'autre mitrailleuse sur le nouveau chemin que les rebelles avaient ouvert pour aller de Palma Mocha et des plaines d'El Infierno vers Camaroncito, au-dessus d'El Naranjal. Cette disposition couvrait la possibilité d'accès d'une force ennemie depuis le cours supérieur du Palma Mocha, au cas où une troupe se serait déplacée en amont et aurait dépassé l'embuscade de Roberto Elías. Cela éviterait que l'ennemi apparaisse au niveau de l'arrière-garde rebelle à El Naranjal.

C'était là un des points les plus préoccupants des dispositions de défense. Deux autres nous inquiétaient également : d'une part le chemin qui menait à la Maestra par El Jubal et redescendait vers le fleuve Yara au-dessus de Santo Domingo ; d'autre part celui, non carrossable, qui longeait la Maestra vers l'est, en direction du mont Joaquín, puis qui se dirigeait à l'ouest vers Radio Rebelle et le Commandement de La Plata. Ces deux accès étaient importants dans la mesure où nous n'avions pas éliminé l'idée qu'il pourrait y avoir une force ennemie sur le fleuve Palma Mocha, dont le dessein évident serait de s'emparer de la Maestra par le second chemin que je viens de mentionner, ou de passer par le nouveau chemin pour descendre ensuite sur le fleuve La Plata.

Une fois l'ennemi stationné à Palma Mocha, une autre menace tomberait sur nous : il pourrait tenter d'atteindre la Maestra depuis le nord, soit en faisant avancer la troupe qui était arrivée à Santo Domingo, soit en faisant entrer une nouvelle force depuis El Cacao ou El Verraco. Celle-ci traverserait les monticules du fleuve Yara par San Francisco ou La Jeringa. La première hypothèse paraissait difficilement réalisable en raison des positions de résistance que nous avions placées autour de l'ennemi à Santo Domingo. Mais la deuxième solution demeurait possible et nous la gardions à l'esprit. À ce moment-là, je pensais mettre en place Cuevas et sa troupe sur les hauteurs de la Maestra, au croisement du chemin de Palma Mocha. Ils garantiraient la protection de cette voie dans les deux directions.

Quant au nouveau chemin de Palma Mocha qui menait à l'arrière-garde rebelle à El Naranjal, Paz avait eu raison de décider d'y poster l'escouade d'Álamo. Cependant, l'emplacement exact de l'embuscade pouvait être révisé. J'informai Paz que j'irais personnellement placer et donner des instructions à Álamo dès que j'en aurais l'occasion.

De son côté, le Che avait envoyé les effectifs de Raúl Podio sur la plage d'El Macho, sur la hauteur de Cahuara. Ils devaient veiller sur tout le terrain à l'ouest du fleuve La Plata jusqu'à la mer. Quant au chemin muletier qui partait de Jigüe, il était également sous bonne garde. Avec toutes ces dispositions, la défense de ce secteur était donc assurée.

Dans le message que j'adressai à Paz le 21 juin (document p. 318), je détaillai toutes ces positions et j'y inclus quelques appréciations qu'il est bon de mentionner pour mieux comprendre la suite des événements :

« Évidemment, si les soldats s'engagent dans certains endroits, le mieux sera de les laisser faire pour en finir avec eux car on pourra couper la route à leurs renforts. Il faut espérer cette occasion – qui s'est déjà présentée mais dont nous n'avons pas pu profiter, faute d'hommes armés. Désormais, il faut anéantir l'avant-garde où qu'elle se présente. La ligne qui va d'El Frío jusqu'au chemin Palma Mocha-Santo Domingo, par la Maestra, sera très difficile à franchir. Nous devons assener le coup de grâce par le sud.

» Si nous parvenons à mener à bien ces plans, ce sera une grande victoire, en dehors du fait que nous aurons conservé notre radio et notre base d'approvisionnement. »

Seulement le 21 juin, les troupes de Quevedo, auxquelles on avait laissé le champ libre pour avancer vers El Naranjal, se retirèrent de La Caridad et rejoignirent leur point de départ sur la côte. Après ses deux tentatives pour atteindre La Caridad, le chef du bataillon 18 semble avoir jugé la résistance rebelle suffisamment bien organisée pour le faire renoncer à cet objectif. Quevedo écrivit par la suite ce qui avait aussi pesé sur sa décision : d'abord, les mulets qui transportaient la nourriture de la troupe avaient chuté ; ensuite, il avait estimé que même s'ils avaient dépassé l'embuscade rebelle, « ils n'auraient pas trouvé de chemin pour continuer ».

Comme l'avait très justement évalué Paz, « chaque fois qu'ils essaient de monter d'un côté et que nous les en empêchons, c'est une victoire pour nous car cela entrave leurs plans et ils voient qu'il n'est pas facile de franchir nos lignes. »

En définitive, les deux compagnies du bataillon 18 réembarquèrent et redescendirent à l'embouchure du fleuve La Plata où la compagnie G-4 avait établi son campement.

Dans la nuit du 21 juin, je donnai l'ordre à Paz de prendre sous son commandement tous les effectifs du secteur Sud. J'informai de ma décision Pedro Miret, René Rodríguez, Dunney Pérez Álamo, Raúl Podio et tous les autres chefs d'escouade du secteur. De tous les dirigeants du secteur, Ramón Paz était celui qui avait fait preuve des plus grandes aptitudes de tacticien et d'organisateur, sans compter sa détermination et sa combativité. C'était sans aucun doute le chef idoine à ce moment-là et à cet endroit-là, lorsqu'il fallait prévoir la possibilité de porter un premier coup frappant à l'ennemi.

Le dimanche 22 juin, je me rendis à Puerto Malanga. Álamo m'y attendait pour m'accompagner à l'endroit précis où je voulais qu'il situe sa troupe à Palma Mocha. Je profitai du parcours pour entendre directement les détails de ce qui s'était passé sur la plage de La Plata l'avant-veille. J'avais peu apprécié le comportement de nos forces contre le débarquement ennemi et je trouvais peu satisfaisantes les explications qui m'avaient été données. Aussi, j'insistais tous les jours sur le fait que cette piètre conduite devait se transformer en une résistance ferme et efficace à l'avancée que les soldats entreprendraient certainement très bientôt sur le chemin du fleuve La Plata. C'est ce que j'évoquai dans un message à Paz, en date du 24 juin : « Sur le plan de la tactique, je te recommande non seulement de bien surveiller toutes les possibilités d'accès au Naranjal mais aussi d'insister auprès de Pedro sur la nécessité de défendre le chemin de La Playa pour empêcher l'ennemi d'arriver à El Jigüe. Ses hommes, avec des mines, peuvent arrêter l'Armée sur ce chemin. »

Je lui communiquai aussi ma décision de transférer l'escouade de Roberto Elías, et celle qui accompagnait Braulio Curuneaux et sa mitrailleuse 50, dans la zone de Santo Domingo. La première parce que sa position dans la zone d'El Jubal avait perdu de l'intérêt après qu'Álamo se fut posté sur le nouveau chemin de Palma Mocha et maintenant que Cuevas se trouvait sur le terrain de la Maestra. La seconde parce qu'elle n'était pas indispensable pour protéger le chemin du fleuve. En revanche, elle pourrait jouer un rôle important dans l'encerclement de l'ennemi que nous prévoyions à Santo Domingo. Et sa mitrailleuse nous serait utile.

Cette mitrailleuse avait servi, la nuit précédente, à une incursion organisée par Pedrito et René contre le campement ennemi à l'embouchure de La Plata. Trois tirs de mortiers, soixante-dix tirs de calibre 50, et une certaine quantité de tirs au fusil avaient eu des effets indéterminés. Après cette action, les rebelles avaient regagné leurs positions sur le chemin du fleuve à hauteur de l'embouchure de Manacas, près de notre terrain d'aviation.

Le mardi 24 juin, les deux compagnies du bataillon 18, qui avaient débarqué le 22 sur la plage de La Plata, initièrent leur mouvement vers l'intérieur le long du fleuve du même nom. Les soldats ne rencontrèrent aucune résistance jusqu'à l'embouchure du Manacas. Ils se heurtèrent alors aux rebelles embusqués. Le combat fut bref et se termina sur un résultat surprenant : nos forces se replièrent jusqu'à Jigüe et laissèrent le champ libre à l'ennemi, en désaccord flagrant avec la consigne de défendre pied à pied chaque mètre de notre territoire.

Pedro Miret m'envoya le jour même un rapport sur cette action en faisant allusion à une quantité improbable de onze morts infligés à l'ennemi. Il justifiait la retraite en affirmant que les positions rebelles étaient sur le point d'être encerclées, ce qui n'était pas non plus plausible vu les caractéristiques du terrain où avait eu lieu l'affrontement.

On peut imaginer la déception que je ressentis en recevant ces nouvelles. Avant même d'avoir lu le communiqué de Miret, j'avais envoyé à Paz, à l'aube du 25 juin, le message suivant, que je cite *in extenso* car il me semble qu'il reflète exactement ce que, depuis des jours, j'essayais d'imprimer dans l'esprit des capitaines rebelles :

« Je n'ai pas encore reçu de nouvelles de Pedro [Miret] et j'ignore où il va exactement se trouver, mais je veux t'expliquer d'ores et déjà qu'ils ne doivent pas aller au hameau de Jigüe, mais le plus bas possible pour résister sur le fleuve qui est inexpugnable. Je suis certain que, s'ils défendent bien le fleuve, les soldats ne pourront pas avancer et ils devront tenter une incursion par le terrain où est posté Podio, par où peuvent seulement passer les mulets au début, et où ils devront continuer à pied par un très mauvais sentier ou inventer un autre itinéraire.

» Pedrito doit chercher une bonne position stratégique sur le fleuve, entre les rochers escarpés, et y construire de bonnes tranchées de pierres, en les couvrant d'un toit de deux couches de branches recouvertes de pierre. Elles pourront résister aux mortiers, qui sont la seule arme capable d'intimider les défenseurs. Là où c'est possible, les tranchées doivent être creusées dans la terre, car elles sont plus efficaces, mais il faut toujours les recouvrir, comme celles que nous avons ici [dans la zone de La Plata et de la Maestra].

» Après la première ligne, il faut en préparer une seconde, et ainsi de suite.

» J'insiste sur ce point parce que c'est l'unique méthode correcte de résistance. Si les gens utilisent juste un peu d'intelligence, je t'assure que cela suffira. Malheureusement, cela n'arrive pas souvent.

» Il me semble que les soldats ne sont pas très décidés à monter par ce fleuve. Ils vont inventer une autre route et on pourra leur faire ce que tu leur as infligé à La Caridad. »

Le 25 juin, l'Armée occupa Purialón sans rencontrer de résistance. La ligne rebelle était toujours derrière Jigüe, ce qui laissait libres plus de trois kilomètres de fleuve et de chemin, lesquels offraient d'infinies possibilités de harceler et peut-être même d'arrêter la dangereuse avancée ennemie à l'intérieur de notre territoire. J'étais tellement mécontent du comportement de la résistance rebelle dans la zone de La Plata que je pris la décision de descendre au front pour inspecter personnellement la situation. Il en résulta que je décidai, cette nuit-là, de relever Pedrito et René de leur commandement et de les remplacer par le second de Paz, Fernando Chávez, dit L'Artiste, que je nommai lieutenant. Il reçut la consigne de réorganiser la première ligne de défense le plus bas possible, à proximité de Purialón. L'escouade de Podio, à Cahuara, était aussi sous les ordres de Chávez qui dépendait lui-même de Paz. Ce dernier demeurait le responsable de tout le secteur.

Miret obéit immédiatement à mon ordre de se transporter avec ses artilleurs du mortier à la maison du Santaclarero à La Plata. René, en revanche, tarda à remettre son fusil à Chávez et à monter vers La Plata comme je le lui avais demandé. En conséquence, deux jours plus tard, je le fis incarcérer à Puerto Malanga.

Le matin du 26 juin, Chávez se mit en marche pour accomplir sa mission en suivant mes instructions. Il devait préparer des embuscades tous les cinq cents ou six cents mètres le long du fleuve, en prenant chaque fois les mesures nécessaires pour assurer la retraite de l'arrière-garde. Si les soldats les forçaient à reculer jusqu'à Jigüe, ils devraient se retirer en direction du mont de Cahuara et préparer une solide ligne de défense sur ce terrain. L'intention de ce dernier mouvement était double : d'une part bloquer l'accès à la Maestra par cette voie, d'autre part utiliser cette force pour attaquer au moyen de l'arrière-garde les soldats, au cas où ceux-ci poursuivraient leur avancée vers El Naranjal par le fleuve, où ils tomberaient dans l'embuscade de Paz.

Mais nous n'eûmes pas le temps d'exécuter ces ordres. À l'aube du 26 juin, les deux compagnies commandées par Quevedo reprirent leur marche en amont. Elles arrivèrent à Jigüe dans l'après-midi. L'ennemi était parvenu, approximativement, à mi-chemin entre la côte et la hauteur de La Plata.

9

Danger sur La Plata

JUIN 1958						
DIM	LUN	MAR	MER	JEU	VEN	SAM
1	2	3	4	5	6	7
8	9	10	11	12	13	14
15	16	17	18	19	20	21
22	23	24	25	26	27	28
29	30	--	--	--	--	--

Les 19 et 20 juin 1958 furent peut-être les jours les plus critiques de toute l'offensive. En deux jours, comme nous l'avons relaté, les forces ennemies sont parvenues à occuper Santo Domingo et Las Vegas de Jibacoa, deux bases d'opérations importantes pour un assaut ultérieur des défenses rebelles dans la Maestra. D'abord repoussées par les hommes de Ramón Paz à La Caridad, elles ont pénétré profondément dans notre territoire depuis le sud. À Las Vegas, nous avions manqué d'efficacité et de détermination ; dans le Sud, nous n'avions pas reçu d'informations assez précises. Devant ces réalités, et pour surmonter ma profonde inquiétude, je m'efforçai d'évaluer sereinement la situation avant de prendre les mesures adéquates...

L'ennemi avait désormais l'initiative en matière de tactique, mais je commençai à concevoir un plan qui ne concernait pas seulement la défense échelonnée du territoire rebelle. Comme dans n'importe quelle guerre, et toujours suivant la stratégie que j'avais adoptée depuis le début, je pensais appliquer des méthodes adaptées aux caractéristiques de terrain et aux forces dont nous disposions.

Plus précisément, je comptais profiter de la topographie spécifique de la Sierra Maestra avec ses vallées et ses dépressions dominées de montagnes. Je n'étais pas tellement préoccupé par le fait qu'une des unités ennemies parvienne à pénétrer dans le territoire où était concentrée la défense rebelle... pourvu qu'elle se retrouve dans une de ces vallées ou dépressions. Je savais même que cela ne manquerait pas d'arriver car, dans la Sierra, c'est là que se trouvent les deux éléments les plus nécessaires à un contingent de troupes, à savoir l'eau et les voies de communication les plus praticables. Donc, immanquablement, les soldats seraient attirés vers le cours des rivières qui coulent au fond de ces dépressions.

Si une troupe parvenait à stationner dans une vallée de la Sierra Maestra, nous pourrions l'encercler sur les hauteurs environnantes. Dans cette situation – compte tenu qu'un assaut frontal constitue toujours, dans tout type de guerre, une des opérations les plus difficiles, et davantage encore étant donné les caractéristiques accidentées de la majeure partie des versants de la Sierra –, elle aurait peu de chances de s'en sortir sans appui extérieur. C'est-à-dire sans des renforts qui accoureraient pour briser l'encerclement depuis l'extérieur et l'aider à sortir.

Dans une opération militaire, l'encerclement présente un caractère nettement offensif. Son but, en général, est la reddition de la troupe assiégée, en l'affamant ou en venant à bout de ses moyens défensifs par le harcèlement, afin de pouvoir lancer l'assaut final. Il y a aussi un autre type d'encerclement dont le seul objectif est d'arrêter tout mouvement d'attaque de la troupe assiégée. À ce moment-là, il s'agit non plus d'une offensive, mais d'une contre-offensive.

L'opération que j'avais à l'esprit, en réponse à la menace qui planait depuis l'entrée de la troupe à Santo Domingo, était une combinaison de ces deux types d'encerclement. J'avais commencé à l'envisager dès le 18 juin, lorsque j'étais arrivé à la conclusion réaliste qu'il ne serait pas possible d'empêcher l'entrée de l'ennemi dans cette zone.

Dans l'immédiat, mon objectif principal n'était pas la capture de la force ennemie qui serait encerclée, ce qui n'aurait été possible que par un assaut frontal. Il était évident que la conjonction des troupes de Quevedo et de Sánchez Mosquera, à cet instant, ne nous permettait pas d'entreprendre une action d'une telle nature. De plus, elle aurait pu causer des pertes considérables dans nos rangs : les soldats, nombreux, avançaient simultanément dans trois directions. De notre côté, nous n'étions pas en condition pour nous concentrer sur une opération d'une durée relativement longue, et nous ne disposions pas des forces nécessaires pour opposer une défense efficace. Il aurait fallu affaiblir les lignes défensives des autres secteurs avec le risque de conséquences désastreuses.

L'encerclement auquel je pensais, dans cette première phase, devait surtout permettre de contenir l'ennemi. Nous n'avions pas pu l'empêcher de pénétrer dans notre territoire, il fallait maintenant l'empêcher de faire un pas de plus, que ce soit en avant ou en arrière. En d'autres termes, pour utiliser l'expression que j'employais dans mon message déjà cité au Che, le 18 juin, il s'agissait de « bloquer » l'ennemi. Ou, comme je l'écrivis à Suñol le même jour, avant l'occupation de Santo Domingo : « Au cas où les soldats descendraient par El Cacao et entreraient dans Santo Domingo après avoir combattu Paco [Cabrera Pupo], nous ne les laisserons pas poursuivre, ni par en bas, ni par en haut vers la Sierra. Ils n'auront pas d'autre chemin que celui du retour par où ils sont venus si nous ne le bouchons pas parfaitement, chose qui ne serait pas facile car cette terre [les hauteurs d'El Cacao] est complètement pelée. »

Cependant, cet encerclement pourrait aussi jouer un rôle offensif : il pourrait user et démoraliser l'ennemi pris dans Santo Domingo et nous permettre de préparer les moyens nécessaires pour frapper et détruire les renforts envoyés à son secours. De cette manière, il créerait peut-être les conditions propices, en deuxième instance, pour obtenir la reddition de la troupe assiégée.

Les modifications de la situation m'obligèrent à changer provisoirement cette tactique, au moins sur la fermeture du chemin du fleuve Yara, en aval de Santo Domingo. J'avais pensé utiliser la petite troupe de Félix Duque dans ce but et j'avais déjà donné les ordres à cet effet. Il était impensable, pour le moment, d'occuper la hauteur d'El Cacao : en dehors du fait qu'il était « complètement pelé » et ne présentait donc aucun abri pour nos combattants, il y avait encore une troupe ennemie considérable à El Verraco. Toute force rebelle postée sur cette hauteur serait prise entre trois feux : devant, celui de Santo Domingo, derrière, depuis El Verraco et El Cacao, et en haut, par les tirs de la force aérienne dont il n'y avait aucun moyen de se protéger.

Pour toutes ces raisons, nous n'avons pas exécuté totalement notre projet d'encercler la troupe de Santo Domingo. Comme je l'ai déjà dit, la voie du fleuve resta découverte et le resterait encore pendant quelques jours. En effet, la priorité résidait dans la nécessité de fermer tous les accès à la Maestra à l'ouest de Gamboa.

La ligne défensive fut établie dans ce but sans attendre. Elle comprenait les deux directions dans lesquelles on ne pouvait pas laisser l'ennemi avancer. Il s'agissait évidemment du cours supérieur du Yara et du terrain d'El Naranjo, par où l'on pouvait pénétrer plus ou moins directement au fond de notre territoire de base. À El Naranjo, la mission d'empêcher toute avancée ultérieure incombait à la troupe de Paco Cabrera Pupo qui avait combattu à La Manteca. Les hommes d'Huber Matos les avaient rejoints, ainsi que ceux de Geonel Rodríguez. Les jours suivants, je renforçai encore progressivement cette ligne en y incorporant davantage de rebelles provenant des autres zones d'opérations.

Le 22 juin, je postai aussi en renfort l'escouade de Dunney Pérez Álamo qui venait de La Plata et qui devait, depuis sa retraite due au débarquement, protéger la zone du Commandement selon mes instructions. Ces effectifs devaient stationner sur la descente d'El Naranjo, de l'autre côté, au croisement des chemins d'El

Naranjo et de Los Mogos. Les hommes d'Álamo devaient couvrir ces deux directions en cas de nécessité. Cette vingtaine de combattants resteraient en réserve pour le moment. Plus tard, ils participeraient à l'encerclement de Santo Domingo.

J'envoyai enfin chercher une escouade des forces de Camilo Cienfuegos pour rester dans la région d'Agualrevés avec Ramiro. Je la postai à proximité de la position de Lalo Sardiñas, sur sa gauche, à l'orée de Los Mogos. Ces six ou sept hommes étaient commandés par Zenén Meriño.

Le 26, je mandai à El Naranjo notre principale arme lourde, notre « artillerie » : l'escouade de la mitrailleuse calibre 50 de Braulio Curuneaux. Le peloton de René Ramos Latour, dit Daniel, était arrivé le 23 à La Plata au devant d'un groupe de renfort de Santiago de Cuba : dans les derniers jours de juin, je le fis prendre place plus ou moins à mi-chemin entre les positions et la hauteur de la Maestra. Il servirait d'unité de réserve et entrerait en action si nécessaire.

Cette concentration relative des forces montre l'importance que j'attachais à la montée d'El Naranjo, la voie la plus directe pour assaillir la Maestra aux alentours de La Plata.

Toutes les escouades de la première ligne de contention étaient subordonnées à Paco Cabrera Pupo, à l'exception du petit groupe de Zenén Meriño qui se trouvait sous la responsabilité de Lalo Sardiñas à Pueblo Nuevo. Mais Paco tomba malade. Il ressentait une douleur aiguë dans le côté droit et il dut se retirer. Il ne put combattre pendant le reste de l'offensive. En son absence, je n'eus pas le choix : je confiai le commandement général de cette ligne à Huber Matos.

Le 20 juin, le groupe de Paco s'était déplacé sur l'autre rive du ruisseau d'El Naranjo. Il s'était positionné sur le chemin qui monte le long du cours d'eau, un peu plus haut que la maison de Clemente Verdecia qui avait accueilli auparavant l'atelier de confection de bombes et de réparation d'armes. De là, on pouvait opposer une résistance aussi bien dans le cas où les soldats tenteraient de monter par le ruisseau que s'ils suivaient le chemin qui arrivait à quelques centaines de mètres de la position occupée par Paco.

C'est de cet endroit que Paco Cabrera Pupo dut se retirer, le 22 ou le 23, vers La Plata. Pendant ce temps, l'ennemi ne fit aucune tentative d'entrer par El Naranjo. Il se limita à quelques incursions sur les flancs des contreforts qui tombent sur la rive gauche du Yara, des deux côtés du ruisseau d'El Naranjo.

Après qu'Huber Matos eut pris le commandement, je lui donnai l'ordre de diviser le groupe en trois. Une petite troupe de quatre ou cinq hommes, avec Paco Cabrera González à sa tête, occupa les tranchées existantes à l'endroit où le chemin qui montait au sommet d'El Naranjo s'enfonçait dans la forêt et commençait à grimper, après avoir dépassé les premières maisons d'El Naranjo et un bout de terrain. L'escouade de Geonel Rodríguez se plaça au sommet de la colline de Sabicú, à gauche du chemin. Huber Matos, pour sa part, s'installa avec le reste de ses hommes dans d'autres tranchées au milieu de la forêt du flanc de Sabicú.

Par cette répartition, il s'agissait de couvrir deux des possibilités d'avancée des soldats au cas où ils tenteraient de monter à El Naranjo soit par le chemin flanquant la colline, soit de front, en traversant la forêt, pour gagner directement les hauteurs de Sabicú. Dans tous les cas, ils se heurteraient aux groupes d'en haut ou d'en bas qui seraient renforcés, selon les besoins, par les hommes d'Huber Matos. L'escouade, en outre, devait prévenir l'éventualité que l'ennemi essaie de parvenir au flanc opposé d'El Naranjo, c'est-à-dire par le versant du ruisseau de Los Mogos.

Nombre de nos combattants trouvèrent leurs tranchées déjà creusées: nous avions travaillé intensément à la préparation de ce terrain pour mieux le défendre vu sa proximité avec les installations du Commandement de La Plata.

À côté d'El Naranjo se dressaient les contreforts de Gamboa qui meurent dans le fleuve Yara, en face de Santo Domingo. C'est là que Paco Cabrera Pupo s'était posté après le combat de La Manteca. Lorsqu'il fut parti pour El Naranjo, j'envoyai Félix Duque pour le remplacer sur cette importante voie d'accès à la Maestra. L'escouade d'environ dix hommes s'établit à mi-chemin entre le Yara et les hauteurs de la Maestra.

Un autre accès à la Maestra que pourraient utiliser les soldats passait par El Cristo et El Toro. De là, on parvenait à ce que nous appelions la *tiendecita* de la Maestra. Elle était située dans la zone de Jiménez, entre La Plata et Mompié. Cette voie fut prise en charge par l'escouade d'Eddy Suñol, dont la position à Providencia n'avait plus de raison d'être après l'entrée de l'ennemi à Santo Domingo.

En ce qui concerne le chemin en amont, le 18 juin, j'avais reçu des informations – non confirmées – selon lesquelles l'ennemi aurait pénétré dans Santo Domingo. Ces informations se révélèrent infondées par la suite, mais elles m'avaient poussé à ordonner à Lalo Sardiñas de descendre à La Jeringa et de s'approcher le plus possible des soldats sur le chemin du fleuve. Lalo et ses hommes parcoururent, à marche forcée et pendant la nuit, le difficile et épuisant chemin par Loma Azul. Ils arrivèrent au fleuve Yara, à la hauteur de la ferme de Gustavo Sierra à Santana, à l'aube du 19. Presque en même temps, les premiers tirs retentirent à La Manteca. Le lendemain, ils avaient pris position dans la zone de Pueblo Nuevo à un peu moins de deux kilomètres en amont de la maison de Lucas Castillo à Santo Domingo, où Sánchez Mosquera installa son poste de commandement.

Toute troupe stationnée à Santo Domingo avait désormais quatre itinéraires possibles pour pénétrer plus profondément dans le territoire rebelle. Trois d'entre eux conduisaient directement à la Maestra. Le plus à l'ouest montait par les contreforts de Gamboa, accès surveillé par Duque. Le deuxième, vers l'est, suivait le ruisseau d'El Naranjo et le flanc de la colline de Sabicú jusqu'a El Naranjo, puis, en le longeant, on atteignait le mont de la Maestra à proximité du Commandement de La Plata et des installations de Radio Rebelle. Le troisième était un sentier qui partait de Pueblo Nuevo, au-delà du ruisseau de Los Mogos, et qui rejoignait le chemin d'El Naranjo près du terrain de la Maestra. Les hommes d'Álamo défendaient ces deux voies. Enfin, une quatrième route possible suivait le chemin du Yara en amont. Il arrivait à notre territoire par la droite soit par Santana, soit par La Jeringa, et aboutissait près du mont Palma Mocha. Si l'ennemi passait par Gamboa, il arriverait à l'ouest du Commandement. S'il choisissait Santana ou Palma Mocha, ce serait par l'est. Quant aux chemins d'El Naranjo et de Los Mogos qui se rejoignaient, comme nous l'avons dit, à proximité du contrefort de la Maestra, ils débouchaient directement sur le Commandement.

La position que devait prendre Lalo Sardiñas avait justement pour objectif de couvrir aussi bien la montée de l'ennemi en amont qu'une ascension par le chemin de Los Mogos. Le matin du 21, je lui ordonnai expressément de se placer en contrebas du sentier des Los Mogos, ce qui lui permettrait éventuellement de se replier, et je l'admonestai : « Il va falloir lutter durement. Chaque parcelle de terrain ne peut être abandonnée qu'après une défense implacable. Quand tu seras sur le sentier qui monte à la Maestra, ne les laisse pas passer. »

Il fallait empêcher coûte que coûte l'ennemi d'atteindre la Maestra alors qu'il n'en était qu'à un pas. J'étais persuadé d'avoir percé ses intentions à jour et j'étais disposé à lui faire payer cher ce pas. Nous étions peut-être en présence du moment le plus critique, sur le plan tactique, de toute l'offensive. Malgré tout, je conservais une confiance inaltérable en la capacité défensive des rebelles. Le 20 juin, j'écrivis au Che : « La situation s'est quelque peu améliorée, même si elle demeure encore incertaine. La troupe cantonnée dans la maison de Lucas n'a pas bougé d'un mètre vers les embuscades que nous avons tendues [...]. Lalo est déjà posté à Santo Domingo pour protéger le chemin par ce côté [...]. »

Finalement, Lalo, dans la crainte que les soldats puissent atteindre la rive droite du fleuve et encercler l'embuscade rebelle, avait posté ses hommes environ deux cents mètres en arrière de ce que je lui avais indiqué. Il se trouvait néanmoins encore devant le chemin de Los Mogos. Il avait disposé les vingt-trois combattants de sa troupe des deux côtés du fleuve et du chemin, entre les plantations de café de notre sympathisant Mario Maguera. De là jusqu'à la maison de Lucas Castillo, où Sánchez Mosquera avait son poste de commandement, il y avait environ mille deux cents mètres par le fleuve.

À ce moment-là, le peloton de Lalo Sardiñas disposait à peine de onze armes, dont sept seulement étaient plus ou moins efficaces. Les autres étaient des fusils de chasse et des mousquetons Mauser. Quant aux munitions, les armes les plus fournies disposaient de soixante à quatre-vingts tirs. Un des fusils ne pouvait tirer que huit fois. L'aspect général de cette petite troupe mal vêtue, et encore plus mal chaussée, fit que de nombreux combattants les appelèrent « les va-nu-pieds ». D'autre part, même si la situation s'était considérablement améliorée grâce à l'aide de Mario Maguera et surtout de Feliciano Rivero – un Haïtien qui avait construit son chalet sur la rive gauche du fleuve, à six cents mètres de l'embuscade –, les longues semaines où ils étaient restés dans la zone de Los Lirios avaient été très pénibles en raison du manque de nourriture.

Dans le plan des opérations prévues par l'Armée, les forces placées sous les ordres du colonel Sánchez Mosquera étaient composées de son bataillon – le 11 – et du bataillon 22, commandé par Eugenio Menéndez. Au début, cette seconde unité devait suivre l'autre pour assurer son arrière-garde et son approvisionnement.

Après le 12 juin, lorsque le bataillon 11 changea de direction, l'autre le suivit. Il y avait toujours entre les deux unités une distance équivalente à deux jours de marche.

Le 19 juin, le bataillon 22 se trouvait à El Verraco. Lalo Sardiñas me le confirma lorsqu'il arriva à La Jeringa. Il me précisa que la troupe comptait trois cents hommes. Le même jour, Almeida m'envoya la même information mais il supposait, à tort, qu'ils se dirigeaient vers Estrada Palma.

Ce fut un sujet de préoccupation pour nous pendant ces deux jours. Je donnai l'ordre à Lalo de poster quelques hommes sur les hauteurs de San Francisco afin de prévenir une tentative des soldats de passer par le fleuve Yara en suivant une route parallèle à celle de Mosquera, mais beaucoup plus à l'est. L'ennemi tomberait alors derrière la position que j'avais indiquée à Lalo dans Pueblo Nuevo et cela compliquerait considérablement la situation. Je fis part de mon inquiétude au Che le 20 juin. J'évoquai la probabilité de ce mouvement comme un « nouveau paramètre à considérer » qui gênerait encore une fois mes plans.

Le lendemain, je revins sur le sujet dans un message que j'envoyai à Paz :

« Pour le moment, il n'y a pas de danger que la troupe monte de Santo Domingo à la Maestra par le chemin de Palma Mocha [et de Santana], car celle qui est arrivée à Santo Domingo peut être stoppée vers la maison de Lucas [Castillo]. En revanche il y a un risque si l'ennemi vient d'El Verraco ou d'El Cacao par San Francisco ou La Jeringa, pour se diriger vers la source du Yara, en amont de Santo Domingo.

» Si cela se présente, la solution sera apportée par Cuevas, s'il arrive avec son peloton et ses recrues. Et si, en plus, il a le renfort de Camilo, nous pourrons nous jouer des soldats. »

En réalité, comme l'ont démontré les faits, je ne m'étais pas trompé sur leur point de destination. C'est leur itinéraire qui changea. Il est difficile de ne pas spéculer sur ce qui serait arrivé si le bataillon 22 avait tenté une incursion par le mont San Francisco. Ils ne l'ont peut-être pas fait parce que leur commandement considéra que cette voie était très bien défendue... En fait il n'y avait personne pour barrer le chemin de San Francisco !

Lalo ne se souvient pas d'avoir laissé qui que ce soit sur cette position.

Le 21 juin, Guillermo García, qui avait suivi un itinéraire parallèle à celui de l'ennemi sur les terrains où s'étaient produits les changements de direction, se trouvait dans la région d'Agualrevés et de La Jeringa. Il nous prévint que la troupe était parvenue à la hauteur de Rancho Claro. L'arrivée de Guillermo amenuisait la menace adverse car les combattants qu'il menait pouvaient opposer une première résistance efficace au cas où les soldats tenteraient de traverser vers le Yara.

Compte tenu des positions ennemies, et en prévision de l'encerclement que je pensais faire autour de Santo Domingo, j'avais demandé à Andrés Cuevas de se poster dans la zone de Rascacielo, à un peu plus d'un kilomètre à l'est du territoire de La Plata. Cuevas y arriva le 22. De là, il pouvait agir en qualité de réserve dans n'importe quelle direction car il se trouvait à égale distance de Santo Domingo et de La Jeringa.

Pour parvenir à Rascacielo, les hommes de Cuevas avaient dû marcher une journée entière depuis le mont de La Caridad. La situation matérielle de cette troupe rebelle était assez difficile : les hommes de Quevedo s'étaient emparés de leurs havresacs.

Cuevas m'écrivit le 23 juin : « Nous avons besoin que vous nous envoyiez de quoi nous couvrir. Il fait très froid et cette nuit, nous n'avons pas pu dormir car nous n'avons rien. Quant aux chaussures, vous savez qu'avec tout le chemin que nous avons parcouru, certains vont pieds nus. On nous a donné des légumes, mais il nous faut du sel, ou un peu de viande salée de Yeyo [Gello Argelís] qui serait la bienvenue, et aussi des haricots. »

En dépit de ces pénuries, la combativité de ce courageux capitaine rebelle et de ses hommes n'avait pas faibli : « [...] C'est un bon emplacement pour attendre les soldats », ajoutait Cuevas.

À part quelques patrouilles d'exploration à peu de distance de son cantonnement, Sánchez Mosquera ne bougea plus après son entrée à Santo Domingo. Tout paraissait indiquer, conformément au plan prévu, qu'il attendait l'arrivée du second bataillon, qui constituait sa force d'assaut, avant de passer à la phase suivante.

Mais il n'y avait pas de temps à perdre pour ce lieutenant colonel qui avait gagné ses galons en assassinant de pauvres paysans. Devant l'imminence de l'arrivée des soldats, Lucas Castillo avait abandonné sa maison, avec toute sa famille, pour se refugier dans la forêt. Sánchez Mosquera demanda à une de ses filles de lui faire une commission: «Dis au vieux que ça va être dur dans la forêt, qu'il revienne chez lui, il n'a rien à craindre.»

Lucas Castillo, naïvement, le crut sur parole et se présenta peu après. Aucun témoignage fiable n'a pu conter en détail ce qui se produisit. Toujours est-il qu'après la retraite précipitée de Sánchez Mosquera à la fin de juillet, on découvrit le corps de Lucas criblé de balles, transpercé par les baïonnettes, enterré dans l'une des dizaines de tombes creusées dans la plantation de café contiguë à sa propre maison. Les autres fosses contenaient toutes les victimes innocentes de Mosquera: quatre autres paysans avaient été massacrés en même temps que lui. Deux d'entre eux étaient des membres de sa famille. Leur assassinat servit à assouvir la démence de cet officier criminel, ou à venger lâchement son impuissance.

Pendant ces journées d'inactivité à Santo Domingo, l'essentiel du bataillon 18 débarqua à l'embouchure du La Plata. La force ennemie amorça une pénétration au sud, tout au long du fleuve. Cependant, les troupes de Quevedo n'arrivèrent à Jigüe que le 26 et elles y établirent leur campement. Au nord-ouest, les soldats n'avaient effectué aucun mouvement après leur occupation de Las Vegas de Jibacoa, le 20 juin. Aussi le plus grand danger était-il représenté par les forces ennemies de Santo Domingo qui avaient pénétré le plus profondément et qui se trouvaient à un pas du cœur du territoire rebelle.

Le 24 juin, un événement apparemment anodin survint, mais il exerça une influence considérable sur la suite des événements.

Dans la matinée, une patrouille de trois gardes à cheval s'approcha du ruisseau Los Mogos en passant par le fleuve. Elle commença à monter par la rive gauche. Elle semblait s'être aventurée jusque-là à la recherche de bétail et de mulets qui erraient dans la région : le cantonnement ne crachait pas sur un supplément de nourriture pris aux paysans et aux rebelles. Les trois soldats s'avançaient en toute confiance, leurs fusils attachés à leurs montures. À l'évidence, ils ne pensaient pas croiser des rebelles à cet endroit…

Les hommes de Lalo Sardiñas étaient à leur poste, au bord de la route de Júpiter qui monte le long du contrefort. Ils y patientaient depuis quatre jours, attendant l'apparition, d'un moment à l'autre, de la totalité du bataillon de Santo Domingo. En voyant s'approcher les soldats à cheval, l'un des combattants déchargea son arme. Les autres rebelles crurent que c'était le signal d'ouvrir le feu et commencèrent aussi à tirer.

Les trois soldats, surpris, tournèrent bride et tentèrent de s'échapper. Un des chevaux fut blessé et tomba. Le cavalier sauta à temps, saisit son fusil et descendit la pente en courant à la suite de ses deux compagnons. Ils disparurent dans le bois qui borde le fleuve.

Les tirs retentissaient encore quand le bruit courut dans les rangs rebelles qu'il fallait se replier. Vraisemblablement, dans la confusion générale, quelqu'un crut que Lalo en avait donné l'ordre. Les combattants commencèrent à remonter le long du ruisseau de Los Mogos et se rassemblèrent dans la maison de Nando Alba. C'est là, dans l'après-midi, qu'ils reçurent mon ordre de monter à La Plata.

J'avais été informé de la fusillade à peine deux heures après qu'elle avait eu lieu. La première version qui arriva était enjolivée, à tel point que j'écrivis à Paz : « Nous avons combattu les soldats dans Santo Domingo même, dans la maison de Mario [Maguera], et ils ont dû retourner chez Lucas. Nous n'avons pas abandonné le fleuve. »

Cependant, peu après, l'incident recouvra sa véritable dimension. J'appris qu'il s'était agi d'une fusillade désorganisée contre trois soldats, que des balles avaient été gaspillées et qu'aucune arme ni aucune munition n'avait été récupérée. Une position avait été abandonnée sans gagner quoi que ce soit en échange. En outre, le groupe rebelle s'était replié sans aucune justification, malgré mes constantes exhortations à défendre bec et ongles chaque pouce de terrain, à ne le céder qu'en dernier recours. Cet incident pouvait mettre à mal le plan d'encerclement que je venais d'élaborer. Je n'étais certes pas de bonne humeur quand j'envoyai chercher Lalo et ses hommes.

J'ai su plus tard que mes contrariétés face à l'incompétence, l'indiscipline ou la négligence étaient célèbres et redoutées dans la Sierra. Je ne mâchais pas mes mots lorsque je me trouvais en face du responsable, même si, en général, une demi-heure plus tard, je plaisantais avec lui. Il fallait faire passer la pilule, comme on dit. Je voulais les amener à réfléchir, attiser leur honte, pas les blesser ; ils étaient tous des volontaires et ils ne craignaient pas de faire de grands sacrifices. Dans le cas qui nous occupe, je suis sûr que ceux qui furent réprimandés ce jour-là en frémissent encore. J'étais tellement furieux de ce qui était arrivé que j'ai dû être particulièrement dur.

Je ne me souviens pas exactement de ce que je leur ai dit. Il me semble que je les ai traités de tous les noms. J'ai failli donner leurs armes à d'autres hommes avides de lutter : sans doute le châtiment le plus dur que j'aurais pu leur infliger. Je ne l'ai pas fait, mais je leur ai déclaré qu'ils devaient regagner leur position et ne laisser en aucun cas passer l'ennemi. Ils devaient fortifier leurs positions et ne pas reculer d'un pas. Si les soldats parvenaient à forcer leur ligne, cela signifierait qu'il n'y aurait plus un homme pour la défendre. Enfin, si l'un d'eux reculait, je l'attendrais en haut avec un calibre 50 au poing. Je n'avais jamais parlé comme ça à personne. Quel mal j'ai eu à les renvoyer à cet endroit critique !

En réalité, j'attendais les hommes de Cuevas pour leur confier cette tâche, mais ils n'étaient pas encore arrivés.

Les yeux de certains des combattants de Lalo s'emplirent de larmes de colère et de honte. D'autres arguèrent qu'ils avaient reçu l'ordre de se replier mais qu'ils étaient prêts à reprendre position. Je me calmai un peu, leur donnai quelques munitions et deux mines, et je les renvoyai.

Les événements ultérieurs donnent à penser que mes remontrances firent leur effet. Mes paroles avaient touché au vif leur amour-propre. Les combattants de Lalo repartirent occuper leurs positions avec l'intention de mourir plutôt que de reculer d'un pas. Je sus par la suite que quelques-uns d'entre eux avaient secrètement fait le serment que, la prochaine fois, il n'y aurait pas de retraite, même si on leur en donnait l'ordre.

Lalo modifia un peu la position. Il situa ses hommes de façon à fermer le chemin du fleuve, des deux côtés, trois cents cinquante mètres en arrière. La majorité de son effectif et lui-même se répartirent sur les pierres, dans le lit du fleuve, là où le chemin aboutit dans l'eau sur la rive droite d'un des innombrables méandres de son cours. D'autres combattants se postèrent à l'ombre des troncs de la sombre plantation de café, sur la rive gauche. Enfin, sur la rive droite, un troisième groupe ferma le U de l'embuscade. Quelques mètres derrière nos lignes, un chemin monte vers Los Mogos. C'est celui qui rencontre le sentier qui mène à El Naranjo.

Pour sa part, l'escouade de sept hommes commandée par Zenén Meriño, issue de la troupe de Camilo, se posta sur le lopin de terre de la route de Júpiter, sur la rive gauche du ruisseau. Elle avait été envoyée par Ramiro depuis La Plata à la suite de ma demande de renforts. Je leur avais donné l'instruction de se placer sur un sentier qui montait vers le Commandement.

De l'autre côté du fleuve, à la hauteur de la maison de Benito García, les combattants de Lalo posèrent une des mines que

Joaquín La Rosa devait déclencher depuis la plantation de gauche. Cette embuscade devait constituer un piège mortifère.

Comme je l'ai déjà expliqué, peu après l'arrivée des soldats à Santo Domingo, nous avions commencé à exécuter le plan d'encerclement de cette troupe. J'avais adopté la tactique d'enfermement et de harcèlement de l'ennemi dans son cantonnement afin de provoquer un envoi de renforts de l'extérieur, ou pour pousser nos adversaires à tenter de briser le cercle de l'intérieur. Dans les deux cas, les soldats tomberaient au cours de leurs déplacements dans les embuscades situées sur toutes les voies d'accès ou de retraite.

C'était évidemment la tactique que nous avions déjà largement expérimentée et perfectionnée et que nous allions affiner dans tous ses détails lors de notre lutte contre l'offensive ennemie, jusqu'à remporter un succès éclatant avec une exécution sans faille lors de la bataille de Jigüe, et jusqu'à la fin de la guerre à la bataille de Guisa. Mais pour l'heure, Quevedo n'avait pas encore fait son entrée par le sud et les troupes de Las Mercedes et de Las Vegas ne donnaient aucun signe d'activité.

Depuis le 20 juin, le bataillon 11 présentait donc le danger le plus immédiat pour les positions essentielles du territoire rebelle.

Mon intention initiale était de former un encerclement en règle des forces cantonnées à Santo Domingo, ce qui provoquerait peut-être l'envoi de renforts ennemis depuis Estrada Palma. Aucune armée ne peut abandonner une troupe à son sort sans courir le risque de voir son moral et sa combativité réduits à néant. Il s'agissait pour nous de créer des lignes suffisamment solides, au cas où les renforts arriveraient, pour les arrêter et même pour les détruire. Quant à la troupe assiégée, il fallait maintenir une pression suffisante pour l'user et la démoraliser avant de lui porter le coup final quand les conditions seraient favorables.

Le 24 juin, lors de l'incident avec les trois gardes à cheval, nous étions en train de mettre la dernière main au plan d'encerclement. «Je prépare un bon guet-apens», écrivis-je à Paz.

Je lui demandai qu'il m'envoie la mitrailleuse calibre 50 de Braulio Curuneaux, «pour laquelle il y a de formidables situations de tir qui peuvent être décisives pour le succès de notre plan». Une pièce s'était cassée sur l'autre mitrailleuse, désormais irréparable, mais celle de Curuneaux hérita du reste des munitions.

Les soldats s'étaient retranchés autour de la maison de Lucas Castillo. Il fallait les sortir de là en utilisant l'artillerie lourde. On dominait le campement ennemi depuis la colline de Sabicú, à quatre cents mètres à vol d'oiseau. Curuneaux installa sa mitrailleuse le 26 juin sur le terrain d'El Naranjo, une centaine de mètres derrière la hauteur de Sabicú.

Le même jour, j'envoyai aussi chercher l'escouade de Robert Elías qui protégeait le chemin de Palma Mocha, au-dessus de la maison d'Emilio Cabrera. D'après moi, il n'y avait plus de soldats dans cette direction et j'assignai donc cette troupe en renfort à Duque, à Gamboa.

Le 25 juin, Camilo arriva avec quarante rebelles à El Descanso, d'où il m'écrivit: «Je me dirige vers Santo Domingo comme tu me l'as prescrit, nous progressons un peu lentement, nous sommes tous épuisés car nous avons passé dix nuits sans dormir. Les hommes font un effort énorme.»

Je dois dire que je reçus cette nouvelle avec une joie extraordinaire. Je pouvais compter sur un chef expérimenté, courageux et responsable en la personne de Camilo. Sa troupe était déterminée et aguerrie. Sa participation à l'encerclement aurait une importance significative. «Je me réjouis de ta venue», lui répondis-je en lui indiquant de poursuivre la marche jusqu'à la maison du Santaclarero à La Plata où je me trouvais à ce moment-là. J'ajoutai : « Tu arrives au bon moment. » (document p. 328).

Le 27, Camilo atteignit la zone de La Jeringua, à quelques lieues du chemin de La Plata. Il m'envoya alors ce message : « Nous appelons tous de nos vœux le lieu où il faudra combattre le plus et je te promets qu'ils ne monteront pas tant qu'il nous restera des munitions, et nous saurons les économiser. »

Je donnai aussi l'ordre à Guillermo García de poster ses hommes sur la hauteur de San Francisco. Une fois là-bas, il attendrait l'arrivée des forces que j'étais en train de rassembler – entre autres celles que devait envoyer Almeida – pour occuper El Cacao. Ce déplacement devait permettre à Guillermo de boucher une des deux voies de l'arrivée probable des renforts ennemis venus d'Estrada Palma. Je pensais utiliser la troupe de Camilo pour tendre une embuscade à Casa de Piedra sur le deuxième accès par la route du fleuve.

Le petit nombre de forces rebelles dans ce secteur m'obligea à reconsidérer rapidement la disposition de nos combattants en vue de l'encerclement. Le 27 juin, je décidai d'envoyer les effectifs de Lalo à La Manteca et de couvrir Pueblo Nuevo avec ceux de Cuevas. Je donnai l'ordre à Suñol de descendre vers le Yara et d'occuper la région de Leoncito. Avec les hommes de Camilo sur le chemin de Casa de Piedra – qui seraient rejoints par ceux de Duque –, il n'était pas nécessaire de protéger la montée d'El Cristo. Après tous ces mouvements, le siège de Santo Domingo serait totalement établi.

Cependant, la situation générale de ces derniers jours de juin était tellement changeante que, toujours ce 27 juin, la troupe ennemie stationnée à Las Vegas de Jibacoa réussit à avancer jusqu'à Taita José. De sorte que, comme on le verra dans le chapitre suivant, les soldats pouvaient non seulement attaquer les positions de Suñol et avancer en direction de La Corea et de la Maestra, à hauteur de la *tiendecita*, mais aussi menacer les positions à Casa de Piedra avec leur arrière-garde. C'est pourquoi Suñol dut rester à El Cristo dans l'attente de ce qui allait arriver.

Guillermo, chef plein d'expérience, atteignit le mont San Francisco le 28 juin. Il expédia immédiatement une de ses troupes vers El Cacao. Il m'en informa et attendit mes ordres. J'avais envoyé chercher l'escouade de Reinaldo Mora à El Confín et j'attendais aussi les effectifs que devait nous adresser Almeida. Mais, ce jour-là, les événements se précipitèrent.

10

Jusqu'à San Lorenzo

JUIN 1958						
DIM	LUN	MAR	MER	JEU	VEN	SAM
1	2	3	4	5	6	7
8	9	10	11	12	13	14
15	16	17	18	19	20	21
22	23	24	25	26	27	28
29	30	--	--	--	--	--

JUIL 1958						
DIM	LUN	MAR	MER	JEU	VEN	SAM
--	--	1	2	3	4	5
6	7	8	9	10	11	12
13	14	15	16	17	18	19
20	21	22	23	24	25	26
27	28	29	30	31	--	--

Le 20 juin, jour où l'ennemi avait occupé Las Vegas de Jibacoa, j'avais ordonné à Raúl Castro Mercader et à Angelito Verdecia de couvrir la montée vers Minas del Infierno et Mompié depuis Las Vegas. On s'en souvient, les deux capitaines étaient alors stationnés derrière Las Mercedes. De là, ils défendaient le chemin qui menait à la Maestra dans la région de San Lorenzo en passant par la colline d'El Gurugú.

Une fois Las Mercedes occupée, nous pensions que l'ennemi choisirait de se diriger vers San Lorenzo, mais la présence d'une troupe à Las Vegas présentait un autre danger : l'éventualité d'une avancée depuis ce village vers la Maestra en passant par une zone beaucoup plus centrale et proche de notre territoire de base. C'est la raison pour laquelle je changeai momentanément mes priorités dans la défense du secteur Nord-Ouest. Raúl Castro Mercader et Angelito reçurent le renfort, dans leurs nouvelles positions, des troupes d'Horacio Rodrígues et d'Orlando Lara, qui avaient participé à la défense malheureuse de l'accès à Las Vegas.

Pourtant, deux jours plus tard, le gros des forces ennemies qui occupaient Las Vegas de Jibacoa se retira sur sa base de départ, à

Arroyón et Las Mercedes. Seule la compagnie 92 du bataillon 19 resta à Las Vegas et se limita à des explorations aux alentours du village.

Lorsque j'appris ces mouvements, le 22, je me rendis compte que mon impression initiale était exacte : le prochain coup de l'ennemi serait dirigé vers San Lorenzo. Je transférai donc l'escouade d'Angelito Verdecia vers le chemin de la Yegua qui monte de Las Vegas à Minas de Frío. Angelito pourrait se déplacer rapidement pour protéger la montée vers San Lorenzo si l'ennemi tentait de l'emprunter.

Quelques jours après, le commandement de l'Armée réalisa un mouvement de troupes que je ne m'explique toujours pas. Les compagnies 91 et 93 du bataillon 19 reçurent l'ordre de retourner à Las Vegas et, de concert avec celle qui y était restée, de continuer à avancer, non pas en direction de la Maestra, comme cela aurait été logique, mais en direction de Taita José. Cet itinéraire les détournait complètement de leur chemin vers la Sierra et Taita José, pour l'heure, ne présentait aucun intérêt sur le plan tactique. Le commandement ennemi avait peut-être reçu des informations erronées selon lesquelles des installations rebelles déterminantes s'y trouvaient...

À ce moment-là, tous les accès à la Maestra depuis Las Vegas avaient été couverts pas le Che, qui était responsable de la défense de ce secteur depuis son poste de Commandement de Minas de Frío. L'escouade de Ramón Fiallo se trouvait sur le chemin de Minas del Infierno ; une autre, sous les ordres de Roberto Ruiz Borrego, était postée sur le chemin de Purgatorio qui monte de Las Vegas à Minas de Frío. Angelito Verdecia resta sur la montée de La Yegua pendant qu'Orlando Pupo et Daniel Readigo protégeaient les accès par les collines de La Vela et d'El Pino. Cette dernière troupe se heurta brièvement à l'ennemi et lui fit subir deux pertes.

De son côté, Alfonso Zayas se posta sur le chemin de Gabiro et Raúl Castro Mercader et ses hommes marchèrent vers Polo Norte, près de Minas de Frío, où ils attendirent en réserve, prêts à se déplacer suivant les circonstances.

Avec beaucoup de bon sens puisqu'il était probable que l'ennemi passerait par Gabiro, le Che donna l'ordre à Angelito Frías, qui se trouvait à El Jibaro, d'aller renforcer Zayas. Il envoya aussi César Suárez avec vingt hommes dans le même but.

Entre le 28 et le 29 juin, les soldats, constatant qu'il n'y avait rien de ce qu'ils cherchaient à Taita José, repartirent à Las Vegas. Pour ma part, je restais surtout attentif aux combats de Pueblo Nuevo et de Casa de Piedra. Ils initiaient la première bataille de Santo Domingo que nous verrons plus loin.

Les trois compagnies ennemies étaient donc à nouveau concentrées à Las Vegas. Le 30 juin, elles tentèrent une incursion en direction de la Maestra mais elles furent repoussées, sur la colline d'El Infierno, par les escouades d'Orlando Pupo et de Ramón Fiallo, embusquées sur le coteau de La Vela. Ces rebelles reçurent l'appui des hommes de Verdecia, de Readigo et de Ruiz. Ensemble, ils firent subir une telle perte à l'ennemi que celui-ci se retira précipitamment à Las Vegas.

Le même jour, je fus interviewé par téléphone à La Plata par le journaliste de la télévision américaine Norton Silverstein. Malheureusement, nous n'avons pas pu retrouver cet enregistrement. J'y expliquais les raisons de notre lutte et j'exprimais le plus grand optimisme quant au déroulement de notre action contre l'offensive ennemie. Avec la première bataille de Santo Domingo, nous commencions à prendre l'initiative des opérations.

Le lendemain du combat sur le coteau de La Vela, les compagnies 91 et 93 quittèrent Las Vegas pour Las Mercedes. Il est évident que le commandement ennemi avait constaté que les accès depuis Las Vegas étaient bien protégés, et qu'il avait décidé d'essayer l'alternative de San Lorenzo.

Le 1er juillet, les compagnies 71 et 72 du bataillon 17 partirent de Las Mercedes en direction de Gabiro. Les forces rebelles commandées par Raúl Castro Mercader, Alfonso Zayas, César Suárez et Angelito Frías combattirent courageusement pendant plus d'une heure mais ils durent reculer. Sous une averse torrentielle, ils se replièrent successivement le long des lignes défensives disposées de façon échelonnée. Là, ils freinèrent l'avancée de l'ennemi pendant le reste de l'après-midi. Lorsque la nuit tomba, les soldats atteignirent cependant les hauteurs de la Maestra, sur San Lorenzo. Les rebelles se retirèrent en direction de Polo Norte et d'El Tabaco. L'armée essuya quelques pertes ce jour-là.

Dans la matinée du 2 juillet, l'essentiel du bataillon 17 arriva à San Lorenzo. Après avoir occupé le village déserté, il y établit son cantonnement avancé. Il prit possession des hauteurs limitrophes au hameau et en assura le périmètre. Il fut rejoint dans l'après-midi par les compagnies 91 et 93 du bataillon 19 qui passèrent par le même chemin de Gabiro.

J'avais prévu l'occupation de San Lorenzo. C'était une des alternatives que nous avions envisagées dans le secteur Nord-Ouest et ce n'était pas le plus préoccupant de ce qui pouvait se produire. Il fallait seulement adopter quelques mesures de réajustement des lignes de défense.

Le commandement de l'Armée décida de lancer son attaque principale dans ce secteur qui l'éloignait du centre de notre territoire. La raison en était peut-être qu'il craignait une résistance beaucoup plus forte dans la zone de Las Vegas, sur un terrain plus favorable pour nous. Cependant, le mouvement en direction de San Lorenzo aurait un avantage pour l'ennemi : il s'enfoncerait dans un front qui, du fait de sa condition périphérique, pouvait être moins bien défendu et où la manœuvre de l'infanterie attaquante était plus praticable. En outre, il pouvait être appuyé, dans la majeure partie du trajet, par des véhicules de guerre. Et si son but était de poursuivre dans la direction de Minas de Frío, il pourrait l'atteindre en contournant les lignes de défense rebelles et en évitant un assaut frontal depuis Las Vegas.

Lorsque j'appris l'occupation de San Lorenzo, je pris donc les mesures nécessaires. Je décidai de concentrer l'essentiel des effectifs de ce secteur pour protéger l'accès à Minas de Frío. Au lever du jour, le 3 juillet, je partis de La Plata vers Minas de Frío pour me placer à proximité de ce front et en diriger les opérations. J'emmenai avec moi Andrés Cuevas et son peloton ainsi qu'une escouade le Camilo, commandée par Felipe Cordumy.

En plus des groupes rebelles qui avaient défendu San Lorenzo, il restait dans la zone les troupes de Raúl Castro Mercader et d'Angelito Verdecia, situées respectivement à Polo Norte et Gran Tierra, sans compter les hommes de l'École de recrues de Las Minas qui pouvaient être armés avec ce que nous avions récupéré pendant la bataille de Santo Domingo. Pour le moment, je considérais que nous disposions de suffisamment de forces. Les autres groupes qui avaient participé au combat pourraient aussi être placés dans le secteur si le besoin s'en faisait sentir.

Mais il fallait également prévoir l'éventualité que l'ennemi n'ait pas l'intention de poursuivre en direction de Minas de Frío : il pouvait se diriger vers El Tabaco avec l'objectif d'occuper Meriño, ce qui présenterait une menace certaine, même si elle était moins immédiate et moins grave qu'un assaut direct contre Minas. S'il s'emparait de Meriño, l'ennemi s'installerait profondément dans le secteur Nord-Ouest de notre territoire. De plus, il aurait la possibilité de faire la liaison avec le bataillon 18 qui avançait depuis le sud.

En même temps, les forces ennemies stationnées à Cienaguilla pénétrèrent ce jour-là jusqu'à Aguacate. Quelques groupes arrivèrent aussi à Cupeyal où ils subirent des tirs des fusiliers de la colonne de Crescencio Pérez. L'hôpital de Pozo Azul était directement menacé par l'occupation d'Aguacuate : je décidai son évacuation vers la zone de Limones.

11

La première bataille de Santo Domingo

JUIN 1958						
DIM	LUN	MAR	MER	JEU	VEN	SAM
1	2	3	4	5	6	7
8	9	10	11	12	13	14
15	16	17	18	19	20	21
22	23	24	25	26	27	28
29	30	--	--	--	--	--

JUIL 1958						
DIM	LUN	MAR	MER	JEU	VEN	SAM
--	--	1	2	3	4	5
6	7	8	9	10	11	12
13	14	15	16	17	18	19
20	21	22	23	24	25	26
27	28	29	30	31	--	--

Le bataillon 22 entra à Santo Domingo le samedi 28 juin à midi (pour tous les mouvements décrits dans ce chapitre, voir carte p. 360). Son chef, le commandant Eugenio Menéndez, reçut un ordre de Sánchez Mosquera : il devait poursuivre sa marche en amont et établir son campement sur la hauteur de Santana. À l'évidence, il s'agissait de se conformer au plan opérationnel du haut commandement. Il n'existe aucune archive sur ce plan, mais on peut deviner qu'il fallait situer ce second bataillon sur une position adaptée pour franchir le pas suivant : l'assaut de la Maestra par deux chemins parallèles.

Le bataillon 11 devait atteindre le haut d'El Naranjo en partant de Santo Domingo pendant que le bataillon 22 prendrait le haut de Santana et, peut-être, celui de Rascacielo, à un peu plus d'un kilomètre à vol d'oiseau vers l'est. Ensuite, il se joindrait au bataillon 18 de Quevedo qui venait du sud. Un des objectifs essentiels de la stratégie ennemie serait alors atteint : couper le territoire rebelle en deux, du nord au sud, et établir une ligne de base à partir de laquelle pourrait commencer le ratissage du terrain en direction de l'ouest. À moins que n'ait été envisagé un encerclement de nos forces à l'aide des unités qui avançaient à l'intérieur de la Sierra depuis le nord-est, c'est-à-dire depuis Las Vegas de Jibacoa, Las Mercedes et San Lorenzo après l'occupation de celui-ci.

Sans aucun doute, l'idée d'un double assaut simultané de la Maestra était fondée aux yeux des stratèges ennemis : nos effectifs réduits auraient dû réaliser un effort réellement héroïque pour contrecarrer leurs plans. D'entrée, si le second bataillon réussissait à arriver à Santana, nous serions obligés de renoncer à notre projet d'encerclement de la troupe à Santo Domingo : nous devrions, en toute hâte, concentrer toutes nos forces dans ce secteur. Cela signifierait, entre autres, de poster les hommes de Guillermo García, Lalo Sardiñas et Andrés Cuevas dans la montée de Santana, ou d'envoyer Camilo à cet endroit et de garder Lalo ou Guillermo en renfort des lignes de défense à Santo Domingo. En outre, il faudrait laisser Félix Duque dans sa position sur la pente de Gamboa, et envoyer Eddy Suñol à El Naranjo. De toute façon, on devrait retarder le plan d'encerclement de l'ennemi à Santo Domingo ainsi que les embuscades tendues aux renforts, tant sur le fleuve que sur le mont El Cacao.

Il était d'un intérêt vital, comme je l'ai déjà mentionné, que l'ennemi ne parvienne pas jusqu'au cours supérieur du Yara, que ce soit par San Francisco ou par Pueblo Nuevo. Nous éliminâmes la première hypothèse car le bataillon 22 continuait sa marche vers El Cacao par une route similaire à celle qu'avait suivie Sánchez Mosquera. En prévision de la seconde alternative, Lalo et ses hommes s'étaient embusqués à Pueblo Nuevo.

Autre chose nous marqua dans la décision de Sánchez Mosquera. Nous avons pu le déduire, après la bataille, grâce aux informations fournies par les prisonniers du combat de Pueblo Nuevo : le chef du bataillon 11 n'aurait pas averti le commandant Menéndez que, quatre jours plus tôt, une de ses patrouilles était tombée sur une embuscade rebelle sur cette même route où il envoyait l'unité récemment arrivée. Il ne l'avait pas non plus informé que ce chemin n'avait pas encore été exploré depuis. Tout au contraire, à en juger par la manière dont progressait l'avant-garde qui se heurta peu après aux combattants de Lalo Sardiñas, on peut penser que l'ennemi était confiant, que l'itinéraire avait été dûment reconnu et qu'il n'y avait aucun risque de rencontrer la moindre résistance. On peut donc évoquer une grave erreur militaire ou éthique.

Le rapport émis par Radio Rebelle après la bataille soulignait: «Il ne nous appartient pas de juger les fautes commises par les chefs de la dictature, mais il est évident que le lieutenant colonel Sánchez Mosqueda [Mosquera] a commis de graves erreurs tactiques que nous ne mentionnons pas pour qu'il ne les rectifie pas, et qu'il a manqué à l'honneur militaire en envoyant, comme des cobayes, un bataillon sur un chemin inexploré, sans l'en avertir. Les jours précédents, ses hommes s'étaient heurtés aux rebelles sur ce trajet, et les soldats y avaient été abandonnés à leur sort.»

Pourquoi le chef du bataillon 11 a-t-il agi de la sorte ? Sánchez Mosquera était ambitieux et étrange. Il avait gagné deux galons en un an et il se croyait supérieur aux autres officiers. Ce qui est certain, c'est que le bataillon 22 poursuivit sa marche en amont après être arrivé à Santo Domingo, sans prendre la moindre précaution nécessaire. Il en résulta que ce 28 juin, peu après 14 heures, l'avant-garde de la troupe tomba dans l'embuscade tendue par Lalo Sardiñas à Pueblo Nuevo.

Ce combat marqua le début de la première bataille de Santo Domingo. Ce fut aussi le commencement de ce que nous avons appelé «la retenue de l'offensive ennemie».

Grâce à la combinaison efficace des tirs et de l'explosion dévastatrice de la mine posée sur le chemin, l'avant-garde du bataillon 22 fut complètement détruite et le reste de la troupe s'immobilisa sur ses positions, la plupart dans le lit du fleuve et sur les deux rives. En dépit des tirs de mortiers contre les rebelles, les soldats furent encerclés par un anneau de feu qui provoqua bientôt de nombreuses pertes dans leurs rangs.

L'escouade de Zenén Meriño, qui protégeait un sentier menant à El Naranjo, attaqua la première compagnie du bataillon 22 dont s'approchait le peloton de Lalo. Celui-ci, aidé par les hommes d'Andrés Cuevas, décimait la troupe en rétrécissant de plus en plus le cercle.

Un renfort de la troisième compagnie du bataillon 22, sur le chemin qui menait directement au poste de Commandement, se heurta à bout portant à la mitrailleuse de Curuneaux accompagnée des fusils des rebelles. Elle fit deux tentatives pour avancer plus profondément, la seconde avec le renfort du bataillon 11 de Mosquera. Vers 18 h 30, Huber Matos m'informa que les soldats avaient été repoussés.

À la tombée de la nuit, la situation était désespérée pour le commandement du bataillon 22. Une de ses compagnies – la N – avait été partiellement détruite, et le reste de la troupe avait été fait prisonnière. Une autre compagnie avait subi de nombreuses pertes et s'était dispersée, et la troisième fut repoussée jusqu'à Santo Domingo. Elle n'en bougea pas et n'essaya pas de venir au secours de ses compagnons. Le bataillon 11, pourtant très aguerri, ne fit aucun mouvement, sauf l'envoi d'un petit renfort à la troisième compagnie du 22.

Dans la nuit du 28 au 29 juin, les hommes de Lalo récupérèrent toutes les armes des soldats morts ainsi que celles qui avaient été abandonnées par des fuyards. En tout, ils récoltèrent plus de trente fusils, une mitrailleuse calibre 30, un mortier de 60 millimètres, énormément de munitions et environ soixante havresacs. Onze soldats avaient été tués et deux avaient été capturés. Le lendemain matin, nous dénombrions vingt morts, vingt-trois prisonniers et la prise de cinquante armes, presque toutes semi-automatiques.

L'issue de cette journée, durant laquelle nous avions soutenu un combat intense pendant plus de cinq heures, fut tellement spectaculaire que nous en tirâmes une conclusion : nous pouvions désormais envisager non seulement d'accélérer notre plan d'encerclement de l'ennemi, mais aussi de lancer un assaut en règle contre le cantonnement ennemi de Santo Domingo.

Aux premières heures de la nuit du 28 au 29 juin, je commençai à dicter mes instructions : les hommes devaient se poster autour de Santo Domingo ainsi qu'à l'endroit d'où l'on pourrait stopper les secours qui arriveraient de Providencia en passant par le fleuve, à la hauteur de Casa de Piedra. L'autre voie que pouvait emprunter l'ennemi était celle du sud, depuis Jigüe. Mais Paz était à El Naranjal pour les empêcher de passer. Je lui envoyai un message (doc. p. 326) avant même qu'ait été conjuré le danger provoqué par l'entrée de Quevedo à La Caridad : « Cette nuit, j'ai pris toutes les dispositions pour couper la retraite de cette troupe [celle de Santo Domingo] et la vaincre lorsque l'occasion s'en présentera. Dans les prochaines vingt-quatre heures, à partir de demain matin, la lutte sera décisive et intense. Je suis assuré que si le combat de Santo Domingo se déroule comme nous l'avons prévu, la troupe ennemie de Jigüe fera tout son possible pour avancer jusqu'ici et tu devras saisir ta chance.

» Je t'envoie ces nouvelles pour que tu te tiennes prêt. »

Finalement, Camilo Cienfuegos était arrivé à La Plata avec ses hommes et, après une petite heure de repos, il poursuivit sa marche rude et fatigante vers Casa de Piedra. Il réussit sa mission : achever de monter l'embuscade avant l'aube. Avec l'aide des effectifs de Félix Duque que j'avais envoyés à sa rescousse, le piège fut tendu aux renforts à temps et en toute efficacité.

En ce qui concerne Santo Domingo, j'envoyai aussi des ordres à Ramiro pour qu'il accélère le déplacement de la colonne d'Almeida vers El Cacao, et j'ordonnai à Guillermo de se positionner à La Manteca, le plus près possible des soldats. De cette manière, l'anneau rebelle autour de bataillon 11 resterait fermé par le sud. Par le nord, c'est-à-dire sur les contreforts de la Maestra, les groupes rebelles seraient renforcés par les effectifs de réserve de René Ramos Latour. Certains d'entre eux devaient couvrir les positions laissées par Duque sur les flancs de Gamboa.

Lalo et Cuevas devaient rester à Pueblo Nuevo où ils affronteraient sûrement les survivants du bataillon 22 qui se trouvaient toujours près du fleuve. Après avoir vaincu la résistance des soldats, ils avanceraient en direction de Santo Domingo. De l'autre côté, c'est-à-dire en aval dans la région de Leoncito, nous ne disposions à ce moment-là d'aucun combattant pour défendre ce lieu mais cela ne m'inquiétait pas outre mesure. Si la troupe ennemie attaquée à Santo Domingo tentait de se replier par le fleuve, son recul pourrait être intercepté assez facilement par un des groupes rebelles qui attaquerait par un des deux versants. En dernier recours, il y avait toujours à Casa de Piedra l'embuscade de Camilo que j'avertis de cette éventualité : il devait se tenir prêt à faire pivoter ses positions si nécessaire.

Dans cette direction, l'escouade d'Eddy Suñol se trouvait à El Toro. Initialement, il avait été prévu qu'elle se poste à Leoncito, mais elle avait dû rester sur sa position au cas où la troupe ennemie venue de Taita José essaierait de continuer sa pénétration. En fait, cette troupe retourna bien à Las Vegas le 29 juin, ce qui éloigna le danger, mais nous le sûmes trop tard et les hommes de Suñol ne participèrent donc pas au combat cette deuxième nuit.

L'affrontement reprit dans la matinée du dimanche 29 juin, au lendemain du premier heurt à Pueblo Nuevo. La troupe commandée par Lalo Sardiñas commença à nettoyer toute la zone où s'étaient dispersés les soldats. Au milieu de la matinée, ils accueillirent d'une pluie de feu la compagnie envoyée par Sánchez Mosquera pour tenter de récupérer les restes du bataillon 22 démantelé. Le chef ennemi fit une nouvelle tentative d'avancée par les flancs du mont d'El Naranjo, sans beaucoup de conviction.

La force rebelle était raffermie par les armes et les munitions prises pendant la nuit et par l'euphorie du triomphe écrasant obtenu la veille. Elle combattit ce jour-là avec encore plus d'énergie et d'efficacité. Aux alentours de midi, l'ennemi fut à nouveau repoussé vers Santo Domingo.

Voici le bilan de ces deux combats, soutenus en deux jours, que Radio Rebelle diffusa le 30 juin : vingt-six soldats tués, vingt-sept prisonniers, la saisie d'un mortier calibre 60 avec ses munitions, un fusil mitrailleur avec dix boîtes de bandes de cartouches, trente-huit fusils semi-automatiques Garand, sept carabines San Cristóbal, cinq carabines M-1, trois fusils Springfield, deux mitrailleuses Thompson. Au total, cinquante-sept armes.

En outre, nous étions désormais en possession de quinze mille cartouches, de soixante havresacs complets, d'uniformes et de bottes, de sept tentes, plus des cartouchières, des gourdes, des boîtes de conserve et du matériel de communication en ondes courtes. C'était un véritable désastre qui avait été infligé à une des compagnies les mieux équipées de l'Armée, à en juger par la qualité du matériel que nous avions saisi.

Ce même 29 juin, l'ennemi reçut un autre coup. En effet, le peloton mandé par Sánchez Mosquera pour chercher du ravitaillement tomba dans l'embuscade de Camilo et Duque à Casa de Piedra. Il s'ensuivit un violent combat qui débuta peu après midi. Huit soldats périrent, trois furent faits prisonniers – deux d'entre eux étaient blessés et moururent un peu plus tard – et un fusil mitrailleur Browning, deux Garand, trois San Cristóbal, une carabine M-1, trois fusils Springfield et quelque trois mille cartouches tombèrent entre nos mains. D'après le rapport que je reçus de Camilo, les soldats qui réussirent à regagner Santo Domingo ne comptaient pas moins de dix blessés.

Dans ce premier combat de Casa de Piedra, nous eûmes à déplorer un mort dans nos rangs : Wilfredo Lara, surnommé

Gustavo, mourut sur le terrain de Casa de Piedra, là où l'ennemi utilisa ses principales forces pour échapper à l'embuscade.

Après cet affrontement, Camilo fit mouvement en amont : il devait contribuer à l'action planifiée cette nuit-là contre le campement de Santo Domingo. La troupe de Duque retourna à Gamboa. Pendant ce temps, les autres forces rebelles qui devaient participer à l'assaut occupaient leurs positions. Je demandai à Guillermo d'avancer résolument à la tombée de la nuit vers la maison de Lucas Castillo où était établi le poste de commandement de Sánchez Mosquera. Je lui précisai que l'objectif de l'opération était de « couper leurs forces en deux depuis ce point, en attaquant aussi depuis Naranjo, Santana et Casa de Piedra. Ce sera une victoire décisive », ajoutai-je. Le même jour, je transmis à Paz un message empreint du même optimisme : « Cela va constituer une grande victoire. Nous essaierons qu'elle soit totale. »

Nous avions réellement l'impression qu'après le premier triomphe de Pueblo Nuevo nous pouvions profiter de la situation pour capturer l'essentiel de la troupe ennemie stationnée à Santo Domingo, ce qui serait déterminant pour le déroulement ultérieur de l'offensive. La tentation était trop forte de vaincre un des trois groupements principaux de nos ennemis, celui qui était le plus puissant, le mieux équipé et sous les ordres du chef le plus célèbre de l'Armée de la tyrannie. Nous ne pouvions pas laisser passer l'occasion. Il ne faisait aucun doute que, si nous étions capables d'atteindre cet objectif, le commandement subirait un choc dont il pourrait difficilement se remettre, tant pour les conséquences morales que pour les dégâts concrets. Il se verrait privé d'une pièce essentielle de ses plans. Quant à nous, nous recevrions de nouveaux moyens importants qui nous permettraient de prendre l'initiative et de nous lancer dans une contre-offensive impossible à arrêter.

Après les événements des 28 et 29 juin, ajoutés au comportement lâche de Sánchez Mosquera, nous pouvions partir du principe que la troupe stationnée à Santo Domingo devait être démoralisée, ce qui était confirmé par les déclarations des soldats que nous avions faits prisonniers. Même si, sur le plan strictement matériel, la corrélation locale de nos forces ne nous était pas encore favorable, nous disposions de près de cent combattants rebelles qui pourraient entrer en action depuis différentes directions en convergeant vers Santo Domingo. L'autre avantage résidait dans le fait que nous étions postés sur les hauteurs qui entouraient le campement.

Toutes ces considérations pesèrent sur notre décision, le dimanche 29, de lancer une attaque concertée contre l'ennemi. Elle aurait lieu la nuit suivante. L'assaut serait mené depuis quatre points avec la participation de la quasi-totalité de nos forces présentes dans la zone. Depuis le sud, sur l'autre rive du Yara, les hommes d'Huber Matos seraient renforcés par les troupes de Daniel, Pérez Álamo et Geonel Rodríguez avec l'appui de la mitrailleuse 50 de Curuneaux. Depuis le nord, les combattants de Guillermo García ainsi que ceux de Reinaldo Mora, auxquels s'ajoutaient des petits groupes récemment arrivés, avanceraient vers les lignes ennemies.

Depuis l'est, le long du fleuve de Pueblo Nuevo, les forces de Lalo Sardiñas, Andrés Cuevas et Zenén Meriño tenteraient de briser la résistance du périmètre ennemi dans ce secteur. Depuis l'ouest, ainsi que le long du fleuve, les combattants de Félix Duque, renforcés par des hommes de la troupe de Camilo, s'efforceraient de fermer l'anneau rebelle, cependant que l'essentiel de la troupe de Camilo, qui était resté à Casa de Piedra, empêcherait les soldats de fuir par le chemin le plus probable.

Pendant le reste de l'après-midi, nos hommes prirent des positions avancées en vue du combat. Au cours des heures qui précédèrent l'opération, près de la hauteur de Sabicú, les techniciens de Radio Rebelle installèrent à toute vitesse un des haut-parleurs avec ses microphones, des tourne-disques et tout le matériel nécessaire, alimenté par un groupe portatif relativement petit.

Pour la première fois depuis le début de notre lutte dans la Sierra Maestra, nous avions décidé d'impressionner psychologiquement l'ennemi et d'accentuer la démoralisation qui, d'après nous, régnait dans leurs rangs.

Le combat commença dès la tombée de la nuit et se poursuivit jusqu'à l'aube. Cependant l'ennemi résista énergiquement depuis ses positions bien protégées. Sánchez Mosquera avait pris la précaution d'occuper les petites hauteurs qui entouraient son campement, surtout celles qui étaient proches des rives du fleuve.

Les combattants rebelles qui avancèrent depuis El Naranjo ne parvinrent pas à atteindre le fleuve et ils furent vite exposés au feu de l'ennemi posté sur les dernières hauteurs de Gamboa et d'El Naranjo. Daniel m'en fit un compte-rendu le 30 : « Lorsque nous sommes arrivés en bas, nous nous sommes trouvés sur un chemin très mauvais qui traversait deux terrains occupés des deux côtés par des soldats. Leur position était stratégiquement bien meilleure : nous étions au centre, sur un terrain plus bas et pratiquement sans arbres. Je suis sûr que nous aurions pu causer quelques pertes aux soldats de Batista. Mais nous exposions beaucoup de vies et nous avons dû laisser passer une belle victoire. À moins de cinquante mètres des soldats, j'ai ordonné la retraite et nous sommes remontés. »

Daniel avait craint que l'ennemi ne cerne ses hommes et ne leur coupe la retraite vers la hauteur d'El Naranjo. Les soldats auraient pu aussi contre-attaquer en direction de Sabicú et de la Maestra. Dans les conditions d'une lutte à si courte distance, je pense, en plus, que Daniel ne pouvait pas compter sur un appui efficace de la mitrailleuse de Curuneaux, dont le tir était concentré sur le campement ennemi.

Il arriva pratiquement la même chose à la troupe de Félix Duque. Lors de son avancée le long du fleuve, elle essuya le feu ennemi venu des hauteurs entre Leoncito et Santo Domingo. En effet, Duque avait décidé de faire un détour par la rive gauche du fleuve dans l'intention d'attaquer depuis ses précédentes positions sur les contreforts de Gamboa. Mais il se heurta à la résistance de soldats retranchés sur les hauteurs de ces mêmes contreforts. Ceux-là même qui avaient harcelé Daniel sur son flanc gauche. Celui-ci fit volte-face et rejoignit les combattants qui venaient d'El Naranjo. Lorsqu'il ordonna la retraite, ce groupe se replia aussi et retourna à Gamboa. C'est de là que Daniel m'informa de tous ces événements.

Les rebelles qui avancèrent depuis Pueblo réussirent à s'approcher considérablement du périmètre central du campement ennemi. Mais l'Armée avait aussi pris ses précautions dans cette direction. Elle avait fortifié ses positions de défense sur des points stratégiques d'où l'on dominait le lit et les rives du fleuve. Malgré la pression qu'ils exercèrent pendant toute la nuit, les combattants de Lalo et Cuevas ne parvinrent pas à rompre la défense ennemie dans ce secteur et ils durent se retirer à l'aube.

L'assaut eut davantage de succès dans le secteur Nord. Les hommes de Guillermo descendirent de La Manteca et sur les flancs de la colline d'El Gallón. Ils parvinrent à occuper diverses tranchées de la première ligne de défense du cantonnement et saisirent quelques munitions abandonnées par les soldats. Les traces de sang observées après la fuite de ceux-ci laissaient présager qu'ils avaient subi des pertes. Mais une fois encore, le dispositif établi par l'ennemi ne permit pas à Guillermo d'aller plus avant. Sa troupe souffrit la seule perte mortelle de toute l'opération : Wilfredo González, El Pascualito, fut atteint mortellement par les feux croisés de l'ennemi alors qu'il avançait vers les tranchées.

Devant la certitude qu'il ne pourrait pas continuer l'assaut sans subir d'autres pertes, Guillermo suspendit aussi l'attaque après plusieurs heures de combat et se replia.

Cette nuit-là, entre le 29 et le 30 juin, pendant que les bois entourant Santo Domingo retentissaient du fracas du combat, les haut-parleurs de Radio Rebelle ne cessèrent de résonner des harangues enflammées de Ricardo Martínez, d'Orestes Valera et d'autres speakers, des hymnes patriotiques enregistrés sur les disques, et des chansons joyeuses et encourageantes du Quinteto Rebelde, sous la direction enthousiaste du paysan Osvaldo Medina, qui faisait sa première apparition sur le théâtre des opérations. Ce fut le premier essai d'une arme qui, quelques jours plus tard, à Jigüe, allait jouer un rôle prépondérant.

Bien qu'elle ne se soit pas terminée comme nous l'espérions, par la capture du bataillon 11 et des restes du bataillon 22, l'action de la nuit du 29 juin contre le campement de Sánchez Mosquera à Santo Domingo eut des conséquences significatives pour les troupes rebelles. En premier lieu, pour la première fois, elles s'étaient confrontées frontalement à l'Armée dans une position fortifiée. Cela mit en lumière le degré de maturité formidable de nos hommes et leur potentiel combatif. Avant la Sierra Maestra, jamais une unité ennemie n'avait été attaquée de cette façon. Jamais elle n'avait été l'objet de tirs aussi considérables. Il est évident que ce fait, joint à l'effet psychologique de Radio Rebelle au cœur du combat, démoralisa profondément les troupes cantonnées à Santo Domingo. La preuve en est qu'un chef aussi déterminé que Sánchez Mosquera, qui disposait d'une troupe capable de se battre sur tous les fronts, joua un rôle pratiquement inexistant pendant tout le déroulement ultérieur de l'offensive. Comme nous le verrons plus tard, alors qu'il était sur le point de prendre la Maestra, il ne fit plus qu'une seule tentative, relativement timide d'ailleurs, de remplir sa mission. Nous avions donc atteint un des objectifs fondamentaux de nos plans d'encerclement de la troupe.

Je rédigeai un compte-rendu de la bataille de Santo Domingo qui fut lu sur les ondes de Radio Rebelle :

« Des preuves éloquentes d'une victoire remportée sur une troupe disposant d'avantages extraordinaires en armes et en nombre sont rares dans une guerre. Cette victoire démontre de manière indubitable la supériorité du combattant idéaliste sur le soldat mercenaire.

» Il y eut trente-six morts dans les rangs ennemis pendant la bataille, depuis les premières actions de Pueblo Nuevo. Au moins, car on peut penser que ce chiffre est inférieur à la réalité. Nous avons fait vingt-huit prisonniers, dont certains étaient blessés et qui furent soignés par nos médecins. »

Je transmis aussi un communiqué à la Croix-Rouge cubaine par le biais de Radio Rebelle. Nous y exprimions notre souhait de transférer les soldats blessés à El Salto, sur le Yara, entre Providencia et Casa de Piedra. Nous ne reçûmes pas de réponse à cette proposition à ce moment-là.

On peut diviser en trois périodes les quelque soixante-dix jours de l'offensive ennemie. Entre le 25 mai et le 28 juin, l'Armée avait l'initiative totale des opérations. Elle avait commencé à pénétrer sur notre territoire par Las Mercedes et Minas de Bueycito. Au mois de juin, elle avait occupé successivement Las Vegas de Jibacoa et San Lorenzo au nord-ouest, Santo Domingo au nord-est et Jigüe au sud du front.

La bataille de Santo Domingo marqua la fin de cette première étape et l'entrée dans la deuxième : celle des premiers revers subis par les soldats alors que nous contenions son offensive. Nous les avons quasiment immobilisés. La seule exception fut leur entrée dans Meriño, le 3 juillet, mais le résultat de cette manœuvre fut tellement désastreux pour l'ennemi que l'exception n'infirme pas la règle.

Cette période se prolongea jusqu'au 11 juillet, date de la bataille de Jigüe, qui se conclurait par la déroute et la capture du bataillon 18. C'est là que commença ce qu'on peut appeler la contre-offensive rebelle, pendant laquelle l'initiative fut totalement de notre côté. Il y eut aussi une exception : l'occupation de Minas de Frío par l'ennemi, mais elle ne fut pas suffisante pour infléchir le caractère de cette troisième étape.

12

Quevedo occupe Jigüe

JUIN 1958						
DIM	LUN	MAR	MER	JEU	VEN	SAM
1	2	3	4	5	6	7
8	9	10	11	12	13	14
15	16	17	18	19	20	21
22	23	24	25	26	27	28
29	30	--	--	--	--	--

Contre toute attente, les deux compagnies du bataillon 18, qui étaient arrivées à Jigüe dans l'après-midi du 26 juin, ne poursuivirent pas tout de suite leur pénétration en amont. Elles s'attachèrent d'abord à établir leur cantonnement et à fortifier leurs positions. Dans la nuit, elles subirent quelques tirs des hommes de Raúl Podio et de Fernando Chávez. Le premier avait en charge le terrain de Cahuara, au-dessus du campement ennemi ; le second commandait les rebelles sur le fleuve La Plata depuis la veille, en remplacement de Pedro Miret et de René Rodríguez.

Comme je l'ai dit, nous avions prévu d'enfermer la force ennemie dans un cercle infranchissable, de l'immobiliser jusqu'à ce qu'elle se rende, et d'arrêter, voire d'anéantir les renforts qui viendraient à son secours. Pour cela, les conditions topographiques de Jigüe et du cours inférieur du La Plata nous avaient d'abord paru idéales : le campement ennemi, établi dans le centre méridional de notre territoire, était entouré de toutes parts par des terres et des monts qui pouvaient être occupés facilement par les rebelles. Depuis ces positions, et même avec un assez petit nombre de combattants, on pouvait maintenir la pression, bloquer l'approvisionnement et harceler suffisamment l'Armée pour soutenir un siège efficace. Il n'existait qu'un seul chemin utilisable par les renforts : celui du fleuve qui venait de la plage.

Or, le long de ce sentier, on pouvait tendre des dizaines d'embuscades.

Notre connaissance intime du terrain constituait l'un des atouts primordiaux de la guérilla. Depuis le début de notre lutte dans la Sierra Maestra, elle était la base de notre plan d'action. C'est elle qui nous donna la conviction qu'un lieu spécifique se prêterait parfaitement au combat contre les renforts quand ils se présenteraient : Purialón. Non seulement sa topographie nous était favorable, mais la distance séparant le village – où la troupe serait assiégée – et la côte était assez courte.

Au matin du 28 juin, soit deux jours à peine après l'arrivée du bataillon 18 à Jigüe, je donnai à Paz les premières instructions pour établir l'encerclement et les lignes de défense contre les renforts éventuels (document p. 323). Pour le siège, j'ajoutai aux hommes de Podio l'escouade de Ramón Fiallo sur les hauteurs de Cahuara. Auparavant, celui-ci couvrait la côte ouest du fleuve La Plata. J'envoyai aussi, depuis Mompié, un petit groupe de réserve commandé par Arturo Pérez. Je le chargeai de couper le sentier qui montait en face de Jigüe vers le mont d'El Pino et vers la zone de Mayajigüe. Je demandai enfin à Paz d'envoyer un éclaireur pour vérifier qu'il n'y avait pas de soldats à Purialón. J'attendais l'arrivée imminente de Camilo Cienfuegos et de ses troupes à La Plata pour les poster sur ce lieu crucial, pendant que les combattants de Paz se chargeraient d'encercler l'ennemi à Jigüe.

Le combat était imminent à Santo Domingo. Il eut lieu en effet les 28 et 29 juin, comme on l'a vu au chapitre précédent. J'avais prévu que les soldats cantonnés à Jigüe pourraient recevoir l'ordre d'avancer vers la hauteur de La Plata en renfort de leurs compagnons attaqués depuis l'autre côté de la Maestra. Aussi avais-je recommandé à Paz de se tenir prêt : ce serait l'occasion de frapper le coup que nous espérions tant.

Cependant, pendant tout le cours de la bataille de Santo Domingo, le bataillon 18 resta cantonné à Jigüe. D'après le témoignage que laissera José Quevedo plus tard, seule la compagnie 103 sortit pour une exploration du secteur en amont, sans résultat. Tout laisse à penser que la compagnie ne s'éloigna pas beaucoup de Jigüe et resta à bonne distance des positions de Paz, à El Naranjal, à moins de quatre kilomètres de Jigüe.

Le 2 juillet, deux pelotons du bataillon 18 furent envoyés en mission de ravitaillement à la plage. Cela aurait pu faire une bonne occasion d'attaquer, mais nous ne disposions pas des effectifs suffisants pour les encercler. Deux autres opportunités se présentèrent le lendemain. La première lorsque les deux pelotons revinrent à Jigüe sous la protection de deux troupes issues de la compagnie G-4, celle qui se trouvait à l'embouchure du fleuve La Plata. La seconde lorsque ces deux derniers groupes d'hommes retournèrent à leur base sur la plage.

Enfin, le samedi 5 juillet, l'ennemi effectua le mouvement que nous attendions : quatre pelotons sortirent du campement de Jigüe avec un bazooka et un mortier de 60 millimètres. Ils se dirigèrent vers le cours supérieur du fleuve La Plata. Comme nous l'espérions, ils tombèrent dans l'embuscade de Paz à El Naranjal.

Le combat commença exactement à 10 h 20. Je reçus une première alerte de Camilo : il avait entendu une fusillade en direction de la plage. Cela me fut confirmé quelques minutes plus tard par un message du Che. À 14 heures, Camilo me dit avoir appris de Paz que les soldats avançaient dans deux directions et que ce dernier avait dû ouvrir le feu avant qu'ils n'arrivent jusqu'aux mines posées sur le chemin.

En réalité, Paz avait déjà repoussé les soldats après un combat intense de plus de trois heures. Ses quelque trente combattants, abrités dans de bonnes tranchées, étaient déterminés à résister. Grâce à leur intelligence, ils sont parvenus à stopper la poussée de plus de cent cinquante soldats bien armés, appuyés par un mortier et commandé par un chef habile. Les escouades d'Hugo del Río, Joel Pardo, Fernando Chávez et Vivino Teruel étaient venues en renfort, ainsi que Fidel Vargas, armé de sa mitrailleuse 50.

L'importance de ce combat à El Naranjal ne tient pas dans la quantité de matériel saisi, ni dans les pertes que subit l'Armée. Bien sûr, nous récupérâmes un fusil Springfield, quelques centaines de cartouches et des grenades. Et officiellement, les pertes ennemies s'élevaient à huit blessés, même si Paz affirma qu'il avait personnellement tué au moins quatre soldats (Radio Rebelle parla ensuite de cinq morts). Mais cette bataille signifiait surtout que la menace de l'avancée de l'Armée vers le sud avait été définitivement liquidée. Non seulement nous l'avions empêchée d'atteindre son objectif et l'avions renvoyée à sa base, mais elle avait reçu un coup psychologique déterminant. Il est utile de mentionner le commentaire émis plus tard par le chef du bataillon 18, le commandant Quevedo :

« Le résultat le plus douloureux pour nos hommes était moral ; on lisait la déception sur tous les visages.

» Nous savions sans le dire que ce n'était pas tant à cause de l'échec, mais parce qu'ils se sentaient abandonnés par le poste de commandement et le haut commandement militaire. Ils savaient que nous avions demandé l'appui de la force aérienne pour cette mission et que nous ne l'avions pas obtenu. Ils savaient que leurs compagnons blessés n'avaient pas été évacués par hélicoptère comme nous l'avions demandé. Ils savaient que les chefs de Bayamo disaient que les prisonniers étaient mal gardés [par les rebelles], et même qu'ils étaient d'accord avec leurs gardiens. Enfin, on disait que le commandement ne comprenait pas comment il était possible que nous ne les ayons pas délivrés. Les soldats, partis pour accomplir une mission simple, se sont trouvés confrontés à un ennemi puissant, muni de nombreuses armes automatiques, et même d'une mitrailleuse 50. »

Cette analyse comportait une erreur fondamentale : il n'était pas question d'une prétendue supériorité rebelle en armes et munitions – qui n'exista jamais – ni d'un abandon supposé des soldats par le haut commandement de la tyrannie. En réalité, Quevedo omettait, d'une part, les qualités morales évidentes du guérillero par rapport à la piètre combativité du soldat, d'autre part la connaissance du terrain dont nous profitions, ce qui nous donnait un avantage très important.

Quevedo reconnut d'ailleurs que parmi les facteurs qui le décidèrent à se replier à Jigüe figurait le fait que les rebelles combattaient sur un terrain qu'ils avaient choisi, et sur des positions « inexpugnables ». Selon lui, il fallait aussi prendre en compte la nécessité d'évacuer les blessés, au risque que son arrière-garde soit encerclée par les rebelles. En effet, c'est exactement ce qui serait arrivé si j'avais eu les effectifs suffisants...

Depuis le 26 juin, lorsque Chávez avait reçu la mission de préparer la défense rebelle en aval de Jigüe et de se replier vers Cahuara si nécessaire, j'avais déjà conçu mon plan : si les soldats qui occupaient Jigüe poursuivaient leur avancée et rencontraient l'embuscade d'El Naranjal, nous les attaquerions sur leur arrière-garde. Mais il avait fallu envoyer Chávez renforcer les troupes de Paz et il ne restait donc à Cahuara que les escouades de Podio et de Fiallo. Par ailleurs, l'ennemi avait laissé une partie de ses forces à Jigüe, protégeant justement son arrière-garde. Nous n'avions donc pas bougé.

Dès le 6 juillet, au lendemain du combat d'El Naranjal, je pris ma décision : nous allions concentrer un dispositif suffisamment lourd pour réussir notre opération d'encerclement et de destruction des renforts, telle que nous l'avions conçue. À cet effet, j'envoyai chercher le peloton de Guillermo García qui était posté sur le chemin de San Francisco. Il boucherait l'accès au cours supérieur du Yara depuis El Cacao ou El Verraco. Après la contention de l'ennemi à Santo Domingo, il était très improbable que cette direction soit menacée. Guillermo et ses hommes gagnèrent donc La Plata le 8 juillet, le jour du combat de Meriño[1], et repartirent en direction de Jigüe le lendemain, munis de mes instructions détaillées.

À leur arrivée, après un cheminement difficile sur le terrain de Manacas, les rebelles ont fait deux choses pour entourer le campement ennemi. D'abord, ils ont exploré toute la zone pour connaître en détail les positions des soldats et les mesures défensives qu'ils avaient prises ; ensuite ils ont truffé de tranchées tout le flanc du terrain de Manacas, face au campement de l'Armée, ainsi que celui de Cahuara.

Je fis transférer la mitrailleuse de Curuneaux auprès de Paz, qui était resté à El Naranjal après le combat, dans l'attente d'une nouvelle affectation. Curuneaux venait de participer au combat de Meriño dont nous parlerons ultérieurement.

Je savais que l'opération de Jigüe, particulièrement complexe, aurait des conséquences décisives non seulement sur l'offensive ennemie mais aussi sur le déroulement ultérieur de toute la guerre. J'avais donc décidé d'en assumer personnellement toute la direction. Cela ne veut pas dire que nous manquions de chefs capables. Je ne doutais pas le moins du monde que Camilo ou le Che, pour ne mentionner qu'eux, auraient pu assumer cette tâche. Mais selon moi, le chef qui dirigerait cette opération devait avoir autorité sur un grand nombre de capitaines dont on exigerait le maximum et qui, à leur tour, devaient pouvoir exiger le maximum de leurs hommes.

Il était impossible de diriger une opération de cette envergure à distance. Il fallait donc que je me trouve physiquement sur le théâtre des opérations pendant toute la bataille et que je m'y consacre presque entièrement. Je devais revenir aux conditions de la guérilla avec des campements dans la forêt. Mais avant cela, je devais d'abord résoudre le problème du commandement

1. Voir chapitre 13.

des deux autres secteurs sur lesquels planaient des menaces concrètes.

Dans le secteur de Santo Domingo, la présence de Sánchez Mosquera restait un élément dont on devait tenir compte. J'étais certain que ce chef sanguinaire n'avait pas encore effectué son ultime avancée dans le but d'atteindre la Maestra dans la région de La Plata. Camilo serait chargé d'affronter cette éventualité. Il était déjà le chef de tout le secteur depuis que j'étais parti dans le secteur de Meriño dans la nuit du 3 juillet.

En ce qui concerne le secteur Nord-Ouest, le Che continuerait à organiser la défense du territoire rebelle aux alentours de Minas de Frío et de Las Vegas de Jibacoa. Là, la menace tenait à la présence, en premier lieu, du fort contingent ennemi de San Lorenzo. Celui-ci pouvait tenter un assaut dans la zone de Minas de Frío. En second lieu, le bataillon 19 continuait à occuper Las Vegas de Jibacoa et il pouvait forcer l'accès à la Maestra par Mompié ou par Las Minas. Dans tous les cas, pouvoir compter sur le Che et sur Camilo Cienfuegos me donnait suffisamment confiance pour que je puisse me consacrer pleinement à l'opération de Jigüe sans me préoccuper de la défense de ces deux secteurs cruciaux.

Nous étions convaincus que la reddition d'un bataillon complet et la destruction des renforts que le commandement lui enverrait seraient des coups fatals pour la tyrannie, tant sur le plan moral que sur le plan matériel. Nous avions déjà réussi à arrêter la poussée ennemie, et nous avions désormais l'initiative. Mais on ne pouvait pas encore dire que l'offensive avait été brisée, loin de là. Elle le serait lorsque le bataillon que nous pensions encercler à Jigüe se rendrait, pas avant.

Dans la nuit du 9 juillet, une fois l'opération de Meriño favorablement terminée, je regagnai Mompié. Je partis vers la hauteur de Cahuara, au-dessus du campement ennemi de Jigüe, où j'arrivai à l'aube naissante. J'y établis mon poste de commandement pendant les opérations contre le bataillon 18.

J'avais déjà détaillé leur mission à Lalo Sardiñas et Andrés Cuevas. Ils devaient former à Purialón la ligne principale de retenue de l'ennemi et repousser les renforts qui viendraient de la plage pour appuyer la troupe que nous aurions encerclée à Jigüe. La tâche la plus importante de tout ce plan leur incombait. L'intrépidité et la combativité dont ils avaient fait preuve les semaines précédentes justifiaient pleinement la confiance que j'avais en eux et en leurs hommes.

Cette tactique était complétée par la mission que j'avais confiée à Ramón Paz. Il devait se poster, lui aussi, dans la zone de Purialón pour couper la route aux renforts après qu'ils eussent rencontré l'embuscade de Lalo et de Cuevas. L'objectif était non seulement d'arrêter et de repousser les renforts, mais aussi de les détruire. Le choix de Paz pour cette mission était évident : à La Caridad d'abord, à El Naranjal ensuite, il avait montré son intelligence, son esprit d'initiative et de décision.

Je devais également donner de nouvelles instructions à Paz, toujours à El Naranjal. Donc, après avoir pris connaissance de la situation des forces ennemies et de leurs positions, je prévins Paz que j'irais le voir pour coordonner les différentes phases du plan. Je lui demandai de venir à ma rencontre le 10 juillet par le chemin de l'hôpital de Martínez Páez afin d'avoir le temps de lui parler et d'être de retour à Cahuara dans la nuit. Il le fallait absolument, car nous devions commencer à exécuter notre plan au matin du 11 juillet et je voulais avoir regagné mon poste à ce moment-là.

Je demandai aussi à Paz de dépêcher sans attendre la mitrailleuse de Curuneaux et son escouade. C'était une des pièces-clefs du plan car elle faisait partie du dispositif d'encerclement de la troupe à Jigüe. Les autres dispositions seraient les suivantes : d'abord, les escouades de Fiallo et de Podio se déploieraient sur le flanc de Cahuara, immédiatement à l'ouest et au nord-ouest des soldats ; ensuite la petite escouade d'Arturo Pérez, qui était depuis quelques jours dans la montée du mont El Pino, se posterait au nord de la position ennemie ; enfin les hommes d'Hugo del Río quitteraient Paz à El Naranjal pour occuper des positions sur un petit terrain situé au nord-est du bataillon 18, en direction d'El Naranjal. Les effectifs initialement chargés de l'encerclement resteraient en réserve.

Dans l'après-midi du 10 juillet, je partis donc à la rencontre de Paz. Le chemin était long et difficile car il fallait faire un détour par la colline de Jigüe pour éviter l'ennemi et sortir de l'autre côté. Peu après mon départ, j'entendis l'explosion d'une de nos mines, assez près de notre trajet. Elle fut suivie d'une brève mais intense fusillade. Nous prîmes immédiatement les précautions nécessaires en attendant l'arrêt des tirs. Nos éclaireurs ne remarquèrent rien de particulier et nous poursuivîmes notre marche.

L'escouade d'Arturo Pérez, que nous croisâmes peu après, nous expliqua la cause de la fusillade : une patrouille ennemie était montée en direction du mont El Pino et avait buté contre les rebelles. Roberto Rodríguez, El Vaquerito, qui avait terminé sa tâche d'assistance à Celia à Las Vegas de Jibacoa, avait demandé à être envoyé au combat. Assigné à cette escouade, il avait décidé de poser une mine, sans grand espoir qu'elle ait quelque effet sur les soldats, mais au moins pour les effrayer et les faire fuir. Cela réussit jusqu'à un certain point puisque ceux-ci firent volte-face et redescendirent à toute vitesse pendant que nos hommes ouvraient le feu et se lançaient à leur poursuite. Il en résulta l'abandon d'une position, une mine et plusieurs dizaines de cartouches gaspillées...

Quelques jours plus tard, nous sûmes par les soldats que nous avions capturés qu'il ne s'agissait pas d'une patrouille, mais de trois ou quatre soldats qui raccompagnaient chez lui un éclaireur, Isidro Fonseca. Cela confirma mon impression initiale : si la position rebelle avait été correctement protégée, et si elle avait agi avec sang-froid, nous aurions eu l'opportunité de capturer ces soldats. Ce qui nous aurait donné une source appréciable d'informations sur la composition et les projets de l'ennemi que nous allions harceler à partir du lendemain.

En plus, cet incident fut surdimensionné dans la relation qu'en fit Arturo Pérez. Après sa rencontre avec les soldats et avant mon arrivée, celui-ci envoya un message alarmiste et inexact. Il laissait entendre qu'un important contingent montait en direction du mont El Pino et que ses hommes avaient dû se replier. Si la nouvelle était avérée, elle signifiait que l'Armée avait entrepris un mouvement surprise destiné à occuper El Pino, point stratégique qui dominait Jigüe, ou qui pouvait entourer l'embuscade d'El Naranjal pour atteindre la Maestra par La Plata. Dans les deux cas, le repli de l'escouade laissait le champ libre à l'ennemi et pouvait créer une situation éminemment dangereuse.

Heureusement, j'arrivai presque immédiatement après l'incident et pus vérifier que l'information d'Arturo était infondée. Il avait également indiqué, de manière aussi fantaisiste, que non seulement les soldats avaient dépassé la position rebelle dans la montée d'El Pino, mais qu'en plus ils avaient atteint la zone de Mayajigüe, sur l'autre flanc du massif, par laquelle ils pourraient menacer notre arrière-garde à El Naranjal et à La Plata. Le Che reçut aussi ces informations et se rendit compte de leur incohérence. Cependant, par mesure préventive, il demanda à Camilo, à La Plata, d'envoyer un renfort pour protéger le chemin de l'hôpital.

Lorsque les choses se furent éclaircies, je pris la décision de désarmer Arturo Pérez et de donner le commandement à El Vaquerito, qui devait s'approcher le plus possible du campement ennemi.

Pendant ce temps, mes deux principaux lieutenants ignoraient que j'étais au courant de ce qui s'était réellement passé. Et comme ils connaissaient mon projet d'aller à la rencontre de Paz, ils s'inquiétaient que je passe justement par la zone où, prétendument, avait eu lieu le combat, et où je risquais d'être surpris par ces mêmes soldats censés avoir donné l'assaut au mont El Pino. Enfin, aux premières heures de la nuit, tout rentra dans l'ordre et je renvoyai à Camilo les renforts qu'il m'avait dépêchés.

Cette nuit-là, nous mîmes la dernière main à l'opération que nous allions mener le lendemain contre l'ennemi à Jigüe. J'ai déjà exposé la disposition de la ligne organisée à Purialón pour attendre et repousser les renforts venus de la plage, ainsi que les rares forces rebelles qui devaient harceler les soldats assiégés. Un groupe avancerait pendant la nuit sur les positions ennemies et s'approcherait assez du cantonnement pour pouvoir ouvrir le feu sur elles dès le lever du jour.

Le but de ce premier affrontement était de faire subir quelques pertes à l'ennemi, ce qui obligerait le chef du bataillon à les évacuer vers la plage. Cela donnerait l'occasion à Guillermo, posté sur le fleuve, de leur asséner le premier coup important. C'est ainsi que devait commencer, à l'aube du 11 juillet, la bataille pour laquelle nous nous tenions prêts.

13

Le combat de Meriño

JUIL 1958						
DIM	LUN	MAR	MER	JEU	VEN	SAM
--	--	1	2	3	4	5
6	7	8	9	10	11	12
13	14	15	16	17	18	19
20	21	22	23	24	25	26
27	28	29	30	31	--	--

Comme je l'avais prévu, le 3 juillet, pendant que le bataillon 17 demeurait dans le village désert de San Lorenzo, les compagnies 91 et 93 du bataillon 19 poursuivirent leur avancée en direction du petit hameau de Meriño. Elles gravirent ensuite El Tabaco, à la recherche de la colline de Caraquita, et elles tombèrent dans l'embuscade tendue par l'escouade du lieutenant Ciro del Río, qui faisait partie de la troupe du Che. Après un bref échange de tirs, les soldats ennemis se replièrent dans Meriño, déserté par ses habitants.

Celia m'informa dès le lendemain de leur arrivée : « Le Che a appelé Fajardo pour lui dire que deux cent cinquante soldats sont à Meriño. Ils n'ont pas occupé El Roble. Dis-lui s'il doit retirer les forces de Las Vegas pour qu'elles aillent le défendre. Il attend et appellera dans dix minutes. » Nous venions en effet de tendre une ligne téléphonique entre le Che et Minas de Frío. Celia se trouvait toujours à La Plata ; elle avait reçu cet appel de Piti Fajardo depuis la *tiendecita* de la Maestra, sur la colline de Jiménez, où nos techniciens avaient installé le téléphone au début de l'offensive. Je lui répondis immédiatement : « Qu'il conserve nos forces à Las Vegas. Je lui envoie des renforts à El Roble. Qu'il y transfère la bombe de cent livres. »

Après avoir reçu ce message, je décidai de me diriger vers El Roble et Minas de Frío, accompagné du peloton d'Andrés Cuevas et d'une escouade de la troupe de Camilo placée sous les ordres de Felipe Cordumy. À notre arrivée, j'indiquai leurs positions à tous les hommes. Si les soldats continuaient à avancer depuis Meriño en direction d'El Roble, ce qui était prévisible, ils rencontreraient l'embuscade de Cuevas. Quant à Cordumy, qui les aurait laissés passer, il leur couperait la retraite, aidé en cela par l'escouade de Ciro del Río qui était toujours postée de l'autre côté de Meriño.

En même temps, j'écrivis en toute urgence à Lalo Sardiñas de se rendre immédiatement à Minas de Frío. J'avais l'intention de l'envoyer sur la hauteur de Meriño pour enfermer complètement la retraite des soldats. À ce moment-là, Lalo se trouvait dans la zone de Pueblo Nuevo pour contribuer à l'encerclement de la troupe de Sánchez Mosquera à Santo Domingo. La présence de Lalo et de son peloton aiderait à capturer la troupe qui avait eu l'audace d'entrer dans Meriño. D'autre part, les rebelles interdiraient l'arrivée d'un quelconque renfort venu de San Lorenzo.

De son côté Cuevas, soutenu par Jaime Vega et une partie de ses hommes, empêcherait que la troupe puisse dépasser El Roble et qu'elle se rattache au bataillon 18 qui montait du sud, si c'était dans les intentions du commandement ennemi.

J'envoyai une note à Camilo, qui faisait toujours partie du dispositif de retenue de l'ennemi à Santo Domingo : « Cette colonne de soldats se trouve dans une véritable souricière. Nous avons besoin d'une troupe supplémentaire pour empêcher l'arrivée de renforts. Mais je ne veux pas affaiblir cette position [celle de Santo Domingo] ; c'est pourquoi, tout bien pesé, j'ai décidé de déplacer la seule troupe qui n'est pas en position de défense : celle de Lalo.

» [...] Avec Lalo ici, je crois que nous pouvons faire quelque chose de bien. »

À cette période, nous étions obligés de jongler avec nos forces : nous les répartissions selon chaque nouvelle menace. La présence ennemie à Santo Domingo, malgré sa proximité avec La Plata, ne nous inquiétait plus dans l'immédiat vu le coup, plus psychologique que matériel, qu'elle avait reçu les jours précédents lors de la première bataille de Santo Domingo. Pour l'heure, il fallait nous concentrer en priorité sur la capture de la troupe arrivée à Meriño. En accord avec le Che, j'envoyai quérir Raúl Castro Mercader et ses hommes qui étaient postés à Polo Norte, à côté de Las Minas.

Lalo me donna des nouvelles le 6 juillet à la mi-journée, dès qu'il fut arrivé sur la hauteur de Meriño : après avoir examiné l'endroit prévu pour l'embuscade, il considérait que c'était la position la mieux adaptée mais qu'il allait quand même mener une exploration un peu plus bas. Je lui fis alors parvenir un nouveau renfort pour couvrir l'autre accès probable proche de sa position, ainsi que les instructions suivantes : «Je t'envoie le reste des hommes. Poste-les sur l'autre endroit que je t'ai indiqué, sous les ordres d'un combattant valeureux qui surveillera le chemin et qui attaquera par l'arrière-garde tout groupe ennemi qui tenterait de sortir de Meriño par le chemin où tu te trouves. »

Lalo suivit immédiatement mes instructions et posta les douze hommes sur le coteau du pic Caraquitas, là où ils couvraient, par l'autre côté, le chemin de Limones. Il désigna Néstor Labrada comme chef de ce groupe. Braulio Curuneaux arriva le même jour à Meriño avec la mitrailleuse 50. Je l'avais envoyé chercher à El Naranjo. Sans perdre une minute, Curuneaux s'installa sur le flanc de la colline La Magdalena, avec le Che et une partie de ses hommes, dont l'escouade d'Hugo del Río qui protégeait l'accès à Minas de Frío.

À l'aube du 7 juillet, je reçus un message du Che qui contenait une information embrouillée de Cuevas : il indiquait que les soldats étaient en train de monter par El Roble. Cela me contraignit à réviser toute l'opération que j'avais prévue. Pour plus de clarté, je retranscris ici ce que j'envoyai au Che à 11 h 50 ce matin-là, et qui démontre l'extraordinaire flexibilité de notre tactique: «Si Cuevas dit que les soldats montent par El Roble, cela peut signifier qu'ils viennent de la plage en direction du haut et que cela n'a rien à voir avec les mouvements effectués à Meriño. Si c'est le cas, il faut qu'il tourne les canons vers l'autre côté pendant que nous préparons une autre manœuvre. Si c'est absolument certain, nous pourrons détacher une petite troupe qui se retranchera dans une position à un kilomètre ou deux en dessous de Cuevas pour voir si, lorsqu'elle entrera en contact avec l'ennemi, ceux de Meriño avanceront et tomberont dans le piège.

» Essaie de voir ce qu'a voulu dire Cuevas.»

En réalité, le mouvement présumé depuis le sud n'avait pas eu lieu. Néanmoins, on voit que nous avons toujours prévu la réunion de la troupe arrivée à Meriño avec le bataillon 18 ou avec toute autre force ennemie venue de la côte. C'était le déplacement le plus logique du point de vue du commandement ennemi puisqu'il aurait permis de couper en deux notre territoire dans le secteur occidental. Nos forces à l'ouest du fleuve La Plata auraient alors été séparées et isolées des autres.

Mon plus grand espoir n'était pas qu'un renfort arrive de San Lorenzo mais que la troupe de Meriño tente de poursuivre son avancée en direction d'El Roble. Dans ce cas, le guet-apens tendu par Cuevas et Lalo lui serait fatal. Si nécessaire, on pourrait utiliser les forces de Raúl Castro Mercader et une escouade de six hommes de la troupe de Camilo, commandés par Orestes Guerra et qui étaient maintenus en réserve avec moi à Minas de Frío.

Mais rien de tout cela n'arriva. Ce 7 juillet à 6h10 du matin, le Che me prévint que les soldats de Meriño harnachaient leurs mulets avec l'intention évidente de partir, mais il ajouta: «On ne sait pas encore quelle route ils prendront.» Une heure et demie plus tard, il m'avertissait: «Ils ont harnaché toutes leurs montures et ils ont quitté leur poste du côté de la hauteur de Meriño. Apparemment, ils attendent une intervention de l'aviation. J'ai déjà prévenu Cuevas. S'ils bougent dans un sens ou un autre, je l'alerterai. Le chemin le plus probable est celui d'El Roble mais ils occupent toujours certaines maisons. Il faut prendre en compte le chemin qui monte à La Mina [Las Minas de Frío]. Je préviendrai Ciro [del Río] lorsqu'ils avanceront d'un côté ou de l'autre. »

Le Che faisait la même analyse que moi : les soldats choisiraient probablement de se diriger vers El Roble. Mais j'avais déjà à l'esprit une alternative : le mouvement de troupe de Meriño pourrait être simplement une retraite vers San Lorenzo. C'était finalement l'hypothèse la plus probable selon moi, d'abord parce que le commandement faisait preuve d'un comportement timide pour assurer la réunion de cette troupe avec celle du sud, ensuite parce que j'étais convaincu que les soldats de Meriño tomberaient immanquablement dans notre piège si on leur ordonnait de pénétrer plus profondément dans notre territoire.

Le message que j'envoyai à Lalo à 7 h 25 ce même jour prenait en compte les diverses hypothèses :

« Les soldats ont harnaché tous leurs mulets. Ils ont déjà quitté le relais de l'Alto de Meriño ; je crois qu'ils vont aller vers El Roble. Sois attentif. Il va falloir essayer de les détruire, quelque direction qu'ils prennent. S'ils vont vers San Lorenzo, prenez-les, toi et les douze hommes [de Néstor Labrada], occupez leur campement et attaquez-les par l'arrière-garde.

» S'ils avancent en direction d'El Roble ou de Las Minas, tu as pour mission de ne pas les laisser recevoir des renforts. »

À 9 h 15, j'écrivis aussi au Che : « J'ai déjà donné des instructions à Lalo pour chaque éventualité. J'enverrai des éclaireurs sur les chemins qui viennent de San Lorenzo et Las Vegas, et Raúl [Castro Mercader] et les six hommes de Camilo [commandés par Orestes Guerra] sont prêts à se déplacer là où l'on aura besoin d'eux. J'ai posté sur la hauteur de Mompié les sept hommes de Camilo qui restaient à La Plata, et même Guillermo peut être utile si les circonstances le requièrent. »

Étant donné la priorité que je donnais à l'opération de Meriño, j'étais disposé à déplacer jusque-là les hommes de Guillermo García qui étaient dans la zone de La Plata.

À 17 heures, je répétai à Lalo quelle était sa mission, ainsi que celle de l'escouade de Labrada, afin qu'il n'y ait pas d'équivoque : « Tout va bien. Je m'attends à ce que les soldats se déplacent d'un instant à l'autre. S'ils vont de ton côté, arrange-toi pour tuer l'avant-garde et les repousser. Les douze autres doivent donc prendre le chemin de Meriño et s'embusquer au cas où ceux qui sont à l'intérieur essaieraient de t'attaquer. Ces douze combattants doivent avoir un chef courageux et capable d'initiative s'ils sont isolés. Ils devront gravir le Caracas et descendre vers El Roble jusqu'à entrer à nouveau en contact avec l'ennemi. »

Dans la soirée, j'envoyai un mortier à Cuevas pour renforcer la voie la plus probable de l'avancée de l'ennemi en direction d'El Roble.

En fin de compte, le 8 juillet au matin, les soldats se retirèrent de Meriño et se dirigèrent vers El Tabaco et San Lorenzo. Le capitaine Martínez Torres avait reçu l'ordre d'avancer jusqu'à El Roble, de monter ensuite à Cahuara pour rejoindre le bataillon 18 à Jigüe, exactement comme nous l'avions prévu. Malgré cela, sous prétexte que ses deux compagnies – la 91 et la 93 du bataillon 19 – n'avaient plus de ravitaillement et qu'ils avaient essayé, sans succès, d'entrer en communication avec l'avion de liaison, il avait décidé de retourner à San Lorenzo pour se réapprovisionner. Il semble que cet officier craignait, avec raison d'ailleurs, de tomber dans un guet-apens s'il obéissait aux ordres de ses supérieurs.

Le 8 juillet à 8 h 45, après une pénible ascension, l'avant-garde ennemie tomba dans l'embuscade tendue par le peloton de Lalo Sardiñas. Le combat commença. Quelques minutes plus tard, les douze hommes commandés par Néstor Labrada, qui étaient de l'autre côté du chemin, se mirent à tirer sur le flanc gauche de l'ennemi. Devant les feux croisés nourris qu'ils subissaient, les soldats ne purent que se protéger dans les anfractuosités créées par l'érosion. Malgré l'appui de l'aviation qui mitraillait les alentours depuis 9h30, la troupe ennemie fut contrainte de reculer jusqu'aux tranchées proches de Meriño.

À la mi-journée, Curuneaux, depuis sa position sur le coteau de La Magdalena, me demanda des instructions. Mais j'étais dans l'impossibilité de lui donner des ordres précis. En effet, je ne connaissais pas de façon certaine la direction que prendrait l'ennemi, ni ce qu'avait prévu le Che. Je lui répondis donc : « Si tu vois que les soldats essaient de forcer le croisement en direction de San Lorenzo en attaquant Lalo, sépare-les sur le terrain en pente, tire sur eux à discrétion pour les intimider et les disperser. »

Voyant qu'il était incapable de dépasser les positions rebelles, le capitaine Martínez Torres demanda encore l'appui de l'aviation pour tenter à nouveau d'avancer sur le chemin de San Lorenzo. Vers 12h20, deux B-26 et un avion de chasse P-47D mitraillèrent les alentours. Cela dura deux heures et demie. Après l'attaque aérienne, les compagnies ennemies refirent une tentative vers les positions rebelles, mais elles furent une nouvelle fois repoussées par les hommes de Lalo et Labrada. L'escouade de Ciro del Río, soutenue par la mitrailleuse de Curuneaux, commença à avancer pour se mettre en position de harceler les soldats sur le flanc droit.

À 12h50, le Che m'envoya un message : « J'ai l'impression que tous les soldats ont dévalé de l'autre côté du terrain. J'ai essayé d'entrer en contact avec Lalo mais mon messager n'est pas revenu. Ciro del Río avance sur le terrain qu'ils occupaient vers le haut. »

Une heure plus tard, il m'envoya des renseignements encore assez vagues sur ce qui s'était passé : « Les soldats étaient sur la pointe du terrain, mais il semble que Lalo se soit replié et ils ont occupé l'embouchure du chemin de San Lorenzo. Ce ne sont que des conjectures, en réalité, je n'en sais rien.

Les messagers n'ont pas pu contacter Lalo. D'ici (à cinq cents mètres) on voit passer les soldats l'un derrière l'autre vers San Lorenzo. »

C'est seulement à 14 heures que je reçus, dans un message de Lalo, les premières informations concrètes sur le déroulement de l'action : « Nous avons combattu les hommes de Meriño. Nous avons vu deux morts, mais je considère qu'ils en ont eu au moins huit ; l'embuscade de ce côté a été très brève, mais j'ai envoyé douze grenades et huit satellites sur eux. Ils s'étaient tapis dans une fosse et ils criaient : *Ne laissez pas les blessés s'enfuir, nous sommes encerclés !* Un autre disait : *Avance sur le sentier !* Et un troisième répondait : *Avance toi-même !* Cela a duré une heure et demie et l'aviation n'est pas intervenue. Ils font une nouvelle tentative d'avancée ; je n'ai pas déplacé l'embuscade de San Lorenzo pour rien. »

L'élément que me communiquait Lalo sur cet affrontement qui avait été « très bref » selon lui, fut la clef de ce qui se passa en définitive. À ce moment-là, j'avais déjà pris des dispositions pour renforcer d'urgence la position de Lalo et barrer la route aux soldats qui voulaient aller vers San Lorenzo. À 14 h 15, j'écrivis le message suivant au Che :

« J'ai envoyé Raúl Castro [Mercader] avec huit hommes en renfort de Lalo. Les sept hommes de Camilo qui restaient à La Plata vont arriver ici. Guillermo s'est posté sur la hauteur de Mompié avec son peloton et ils seront transférés ici en cas de nécessité.

» Si les soldats ne sont pas sortis, j'enverrai cette nuit quarante hommes pour creuser des tranchées sur la colline où se trouve Lalo, ainsi que les renforts de Camilo qui est sur le point d'arriver (ils sont tous munis d'armes automatiques et d'un fusil mitrailleur). Je ferai aussi transporter la bombe de cent livres qui est ici. »

Pendant ce temps, le peloton d'Andrés Cuevas, les hommes de Jaime Vega et une partie de la troupe du Che avançaient en vue d'attaquer l'arrière-garde ennemie.

Peu après 15 h 20, j'envoyai un message à Lalo : « Six hommes avec un fusil mitrailleur et des armes automatiques vont venir te rejoindre. Je t'enverrai cette nuit une bombe de cent livres pour qu'elle soit posée sur le chemin de San Lorenzo. J'enverrai aussi des effectifs pour creuser des tranchées. Si on résiste bien, nous leur couperons la retraite et les vaincrons.

» [...] Cuevas, Vega, le Che, Ciro et une escouade de Camilo avancent sur Meriño. Je vous souhaite à tous bonne chance.

» P.S. J'ai demandé à Fonso [Alfonso Zayas] qu'il leur tire dessus sur le chemin de La Mina à San Lorenzo. »

En effet, l'escouade de Zayas, armée d'un Garand et de dix fusils à verrous, était partie par le chemin de Minas de Frío jusqu'au campement ennemi de San Lorenzo. Les rebelles avaient tiré à plusieurs reprises dans le but de faire sortir la troupe chargée de poursuivre notre patrouille ou d'aider les compagnies encerclées à Meriño. Rapidement, Zayas reprit le terrain et se dirigea à toute vitesse à la recherche d'une hauteur propice à une embuscade près du chemin menant à Meriño. Il m'en informa dans un message à 14 h 10. Mais lorsqu'il arriva au sentier qui conduisait en ligne directe à San Lorenzo, là où étaient postées les forces de Lalo Sardiñas, Zayas décida d'entrer d'abord en contact avec ses compagnons. Raúl Castro Mercader, qui était arrivé avec l'escouade de renfort, lui indiqua alors qu'il devait protéger ce sentier qui était à découvert afin de couvrir l'arrière-garde rebelle.

Les soldats de Meriño tentèrent pour la troisième fois une sortie par le chemin de San Lorenzo, où ils furent à nouveau repoussés. Une fois de plus, ils durent reculer devant les tirs nourris des forces du Che, de Cuevas et de Jaime Vega, soutenus par Curuneaux et sa mitrailleuse. Au cours de ce repli, les soldats abandonnèrent quelques-uns de leurs mulets.

À 16 h 5, le Che m'informa qu'il se trouvait à trois cents mètres des soldats. Mais en dessous. « J'ai sept mulets que nous ne les avons pas laissés emmener, mais nous aurions besoin d'aide de n'importe quelle direction, de préférence de l'arrière-garde, pour les prendre. »

Il y avait maintenant trois éventualités : les soldats pouvaient continuer à essayer de forcer le chemin de San Lorenzo ; ils pouvaient tenter de passer par le chemin d'El Tabaco ; ils pouvaient enfin attendre des renforts de San Lorenzo. Avec cette hypothèse à l'esprit, je transmis le message suivant à Lalo. Il était 17 heures.

« Je pars contacter le Che et Cuevas et voir si je peux renforcer le chemin d'El Tabaco. Creusez des bonnes tranchées défensives sur le chemin de San Lorenzo et posez deux bombes. Tu peux poster vingt hommes et la mitrailleuse à trépied en direction de San Lorenzo et le reste en direction de Meriño. Protège aussi ton arrière-garde sur le terrain où tu te trouves.

» Fonso a pris possession d'un terrain près du chemin qui monte à Meriño. De là, il pourra tirer sur tout renfort qui viendrait de San Lorenzo.

» S'ils ne se sont pas encore échappés d'un côté ou de l'autre, il faut empêcher les renforts d'arriver demain, par tous les moyens.

» Creuse des trous un peu partout. »

J'indiquai aussi à Celia, qui se trouvait à Mompié : « Je vais entrer en contact avec le Che et Cuevas. Que Laferté se charge d'envoyer des effectifs pour creuser des tranchées avant la nuit. Que Guillermo reste là-bas. »

Mon plan était que l'ex-lieutenant de l'Armée de la tyrannie Evelio Laferté – il était resté avec nous après sa capture en février pendant le second combat de Pino del Agua et il était maintenant responsable de l'École de formation de Minas de Frío – envoie un groupe de recrues pour creuser les tranchées destinées à étendre la ligne de Lalo.

Ce même 8 juillet en fin d'après-midi, les soldats voulurent, pour la quatrième fois, forcer le chemin de San Lorenzo. Une fois de plus, ils furent repoussés par les rebelles. Le combat dura jusqu'à 18 h 30 et l'ennemi dut se replier.

Pendant ce temps, je partis de Minas de Frío pour contacter le Che et Cuevas. Mais en chemin je rencontrai des escouades rebelles qui se repliaient à la suite, semble-t-il, d'un malentendu. Après leur avoir donné de nouvelles instructions et échangé quelques mots avec Lalo, j'envoyai un nouveau message au Che. Il était 19h45.

«J'arrive par le chemin entre La Mina et Meriño et me trouve dans une grande confusion. Je suis tombé sur l'escouade de Ciro qui se repliait en disant qu'il y avait des soldats à Meriño, qui, d'après moi, sont Cuevas et compagnie. La 30 se repliait aussi, sur ton ordre selon leurs dires. Cela m'étonne un peu que tu aies donné ces instructions en restant là-bas.

» Il y a une demi-heure, je me suis entretenu avec Lalo. Là-bas, tout va bien. J'ai peur que les douze hommes qui protègent le chemin de Limones et qui ont tiré ce matin sur les soldats, en voyant qu'ils n'ont aucun contact avec qui que ce soit, se replient sur Caracas. Il faut arranger tout cela. Je pense qu'il faut que nous nous voyions, car les meilleures positions sont ou peuvent être en notre pouvoir. Le renfort peut seulement venir de San Lorenzo et je t'assure qu'il n'arrive pas.

» Je laisserai quelques hommes ici et je concentrerai les forces sur le chemin qui vient de Limones : avec la position de Lalo, ce sont les deux points essentiels. Les soldats ne vont pas venir par en bas. Les mulets ne peuvent passer que par un de ces deux chemins.»

En réalité, l'escouade de douze hommes qui surveillait le chemin de Limones, avec Néstor Labrada, s'était retirée sur la colline de Caracas. Elle avait déjà rejoint les sept hommes de la colonne de Camilo. Le renfort ennemi qu'on attendait de San Lorenzo n'est jamais venu à l'aide de ses compagnons encerclés.

Étant donné la situation difficile dans laquelle se trouvaient les compagnies ennemies à Meriño, le guide de la troupe, un paysan de la région nommé Armando Rabí, expliqua au capitaine Martínez Torres qu'il n'y avait qu'une seule issue possible :

se rendre dans la vallée d'El Tobaco en passant par les rochers, de l'autre côté de la partie la plus à l'ouest. Profitant de la nuit, et comme la ligne de Lalo n'arrivait pas jusque-là, la troupe ennemie prit discrètement la fuite dans cette direction en laissant derrière elle le convoi des mulets.

Il était presque minuit quand Cuevas arriva dans le cantonnement déserté. Je reçus alors confirmation de la fuite de la troupe et j'envoyai immédiatement un message à Lalo : « Il semble que les soldats sont tous partis vers El Tabaco. Ils ont abandonné sept mulets avec quelques denrées, des chaudrons et des havresacs. On ne sait pas où sont partis les autres. Tes douze hommes, d'après ce que je sais, ont rejoint les sept de Camilo. Ils sont montés par Caracas et étaient sur le chemin de Limones.

» Demain matin, à 4 h 30, lève tes troupes et envoie-les explorer le terrain jusqu'au chemin de Limones. Prenez possession du terrain en faisant attention qu'il ne reste pas un soldat à la traîne. Fouillez soigneusement pour chercher des armes, des balles, des havresacs, etc. Vous pouvez tout faire en une heure. Laisse six hommes qui surveilleront le chemin jusqu'à midi. Et toi, emmène le reste des effectifs à La Mina pour vous reposer.

» Les mulets que nous avons pris ne transportaient pas de munitions. Enquête pour savoir ce qu'il est advenu des autres. Apporte les mines. »

Bien que le combat de Meriño ne nous ait pas été d'un grand bénéfice du point de vue matériel, que ce soit en armes, en munitions ou en équipements, il constituait une nouvelle victoire qui contiendrait pour un temps l'offensive ennemie.

Les diverses tentatives des soldats pour forcer les lignes rebelles avaient toutes été repoussées. L'ennemi avait compté au moins huit morts et plusieurs blessés alors que nous n'avions subi aucune perte. Certes, l'essentiel de la troupe des deux compagnies du bataillon 19 avait réussi à s'échapper, mais ils avaient perdu leurs mulets et leurs équipements. Ils se trouvaient maintenant dans des conditions tellement difficiles qu'ils n'eurent plus aucune efficacité pendant le reste de la campagne.

Mais le plus important fut que l'entreprise de pénétration de l'ennemi à l'intérieur de notre territoire avait été mise en échec. Les soldats furent délogés de Meriño et cela contrecarra le plan de réunir cette troupe et celle du bataillon 18 qui avançait depuis le sud.

Il fallait maintenant liquider cette autre menace. Le jour suivant, je quittai Mompié pour Jigüe. Nous n'avions pas le temps de nous reposer.

14

Santo Domingo : lendemains de bataille

JUIL 1958						
DIM	LUN	MAR	MER	JEU	VEN	SAM
--	--	1	2	3	4	5
6	7	8	9	10	11	12
13	14	15	16	17	18	19
20	21	22	23	24	25	26
27	28	29	30	31	--	--

Avec le combat de Pueblo Nuevo et la première bataille de Santo Domingo, les tout derniers jours de juin 1958, les forces rebelles avaient franchi le premier pas vers le règlement de l'offensive ennemie. Le 28 juin avait marqué l'entrée dans la deuxième étape de la guerre : avec quelques hommes pauvrement équipés, nous avions commencé à contenir les forces ennemies. Le 5 juillet, date du combat d'El Naranjal, l'Armée perdit son emprise sur le secteur Sud, c'est-à-dire la zone du fleuve La Plata. Le 8 juillet, les rebelles lui infligèrent un autre coup significatif, à Meriño, en la privant de l'initiative stratégique dans le secteur Nord-Ouest (l'unique action contre les rebelles dans cette région sera l'occupation de Minas de Frío, le 13 juillet).

Le 11 juillet marqua enfin le lancement, à Jigüe, de l'opération qui devait mener à la reddition du bataillon 18 ainsi qu'à la liquidation des renforts qui avaient été envoyés à son secours. La troisième étape de la guerre serait déterminante avec le déploiement de la contre-offensive rebelle jusqu'à la déroute complète de l'ennemi et son départ de la Sierra Maestra.

J'étais convaincu que Sánchez Mosquera ne resterait pas inactif malgré le revers qu'il avait subi entre le 28 et le 30 juin. D'après tout ce qu'on disait de lui, je trouvais inconcevable qu'il reste passif. Il était arrivé si près du but, si près du Commandement de La Plata : il ne pouvait pas renoncer à avancer jusqu'à la Maestra, dans la zone d'El Naranjo ! Cela n'avait pas de sens.

C'est la raison pour laquelle j'ordonnai à tous les pelotons qui avaient participé à l'opération contre le cantonnement ennemi de regagner leurs positions antérieures. Elles étaient distribuées de manière semi-circulaire depuis Pueblo Nuevo, en passant sur le fleuve Yara à l'est de Santo Domingo, jusqu'à Leoncito, sur le fleuve, à l'ouest. Le matin du 1er juillet, toutes les forces rebelles étaient à nouveau en place. Le peloton de Lalo Sardiñas retourna à Pueblo Nuevo avec la mission d'empêcher toute tentative ennemie de pénétration en amont vers Santana ou La Jeringa.

Le 1er juillet toujours, eu égard au rôle extraordinaire qu'avait joué Lalo Sardiñas à Santo Domingo, je signai un décret pour annuler un jugement resté en suspens pendant la guerre. Lalo avait en effet été condamné pour sa conduite extrêmement violente vis-à-vis d'un soldat, en octobre 1957, pour une question de discipline, conduite qui avait eu pour conséquence involontaire la mort de ce soldat. Par ce décret, je restituai à Lalo son grade de capitaine. C'était un acte de justice à l'égard de l'un des chefs les plus aguerris et les plus compétents des forces rebelles. Lalo avait joué un rôle décisif dans le succès de la bataille que je qualifiai dans ce même document de « victoire rebelle la plus retentissante depuis le début de la guerre ».

À gauche de Lalo, afin de couvrir le flanc d'El Naranjo par le ruisseau de Los Mogos, l'escouade de Zenén Meriño et le peloton d'Andrés Cuevas reprirent leurs positions. Mais le lendemain, je renvoyai ce dernier vers La Plata car je voulais pouvoir l'utiliser si nécessaire dans un autre secteur. Sur la zone d'El Naranjo, je disposai le groupe commandé par Huber Matos et, à sa gauche, l'escouade de Braulio Curuneaux avec sa mitrailleuse. Félix Duque posta à nouveau son escouade sur l'autre rive du ruisseau d'El Naranjo, sur le coteau de Gamboa. Daniel resta plus haut, très près de cette zone, à un endroit que ses combattants baptisèrent « *el alto de la Pulga* »[1]. Ils constituaient une réserve opérationnelle susceptible d'intervenir selon les circonstances.

Ce même 1er juillet, dans la matinée, l'ennemi ébaucha un mouvement en direction de Gamboa. J'avais anticipé ce déplacement : dès l'aube, j'avais prévenu Duque de l'arrivée possible des soldats depuis Santo Domingo. J'avais aussi fait dire à Curuneaux de ne rien faire avant que ces soldats ne se heurtent au groupe de Duque. J'étais certain que les rebelles postés à Gamboa étaient suffisamment solides pour freiner l'ennemi, ce qui nous permettrait de manœuvrer avec les hommes d'Huber Matos soutenus par la mitrailleuse de Curuneaux – qui obéissait au poste de commandement – pour couper l'arrière-garde ennemie et lui tendre un piège.

Dès qu'il fut informé de sa mutation à Gamboa, Curuneaux commença à harceler les soldats. En définitive, la force armée – qui n'était constituée que d'un peloton, à ce qu'il semble – n'arriva pas jusqu'à Duque et retourna à Santo Domingo deux heures plus tard. À l'évidence, Sánchez Mosquera avait feint d'avancer pour découvrir où se trouvaient nos défenses.

Parmi les archives concernant cette journée se trouve une note de Curuneaux dans laquelle il décomptait minutieusement les balles qu'il avait utilisées. Le contrôle strict de l'usage des munitions que nous exigions de nos capitaines justifie que nous le citions en exemple : « Pendant l'attaque d'hier, j'ai tiré 476 fois sur l'ennemi, que l'on additionne aux 275 précédentes, ce qui donne un total de 751 cartouches. Il en reste donc 349. » Il me demanda aussitôt les 162 cartouches qu'il avait laissées chez le Santaclarero – le paysan Julian Pérez –, mais je lui répondis qu'il fallait les garder en réserve.

1. N.d.t. : la hauteur de la puce.

Les jours suivants, les soldats se contentèrent d'effectuer des mouvements aux alentours de leur cantonnement. Tout au plus firent-ils quelques allers et retours dans le village d'El Naranjo, parfois à la vue de nos positions. Nous les harcelâmes sans relâche en tirant sporadiquement au fusil et grâce à Curuneaux qui les mitraillait environ toutes les demi-heures. Il s'agissait surtout de produire un effet psychologique pour leur faire savoir que nous continuions à protéger l'accès à la Maestra.

Le 3 juillet, voyant l'inaction de ce front et les mouvements effectués par les soldats qui avaient finalement réussi, le 1er juillet, à occuper San Lorenzo, je partis à Minas de Frío en laissant à Camilo la responsabilité de coordonner la défense du secteur. Le lendemain, j'envoyai chercher Lalo et sa troupe pour qu'ils participent à l'embuscade que j'avais préparée pour la compagnie de l'Armée qui avait pénétré à Meriño. La troupe de Lalo était la seule à se trouver en position d'attaque dans le secteur de Santo Domingo. Je demandai donc à Camilo de couvrir, à l'aide de l'escouade de Zenén Meriño, le chemin qui montait de Pueblo Nuevo à la Maestra, et de bien surveiller les mouvements ennemis sur ce flanc.

À ce moment-là, la situation nous permettait d'accomplir un mouvement qui pourrait passer pour un affaiblissement de notre ligne de retenue de l'ennemi sur l'extrême droite : en effet, au cas où les soldats tenteraient une nouvelle avancée en amont, nous devrions nous contenter de surveiller attentivement leur mouvement et de renforcer la défense du chemin qui montait de Santana à la Maestra. En tout état de cause, j'étais convaincu que Sánchez Mosquera reprendrait le même itinéraire que le 1er juillet, c'est-à-dire par El Naranjo ou Gamboa.

Le 5 juillet, les soldats de Santo Domingo bougèrent à nouveau et furent facilement repoussés par les rebelles sur la montée d'El Naranjo. L'ennemi subit quatre pertes et abandonna un fusil Springfield et trois cent cinquante cartouches. Dans la même journée, Ramón Paz repoussa définitivement l'avancée du bataillon 18 depuis le sud à El Naranjal.

Le peloton de Guillermo García couvrait, sur la hauteur de San Francisco, les accès à la zone de La Jeringa et les résurgences du Yara depuis le nord. Au vu des événements, je le fis transférer vers La Plata et je demandai à Camilo de me rejoindre pour prendre des instructions. J'envoyai aussi chercher Curuneaux et sa mitrailleuse. Pour compenser ce dernier déplacement, Camilo plaça le peloton de réserve de Daniel un peu plus bas et renforça avec quelques-uns de ses hommes la ligne rebelle sur la colline de Sabicú. Après avoir participé à l'action de Meriño le 8 juillet, Curuneaux fut renvoyé, sur mon ordre, sur le terrain d'El Naranjo, où il arriva juste à temps pour récupérer sa position antérieure, à gauche de la hauteur de Sabicú.

Sánchez Mosquera lança finalement l'assaut de la Maestra le mercredi 9 juillet. Dès l'aube, l'avant-garde entama son ascension par la colline de Sabicú. Une fois encore, ce chef sanguinaire donna la preuve de sa capacité de commandement. Ses hommes n'empruntèrent aucun chemin : ils montèrent à l'intérieur du bois, et pas de façon linéaire, mais en se déployant sur un front relativement étendu. L'artillerie tira sans relâche sur la colline pendant que l'aviation mitraillait et bombardait tous les endroits où l'ennemi présumait que nous étions postés.

Ce jour-là, les combattants rebelles expérimentèrent pour la première fois les terribles effets des bombes au napalm que les États-Unis avaient fournies à l'Armée de la tyrannie. Malgré tout, les positions rebelles résistèrent fermement à l'attaque. Les soldats parvinrent sur la hauteur de Sabicú et se heurtèrent aux forces des lieutenants Dunney Pérez Álamo et Geonel Rodríguez. Ceux-ci bénéficiaient du renfort des hommes de Daniel et de la mitrailleuse de Curuneaux ainsi que de l'escouade commandée par Huber Matos qui était postée sur le flanc gauche de la ligne rebelle, dans la zone d'El Naranjo.

Un combat acharné s'ensuivit pendant plus de deux heures. Après une courte accalmie, la lutte reprit avec violence vers midi. Enfin l'Armée se replia vers Santo Domingo. Ils avaient subi plusieurs pertes, abandonné des armes et pas mal de munitions.

Le combat d'El Naranjo aura plus d'importance pour la suite de la guerre que ne le laissaient supposer les seules pertes infligées à l'ennemi et le butin récupéré. Il représenta l'ultime effort du contingent fortement armé stationné à Santo Domingo pour pénétrer jusqu'au cœur du territoire rebelle. À ce moment-là, en effet, ce contingent était la troupe la plus dangereuse pour diverses raisons : c'était la plus proche de La Plata, une des plus nombreuses, et aussi la mieux équipée. En outre, elle était commandée par un chef intelligent et déterminé. Mais malgré tous ces avantages, ils échouèrent face à la résistance d'une poignée de combattants bien préparés, décidés à lutter jusqu'à la mort pour empêcher l'avancée de l'ennemi dans cette direction.

Il ne faut pas non plus sous-estimer le fait que les coups reçus par cette troupe dans la première bataille de Santo Domingo pouvaient avoir contribué à démoraliser les soldats, et surtout leur chef bouffi d'orgueil. Quoi qu'il en soit, après le 9 juillet, Sánchez Mosquera ne fit plus la moindre tentative de mouvement. Cette inertie me permit de transférer à nouveau dans d'autres secteurs les combattants rebelles de ce front qui resta sous la protection des escouades de Duque, Geonel Rodríguez, Zenén Meriño, Huber Matos et Álamo, et pour la section de réserve de Daniel sur le terrain d'El Naranjo.

Le 26 juillet, le commandement de Bayamo ordonnera à Sánchez Mosquera d'abandonner Santo Domingo.

Quelques jours après le combat d'El Naranjo, les frontières du front furent couvertes par des escouades et groupes des colonnes 3 et 4, sous les ordres respectifs de Juan Almeida et Ramiro Valdés, répartis par Camilo à Agualrevés, La Jeringa, le croisement de Lima, le point de la Maestra où le chemin qui mène au territoire croise celui qui vient de Palma Mocha, la montée de Santana et d'autres lieux de la Maestra.

Les effectifs postés à El Naranjo maintinrent leur position en dépit de l'attaque constante de l'aviation qui s'acharna sur cette zone pendant toute cette période et malgré les tirs de mortiers depuis Santo Domingo. Le 11, un obus de mortier 81 tomba sur le toit de la maison d'un de nos sympathisants paysans, sur le coteau de Sabicú. Un combattant, Juan de Dios Zamora, était en train de préparer le repas des rebelles avec l'aide de Rita García et Eva Palma. L'explosion tua le cuisinier sur le coup et blessa grièvement le capitaine Geonel Rodríguez et le lieutenant Carlos López Mas. Tous deux étaient venus se reposer dans la maison. Ils furent conduits au Commandement de La Plata. Opérés d'urgence par les chirurgiens rebelles, ils moururent d'une hémorragie interne.

Radio Rebelle fit savoir avec regret le décès de Geonel et son enterrement sur le sol rebelle. C'était une perte particulièrement douloureuse. Ce jeune étudiant en ingénierie avait collaboré avec le Che à la création d'*El Cubano Libre,* le premier journal de la guérilla dans la Sierra Maestra. Ce combattant modeste et valeureux était mort non sous le feu du combat mais par un hasard malheureux. Sa tombe se trouve toujours à l'entrée du Commandement de La Plata; sa mère ne réclama pas son corps afin qu'il demeure pour toujours dans la terre qu'il a défendue au prix de sa vie. Sur la croix rustique qui domine sa tombe fut clouée la gamelle de campagne de Geonel; ses camarades avaient gravé dans le métal un hommage à sa mémoire.

À part cet accident dramatique, il ne se produisit rien d'extraordinaire sur ce front pendant le déroulement de la bataille de Jigüe. Je me concentrai sur un seul objectif: la déroute du bataillon encerclé au sud. C'est pourquoi je restai constamment en communication avec Camilo qui, depuis La Plata, dirigeait la défense du secteur Nord-Est pendant que le Che résistait à l'ennemi dans la zone de Minas de Frío.

15

L'organisation de l'arrière-garde rebelle

On ne peut passer sous silence, dans ce compte-rendu de la grande offensive ennemie, le fonctionnement du dispositif d'arrière-garde de notre action militaire : son action fut en effet déterminante pour notre victoire. Grâce à Celia Sánchez et à ses collaborateurs, je pus m'affranchir à maintes reprises de milliers de détails qui contribuaient à l'efficacité de nos unités sur le plan militaire, et concentrer ainsi mon attention sur la stratégie et la tactique des opérations.

Un des problèmes essentiels que devait résoudre notre arrière-garde, peut-être le plus important, tenait dans l'approvisionnement nécessaire pour appuyer l'action militaire – les armes, les balles et autre attirail de guerre – et faciliter la vie de nos combattants grâce à l'alimentation, aux vêtements, aux chaussures et autres équipements.

Après nos premières grandes victoires, à Santo Domingo notamment, les armes ne m'inquiétaient plus vraiment : notre expérience de la lutte dans la Sierra, en particulier depuis le début de l'offensive, prouvait que notre principal pourvoyeur en la matière était l'ennemi lui-même puisque nous lui arrachions balles et fusils au terme des combats. Peu à peu, nous avions considérablement augmenté notre arsenal. En juillet, je continuai néanmoins à insister auprès de nos organisations à l'extérieur pour qu'elles poursuivent leurs efforts afin de nous approvisionner en armes. Nous avions toujours la piste aéronautique Alfa sur le fleuve La Plata pour les réceptionner, et si l'ennemi s'emparait de la piste, il serait toujours possible d'organiser des parachutages sur un point de la montagne qui ne serait pas occupé par les soldats. Cela ne fut jamais nécessaire : les armes que nous avions conquises au combat nous suffirent.

En ce qui concerne les munitions, je considérais que ce n'était pas un problème non plus car là aussi, l'ennemi fut notre principal fournisseur. Malgré tout, il restait fondamental de les économiser. Tout au long de ces pages, on a vu l'importance que j'accordais à ce point et l'irritation que suscitaient en moi les gaspillages de cartouches par certains combattants.

Le 5 juin 1958, j'avais écrit à Celia : «Je pense que les plans de défense sont assez avancés. Le problème qui me préoccupe le plus, jour après jour, est que les hommes ne se rendent pas compte que, dans un plan de résistance continue et échelonnée, on ne peut tirer en deux heures les balles qui doivent durer un mois. Il ne me reste plus qu'à garder celles qui restent. Je ne donnerai plus une seule cartouche à qui que ce soit, sauf si c'est une question de vie ou de mort et si plus personne n'a la moindre balle en sa possession. Te souviens-tu du jour où nous sommes allés voir Horacio [Rodríguez], le second jour du combat de Las Mercedes, et où nous entendions la fusillade ? Eh bien, pendant ce quart d'heure, Raúl Castro [Mercader] avait tiré quatre-vingts balles avec son fusil. Je ne cesse d'insister sur ce problème qui est réellement notre talon d'Achille. »

J'étais tellement obsédé par la question des munitions que j'avais créé à La Plata une réserve centrale que j'avais gérée moi-même quelque temps. Une des fonctions de Ramiro, pendant une bonne partie de l'offensive, fut d'administrer cette réserve, avec l'ordre express de ne rien donner sans mon autorisation. Mes économies de balles n'étaient pas comprises par les sous-officiers, mais beaucoup d'autres chefs, comme le Che, étaient conscients que cette extrême austérité était une nécessité.

J'ai déjà dit comme Braulio Curuneaux appliquait la consigne avec soin. Il m'adressait fréquemment des rapports sur les quantités exactes de cartouches utilisées au combat, et celles qui restaient. Curuneaux, combattant magnifique, fut un maître dans l'utilisation efficace et rationnelle de la mitrailleuse calibre 50, notre unique artillerie jusqu'à ce que nous saisissions des mortiers et des bazookas.

Notre arrière-garde devait aussi garantir le ravitaillement alimentaire. En prévision de l'offensive, nous avions créé une fabrique de salaison, à Jiménez, près de La Plata, dans la ferme de Radamés Charruf. Sous la responsabilité de Gello Argelís, elle fonctionna pendant toute l'offensive, même lorsque le bataillon 18 s'approcha du village. Malgré les bombardements et mitraillages de l'aviation ennemie, nous avons toujours assuré la production et la fourniture de viande salée à nos forces sur les premières lignes de combat.

On peut en dire autant de la production de fromage organisée par Celia en divers lieux du territoire, ainsi que de sa distribution à nos combattants. En témoigne ce message que Celia envoya le 12 juillet à Ramón Paz alors qu'elle était sur les hauteurs de Cahuara, et lui à Purialón. Il attendait l'arrivée des renforts ennemis qui devaient venir à la rescousse de la troupe assiégée à Jigüe. « Le commandant vous envoie du fromage et des cigares, ils sont pour vous et pour Orestes [Guerra]. Nous savons que vous vous approvisionnez par là-bas, et pas trop bien, comme ici, mais c'est la vie. Nous voulions partager avec vous le premier fromage de notre production. »

Toujours pendant la bataille de Jigüe, voici un autre message éloquent de Celia à Curuneaux (document p. 333) alors qu'il était en première ligne du siège de la troupe : « J'ai envoyé deux boîtes de lait pour vous et pour le garde blessé. Par sécurité, j'ai gardé les trois boîtes qui restent, une pour vous demain et deux pour les blessés. J'ai envoyé chercher du lait qui doit arriver cet après-midi et je vous en enverrai plus demain. Mais s'il n'arrive pas, j'en aurai encore ici. »

Grâce à l'administration de Celia et à sa gestion rigoureuse et organisée des vivres, nos maigres provisions furent réparties suivant les priorités du moment.

Parmi les rares aliments de notre ravitaillement, les boîtes de lait condensé occupaient une place spéciale. À cause de son goût savoureux et de sa valeur énergétique, il s'agissait pour nous d'un produit de luxe. Sa distribution était effectuée sous mon contrôle. Un exemple : en prévision de la dure marche que devaient réaliser sans perdre de temps les hommes de Lalo Sardiñas entre Santo Domingo et Meriño, j'indiquai expressément à Celia de donner à chacun deux boîtes de lait condensé. Si je n'en avais pas donné l'ordre, les combattants pleins d'abnégation du peloton de Lalo n'en auraient pas reçu une goutte.

Un autre produit crucial que l'arrière-garde devait à tout prix nous procurer était le sel. Nous en avions besoin non seulement pour la consommation courante de nos troupes, mais aussi pour l'entreprise de salaison de viande ainsi que pour une petite tannerie que nous étions parvenus à installer. On se souvient que Celia avait organisé une production de sel sur différents points de la côte en prévision de l'offensive. Plusieurs de ces salines artisanales qui étaient proches de l'embouchure des fleuves La Plata et Palma Mocha durent être abandonnées après le débarquement du bataillon 18 dans cette zone, mais d'autres, comme celles d'Ocujal, de La Magdalena, d'El Macho et d'El Macío, continuèrent à fonctionner pendant toute l'offensive et pourvurent à nos besoins de base. Ce fut une autre prouesse de notre arrière-garde.

Notre mobilité forcée pour suivre les opérations dans toute la zone de guerre nous obligea parfois à vivre dans les mêmes conditions difficiles qu'au tout début du conflit. Cela fut surtout évident pendant les onze jours où je demeurai sur les hauteurs de Cahuara pour diriger la bataille de Jigüe. Il fallut improviser un poste de commandement plus ou moins permanent dans la forêt. Nous dûmes inventer des conditions minimales pour en assurer le fonctionnement et pour le ravitaillement de la cuisine et des effectifs qui participaient au siège du bataillon 18. Le message que Celia envoya à Delsa Puebla [que nous appelions Teté] (document p. 329) montre les petits et les gros problèmes auxquels nous étions confrontés au quotidien : « Appelle Camilo par téléphone [à La Plata] et dis-lui qu'il m'envoie des boîtes de tabac de Fidel qui sont là-bas. Qu'il essaie de voir si Gello [Argelís] peut les apporter quand il viendra. Ici, ni Fidel ni le Che n'ont de tabac. Appelle le Che à [Minas de Frío] et dis-lui que Fidel n'a plus qu'un paquet et que je lui en ai envoyé deux, rajoute que j'en ai demandé à Camilo et que, lorsque j'en aurai, je lui en enverrai. »

Dans le même message, Celia fait allusion à des problèmes plus sérieux que celui du tabac :

« [...] Cette nuit, tout a été trempé : nous-mêmes, les vivres et les munitions. Nous campons dans la forêt et il pleut depuis l'après-midi jusqu'au lever de la lune. J'ai demandé des imperméables et des chaussures avant mon départ de La Mina. Dis à Camilo qu'il faut qu'il se dépêche de nous les faire parvenir. Nous n'avons pas mangé pendant deux jours, nous n'avions rien ; cela rappelle des moments passés qui s'étaient éloignés mais qui reviennent.

» J'ai attrapé un gros rhume. »

Cette nuit-là, le Commandement subit aussi un déluge.

De plus – conséquence du blocus strict imposé à la Sierra Maestra par l'ennemi –, nous ne recevions plus aucune contribution financière depuis la plaine. Fini les dons des propriétaires fonciers, des entrepreneurs, des commerçants et des militants clandestins du Mouvement. Cet argent était utilisé jusque-là pour payer scrupuleusement tous les vivres que nous achetions aux habitants de la Sierra Maestra, surtout des légumes et autres produits alimentaires. Néanmoins, malgré tout ce que nous fournirent gratuitement et spontanément de nombreux paysans de la zone des opérations, nous trouvâmes rapidement des alternatives pour suppléer au manque d'argent. En voici un exemple dans le message envoyé par Ramiro le 28 mai depuis la colonne 4 :

«J'ai autorisé un de mes hommes, sérieux et responsable, à contacter les cultivateurs de café d'une zone assez étendue pour obtenir des fonds. L'Armée menace cette région et le moment est donc propice pour le faire car les habitants attendent que nous les protégions. Je lui ai donné au préalable des instructions pour que les cultivateurs ne pensent pas que leur apport économique soit un échange contre notre protection. Si tu as un projet pour la prochaine récolte de café, fais-le-moi savoir pour que je puisse le mettre en pratique.

» J'ai déjà reçu le résultat de ces démarches : deux mille dollars de crédit dans un magasin de Bayamo. Le premier envoi de vivres est déjà parti. »

Le rôle joué par les messagers rebelles fut également un facteur très important et souvent déterminant dans nos succès lors de l'offensive. Tout au long de ces pages, nous avons vu et nous verrons les nombreuses occasions où il fut possible de prendre à temps des décisions cruciales grâce à la célérité et l'efficacité de nos messagers. Ils transmettaient les ordres ou les indications idoines et me faisaient parvenir les informations envoyées par les chefs depuis les fronts de combat.

Dans le chapitre consacré aux préparatifs de la défense de notre territoire[1], j'ai exposé comment nous avions réussi à établir une communication téléphonique entre La Plata, la *tiendecita* de la Maestra et Mompié. Cette liaison put être étendue jusqu'à Minas de Frío, en pleine offensive, grâce aux efforts et au courage des techniciens chargés de cette tâche. Certes, notre réseau téléphonique était limité, mais il fut très utile en maintes occasions. En revanche, l'ennemi, lui, disposait de tous les moyens de communication sans fil existant à cette époque, surtout des équi-

1. Chapitre 2, p. 11.

pements à ondes courtes qui lui assuraient une liaison immédiate entre les différentes unités ainsi qu'avec l'état-major de Bayamo et les postes avancés à Estrada Palma, Cerro Pelado, Cienaguilla et autres. Nous dépendions de l'habileté, de l'astuce, mais aussi de la résistance physique de nos messagers capables de parcourir de longues distances dans la montagne, presque toujours à pied, en un temps incroyablement court.

Souvent, les depêches étaient portées par un combattant choisi par le chef d'une de nos escouades ou d'un de nos pelotons, selon les critères que je viens d'énoncer. Mais lorsqu'il s'agissait de messages que j'envoyais de l'endroit où je me trouvais temporairement, notre échange était assuré par un groupe de combattants. Parmi eux, le plus fiable et rapide fut Juan Pescao. Sans oublier Edilberto González Rojas et Eliécer Tejeda Peña, qui étaient tous deux sous les ordres de Remigio Álvarez Figueredo, en charge du groupe de messagers au service du Commandement.

Certains n'ont peut-être jamais tiré un coup de fusil ni n'ont participé au moindre combat, mais ils méritent largement le statut de combattant car ils contribuèrent aussi de façon décisive à notre victoire. Ils ont toute notre gratitude.

Il ne faut pas non plus oublier le travail effectué par nos muletiers, responsables du transport sur leurs montures de l'approvisionnement, d'armes, de munitions et de tout autre attirail de guerre. Cette tâche demandait une grande responsabilité et se révélait très dangereuse. Le plus souvent, ces convois étaient en effet menés par des hommes désarmés. À tout moment, ils pouvaient tomber dans une embuscade ennemie ou se trouver en butte à une attaque aérienne. Je me souviens d'Eduardo Rodríguez Vargas, Pipe, homme de confiance de Celia. Grâce à sa connaissance intime de la montagne, il rendit un service inappréciable, après le triomphe de la Révolution, par les recherches minutieuses qu'il mena pendant des années afin de reconstituer l'histoire de la Sierra. J'ai puisé dans son travail pour rédiger cet ouvrage.

Les médecins rebelles méritent une mention spéciale. Dans des conditions plus que précaires, ils réalisèrent de véritables prouesses. Bien des blessés, aussi bien dans les rangs rebelles que parmi les soldats capturés au combat, ainsi que les enfants et autres habitants de la montagne, durent leur survie au travail de nos médecins pleins d'abnégation et de savoir-faire.

Je me dois de mentionner René Vallejo, Manuel Piti Fajardo, Julio Martínez Páez, Bernabé Ordaz, Vicente De la O, Sergio del Valle, Fabio Vázquez, Raúl Trillo et le dentiste Luis Borges Alducín. Et j'en oublie... Certains d'entre eux, comme Vallejo, Piti Fajardo et De la O, nous soutinrent dans notre action d'une façon parfois bien étrangère à leur profession.

Seules deux installations situées sur le théâtre même des opérations de l'offensive du Premier front pouvaient être considérées comme des hôpitaux sédentaires de campagne. Celui de Pozo Azul, dirigé par le docteur Vallejo, dut être transféré vers Limones devant la menace de l'ennemi qui était arrivé jusqu'à Aguacate, à cinq kilomètres de là. Celui de La Plata, dirigé par le docteur Martínez Páez, fut d'abord établi à Camaroncito près du fleuve La Plata et déménagea après une crue du fleuve qui l'endommagea sérieusement. Il fut alors installé à Rincón Caliente, à mi-distance entre le Commandement et le quartier de Jiménez. À partir du mois de juin, ce petit hôpital déménagea encore et fut établi auprès du Commandement. Pendant l'offensive, il fonctionna dans des installations provisoires où exercèrent les docteurs Ordaz, Fajardo, De la O et Trillo, avec Martínez Páez.

On peut encore voir au Commandement de La Plata le bel hôpital qui fut construit après l'offensive pour être utilisé de façon permanente, ainsi que le petit cabinet rustique sur terre battue où opérait le dentiste Borges Alducín. En dehors de ces deux hôpitaux, nos médecins exercèrent surtout directement sur le champ de bataille.

Les femmes, pour leur part, méritent toute notre reconnaissance en ce qui concerne l'activité de l'arrière-garde. Assistantes médicales, messagères, cuisinières, guetteuses, elles s'acquittaient de tâches d'approvisionnement, de réparation d'uniformes et de chaussures. Elles rendirent aussi une multitude de services. En particulier, le travail effectué par l'assistante de Celia, Teté Puebla, fut exemplaire. Nous verrons plus tard le rôle qu'elle joua avec efficacité dans une délicate mission que lui confia le Che. Il l'envoya au campement ennemi de Las Vegas de Jibacoa pour négocier les détails d'une remise de prisonniers et de blessés ennemis effectuée le 23 juillet, en pleine bataille contre l'offensive.

Il y eut d'autres femmes remarquables au cours de cette étape : Rita García et Eva Palma, qui ont survécu miraculeusement au tir de mortier qui avait tué Geonel Rodríguez ; Orosia Soto et Juana Peña, qui assistèrent les médecins ; Olga Guevara, Angelina Antolín et Ada Bella Pompa.

Au début de la guerre, l'idée d'un peloton composé exclusivement de femmes n'avait pas encore émergé. Elle ne fut réalisée qu'en septembre, après l'offensive, à mon initiative et malgré ses détracteurs. Il s'agit du peloton Mariana Grajales.

Radio Rebelle a aussi rempli un rôle décisif dans notre arrière-garde. L'émetteur, on s'en souvient, avait été transféré en avril de Pata de La Mesa, où se trouvait le Che, vers La Plata. Il fonctionna pendant les soixante-quatorze jours de combat afin de communiquer avec les autres fronts rebelles, avec les combattants clandestins dans la plaine et avec tout le peuple qui savait ainsi tout ce qui se passait dans la Sierra, jour après jour.

Radio Rebelle transmettait quasi quotidiennement un compte-rendu des combats. C'était souvent moi qui le rédigeais, relatant le déroulement et les résultats de chaque accrochage. Grâce à la radio, ses auditeurs, à l'intérieur et à l'extérieur de Cuba, recevaient une information fiable sur ce qui se passait. Ils avaient donc de bonnes raisons de ne plus croire les mensonges, les exagérations et les désinformations divulguées par les médias à la solde de la propagande ennemie.

La tâche de Radio Rebelle fut assurée par Luis Orlando Rodríguez, directeur de la station, Eduardo Fernández, technicien en chef, assisté d'Orlando Payret, Luis González et Otto Suárez, qui parvinrent à faire fonctionner la radio avec régularité en dépit de toutes les difficultés. Alicia Santacoloma faisait la dactylographie et assurait l'édition. Enfin il faut nommer les speakers Jorge Enrique Mendoza, Orestes Valera, Ricardo Martínez et Violeta Casals, dont les voix devinrent emblématiques de la lutte rebelle.

Voici une note que j'envoyai à Orestes Valera et qui témoigne de l'attention que je portais au travail de Radio Rebelle, d'une grande importance selon moi : « Orestes, tu commences à adopter un ton et une emphase qui ressemblent à ceux des présentateurs de Díaz Balart [Rafael Díaz Balart, principal porte-parole du régime de Batista]. Ne le prends pas mal. Je veux seulement que tu essaies de résoudre le problème. Tu sais que déclamer est un art. Tu as une voix de stentor et une bonne diction, mais tu martèles trop les phrases. Ricardo [Martínez] a un ton plus agréable, même s'il est moins énergique. Ce qui serait parfait serait un ton agréable en lui donnant de l'énergie. Pourrons-nous y arriver ? J'ai préféré, hier, la prestation de Ricardo. Fais un effort ! Tout est une question de volonté. »

Radio Rebelle nous servit aussi de liaison avec l'extérieur, et plus particulièrement avec les noyaux de l'exil révolutionnaire aux États-Unis, au Venezuela ainsi que dans plusieurs autres pays d'Amérique. Grâce à elle, nous avions notamment connaissance de l'arrivée prochaine d'un chargement d'armes ou d'armement : ainsi l'atterrissage d'un avion sur notre piste artisanale de La Plata, Alfa, au mois de mai, à l'embouchure du ruisseau de Manacas. Je pensais depuis la veille que cette livraison était proche. Par l'intermédiaire de Radio Rebelle, on m'avait demandé si Alfa était prête ; j'avais répondu par l'affirmative.

Au début de l'offensive ennemie, il y eut des problèmes de communication avec Radio Rebelle, à cause des codes. Il se produisit ce que j'avais toujours craint et que j'avais mis en avant en diverses occasions. Au moment de déchiffrer un message, nous ne possédions pas le code adéquat. Cela nous arriva pour une dépêche importante qui devait être décodée à l'aide de deux livres et d'un stylo qui arriveraient de Santiago. Personne ne put me dire où avaient atterri ces livres et je dus répondre que j'étais dans l'incapacité de déchiffrer le texte. Un autre billet, en provenance de Miami, avait un code numérique que le Che était le seul à connaître. Je dus lui envoyer ce message à Minas de Frío et lui demander de me mander, en retour, quelqu'un qui puisse m'expliquer comment fonctionnait ce code.

En dehors de ces quelques difficultés, grâce à Radio Rebelle et à son personnel dévoué, la communication avec l'extérieur fonctionna de façon satisfaisante pendant l'offensive. Un exemple en fut l'interview de plus d'une heure que je donnai à des journalistes du Venezuela au début du mois de juillet. Le peuple vénézuélien venait de s'affranchir de la dictature brutale de Marcos Pérez Jiménez[1]. Il me semble opportun d'extraire quelques lignes de cet entretien :

« Il y a une grande compréhension entre les Vénézuéliens et les Cubains, car nous connaissons tous la douleur de l'oppression

1. Marcos Pérez Jiménez (1914-2001). Déjà à la tête du pays grâce à la junte militaire dont il faisait partie, il était devenu président de la République du Venezuela en 1952 après des élections truquées.

et le prix de la liberté. Après le peuple cubain, celui qui m'émeut le plus est celui du Venezuela.

» La profonde admiration que j'ai ressentie vis-à-vis de ce pays où est né le plus grand homme de ce continent[1] s'est encore accrue par l'extraordinaire exemple de civisme qu'il vient de donner au monde alors que beaucoup croyaient très lointain le jour de son remarquable réveil.

» Cette admiration est accompagnée de ma gratitude pour l'hospitalité que les Cubains persécutés pour leurs opinions politiques y trouvent, l'attention que leur porte la presse libérée du Venezuela, les nouvelles que ne peut publier la presse muselée de Cuba et la douleur que ce peuple frère ressent comme s'il s'agissait de ses propres souffrances.

» Cette gratitude est liée à une espérance : l'espérance que le Venezuela poursuive le chemin qu'il a tracé, et l'espoir qu'il nous aide dans le même esprit que celui de Bolívar lorsque celui-ci vint en aide aux peuples opprimés, afin de chercher, dans l'union des nations libres d'Amérique latine, la solidarité et la force qui nous préserveront des graves dangers de la faiblesse, de la désunion, de la tyrannie et du colonialisme. »

Dans cet entretien, je fis aussi allusion à la tentative de grève du 9 avril :

« La mobilisation du peuple pour la grève obéit à des règles qui lui sont propres et il faut s'y soumettre. Elle est incompatible avec le secret, la rigueur et l'effet de surprise qu'exigent les actions armées. Alors que le succès d'une action armée peut dépendre de plusieurs impondérables, la mobilisation du peuple, lorsqu'il y a une conscience révolutionnaire, si elle menée à bien par des méthodes correctes, est infaillible et ne dépend pas d'éventualités.

» La grève générale devait se dérouler dans un climat extraordinaire, mais le Comité de grève a commis une erreur fonda-

1. Fidel Castro fait référence à Simón Bolívar (1793-1830), figure emblématique du combat pour l'émancipation des colonies espagnoles d'Amérique du Sud.

mentale en assujettissant la mobilisation des masses à l'action surprise de milices armées. La mobilisation du peuple a été sacrifiée sur l'autel de la sécurité de ces actions inopinées. [...]

» La grève est l'arme fondamentale du peuple dans la lutte révolutionnaire, et la lutte armée doit s'y assujettir. On ne peut pas lever un peuple pour une bataille, comme on ne peut pas lever une armée si on ne l'a pas mobilisée de façon adéquate pour passer à l'action. C'est ce qui s'est passé le 9 avril. [...] Cette erreur ne se reproduira plus.

» Nous avons renoncé à ce que la grève générale soit une arme décisive de lutte contre la tyrannie. »

Un des journalistes vénézuéliens me demanda, faisant référence au déroulement de l'offensive ennemie : « Devant le changement brusque des événements, pensez-vous abandonner la Maestra ? » Voici ce que je lui répondis :

« L'Armée rebelle n'abandonnera jamais ses positions dans la Sierra Maestra, si ce n'est pour avancer sur le territoire national. La mort ou la victoire, c'est l'unique alternative que nous acceptons. Aucun de nous ne veut vivre sans liberté et sans patrie. Abandonner la Sierra Maestra ne m'est jamais venu à l'idée, même lorsque je n'avais avec moi que trois hommes et deux fusils. C'est dans cet esprit que s'est forgée la conscience de nos combattants. Nous avons appris à lutter contre l'impossible. C'est ici que tomberont glorieusement les rebelles, si c'est nécessaire, du premier jusqu'au dernier. On n'abandonne pas la patrie pour sauver une vie. Un exemple vaut toujours plus qu'un homme. »

Mes interlocuteurs vénézuéliens abordèrent de nombreux autres thèmes avec un appétit insatiable, et parmi eux, celui, crucial, de l'unité et des projets d'un futur gouvernement révolutionnaire... Mais je ne veux pas rallonger à l'excès ce chapitre dédié au rôle tenu par l'arrière-garde rebelle pendant l'offensive.

Enfin, il me reste à mentionner comment, en pleine offensive, les bases de l'appareil administratif commencèrent à se mettre en place, à partir du mois de septembre, au Commandement de La Plata. L'Administration civile du Territoire libre (ACTL) fut dirigée par Faustino Pérez jusqu'à la fin de la guerre. Elle était chargée de la gestion économique et sociale de la montagne rebelle, vaste territoire définitivement libéré, dont la population manquait absolument de tout. Elle fut divisée en huit départements chargés des affaires agraires et paysannes, de l'éducation, de la salubrité et de l'assistance sociale, de la justice, de la promotion, des industries, des travaux publics, de l'approvisionnement et des finances. Elle prit aussi en charge l'assistance médicale, la scolarisation, l'alphabétisation, le développement des infrastructures pour la production d'aliments et la création de pas moins de trente-cinq coopératives agricoles.

À l'égal des institutions créées par Raúl sur le Second front, l'organisation civile qui fut développée dans la Sierra Maestra durant les derniers mois de la guerre éleva à un degré supérieur les relations, déjà existantes depuis le début de la lutte dans la montagne, entre l'Armée rebelle et les paysans. Elle constitua le socle du nouvel État qui surgirait après le triomphe révolutionnaire, fidèle à l'esprit démocratique et populaire de la Révolution.

Photographies

Fidel et le Che au début de la guerre révolutionnaire dans la Sierra Maestra, en 1957.

Interview de Fidel Castro par le journaliste nord-américain Herbert Matthews pour *The New York Times*, réalisée dans la ferme d'Epifanio Díaz en février 1957.

Installations de la caserne de l'Armée de la tyrannie à Uvero.

La troupe rebelle à Uvero après le combat victorieux du 28 mai 1957.

Le commandant Raúl Castro Ruz avec une mitrailleuse Thompson.

Le capitaine Ciro Redondo, mort au combat de Mar Verde, le 29 novembre 1957.

Debout, de gauche à droite, les combattants rebelles Ignacio Leal Díaz, Ciro Redondo et Camilo Cienfuegos; assis sur des pierres: Marcelo Fernández Font et le Commandant Fidel Castro.

Le capitaine Ciro Frías, remarquable combattant rebelle.

Fidel et Universo Sánchez.

Fidel et un groupe de combattants, parmi lesquels : Efigenio Ameijeiras, Julito Díaz, Juventino Alarcón, Juan Soto, Adolfo Moll, Luis Barreras, Evangelista González, Reynerio Jiménez, Emiliano Díaz, Eduardo Castillo et Eloy Rodríguez.

Sur une hauteur, pendant la guerre, le Commandant Fidel Castro reçoit des petites paysannes venues le saluer.

Raúl Castro Ruz et le combattant Félix Mendoza.

Le jeune Raúl Castro pendant la guerre dans la Sierra.

Fidel se maintint informé pendant toute la guerre.

Fidel et le commandant Juan Almeida Bosque.

Raúl, Fidel et René Ramos Latour, dit Daniel.

Raúl Castro Ruz et Juventino Alarcón.

Raúl en compagnie du paysan Conrado Enríquez et de ses deux petits-enfants.

Fidel en conversation avec Escalona, compagnon de l'Armée rebelle.

Le Commandant Fidel Castro avec ses éternels compagnons de campagne pendant toute la guerre : son hamac, son havresac et son fusil.

Fidel à l'entrée d'un *bohío* (une case).

Des rebelles sur la cime du pic Turquino, dans la Sierra Maestra.

Fidel avec son havresac de guérillero, en compagnie d'Almeida et de paysans dans la Sierra Maestra.

Le Commandant Fidel Castro examine des cartes avec d'autres combattants. Parmi eux : Celia, Vilma, Daniel, Haydée, Marcelo et Faustino.

Fidel bavarde pendant qu'on lui coupe les cheveux dans un salon de coiffure improvisé à El Naranjo, dans la Sierra Maestra.

Entouré de guérilleros, le cadet Evelio Laferté, prisonnier des troupes rebelles, répond aux questions du Che.

Raúl bavarde avec un enfant dans la Sierra Maestra.

Raúl écoute les nouvelles grâce à un petit transistor.

Le Che, pour éviter les crises d'asthme dont il souffrait lors des ascensions dans la montagne, parcourait parfois la Sierra à dos de mulet.

Fidel dans les fourrés de la Sierra, peu avant le second combat de Pino del Agua, le 16 février 1958.

Le Commandant Fidel Castro lors d'un de ses parcours coutumiers dans le territoire montagneux.

L'Armée rebelle se distingua toujours par le traitement respectueux et humain dont elle fit preuve vis-à-vis des prisonniers.

Depuis une case, Raúl, appuyé sur une planche en bois de palmier, regarde au loin.

Le Commandant Fidel Castro et le combattant Ángel Sotomayor, dit Ango, dans la Sierra.

Entraînement des rebelles sous la direction de Fidel.

Fidel traverse une rivière de la Sierra.

Fidel sous le porche de la boutique de Clemente Verdecia, paysan sympathisant de l'Armée rebelle.

Une petite fille sert un verre d'eau à Fidel dans une maison de la Sierra.

Fidel donne une interview au journaliste argentin Jorge Ricardo Masetti, à La Mesa, dans la Sierra Maestra, le 14 avril 1958.

Celia, Fidel et Haydée, assis dans un séchoir à café, en avril 1958.

Des enfants écoutent une histoire que leur raconte le Commandant Fidel Castro. Le père de la petite fille est un membre du groupe Quinteto Rebelde.

Fidel donne une barre de chocolat au fils des paysans Jacinto Peñate et Angelita Sánchez.

Vilma Espín, au cours de son deuxième séjour dans la Sierra Maestra, en mars 1958.

Fidel avec un enfant bûcheron.
Le Commandant lui échange
son fusil contre sa hache.

Au premier plan : le Quinteto Rebelde. Au deuxième plan, Haydée, Fidel et Celia.

De gauche à droite : Luis Orlando Rodríguez, directeur de Radio Rebelle, et les speakers Orestes Varela et Ricardo Martínez pendant la retransmission de comptes-rendus de guerre.

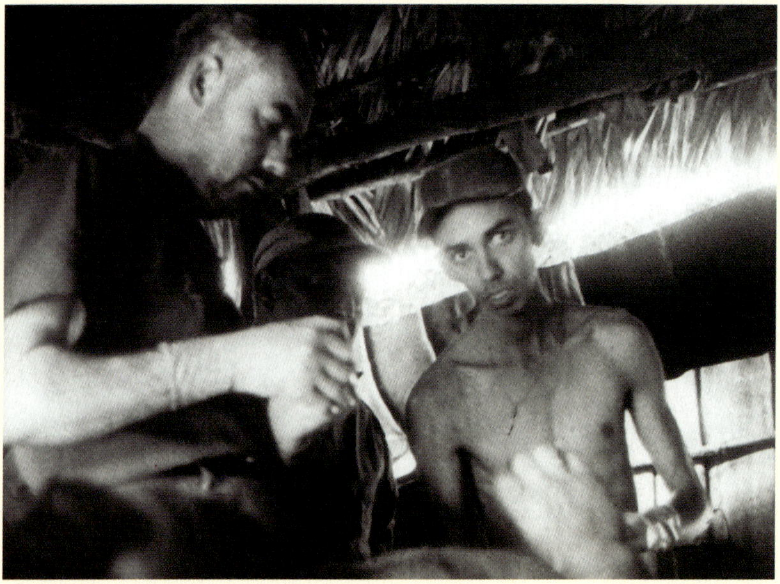

Les médecins René Vallejo et Manuel Fajardo, dit Piti, à l'hôpital de campagne de Pozo Azul, dans la Sierra Maestra.

Fabrication de mines artisanales dans l'armurerie de l'Armée rebelle.

Au premier plan, le commandant Crescencio Pérez, vétéran de l'Armée, avec une partie de sa troupe. À gauche, ses fils, Sergio et Ignacio Pérez.

Des élèves de l'École de recrues de Minas de Frío, dirigée par le Che.

Le commandant Camilo Cienfuegos, « chef valeureux et compétent », selon les dires de Fidel.

Le Commandant Fidel Castro et Luis Crespo, responsable de l'armurerie de la colonne 1, à El Naranjo.

Fidel en compagnie des récoltants de café à Las Vegas de Jibacoa, le 24 mai 1958.

Le capitaine rebelle Andrés Cuevas, un des chefs les « plus efficaces, combatifs et intelligents ».

Le capitaine Ramón Paz, d'une « intelligence éprouvée, avec un esprit d'initiative et de décision ».

Le capitaine Orlando Lara.

Le Commandant Fidel Castro dans la maison de Bismark Galán Reina, à Las Vegas de Jibacoa.

Campement rebelle. On y voit le commandant Ramiro Valdés, Nené López ainsi que d'autres combattants.

Le capitaine Ramón Paz, debout, deuxième en partant de la droite, avec quelques hommes de sa troupe. Derrière, le fusil à la main, Clodomira Acosta Ferral. Accroupi, en train de fumer, Félix Duque.

Le commandant René Ramos Latour, dit Daniel.

Le capitaine rebelle Eduardo Sardiñas, dit Lalo.

Le combattant rebelle Braulio Curuneaux, tireur expérimenté de la mitrailleuse calibre 50.

Le combattant rebelle César Suárez, accroupi, avec des combattants.

Le combattant rebelle Wilfredo Lara, dit Gustavo, qui mourut au combat sur le terrain de Casa de Piedra pendant l'offensive.

Fidel au Commandement de La Plata, élaborant des plans pour la défense de la Maestra.

À gauche, assis, le chef rebelle Guillermo García, avec quelques-uns de ses hommes.

Les jeunes rebelles Alfonso Zayas, dit Fonso, et Orlando Pupo.

Le capitaine Geonel Rodríguez, collaborateur du Che pour *El Cubano Libre*. D'après Fidel, un « combattant modeste et valeureux ».

Au Commandement de La Plata, Fidel montre à la combattante Pastorita Nuñez le fonctionnement du fusil belge à mire télescopique.

Fidel à l'intérieur du Commandement de La Plata dans l'espace dédié à l'écriture et à la lecture.

Fidel avec ses bottes d'éternel guérillero.

Documents historiques

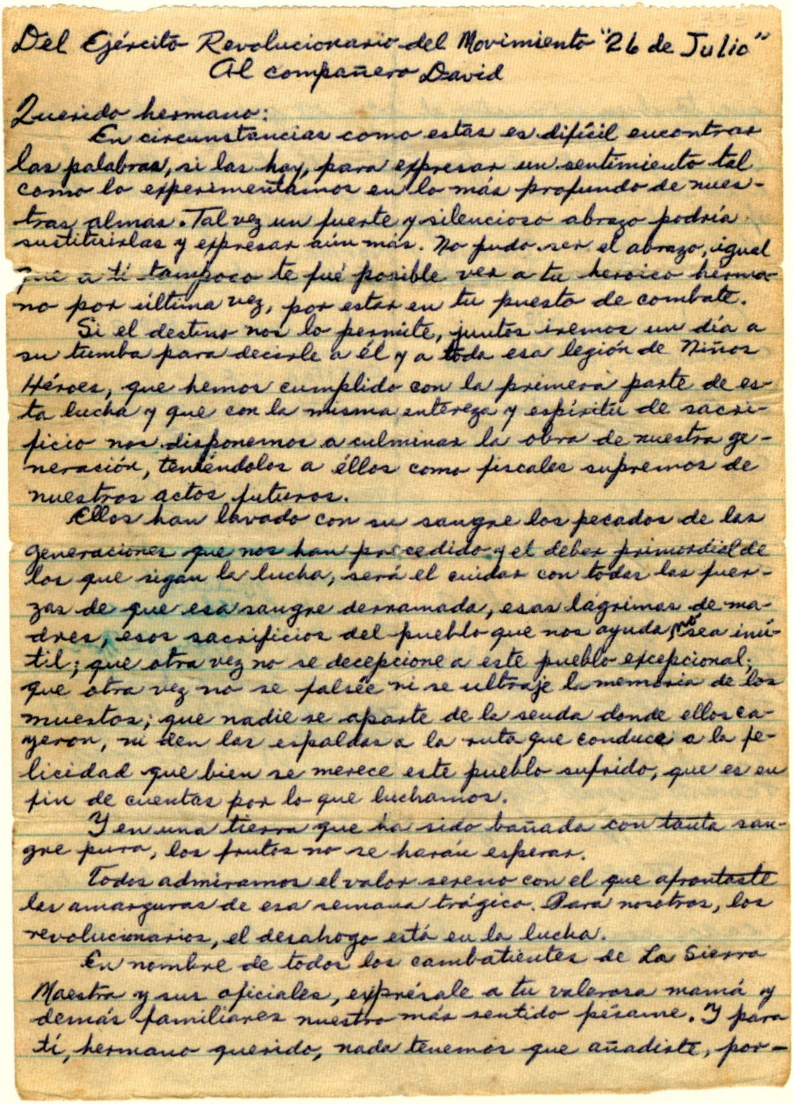

Del Ejército Revolucionario del Movimiento "26 de Julio"
Al compañero David

Querido hermano:
En circunstancias como éstas es difícil encontrar las palabras, si las hay, para expresar un sentimiento tal como lo experimentamos en lo más profundo de nuestras almas. Tal vez un fuerte y silencioso abrazo podría sustituirlas y expresar aún más. No pudo ser el abrazo, igual que a tí tampoco te fué posible ver a tu heroico hermano por última vez, por estar en tu puesto de combate.

Si el destino nos lo permite, juntos iremos un día a su tumba para decirle a él y a toda esa legión de Niños Héroes, que hemos cumplido con la primera parte de esta lucha y que con la misma entereza y espíritu de sacrificio nos disponemos a culminar la obra de nuestra generación, teniéndolos a éllos como fiscales supremos de nuestros actos futuros.

Ellos han lavado con su sangre los pecados de las generaciones que nos han precedido y el deber primordial de los que sigan la lucha, será el cuidar con todas las fuerzas de que esa sangre derramada, esas lágrimas de madres, esos sacrificios del pueblo que nos ayuda no sea inútil; que otra vez no se decepcione a este pueblo excepcional; que otra vez no se falsée ni se ultraje la memoria de los muertos; que nadie se aparte de la senda donde ellos cayeron, ni den las espaldas a la ruta que conduce a la felicidad que bien se merece este pueblo sufrido, que es en fin de cuentas por lo que luchamos.

Y en una tierra que ha sido bañada con tanta sangre pura, los frutos no se harán esperar.

Todos admiramos el valor sereno con el que afrontaste las amarguras de esa semana trágica. Para nosotros, los revolucionarios, el desahogo está en la lucha.

En nombre de todos los combatientes de La Sierra Maestra y sus oficiales, exprésale a tu valerosa mamá y demás familiares nuestro más sentido pésame. Y para tí, hermano querido, nada tenemos que añadirte, por-

(1/2)

Lettre de condoléances de combattants guérilleros à Frank País, dit David, après la mort de son frère Josué País lors d'un affrontement avec les sbires de la tyrannie. Sierra Maestra, le 21 juillet 1957.

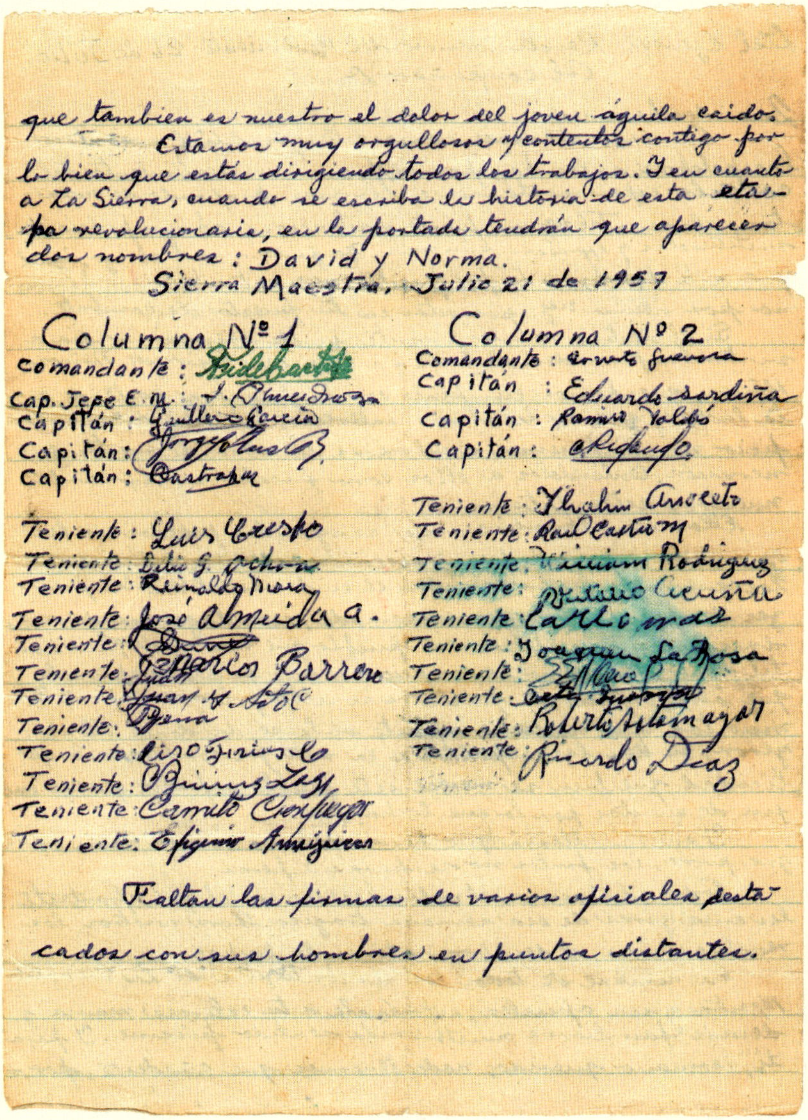

que tambien es nuestro el dolor del joven águila caido.
Estamos muy orgullosos y contentos contigo por lo bien que estás dirigiendo todos los trabajos. Y en cuanto a La Sierra, cuando se escriba la historia de esta etapa revolucionaria, en la portada tendrán que aparecer dos nombres: David y Norma.

Sierra Maestra, Julio 21 de 1957

Columna Nº 1
Comandante: [illegible]
Cap. Jefe E.M.: [illegible]
Capitán: Guillermo García
Capitán: [illegible]
Capitán: [illegible]
Teniente: Luis Crespo
Teniente: Delio G. Ochoa
Teniente: Reinaldo Mora
Teniente: José Almeida A.
Teniente: [illegible]
Teniente: [illegible]
Teniente: [illegible]
Teniente: [illegible]
Teniente: Ciro Frías C.
Teniente: [illegible]
Teniente: Camilo Cienfuegos
Teniente: Efigenio Ameijeiras

Columna Nº 2
Comandante: Ernesto Guevara
Capitán: Eduardo Sardiña
Capitán: Ramiro Valdés
Capitán: [illegible]
Teniente: [illegible]
Teniente: [illegible]
Teniente: William Rodríguez
Teniente: [illegible] Acuña
Teniente: Carlos Mas
Teniente: Joaquín La Rosa
Teniente: [illegible]
Teniente: [illegible]
Teniente: Roberto Sotomayor
Teniente: Ricardo Díaz

Faltan las firmas de varios oficiales destacados con sus hombres en puntos distantes.

(2/2)

Sur la deuxième page de cette lettre de solidarité signée par les officiers de l'Armée rebelle, le Che apparaît en tant que commandant de la colonne 2.

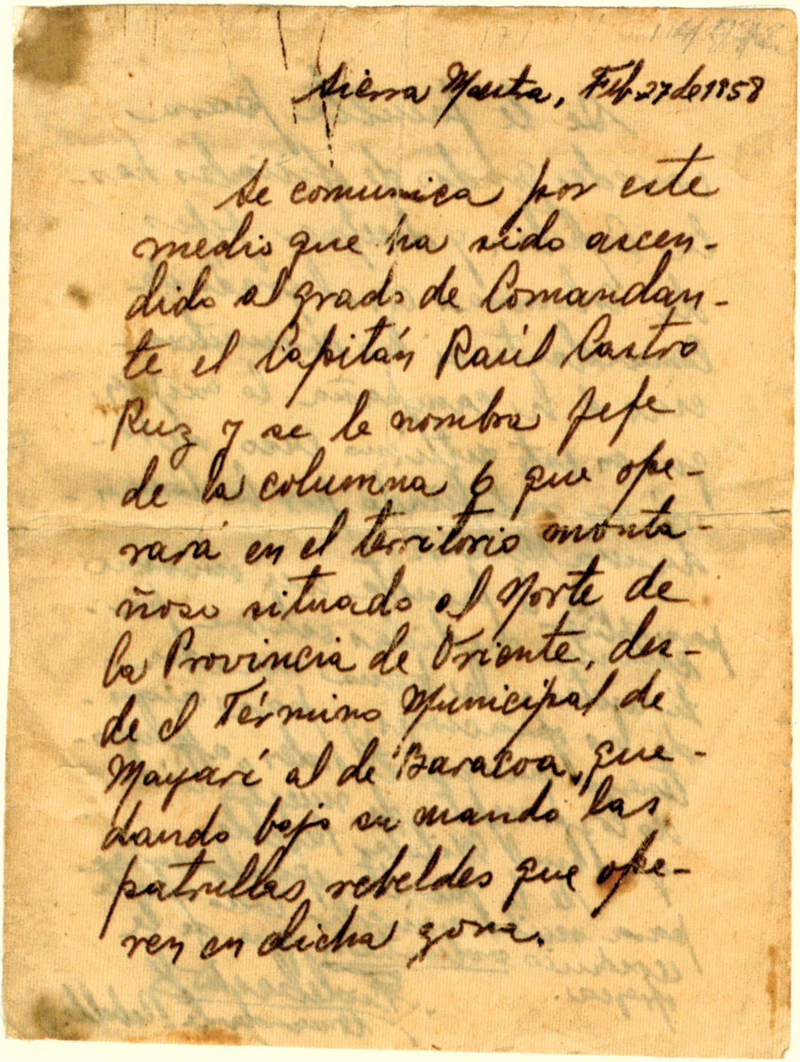

Sierra Maestra, Feb 27 de 1958

Se comunica por este medio que ha sido ascendido al grado de Comandante el Capitán Raúl Castro Ruz y se le nombra jefe de la columna 6 que operará en el territorio montañoso situado al Norte de la Provincia de Oriente, desde el Término Municipal de Mayarí al de Baracoa, quedando bajo su mando las patrullas rebeldes que operen en dicha zona.

(1/2)

Ordre d'accession au grade de commandant du capitaine Raúl Castro Ruz, nommé chef de la colonne 6, pour l'ouverture du Second front oriental Frank País. 27 février 1958.

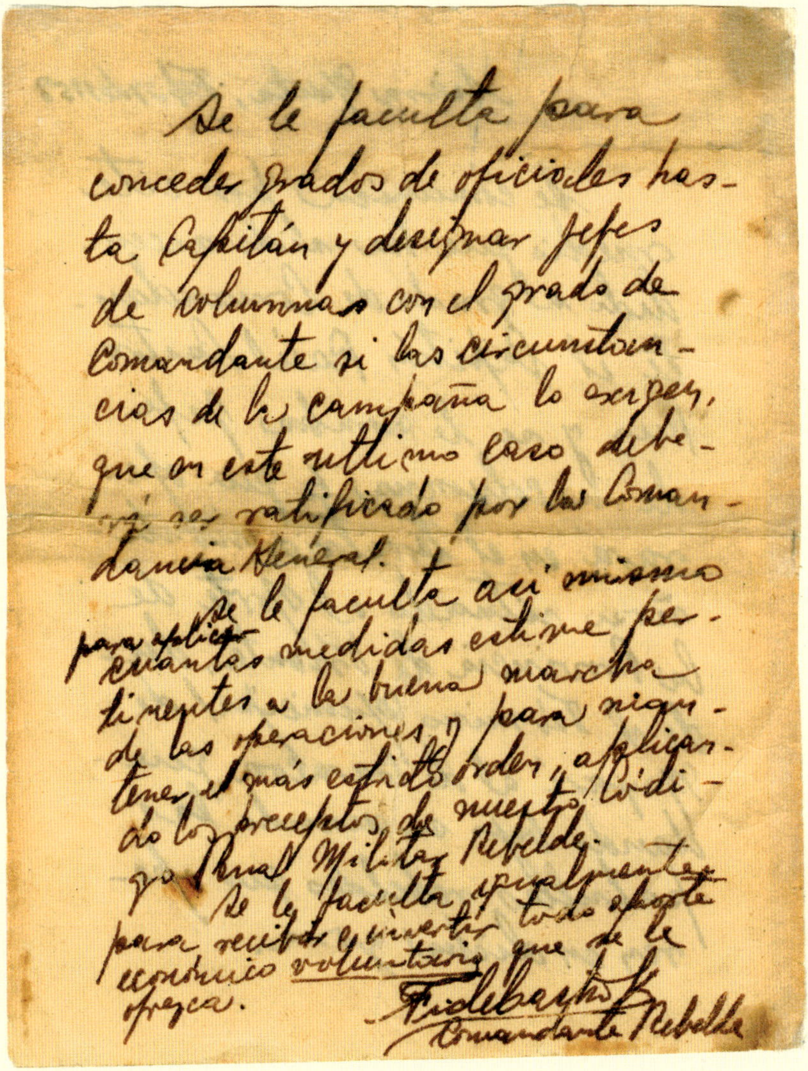

Se le faculta para conceder grados de oficiales hasta Capitán y designar jefes de columnas con el grado de Comandante si las circunstancias de la campaña lo exigen, que en este último caso deberá ser ratificado por la Comandancia General.

Se le faculta así mismo para aplicar cuantas medidas estime pertinentes a la buena marcha de las operaciones y para mantener el más estricto orden, aplicando los preceptos de nuestro Código Penal Militar Rebelde.

Se le faculta igualmente para recibir e invertir todo aporte económico voluntario que se le ofrezca.

Fidel Castro
Comandante Rebelde

(2/2)

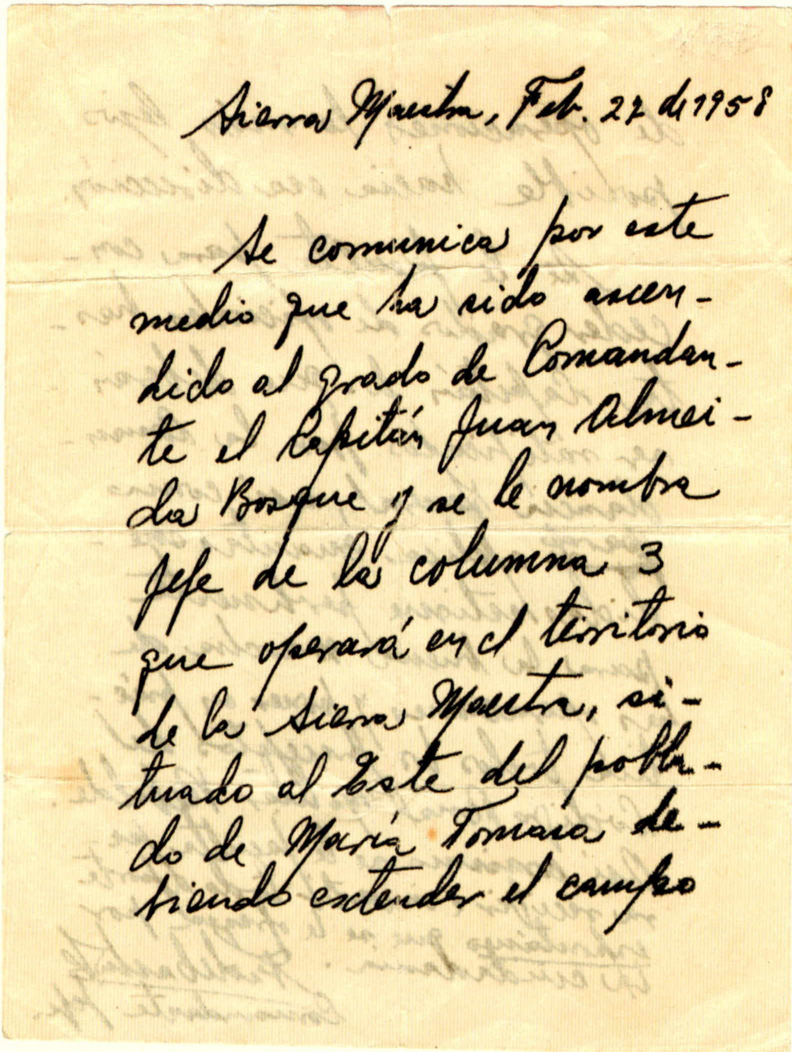

Sierra Maestra, Feb. 27 de 1958

Se comunica por este medio que ha sido ascendido al grado de Comandante el Capitán Juan Almeida Bosque y se le nombra jefe de la columna 3 que operará en el territorio de la Sierra Maestra, situado al Este del poblado de María Tomasa debiendo extender el campo

(1/2)

Ordre d'accession au grade de commandant du capitaine Juan Almeida Bosque, nommé chef de la colonne 3, pour l'ouverture du Troisième front oriental Docteur Mario Muñoz. 27 février 1958.

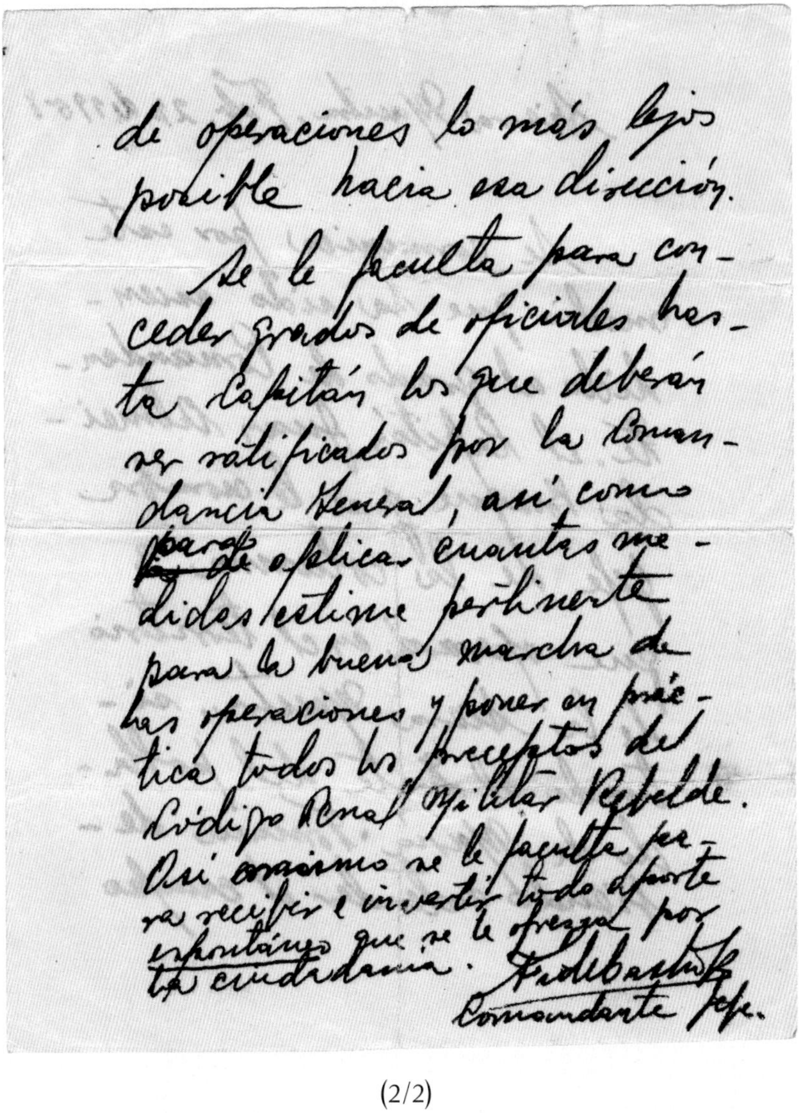

de operaciones lo más lejos posible hacia esa dirección.

Se le faculta para conceder grados de oficiales hasta Capitán los que deberán ser ratificados por la Comandancia General, así como para aplicar cuantas medidas estime pertinente para la buena marcha de las operaciones y poner en práctica todos los preceptos del Código Penal Militar Rebelde. Así mismo se le faculta para recibir e invertir todo aporte espontáneo que se le ofrezca por la ciudadanía.

Fidel Castro
Comandante Jefe.

(2/2)

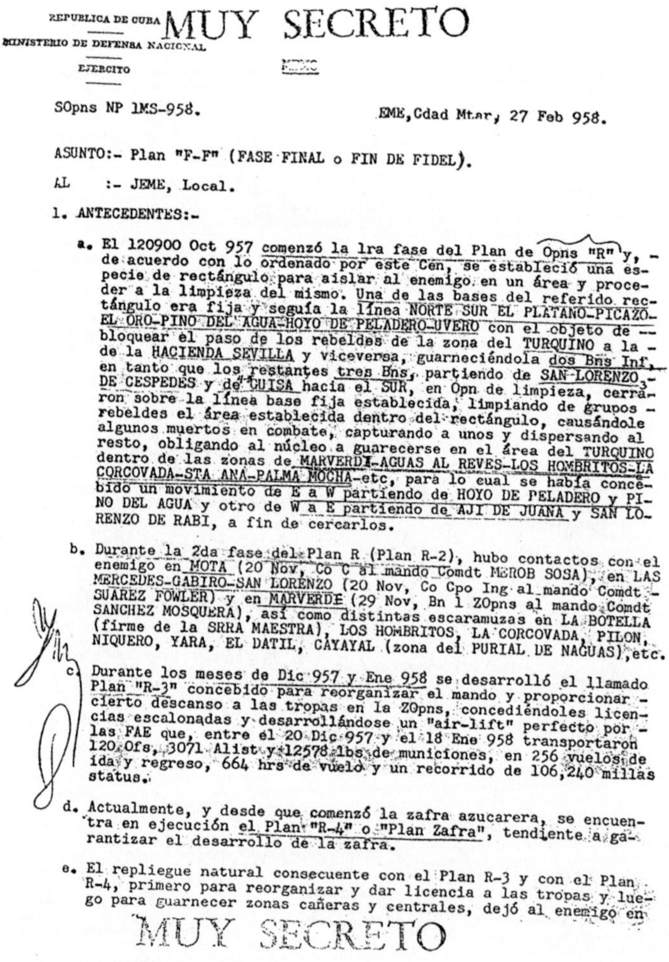

REPUBLICA DE CUBA MUY SECRETO
MINISTERIO DE DEFENSA NACIONAL
EJERCITO

SOpns NP 1MS-958.

EME, Cdad Mtar, 27 Feb 958.

ASUNTO:- Plan "F-F" (FASE FINAL o FIN DE FIDEL).

AL :- JEME, Local.

1. ANTECEDENTES:-

a. El 120900 Oct 957 comenzó la 1ra fase del Plan de Opns "R" y, de acuerdo con lo ordenado por este Cen, se estableció una especie de rectángulo para aislar al enemigo en un área y proceder a la limpieza del mismo. Una de las bases del referido rectángulo era fija y seguía la línea NORTE SUR EL PLATANO-PICAZO-EL ORO-PINO DEL AGUA-HOYO DE PELADERO-UVERO con el objeto de bloquear el paso de los rebeldes de la zona del TURQUINO a la de la HACIENDA SEVILLA y viceversa, guarneciéndola dos Bns Inf, en tanto que los restantes tres Bns, partiendo de SAN LORENZO, DE CESPEDES y de GUISA hacia el SUR, en Opn de limpieza, cerraron sobre la línea base fija establecida, limpiando de grupos rebeldes el área establecida dentro del rectángulo, causándole algunos muertos en combate, capturando a unos y dispersando al resto, obligando al núcleo a guarecerse en el área del TURQUINO dentro de las zonas de MARVERDI-AGUAS AL REVES-LOS HOMBRITOS-LA CORCOVADA-STA ANA-PALMA MOCHA-etc, para lo cual se había concebido un movimiento de E a W partiendo de HOYO DE PELADERO y PINO DEL AGUA y otro de W a E partiendo de AJI DE JUANA y SAN LORENZO DE RABI, a fin de cercarlos.

b. Durante la 2da fase del Plan R (Plan R-2), hubo contactos con el enemigo en MOTA (20 Nov, Co C al mando Comdt MEROB SOSA), en LAS MERCEDES-GABIRO-SAN LORENZO (20 Nov, Co Cpo Ing al mando Comdt SUAREZ FOWLER) y en MARVERDE (29 Nov, Bn 1 ZOpns al mando Comdt SANCHEZ MOSQUERA), así como distintas escaramuzas en LA BOTELLA (firme de la SRRA MAESTRA), LOS HOMBRITOS, LA CORCOVADA, PILON, NIQUERO, YARA, EL DATIL, CAYAYAL (zona del PURIAL DE NAGUAS), etc.

c. Durante los meses de Dic 957 y Ene 958 se desarrolló el llamado Plan "R-3" concebido para reorganizar el mando y proporcionar cierto descanso a las tropas en la ZOpns, concediéndoles licencias escalonadas y desarrollándose un "air-lift" perfecto por las FAE que, entre el 20 Dic 957 y el 18 Ene 958 transportaron 120 Ofs, 3071 Alist y 12578 lbs de municiones, en 256 vuelos de ida y regreso, 664 hrs de vuelo y un recorrido de 106,240 millas status.

d. Actualmente, y desde que comenzó la zafra azucarera, se encuentra en ejecución el Plan "R-4" o "Plan Zafra", tendiente a garantizar el desarrollo de la zafra.

e. El repliegue natural consecuente con el Plan R-3 y con el Plan R-4, primero para reorganizar y dar licencia a las tropas y luego para guarnecer zonas cañeras y centrales, dejó al enemigo en

MUY SECRETO

Document secret de l'Armée de Batista qui définit le Plan F-F – Fase Final (phase finale) ou Fin de Fidel – et rapporte les antécédents de l'offensive de l'été. 27 février 1958.

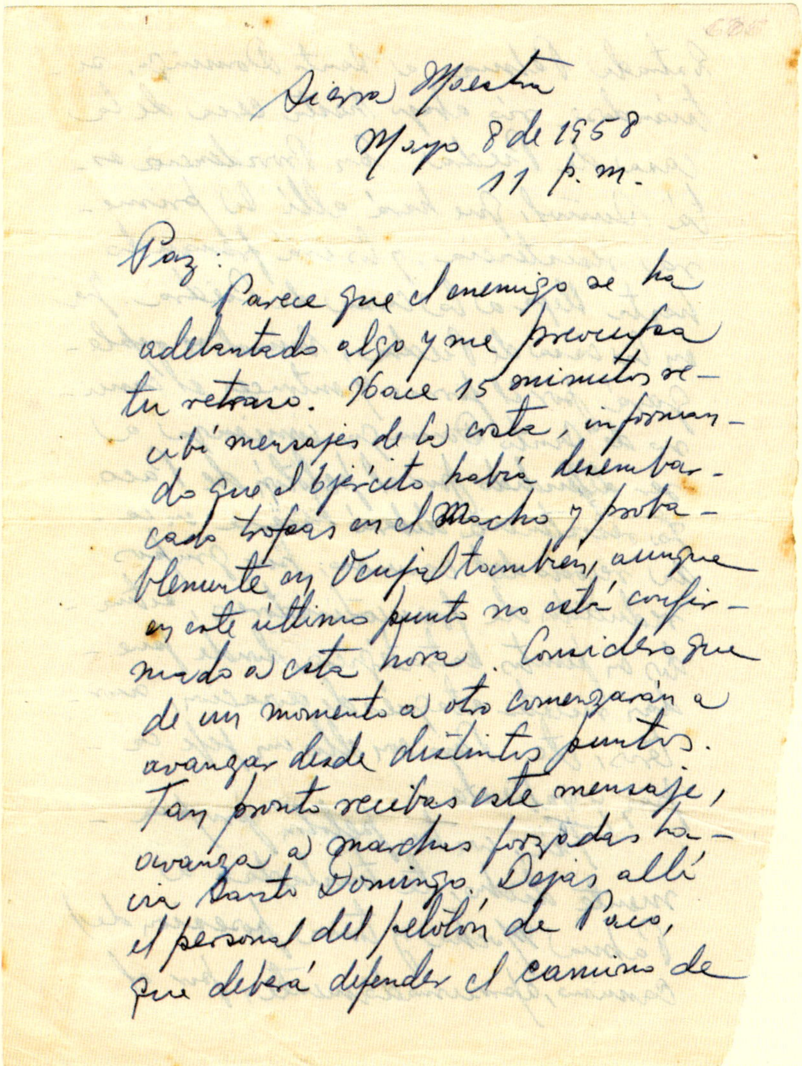

Sierra Maestra
Mayo 8 de 1958
11 p.m.

Paz:

Parece que el enemigo se ha adelantado algo y me preocupa tu retraso. Hace 15 minutos recibí mensajes de la costa, informando que el Ejército había desembarcado tropas en el Macho y probablemente en Ocujal también, aunque en este último punto no está confirmado a esta hora. Considero que de un momento a otro comenzarán a avanzar desde distintos puntos. Tan pronto recibas este mensaje, avanza a marchas forzadas hacia Santo Domingo. Dejas allí el personal del pelotón de Paco, que deberá defender el camino de

(1/4)

Message de Fidel au capitaine Ramón Paz en prévision des opérations ennemies dans la zone d'El Macho. 8 mai 1958.

2

Entrada Palma a Santo Domingo, si-
tuándose río abajo hasta cerca de la
casa de Piedra. En Providencia es-
tá Suñol, que hará allí la prime-
ra resistencia, y los irá frenando
hasta llegar a la casa de Piedra. Ya
en la casa de Piedra, Suñol se reple-
gará por el firme y entonces el cami-
no de Santo Domingo, comienza a
ser defendido por el pelotón de Paco.
La resistencia deberá hacerse en ca-
da recodo del camino, por grupos
reducidos de francotiradores, situa-
dos en puntos estratégicos, donde pue-
dan resistir ataques de aviación, mor-
teros, etc. Deja con ellos un jefe ca-
paz y valiente.

Tú, con tu pelotón propia-
mente dicho, te trasladas a
Palma Mocha y toma posesión del
camino, aproximadamente, por el

(2/4)

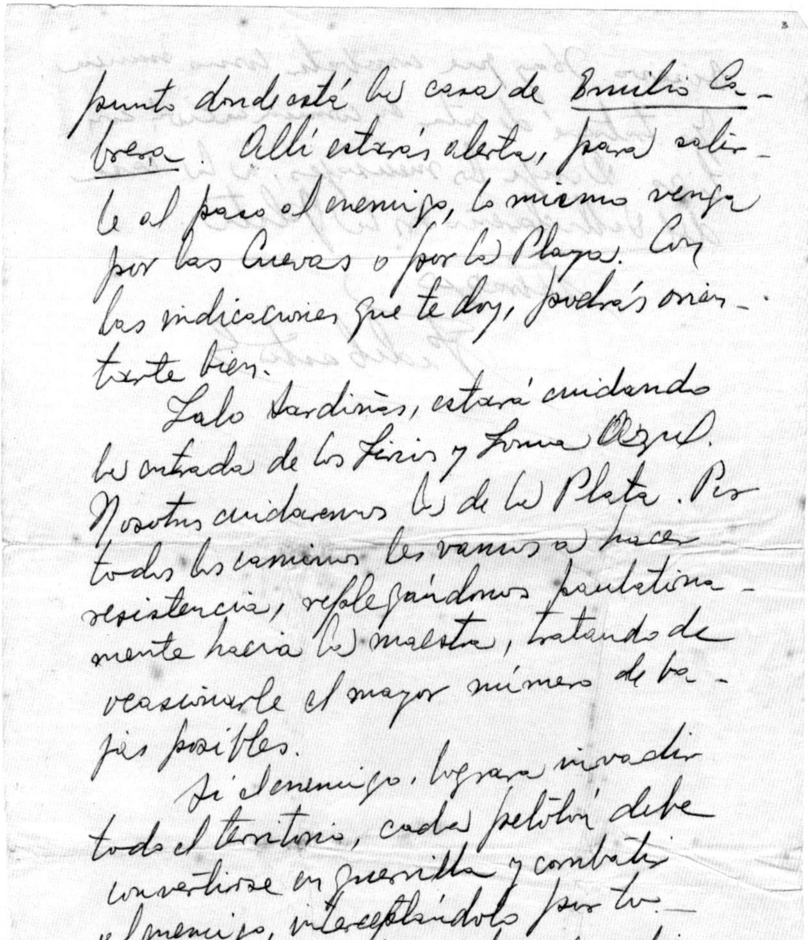

3

punto donde está la casa de Emilio Cabrera. Allí estarás alerta, para salirle al paso al enemigo, lo mismo venga por Las Cuevas o por La Playa. Con las indicaciones que te doy, podrás orientarte bien.

Lalo Sardiñas, estará cuidando la entrada de los Lirios y Loma Azul. Nosotros cuidaremos la de La Plata. Por todos los caminos les vamos a hacer resistencia, replegándonos paulatinamente hacia la maestra, tratando de ocasionarle el mayor número de bajas posibles.

Si el enemigo, lograra invadir todo el territorio, cada pelotón debe convertirse en guerrilla y combatir al enemigo, interceptándolo por todos los caminos, hasta hacerlo salir de nuevo. Este es un momento de -

(3/4)

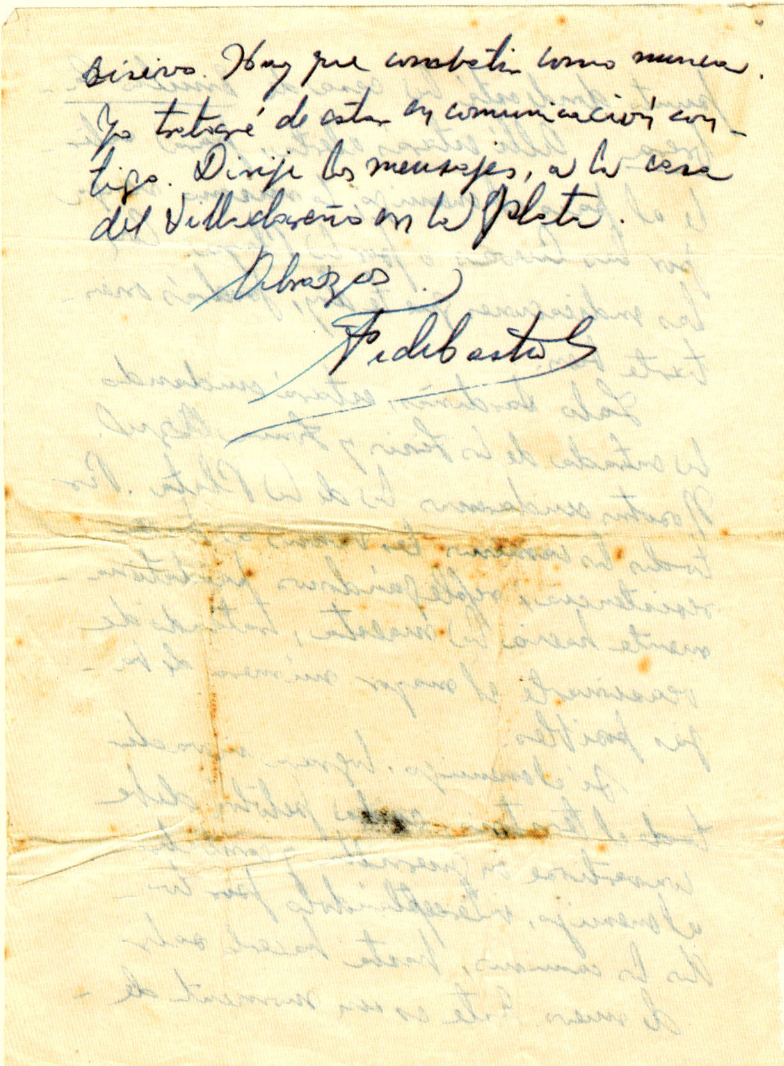

-sivo. Hay que combatir como nunca.
Yo trataré de estar en comunicación contigo. Dirige los mensajes, a la casa
del Villalbareño en La Plata.

Abrazos

Fidel Castro

(4/4)

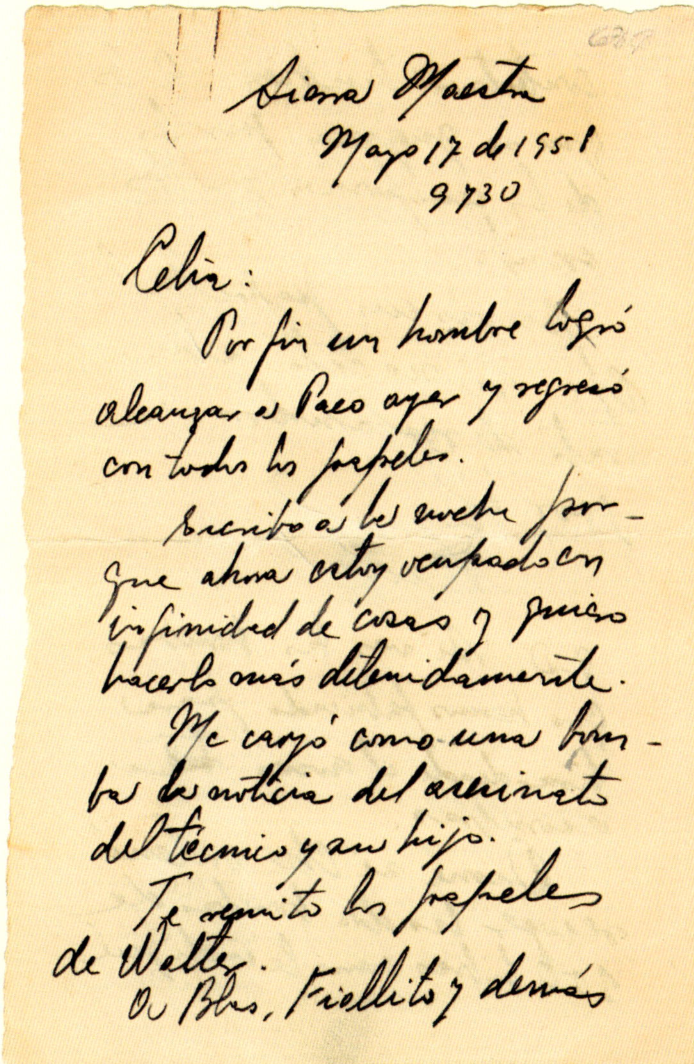

Sierra Maestra
Mayo 17 de 1958
9730

Celia:
Por fin un hombre logró alcanzar a Paco ayer y regresó con todos los papeles.
Escribo a la noche porque ahora estoy ocupado con infinidad de cosas y quiero hacerlo más detenidamente.
Me cayó como una bomba la noticia del asesinato del técnico y su hijo.
Te remito los papeles de Walter.
A Blas, Fidelito y demás

(1/2)

Message de Fidel à Celia dans lequel il souligne la capacité acquise par l'Armée rebelle dans la fabrication d'armement. 17 mai 1958.

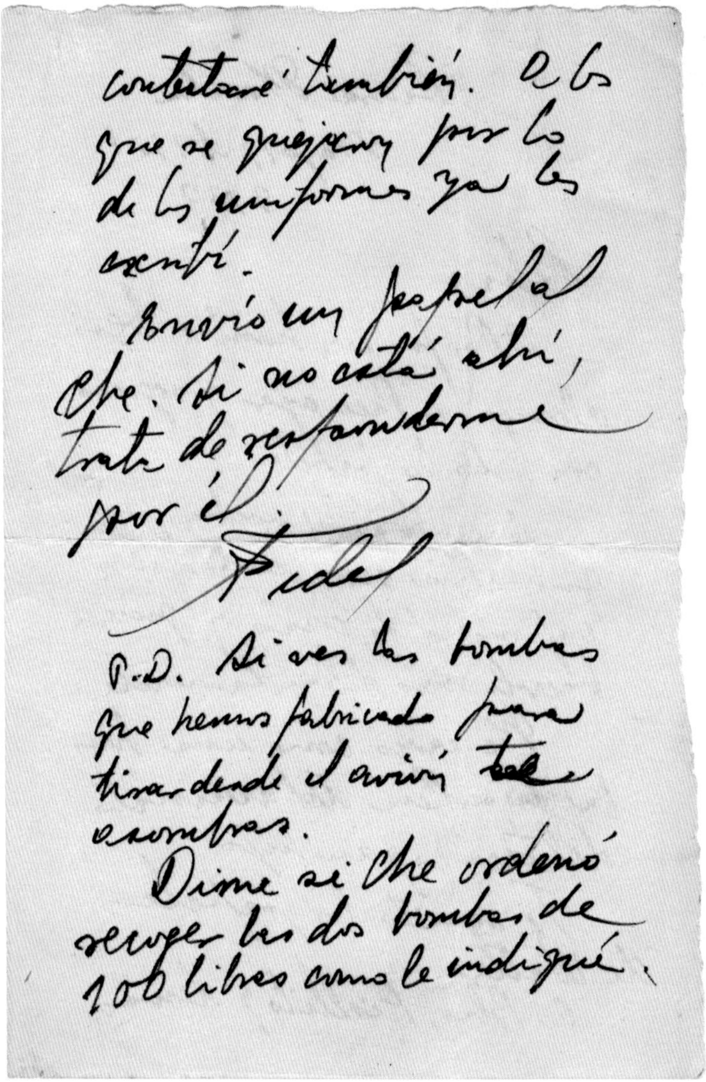
contestaré también. A los
que se quejaron por lo
de los uniformes ya les
escribí.

Envío un papel al
Che. Si no está ahí,
trate de responderme
por él.

Fidel

P.D. Si ves las bombas
que hemos fabricado para
tirar desde el avión te
asombras.

Dime si Che ordenó
recoger las dos bombas de
100 libras como le indiqué.

(2/2)

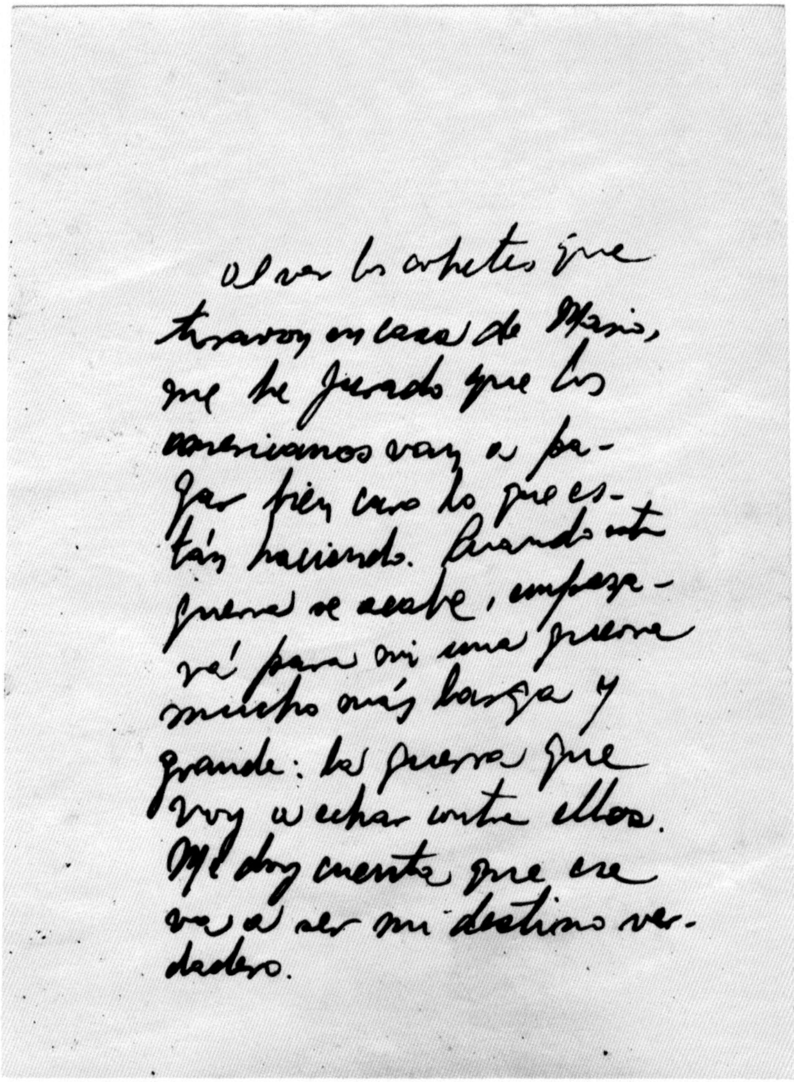
Al ver los cohetes que
tiraron en casa de Mario,
me he jurado que los
americanos van a pa-
gar bien caro lo que es-
tán haciendo. Cuando esta
guerra se acabe, empeza-
rá para mí una guerra
mucho más larga y
grande: la guerra que
voy a echar contra ellos.
Me doy cuenta que ese
va a ser mi destino ver-
dadero.

Extrait de la longue lettre envoyée par Fidel à Celia après le bombardement ennemi sur la maison du paysan Mario Sariol à Minas de Frío. Les projectiles qui avaient été lancés portaient le label *Made in USA*. 5 juin 1958.

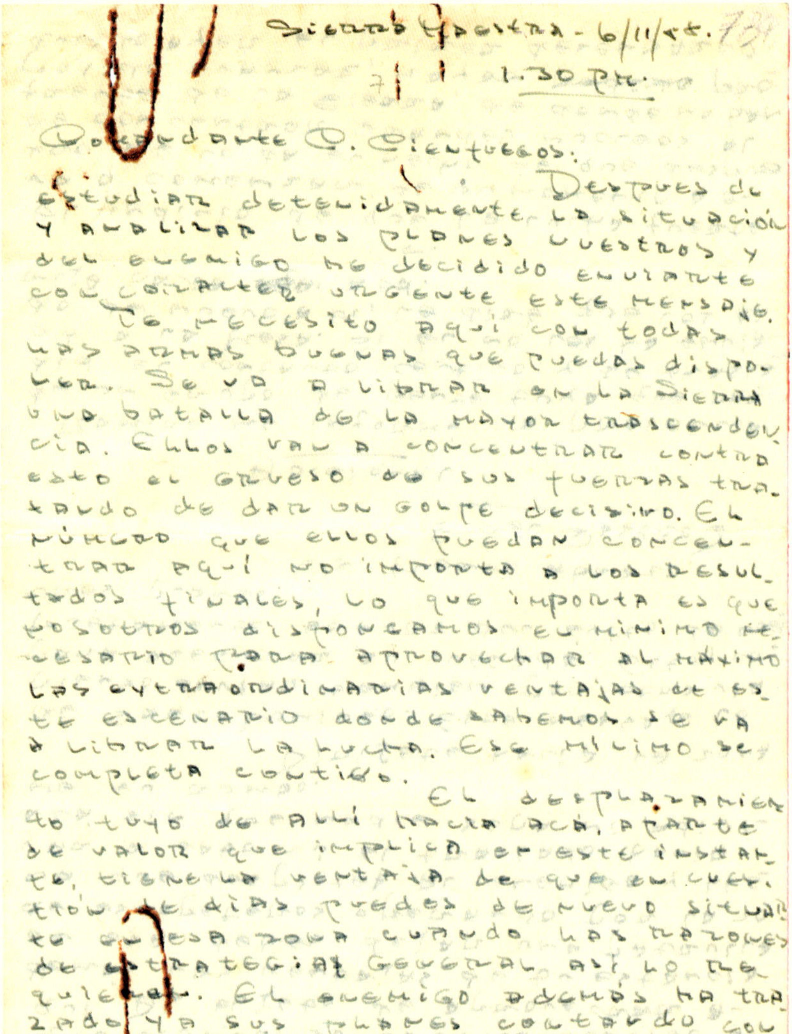

Sierra Maestra - 6/11/58.
1.30 PM.

Comandante C. Cienfuegos:

Despues de estudiar detenidamente la situación y analizar los planes vuestros y del enemigo he decidido enviarte con carácter urgente este mensaje.

Te necesito aquí con todas las armas buenas que puedas disponer. Se va a librar en la Sierra una batalla de la mayor trascendencia. Ellos van a concentrar contra esto el grueso de sus fuerzas tratando de dar un golpe decisivo. El número que ellos puedan concentrar aquí no importa a los resultados finales, lo que importa es que nosotros dispongamos el mínimo necesario para aprovechar al máximo las extraordinarias ventajas de este escenario donde sabemos se va a librar la lucha. Ese mínimo se completa contigo.

El desplazamiento tuyo de allí hacia acá, aparte de valor que implica en este instante, tiene la ventaja de que en cuestión de días puedes de nuevo situarte en esa zona cuando las razones de estrategia general así lo requieran. El enemigo además ha trazado ya sus planes contando contigo allí, vamos a hacer que ten-

(1/2)

Ordre donné par Fidel à Camilo de se déplacer des plaines du Cauto vers la zone du Premier front dans la Sierra Maestra en vue de renforcer la défense du territoire rebelle contre l'offensive ennemie. 11 juin 1958.

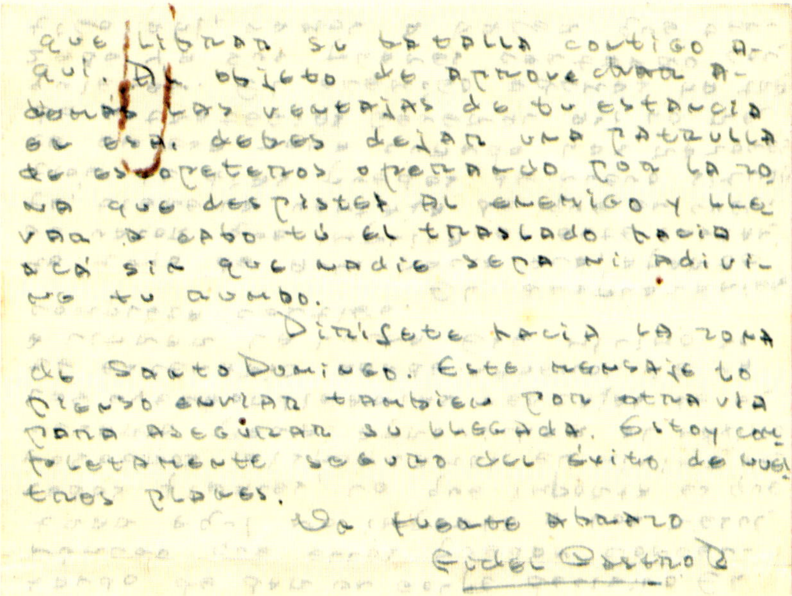

que libran su batalla contigo aquí. Al objeto de aprovechar además las ventajas de tu estancia en esa, debes dejar una patrulla de escopeteros operando por la zona que despisten al enemigo y llevar a cabo tú el traslado hacia acá sin que nadie sepa ni adivine tu rumbo.

Dirígete hacia la zona de Santo Domingo. Este mensaje lo pienso enviar también por otra vía para asegurar su llegada. Estoy completamente seguro del éxito de nuestros planes.

Un fuerte abrazo

Fidel Castro R.

(2/2)

Respuesta al mensaje enviado por Ramiro desde La Mesa, al Comandante.

Junio 13,1958. 6:40 PM.-

RamiritO;Te envío urgentemente 400 balas 30-06. Tengo que ahorrarlas como cuestión de vida o muerte. Estoy esperando gran ayuda desde fuera este mismo mes. Estoy seguro de que podremos resistir si llevamos adelante el plan correcto de lucha. Necesitamos tres meses para recibir los refuerzos suficientes con que lanzarnos a la ofensiva cuando el enemigo esté virtualmente agotado. Esta noche te escribiré largamente con profusión de detalles sobre lo que tienes que hacer. Prepara buenas defensas en el camino de Santana para retardar lo más posible el avance por ese sitio y poder realizar el plan que voy a trazarte en mi carta. Firmado: Fidel Castro.-

Message de Fidel à Ramiro Valdés, dit Ramirito, à propos de l'envoi de quatre cents cartouches 30.06. 13 juin 1958.

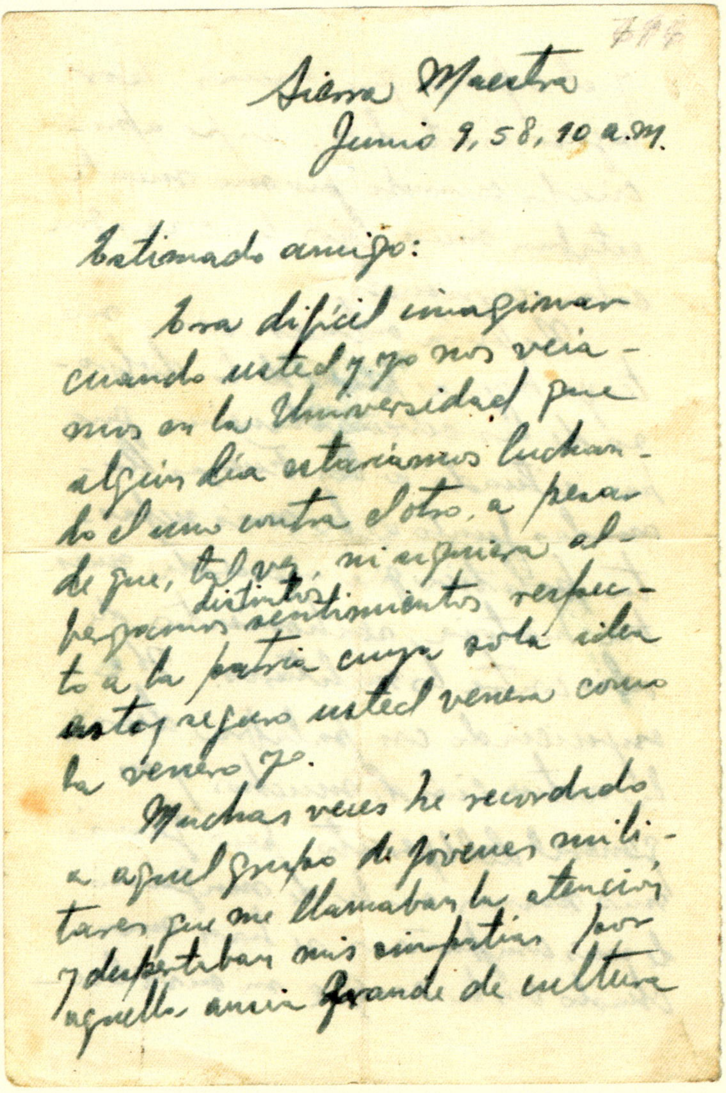

Sierra Maestra
Junio 9, 58, 10 a.m.

Estimado amigo:

Era difícil imaginar cuando usted y yo nos veíamos en la Universidad que algún día estaríamos luchando el uno contra el otro, a pesar de que, tal vez, ni siquiera albergamos distintos sentimientos respecto a la patria cuya sola idea estoy seguro usted venera como la venero yo.

Muchas veces he recordado a aquel grupo de jóvenes militares que me llamaban la atención y despertaban mis simpatías por aquellas ansias grandes de cultura

(1/6)

Lettre envoyée par Fidel à José Quevedo, chef du bataillon 18 de l'Armée de la tyrannie et ancien compagnon d'études. Fidel en appelle au patriotisme et à l'honnêteté du chef militaire. 9 juin 1958.

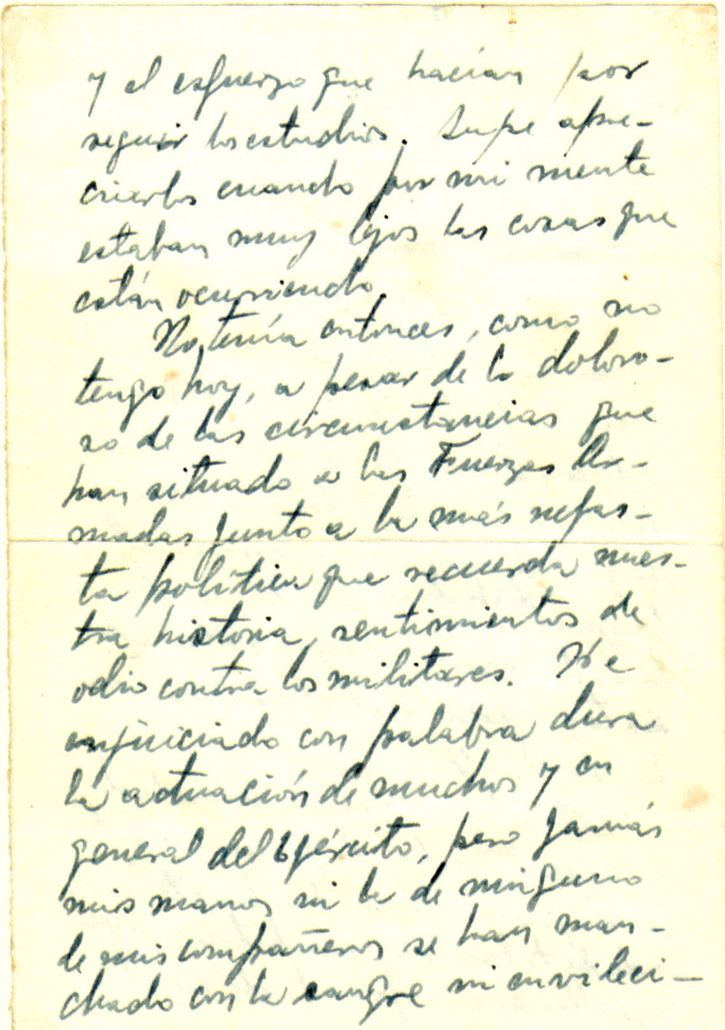
y el esfuerzo que hacían por
seguir los estudios. Supe apre-
ciarlo cuando por mi mente
estaban muy lejos las cosas que
están ocurriendo.
No tenía entonces, como no
tengo hoy, a pesar de lo doloro-
so de las circunstancias que
han situado a las Fuerzas Ar-
madas junto a la más nefas-
ta política que recuerda nues-
tra historia, sentimientos de
odio contra los militares. He
enjuiciado con palabra dura
la actuación de muchos y en
general del Ejército, pero jamás
mis manos ni la de ninguno
de mis compañeros se han man-
chado con la sangre ni envileci-

(2/6)

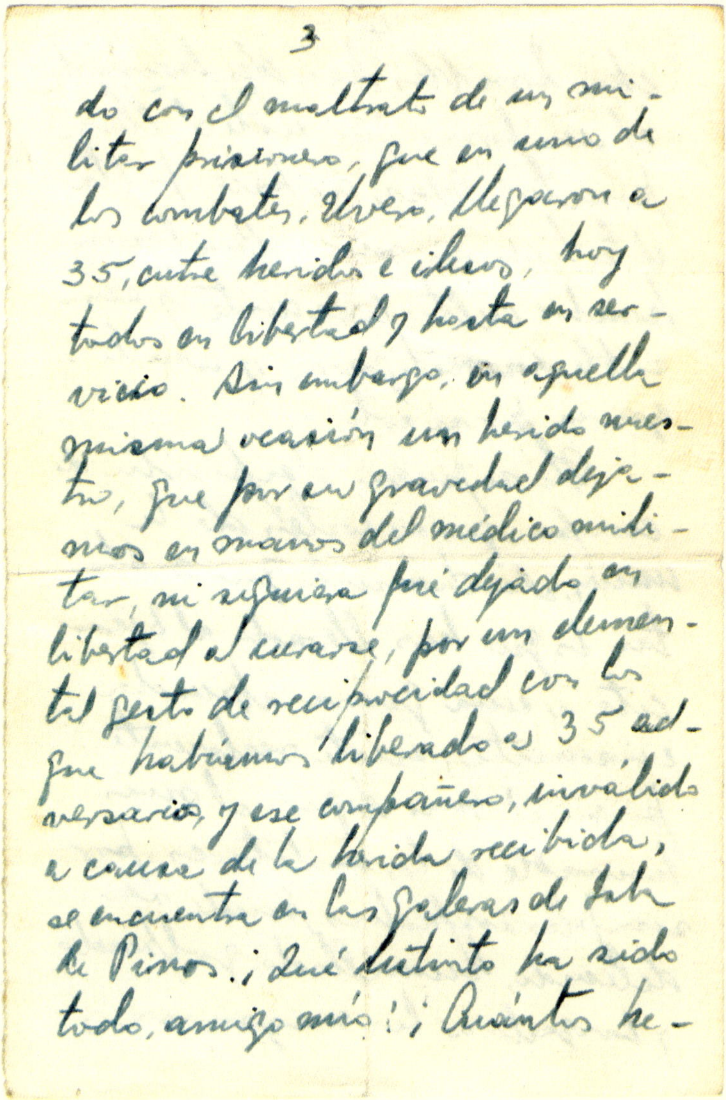
3

do con el maltrato de un mi-
litar prisionero, que en uno de
los combates, Uvero, llegaron a
35, entre heridos e ilesos, hoy
todos en libertad y hasta en ser-
vicio. Sin embargo, en aquella
misma ocasión un herido nues-
tro, que por su gravedad deja-
mos en manos del médico mili-
tar, ni siquiera fue dejado en
libertad al curarse, por un demen-
tal gesto de reciprocidad con los
que habíamos liberado a 35 ad-
versarios, y ese compañero, inválido
a causa de la herida recibida,
se encuentra en las galeras de Isla
de Pinos. ¡Qué distinto ha sido
todo, amigo mío! ¡Cuántos he-

(3/6)

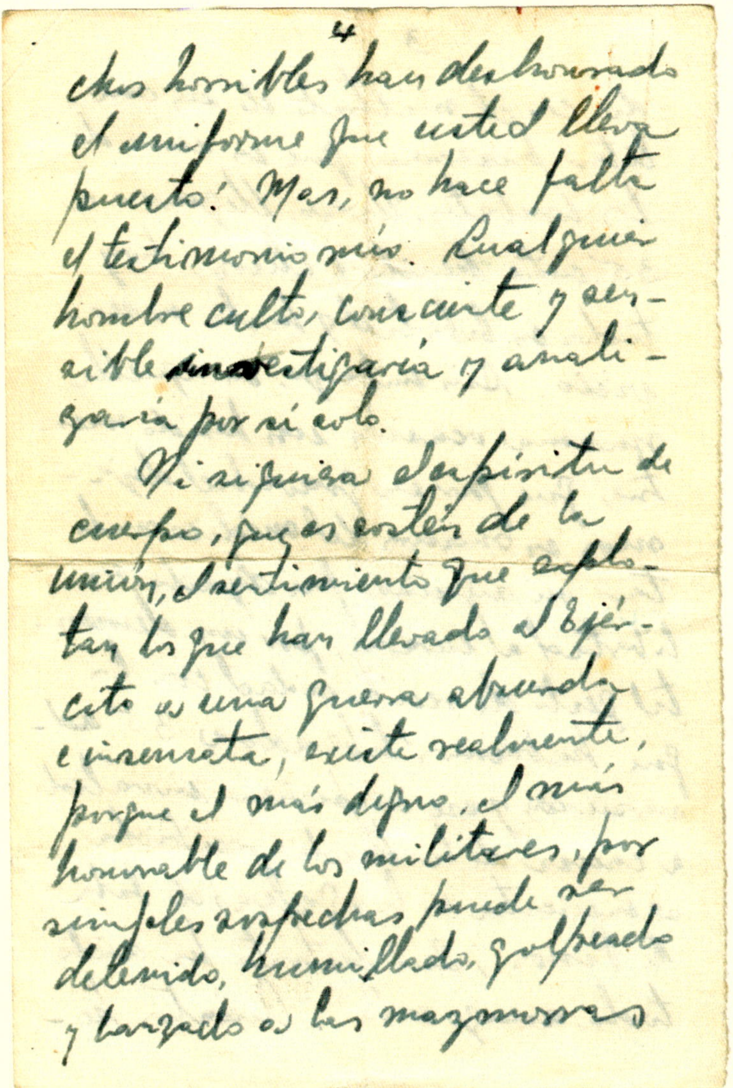
4
chos horribles han deshonrado
el uniforme que usted lleva
puesto! Mas, no hace falta
el testimonio mío. Cualquier
hombre culto, consciente y sen-
sible investigaría y anali-
zaría por sí solo.
Ni siquiera el espíritu de
cuerpo, pues es sostén de la
unión, el sentimiento que explo-
tan los que han llevado al Ejér-
cito a una guerra absurda
e insensata, existe realmente,
porque el más digno, el más
honorable de los militares, por
simples sospechas puede ser
detenido, humillado, golpeado
y lanzado a las mazmorras

(4/6)

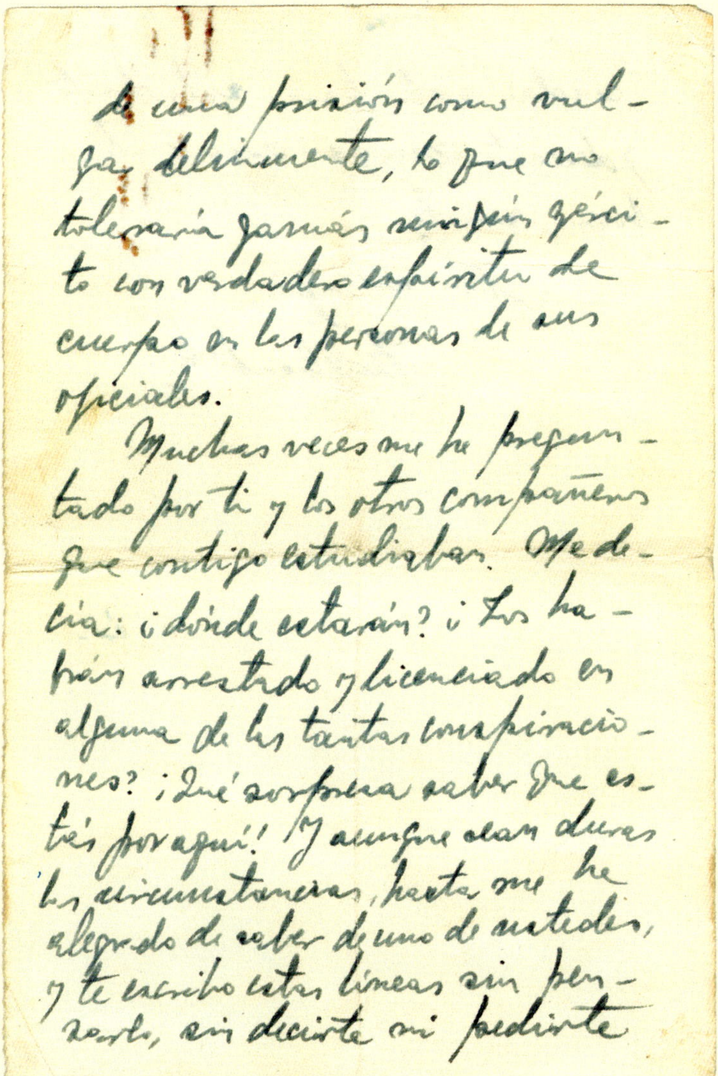

de cada prisión como vulgar delincuente, lo que no toleraría jamás ningún ejército con verdadero espíritu de cuerpo en las personas de sus oficiales.

Muchas veces me he preguntado por ti y los otros compañeros que contigo estudiaban. Me decía: ¿dónde estarán? ¿Los habrán arrestado y licenciado en alguna de las tantas conspiraciones? ¡Qué sorpresa saber que estéis por aquí! Y aunque sean duras las circunstancias, hasta me he alegrado de saber de uno de ustedes, y te escribo estas líneas sin pensarlo, sin decírtelo ni pedírte

(5/6)

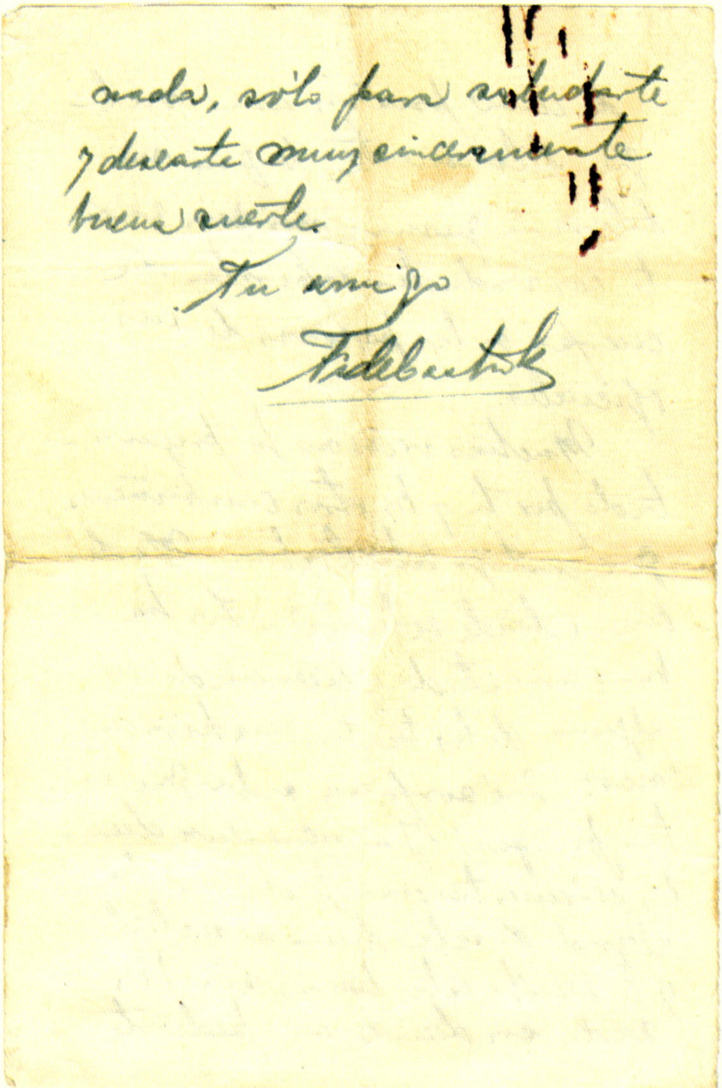

nada, sólo para saludarte
y desearte muy sinceramente
buena suerte.
Tu amigo
Fidel Castro

(6/6)

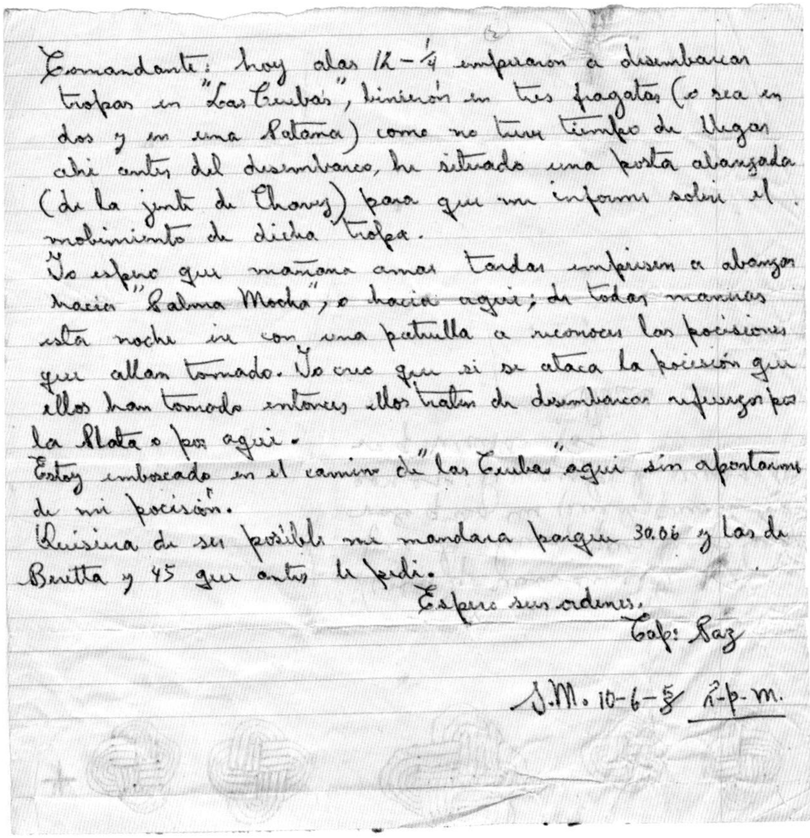
Comandante: hoy a las 12-1/4 empezaron a desembarcar tropas en "Las Cuebas", vinieron en tres fragatas (o sea en dos y en una Patana) como no tuve tiempo de llegar ahí antes del desembarco, he situado una posta abanzada (de la gente de Chavez) para que me informe sobre el mobimiento de dicha tropa.
Yo espero que mañana o mas tardar empiesen a abanzar hacia "Palma Mocha", o hacia aquí; de todas maneras esta noche iré con una patrulla a reconocer las pociciones que allan tomado. Yo creo que si se ataca la pocición que ellos han tomado entonces ellos traten de desembarcar refuerzos por la Plata o por aquí.
Estoy emboscado en el camino de "las Cuebas" aquí sin apartarme de mi pocición.
Quisiera de ser posible me mandara parque 30.06 y las de Beretta y 45 que antes le pedí.
Espero sus ordenes.
Cap: Paz
S.M. 10-6-58 12-p.m.

Message du capitaine Ramón Paz au Commandant Fidel Castro, dans lequel il l'informe du débarquement de l'ennemi à Las Cuevas et des décisions adoptées. Paz demande des munitions 30.06 et attend des ordres. 10 juin 1958.

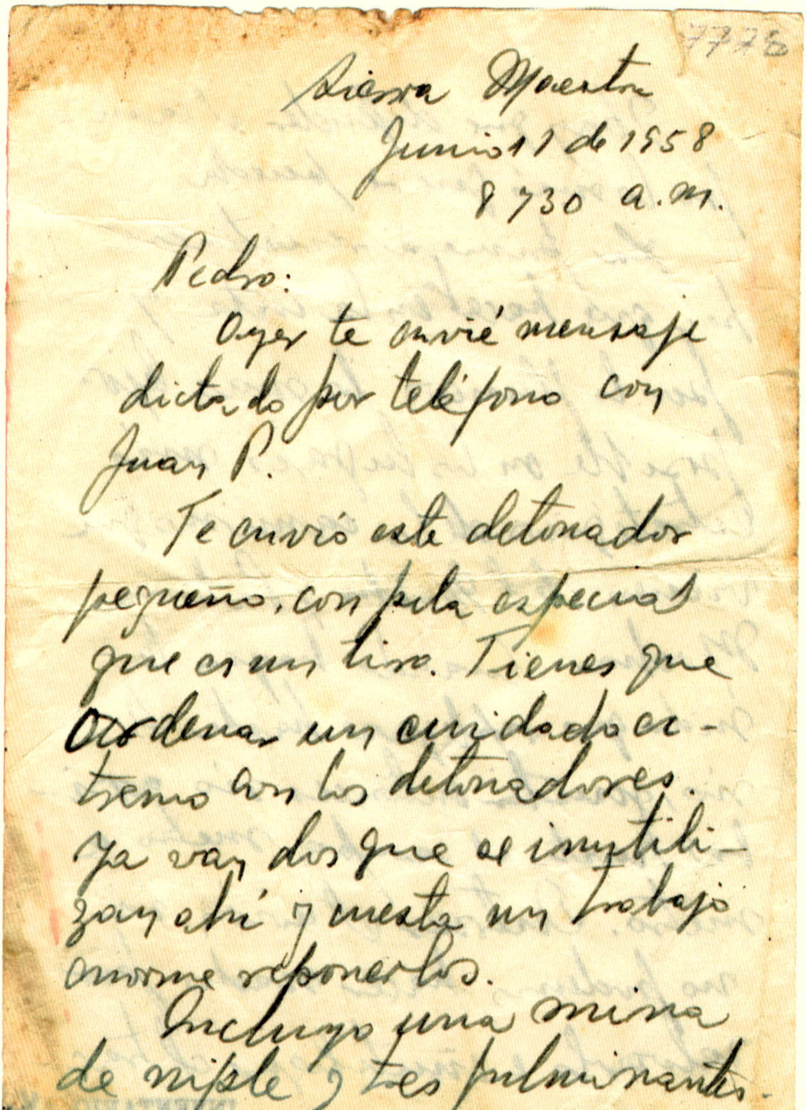

7775

Sierra Maestra
Junio 11 de 1958
7:30 a.m.

Pedro:

Ayer te envié mensaje dictado por teléfono con Juan P.

Te envío este detonador pequeño, con pila especial que es un tiro. Tienes que ordenar un cuidado extremo con los detonadores. Ya van dos que se inutilizan ahí y me cuesta un trabajo enorme reponerlos.

Incluyo una mina de niple y tres fulminantes.

(1/4)

Lettre de Fidel à Pedro Miret comportant des indications précises concernant la résistance sur la côte et l'envoi d'armement. 11 juin 1958.

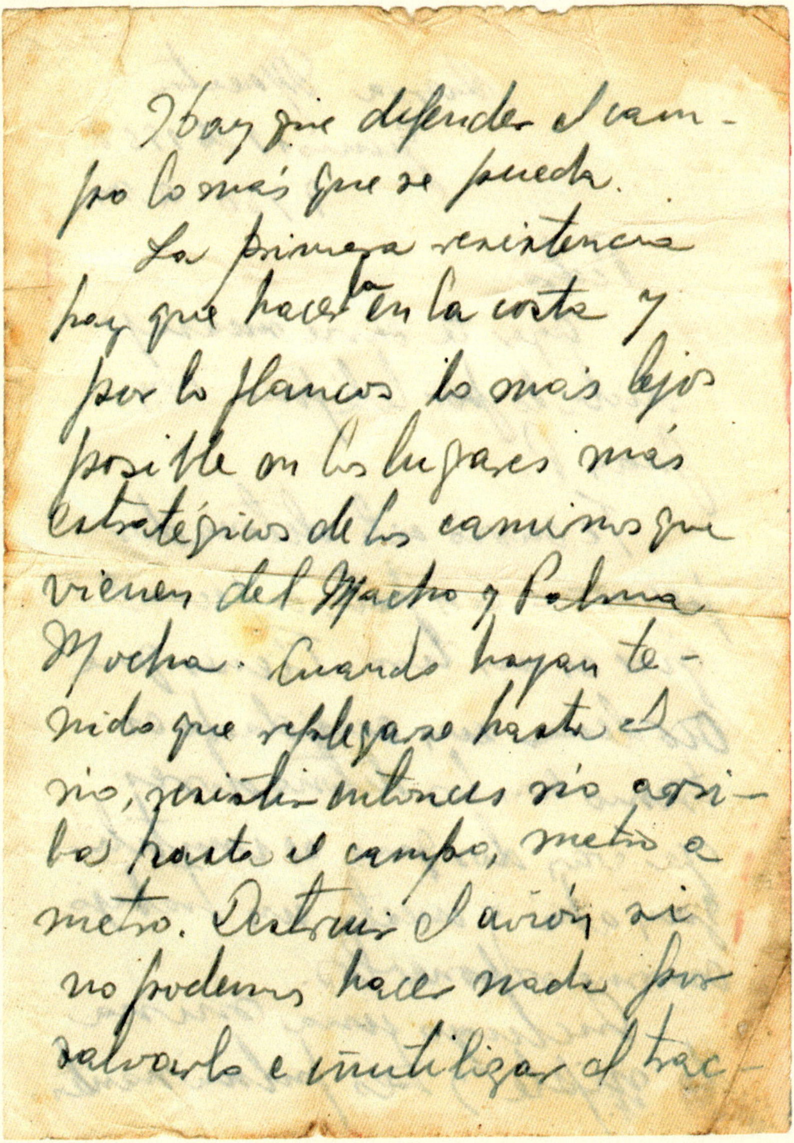
Hay que defender el campo lo más que se pueda.

La primera resistencia hay que hacerla en la costa y por los flancos lo más lejos posible en los lugares más estratégicos de los caminos que vienen del Macho y Palma Mocha. Cuando hayan tenido que replegarse hasta el río, resistir entonces río arriba hasta el campo, metro a metro. Destruir el avión si no podemos hacer nada por salvarlo e inutilizar el trac-

(2/4)

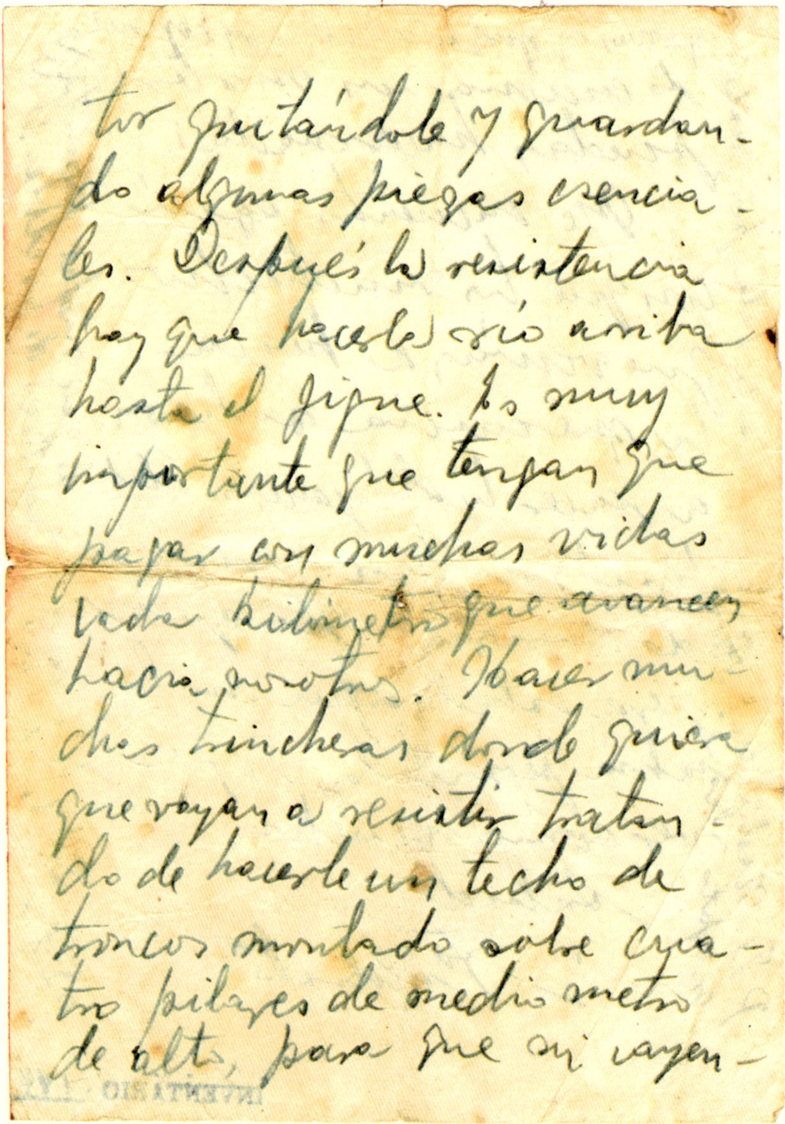
tor quitándole y guardan-
do algunas piezas esencia-
les. Después la resistencia
hay que hacerla río arriba
hasta el Jigüe. Es muy
importante que tengan que
pagar con muchas vidas
cada kilómetro que avancen
hacia nosotros. Hacer mu-
chas trincheras donde quiera
que vayan a resistir tratan-
do de hacerle un techo de
troncos montado sobre cua-
tro pilares de medio metro
de alto, para que si vayan-

(3/4)

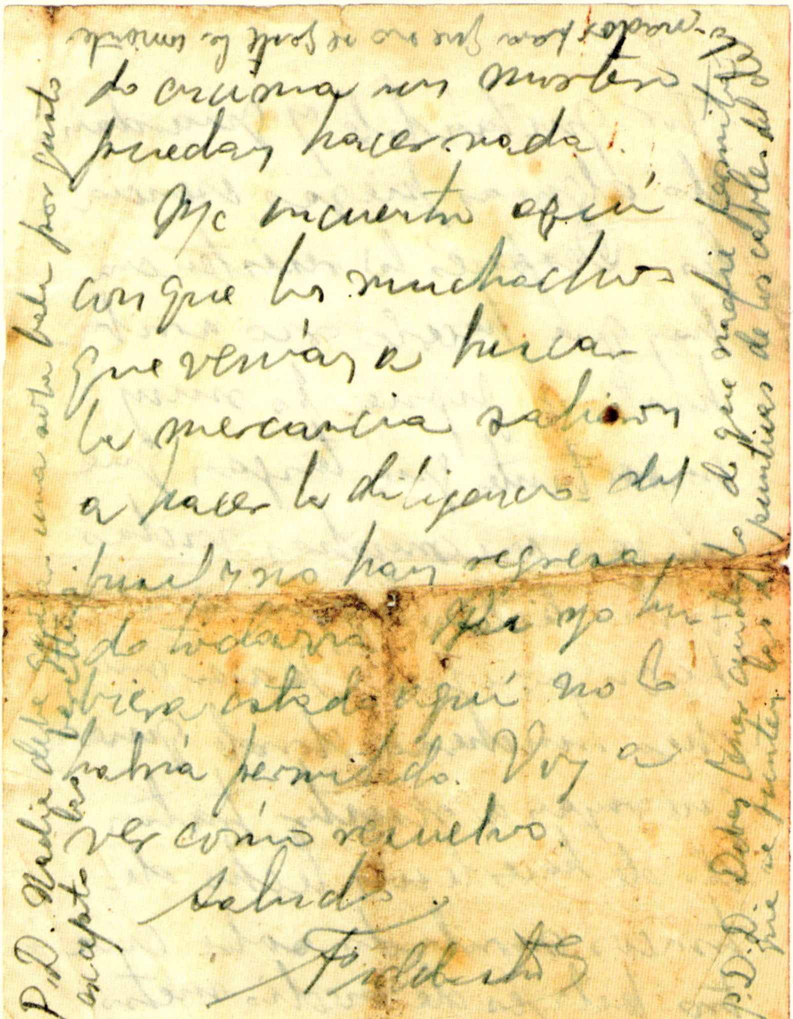

[illegible] pero que no se pierda la comunicación

do cruzarla sin nuestro
puedas hacer nada.

Me encuentro aquí
con que los muchachos
que venían a buscar
la mercancía salieron
a hacer la diligencia del
[illegible] y no han regresa-
do todavía. Si yo hu-
biera estado aquí no lo
habría permitido. Voy a
ver cómo resuelvo.

Saludos

Fidel [illegible]

P.D. Nadie debe [illegible] una sola bala por [illegible] los [illegible] aceptes

P.D.D. Debes tener cuidado de que nadie [illegible] de los [illegible] que se pierdan los [illegible] de los [illegible]

(4/4)

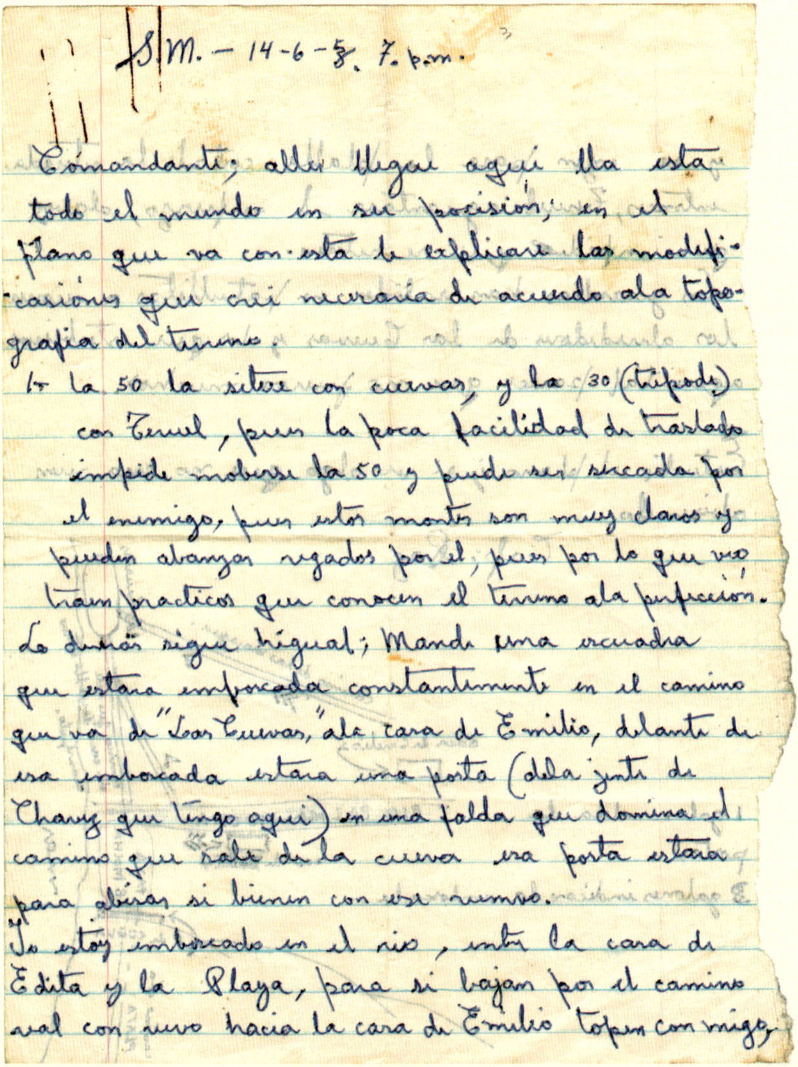
S/M. — 14-6-58. 7. p.m.

Comandante; aller llegue aquí ya esta todo el mundo en su posición; en el plano que va con esta le explicaré las modificasiones que creí necesaria de acuerdo a la topografía del terreno.

1º la 50 la situé con cuevas, y la 30 (trípode) con Teruel, pues la poca facilidad de traslado impide moverse la 50 y puede ser cercada por el enemigo, pues estos montes son muy claros y pueden abanzar regados por el, pues por lo que veo traen practicos que conocen el terreno a la perfección.

Lo demás sigue igual; Mande una escuadra que estara emboscada constantemente en el camino que va de "Las Cuevas" a la casa de Emilio, delante de esa emboscada estara una posta (de la gente de Chang que tengo aquí) en una falda que domina el camino que sale de la cueva esa posta estara para abisar si bienen con ese rumbo.

Yo estoy emboscado en el rio, entre la casa de Edita y la Playa, para si bajan por el camino real con rumbo hacia la casa de Emilio topen con migo,

(1/2)

Message du capitaine Ramón Paz au Commandant Fidel Castro dans lequel il l'informe de la position des hommes sous ses ordres ainsi que de celle des mitrailleuses 50 et 30. 14 juin 1958.

y si cogen para la playa cortarle la retirada.
entonces, Enuel aguantara el refuerzo, alaves
que impida que se retiren.
Los guardias han salido en patrullitas a reconocer
los alrededores de las Cuevas y los que estuvimos
aqui tal parece que no fueron muchos...

Estudie el plano y si ve algo que no crea bien
avisemelo.

Cap: Paz

(2/2)

Sur la seconde page, le capitaine Paz a dessiné un plan des positions des troupes rebelles.

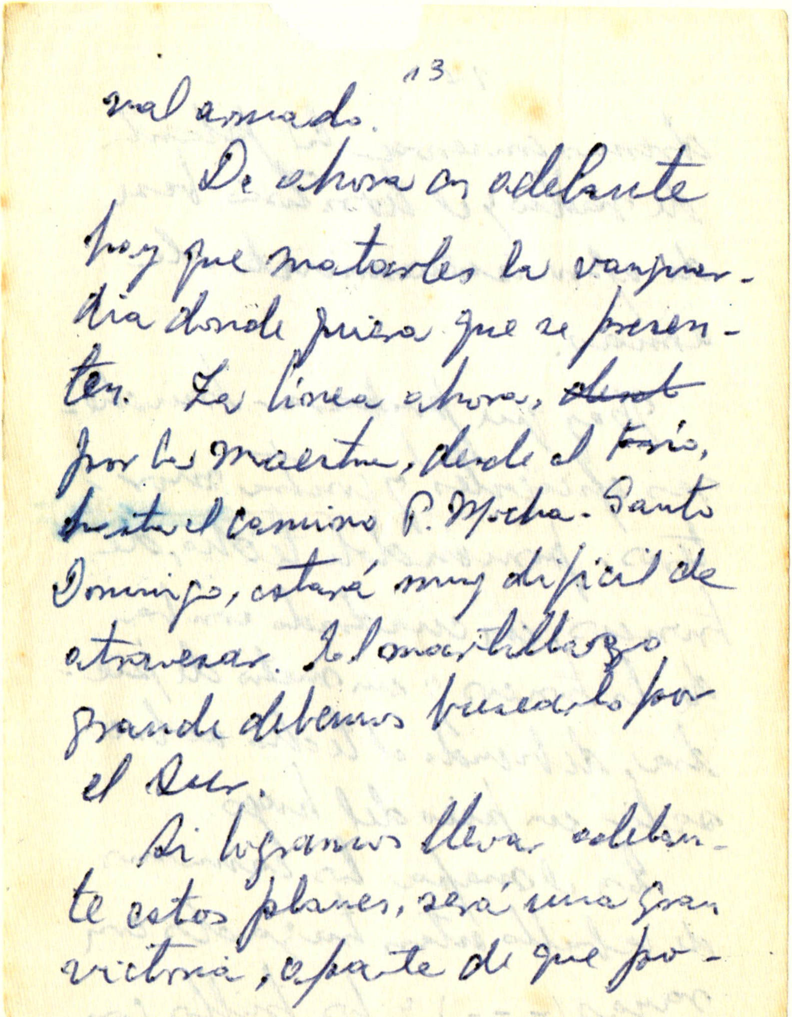

13

val armado.

De ahora en adelante
hay que matarles la vanguar-
dia donde quiera que se presen-
ten. La línea ahora, ~~desde~~
por la Maestra, desde el Turquino,
hasta el camino P. Mocha-Santo
Domingo, estará muy difícil de
atravesar. El macetillazo
grande debemos buscarlo por
el Sur.

Si logramos llevar adelan-
te estos planes, será una gran
victoria, aparte de que po-

(1/5)

Dernières pages du message de Fidel au capitaine Ramón Paz où il lui donne des instructions sur la stratégie à suivre dans la défense du terrain de la Maestra. 21 juin 1958.

14

debemos conservar las plantas de radio y el territorio base de aprovisionamiento de armas.

Hay que preparar trincheras eficientes y contra morteros, poniéndole techo, de troncos, encuadrado arriba de los troncos y un metro de piedra, debiendo el techo sobresalir un pies del hoyo.

En el mapa los caminos de caballo están trazados con rayas (- - -) y los trillos con

(2/5)

15

paratos (......).

Creo que por el momento la situación ha mejorado mucho, debiéndose fundamentalmente a tu actuación de ayer.

No dejen de explotarle al enemigo la bomba de cien libras en la primera oportunidad, como síntoma de lo que los espera.

Ayer me comunicaron la aparición del compañero Martí-

(3/5)

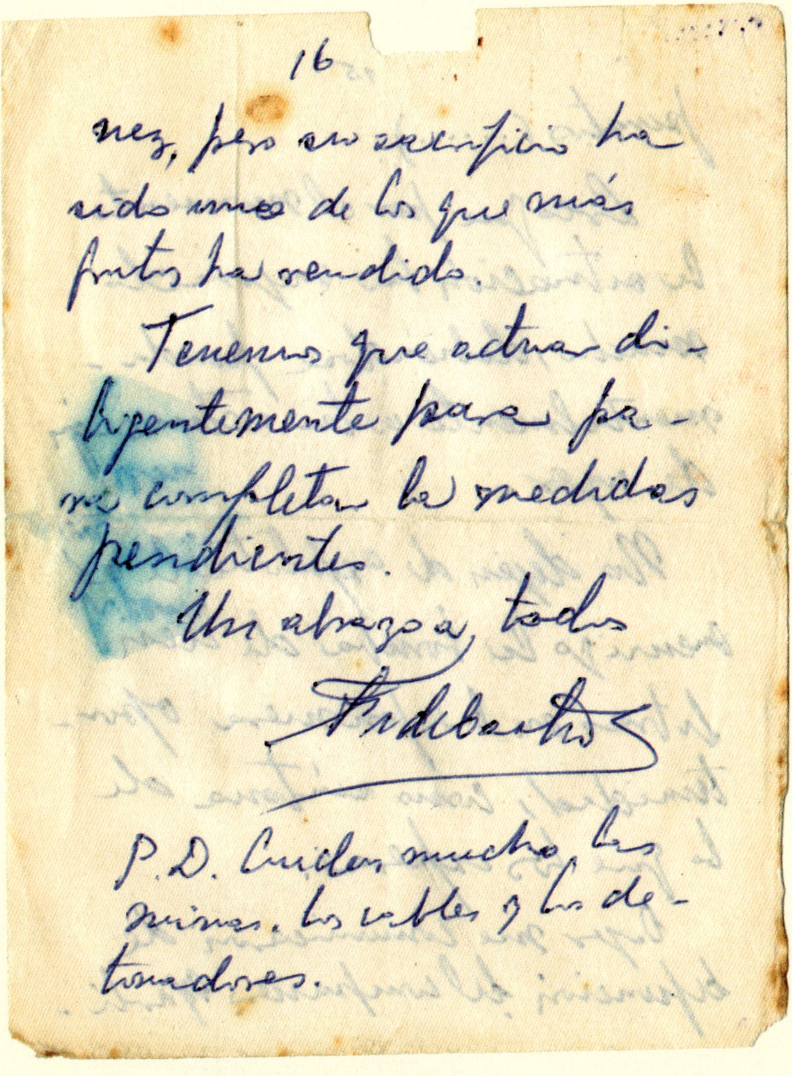

16

vez, pero su sacrificio ha
sido uno de los que más
frutos ha rendido.

Tenemos que actuar di-
ligentemente para pa-
ra completar las medidas
pendientes.

Un abrazo a todos

Fidel Castro

P.D. Cuiden mucho las
minas, los cables y los de-
tonadores.

(4/5)

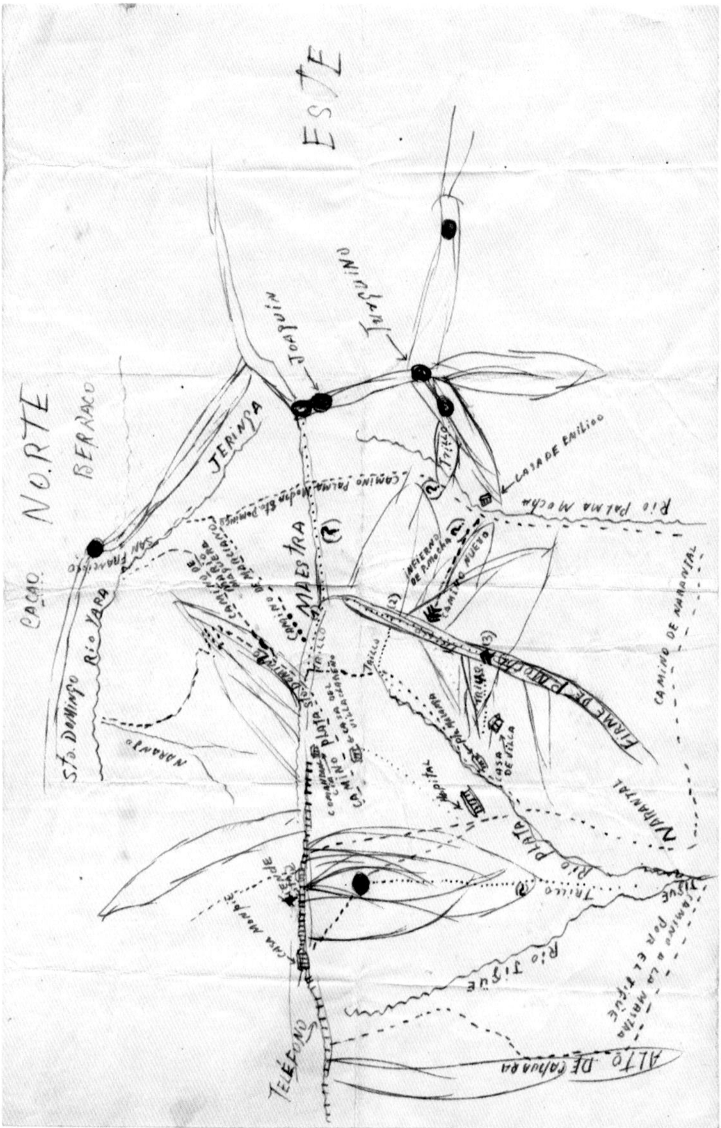

(5/5)

Sur la dernière page du message au capitaine Paz, Fidel a dessiné un croquis de la zone.

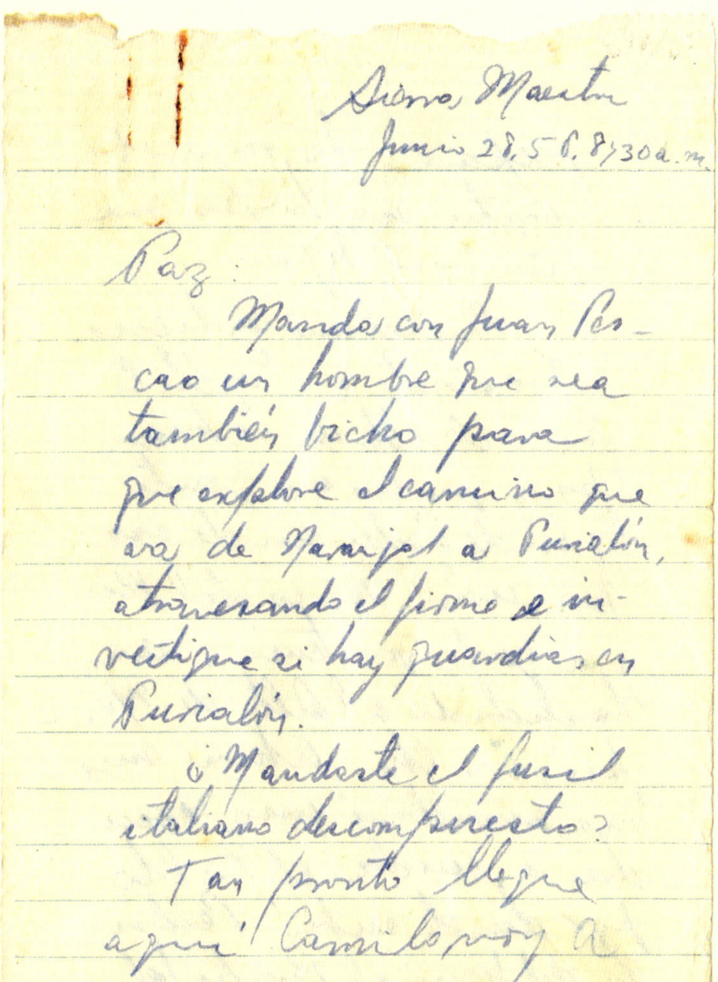

Sierra Maestra
Junio 28, 58. 8,30 a.m.

Paz:

Mando con Juan Pescao un hombre que sea también bicho para que explore el camino que va de Naranjal a Purialón, atravesando el firme e investigue si hay guardias en Purialón.

¿Mandaste el fusil italiano descompuesto?

Tan pronto llegue aquí Camilo voy a

(1/3)

Message du Commandant Fidel Castro au capitaine Ramón Paz où il lui communique les positions actualisées des forces rebelles sur différents points et lui donne des instructions. 28 juin 1958 (8 h 30).

prepara la maniobra
entre esa tropa que
está en el Jigüe.
Mándame noticias.
Trasladé a Fiallito
para el Alto de Cahuara
para que con su gente
y la de Pedro cuide esa
posición. Hugo del Río
y la gente que tenía, serán
trasladado al Alto de Mon-
pié, con Che. Ahora mis-
mo mandaré una escua-
dra a cuidar el trillo
por donde subió Pedri-
to del Jigüe al Hospital.

(2/3)

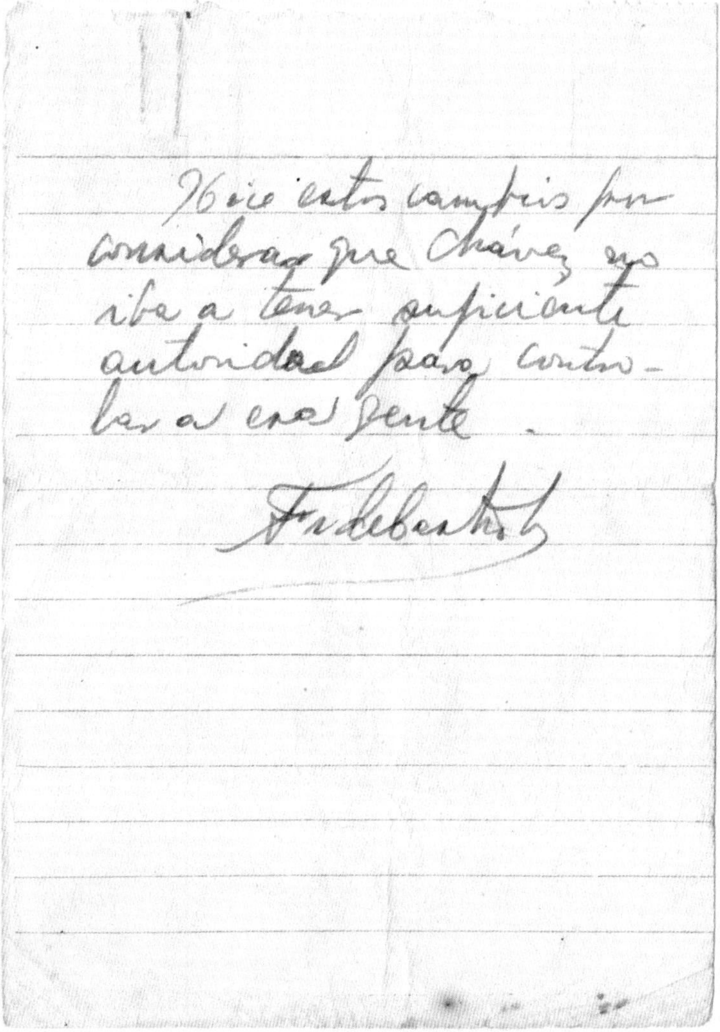

Hice estos cambios por
considerar que Chávez no
iba a tener suficiente
autoridad para contro-
lar a esa gente.

(3/3)

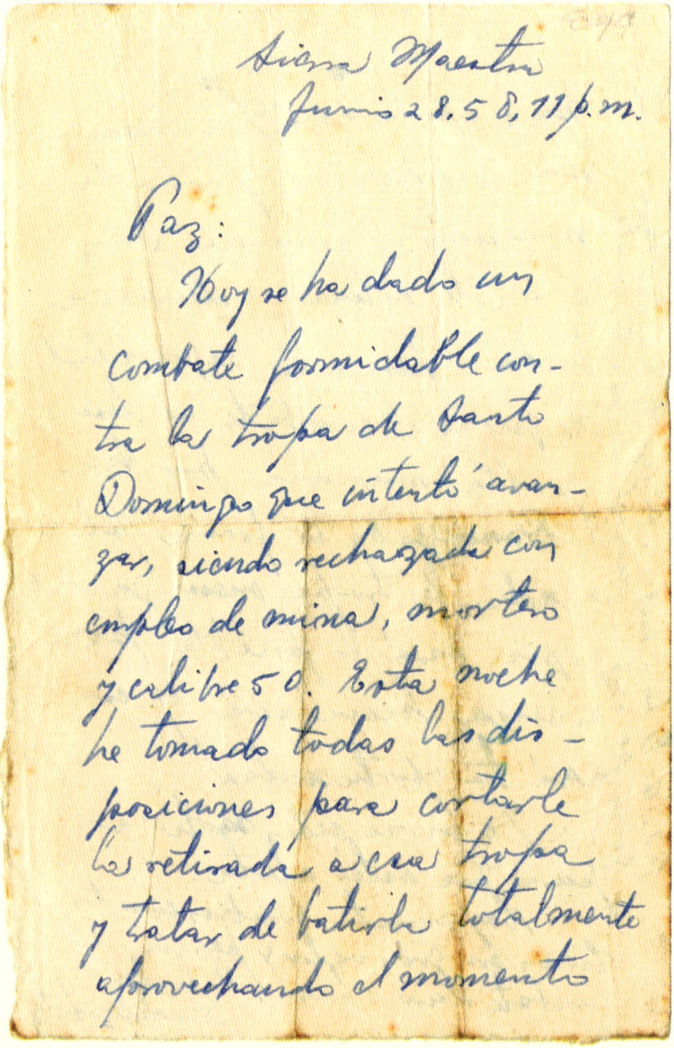

Sierra Maestra
Junio 28.58, 11 p.m.

Paz:

Hoy se ha dado un combate formidable contra la tropa de Santo Domingo que intentó avanzar, siendo rechazada con empleo de minas, mortero y calibre 50. Esta noche he tomado todas las disposiciones para cortarle la retirada a esa tropa y tratar de batirla totalmente aprovechando el momento

(1/2)

Pages du message de Fidel au capitaine Ramón Paz lui annonçant le succès du combat de Santo Domingo et la nécessité de rester en alerte. 28 juin 1958 (23 heures).

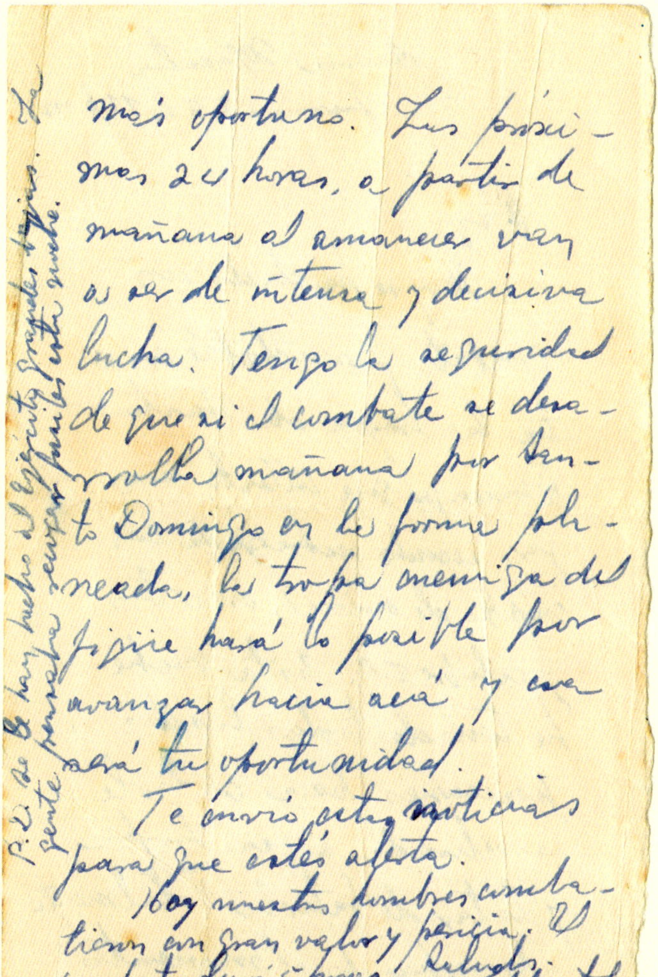

más oportuno. Las próximas 24 horas, a partir de mañana al amanecer van a ser de intensa y decisiva lucha. Tengo la seguridad de que si el combate se desarrolla mañana por Santo Domingo en la forma planeada, la tropa enemiga del Jigüe hará lo posible por avanzar hacia acá y esa será tu oportunidad.

Te envío estas noticias para que estés alerta.

Hoy nuestros hombres combatieron con gran valor y pericia. El combate duró 5 horas. Saludos.

Fidel Castro

P.D. Se le han hecho al Ejército grandes bajas. La gente piensa avanzar posiciones esta noche.

(2/2)

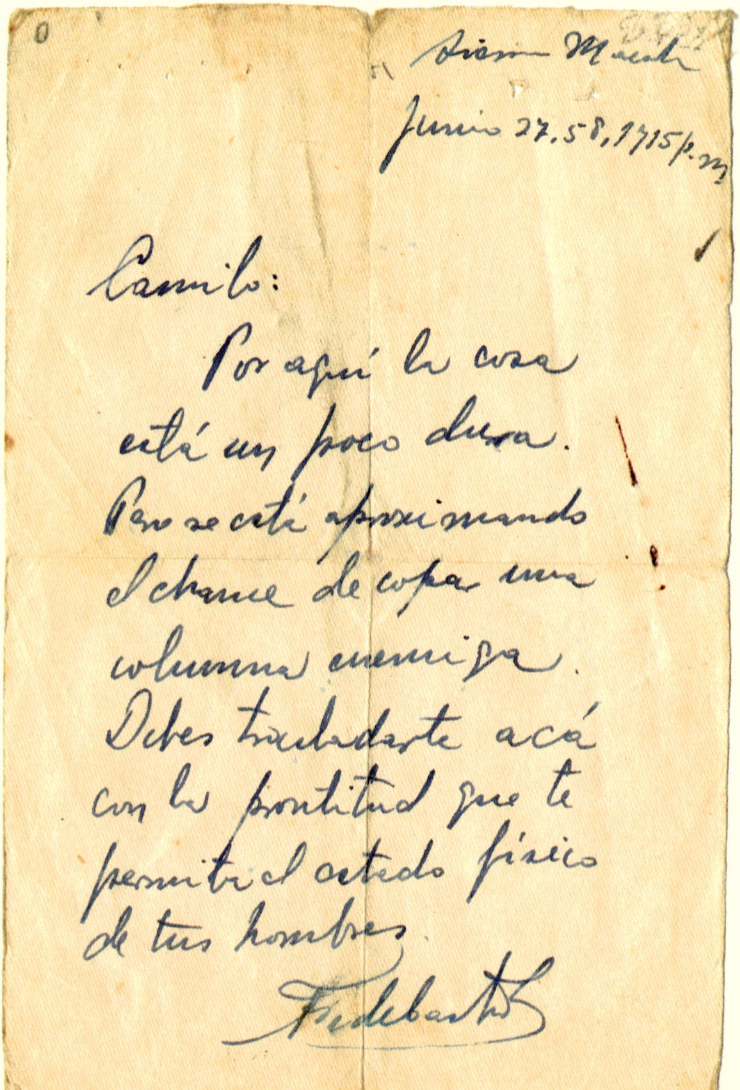

Sierra Maestra

Junio 27.58, 1715 p.m.

Camilo:

Por aquí la cosa está un poco dura. Pero se está aproximando la chance de copar una columna enemiga. Debes trasladarte acá con la prontitud que te permita el estado físico de tus hombres.

Fidel Castro

Message de Fidel à Camilo dans lequel il lui signale la possibilité d'encercler une colonne ennemie et lui demande de se déplacer vers la zone des opérations. 27 juin 1958.

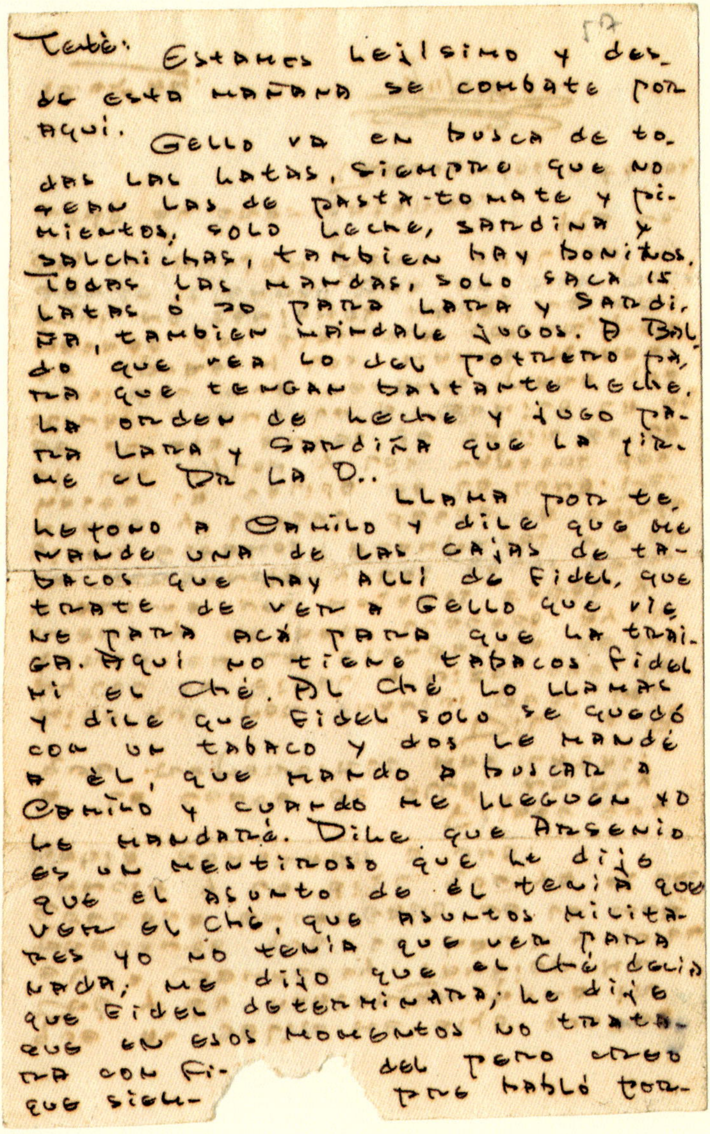

57

Teté: Estamos lejísimo y des-
de esta mañana se combate por
aquí. Gello va en busca de to-
das las latas, siempre que no
sean las de pasta-tomate y pi-
mientos, solo leche, sardina y
salchichas, tambien hay bonitos.
Todas las mandas, solo saca 15
latas ó 20 para Lara y Sardi-
ña, tambien mándale jugos. A Bal-
do que vea lo del potrero pa-
ra que tengan bastante leche.
La orden de leche y jugo pa-
ra Lara y Sardiña que la fir-
me el Dr La O..
Llama por te-
léfono a Camilo y dile que me
mande una de las cajas de ta-
bacos que hay allí de Fidel, que
trate de ver a Gello que vie-
ne para acá para que la trai-
ga. Aquí no tiene tabacos Fidel
ni el Ché. Al Ché lo llamas
y dile que Fidel solo se quedó
con un tabaco y dos le mandé
a él, que mandó a buscar a
Camilo y cuando me lleguen yo
le mandaré. Dile que Arsenio
es un mentiroso que le dijo
que el asunto de él tenía que
ver el Ché, que asuntos milita-
res yo no tenía que ver para
nada; me dijo que el Ché decía
que Fidel determinara; le dijo
que en esos momentos no trata-
ra con Fi- del pero creo
que siem- pre habló por-

(1/2)

Message de Celia à Teté Puebla, où elle indique la nécessité d'envoyer des imperméables et des chaussures. 11 juillet 1958.

que al salir me dijo que el Ché y él hablarían para ir él a Camagüey. También me preguntó qué se hacía y quién quedaba encargado de la mercancía y le dije que ya el Ché había nombrado a uno.

Fíjate que a la gente de allá no hay que repartirle más latas.

Dile a Camilo que por Franqui pedí los nylon de Fidel y dijo que dejaron en la tiendecita de Mariano y no han llegado ayer y anoche nos mojamos todos y la mercancía y las balas también. Estamos acampados en el monte y llueve desde la tarde hasta la salida de la luna. Dejé los nylon y los zapatos donde el día antes de salir de la Mina. Cuéntale a Camilo la necesidad que tenemos para que se apure y los mande. Hemos pasado dos días sin comer, por aquí no teníamos nada; recordando tiempos que no han pasado, se alejan pero vuelven.

He cogido el gran catarro.

Recuerdos a todos.

10.45 AM. [illegible] 5/11/58

(2/2)

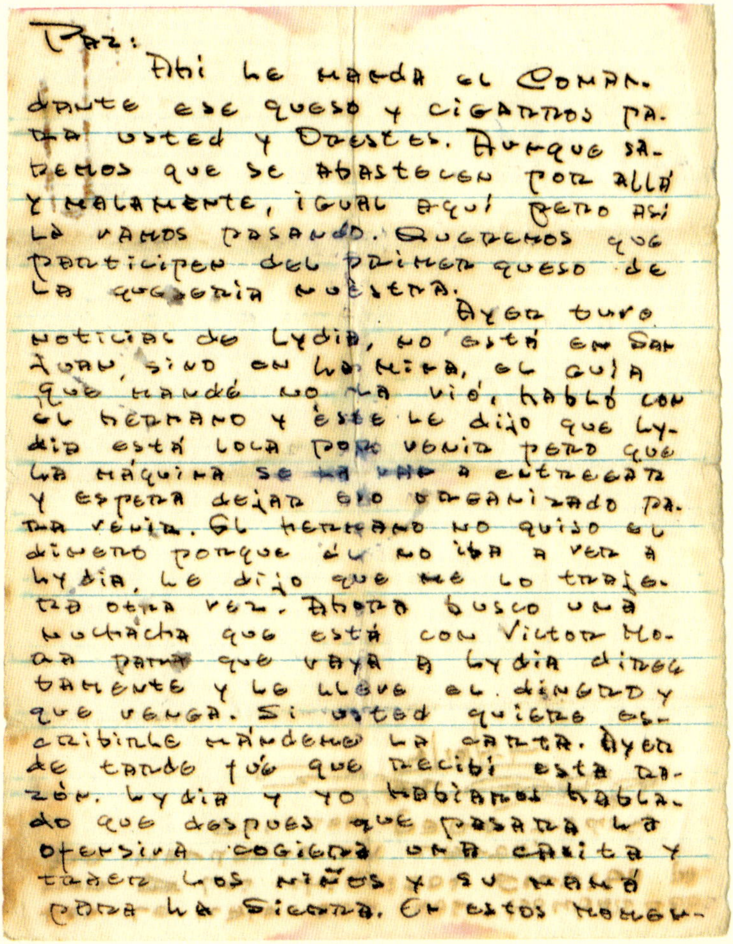
Paz:

Ahí le manda el Comandante ese queso y cigarros para usted y Orestes. Aunque sabemos que se abastecen por allá y malamente, igual aquí pero así la vamos pasando. Queremos que participen del primer queso de la quesería nuestra.

Ayer tuve noticias de Lydia, no está en San Juan, sino en La Mina, el guía que mandé no la vió, habló con el hermano y éste le dijo que Lydia está loca por venir pero que la máquina se la van a entregar y espera dejar eso organizado para venir. El hermano no quiso el dinero porque él no iba a ver a Lydia, le dijo que me lo trajera otra vez. Ahora busco una muchacha que está con Victor Mora para que vaya a Lydia directamente y le lleve el dinero y que venga. Si usted quiere escribirle mándeme la carta. Ayer de tarde fue que recibí esta razón. Lydia y yo habíamos hablado que después que pasara la ofensiva cogiera una casita y traer los niños y su mamá para la Sierra. En estos momen-

(1/2)

Message de Celia au capitaine Ramón Paz qui accompagne l'envoi de fromage et de tabac et où est mis en évidence le fonctionnement de l'approvisionnement des rebelles. 12 juillet 1958.

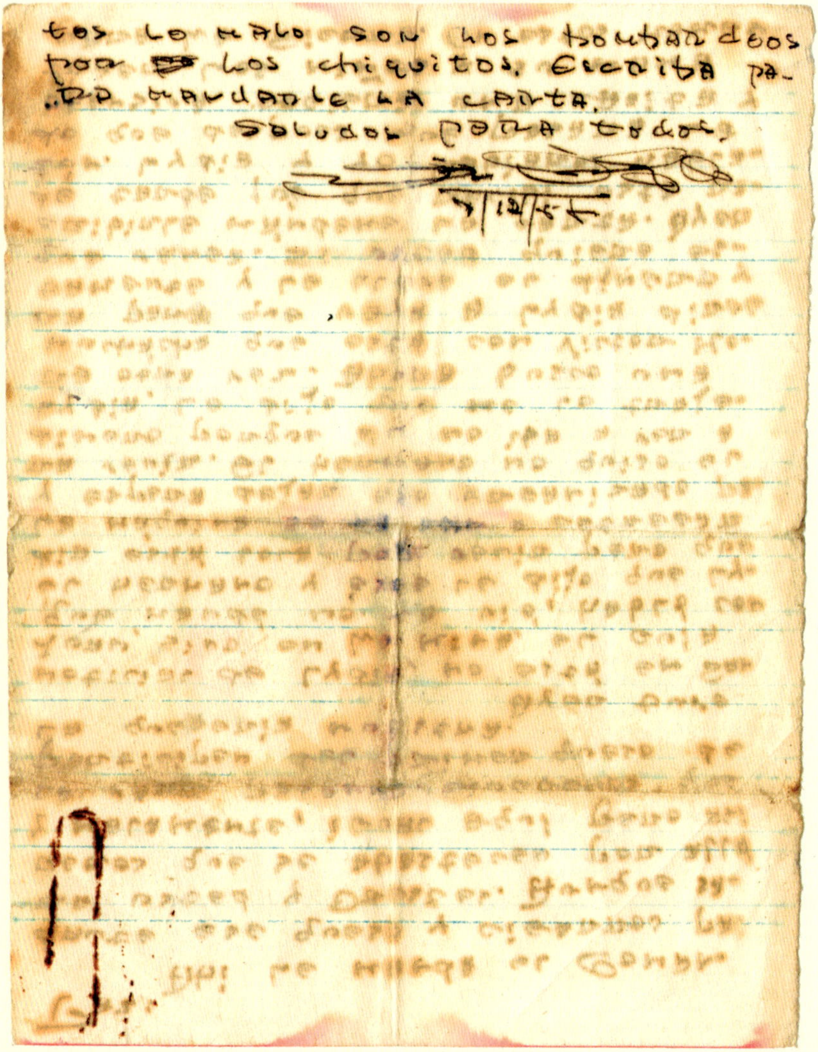

tos lo malo son los bombardeos
por los chiquitos. Escriba pa-
ra mandarle la carta.
Saludos para todos.
7/12/37

(2/2)

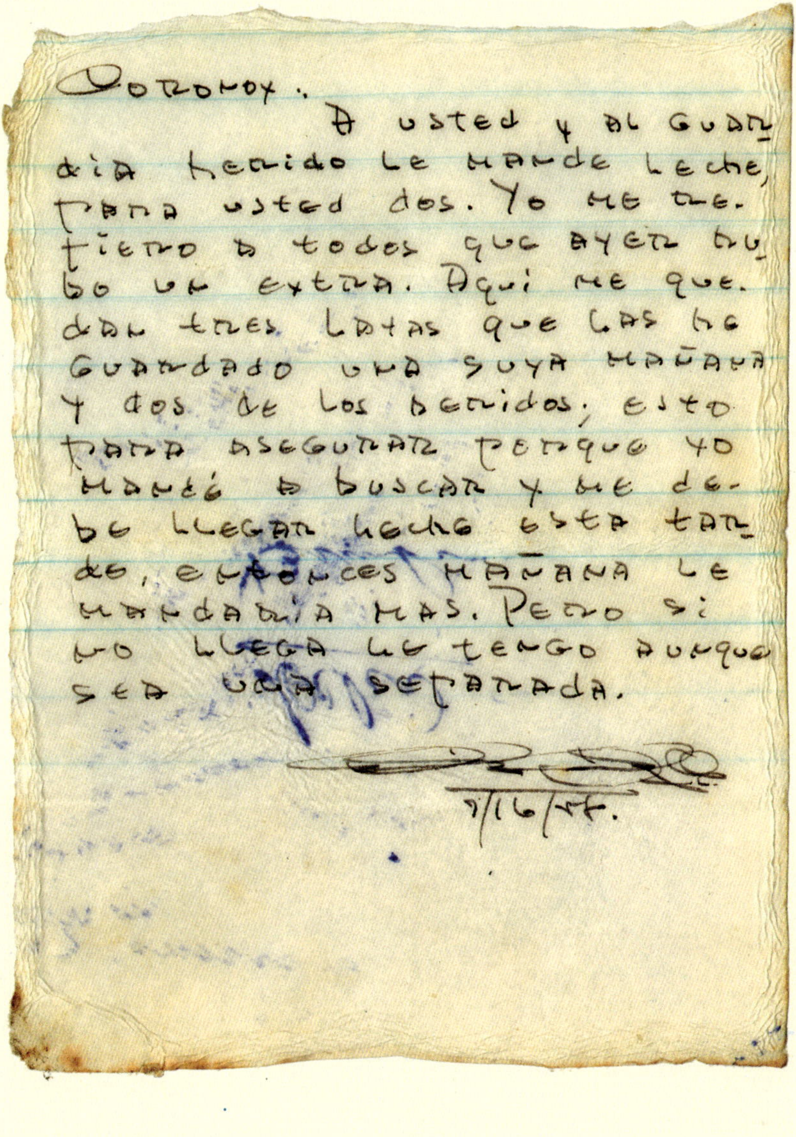

Coronel:
A usted y al guar-
dia herido le mande leche,
para usted dos. Yo me re-
fiero a todos que ayer hu-
bo un extra. Aqui me que-
dan tres latas que las he
guardado una suya mañana
y dos de los heridos, esto
para asegurar porque yo
mandé a buscar y me de-
be llegar leche esta tar-
de, entonces mañana le
mandaria mas. Pero si
no llega le tengo aunque
sea una separada.

7/16/58.

Message de Celia à Braulio Curuneaux concernant l'envoi de boîtes de lait, pour lui et le soldat blessé. 16 juillet 1958.

Cartes

D'Alegría de Pío à Cinco Palmas
du 5 au 20 décembre 1956

Itinéraire parcouru par les expéditionnaires du yacht *Granma*. Groupes de Fidel, Raúl et Almeida.

Légende

- Groupe de Fidel Castro
- Groupe de Raúl Castro Ruz
- Groupe de Juan Almeida
- Caserne provisoire de l'Armée
- Hydravion *Catalina*
- Bombardier B-26
- Avion monoplan Beaver L-20
- Frégate F-1
- Garde-côtes GC-106

Villages Raffineries de sucre

CEIBABO
CAROLINA
LIMONES
ESTACADERO
SEVILLA ARRIBA
LAS CAJAS
CINCO PALMAS
LA NIGUA
JUBA DEL AGUA
DURÁN
LA MANTECA
PALMARITO
EL MACAGUAL
RÍO NUEVO
LAS PALMONAS
PLÁTANO
MAMEY
CONVENIENCIA
REGINO
ALEGRÍA DE PÍO
POZO EMPALADO
PILÓN
LAS PUERCAS
CORCOBAO
EL ATRASO
EL TORO
CRIQUE
DE MORA
N

Combat de La Plata
17 janvier 1957

Première victoire de la guérilla rebelle
dans la Sierra Maestra.

Légende

Escouade de Julito Díaz	1		Caserne de La Plata
Escouade de Fidel Castro	2	A	Maison d'Honorio Olazábal
Escouade de Raúl Castro Ruz	3	B	Magasin de noix de coco
Escouade de Juan Almeida	4	✖	Exécution de l'assassin Chicho Osorio
Tranchées			
Avancée	→		

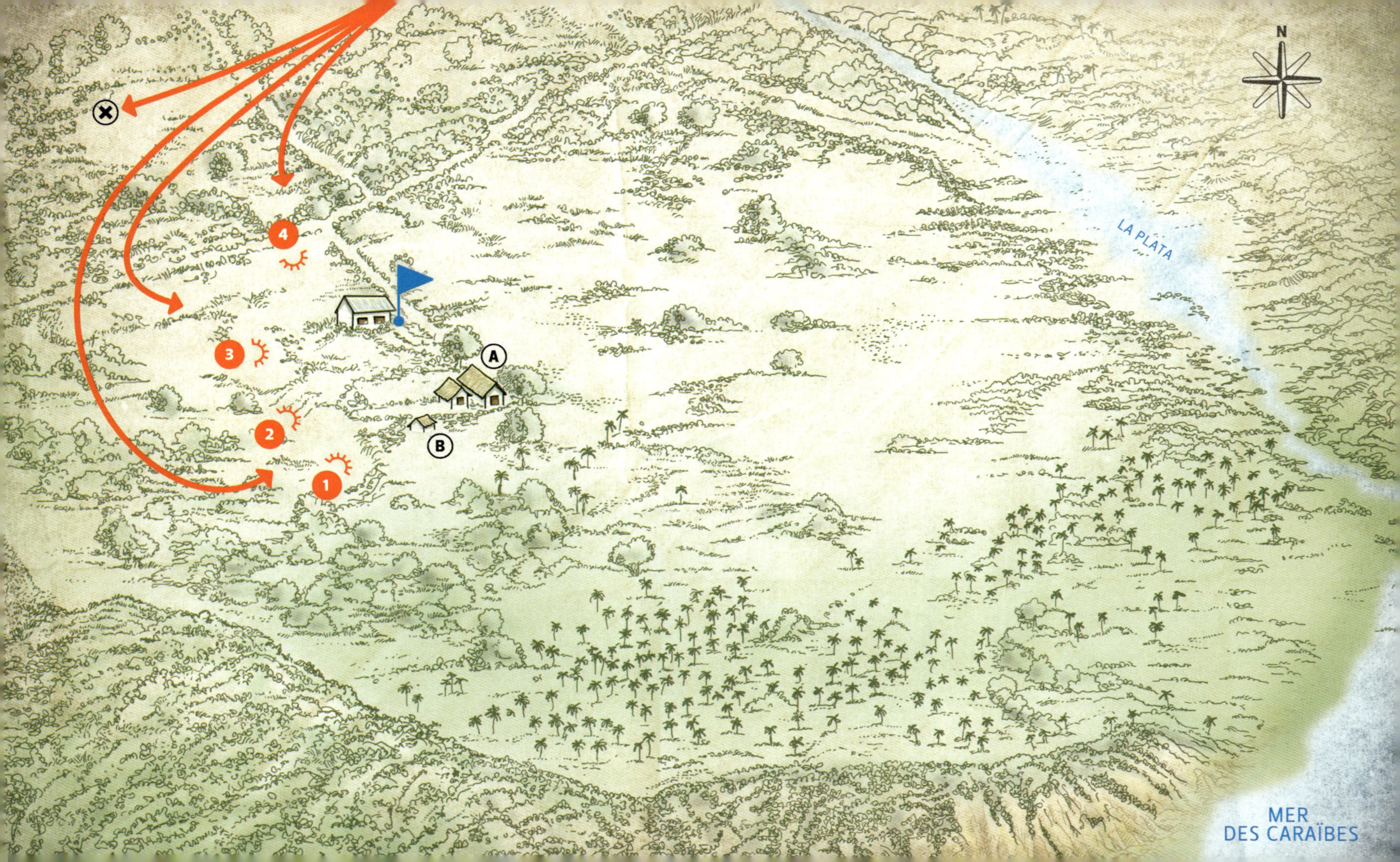
N
LA PLATA
A
B
1
2
3
4
MER
DES CARAÏBES

Combat d'Uvero
28 mai 1957

Action qui marqua le passage à l'âge adulte de la guérilla rebelle.

Légende

- Commandant Fidel Castro
- 1 Peloton de Raúl Castro Ruz
- 2 Peloton de Juan Almeida
- 3 Escouade de Camilo Cienfuegos
- 4 Escouade d'Efigenio Ameijeiras
- 5 Escouade d'Ernesto Guevara
- 6 Peloton de Crescencio Pérez
- 7 Peloton de Jorge Sotús
- 8 Escouade de Guillermo García
- Fusil mitrailleur
- Mitrailleuse calibre 30
- Avancée

Bâtiments de la scierie Babún :

- A Maison de l'administrateur
- B Bureau et dépôt d'outillage
- C Atelier de mécanique
- D Logements
- E Épicerie et cave
- F Maison de Gilberto Cardero
- G Habitation des travailleurs
- H Embarcadère du bois
- Postes renforcés
- Caserne provisoire de l'Armée

MER DES CARAÏBES
N
A
B
C
D
E
F
G
H
1
2
3
4
5
6
7
8

Second Combat de Pino del Agua
16 et 17 février 1958

Au cours de cette opération, la guérilla combina des tactiques et des déplacements plus complexes.

Légende

Commandant Fidel Castro

1 Ernesto Guevara

2 Pepín Quiala

3 Raúl Castro Mercader

4 Félix Mendoza

5 Paco Cabrera González

6 Raúl Castro Ruz

7 Dermidio Escalona

8 Lalo Sardiñas

9 Camilo Cienfuegos

10 Guillermo García

Avancée

Embuscade

Tranchées

Bâtiments de la scierie :

- A Coiffeur
- B Cave
- C Atelier et bureaux
- D Station d'essence
- E Scierie
- F Épicerie

Caserne provisoire de l'Armée

Station de communication par radio

Maison occupée par des soldats

Tentes de campagne

Postes fixes

Tranchées

N
Bayamo
Yao
EL CABLE
Compagnie 81
du bataillon 1
Compagnie EC
de renfort
Compagnie 82
du bataillon 1
El Zapato
Peladero
La Bayamesa
PICO BAYAMESA
Vers Uvero
1
2
3
4
5
6
7
8
9
10
A
B
C
D
E
F

Croisement des colonnes 6 et 3 du 1er au 11 mars 1958

Les deux colonnes se mirent en chemin pour former le Second et le Troisième front de la guérilla.

LÉGENDE

Points de départ et d'arrivée

Colonnes 6 et 3 (parcours à pied)

Colonne 6 (parcours avec des véhicules)

Colonne 6 (parcours à pied)

Villes

Villages

11 mars (16 h 30)
PILOTO ENMEDIO
PILOTO ARRIBA
CORNEJO
MANGOS DE BARAGUÁ
JIMBAMBAY
JUAN MULATO
11 mars (5 h 30)
CAUTO EL PASO
LAS CUEVAS
BARRANCAS
BAYAMO
JIGUANÍ
VENTAS DE CASANOVA
LOS CEDROS
BAYATE
MIRANDA
SANTA RITA
BAIRE
CONTRAMAESTRE
XAVIER
PALMARITO
MONTE OSCURO
LOS PASOS
GLADYS
GUISA
CHARCO REDONDO
ALGARROBO
BUEYCITO
RIMITO
LOS NEGROS
11 mars (2 h 10)
LA CAROLINA
AGUACATE
PALMA SORIANO
SAN LUIS
RAMÓN DE GUANINAO
DOS CAMINOS
BUEY ARRIBA
SAN PABLO DE YAO
MATÍAS
CAMBUTE
ALTO SONGO
CRUCE DE LOS BAÑOS
DOS PALMAS
EL CRISTO
6 mars
PUERTO BONIATO
ORO DE GUISA
LA MESETA
2 mars
4 mars
SAN LORENZO
PELADEROS
SAN MIGUEL
ALCARRAZA
LA MESA
CUEVITAS
PUERTO ARTURO
SANTIAGO DE CUBA
PICO TURQUINO
SIBERIA
CODILLO
10 mars (18 h)
1er mars
6 mars
CHIVIRICO
3 mars
UVERO
SIBONEY
OCUJAL
N
MER DES CARAÏBES

Projet de manœuvre prévue pour le Plan F-F de février à mai 1958

Planification de l'Armée de la dictature
pour traquer et anéantir les forces rebelles.

Légende

- Prévision de la retraite des forces rebelles
- Poste de commandement de la zone des opérations
- Bombardier B-26
- Bombardement de mortiers
- Frégate F-1
- Ligne de séparation
- Blocage des accès à la Sierra Maestra
- Actions finales d'anéantissement
- Zone d'extermination
- Postes navals renforcés

Villes Villages Raffineries Aéroports

ULTRA SECRET
RÉPUBLIQUE DE CUBA
MINISTÈRE DE LA DÉFENSE NATIONALE
ARMÉE
N
CAUTO EL PASO
CAUTO
CAUTO
CAUTO CRISTO
LA SAL
BAYAMO
MANZANILLO
MABAY
JULIA
JIGUANÍ
SOFÍA
VEGUITAS
SANTA RITA
SALVADOR
YARA
GOLFE DE GUACANAYABO
CAMPECHUELA
CALICITO
GUISA
CHARCO REDONDO
BUEYCITO
SAN RAMÓN
MINAS
SANTA ISABEL
ESTRADA PALMA
SAN PABLO YAO
MEDIA LUNA
CAYO ESPINO
EL PLÁTANO
JIBACOA
NIQUERO
CIENAGUILLA
ORO DE GUISA
SANTO DOMINGO
LAS MERCEDES
PINO DEL AGUA
SANTA ANA
ALCARRAZA
SAN LORENZO
JIGÜE
PICO TURQUINO
BELIC
EL AJÍ
CHIVIRICO
OCUJAL
UVERO
PILÓN
LA PLATA
EL TORO
CABO CRUZ
MER DES CARAÏBES

Manœuvre réalisée selon le Plan F-F
mai - juin - juillet 1958

L'offensive de l'été tenta de pénétrer sur le territoire rebelle par trois directions principales.

LÉGENDE

Commandement général

Direction des attaques de l'Armée de la tyrannie. Dix mille soldats bien armés et équipés y participèrent.

Villes Villages Raffineries Aéroports

N
GOLFE DE GUACANAYABO
MER DES CARAÏBES
MANZANILLO
BAYAMO
CAUTO EL PASO
CAUTO CRISTO
CAUTO
LA SAL
MABAY
JULIA
SOFÍA
VEGUITAS
YARA
SALVADOR
CALICITO
CAMPECHUELA
SAN RAMÓN
SANTA ISABEL
MEDIA LUNA
NIQUERO
BELIC
CABO CRUZ
EL TORO
PILÓN
CIENAGUILLA
CAYO ESPINO
JIBACOA
ESTRADA PALMA
BUEYCITO
MINAS DE BUEYCITO
SAN PABLO YAO
EL PLÁTANO
JIGUANÍ
SANTA RITA
GUISA
CHARCO REDONDO
LAS MERCEDES
SANTO DOMINGO
SAN LORENZO
EL AJÍ
JIGÜE
LA PLATA
PICO TURQUINO
OCUJAL
SANTA ANA
ORO DE GUISA
PINO DEL AGUA
ALCARRAZA
UVERO
CHIVIRICO

Positions de l'Armée rebelle et de l'ennemi en juin 1958

Répartition des forces en présence dans la Sierra Maestra au début de l'offensive.

LÉGENDE

Commandement général

Positions principales

Poste de commandement de la zone des opérations

Bataillons d'infanterie (direction de l'avancée)

Compagnies indépendantes

Détachement de la Marine de guerre

Unités de surface de la Marine de guerre en appui

Villes Villages Raffineries

N
CAUTO EL PASO
CAUTO CRISTO
CAUTO
LA SAL
BAYAMO
MABAY
JULIA
JIGUANÍ
MANZANILLO
GOLFE DE GUACANAYABO
SOFÍA
VEGUITAS
SANTA RITA
SALVADOR
YARA
CALICITO
CAMPECHUELA
GUISA
CHARCO REDONDO
BUEYCITO
SAN RAMÓN
MINAS
SAN PABLO YAO
SANTA ISABEL
MEDIA LUNA
ESTRADA PALMA
CAYO ESPINO
EL PLÁTANO
JIBACOA
CIENAGUILLA
ORO DE GUISA
NIQUERO
LAS MERCEDES
SANTO DOMINGO
PINO DEL AGUA
SANTA ANA
ALCARRAZA
SAN LORENZO
JIGÜE
PICO TURQUINO
EL AJÍ
CHIVIRICO
BELIC
UVERO
OCUJAL
LA PLATA
PILÓN
CABO CRUZ
MER DES CARAÏBES
10
11
12
13
14
15
16
17
18
19
20
21
21
22
23
24
25

Regroupement stratégique de l'Armée rebelle

Le Commandant en chef concentre sur le Premier front la majeure partie de ses combattants.

Légende

- Commandement général
- Colonne 2
- Colonne 3
- Colonne 4
- Colonne 7
- Territoire occupé par les colonnes rebelles avant l'offensive
- Poste de commandement de la zone des opérations de Bayamo
- Régiment 1 GR « Maceo », Santiago de Cuba
- Unités de surface de la Marine de guerre

Villes · Villages · Raffineries · Aéroports

N
HOLGUÍN
TACAJÓ
DELEITE
MACEO
CACOCUM
BAGUANOS
CUETO
CAUTO
CAUTO EL PASO
RÍO CAUTO
CAUTO CRISTO
SAN GERMÁN
MARCANÉ
ALTO CEDRO
2
GOLFE DE GUACANAYABO
LA SAL
JULIA
BAYAMO
JIGUANÍ
MIRANDA
MANZANILLO
VEGUITAS
SANTA RITA
CONTRAMAESTRE
PALMARITO
BAIRE
SALVADOR
YARA
CAMPECHUELA
CALICITO
GUISA
CHARCO REDONDO
HUECA
BUEYCITO
LOS NEGROS
PALMA
SAN RAMÓN
ESTRADA PALMA
RAMÓN
DE GUANINAO
SAN LUIS
MINAS DE BUEYCITO
MEDIA LUNA
SANTA ISABEL
CAYO ESPINO
SAN PABLO YAO
EL PLÁTANO
MATÍAS
4
CIENAGUILLA
PURIAL
DOS PALMAS
NIQUERO
7
ORO DE GUISA
3
GABIRO
LAS MERCEDES
SANTO DOMINGO
PINO DEL AGUA
ALCARRAZA
EL COBRE
SAN LORENZO
CÉSPEDES
SANTIAGO
DE CUBA
BELIC
PICO TURQUINO
CHIVIRICO
UVERO
LA PLATA
OCUJAL
PILÓN
CABO CRUZ
EL TORO
MER DES CARAÏBES

Situation des forces rebelles fin mai-juin 1958

En vue de l'offensive ennemie,
les forces rebelles se regroupent.

Légende

Commandement général

1. Forces de la colonne 4 et peloton de Guillermo García
2. Peloton de Lalo Sardiñas
3. Forces de Paco Cabrera Pupo et Félix Duque
4. Escouades d'Andrés Cuevas, Eddy Suñol et Horacio Rodríguez
5. Escouades d'Ángel Verdecia et Raúl Castro Mercader
6. Escouades d'Alfonso Zayas et Orlando Pupo
7. Escouade de Raúl Podio
8. Forces de Pedro Miret, René Rodríguez, Braulio Curuneaux et Ciro del Río, appuyées par l'escouade de Dunney Pérez
9. Peloton de Ramón Paz
10. Forces de Geonel Rodríguez, Zenén Meriño, William Gálvez, Joel Iglesias, José R. Silva et Huber Matos
11. Forces de Lara
12. Forces du Troisième front
13. Forces de la colonne 2
14. Forces de la colonne 7
15. Escouade de Vivino Teruel

Territoire de résistance échelonnée

Territoire à défendre absolument

Villages Raffineries

BAYAMO
GUISA
BUEYCITO
CANABACOA
BUEY
YAO
YARA
JIBACOA
CAYO ESPINO
ESTRADA PALMA
BUEY ARRIBA
SAN PABLO DE YAO
CERRO PELADO
SAN MIGUEL
VEGA GRANDE
LA ESTRELLA
EL MACÍO
CANEY
PURIAL
NAGUAS
LOS LIRIOS
BANCO
EL ORO
CIENAGUILLA
SAO GRANDE
YAREY
LA HERRADURA
CAÑA BRAVA
PROVIDENCIA
EL CACAO
CALIFORNIA
LAS MERCEDES
EL SALTO
EL BRAZÓN
SANTO DOMINGO
GABIRO
PUEBLO NUEVO
VEGAS
PICO TURQUINO
LA PATA
SAN LORENZO
LA HABANITA
LA MESA
MINAS DE FRÍO
MOMPIÉ
LA PLATA
MERIÑO
CAMARONCITO
MAR VERDE
PINO DEL AGUA
SANTIAGO DE CUBA
AJÍ VIEJO
MAGDALENA
PALMA MOCHA
PICO CARACAS
JIGÜE
EL AJÍ
PURIALÓN
LAS CUEVAS
UVERO
OCUJAL
PALMA MOCHA
LA PLATA
EL MACHO
MAGDALENA
MER DES CARAÏBES
N

Début des opérations en direction d'Estrada Palma - Las Mercedes

Le 25 mai 1958, l'offensive ennemie se déchaîne contre l'Armée rebelle.

LÉGENDE

Commandant Fidel Castro

1 Escouade d'Ángel Verdecia soutenue par trois combattants de la troupe de Raúl Castro Mercader

2 Peloton de Raúl Castro Mercader

3 Peloton d'Andrés Cuevas

4 Peloton d'Horacio Rodríguez

5 Peloton d'Eddy Suñol

6 Peloton d'Alfonso Zayas

École de recrues sous les ordres d'Ernesto Guevara

Tranchées

Peloton de chars (3 chars d'avance rapide T-17)

Bombardier B-26

Avion monoplan Beaver L-20

Villages

Cimetière

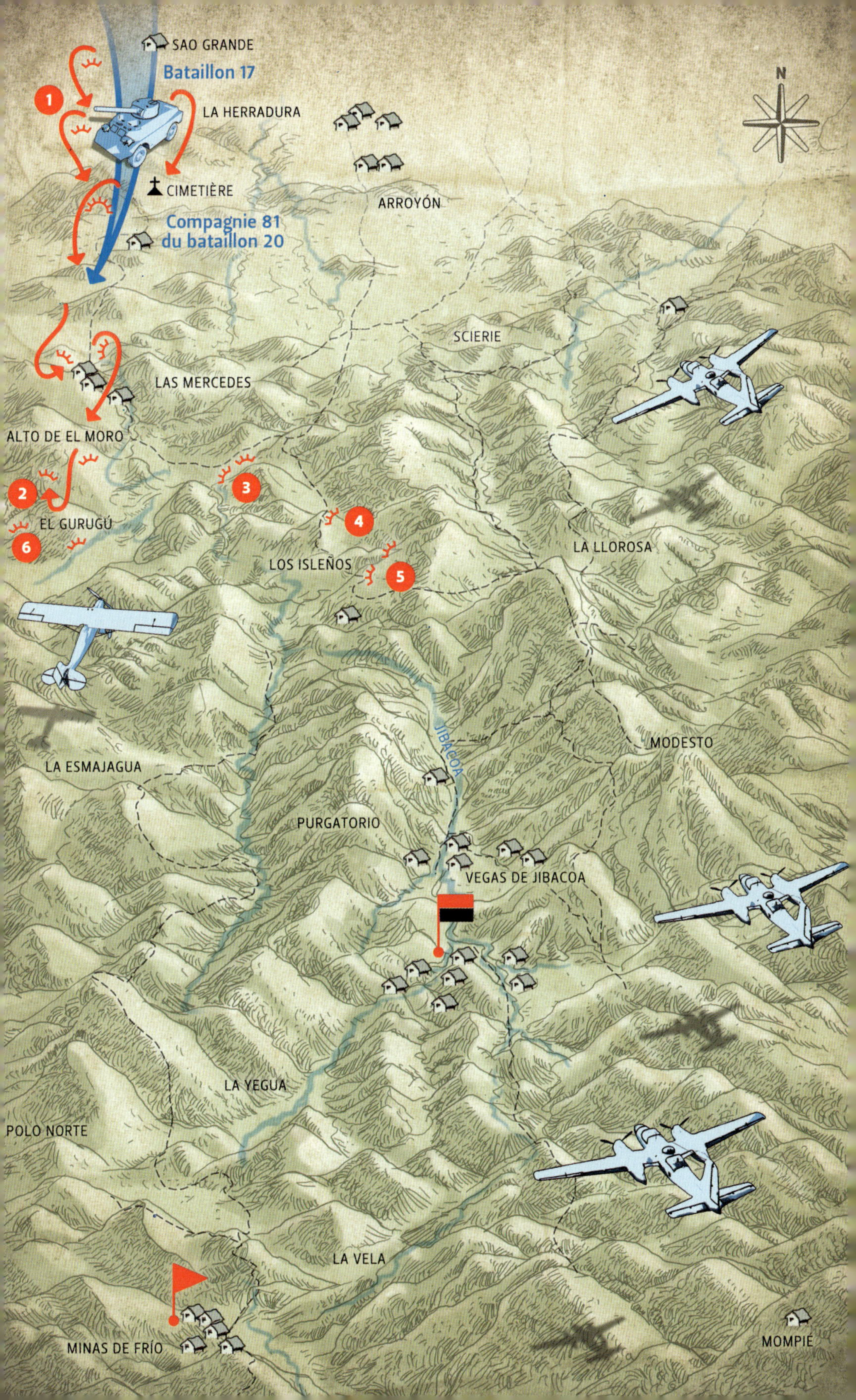

SAO GRANDE
Bataillon 17
1
LA HERRADURA
CIMETIÈRE
ARROYÓN
Compagnie 81
du bataillon 20
SCIERIE
LAS MERCEDES
ALTO DE EL MORO
3
2
4
EL GURUGÚ
6
LOS ISLEÑOS
5
LA LLOROSA
JIBACOA
LA ESMAJAGUA
MODESTO
PURGATORIO
VEGAS DE JIBACOA
LA YEGUA
POLO NORTE
LA VELA
MINAS DE FRÍO
MOMPIÉ
N

Débarquement de Quevedo
10 juin 1958

Prélude à une grave menace
sur la guérilla rebelle au sud.

LÉGENDE

Peloton de Ramón Paz ❶

Escouade d'Hugo del Río ❷

Escouade de Vivino Teruel ❸

Peloton d'Andrés Cuevas ❹

Pedro Miret, Braulio Curuneaux et René Rodríguez ❺

Mitrailleuse calibre 30

Tranchées rebelles

Maison des paysans :

Agripino Cordero Ⓐ

Esuarina Díaz Ⓑ

Filiberto Mora Ⓒ

Graciliano Hierrezuelo Ⓓ

Débarquement, exploration et avancées du bataillon 18

Repli, retraite et rembarquement du bataillon 18

Bombardier B-26

Avion de chasse bombardier P-47 D

Obus de 75 mm

Frégate

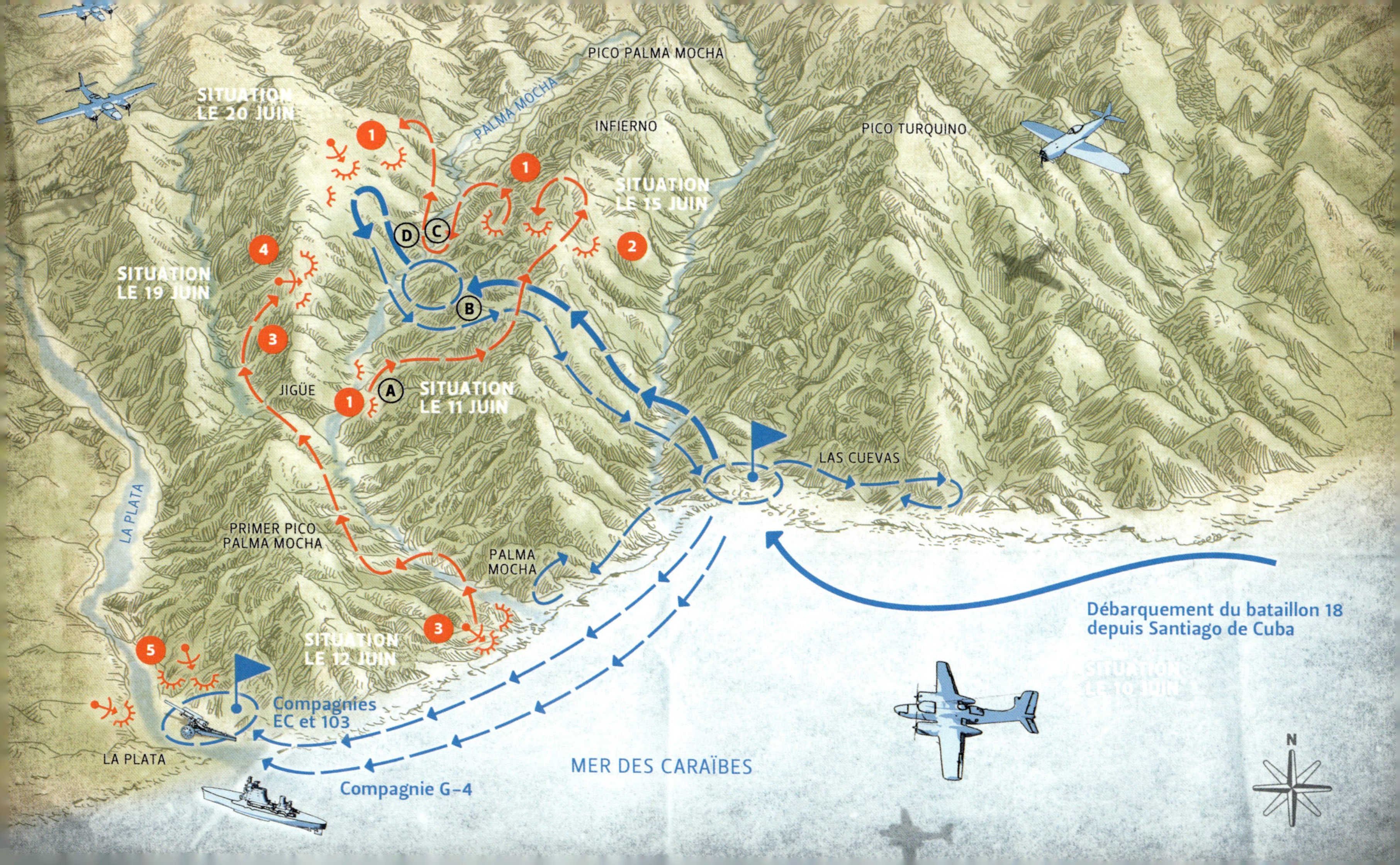

PICO PALMA MOCHA
PALMA MOCHA
INFIERNO
PICO TURQUINO
SITUATION LE 20 JUIN
SITUATION LE 15 JUIN
SITUATION LE 19 JUIN
SITUATION LE 11 JUIN
SITUATION LE 12 JUIN
SITUATION LE 10 JUIN
JIGÜE
LA PLATA
PRIMER PICO PALMA MOCHA
PALMA MOCHA
LAS CUEVAS
Débarquement du bataillon 18 depuis Santiago de Cuba
Compagnies EC et 103
LA PLATA
MER DES CARAÏBES
Compagnie G-4
N

La première bataille de Santo Domingo
28, 29 et 30 juin 1958

Combats à Pueblo Nuevo et Casa de Piedra, importantes victoires de la guérilla.

Légende

- Commandant Fidel Castro
- 1 Guillermo García
- 2 Reinaldo Mora
- 3 Andrés Cuevas
- 4 Lalo Sardiñas
- 5 Zenén Meriño
- 6 Pérez Álamo
- 7 Geonel Rodríguez
- 8 Braulio Curuneaux
- 9 René Ramos Latour
- 10 Calixto García
- 11 Camilo Cienfuegos et Félix Duque
- 12 Huber Matos

- Mort de Geonel Rodríguez et Carlos Mas
- Tranchées rebelles
- Mitrailleuse calibre 50
- Haut-parleurs
- (A) Maison de Lucas Castillo
- Embuscade

- Caserne provisoire de l'Armée
- Mouvement des troupes
- Retraite des troupes
- Bombardier B-26
- Avion de chasse bombardier P-47 D
- Avion monoplan Beaver L-20

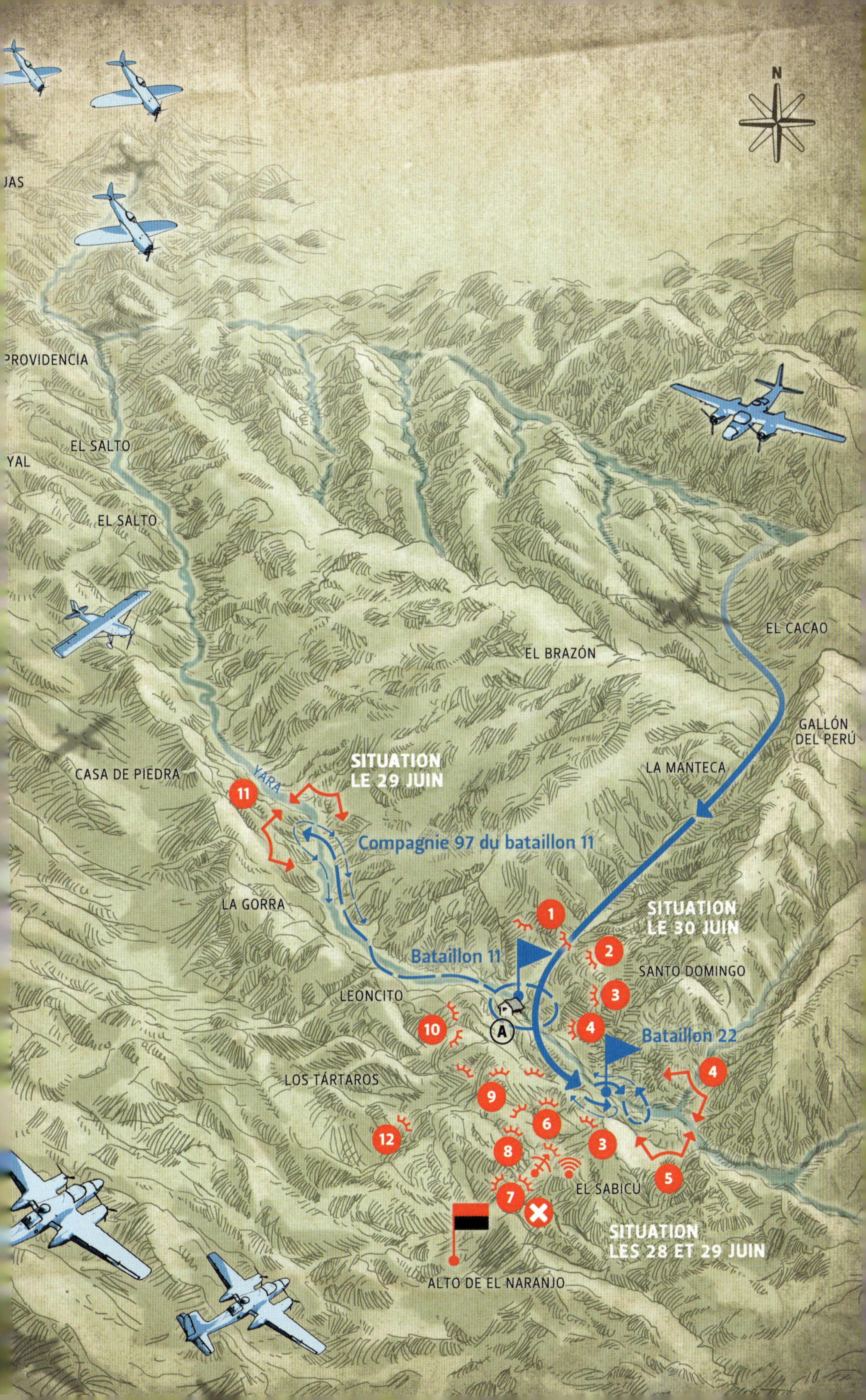

N
JAS
PROVIDENCIA
EL SALTO
YAL
EL SALTO
EL CACAO
EL BRAZÓN
GALLÓN DEL PERÚ
CASA DE PIEDRA
SITUATION LE 29 JUIN
LA MANTECA
YARA
11
Compagnie 97 du bataillon 11
LA GORRA
1
SITUATION LE 30 JUIN
Bataillon 11
2
SANTO DOMINGO
LEONCITO
3
10
A
4
Bataillon 22
LOS TÁRTAROS
4
9
6
12
3
8
5
EL SABICÚ
7
SITUATION LES 28 ET 29 JUIN
ALTO DE EL NARANJO

16

Premières manœuvres d'encerclement à Jigüe

JUIL 1958						
DIM	LUN	MAR	MER	JEU	VEN	SAM
--	--	1	2	3	4	5
6	7	8	9	10	11	12
13	14	15	16	17	18	19
20	21	22	23	24	25	26
27	28	29	30	31	--	--

À l'aube du vendredi 11 juillet, ce même jour où un obus de mortier causa la mort de Geonel et de Carlitos[1] dans la zone de Commandement de La Plata, nous mîmes en pratique notre plan visant à capturer le bataillon en cantonnement à Jigüe. Aux alentours de 5 h 30, vingt fusiliers rebelles postés sur les contreforts du Cahuara ouvrirent le feu sur les soldats qui étaient en pleins préparatifs dans leur campement. La fusillade dura un quart d'heure. Ensuite, nous fîmes silence pour simuler un simple harcèlement. En réalité, nous comptions bien causer des pertes à l'ennemi. Ainsi, le chef du bataillon serait obligé d'évacuer les blessés vers la plage. Là, Guillermo García, posté avec ses hommes sur le chemin du fleuve, attendrait la troupe ennemie et la ferait tomber dans une embuscade.

Nous sûmes plus tard que cette première attaque n'avait touché qu'un seul soldat : il avait reçu un léger impact de balle dans la cheville. Nos combattants novices n'étaient vraiment pas de bons tireurs... Cependant, comme le commandant du bataillon avait déjà prévu d'envoyer deux pelotons en mission de ravitaillement ce jour-là, il décida d'en profiter pour évacuer le blessé.

1. Geonel Rodríguez et Carlos López Mas, lire p. 213.

Notre plan se déroula donc comme nous l'avions prévu. Les deux pelotons et le blessé quittèrent leur cantonnement et, une demi-heure plus tard à peine, à deux kilomètres sur le chemin de la plage, ils tombèrent dans l'embuscade tendue par Guillermo (carte p. 614). Résultat : après quelques minutes de combat – que nous entendions depuis les hauteurs du Cahuara –, les rebelles avaient tué cinq soldats de l'avant-garde et fait deux prisonniers, dont l'un succomba à ses blessures. De plus, les rebelles s'emparèrent de six armes et de munitions. L'ennemi fut repoussé et dut retourner au campement.

Pendant ce temps, deux lignes rebelles s'étaient déjà formées à Purialón. Elles étaient chargées d'arrêter, voire de détruire les renforts qu'enverrait l'ennemi depuis la côte pour porter secours au bataillon encerclé. En bas, sur le fleuve, et sur les flancs de la montagne qui dominait le chemin venant de la plage, étaient postés les quarante hommes des pelotons d'Andrés Cuevas et de Lalo Sardiñas, armés d'un bon nombre de fusils semi-automatiques et de deux mitrailleuses calibre 30 sur trépied.

De leur côté, les effectifs de Ramón Paz étaient embusqués sur le terrain de Manacas, à une bonne distance du chemin. Après le combat, ils devaient descendre tout droit sur le fleuve pour couper la retraite aux renforts, les encercler et les anéantir. Avec une telle concentration de forces, nous pensions bien leur porter un coup fatal.

Pendant la matinée, les forces rebelles, en nombre réduit, tirèrent sporadiquement sur le campement ennemi depuis les positions des patrouilles formées à cet effet. Néanmoins, j'étais préoccupé par une chose : si les soldats se mettaient en mouvement en direction du Cahuara, un si petit groupe de combattants ne suffirait pas à les empêcher de rompre l'encerclement. Par ailleurs, il pourrait être nécessaire d'augmenter notre puissance de feu sur la troupe assiégée pour accroître notre pression psychologique et physique.

Le matin même, afin de renforcer nos positions sur les flancs du Cahuara, j'avais demandé au Che, s'il ne voyait pas de danger immédiat dans son secteur, de m'envoyer une escouade de onze hommes de la troupe de Camilo, ceux qui avaient combattu avec lui à Meriño. Le Che m'avait déjà prévenu que Curuneaux, conformément à mes ordres, se dirigeait bien vers Jigüe avec sa mitrailleuse. À la mi-journée, je demandai aussi au Che de m'envoyer le petit groupe commandé par Rogelio Acevedo avec sa mitrailleuse calibre 30 : ils permettraient de consolider la ligne rebelle sur le flanc du Cahuara et s'ajouteraient à la puissance de feu contre le siège du campement ennemi.

J'indiquai aussi au Che d'ordonner à Ramiro Valdés de disposer quinze combattants bien armés de la colonne 4 pour qu'ils surveillent le chemin entre Palma Mocha et Santo Domingo, au niveau du terrain de la Maestra. C'était l'endroit qu'avaient occupé les hommes de Cuevas avant d'être transférés dans la zone de Meriño, et où s'étaient trouvées également les troupes d'Almeida. Cette position était stratégique pour deux raisons : en premier lieu parce que les forces rebelles pourraient empêcher la prise du terrain par l'ennemi, qu'il vienne par surprise du nord, de la région de Santana, ou du sud, depuis le fleuve Palma Mocha ; en second lieu parce que, depuis ce poste, les combattants pourraient venir soutenir nos lignes si nécessaire, aussi bien à Santo Domingo qu'à Jigüe.

Quant aux autres positions du siège, dans la nuit du 11, El Vaquerito[1], suivant mes ordres, occupa un lieu très proche, au nord du campement ennemi, sur le contrefort du mont El Pino. Le lendemain, l'escouade d'Hugo del Río partit à son tour d'El Naranjal pour se poster sur le plus grand des contreforts qui descendait sur le fleuve La Plata, au nord-est du cantonnement. Dans un message à Hugo, je lui indiquai qu'il devait agir en plein accord avec El Vaquerito. « Il faut vous approcher de plus en plus

1. Roberto Rodríguez de son vrai nom.

des soldats et gagner du terrain quand la lutte reprend. Nous les avons complètement entourés. Maintenant, il faut leur prendre à chaque fois un peu plus de terrain et ne les laisser ni manger ni dormir. »

Dans un message que j'avais envoyé au Che le 11 juin, je lui avais rappelé notre objectif et j'avais expliqué le sens de toutes les dispositions que j'avais prises :

« Si les circonstances le requièrent, il conviendrait de transférer les effectifs de l'École, de dégarnir la Mina [Minas de Frío], de creuser des tranchées dans la Maestra en avant du Pino [mont aussi appelé le Cake, entre Minas de Frío et Mompié] et d'envoyer par ici le maximum de combattants.

» Notre stratégie doit consister, d'après moi, à saigner et à décimer les renforts ennemis pendant que nous affaiblissons, réduisons et soumettons la troupe assiégée. À ce moment de l'offensive, l'Armée doit fournir un grand effort alors qu'elle semble s'épuiser. Le côté de Palma Mocha me préoccupe un peu, il faudrait le fortifier avec quelques hommes. Celui de La Magdalena et d'El Mulato m'inquiète moins car on peut lui envoyer la réserve du Cahuara. Je crois difficile qu'ils entrent à nouveau à Meriño. »

Plus loin dans mon message, j'étais revenu sur la tactique : « Je pense que cette troupe fera quelques tentatives pour s'échapper. Quand elle aura été repoussée à plusieurs reprises, elle aura le moral en miettes et sera facile à anéantir. »

Comme je l'ai indiqué plus haut, le 11 juillet dans la matinée, après avoir forcé les deux pelotons à regagner leur campement, les rebelles continuèrent à tirer de façon sporadique sur l'ennemi dans le but de harceler les soldats et de les priver de tout moment de détente. J'ordonnai cependant de cesser les tirs à partir de 14 h 30. Le silence le plus complet régna alors sur nos positions des contreforts du Cahuara. Je voulais donner l'impression que nous nous étions repliés après notre combat efficace du matin. Nous entretenions ainsi une certaine confiance chez les officiers du bataillon encerclé, confiance qui finirait par les pousser, peut-être le jour suivant, à réaliser une exploration ou à sortir du campement. Ce serait alors l'occasion attendue de les frapper le plus durement possible.

Le soldat que nous avions fait prisonnier lors du premier combat sur le fleuve, et qui était indemne, fut envoyé aussitôt par Guillermo à mon poste de commandement sur le Cahuara. Il nous donna les premiers détails concernant la troupe que nous avions décidé d'encercler et de capturer. Il s'agissait de deux compagnies appartenant au bataillon 18. Elles disposaient comme armes d'appui de deux mortiers – l'un de 81 millimètres et l'autre de 60 – et d'un bazooka. Le ravitaillement se faisait rare. Je sus, en outre, par ce prisonnier, qu'il s'agissait de la troupe qui était stationnée à Maffo avant le début de l'offensive et qu'elle était commandée par José Quevedo Pérez, mon ancien camarade d'université.

À ce moment-là, j'avais aussi pensé à la possibilité d'utiliser les haut-parleurs de Radio Rebelle dans notre combat contre les soldats. Alors que ces derniers avaient le moral au plus bas puisqu'ils ne parvenaient pas à briser le siège, nos émissions feraient forcément grand effet sur eux. Nous diffuserions l'Hymne national, des exhortations à se rendre en échange de la garantie qu'ils auraient la vie sauve, nous pourrions peut-être même recourir, comme à Santo Domingo, aux chansons engagées du Quinteto Rebelde.

À la mi-journée, j'envoyai donc chercher les haut-parleurs et le petit groupe électrogène du Commandement, à La Plata, ainsi qu'une partie des techniciens et speakers. Je leur demandai d'attendre de nouvelles instructions à Mompié. Dans la nuit, Camilo Cienfuegos m'apprit que mes ordres avaient été suivis à la lettre. Quant au Quinteto, il fut envoyé vers Jigüe dans la matinée du 14.

Un autre élément important affaiblissait l'ennemi sur le plan psychologique : nous disposions maintenant des codes et du matériel de communication à ondes courtes dont nous nous étions emparés à Santo Domingo.

Curuneaux arriva à Cahuara dans la matinée du 12 juillet et se posta immédiatement sur un contrefort d'où il dominait tout le campement ennemi. Il avait reçu l'ordre de garder le silence, ce qu'il fit aussi scrupuleusement que nos hommes le faisaient depuis la veille. J'étais absolument convaincu que le chef du bataillon, trompé par cette quiétude, tenterait très vite une nouvelle sortie en direction de la côte en quête de ravitaillement. Il tomberait ainsi, pour la deuxième fois, dans l'embuscade tendue par Guillermo (carte p. 616).

Cette force rebelle était donc appelée à assumer, à nouveau, une responsabilité majeure. Après l'opération de la matinée du 11 juillet, les positions de Guillermo avaient été consolidées par l'occupation des terrains qui dominaient les flancs de son embuscade principale, sur le chemin du fleuve. Le 12 juillet au lever du soleil, le peloton de Jaime Vega, qui participait au siège, était allé se placer sur un contrefort du Cahuara. De là, il pouvait être doublement utile : d'abord, il harcèlerait le cantonnement dès qu'on lui en donnerait l'ordre, ensuite, au cas où les soldats attaqueraient avec force les positions rebelles sur le fleuve, il pourrait venir en appui de Guillermo par le flanc droit de l'avancée des soldats. Enfin, si l'ennemi réussissait à briser la ligne et continuait à progresser en aval, ou si une troupe s'infiltrait dans cette direction, Guillermo – selon mes instructions – devait la poursuivre et l'attraper à Purialón avec l'aide des hommes de Lalo et de Cuevas. Ainsi, toutes les éventualités étaient prévues.

Cependant, les 12 et 13 juillet, l'ennemi ne fit pas le moindre mouvement. Nous consacrâmes ces deux journées à perfectionner le dispositif d'encerclement. À cause d'une mauvaise interprétation d'un de mes messages, Acevedo et son escouade porteuse de la mitrailleuse 30 ne reçurent l'ordre de se rendre à Jigüe que dans la nuit du 12. Ils n'arrivèrent au Cahuara que dans l'après-midi du lendemain. À ce moment-là, nous comptions quatre-vingts combattants pour le siège, avec les hommes des pelotons ou des escouades de Ramón Fiallo et Raúl Podio, Jaime Vega, Curuneaux, Acevedo, El Vaquerito, Hugo del Río et Ignacio Pérez, ce dernier pouvant aussi faire partie des effectifs qui occupaient diverses positions sur les contreforts du Cahuara. Guillermo disposait de plus de quarante hommes pour son embuscade du fleuve, pendant que Lalo, Cuevas et Paz rassemblaient à Purialón un dispositif de près de soixante-quinze combattants au total.

À la mi-journée du 13 juillet, l'absence d'activité de l'ennemi commençait à me faire perdre patience... Nous avions réussi à maintenir le silence dans nos rangs jusque-là, mais je décidai d'ouvrir le feu avec la mitrailleuse de Curuneaux dès le lendemain s'il n'y avait toujours aucun mouvement du côté de l'Armée. Je fis aussi resserrer le cercle en occupant tous les monticules qui entouraient le cantonnement des soldats. Cette manœuvre permettait non seulement de leur barrer l'accès aux deux fleuves entre lesquels ils se trouvaient – celui de La Plata et celui du Jigüe, un de ses affluents –, mais aussi de faire obstacle à l'approvisionnement « en eau [...] pour ne pas les lâcher », comme je le dis dans un message à Paz.

J'étais de plus en plus convaincu que notre puissance de frappe dans cette bataille – qui entraînerait la reddition du bataillon et la destruction de ses renforts – aurait des conséquences déterminantes sur la suite de la guerre et donc sur la fin de la tyrannie. Dans mes messages aux différents capitaines qui participaient à l'opération, je répétai sans cesse la même idée : nous étions engagés dans une action décisive. Le 14 juillet, je disais par exemple à Lalo Sardiñas : « Il faut faire un effort exceptionnel car cette bataille peut entraîner le triomphe de la Révolution. »

Ce même jour, le second épisode le plus important du conflit se produisit. Le commandement ennemi décida finalement d'envoyer un deuxième contingent vers la plage, en quête de ravitaillement et pour évacuer les blessés. Cette fois-ci, il s'agissait d'une compagnie complète – la 103 – qui comprenait trois pelotons, c'est-à-dire près d'une centaine d'hommes. La marche avait été organisée avec beaucoup de précautions pour éviter le désastre précédent. Un peloton avançait sur le terrain, un autre à mi-pente sur la rive gauche du fleuve, et le troisième passait par le chemin avec les mulets et les blessés. Ils avaient fixé leur départ aux alentours de 14 heures, dans l'espoir qu'à cette heure-là les éventuelles embuscades des rebelles soient moins en alerte : les soldats avaient en effet pour habitude d'effectuer leurs mouvements aux premières heures de l'aube.

Juste après avoir quitté le campement ennemi d'où nous la vîmes sortir, la troupe en question rencontra pourtant à nouveau l'embuscade de Guillermo sur le fleuve et sur le terrain (carte p. 616). Un combat intense se prolongea pendant tout l'après-midi et une partie de la nuit, jusqu'à ce que les hommes se replient une fois de plus vers leur camp. Seuls dix ou douze soldats parvinrent à s'infiltrer à travers les lignes et à s'échapper vers le sud, mais la majorité d'entre eux, ainsi que des mulets et leurs convoyeurs qui étaient passés pendant la fusillade, tombèrent entre les mains de Lalo Cuevas, en aval, à Purialón. Le lendemain, un des groupes de la tyrannie qui s'étaient échappés tua le combattant Eugenio Cedeño, un des hommes de Lalo. Son nom s'ajouta à la courte liste des rebelles tombés pendant le rejet de l'offensive ennemie.

Le reste du bataillon assiégé ne fit aucune tentative pour se porter au secours de ses compagnons. De notre côté, nous envoyâmes un groupe de combattants armés de fusils semi-automatiques, commandés par Jaime Vega, se poster sur un des contreforts qui descendaient jusqu'au fleuve. Ils avaient pour mission de couper la route de retour aux soldats, mais ils ne trouvèrent pas de position adéquate.

À l'inverse de ce qui se passait toujours après les premiers tirs, l'aviation ne fit pas son apparition. En fait, le bataillon de

Quevedo n'avait aucune liaison avec le commandement supérieur, ni avec la compagnie G-4 sur la plage, et il attendait en vain le vol du petit avion de reconnaissance.

Le résultat de ce second combat sur le fleuve La Plata fut très important. L'ennemi eut à déplorer cinq morts et plus de dix blessés ; nous fîmes vingt et un prisonniers, nous arrêtâmes six muletiers avec trente-neuf mulets – dont trente-deux furent capturés vivants – et nous saisîmes plus de vingt armes, dont plusieurs fusils semi-automatiques Garand et un fusil automatique Browning. Mais l'effet psychologique et moral produit sur l'ennemi fut encore plus grand que l'impact matériel. Personne n'était mieux placé que le chef de la force assiégée, le commandant José Quevedo, pour l'expliquer : « Il n'y avait aucun doute sur le fait que nous étions complètement encerclés, car nous étions en butte à un feu incessant de toutes parts. Il nous restait à choisir entre ces alternatives : soit tout le bataillon tentait de briser l'encerclement et de s'échapper vers la plage, soit nous essayions de résister le plus longtemps possible en attendant des renforts. La décision était difficile à prendre, mais nous étions sûrs qu'il fallait choisir l'option qui comprenait le moins de risques, c'est-à-dire la seconde. »

Quevedo défendit cette décision par deux arguments. D'abord, essayer de briser le cercle aurait constitué un geste d'indiscipline. Le commandement de Bayamo lui avait en effet donné l'ordre de parvenir jusqu'à la prison rebelle de Puerto Malanga et à la Maestra. Ensuite, la tentative d'échappée avait peu de chances de succès. Le raisonnement était certes sensé. Le chef du bataillon encerclé, qui se trouvait dans des conditions de plus en plus précaires, n'avait qu'une chose à faire : attendre les renforts qu'il pouvait logiquement espérer.

En ce qui concerne ces renforts, il était surtout surprenant que le commandement ennemi n'ait pas fait le moindre geste pour venir en aide au bataillon encerclé. Pendant les premiers jours de la bataille, il n'y eut nulle trace de l'aviation, ni même d'un appareil envoyé en observation. Nous savions que Quevedo n'avait aucun moyen de communiquer avec son arrière-garde sur la côte et encore moins avec l'état-major de Bayamo, ou avec une autre unité en opération : il pouvait uniquement le faire par le biais du bimoteur quand il survolerait le campement. On pouvait donc supposer que le commandement ennemi n'était pas du tout conscient de la situation difficile dans laquelle se trouvait le bataillon 18, ce qui rendait encore plus incroyable le fait qu'il ne s'inquiétait même pas d'établir un contact au moyen de l'avion.

Après la fin de la bataille, nous apprîmes comment le commandant Quevedo résolut cette situation : dans la nuit du 14 juillet, il envoya un de ses éclaireurs sur la côte avec l'objectif de se glisser entre nos lignes et d'informer le chef de la compagnie G-4 de l'état des assiégés. Ce dernier devait alors envoyer un rapport au poste de commandement. À ce qu'il semble, cet émissaire réussit à contourner nos positions pendant la nuit, celles du fleuve comme celles de Purialón, à moins qu'il ait échappé à nos sentinelles et qu'il ait pu arriver jusqu'à la plage. Il faut rappeler que quelques-uns des soldats du peloton décimé par Guillermo pendant le deuxième combat du fleuve avaient réussi à atteindre la plage.

Quoi qu'il en soit, au matin du 15 juillet, nous vîmes apparaître l'aviation ennemie dans le ciel de Jigüe. C'était la première fois en quatre jours d'affrontements. Quevedo a raconté de manière très éloquente les événements de cette matinée : « Nous augmentions le volume du feu sur les positions ennemies et c'était réellement impressionnant. Les piqués des avions dans les défilés entre les montagnes, le fracas des explosions, avec la caisse de résonance produite par les hauteurs, l'écho sourd dans les collines, l'explosion des grenades et le feu croisé des fusils et armes automatiques, tout cela transformait cet espace de terre cubaine en enfer. Mais chaque attaque ou mitraillage de l'aviation, au lieu d'amener les rebelles à cesser le feu, semblait accroître leur détermination, comme si tout cela ne leur faisait rien et que personne ne reculait. Les rebelles étaient très excités et nous criaient toutes sortes d'injures tout en tirant. Nous leur répondions de la même façon. »

Dans la nuit du 14 juillet, j'avais donné l'ordre à toutes nos positions de rompre le silence que nous avions maintenu rigoureusement pendant soixante-douze heures : nos hommes devaient désormais ouvrir le feu à discrétion sur le cantonnement. Dans l'obscurité, presque toutes nos lignes resserrèrent le cercle. En cela, la description que fit le commandant Quevedo de la fusillade nourrie du 15 juillet est exacte jusqu'à un certain point, même s'il me semble qu'il exagère le volume du feu tiré contre ses soldats. Nos hommes avaient bien reçu l'autorisation de tirer, mais ils avaient été exhortés à économiser les munitions et à ne viser que des objectifs précis, ou à maintenir le harcèlement des positions ennemies.

De mon poste de commandement, on pouvait observer le campement du bataillon 18, très près du fleuve Jigüe, qui avait très peu de débit à cet endroit. L'installation était située dans une véritable dépression entre les montagnes.

Les soldats étaient concentrés à Santo Domingo et sur d'autres fronts. On n'avait vu aucun avion entre le 11 et le 15 juillet, mais lorsque l'ennemi découvrit ce qui s'était passé, il attaqua avec une violence encore jamais vue. Un avion de reconnaissance arriva tout d'abord, suivi des appareils de combat : une première vague composée de deux bombardiers B-26 et de deux avions de chasse P-47, relevée par une autre un peu plus tard, et encore une autre ensuite. De 6 heures à 13 heures, l'aviation soumit nos positions à une attaque très violente, notamment avec des bombes incendiaires au napalm.

Une puissante bombe tomba à quarante mètres du nord du terrain où se trouvait mon poste de commandement qui, lui, était dans le bois, au sud. Une pluie de pierres et de bouts de bois s'abattit sur nous. Quelques minutes plus tard, nous vîmes s'approcher Pedrito. Nous venions d'apprendre qu'il était blessé. Je pensais qu'il arriverait sur une civière mais il apparut à pied, une main sur la poitrine. Il se trouvait dans une tranchée, à un poste d'observation, lorsqu'une balle tirée d'un avion avait ricoché sur son sternum sans pénétrer dans la poitrine. Ce fut un pur hasard. Il n'y avait eu ni imprudence ni gaspillage de munitions. Par chance, cette intense activité de l'aviation ennemie ne causa dans nos rangs que la blessure de Pedrito Miret.

Au cinquième jour de siège, la situation des soldats de Jigüe était de plus en plus périlleuse. D'une part, ils n'avaient plus rien à manger et ils étaient affamés ; d'autre part, les tirs sporadiques de nos fusiliers et des deux mitrailleuses obligeaient les hommes à rester toute la journée sans bouger dans d'étroites tranchées où ils souffraient de la chaleur. Ils ne pouvaient même pas se risquer à en sortir pour se soulager. J'estimais que si nous parvenions à maintenir la pression et à empêcher l'arrivée de renforts, l'ennemi se rendrait dans les deux ou trois jours.

Ce mardi 15 juillet, marqué par une activité intense dans la zone du siège de Jigüe, nous reçûmes des nouvelles peu favorables du secteur de Minas de Frío. Depuis deux jours, les forces ennemies stationnées à San Lorenzo avaient commencé à avancer en direction de Las Minas. Après avoir affronté la résistance farouche des rares groupes rebelles dont disposait le Che dans ce secteur, elles avaient réussi à occuper le village. Mais elles ne purent faire un pas de plus. L'avancée des soldats dans cette direction nous maintint cependant en alerte pendant toutes ces journées. Nous évaluions les possibilités pour le commandement ennemi de venir au secours des assiégés de Jigüe par le nord-ouest. Nous examinerons, le moment venu, les dispositions qui furent prévues ou adoptées.

Ce même 15 juillet, je pris la décision d'utiliser les moyens de guerre psychologique que nous avions planifiés quatre jours plus tôt. Lorsque le bombardement aérien prit fin, je donnai l'ordre d'installer les équipements de Radio Rebelle à un endroit que nous avions choisi à l'avance, hors de portée du feu de l'ennemi, mais assez proche des soldats assiégés pour que ceux-ci puissent nous entendre.

À 1 heure du matin, le 16 juillet, les bois et les coteaux entourant le campement ennemi résonnaient à nouveau. Pas du feu des armes, cette fois-ci, mais des voix de nos speakers. Harangues et messages furent diffusés sans interruption, pour leur contenu d'abord, mais aussi pour empêcher le repos des soldats. Nous continuions ainsi à miner leurs facultés de résistance. C'était la deuxième fois que nous utilisions ce moyen dans la Sierra, mais, à Jigüe, l'impression produite fut réellement saisissante et elle eut un impact énorme auprès des soldats.

Au cours des émissions de cette soirée, j'inclus une lettre que j'adressais au chef du bataillon encerclé, mon vieux camarade d'université José Quevedo (document p. 529) :

« J'ai appris avec une profonde tristesse, par les premiers prisonniers que nous avons capturés, que vous étiez à la tête de la troupe assiégée.

» Nous savons que vous êtes un officier de l'Académie militaire, chevaleresque et instruit, docteur en droit. Vous savez que la cause pour laquelle vos soldats et vous-même vous sacrifiez et mourez n'est pas une cause juste.

» Vous qui êtes un militaire d'honneur et qui connaissez les lois, vous savez que la dictature est en violation de tous les droits constitutionnels et humains de son peuple. Vous savez que la dictature n'a pas le droit de sacrifier les soldats de la République pour maintenir le régime qui opprime la nation, bafoue les libertés et se maintient par la terreur et le crime. Elle n'a pas le droit d'envoyer les soldats de la République combattre ses propres frères, qui réclament seulement de vivre dans la liberté et la dignité. Nous ne sommes pas en guerre contre l'Armée, nous sommes en guerre contre la tyrannie. Nous ne voulons pas tuer des soldats; nous regrettons profondément la mort de chacun d'eux, obligés de défendre une cause ignoble et honteuse.

» Nous croyons que l'Armée existe pour défendre la patrie, et non la tyrannie.

» Les politiciens voleurs, les ministres, les sénateurs et les généraux sont à La Havane, où ils ne courent aucun risque, où ils n'affrontent aucune difficulté, pendant que leurs soldats sont cernés par un cercle d'acier, affamés et sur le point d'être battus.

» Ils vous ont envoyés, vous et vos hommes, à la mort, vous conduisant dans un véritable piège, vous plaçant dans un trou d'où il n'y a aucune échappatoire, sans dépêcher le moindre soldat pour tenter de vous sauver.

» Vous mourrez de faim ou vous périrez sous les balles si la bataille se prolonge.

» Sacrifier des hommes à un combat perdu sur l'autel d'une cause ignoble est un crime qu'un homme d'honneur ne peut pas commettre.

» Dans cette situation, je vous propose une reddition honorable et digne. Tous vos soldats seront traités avec le plus grand respect et avec considération. Les officiers pourront conserver leurs armes de poing. En acceptant cette reddition, vous ne vous rendrez pas à un ennemi de la patrie, mais à un révolutionnaire sincère qui lutte pour le bien de tous les Cubains, jusqu'à celui des soldats qui nous combattent, à un compagnon qui a partagé les mêmes amphithéâtres de l'université, qui souhaite pour Cuba la même chose que pour vous. »

Cette nuit-là, une autre lettre fut lue par un de nos médecins, le docteur René Vallejo, à l'intention de son collègue de la force encerclée, le docteur Charles Wolf, qui avait occupé les mêmes bancs de la faculté de médecine de l'université de La Havane. «J'ai appris que tu es le médecin de cette troupe qui est assiégée et qui n'a pas d'espoir d'être sauvée. Tous les soldats qui ont tenté de sortir ont été capturés. En tant que médecin et personne honnête, comme je suis sûr que tu l'es, et par l'obligation dans laquelle nous nous trouvons, par notre profession, de sauver des vies humaines, je t'exhorte à conseiller à tes compagnons de se rendre. Je te donne ma parole d'honneur qu'ils seront tous respectés et traités en êtres humains. N'hésite pas à le faire, et sois certain que tu accompliras un devoir sacré envers la patrie et tes compagnons. »

D'autres messages furent encore diffusés par les haut-parleurs, et des prisonniers prirent la parole pour décrire le traitement humain qu'ils recevaient. Ils soulignaient qu'il était inutile de prolonger la résistance alors qu'il était impossible de briser le siège que nous tenions. Je cite dans son intégralité le texte que je rédigeai pour ma part à l'adresse des soldats. Nous y exposions en détail les conditions de la reddition de la troupe :

« L'Armée rebelle, certaine que toute résistance est inutile et conduirait seulement à de plus grandes effusions de sang dans cette bataille qui dure déjà depuis cinq jours, et comme il s'agit d'une lutte entre Cubains, vous propose les conditions suivantes de reddition :

» 1. Seules les armes à feu seront saisies. Tous les objets personnels seront respectés.

» 2. Les blessés seront remis à la Croix-Rouge, comme ce fut le cas pour les prisonniers blessés pendant la bataille de Santo Domingo.

» 3. Tous les prisonniers, qu'ils soient officiers ou soldats, seront remis en liberté dans un délai maximum de quinze jours.

» 4. Les blessés, jusqu'à ce qu'ils soient remis à la Croix-Rouge, seront soignés dans nos hôpitaux par des médecins et chirurgiens confirmés.

» 5. Tous les membres de la troupe assiégée recevront du tabac, des aliments et tout ce dont ils auront un besoin immédiat.

» 6. Aucun prisonnier ne sera interrogé, maltraité ni humilié, en paroles ou en actes, et tous recevront le même traitement humain et généreux que les soldats que nous avons déjà faits prisonniers.

» 7. Nous enverrons, par radio, de vos nouvelles à vos épouses, mères, pères et parents qui pleurent, désespérés de ne rien savoir de ce que vous arrive, ni de la chance que vous pouvez saisir.

» 8. Si vous acceptez ces conditions, envoyez un émissaire avec un drapeau blanc qui dira à voix haute : *Pourparlers, pourparlers.* »

Dans la même intention d'exhorter les militaires assiégés à la reddition, mais sur un ton un peu différent, le message suivant fut lu à l'adresse des simples soldats (document p. 530) :

« Soldat, si tes chefs t'obligent à te sacrifier dans une bataille perdue d'avance et sans le moindre espoir pour aucun de vous, rends-toi. Tu peux avancer, de jour, les bras levés et l'arme à l'épaule. Quelque direction que tu empruntes, tu rencontreras nos forces.

» Si c'est la nuit, avance vers les haut-parleurs et dis bien fort : *Ne tirez pas, je suis un soldat et j'accepte de déposer les armes.* »

Après ces exhortations, nous annonçâmes, le matin du 16 juillet, que nous suspendrions le feu à midi pendant trois heures. Ensuite, s'il n'y avait pas de reddition ni aucun signe d'une intention de se rendre, le combat reprendrait. Je donnai les instructions correspondantes à tous les groupes rebelles des différents secteurs du siège, en interdisant formellement, pendant ces trois heures, de tirer sur un ennemi qui sortirait des tranchées et se trouverait à découvert.

Les soldats profitèrent de la trêve pour s'étirer, prendre un peu le soleil, nettoyer leurs tranchées, parler à leurs compagnons et se promener dans leur campement. Il n'y eut pas le moindre incident et certains d'entre eux communiquèrent même avec les rebelles qui occupaient les positions les plus proches.

Cette trêve faisait suite à une matinée au cours de laquelle l'aviation ennemie nous avait attaqués avec une force renouvelée. Des bombes de cinq cents livres, du napalm, des fusées et un feu nourri de mitrailleuse nous étaient tombés dessus, faisant de notre environnement un véritable enfer. Une fois de plus cependant, l'aviation démontra son inefficacité dans la montagne. Elle agissait contre une guérilla qui faisait corps avec la végétation et qui avait créé les tranchées et les refuges adéquats. À cette étape de la guerre, l'immense majorité de nos combattants avait appris la leçon et ne craignait plus l'aviation et ses bombardements apparemment mortifères.

Par ailleurs, nous commencions à appliquer notre plan de tromperie de l'aviation ennemie en nous servant du matériel de communication dont nous disposions. Entre les mains de Curuneaux, il devenait un instrument efficace de désinformation... L'équipement du chef du bataillon encerclé ne fonctionnait probablement plus. L'idée était d'interférer dans la communication entre lui et les appareils d'observation pour leur indiquer de concentrer leur attaque, justement, sur les positions des soldats. J'avais donné des instructions à Curuneaux dans ce sens depuis la nuit précédente. L'astuce fonctionna dans une certaine mesure puisque quelques avions déchargèrent leurs bombes à l'intérieur ou très près du périmètre du campement ennemi. Mais il ne semble pas que cette manœuvre ait produit des résultats concrets, si ce n'est un impact psychologique.

Une heure après la fin du délai, c'est-à-dire à 16 heures, convaincus que les soldats n'avaient nulle intention de se rendre, je donnai l'ordre, toujours via les haut-parleurs, de reprendre le feu. Ce dénouement était prévisible. Même si le moral de sa troupe était au plus bas, il était très peu probable qu'un chef aussi tenace que Quevedo se rende à la première occasion. Comme je l'avais écrit dans un de mes nombreux messages au Che, le soir du 16 juillet, presque douze heures avant la trêve (document p. 532) : « Je ne me fais aucune illusion. Il faut encore plus les mettre sous pression mais ils se trouvent déjà dans des conditions très désavantageuses. J'ai fait préparer des positions du côté où ils n'étaient pas encore à la portée de nos tirs. Il y a plusieurs jours qu'ils n'ont plus de vivres. Ils n'ont même plus un grain de sel. Ils sont virtuellement morts de faim. »

Jusque-là, le harcèlement du campement avait été basé sur les tirs irréguliers des deux mitrailleuses – la 50 de Curuneaux et la

30 d'Acevedo – et de vint-cinq fusils répartis entre les positions du contrefort du Cahuara et les escouades d'Ignacio Pérez et d'El Vaquerito. Pour pouvoir resserrer l'encerclement, il fallait tout d'abord permettre un volume plus important de tirs depuis ces terrains, et ensuite occuper des positions encore vacantes.

Pour l'une d'elles – sur les flancs de Manacas qui dominait le campement à l'est, de l'autre côté du fleuve La Plata –, je demandai à Almeida et à Ramiro d'envoyer une partie de leurs effectifs de réserve. Mais j'avais déjà pris la mesure la plus importante de ce resserrement avant de rédiger mon message au Che : j'avais donné l'ordre à Guillermo d'abandonner son embuscade en aval du fleuve – qui n'avait plus lieu d'être depuis que le commandement de la troupe assiégée n'était plus en condition de tenter une nouvelle sortie en direction de la plage – et de fermer le cercle depuis le sud en se postant au-dessus de l'ennemi, sur les flancs qui dominaient directement ses positions sur l'autre rive du fleuve La Plata. Ainsi, notre objectif serait atteint dans sa totalité : nous empêcherions les soldats d'arriver jusqu'à l'eau et l'encerclement se transformerait en véritable étranglement. Il n'y avait plus qu'à attendre. Comme je l'écrivis au Che dans le message que j'ai déjà cité : « Je crois que si nous parvenons à empêcher l'arrivée de renforts dans les quarante-huit heures, ils se rendront irrémédiablement. » Le moment de combattre les renforts arrivait enfin.

17

Danger à Minas de Frío

JUIL 1958						
DIM	LUN	MAR	MER	JEU	VEN	SAM
--	--	1	2	3	4	5
6	7	8	9	10	11	12
13	14	15	16	17	18	19
20	21	22	23	24	25	26
27	28	29	30	31	--	--

Le 13 juillet 1958, deuxième jour des opérations de Jigüe, j'avais appris que les forces du bataillon 17 avaient commencé à avancer depuis San Lorenzo en direction de Minas de Frío.

La nouvelle était inquiétante. Si l'ennemi parvenait à occuper Minas de Frío, il serait en position privilégiée pour pénétrer au cœur de notre territoire. De là, il pourrait essayer d'occuper à nouveau Meriño et continuer jusqu'à El Roble, avec en plus la possibilité de s'abattre depuis l'arrière-garde sur nos positions de Jigüe. Cette manœuvre mettrait en péril notre encerclement du bataillon 18 et couperait en deux notre territoire, ce qui avait déjà été le but de l'Armée lors de l'opération de Meriño. Malgré tout, même dans cette situation dangereuse, je gardais une grande confiance dans les capacités du Che et des forces rebelles qu'il commandait pour empêcher l'ennemi d'atteindre son objectif. C'est pourquoi je continuai à porter toute mon attention sur la défaite de la troupe encerclée à Jigüe et sur le rejet des renforts qui pourraient être envoyés à son secours depuis la côte.

L'avancée du bataillon 17 ne fut pas la seule mauvaise nouvelle du jour. À 14 heures, je reçus un message du Che, à Mompié, qui disait ceci : « Les soldats progressaient en grimpant par le mont Meriño. J'ai donc demandé à Raúl Castro Mercader d'envoyer les hommes d'Angelito Verdecia (qui étaient de repos à La Mina) pour qu'ils bouchent ce chemin. Il semble qu'il y ait eu un malentendu et Angelito est tombé dans une embuscade. Selon un membre de sa troupe qui est arrivé, désemparé, il est mort et son arme est perdue. Quant aux deux combattants qui accompagnaient Angelito, ils ont disparu. Si les soldats avancent et brisent la ligne, il n'y a pas de renforts de ce côté-là. »

En réalité, voilà ce qui s'était passé : alors que les militaires montaient vers le Meriño, Angelito et sa troupe avaient été surpris sur le chemin qui mène à El Tabaco. Au cours de l'accrochage, l'ennemi avait subi quatre pertes, dont deux blessés graves, mais le capitaine rebelle avait été tué. Les hommes qui se trouvaient avec lui s'étaient dispersés, laissant le cadavre de leur chef entre les mains des soldats.

La disparition d'Angel Verdecia me causa une grande douleur, mais j'étais surtout irrité par les circonstances de sa mort. N'en connaissant pas les détails, j'ordonnai au Che d'enquêter sur ce qui s'était passé et d'éclaircir les responsabilités. « Je n'ai rien à te dire. J'avais été prévenu que l'ennemi se dirigeait vers Meriño depuis San Lorenzo. On avait demandé à Angelito d'aller intercepter les soldats sur les hauteurs sans calculer qu'ils auraient beaucoup plus de temps que lui pour y arriver, et c'est là qu'ils l'ont eu. Quand je suis parti de La Mina[1], j'ai demandé qu'ils surveillent le chemin d'El Moro plus près du haut. Tu m'as dit qu'il vaudrait mieux poster des hommes sur le chemin qui monte de San Lorenzo vers Meriño pour le protéger et j'étais d'accord avec toi. Comment ont-ils donc pu surprendre Angelito dans une embuscade ? Ils sont peut-être montés par un sentier et sont arrivés au-delà du mont. À ce moment-là, où étaient passés ceux qui devaient être postés là-haut ? »

1. Las Minas de Frío.

Cet après-midi-là, le bataillon 17 occupa le terrain de Meriño. C'est ce que m'apprit le Che à 19h5 : « Les soldats se trouvent depuis cet après-midi dans le secteur et Raúl [Castro Mercader] dit avoir été informé qu'ils sont déjà à Meriño, ce que je ne crois pas. Il me semble nécessaire, soit de recevoir des renforts, soit d'évacuer préventivement Las Minas de tout le superflu. Dis-moi ce que tu en penses. »

Le lendemain matin, 14 juillet, le Che m'écrivit : « Je n'ai pas encore reçu de nouvelles de Meriño. Les soldats sont dans le hameau et occupent le terrain. J'ai ordonné le repli sur Las Minas de tous les autres. »

Le Che ajoutait dans son message qu'il semblait que la rencontre surprise, cause de la mort de Verdecia, s'était produite par la faute de celui-ci ou à cause de son guide car ils étaient passés beaucoup plus bas que l'endroit où se trouvaient les soldats. Il fut confirmé par un des hommes qui accompagnaient Angelito que l'ennemi avait subi quatre pertes.

À midi moins cinq, le Che me communiqua en urgence les dernières nouvelles qu'il avait reçues : « Sans que je puisse te dire comment ils y sont parvenus, les soldats sont à Las Minas. Je venais juste de t'envoyer mon dernier message quand j'ai appris qu'ils se trouvaient sur les hauteurs, au-dessus du terrain. J'ai donc ordonné un repli général et j'ai demandé à Ciro [del Río] de défendre cette position avec les hommes qui étaient jusque-là avec Angel Verdecia. Mais une demi-heure après, on m'a appris que les soldats étaient sur le terrain d'El Moro, en haut, et que les hommes d'Angelito étaient isolés entre deux troupes. J'ai demandé confirmation car cela me paraissait impossible, mais cinq minutes plus tard, on m'a dit que les soldats se trouvaient déjà à La Mina et la communication a été coupée. Je n'ai pas pu parler davantage. »

La forte résistance opposée par l'escouade d'Angelito Verdecia – qui comptait seulement sept hommes – sur les hauteurs d'El Moro laissait supposer que les soldats occupaient Minas de Frío. En réalité, ils n'y parvinrent que quelques heures plus tard. Selon les informations dont il disposait, le Che m'expliqua en détail les positions des forces de défense dans le secteur : « La situation est la suivante : Raúl [Castro Mercader], Ciro [del Río] et Angelito Frías combattent de front. Les hommes d'Angelito sont entre deux forces avec une possibilité de sortie vers Meriño. Fonso [Alfonso Zayas], Cesar [Suárez] et Roberto [Fajardo] sont encerclés. Ils n'ont qu'une seule possibilité : longer les pâturages entre Las Vegas et La Mina. Orlando [Pupo] doit escalader un terrain très difficile mais il n'est pas en grand danger. Daniel [Readigo] et ses hommes peuvent se replier assez facilement. Tout dépend si Raúl a gardé les idées claires et s'il a pu prévenir les compagnons. Avec les effectifs qui nous restent, on ne peut protéger de façon efficace que le chemin de La Magdalena. Ceux d'El Roble et de La Candela sont à découvert. »

À titre préventif, le Che ordonna de transférer l'École de recrues de Minas de Frío à La Magdalena, où il avait décidé de se rendre personnellement pour en assumer la défense. Cependant, face à la menace que l'ennemi tente de continuer à avancer vers Jigüe pour venir en aide à la troupe encerclée, il me demanda combien de temps il fallait résister dans ce secteur.

À 15 h 5, depuis mon poste de commandement du Cahuara, je répondis au Che : « Vois comment tu pourras rassembler le reste de ces escouades pour rebâtir le front. Cela m'arrangerait de disposer de quatre jours avant que les troupes arrivent jusqu'ici. Je crois que, si c'est possible, il faudrait confier la protection de la Maestra aux hommes de Fonso, Verdecia et Suárez, et déployer ceux de Ciro, Raúl et Pupo, pour défendre les chemins qui mènent ici. De toute façon, fais ce que tu peux et tiens-moi informé. »

À 20 heures, le Che m'apprit que les soldats n'avaient pas encore pris Las Minas mais qu'ils étaient sur le point d'y parvenir, et il me répéta qu'il avait réparti ses hommes pour organiser la résistance. Vingt-cinq minutes plus tard, il me donna plus de détails :

« Dans la course à celui qui sera le plus stupide ou irrésolu, les soldats ont encore gagné. L'escouade d'Angelito a maintenu l'Armée sur le mont d'El Moro. J'avais demandé à Ciro d'aller renforcer ce point, mais il dit qu'il a été de nouveau *attaqué,* que *les balles ont sifflé à ses oreilles,* puis qu'il s'est replié. Les tirs ennemis sur le mont ont fait croire à tout le monde que les soldats étaient déjà en haut. Ils se sont rabattus de cinq cents mètres et le téléphone que j'avais bricolé ne marche pas. Je verrai s'ils arrivent à le réparer demain. J'ai donné l'ordre à tous les pelotons d'avancer pour récupérer leurs positions. Il me reste en réserve les troupes d'Angelito Frías et de Raúl [Castro Mercader], avec un total de dix armes.

» Si les soldats essaient d'avancer de front ou par Las Vegas, nous pourrons leur opposer une bonne résistance. S'ils arrivent par Meriño, ils nous échapperont. À l'heure où je t'écris, j'ignore s'il y a des soldats ou pas à cet endroit. Je reste ici et je vous souhaite un succès rapide. »

Le lendemain matin, mardi 15 juillet, les rebelles commandés par le Che continuèrent à combattre les troupes ennemies qui avançaient en direction de Minas de Frío. La confusion était telle que Ciro del Río, parti explorer la situation, fut blessé par un autre rebelle qui se tenait en embuscade. À 9h5, le Che m'envoya ce message : « En ce moment, on combat sur le terrain de la maison d'El Moro. Il s'agit d'une fusillade pas très nourrie, mais continue. Ciro del Río a été blessé au poumon par l'erreur d'un de nos compagnons. Jusqu'à présent, il y a deux morts chez les soldats d'après [José Ramón] Silva. Le chemin d'El Roble n'est pas gardé, mais il semble qu'ils ont concentré leurs forces par le haut. »

Deux heures plus tard, il m'en envoyait un autre : « [...] Les soldats n'ont pas occupé le terrain, ils continuent à avancer vers La Mina, mais pas aujourd'hui. Pour ce que j'en sais, [ils sont] à Meriño et j'espère leur résister pour qu'ils ne parviennent pas à l'École [de recrues de Minas de Frío]. Tout dépend de la détermination des combattants. Il y a de bonnes possibilités pour cela.

Je crois qu'on peut compter sur deux jours de répit, en incluant aujourd'hui. »

Pour ma part, je restais concentré sur la planification détaillée de l'opération de Jigüe. Mais les nouvelles de l'avancée des soldats en direction de Minas de Frío m'obligèrent à envisager les différentes mesures que pourrait adopter le commandement ennemi s'il tentait de porter secours aux assiégés par le nord-ouest. La situation étant très complexe pour les soldats, j'étais confiant dans le fait qu'il leur serait matériellement impossible de franchir nos lignes à El Roble, La Magdalena, El Coco et Mompié, pour ne mentionner que quelques-uns des points par lesquels l'ennemi pourrait essayer de pénétrer vers Jigüe.

Pendant ce temps, j'essayai de continuer à informer constamment et précisément le Che sur les détails de l'opération de Jigüe. De son côté, il me tenait au courant, heure par heure, de ce qui se passait dans son secteur. Quand il m'apprit, ce matin-là, que l'ennemi n'avait pas encore occupé Minas de Frío, je fus convaincu que la situation difficile de ce secteur était pratiquement résolue et la menace sur l'opération principale de Jigüe quasiment écartée. En effet, même si les soldats arrivaient finalement à Las Minas, il leur serait presque impossible d'aller plus avant.

À 11 h 20 le 15 juillet, j'envoyai un message au Che dans lequel je lui relatais les mesures qui avaient été prises en prévision de l'avancée ultérieure de l'ennemi :

« Je te félicite d'avoir réussi à surmonter la crise qui se profilait. Cela nous a redonné le moral de savoir qu'il n'y avait pas de danger dans ce secteur. Si les soldats sont à Meriño et essaient de descendre vers nous, il faut que tu m'envoies un messager à cheval pour me prévenir rapidement. J'ai fait creuser des tranchées au-delà d'El Coco et nous pourrons les coincer entre deux feux. De toute façon, s'ils passent par le chemin d'El Roble, ils subiront des tirs sur le flanc.

» Si tu ne parviens pas à garder La Mina, ne manque pas de

diviser les escouades comme je te l'ai indiqué afin qu'un groupe protège la Maestra et l'autre La Magdalena. »

Le 16 juillet, la troupe d'occupation de Minas de Frío n'effectua aucun mouvement. À 10 heures, depuis sa position sur le flanc de la colline de La Magdalena, le Che me fit transmettre un message par le biais du téléphone de Mompié qui marchait à nouveau après plusieurs jours d'interruption :

« Le Che dit que les soldats, à ce qu'il semble, ne manifestent pas l'intention d'avancer aujourd'hui.

» Il a reçu un renfort de six hommes bien armés. Il les utilisera en appui, si nécessaire, de la protection de La Magdalena.

» Si les soldats essaient de passer par en bas, il s'occupera personnellement de les empêcher d'avancer. »

À 17 h 20, je reçus de nouvelles informations :

« Le Che dit qu'il n'y a pas un seul soldat à Meriño. À peu près quarante hommes sont partis de La Mina. On ne perçoit aucun mouvement entre Las Vegas et Meriño, pas plus qu'une tentative d'avancée pour le moment. Il n'y a eu aucune activité à La Mina. S'ils essaient d'avancer, il fera son possible pour les en empêcher. »

Le 20 juillet, convaincu que les dispositions défensives adoptées autour de Minas de Frío étaient suffisantes, le Che retourna à Mompié. Ce jour-là, à Jigüe, les tractations en vue de la reddition du bataillon 18 avaient commencé. J'en avais averti le Che, comme je lui avais fait part de mon intention d'agir immédiatement, et de façon simultanée, à l'encontre des autres forces ennemies stationnées à l'intérieur de notre territoire. Il s'agissait en l'occurrence du bataillon 11 de Sánchez Mosquera à Santo Domingo, et de la compagnie 92 du bataillon 19 à Las Vegas de Jibacoa. Quant aux compagnies 91 et 93 qui étaient parvenues à Minas de Frío, je partais du principe que les forces disposées par le Che suffiraient à les empêcher d'avancer davantage. Il était possible que le commandement ennemi réalise que cette position était insoutenable et qu'il ordonne la retraite. Dans le cas contraire, nous pourrions les soumettre après avoir liquidé la menace de Santo Domingo, qui présentait le plus grand danger à ce moment-là.

Pendant la nuit du 20 au 21 juillet, le Che m'envoya un message qui disait ceci : «Je suis à Mompié. Tout est tranquille. Je suis venu te voir parce que tes doubles projets me paraissent trop risqués. J'attends que tu me dises où tu seras demain matin pour que je me mette en marche dans la soirée.

» En ce qui concerne Las Minas, rien de nouveau. »

C'était sa façon de me signaler que la situation restait inchangée, que les soldats n'avaient pas fait un pas de plus en avant.

Le lendemain, rien ne bougea à Minas de Frío. Ce jour-là, comme nous le verrons dans les chapitres suivants, j'étais en chemin vers La Plata avec les soldats du bataillon 18 que nous avions capturés. Le Che s'occupait des préparatifs de la remise de ces prisonniers à la Croix-Rouge, à Las Vegas de Jibacoa, comme nous l'avions promis. Les jours suivants, il ne se passa rien de nouveau sur le front de Las Minas.

Le 27 juillet, pendant la bataille contre les forces qui fuyaient Santo Domingo, le commandement ennemi, suivant un nouveau plan auquel je me référerai plus tard, ordonna à la troupe stationnée à Minas de Frío d'abandonner ses positions et de retourner à San Lorenzo et Las Mercedes. C'était exactement ce que j'avais prévu.

À 15 h 55, le Che m'apprit le mouvement de l'Armée : « [...] Les soldats ont entrepris un mouvement de repli et sont arrivés sur le terrain d'El Moro. Cela ne m'étonnerait pas qu'ils fassent de même à Las Vegas [...]. Je donne l'ordre à Raúl [Castro Mercader] d'avancer simultanément à la retraite des soldats. »

Quelques minutes plus tôt, le Che avait donné ses instructions à Raúl Castro Mercader, ayant prévu que la troupe entrée dans

Minas de Frío viendrait au secours de la compagnie encerclée à Las Vegas de Jibacoa: «Il faut que tu t'attaches à prendre tes positions en avançant à mesure que les soldats reculent. Si nous abandonnons le terrain d'El Moro, il faut que tu te postes dans la Maestra, au croisement de San Lorenzo. S'ils restent sur le mont d'El Moro, il faut leur prendre le terrain de la droite, sur le chemin de Las Vegas, pour les harceler au cas où ils voudraient descendre par là.»

En fait, toutes ces précautions se révélèrent inutiles. La troupe ennemie recula directement jusqu'à San Lorenzo, avec l'appui d'une compagnie envoyée de Las Mercedes par le chef du bataillon 17, le commandant Corzo Izaguirre. Ces hommes, ainsi que les forces postées à San Lorenzo, effectuèrent leur retraite jusqu'à Las Mercedes.

Ainsi, en plus de Minas de Frío, un vaste territoire du secteur Nord-Ouest – y compris Meriño, El Tabaco, San Lorenzo, Gabiro et La Esmajagua – se trouva libre à nouveau. Il était évident que l'ennemi ne pourrait pas revenir l'occuper. Nous remportions une autre victoire sans même avoir eu à combattre.

18

Jigüe : le combat contre les renforts

JUIL 1958						
DIM	LUN	MAR	MER	JEU	VEN	SAM
--	--	1	2	3	4	5
6	7	8	9	10	11	12
13	14	15	16	17	18	19
20	21	22	23	24	25	26
27	28	29	30	31	--	--

Pendant les six premiers jours de la bataille de Jigüe[1], au moment où se déroulaient les premières actions d'encerclement et les deux combats de Guillermo García sur le fleuve La Plata, les forces rebelles étaient restées concentrées à Purialón. Elles y avaient attendu les renforts censés venir de la plage pour porter secours à la troupe assiégée. Elles n'avaient rien eu à faire. Elles avaient juste eu l'opportunité d'entrer en action, les 15 et 16 juillet, en capturant la majeure partie des soldats qui s'étaient échappés la veille de la deuxième embuscade tendue par Guillermo (carte p. 616). C'est au cours d'un de ces affrontements qu'était mort le combattant Eugenio Cedeño, Geño, qui faisait partie du peloton de Lalo Sardiñas. Presque tous les soldats que nous fîmes prisonniers à ce moment-là furent capturés pendant ce combat de Purialón. C'est aussi là que nos hommes mirent la main sur la majorité des armes prises à l'ennemi.

1. Du 11 au 16 juillet 1958.

Le mercredi 16 juillet au crépuscule, Curuneaux m'informa qu'il avait intercepté des communications ennemies. Celles-ci indiquaient que les forces de l'Armée concentrées sur la plage avaient reçu l'ordre de se mettre en marche en direction de Jigüe dans le but de rompre l'encerclement de la troupe. On ne savait pas clairement si leur intention était de renforcer cette troupe avec la prétention d'accomplir sa mission initiale[1], ce qui aurait été totalement absurde, ou s'il s'agissait au contraire de l'aider à s'échapper. Dans tous les cas, c'était le premier signe concret que les renforts de la plage que nous attendions avec tant d'impatience étaient en chemin.

Je transmis immédiatement cette information aux trois capitaines chargés de retenir les renforts dans la zone de Purialón. D'après Curuneaux, un bataillon ennemi avançait depuis la plage. C'est pourquoi j'adressai à Cuevas, Lalo et Paz le message suivant (document p. 538) : « Un bataillon n'est que de la broutille pour vous. À Santo Domingo, nous en avons détruit un avec beaucoup moins d'hommes et Paz a repoussé l'Armée par deux fois avec seulement huit combattants. Pourvu qu'ils n'envoient qu'un seul bataillon pour que vous le fassiez prisonnier ! »

En réalité, le commandement ennemi n'avait pas envoyé un bataillon, mais la compagnie G-4, qui faisait partie de l'arrière-garde basée sur la plage. Mais cela, nous ne le saurions qu'après le combat. À ce moment-là, nous estimions que, pour l'Armée, il était évident qu'il fallait envoyer beaucoup plus qu'un bataillon pour atteindre la troupe encerclée et avoir une réelle possibilité de la sortir de là. C'est pourquoi la nouvelle du déplacement d'un seul bataillon nous donnait un certain sentiment de sécurité, à tel point que dans la réponse que je fis à Curuneaux, je lui dis, confiant : « S'ils n'ont envoyé qu'un bataillon, il restera sur le chemin. »

1. Le bataillon 18 était censé atteindre la prison des rebelles, en prendre possession, libérer les soldats, et de là avancer vers le Commandement de La Plata.

Pour parvenir à nos fins, je donnai les instructions suivantes aux capitaines de Purialón :

« Il est de la plus grande importance que nous prenions le ruisseau de Manacas, qui est situé au-delà du mont où est stationné Paz, afin que les soldats ne tentent pas de faire un détour par là. Je considère qu'il conviendrait de renforcer les effectifs de Paz avec au moins une escouade pour la poster sur ce même ruisseau, à six cents ou huit cents mètres du chemin, avec quelques-uns de ses hommes. Que Paz se place dans un endroit le plus haut possible pour que les soldats n'entrent pas en contact avec lui en premier lieu, mais que les hommes embusqués sur le ruisseau les attaquent par le flanc.

» L'idéal serait que les soldats croisent Paz sans qu'il y ait d'accrochage et que le combat commence seulement lorsqu'ils tomberont dans l'embuscade de Lalo et Cuevas, afin qu'ils soient enfermés. Vous savez ce qui se passe lorsque cela leur arrive : personne ne vient les secourir. Lalo et Cuevas doivent occuper les terrains et les monts qu'il leur est possible de tenir afin de pouvoir repousser complètement l'ennemi.

» Ne manquez pas d'utiliser les mines, surtout les bombes de cent livres.

» Prenez toutes ces dispositions le plus tôt possible pour qu'on ne manque pas de temps. Ne vous inquiétez de rien d'autre. Concentrez-vous sur ce que vous avez à faire. Il est possible que l'avion intervienne en premier ; cela les fera venir en toute confiance. »

Je précisai en post-scriptum : « J'ajoute que Paz peut attaquer de flanc depuis le haut tandis que les hommes postés sur le ruisseau Manacas le feront par le bas. »

J'avertis aussi Raúl Podio, qui stationnait depuis deux jours devant le terrain de Gran Tierra, à droite du fleuve La Plata, du mouvement des soldats. Et je lui expliquai en détail ce qu'il devrait faire au cas où la troupe tenterait une avancée de ce côté. En substance, je lui intimai l'ordre de ne pas reculer d'un pas, ce à quoi il parviendrait s'il utilisait intelligence et bravoure.

Je conclus mon message à Cuevas, Lalo et Paz par ces mots qui résumaient parfaitement mon objectif et ma confiance dans son accomplissement :

«Je n'ai pas voulu enlever un seul homme de ce terrain car notre but dans cette bataille décisive doit être non seulement de vaincre la troupe assiégée, mais aussi de détruire les renforts.

» Cela peut être la fin de Batista.

» Je vous souhaite beaucoup de sang-froid, de courage, et bonne chance ! »

Je faisais montre du même optimisme dans le message que j'envoyai au Che. Il est utile de le citer *in extenso* pour donner une idée précise de notre état d'esprit à la veille de ce que nous considérions comme le tournant décisif de cette guerre :

« À la tombée de la nuit, nous avons intercepté un message émis de l'avion au chef d'un bataillon qui doit être sur la plage. Il lui était ordonné d'avancer pour occuper les points-clefs, c'est-à-dire les hauteurs, et de protéger le convoi de mulets avec un peloton.

» Je viens d'envoyer un message à Cuevas, Lalo et Paz pour les en informer. À eux trois, ils disposent de soixante-seize hommes bien armés et dont le moral est au plus haut ; leurs positions sont favorables et ils sont bien préparés. On n'a peut-être jamais eu l'occasion d'attendre l'ennemi dans d'aussi bonnes conditions. Ce que je souhaite dans toute cette opération, c'est la destruction des renforts, d'où qu'ils viennent. Avec une troupe assiégée, au bord de l'effondrement, et le gouvernement contraint de la secourir, nous devons essayer de convertir cette opération en une bataille décisive. Déjà, l'Armée ne peut rien faire de plus, elle est arrivée ces jours-ci à la limite de ses possibilités. Elle ne peut plus utiliser de bombes, de mitraillages, de fusées, de napalm ni de mortiers. Plus de colonnes non plus. Son impuissance est palpable. Avec toi au sommet de La Mina et Camilo Cienfuegos à La Plata, disposant des renforts d'Almeida et Ramirito[1], nous ne pouvons pas avoir de meilleures perspectives de victoire. »

1. Ramiro Valdés.

Je cherchai à insuffler le même optimisme à Curuneaux, dont la participation à cette opération était essentielle : « Nous allons voir quel sera le résultat de la bataille contre les renforts. Si nous les vainquons, les assiégés se rendront immanquablement sans exiger de grands efforts de notre part. C'est l'occasion de porter à la dictature un coup qui entraînera sa chute. Ils sont obligés d'envoyer des renforts, et nous avons les moyens de les anéantir. »

La compagnie G-4, commandée par le capitaine José Sánchez González, commença à avancer depuis l'embouchure du fleuve La Plata à 6 heures du matin le jeudi 17 juillet. Elle était couverte par la fusillade de la frégate *Máximo Gómez,* qui mouillait en face de la plage, et surveillée par le monoplan qui survolait constamment la zone. Pendant plusieurs heures, les soldats montèrent le long du fleuve et sur les coteaux en légère pente. Vers 11 heures, après avoir dépassé le large méandre du fleuve à Purialón, l'avant-garde ennemie tomba dans l'embuscade rebelle et l'affrontement commença (carte p. 618). Les hommes de Lalo et Cuevas combattirent fermement sur leurs positions, d'où ils ne pouvaient pas être délogés par la fusillade et les mortiers de l'Armée, et ils infligèrent rapidement leurs premières pertes à l'ennemi. De fait, au bout d'un quart d'heure, les deux premiers pelotons étaient totalement démantelés et de nombreux soldats s'enfuyaient en désordre. Le reste de la troupe réussit à s'échapper parce que la force rebelle de Ramón Paz, postée sur le terrain de Manacas, resta immobile pendant le combat. En effet, ayant mal compris mes instructions, Paz ne descendit pas en direction du fleuve après le début de l'affrontement. Il aurait dû couper la retraite de l'arrière-garde ennemie et la stopper par une ceinture de feu en lui laissant deux choix possibles : soit se rendre intégralement, soit être détruite dans sa totalité. À cause de cette erreur, la première action à Purialón n'obtint pas les résultats escomptés. J'y reviendrai plus tard.

En dépit de ce contretemps, le combat du 17 juillet à Purialón fut notre première victoire. D'abord, l'objectif principal fut atteint : nous avons stoppé les renforts et nous les avons empêchés d'atteindre les assiégés à Jigüe ; ensuite, même si nous ne réussîmes pas à détruire ces renforts, la compagnie G-4 reçut une telle raclée qu'elle cessa de compter en tant que force d'opposition. Le premier rapport que Cuevas envoya à mon poste de commandement, à 14 h 20, dénombrait douze soldats tués et quatorze prisonniers. En fin de compte, vingt-quatre hommes furent capturés. Il y eut sans doute également plusieurs blessés qui furent évacués par les soldats lorsqu'ils se replièrent. Enfin, il faut aussi détailler le butin réuni lors de ce premier combat. Nous avons saisi trente-quatre armes – dix-sept fusils Springfield, dix carabines San Cristóbal, quatre fusils semi-automatiques Garand, deux fusils mitrailleurs Browning et une mitrailleuse à trépied calibre 30 –, mais aussi dix-huit mille cartouches et quarante-huit grenades, sans compter presque toutes les munitions destinées au bataillon encerclé qui se trouvaient dans le convoi de mulets.

Nous n'eûmes à déplorer aucune perte, ce qui met en évidence la qualité des positions occupées par Lalo et Cuevas pour leur embuscade.

En recevant les premières informations, je m'étais rendu compte que l'opération ne s'était pas déroulée comme je l'avais planifié. Je décidai d'attendre des nouvelles de Paz car j'étais convaincu qu'un chef aussi capable et déterminé aurait dû logiquement accomplir sa mission au pied de la lettre. Je pensais qu'il avait peut-être coupé la route aux soldats beaucoup plus bas sans avoir eu le temps de m'en informer. Lorsque je reçus son rapport, en pleine nuit, il m'apparut que le succès complet de la manœuvre avait été compromis par l'inaction de sa force rebelle, qui était pourtant un des éléments importants du plan. Néanmoins, je restais tellement persuadé des aptitudes de cet officier que, le matin suivant, je lui écrivis qu'il y avait sans doute eu une confusion dans les ordres. Je lui demandai de me renvoyer mon message de la nuit du 16, avec les instructions qui lui étaient destinées, ainsi que celles pour Cuevas et Lalo. Et je l'exhortai à ne pas perdre courage car il y avait encore du pain sur la planche.

Paz me répondit par un message qui disait toute sa douleur et son dégoût de lui-même, et qui mérite d'être reproduit ici : « La vérité est que nous avons compris que je devais me poster plus haut. Vous savez que je ne suis pas homme à esquiver un combat, ni à désobéir à un ordre venant de vous, même si ma vie est en jeu. Un homme de ma trempe ne veut plus vivre s'il se considère indigne de porter l'uniforme de notre glorieuse armée.

» Je souffre aujourd'hui de ne pas avoir pu prendre une seule arme et d'avoir neuf hommes désarmés.

» Envoyez-moi vos instructions, mais qu'elles m'ordonnent de combattre. »

Par malheur, Paz avait donc mal interprété mon ordre de la nuit du 16 : il avait compris qu'il devait se poster sur les hauteurs et ne pas bouger au cas où une partie de la troupe des renforts aurait avancé par là. Je répondis à son message :

« Inutile de me dire ce que je sais on ne peut mieux sur ton courage et ta capacité de lutte et de commandement. Tu en as fait la preuve maintes fois. Je t'ai demandé de me renvoyer mon message afin de m'assurer de la façon dont j'avais donné mes instructions. En effet, j'ai la responsabilité de tout échec, quel qu'il soit. [...] Je voulais que tu te postes le plus haut possible sur le pic pour ne pas entrer en contact avec les soldats avant Cuevas. Ils avaient reçu l'ordre d'occuper les points-clefs. Nous avions pris les précautions correspondant à la situation. On attendait une attaque en règle et pas l'envoi d'une compagnie isolée qui marchait comme si elle défilait sur le Paseo del Prado[1]. Cela fait partie des absurdités que commet l'ennemi.

» Je pensais qu'on leur couperait la route par l'arrière-garde depuis les hauteurs où tu te trouvais et depuis le ruisseau

1. N.d.t. : Le Paseo del Prado est une grande avenue bordée de bâtiments coloniaux située dans le centre historique de La Havane où les habitants aiment à se promener.

Manacas. Si la colonne ennemie avait été très longue, l'attaque se serait produite sur le flanc, plus que sur l'arrière-garde.

» Il semble que leur retraite a été trop rapide, bien qu'une patrouille située sur le ruisseau, à six cents ou huit cents mètres, aurait pu leur barrer la route à temps. »

Paz, en homme d'honneur, était très contrarié de ce qui s'était passé. Mais je voulais qu'il sache que je ne le tenais pour responsable de rien. Ce qui s'était passé était seulement dû à une mauvaise interprétation de mon ordre. Et je le rassurai : je n'avais jamais pensé qu'il avait agi par lâcheté ni qu'il avait fait preuve d'inertie.

Aujourd'hui, quand je relis les ordres que j'avais envoyés, je pense que j'aurais peut-être pu lui expliquer plus clairement quel était le sens de sa mission. Cela aurait épargné à cet homme d'une grande dignité d'éprouver une telle amertume.

Les armes saisies permirent néanmoins d'équiper près de quarante nouveaux combattants venant de la troupe d'Almeida et de l'École de recrues de Minas de Frío. Les rebelles des pelotons de Cuevas et Lalo reçurent eux aussi des armes tout de suite après le combat, ce qui permit de renforcer la ligne rebelle à Purialón et d'envoyer un groupe de quinze hommes compléter le cercle autour de Jigüe.

Nous étions habitués aux avions, qui, de toute façon, ne pouvaient pas attaquer nos troupes qui assiégeaient le bataillon car ces dernières se trouvaient à l'abri dans les tranchées et à une distance très courte des soldats. Nous utilisâmes un grand nombre d'actions psychologiques à l'encontre de l'ennemi, notamment des harangues diffusées par les haut-parleurs. Quant aux lettres prises aux renforts, elles étaient envoyées avec un prisonnier. Les tirs, y compris ceux de la mitrailleuse calibre 50, étaient rigoureusement calculés et mesurés. Enfin, les soldats finirent par se trouver privés d'eau et d'aliments.

Dès le lendemain du revers désastreux subi le 17 juillet par les soldats qui avaient tenté pour la première fois d'apporter des renforts au bataillon 18, le commandement ennemi commença à préparer un nouveau mouvement. Cette fois, il confia cette mission au bataillon de Los Livianos[1], placé sous les ordres du capitaine Noelio Montero Díaz. C'était une troupe de choc composée des compagnies I, K et L de la Division d'Infanterie, basée au campement de Columbia. Jusque-là, ces compagnies n'étaient intervenues dans la zone d'opérations qu'en tant que compagnies indépendantes. Ces hommes étaient non seulement beaucoup plus nombreux, mais aussi mieux entraînés et mieux équipés que ceux que nous avions mis en déroute le 17 juillet. C'était la carte maîtresse de l'ennemi. Grâce à elle, celui-ci pensait, de façon illusoire, qu'il pourrait sortir les assiégés de leur situation désespérée. Le jour même, la plus grande partie du bataillon débarqua à La Plata avec un certain nombre de pièces d'artillerie de 75 millimètres.

Grâce à notre matériel, nous interceptions toutes les communications de l'Armée relatives à la préparation de ce renfort décisif. Je ratifiai alors les ordres précédents auprès des trois capitaines de Purialón, et je prévins aussi Podio que la nouvelle tentative ennemie était imminente.

Los Livianos quittèrent la plage de La Plata un peu après le lever du soleil le samedi 19 juillet (carte p. 620). Ils commencèrent alors à remonter le fleuve, suivant quasiment le même chemin que la compagnie G-4 deux jours plus tôt. Simplement, le chef du contingent déploya un peu plus ses flancs, surtout le droit, sur les versants du cañon de La Plata. Mais cette fois l'avance ennemie put compter sur l'appui des tirs de la frégate et des pièces d'artillerie placées sur la plage, et sur l'aviation, qui redoubla d'activité pendant toute la bataille.

Pendant cette journée, l'aviation joua son rôle le plus important de toute la guerre. Son objectif de prédilection était les positions

1. N.d.t. : Les Légers.

où le commandement ennemi supposait que se trouvait l'embuscade rebelle sur le fleuve. Celui-ci se basait sur les informations fournies par les officiers de la compagnie décimée le 17 juillet. Dès les premières heures de la matinée, le mitraillage et le bombardement de la zone de Purialón furent très intenses. Nos combattants ne se laissèrent pas impressionner pour autant et ils maintinrent leurs positions. Aux alentours de midi, un peu avant le début du combat, une bombe de 500 livres éclata près de la tranchée où étaient embusqués les combattants Victuro Acosta, El Bayamés, et Francisco Luna, à l'arrière-garde des positions de Cuevas. Ils furent tués sur le coup.

Vers 14 heures, l'avant-garde ennemie buta sur les hommes de Cuevas à Purialón et le combat commença. Cette deuxième opération contre les renforts du bataillon 18 fut une des plus fortes de toute notre guerre. L'ennemi, dûment préparé et averti, offrit une résistance acharnée. Il essaya même à diverses reprises de forcer les lignes rebelles. Mais, chaque fois que les soldats parvenaient à se regrouper et à tenter une attaque, ils étaient repoussés au prix de lourdes pertes par les combattants de Cuevas et Lalo.

Pendant ce temps, Ramón Paz qui, comme on l'a dit, était posté sur le mont de Manacas dans l'attente du début de l'action, réalisa cette fois-ci de manière impeccable la manœuvre prévue antérieurement. Descendant à toute vitesse vers le fleuve, il enferma l'arrière-garde ennemie. Simultanément, quelques-uns de ses hommes, stationnés au milieu du flanc de Manacas, tentèrent d'arrêter l'avancée d'un peloton ennemi, mais ils durent se replier de quelques mètres pour occuper des positions plus favorables. C'est là, dans un champ dépourvu d'arbres, que le combattant Roberto Corría fut touché à mort.

Dans la soirée, après plus de trois heures d'un combat acharné, les soldats commencèrent à donner des signes d'épuisement. On entendait certains d'entre eux crier qu'ils se rendaient tandis que leurs tirs s'espaçaient. Pensant peut-être que la troupe ennemie était démoralisée et prête à abandonner, et poussé par l'ardeur du combat, le capitaine Cuevas sortit de la tranchée et commença à avancer en direction des soldats dans l'intention, semble-t-il, de précipiter leur reddition. Cependant, après quelques pas, il fut atteint par une rafale et tomba, sans vie.

La mort de Cuevas déconcerta momentanément les combattants rebelles et empêcha la reddition probable du second renfort cet après-midi-là. Ce fut un grave revers pour nous car il s'agissait d'un de nos chefs les plus audacieux et les plus efficaces. Comme je l'écrivis au Che lorsque je lui rapportai les résultats de l'affrontement (document p. 545) : « [...] J'espère que les soldats ont subi un énorme désastre, mais la mort de Cuevas nous a fait beaucoup de peine et notre probable victoire est bien amère. » Ce même après-midi, après avoir appris cette nouvelle, j'avais émis l'ordre suivant :

« Le capitaine Andrés Cuevas est élevé au grade de commandant de l'Armée rebelle pour sa conduite militaire exemplaire et son héroïsme. [Il est] mort aujourd'hui alors qu'il avançait sur l'ennemi. Dorénavant, son nom sera mentionné avec le grade de commandant.

» Un obélisque sera élevé à l'endroit de sa sépulture pour perdurer le souvenir ineffaçable de tous ses compagnons d'idéal. »

Cet ordre fut accompli en tous points. Aujourd'hui, on trouve à Purialón, à quelques mètres de l'endroit où Andrés Cuevas mourut face à l'ennemi, un monument à la mémoire de ce combattant parmi les plus aguerris et les plus compétents de l'Armée rebelle.

Ce même 19 juillet dans l'après-midi, après avoir reçu les premières informations de Lalo Sardiñas, je fis envoyer à Purialón un groupe de vingt combattants sans armes qui venaient d'arriver, sous les ordres de René de Los Santos, dans l'intention de les équiper avec une partie des fusils que nous venions de saisir. Je demandai à Lalo de placer le peloton de Cuevas sous les ordres d'Antonio Sánchez Díaz, connu sous le nom de Pinares, qui commandait en second cette troupe.

Dans la nuit, tenant compte des informations que j'avais reçues, j'envoyai les instructions suivantes à Lalo :

« Le moment est décisif. Les compagnons doivent s'armer de courage en dépit des pertes. Si nous reculons, nous aurons perdu l'opportunité d'écrire une des pages les plus glorieuses de l'histoire de Cuba. Si nos hommes résistent, l'armée ennemie ne pourra avancer et Batista sera fini. J'ai confiance en toi, tu as assez de courage et d'intelligence pour affronter la situation. Si nos hommes se collent demain aux soldats, les avions ne pourront pas les bombarder. S'ils continuent à mitrailler par le fleuve, les combattants pourront s'écarter du chemin, mais en prenant des précautions pour barrer la route aux soldats qui essaieraient d'avancer.

» [...] Si, à un moment ou à un autre, il devient inévitable de perdre du terrain, il faudra résister fermement un peu plus loin. Il ne faut en aucun cas laisser le champ libre à l'ennemi. Je suis certain qu'après ce que vous lui avez fait subir, cette troupe n'avancera pas. Ayez beaucoup de courage et de bravoure, c'est l'occasion pour vous tous d'écrire une page de l'Histoire ! »

Le bilan provisoire du combat, à l'aube du dimanche 20 juillet, était de sept morts et de vingt et un prisonniers ennemis. Nous avions saisi plus de vingt armes et une bonne quantité de munitions calibre 30.06. Du côté rebelle, on comptait quatre morts – Cuevas, Acosta, Luna et Corría – et autant de blessés.

Pendant la nuit du samedi au dimanche, les hommes de Lalo et Pinares avaient rapproché leurs positions de celles des soldats. Dans la matinée du dimanche, ils recommencèrent à repousser les faibles tentatives de briser le cercle rebelle. Les hommes de Paz, de leur côté, continuèrent à exercer une pression sur l'arrière-garde, bien que de nombreux soldats aient réussi à s'échapper vers la plage durant la nuit. À midi, presque vingt-quatre heures après le début du combat, toute résistance avait cessé. Le total des morts ennemis s'élevait à dix-sept et nous nous étions emparés de quatorze fusils San Cristóbal, de dix fusils Garand, de deux caisses d'obus de mortier calibre 81 et d'un convoi de mulets avec leur chargement.

Mais le résultat le plus significatif était que le second et dernier renfort du bataillon encerclé à Jigüe avait été repoussé. À partir de ce moment, le sort de cette troupe était définitivement scellé. Et avec elle, peut-être – et nous le pensions tous –, le sort final de la tyrannie de Batista.

19

La bataille de Jigüe : reddition du bataillon 18

JUIL 1958						
DIM	LUN	MAR	MER	JEU	VEN	SAM
--	--	1	2	3	4	5
6	7	8	9	10	11	12
13	14	15	16	17	18	19
20	21	22	23	24	25	26
27	28	29	30	31	--	--

Le mercredi 16 juillet, veille du combat tant espéré contre le renfort qui tenterait de secourir le bataillon 18 assiégé à Jigüe, toutes les dispositions nécessaires pour resserrer notre piège étaient déjà en cours d'exécution. Nous savions que des renforts viendraient de la plage : nous nous tenions prêts à les affronter.

Guillermo García plaça son peloton sur le flanc du terrain de Manacas, directement sur le campement ennemi. Mon intention était que, dès le lendemain, ses hommes ouvrent le feu, donnant ainsi le signal aux combattants situés sur les contreforts de Cahuara et sur les autres positions de leur emboîter le pas, y compris la mitrailleuse 50 de Braulio Curuneaux. Une fois en place, à l'aube, Guillermo m'envoya son évaluation de la situation, assez explicite : « Maintenant, les soldats ne peuvent plus bouger car je les domine parfaitement. Ils ne peuvent pas descendre jusqu'au fleuve, j'ai posté des hommes à cent mètres de la maison d'en bas. Je crois qu'ils sont obligés de faire leurs besoins dans les tranchées. »

La troupe de la mitrailleuse calibre 30 de Rogelio Acevedo, l'escouade d'Ignacio Pérez et les hommes de Curuneaux se déplacèrent. Des tirs sporadiques furent dirigés vers le campement assiégé. Par ailleurs, Braulio Curuneaux avait reçu l'ordre de communiquer à nouveau au bimoteur ennemi de fausses informations sur la situation des soldats, afin que l'aviation bombarde et mitraille non pas nos positions, mais celles du bataillon encerclé. Ce stratagème avait assez bien fonctionné le 16 juillet.

Malheureusement, dans un moment si décisif, nous ne pouvions plus compter sur l'une des nos armes psychologiques les plus importantes : dans la matinée du 17, les techniciens qui s'occupaient de l'installation de campagne de Radio Rebelle m'informèrent que l'amplificateur était en panne. L'avarie était si importante que l'engin ne pourrait être réparé qu'au poste de Commandement de La Plata. Le manque de ce matériel allait se faire sentir dès l'après-midi, quand nous reçûmes les nouvelles de l'échec subi par le premier renfort. Si nous avions pu partager cette information avec les soldats assiégés, elle aurait certainement eu un effet psychologique très lourd.

Cette journée du 17 juillet fut relativement calme. Les événements étaient focalisés sur le combat contre le premier renfort à Purialón. Les rebelles poursuivaient leur harcèlement contre les assiégés et se consacraient à avancer les tranchées et à les perfectionner. On ne distinguait presque aucun mouvement dans le campement adverse. Dans la nuit, certaines de nos positions s'approchèrent encore plus des tranchées ennemies, quelques-unes à environ quarante mètres. Grâce aux munitions que nous avions saisies lors du combat contre le premier renfort, notre situation s'était considérablement améliorée et permettait l'accroissement des tirs contre le campement.

Les troupes supplémentaires que j'avais demandées à Almeida arrivèrent dans la zone de Jigüe le 18 au matin. Il s'agissait d'une escouade de dix combattants, dont huit étaient armés, sous les ordres du capitaine Vitalio Acuña Núñez, dit Vilo. Ils furent aussitôt postés sur l'autre rive du fleuve, face aux soldats et à la droite de Guillermo.

À ce moment-là, je n'étais pas très inquiet de la présence des soldats à Minas de Frío, ni du fait qu'ils pourraient tenter un mouvement en direction de Jigüe. Néanmoins, je gardais en permanence cette menace à l'esprit. Elle faisait partie des nombreux points à considérer dans le cadre de la bataille que nous livrions dans toute la zone entre Jigüe et Purialón.

Dans l'après-midi, j'envoyai de nouvelles instructions au Che. Si l'ennemi amorçait une avancée depuis Las Minas en direction de Jigüe, il devait opposer une première résistance pendant qu'une ligne de défense serait préparée à la hauteur de La Magdalena Arriba par une partie des combattants qui se trouvaient à Cahuara. Le Che et ses hommes devraient donc se replier sur la colline de La Iglesia et attendre que les soldats se heurtent à notre ligne avant de les attaquer par l'arrière-garde.

Comme je le soulignai dans mon message, le chemin de La Magdalena était selon moi «[...] idéal pour tendre un piège». J'avais la certitude que cette manœuvre était réalisable sans mettre en péril nos positions d'encerclement car la troupe assiégée n'était pas en mesure d'avoir la moindre initiative. Quant au sud, la situation était claire. Pour tranquilliser le Che, toujours circonspect quand il fallait mener deux opérations simultanées puisqu'il pensait que nous ne disposions pas des forces suffisantes, j'ajoutai: «Entre la mer et Jigüe, nous avons une armée pour empêcher la venue de renforts.»

Nous voyions mal comment l'ennemi aurait pu éviter de venir en aide au bataillon 18 par le nord. Pourtant, nous avons pris toutes nos précautions en vain car, inexplicablement, les soldats de Las Minas ne bougèrent pas. Une fois de plus, une telle conduite peut être imputée à la démoralisation ou à l'inaptitude flagrante du commandement ennemi.

Le 19 juillet, Almeida et quelques hommes occupèrent le chemin entre Palma Mocha et El Naranjal, à la hauteur du terrain de Palma Mocha. Une précaution excessive, peut-être, mais que nous prenions au cas où une force ennemie pénétrerait sur le théâtre des opérations depuis Palma Mocha ou La Caridad pour tomber sur l'arrière-garde rebelle à Purialón.

Ce jour-là, la situation dans le cercle ne changea pas sensiblement. Les combattants rebelles poursuivirent leur harcèlement et l'ennemi répondit par des tirs désorganisés. Une rafale de la mitrailleuse calibre 30 tirée par les assiégés atteignit, dans l'après-midi, le lieutenant Teodoro Banderas, de l'escouade de Vilo Acuña. Il mourut sur le coup.

Malgré tout, aux alentours de midi s'était installée une sorte de trêve informelle dans la partie du cercle la plus proche des positions ennemies sur le contrefort du Cahuara. Des rebelles arrivèrent à traverser le périmètre ennemi, à converser avec les soldats et à leur donner du tabac.

Il fallait absolument résoudre cette situation qui se prolongeait trop. On pouvait craindre que le commandement de l'Armée, dans un geste désespéré et irrationnel, lance une attaque aérienne massive contre nos positions de Jigüe en utilisant du napalm qui causerait de graves dommages. Nous ne doutions pas que nous pourrions nous emparer de nouvelles armes et munitions : il fallait le faire au plus vite pour pouvoir entreprendre les opérations ultérieures contre les autres forces qui avaient pénétré à l'intérieur du territoire rebelle. Par ailleurs, nos hommes commençaient, eux aussi, à ressentir les rigueurs de la faim et de la fatigue.

L'autre action à considérer, avec l'objectif de précipiter le dénouement, était un assaut frontal. Nous étions certains de l'issue favorable d'une attaque. Les soldats, épuisés et démoralisés, ne pourraient rien face à la volonté de combattre de nos hommes. Même le Che me recommanda ce type d'attaque dans un de ses messages. Cependant, il fallait y regarder à deux fois avant de prendre une décision de ce type : nous aurions forcément à payer l'opération de quelques vies humaines. Convaincu que la reddition de la troupe encerclée n'était qu'une question d'heures, je choisis finalement d'attendre le résultat du combat contre le second renfort.

Cette nuit-là, lorsque je reçus les premières informations sur le désastre infligé à ce renfort, je décidai d'envoyer une lettre au commandant Quevedo. Après lui avoir rappelé ce qui était arrivé aux deux contingents envoyés par le commandement ennemi depuis la plage, j'ajoutai les considérations suivantes sur l'inanité d'une résistance prolongée :

« Vous savez que le chemin de La Plata est comme le défilé des Thermopyles[1], des milliers de soldats ne pourraient pas le franchir.

» Si vous n'étiez pas l'homme d'honneur qui a fait preuve d'humanité et de tant de bonté vis-à-vis des citoyens partout où vous vous êtes trouvé ; si vous n'étiez pas le chef aimé de vos soldats pour la façon dont vous les traitez ; si vous n'étiez pas un militaire aux sentiments patriotiques et démocratiques, contraint par d'amères circonstances de livrer une campagne contre la raison, le droit et la justice – dans laquelle vous ne pourrez gagner ni gloire ni considération, même si la chance militaire l'accompagnait –, alors je ne regretterais pas que vous mouriez de faim ou sous la mitraille avec tous vos soldats qui, en définitive, servent la cause ignominieuse de la tyrannie et ont ôté la vie à nombre de nos compatriotes. Mais ma conscience d'homme d'honneur et ma sensibilité humaine envers les hommes dans l'adversité m'imposent au moins l'obligation de faire quelque chose pour ceux qui se trouvent là. Ils sont trompés, pour la majeure partie d'entre eux, par les histoires grossières qu'ont inventées ceux qui font commerce du sang des soldats de la République. Je dois faire quelque chose pour vous, qu'à notre grand regret, nous avons mis dans cette situation difficile, sans même savoir qu'il s'agissait de vous, un des militaires les plus probes que je connaisse dans l'Armée et qui, par un excès de sentiment d'honneur qui ne peut se justifier que par la défense de la patrie et des causes justes, sacrifierait sa vie et celle de ses hommes sur l'autel de l'infamie.

» J'y ai aussi un intérêt : épargner la vie de mes hommes. J'ai la certitude qu'il me suffirait d'ordonner un assaut en masse,

1. Au cours de la bataille des Thermopyles, en 480 avant notre ère, un petit millier de Grecs étaient parvenus à retarder l'entrée de l'armée de l'Empire achéménide, forte de 250 000 hommes, en Grèce continentale.

avec des forces deux fois supérieures à celles qui vous restent, pour prendre cette place, même si vous nous opposez une résistance tenace, parce que notre troupe a l'esprit enflammé et bénéficie de tous les avantages tactiques. Mais vos soldats peuvent-ils s'attendre au même traitement s'ils nous font sacrifier de nombreux compagnons dans une bataille que vous avez déjà perdue ? Ne comprenez-vous pas que nos hommes sont retranchés sur le terrain et dans les défilés[1] et qu'on ne peut rompre leurs lignes ? Tenter de secourir cette troupe signifierait la mort de centaines de vos compagnons d'armes sans espoir de succès.

» Savez-vous que les troupes sont épuisées et que des centaines de déserteurs sont détenus par la Direction des Opérations ? Leur état d'esprit déplorable ne pourrait vaincre notre résistance acharnée et résolue. Si vous n'avez pas pu, en deux mois, pénétrer dans certaines zones, comment y arriveriez-vous maintenant, par des chemins beaucoup plus fortement défendus par des combattants qui ont l'avantage du terrain ? N'avez-vous pas observé que l'aviation, l'unique force à laquelle vous pouvez vous accrocher, n'a pas causé le moindre dommage dans nos rangs et que nos hommes sont si proches de vous qu'ils ne peuvent pas être bombardés ou mitraillés sans que vous le soyez aussi ?

» Quel espoir pouvez-vous conserver, commandant, qui justifie le sacrifice de tant de vies, les vôtres et les nôtres ?

» L'honneur militaire ! Mais ne croyez-vous pas que l'honneur militaire exige avant tout que l'Armée de la République et ses officiers d'Académie ne soient jamais mis au service du crime, du vol et de l'oppression ?

» Vous êtes un homme cultivé. Vous savez que je parle au nom de la raison et du cœur. Ayez le courage d'être sincère avec votre conscience, de lui être loyal ainsi qu'à la patrie et à l'humanité, et non pas de mourir obscurément sans que la nation et ses citoyens vous en soient ni reconnaissants, ni admiratifs. La personne humaine a droit à une fin plus noble. Votre courage et

1. Il s'agit de petits cañons.

votre vie, homme honnête et capable dont la patrie a besoin, ne doivent pas être sacrifiés en vain.

» De nombreux soldats de votre bataillon ont été blessés et faits prisonniers ; dans le combat d'aujourd'hui, quatorze de vos compagnons ont été gravement blessés et se trouvent entre nos mains. Ils ne pourront pas être évacués et soignés comme le requiert leur état si la bataille se prolonge, avec le travail écrasant qu'imposent à nos hommes les obligations militaires. Nous avons conclu un accord : nous livrerons tous les prisonniers blessés à la Croix-Rouge, qui viendra avec un sauf-conduit du chef des Opérations le mardi 22. Matériellement, nous ne pouvons pas faire plus pour eux. Si vous le souhaitez, envoyez sur nos lignes votre médecin pour qu'il confirme mes assertions.

» Daignez écouter ces raisons, qui ne sont pas celles d'un adversaire occasionnel, mais d'un ami, d'un compagnon d'études à l'université et d'un compatriote sincère dont la victoire ne peut qu'être amère après vous avoir trouvé au milieu de ce combat et après tant de sang versé.

» J'espère que votre conscience d'homme d'honneur vous incitera à renvoyer le porteur de cette lettre qui ne fait qu'accomplir mon ordre en vous l'apportant [...]. »

Voilà la version définitive du courrier que j'envoyai au commandant Quevedo dans la nuit du 19 juillet. Ce fut un soldat prisonnier, un cuisinier me semble-t-il, qui porta la lettre et informa aussi l'ennemi que nous observerions un cessez-le-feu jusqu'à 10 heures le lendemain matin. Le messager arriva à destination à l'aube du dimanche 20 juillet et revint dans la matinée avec la réponse de Quevedo : le chef du bataillon 18 me remerciait pour mon message, mais il ne prendrait aucune décision avant 18 heures car il avait promis au haut commandement d'attendre jusqu'à cette heure-là l'issue du combat des renforts.

Peu après, Ramiro m'informa qu'il avait parlé à Quevedo. Celui-ci lui avait affirmé qu'il résisterait en effet jusqu'à 18 heures et avait ajouté que si, à ce moment-là, il n'avait pas reçu les renforts promis, il serait disposé à négocier sa reddition. La nouvelle, même si elle nous obligeait à attendre, était encourageante. Une victoire proche commençait à se dessiner. Tout dépendait du succès du combat contre le second renfort, dont nous ne doutions nullement.

La trêve que nous avions annoncée dura en fait au-delà de 10 heures du matin, quand nous connûmes la réponse à notre proposition de reddition. Pendant le cessez-le-feu, de nombreux combattants rebelles, parmi lesquels Braulio Curuneaux, Guillermo García et Ignacio Pérez, pénétrèrent dans le camp ennemi et fraternisèrent avec les soldats.

Dans l'après-midi, j'envoyai un communiqué à Radio Rebelle pour annoncer la victoire prochaine de la bataille contre le bataillon 18, que nous qualifiions de décisive. Je ne voulus pas encore donner la nouvelle de la reddition – dont l'accord était en suspens – de crainte que le commandement ennemi ne réagisse en bombardant ses propres rangs. De plus, cela aurait pu précipiter la décision de donner l'ordre d'une retraite immédiate du reste des forces ennemies qui avaient pénétré en territoire rebelle – concrètement celles stationnées à Santo Domingo, Las Vegas de Jibacoa et Minas de Frío –, sans nous laisser le temps de nous préparer à les en empêcher.

J'ordonnai aussi de concentrer tous les effectifs rebelles de la zone à Jigüe même, y compris les troupes qui avaient combattu à Purialón. Prévoyant que la reddition serait effective dans la nuit, j'avais l'intention de partir dès l'aube en direction de La Plata avec une partie des hommes qui participeraient aux prochaines opérations dans la zone de Santo Domingo, pendant qu'un autre groupe marcherait en direction de Mompié pour intervenir dans l'encerclement de la troupe stationnée à Las Vegas de Jibacoa.

Par l'intermédiaire de Curuneaux, Quevedo m'avisa qu'il viendrait s'entretenir avec moi à 18 heures et il me demanda de lui envoyer deux chevaux afin de pouvoir effectuer l'ascension en compagnie du docteur Wolf, le médecin du bataillon. J'envoyai aussitôt Aguilerita au campement avec deux mulets et un peu de nourriture et, à l'heure convenue, je descendis à la rencontre de mon ancien camarade d'études.

La conversation fut cordiale. Quevedo paraissait épuisé mais il tentait encore de faire bonne figure. Je lui exposai en détail tous les événements survenus depuis le début de la bataille et j'insistai : les renforts envoyés aux assiégés ayant été anéantis par les rebelles, toute résistance était vaine. Le sort du bataillon 18 était scellé. Finalement, Quevedo accepta de se rendre sur la base des conditions que nous avions proposées : nous garantissions l'intégrité physique et l'assistance médicale aux blessés ainsi qu'aux malades, nous remettrions les prisonniers – à l'exception du chef du bataillon – à la Croix-Rouge internationale, et cela le plus tôt possible, enfin nous récupérerions toutes les armes, sauf les armes de poing des officiers. Quevedo s'engagea à discuter de ces conditions avec ses officiers subalternes et à me donner une réponse définitive pendant la nuit.

La bataille s'achevait avant même la signature officielle de l'accord de reddition de la troupe assiégée. Pendant que Quevedo et moi discutions encore, un groupe de soldats monta jusqu'à nos positions pour cuisiner à l'intention de leurs compagnons. Rebelles et soldats se mêlaient dans le campement ennemi. Aux alentours de minuit, je descendis moi-même et m'entretins avec les militaires, ce qui était un peu imprudent car ils étaient encore en possession de leurs armes. Je restai un bon moment à parler avec eux, il n'y eut pas le moindre incident.

Quand le soleil se leva, nous commençâmes à saisir les armes et le reste du butin de guerre. Il fut tellement riche que nous dûmes appeler à la rescousse les convois de mulets de la salaison de Jiménez pour le transporter.

Au total, il s'agissait de cent cinquante-huit armes, comprenant deux mitrailleuses à trépied de calibre 30, un bazooka, un mortier de 81 millimètres et un autre de 60, sans compter un grand nombre de munitions et de grenades. Le total des armes saisies pendant toute la bataille était de deux cent quarante-neuf. En ce qui concerne les prisonniers, cent quarante-six soldats se rendirent à Jigüe. En les additionnant à ceux qui avaient été capturés pendant le combat, cela faisait plus de deux cent quarante hommes, dont près de trente étaient blessés. Quant aux morts, ils furent au nombre de quarante et un.

La plupart des prisonniers partirent avec les rebelles vers la zone de La Plata. D'autres avaient été envoyés chez le paysan Santos Pérez, à Jigüe Arriba, où se trouvaient déjà des blessés des jours précédents. Tous devaient être transportés à Las Vegas de Jibacoa le 22, date fixée par la Croix-Rouge.

Dans les rangs rebelles, à Jigüe et à Purialón, nous avions à déplorer la perte de six hommes : Andrés Cuevas, Teodoro Banderas, Roberto Corría, Eugenio Cedeño, Victuro Acosta et Francisco Luna. Un petit nombre de combattants avaient été blessés légèrement, dont Pedrito Miret. Le lendemain de la reddition, pendant le transport vers La Plata, un septième rebelle mourut après avoir été touché par une balle perdue. Il s'appelait Luis Enrique Carracedo.

Comme nous l'avions prévu, nous entreprîmes notre marche en direction de La Plata au lever du soleil le lundi 21 juillet. Quevedo était à mes côtés, au centre de la longue colonne rebelle, ainsi que son aide de camp, le caporal Camba, qui avait insisté pour demeurer avec son chef. La nuit, nous campâmes dans l'hôpital de Martínez Páez, près du Commandement de La Plata. Le jour suivant, Quevedo continua en direction de la prison de Puerto Malanga. Il m'avait fait part d'un souhait : d'une part saluer les soldats prisonniers, d'autre part connaître le lieu qu'il avait eu pour mission d'occuper dans la Sierra Maestra. De mon côté, je poursuivis mon chemin jusqu'au Commandement, où j'arrivai dans l'après-midi du mardi 22 juillet.

La nouvelle de la reddition du bataillon 18 et de l'écrasante victoire rebelle à Jigüe fut annoncée par Radio Rebelle le 23 juillet (document p. 547). Le lendemain, les speakers lurent un rapport de guerre que j'avais rédigé à La Plata et dans lequel je détaillais le résultat de la bataille.

Une des actions décisives de toute la guerre prenait fin. Après Jigüe, je n'avais plus aucun doute sur le dénouement de l'offensive ennemie, ni sur la déroute prochaine de la tyrannie.

20

La défaite de Sánchez Mosquera

JUIL 1958

DIM	LUN	MAR	MER	JEU	VEN	SAM
--	--	1	2	3	4	5
6	7	8	9	10	11	12
13	14	15	16	17	18	19
20	21	22	23	24	25	26
27	28	29	30	31	--	--

Le 20 juillet à midi, avant la reddition de la troupe de Jigüe, j'avais envoyé un message au Che : « Nous n'avons plus qu'à subir les bombardements d'aujourd'hui. Envoie à l'hôpital de La Plata les combattants qui ont besoin d'armes. Je vais récupérer tous les fusils Mendoza; armer les hommes de Springfield, de Garand et de Cristóbal; distribuer des armes automatiques et couper immédiatement la retraite aux soldats de Santo Domingo et Las Vegas. »

Mon plan était en effet de poursuivre, immédiatement après la victoire de Jigüe, toutes les actions destinées à éliminer les menaces que représentaient les deux autres groupements ennemis à l'intérieur de notre territoire. Je veux parler du bataillon 11 de Sánchez Mosquera à Santo Domingo, et des deux compagnies du bataillon 19 du commandant Suárez Fowler qui se trouvaient toujours à Las Vegas de Jibacoa. Les conditions étaient désormais réunies pour réaliser ces deux opérations simultanément.

Comme je l'ai expliqué dans le chapitre précédent, le jour même de la reddition du bataillon 18[1], nous avions transféré

1. Le 21 juillet 1958.

toutes les forces rebelles vers les positions idoines pour les prochaines manœuvres.

En ce qui concerne Santo Domingo, dès mon retour à La Plata, le 23 juillet, je commençai à organiser l'encerclement du bataillon 11 et à préparer le dispositif qui repousserait et détruirait les renforts que le commandement ennemi enverrait sûrement à son secours.

On s'en souvient, pendant la bataille de Jigüe, les forces réduites de René Ramos Latour, Félix Duque, Geonel Rodríguez, Zenén Meriño, Huber Matos et Dunney Pérez Álamo étaient restées dans la zone de Santo Domingo. Elles s'étaient révélées suffisantes puisque, après le combat d'El Naranjo le 9 juillet, le bataillon stationné à Santo Domingo n'avait tenté aucun mouvement. Parmi les dispositions les plus importantes que j'adoptai ce 23 juillet, j'ordonnai à Guillermo de couvrir à nouveau le secteur Nord de l'encerclement en préparation, depuis la hauteur de La Manteca jusqu'à celle de La Ceiba, dans le massif d'El Brazón. Je postai à droite de Guillermo l'escouade de Vilo Acuña. Cela constituait l'encerclement au nord et au nord-est du campement ennemi. Au sud et au sud-est, je maintins les forces de Dunney Pérez Álamo, Zenen Meriño et Huber Matos, auxquelles j'adjoignis l'escouade d'El Vaquerito. Enfin, j'indiquai à Félix Duque d'occuper les positions à Leoncito, sur le fleuve Yara, à environ deux kilomètres en aval du campement ennemi. De cette façon, si les militaires tentaient de s'échapper par le chemin du fleuve, ils se heurteraient très vite à l'escouade de Duque.

Toujours dans le but de concentrer les forces contre les renforts, j'ordonnai à Ramón Paz d'occuper le plus vite possible de nouvelles positions sur la hauteur de Casa de Piedra. Depuis les opérations de Purialón, ses hommes et lui se trouvaient à Puerto Malanga. J'organisai aussi le transfert de Daniel et de sa troupe à Casa de Piedra. Là, ils devaient renforcer l'embuscade que tendrait Paz à la troupe dans le cas où celle-ci tenterait de monter par le Yara en appui du bataillon 11. Pour cette embuscade, je dépêchai en plus les escouades d'Hugo del Río et de William Gálvez.

À ce moment-là, je n'avais aucun doute sur les prochains mouvements de l'ennemi : il enverrait un renfort à la troupe encerclée à Santo Domingo pour l'aider à sortir ; Sánchez Mosquera tenterait ensuite de s'échapper du piège mortel dans lequel il se trouvait. La seule incertitude portait sur le chemin que le chef du bataillon choisirait pour fuir. La route la plus évidente était celle du fleuve, mais un chef de la trempe de Sánchez Mosquera devinerait forcément que nous étions parfaitement préparés pour la lui barrer.

Mais avant d'en venir là, je dois relater quelques faits qui eurent des conséquences importantes.

Depuis Estrada Palma, la route du fleuve était aussi la voie la plus naturelle pour envoyer des renforts au secours du bataillon de Mosquera. Dans ce cas, Paz et Daniel auraient pour mission d'arrêter la troupe ennemie à la hauteur de Casa de Piedra, pendant que Suñol et Pinares, d'excellents combattants, se posteraient sur El Salto, en aval, où ils couperaient la retraite des soldats. Cette seconde partie de l'opération était décisive. Une nouvelle fois, mon intention était non seulement d'arrêter l'avancée des renforts, mais aussi de les envelopper et de les détruire.

De retour à La Plata après la bataille de Jigüe, je donnai mes ordres à Pinares : je l'envoyai couvrir ses nouvelles positions à El Salto et j'indiquai à Suñol de le rejoindre (Pinares assurait le commandement du peloton de Cuevas depuis la mort de celui-ci). J'ordonnai aussi le transfert des hommes de Lalo Sardiñas à El Cacao. Mon idée était que, lorsque l'affrontement se produirait avec les renforts à Casa de Piedra, Lalo appuierait l'action de Pinares et Suñol en descendant vers Providencia avec un double objectif : d'une part empêcher la fuite des militaires qui auraient évité le guet-apens d'El Salto, d'autre part prévenir l'entrée d'un second renfort en appui du premier.

L'importance que j'attachais à cette opération apparaît clairement dans le message que j'envoyai à Pinares dans l'après-midi du 24 juillet (document p. 552) :

« Votre mission, à Suñol et à toi, consiste à attaquer les soldats par le flanc et sur l'arrière-garde quand ils se heurteront à Paz. Postez-vous à un endroit où l'on ne pourra pas vous voir. De là, vous avancerez et attaquerez l'ennemi par surprise après qu'il aura rencontré Paz. Vous êtes en nombre suffisant. Vous n'êtes pas un petit groupe qu'on pourrait entourer facilement.

» Lalo est à El Cacao pour attaquer, lui aussi, les soldats par l'arrière-garde en passant par Providencia. On ne doit pas laisser passer cette troupe. »

À ce moment-là, Daniel se trouvait sur le contrefort de Gamboa, plus ou moins là où avait été stationnée auparavant l'escouade de Duque. Je l'avais placé initialement à cet endroit pour participer à l'encerclement de la troupe ennemie à Santo Domingo. Je lui ordonnai maintenant d'aller renforcer Paz à Casa de Piedra. Le ton que j'employai dans mon message était éloquent : « Déplace-toi le plus tôt possible avec tes hommes pour renforcer la position de Paz. Il semble que les soldats vont monter demain, et ça peut être une opportunité à saisir car nous avons des forces prêtes à attaquer depuis différentes directions. Si nous assénons un autre coup à Batista en ce moment, il sera mortel. »

Daniel partit pour Casa de Piedra dans la nuit du 24 au 25 juillet, emportant un message que je destinais à Paz. « Je t'envoie un peloton en renfort avec de bons combattants. Surveille bien les terrains et ne reculez pas d'un pas. Recommande à Pinal [Pinares] et à Suñol de se cacher soigneusement pour que les soldats ne les découvrent pas. Ils ne doivent attaquer qu'après que le combat avec toi aura commencé. Ils ne doivent pas tirer avant d'être très proches de l'ennemi. »

Cette même nuit, je descendis de La Plata avec un petit groupe de combattants pour occuper la position laissée vacante par Daniel sur le contrefort de Gamboa.

Comme on peut le voir, je fondais de grands espoirs sur cette opération. Si le piège préparé à Casa de Piedra et El Salto fonctionnait comme prévu, une autre unité ennemie serait démantelée. Une bonne charge pourrait même suffire à provoquer, comme cela s'était produit à Jigüe, la reddition du bataillon encerclé, bien que les conditions ne fussent certainement pas les mêmes. Cependant, au cours de la journée du 24 juillet, les rebelles en position à El Salto avaient commencé à exprimer certaines hésitations qui allaient avoir des conséquences importantes à l'heure du combat. Le message que Suñol avait envoyé à Paz en témoigne : «Je n'ai qu'un fusil mitrailleur et Pinar [Pinares] en a un autre. Cette nuit, j'ai progressé vers la position de Paz à Casa de Piedra, mais c'est loin et il pleut. Notre situation n'est pas bonne car ce n'est pas une colonne ennemie qui avance, mais deux [...]. Je ne sais pas comment nous ferons avec deux troupes. Je crois que nous attaquerons d'abord l'arrière-garde et si l'autre arrive, nous nous replierons pour qu'elle entre. Nous verrons ensuite par où nous l'attaquerons. C'est difficile à débrouiller car il est clair qu'ils peuvent combattre par où ils veulent. On verra bien ce qui se passera.»

Inquiet du ton pessimiste de ce message, Paz me le remit à La Plata, où j'étais revenu entre-temps. C'est la raison pour laquelle cette dépêche me parvint très tard. J'avais d'abord seulement reçu une note de Pinares dans laquelle il m'informait de son désaccord sur les positions de Suñol et de ses hommes. À la lecture de cette nouvelle missive, je décidai de descendre à Casa de Piedra pour essayer de préparer sur place le piège d'El Salto. Mais auparavant, je transmis à Paz les instructions suivantes : «Dis-leur qu'il ne faut pas qu'ils se laissent voir par les soldats avant de les combattre. Et, surtout, qu'ils ne commettent pas d'erreurs et qu'ils utilisent leur cerveau. Préviens bien Suñol et Pinal [Pinares] que je les tiendrai pour responsables de toute erreur éventuelle. Leur mission est d'attaquer l'ennemi par le flanc. Ils doivent la remplir parfaitement et avec efficacité.»

En définitive, je n'arrivai à Casa de Piedra que pendant la nuit du 25 au 26 juillet, après le combat de Paz et Daniel contre les renforts. Pour la première et unique fois de ma vie, je me suis perdu dans la Sierra. Mais depuis un poste de commandement à Gamboa, j'ai tout entendu du combat de Paz contre la compagnie P de la Division d'Infanterie, sous les ordres du capitaine Abón Li, celui-là même qui opposerait, à la fin de la guerre, une résistance acharnée à Camilo dans la caserne de Yaguajay.

Cette compagnie avait été chargée par le haut commandement de venir en aide au bataillon encerclé à Santo Domingo. Elle était partie d'Estrada Palma en camion, le 25 juillet, avec des vivres en abondance. Une fois arrivée à Providencia, elle avait commencé à avancer par le chemin en amont, comme nous l'avions prévu. À midi, elle était arrivée à Casa de Piedra, où elle était tombée dans l'embuscade de Paz et Daniel, renforcée depuis la veille par les escouades d'Hugo del Río et William Gálvez.

Un furieux combat avait alors commencé. Une mine avait explosé sur le chemin et les premiers tirs d'une mitrailleuse de calibre 30, située sur les pierres du fleuve et manipulée par le combattant Orlando Avilés, avaient retenti. Cette opération violente, où Elinor Teruel perdit la vie, dura quatre heures. Les rebelles parvinrent finalement à stopper toutes les tentatives de rompre la ligne de front et de continuer à avancer. L'ennemi céda et se replia en aval en abandonnant tous ses impedimenta. Il avait subi de nombreuses pertes et dut bien reconnaître que ses efforts avaient été vains.

Pendant ce combat, je n'avais eu aucun moyen de communication avec Paz. J'étais condamné à attendre ses messages qui arriveraient sans doute le lendemain. Le 25 juillet, à la tombée de la nuit, impatient de connaître l'issue de cet affrontement et de savoir si Pinares et Suñol étaient venus à bout du renfort, je décidai de me mettre en route. J'avançai en direction du sud-ouest, à travers bois, cherchant mon chemin. La nuit était sombre. On ne voyait rien à deux mètres. Le pire arriva quand, essayant de prendre un raccourci, nous tombâmes sur une terre en jachère où avait poussé une broussaille drue et infranchissable. Comble de malheur, une averse torrentielle se mit à tomber. Nous dûmes attendre l'aube pour chercher le moyen d'arriver jusqu'à Paz.

Le 26 juillet, aux premières lueurs du jour, nous nous arrêtâmes sur la colline de La Gorra, à une certaine distance encore des positions de Paz et Daniel. Par la liaison à ondes courtes que nous avions saisie à Jigüe, nous étions au courant à l'avance des mouvements que projetait l'ennemi, et en particulier de l'envoi, depuis Estrada Palma, d'un renfort à la troupe de Mosquera. J'avais notamment entendu, pendant le combat, l'ordre transmis à la troupe assiégée à Santo Domingo : elle était censée partir à la rescousse du renfort commandé par Abón Li, ordre auquel Sánchez Mosquera n'obéit pas, connaissant le terrain et la présence des rebelles qui lui auraient coupé la route. J'avais aussi entendu le chef du renfort demander que soient récupérés les mulets chargés de l'approvisionnement en nourriture et en matériel de guerre, afin qu'ils ne tombent pas entre nos mains.

La première partie de notre plan avait donc fonctionné à la perfection. Une fois de plus, Paz avait démontré ses qualités exceptionnelles de chef et de combattant. Il avait aussi bénéficié de l'appui déterminé de ses hommes et des autres participants à ce deuxième combat de Casa de Piedra (carte p. 622).

Cependant, l'autre partie du plan, c'est-à-dire l'action des forces de Suñol et Pinares depuis El Salto pour couper la retraite au renfort et empêcher qu'une partie des troupes ne s'échappe, fut un échec. Au lieu d'avancer vers Casa de Piedra après le début du combat, Suñol s'était replié et avait convaincu Pinares de le suivre. Sans aucun doute, il agit avec le même pessimisme qu'il avait manifesté dans son message à Paz. Il avait aussi peur – sans raison – de se retrouver coincé entre la troupe qui combattait à Casa de Piedra et une autre qui se serait trouvée derrière elle... une troupe qui n'existait pas.

Au total, Paz, Suñol et Pinares disposaient de près de cent cinquante hommes avec lesquels ils auraient été en mesure de liquider un bataillon complet en mouvement. On se souvient de ce qu'avaient fait Lalo et Zenén Meriño pendant la première bataille de Santo Domingo : avec moins de trente combattants, ils avaient liquidé une compagnie du bataillon 22 placée sous les ordres du commandant Eugenio Menéndez. À cause des tergiversations de Suñol et Pinares, mon objectif – la destruction complète du renfort et sa reddition – ne fut pas atteint et le combat se prolongea encore plusieurs jours.

Néanmoins, ce deuxième combat à Casa de Piedra eut des conséquences de la plus grande importance. D'après les éléments fournis par Paz, l'ennemi comptait onze soldats tués et de nombreux blessés. Nous fîmes vingt-quatre prisonniers et nous capturâmes un bazooka avec quatorze cartouches, vingt-neuf fusils Garand, neuf carabines San Cristóbal, quatre fusils Springfield, un pistolet, quatre grenades à main et trente-deux grenades de Garand. De plus, nous saisîmes treize mulets chargés de vivres, trente havresacs, des uniformes, des couvertures, des imperméables et du matériel de radio avec le code qui entrait en vigueur justement ce jour-là. C'était un butin appréciable. Mais surtout, nous avions empêché l'arrivée du renfort à Santo Domingo, où je me rendis aussitôt.

Sánchez Mosquera avait récemment fait courir le bruit qu'il se trouvait dans la raffinerie d'Estrada Palma, en contact avec le haut commandement. Ce n'est qu'après le combat avec Paz que j'eus la certitude qu'il était à Santo Domingo avec le bataillon encerclé. Pendant les heurts de Casa de Piedra, nous avions mis la main sur un courrier adressé à Mosquera et sur une bouteille de cognac qui lui était destinée. Paz me les avait envoyés d'urgence grâce à un messager qui était passé par le chemin le plus sûr, celui de La Plata, et qui avait tardé à arriver.

Le 25 juillet, Sánchez Mosquera avait reçu l'ordre d'abandonner Santo Domingo et de se diriger vers Providencia. Là, il devait fortifier le terrain et occuper des positions avec le nouveau bataillon 22 qui avait été reconstitué et mis sous les ordres d'Eugenio Menéndez Martínez, son chef précédent ayant eu un accident. Cependant, après la défaite du renfort d'Abón Li, le colonel Mosquera se rendit compte que le haut commandement ne pourrait pas lui envoyer des renforts, pas plus que du ravitaillement à Santo Domingo. Rusé, le chef du bataillon 11 n'essaya pas de partir par le chemin du fleuve. Il sépara ses troupes en trois groupes et commença à monter en direction d'El Brazón par trois chemins différents. Une de ces troupes avança par le terrain de La Ceiba. L'attaque prit par surprise les défenseurs de la tranchée du lieutenant Amándiz, qui fut occupée par les militaires après une résistance d'une petite heure. C'est là que tomba le combattant Juan Vázquez. En revanche, le terrain principal d'El Brazón, défendu par les hommes de Guillermo García, resta aux mains des rebelles.

Le 26 juillet, lorsque je reçus la nouvelle de ce combat et de l'itinéraire choisi par Sánchez Mosquera, j'ordonnai à Lalo Suñol de s'unir aux forces de Guillermo. Ensemble, ils devaient poursuivre implacablement l'ennemi qui avançait le long de toute la colline d'El Brazón. Il fallait causer le maximum de pertes et freiner sa retraite. On aurait ainsi le temps d'organiser une ligne de contention pour le repousser, ligne qui, au vu des circonstances, devait être préparée à la hauteur de Providencia. C'est là que le mènerait immanquablement le chemin choisi par Mosquera. Or il était possible, à cet endroit, de boucher depuis les hauteurs, autour de ce hameau, l'unique sortie envisageable : le cañon du Yara, entre le terrain de Providencia et celui de Pica Pica.

À l'aube du 27, les forces de Guillermo et de Lalo continuèrent à poursuivre le bataillon 11, qui tentait désespérément de s'échapper. Ceux-ci ne pouvaient pas savoir que le chef de l'unité qu'ils poursuivaient avait été blessé à la tête. Moi, je l'avais appris grâce au matériel à ondes courtes que nous avions saisi, mais je ne pus leur transmettre cette nouvelle, pourtant de la plus grande importance pour eux.

Le haut commandement ennemi modifia alors ses plans. Il abandonna l'idée de fortifier les bataillons 11 et 22 à Providencia, très proche de la plaine et d'Estrada Palma. Deux compagnies presque complètes du bataillon 22 accompagnaient le reste du bataillon 11.

La veille, le général Eulogio Castillo, chef du poste de commandement de Bayamo, avait signé un document révélateur de l'idée que l'Armée se faisait des forces rebelles, leur « ennemi » (document p. 554-555). J'en cite ici les parties essentielles :

« *Qualité* : l'ennemi dispose de troupes bien entraînées pour le type d'opérations qu'il mène (guérilla). Les hommes sont presque tous natifs de la région et les chefs ont passé beaucoup de temps dans cette zone. Ils connaissent parfaitement le terrain [...].

» *Quantité* : le calcul n'est pas sûr, mais on peut considérer qu'il y a entre mille et deux mille combattants de première classe, assez bien armés. En plus, presque tous les habitants de la zone sous domination rebelle sont des informateurs ou des messagers (hommes, femmes ou enfants).

» *Armement* : pour cette opération, l'ennemi a demandé à chaque chef de zone d'envoyer les meilleurs effectifs, avec le meilleur armement, en concentrant tout ce qu'il y a de meilleur en hommes et en matériel [...].

» *Organisation* : typique de la guérilla. Des petits groupes qui se cachent et s'infiltrent dans nos troupes en marche, et parfois même en hauteur : ces derniers temps, les hommes grimpent dans les arbres et les broussailles et ils se jettent sur l'unité, la prenant par surprise et la désarmant. Ils se réunissent en nombre pour une action déterminée.

» *Santé* : mauvais état sanitaire. Sous-alimentés mais d'une grande résistance physique. Ils peuvent rester pendant des jours entiers sans bouger, manger ni boire.

» *Moral* : leurs derniers succès, en coupant la retraite et en soumettant nos unités, leur ont beaucoup remonté le moral. Ils ont récupéré une grande quantité d'armes, de munitions et de nourriture, et cela les a rendus plus audacieux. Ils nous ont aussi pris des mini-packs et nos PRC-10[1]. »

---

1. Matériel de transmission militaire.

Dans la suite de ce document, Cantillo accusait les chefs des troupes et des compagnies de tous les maux, alors que lui-même les avait sacrifiés inutilement. Il poursuivait l'état des lieux des forces qui s'affrontaient en décrivant sa propre armée :

« *Qualité* : la qualité du soldat actuel, pour presque tous les grades est, à 75 %, extrêmement mauvaise pour ce type d'opérations qui suppose une grande résistance physique [...] et la volonté constante de chercher l'ennemi et de le vaincre.

» [...] Il est recommandé de transférer les unités vers un terrain plus favorable où l'on puisse manœuvrer, en réduisant en même temps les distances d'appui et de ravitaillement et où il serait possible, si l'ennemi nous suit et entre dans notre jeu, de décider du lieu du combat. »

Dans un paragraphe intitulé « Décision », Cantillo énumérait les unités qui devaient se retirer des montagnes.

« *Plan* : attirer l'ennemi sur un terrain qui nous est favorable et qui sera formé de points forts reliés entre eux avec une capacité de manœuvre et un approvisionnement facile. En plus, de nombreuses manœuvres sur notre flanc ouest et une réserve et un point de ravitaillement principal à Estrada de Palma.

» Réorganiser nos forces, raccourcir nos lignes, allonger celles de l'ennemi et le mettre dans une situation désavantageuse.

» Pour la liberté de Cuba

Signé : E.A. Cantillo, MMN et P

Général en chef. »

Le 27 juillet, le feu nourri que j'entendais du côté opposé à l'endroit où nous nous trouvions me renseigna sur le mouvement de Sánchez Mosquera. C'est là que se trouvait la ligne des quarante hommes commandés par Guillermo García qui était arrivés, au début de l'offensive de l'Armée, sur la zone du Troisième front oriental. Guillermo avait déjà connu l'expérience d'un combat contre Mosquera, avec la colonne commandée par Ramiro Valdés au nord-est de notre front. Il avait ensuite participé à la bataille de Jigüe. Sa troupe avait doublé après cet affrontement et elle était bien armée. Non loin de là étaient stationnés les hommes de Lalo Sardiñas, plus à l'ouest, prêts à participer au combat contre les renforts comme à resserrer le cercle.

J'envoyai immédiatement un messager pour localiser Guillermo car il n'existait pas d'autre moyen de communication avec les chefs rebelles. De temps en temps, j'allumais la radio prise à l'ennemi pour intercepter les liaisons entre l'avion de la Direction des Opérations et les unités de terre, mais brièvement, afin d'économiser les batteries. Grâce aux nouvelles qui tombaient, et qui seraient confirmées plus tard, je savais seulement que se déroulait un combat intense. J'entendais les tirs, mais ils étaient hors de ma vue. Entre le bataillon de Mosquera et ce qui restait du bataillon 22, les soldats étaient presque six cents. De notre côté, les hommes de Guillermo ajoutés à ceux de Lalo formaient une troupe d'environ cent trente combattants. Il était hautement improbable que des renforts arrivent par le chemin où ils se trouvaient. Les mortiers, le bazooka et l'escouade de Curuneaux, avec la mitrailleuse 50 et les mines, étaient positionnés sur le même côté d'El Brazón, d'où Mosquera commença sa retraite.

Nous partîmes en direction de Providencia, mais nous courions le risque de rencontrer une des unités dispersées de Mosquera et même sa troupe principale en marche vers Providencia, si elle se détournait de son trajet le plus direct pour éviter la résistance. Notre avant-garde dut progresser avec toutes les précautions nécessaires dans la même direction.

Dans l'après-midi, j'interceptai une communication entre l'avion et le haut commandement :

– Colonel blessé à la tête ! Colonel blessé à la tête ! Envoyez un zunzún[1] ! Envoyez un zunzún !

– Le zunzún ne peut pas descendre ! Le zunzún ne peut pas descendre !

Même si nous connaissions le dernier code de la troupe d'Abón

1. N.d.t. : le zunzún est une sorte de colibri.

Li, nous n'en avions pas besoin pour comprendre : zunzún voulait dire hélicoptère. La réponse du commandement ennemi était logique : faire atterrir un tel engin sur un terrain aussi accidenté était impossible ! De plus, Guillermo et Lalo attaquaient avec les mitrailleuses à trépied calibre 30 millimètres, un fusil mitrailleur et un grand nombre de fusils semi-automatiques...

Cependant, nous ne savions pas ce qui se passait exactement. La nuit tombait déjà lorsque nous apprîmes que l'ennemi empruntait pour sa retraite un sentier qui partait de la maison de Ricardo Ríos, en direction de Providencia. Félix Duque, qui marchait avec nous, reçut la mission d'explorer les environs et d'essayer d'intercepter la troupe sur les contreforts d'El Brazón. Toujours aussi inquiet et téméraire, il partit rapidement avec son peloton par un accès naturel du terrain. Il était crucial de savoir où se trouvait l'ennemi. Nous décidâmes donc d'attendre le résultat de son exploration. Trente, quarante, peut-être même cinquante minutes s'écoulèrent. Nous étions si tendus que nous n'avions plus la notion du temps. Soudain, des tirs retentirent et des balles traçantes se croisèrent au-dessus de nos têtes à une hauteur de quinze à vingt mètres. Puis le silence se fit à nouveau. Tout le monde était sur ses gardes.

Quelques hommes de Duque arrivèrent alors mais aucun d'eux ne put dire ce qui était advenu de leur chef. Marchant sans regarder en arrière, celui-ci avait perdu le contact avec sa troupe. D'où étaient partis les tirs ? Duque était-il vivant ou mort ? On ne savait rien. Dans cette nuit sans lune, si nous effectuions le moindre mouvement, nous risquions de rencontrer aussi bien une force amie qu'un groupe d'ennemis. Il nous fallait encore attendre le lever du soleil.

Au petit jour, quelqu'un annonça l'apparition de Duque. Il était vivant mais presque méconnaissable. Sans s'en rendre compte, il avait failli heurter la troupe ennemie dans sa retraite. Il avait fait demi-tour et avait marché une dizaine de mètres avant de croiser quelques hommes armés de fusils. Il avait commencé à parler avec eux en pensant qu'il s'agissait de ses compagnons qui le suivaient. Quand il s'était aperçu qu'il se trompait et qu'il était en train de converser avec les militaires qui montaient la garde autour du campement ennemi, il avait essayé d'armer sa mitrailleuse mais les soldats s'étaient jetés sur lui. Il en avait ceinturé un et il avait lutté avec force, mais les deux ou trois autres lui avaient assené des coups de crosse dans l'obscurité. Duque avait réussi à se dégager et à courir vers le bas. Épuisé, il s'était écroulé jusqu'à ce que les premières lueurs de l'aube le réveillent.

Les balles traçantes que nous avions vu passer provenaient des tirs des soldats. Félix était défiguré par les coups qu'il avait reçus sur la tête, le front, la figure et dans le cou. Sa découverte aurait pu être si précieuse s'il avait pu nous en faire part aussitôt ! Nous avions les armes les plus puissantes avec nous et l'ennemi était très proche. Nous aurions pu l'atteindre huit ou dix heures avant, ne pas le laisser se reposer pendant toute la nuit et l'encercler avant l'aube.

Quelle journée que ce 27 juillet, cinq ans et un jour exactement après l'attaque de Moncada ! L'espoir d'anéantir le bataillon 11 nous motivait toujours autant... Guillermo, avec quatre-vingts hommes, et Lalo Sardiñas avec cinquante, occupaient les hauteurs. Si tout s'était bien passé, l'ennemi aurait pu ne jamais arriver à Providencia, où Paz montait la garde avec l'appui de près de deux cents combattants. Mais il y eut ce premier raté avec Duque. En outre, ce jour-là, Vilo Acuña avança sur le terrain avec son escouade et s'efforça de former une ligne de contention sur la dernière hauteur d'El Brazón avant que la pente ne glisse vers le hameau de Providencia. Mais Vilo ne disposait pas de forces suffisantes et, après un bref combat au cours duquel Giraldo Aponte, El Marinero, fut tué, l'ennemi parvint à mettre en échec la position de Vilo et à continuer sa fuite éperdue. Cependant, Guillermo, qui avait continué à les poursuivre, les attaqua par l'arrière-garde et tua au moins deux de leurs soldats. En plus, il prit trois fusils Springfield, des havresacs et une caisse de cartouches.

Dans la nuit, le reste du bataillon 11 campa sur les derniers contreforts d'El Brazón, déjà en vue du hameau de Providencia. Au matin du 28 juillet, il brûla tout son matériel, y compris une partie de ses munitions. Depuis le terrain d'El Brazón, les combattants de Guillermo et de Lalo, qui s'étaient rassemblés pendant la nuit, assistèrent au spectacle de l'énorme bûcher et des explosions incessantes. À l'évidence, le chef blessé et ses lieutenants cherchaient à alléger le plus possible la charge de leurs hommes pour accélérer leur fuite, même au prix de la réduction de leur puissance de tir.

Peu après le lever du soleil, les soldats avaient commencé leur descente par les flancs de la colline d'El Brazón, en direction du fleuve et du hameau. Quand ils se trouvèrent à la portée des tirs rebelles, le combat commença (carte p. 622). Le bataillon 11 subit de nouvelles pertes ce jour-là. L'action dura plusieurs heures. En suivant une route parallèle à celle des soldats, les combattants de Lalo et Guillermo continuèrent à les poursuivre et à les harceler, ce qui causa encore des pertes aux militaires en fuite.

Pendant toute la journée, de l'aube au crépuscule, la force aérienne de l'Armée s'activa. Elle effectua six missions de bombardement et de mitraillage avec deux bombardiers B-26 et deux avions de chasse P-47. De plus, un avion de chasse à réaction T-33 participa à l'opération. Les objectifs d'attaque étaient déterminés depuis un avion de fret DC-3 qui servait de poste de commandement. Cet appareil fut touché à l'aile par les balles rebelles.

Dans l'après-midi, je donnai l'ordre à Duque de quitter Casa de Piedra, où je l'avais posté la veille, et de diviser sa troupe en deux. Une partie de ses hommes, dirigée par Raúl Barandela, devait renforcer les positions de Paz à Providencia. Barandela était aussi porteur d'un message à l'intention de Paz dont un des paragraphes se révéla prémonitoire (document p. 556) :

« Pensant qu'il faut former là-bas [à Providencia] une ligne inviolable et étant donné que nous ne connaissons pas exactement la position des soldats, les hommes de Duque peuvent rester en dehors de l'action. Comme, en plus, un fort contingent de nos forces avance par l'arrière-garde, j'ai décidé de t'envoyer ces quarante-trois combattants pour fortifier ta ligne. Je crois que, de cette manière, personne ne pourra te déloger.

» N'oublie pas qu'il est très important de tendre de bonnes embuscades sur les chemins qui viennent d'Estrada Palma pour protéger vos arrières. Ces embuscades ne doivent être abandonnées à aucun prix et si tu vois qu'elles subissent de fortes attaques, envoie-leur des renforts.

» Mosqueda [Mosquera] a été touché à la tête. Si sa troupe combat contre vous, elle sera liquidée. »

Mais Paz ne tendit pas les « bonnes embuscades sur les chemins qui viennent d'Estrada Palma pour protéger [ses] arrières »...

Avec le reste de ses effectifs, Duque devait tenter d'intercepter les soldats sur le versant d'El Brazón. Il avait en effet appris que l'ennemi en fuite avançait sur un sentier, à flanc de coteau, qui partait de la maison du paysan Ricardo Ríos, vers Providencia.

Pendant ce temps, je pris les dispositions nécessaires pour créer une ligne à Providencia, une ligne le plus solide possible pour empêcher la fuite de la troupe en débandade. Je donnai l'ordre à Paz et Daniel d'emmener tous leurs hommes jusqu'au hameau. Après une étude rapide du terrain, ils devaient occuper les positions les plus adéquates. Paz décida de se placer sur une partie élevée du terrain de Providencia, face au hameau et dominant le lit du fleuve à sa droite, là où il pensait – avec raison – que passeraient les soldats. Il ne ferma pas totalement l'embuscade et envoya des rebelles sur le flanc du Pica Pica, sur l'autre rive du fleuve. Il avait reçu une information d'Aguilerita, parti en exploration, selon laquelle l'ennemi se trouvait déjà sur cette colline. Cette nouvelle était inexacte, l'ennemi n'occupa jamais le Pica Pica. Finalement, El Vaquerito se posta à l'extrémité du flanc du Pica Pica, de l'autre côté du fleuve et du hameau de Providencia.

Dans son empressement à se placer le plus vite possible sur les meilleures positions pour repousser l'ennemi, Paz ne prit pas non plus la précaution de couvrir son arrière-garde, laissant quelques-uns de ses hommes de l'autre côté de Providencia, où le terrain descendait vers la plaine. Sur la gauche de Paz, Daniel déploya toutes ses forces tout au long des hauteurs latérales du terrain. Plus à gauche, pour commencer à fermer l'embuscade, le lieutenant William Gálvez stationna avec une petite escouade sur la hauteur où se trouvait le cimetière du village.

Le manque de prévoyance de Paz lui fut fatal. En effet, pendant l'accrochage du matin entre les rebelles et le reste du bataillon 11, les forces du bataillon 22 stationnées à Estrada Palma s'étaient déplacées vers Providencia pour venir à la rescousse des hommes de Mosquera. Ne rencontrant pas de résistance, elles avaient réussi à monter depuis la plaine jusqu'à Providencia et à occuper l'extrême opposé du versant du Pica Pica. Avec ce mouvement, les soldats s'étaient retrouvés derrière et sur le flanc droit de la position de Paz. À la suite d'un tir surprise, pendant qu'ils combattaient contre ceux qui avançaient en face d'eux, le commandant Paz, le lieutenant Fernando Chávez et le combattant Federico Hadfeg furent tués.

Les hommes de Paz se replièrent vers les positions de Daniel qui, à son tour, avait opportunément ordonné aux rebelles de se retirer. Tous les effectifs de l'embuscade se dirigèrent vers le cimetière et vers Palma Criolla, en amont du fleuve Providencia.

Pendant ce temps, le reste du bataillon 11 tenta de partir par le fleuve Yara. Mais il dut attendre le repli des hommes de Paz pour avancer sans risquer de tomber sous le feu des guérilleros. Le groupe qui accompagnait la civière de Sánchez Mosquera s'arrêta de l'autre côté du hameau, et quand le champ fut libre, il continua à se diriger vers le fleuve, traversa l'autre côté du terrain de Providencia et poursuivit sa route sur un peu plus d'un kilomètre jusqu'à El Guineal, dans la plaine. C'est là qu'un hélicoptère, envoyé par le commandement de Bayamo, se posa et récupéra le blessé. Il le transporta à Santiago de Cuba, où il reçut les premiers soins. D'après ce que nous sûmes plus tard, Sánchez Mosquera resta en partie paralysé du fait de sa blessure ; il réussit, avec le temps, à récupérer un peu de mobilité.

Le 1er janvier 1959, il s'enfuit à Miami, où les criminels cubains ont toujours trouvé refuge.

La mort de Paz, après celle de Cuevas une dizaine de jours avant, nous priva de deux des chefs les plus efficaces, combatifs et intelligents de notre colonne. Ce fut vraiment un coup très dur, qui venait s'ajouter au décès d'Angelito Verdecia. Deux jours plus tard, la perte de Daniel allait s'ajouter à celles que nous eûmes à déplorer pendant toute l'offensive ennemie. Le fait que quatre chefs rebelles soient morts au combat en dit long sur le courage et la qualité morale de nos officiers qui ne manquaient pas de se placer en première ligne avec leurs hommes.

Depuis Palma Criolla, les combattants de Paz, dont Daniel avait pris le commandement, firent volte-face et commencèrent à poursuivre et à harceler l'ennemi, qui se retira précipitamment en direction de Cerro Pelado. Cette poursuite se prolongea jusqu'à Peladero, près de Naguas, à quelques kilomètres d'Estrada Palma, au milieu de la plaine. Nous ne pouvions pas faire plus.

Dans la nuit du 28 juillet, j'écrivis à Celia (document p. 560) :

« Il a fallu fournir un effort de Titan pour attraper et détruire le bataillon de Mosquera, qui a lutté désespérément pour se sauver, laissant des morts sur tout le chemin. Aujourd'hui, ils ont bénéficié de l'appui d'un bataillon de renfort du dehors. Il a franchi notre cercle par Providencia, en pleine fuite dans toutes les directions. Ils ont pu emmener Mosquera un peu avant, en hélicoptère. La 50 n'était pas arrivée, pas plus que le mortier 81. On a lutté pendant toute la journée.

» [...] Nous avons pris des armes, des cartouches, des obus de mortier, etc. Les hommes de Mosquera ont brûlé beaucoup de fusils qui appartenaient à leurs morts, et presque toutes les munitions de mortier ainsi que le mortier lui-même, pour qu'il ne tombe pas entre nos mains. Ils ont lutté comme des damnés. Je n'ai pas encore les résultats exacts. J'ai suivi tous les événements avec le mini-pack et le PRC-10. »

Quelques heures plus tard, dans un message au Che, je donnai davantage de détails (document p. 571) :

« Dans la bataille de Santo Domingo, nous avons perdu sept hommes, et parmi eux, Paz. Au total, toute l'opération nous a fait bénéficier de plus de cinquante armes. Toutes les balles utilisées pour poursuivre Mosquera ont été récupérées. Nous avons tué près de trente soldats, mais, malheureusement, à cause d'une suite d'erreurs causées par un excès de confiance, nous n'avons pas pu anéantir tout le bataillon. »

Ce même 29 juillet, Radio Rebelle transmit le long compte-rendu que j'avais rédigé sur la situation militaire, dont je cite ici quelques extraits (document p. 574) :

« Une fois terminée la bataille de Jigüe, une autre bataille d'une grande ampleur a commencé contre deux bataillons de la tyrannie qui opéraient depuis Providencia jusqu'à Santo Domingo, sous les ordres du lieutenant-colonel S. Mosquera.

» La lutte a duré quatre jours. Elle a commencé le 25 à midi, contre les troupes ennemies qui venaient à la rescousse du bataillon 12 [11][1] cantonné à Santo Domingo, et s'est terminée hier à 14 heures, en un lieu nommé Peladero, près de Naguas, à quelques kilomètres d'Estrada Palma. La poursuite du bataillon 12 [11] a duré quarante-huit heures. Sánchez Mosquera, grièvement blessé à la tête, a été évacué en hélicoptère hier à 7 h 30 du matin. Le bataillon 12 [11] a laissé sur le chemin une traînée de morts et a emmené à sa suite une longue caravane de blessés. Il a brûlé ses propres munitions de mortier et de bazookas [...] pour éviter qu'elles ne tombent entre nos mains. Les restes du bataillon 12 [11] ont rejoint à Providencia un autre bataillon qui était venu à son secours. Ils ont tous deux entamé leur fuite en

1. Radio Rebelle a fait une erreur dans son communiqué en évoquant systématiquement « le bataillon 12 » alors qu'il s'agissait du bataillon 11.

direction d'Estrada Palma, sous le feu de nos troupes qui ont lutté avec une extraordinaire agressivité.

» Toutes les unités rebelles réparties sur ce vaste front n'ont pas encore rapporté tous les résultats de cette bataille, mais, hier, on pouvait déjà compter quarante-six morts chez l'ennemi, et vingt-quatre prisonniers. Et nous leur avons pris vingt-neuf fusils Garand, seize mitrailleuses Cristóbal, huit fusils Springfied, des milliers de cartouches, un bazooka avec vingt projectiles, deux caisses d'obus de mortier calibre 60, quinze obus de mortier calibre 81, plus de cent havresacs et d'autres matériels. La zone de Santo Domingo, d'El Salto et de Providencia a été totalement libérée. Nos forces ont eu à déplorer dans cette bataille sanglante sept morts et quatre blessés.

» [...] L'Armée rebelle a augmenté extraordinairement ses effectifs de combat et poursuit la lutte contre le reste des forces ennemies qui ont commencé la plus grande offensive qui puisse être imaginée dans notre République, avec quatorze bataillons d'infanterie et sept compagnies supplémentaires, soutenus par une flotte aérienne et des unités blindées. Armées maintenant des bazookas qu'elles ont pris à l'ennemi, nos colonnes peuvent se battre contre les tanks de la tyrannie.

» L'offensive s'est transformée en une fuite désespérée. »

Comme l'indique ce communiqué, au cours de toutes ces opérations, sans compter le combat soutenu contre le renfort à Casa de Piedra (carte p. 622), l'Armée subit pas moins de cent pertes, parmi lesquelles quarante-six morts et vingt-quatre prisonniers. Nous prîmes plus de cinquante armes et des milliers de cartouches. Bien que nous n'ayons pas anéanti le bataillon 11, il est certain que cette unité fut démantelée et cessa d'exister en tant qu'entité combattante. Mais le plus important était que l'ennemi avait été contraint d'abandonner la montagne. Ainsi, le secteur Nord-Est de notre territoire de base fut définitivement libéré. C'est pourquoi nous considérions que le résultat de cette seconde bataille de Santo Domingo – qui devrait s'appeler bataille du fleuve Yara car elle se déroula tout au long de celui-ci, de Santo

Domingo à Providencia – constitua une nouvelle victoire retentissante des rebelles.

Cependant, je ne peux nier que j'éprouvai de la déception : nous n'avions pas atteint mon objectif puisque nous n'avions pas détruit complètement le bataillon 11. Nous devions ce résultat mitigé aux erreurs commises par certains de nos capitaines. Le cas le plus clair fut celui de Pinares et Suñol, qui se laissèrent tromper par la rumeur de la présence d'une force ennemie sur leur arrière-garde et qui ne coupèrent pas la retraite au bataillon d'Abón Li. Celui-ci se heurta à Paz à Casa de Piedra. Cet épisode fut la cause d'une des critiques les plus sévères que j'aie formulée pendant toute la guerre. Et cela s'était passé avant que les deux compagnies que Suñol et Pinares avaient laissé s'échapper n'attaquent Paz depuis les hauteurs, derrière Providencia, quand celui-ci préparait la ligne de combat destinée à barrer la route au bataillon 11. J'avais bien entendu qu'un ordre était donné, depuis un avion DC-7, de tirer depuis les hauteurs, ces mêmes positions que j'avais préconisé d'occuper avec suffisamment d'anticipation pour que les troupes de Paz ne soient pas vulnérables. Je connaissais donc les intentions de l'ennemi mais je n'avais pas pu les communiquer par radio aux chefs de nos combattants, et je ressentais une grande amertume... Autre bévue imputable à nos capitaines : le départ irréfléchi de Duque alors que son escouade aurait pu retarder la fuite des soldats et même la stopper.

Mais il n'est plus temps d'épiloguer sur ces erreurs qui, à ce moment-là, nous servirent d'expérience à tous. Ce qui importe est que la grave menace qui planait sur deux des trois secteurs de l'offensive ennemie avait été totalement liquidée. Il s'agissait des secteurs qui présentaient un danger immédiat pour le noyau central de notre territoire à La Plata. Il nous restait maintenant à liquider le troisième. Nous nous trouvions justement dans les conditions optimales pour y parvenir.

21

Victoire à Las Vegas de Jibacoa

JUIL 1958						
DIM	LUN	MAR	MER	JEU	VEN	SAM
--	--	1	2	3	4	5
6	7	8	9	10	11	12
13	14	15	16	17	18	19
20	21	22	23	24	25	26
27	28	29	30	31	--	--

Dans le message que j'avais envoyé au Che le 20 juillet, quelques heures avant la reddition du bataillon 18 à Jigüe, je lui avais annoncé que nous entreprendrions simultanément les deux opérations contre les forces ennemies à Santo Domingo et Las Vegas de Jibacoa. Je lui avais aussi expliqué qu'il se positionnerait au front de la seconde. Le Che m'avait répondu qu'il souhaitait s'entretenir personnellement avec moi car mes « doubles projets » lui paraissaient « trop risqués ». Il avait fini par être convaincu qu'ils étaient non seulement justes, mais réalisables, lorsqu'il avait eu connaissance de l'ampleur du butin pris à Jigüe et Purialón, et de notre capacité à compter désormais sur trois cents hommes armés.

J'avais décidé de donner la priorité à l'opération de Santo Domingo, d'abord parce qu'elle restait la plus dangereuse, ensuite parce que la liquidation de cette troupe constituerait un coup sérieux, pour ne pas dire fatal, pour l'ennemi, sur le plan tant matériel que moral. En outre, c'est à Las Vegas de Jibacoa que nous étions convenus avec la Croix-Rouge de lui remettre les prisonniers le 22 juillet.

Le 21 juillet, le Che m'envoya un message dans lequel, entre autres choses, il me disait ce qui suit à propos des préparatifs de remise de prisonniers : « N'oublie pas qu'il faut planifier ce qui se passera demain. La Croix-Rouge m'a déjà demandé à quelle heure aura lieu l'opération. Il faut transporter tous les blessés et envoyer un messager à Las Vegas. Voilà ce qui est prévu : communiquer au commandant de Las Vegas, par l'intermédiaire d'une messagère, l'heure à laquelle on commencera la remise des prisonniers et le prévenir que cela aura lieu dans la maison de Bismark ; auparavant, occuper les hauteurs qui dominent Bismark ainsi que le terrain qui se trouve en face avec deux escouades ; prévenir que si l'aviation continue son activité, nous ne pourrons pas procéder à la remise à l'heure prévue et devrons attendre la tombée de la nuit ; consentir à ce qu'un représentant de la Croix-Rouge soit présent dans la maison de Bismark, ne produire aucune démonstration de force, et lui indiquer approximativement le nombre de blessés tout en l'avertissant que dans les prochaines rencontres, nous leur remettrons aussi des malades. »

Dans le même message, le Che se plaignait de manquer de nouvelles de ma part : « [...] Ton silence me porte sur les nerfs. » Presque incidemment, il m'informait qu'il n'y avait rien de nouveau à Minas de Frío et il concluait avec ce qui reflétait clairement notre état d'esprit après les événements victorieux de Jigüe : « Il va falloir boire un coup pour fêter dignement tout ça. »

La messagère à qui le Che faisait référence était la collaboratrice de Celia, l'efficace Teté Puebla. Cette dernière joua un rôle remarquable dans cet épisode et prit plus tard la tête du peloton de femmes Mariana Grajales. La maison dont il était question était la boutique du sympathisant paysan Bismark Galán Reina, qui servit longtemps de poste de commandement à Celia dans sa tâche de soutien à la guérilla, jusqu'au moment où elle dut l'évacuer devant l'imminence de l'entrée de l'ennemi à Las Vegas de Jibacoa.

Le même jour, Radio Rebelle émit un communiqué :

« Demain, mardi 22 juillet, à 14 heures, nous remettrons à la Croix-Rouge internationale les militaires blessés que l'Armée rebelle détient depuis plusieurs jours.

» Le chef des opérations ennemi a accepté que la remise des prisonniers blessés se passe dans la zone de Las Vegas de Jibacoa où peuvent accéder les véhicules motorisés, ainsi que le délégué international de la Croix-Rouge, Peirre Jecqier [Pierre Jacquier] et ses accompagnateurs. Les blessés en question sont déjà en cours de transfert vers cette zone depuis le territoire libre de Cuba.

» Le chef des opérations n'a plus qu'à ordonner aux avions ennemis de suspendre leurs mitraillages et bombardements pendant la remise des blessés au délégué de la Croix-Rouge internationale.

» Cette région a été précisément une des plus touchées par le napalm et les bombes ces derniers jours.

» Immédiatement après la fin de ce processus, les avions de la tyrannie pourront reprendre leurs mitraillages et bombardements. Ces raids aériens ne nous impressionnent pas, nous, les rebelles, qui y sommes plus qu'habitués.

» Nous protestons contre les bombardements uniquement parce qu'ils sont dirigés de façon criminelle contre la population paysanne sans défense.

» Les médecins rebelles ont fait des efforts incroyables pour sauver et soigner les soldats blessés. Ils y sont souvent parvenus malgré le manque de ressources en médicaments et malgré la quantité de blessés.

» Nous espérons que ces prisonniers blessés seront demain entre les mains protectrices et humanitaires de la Croix-Rouge internationale. »

Dans la matinée du 22 juillet, le Che reçut le message suivant du capitaine Carlos Durán Batista, chef de la troupe ennemie stationnée à Las Vegas, avec qui il avait déjà établi une communication empreinte d'un respect mutuel :

« Commandant de la colonne 8

Sierra Maestra

» Monsieur, en réponse à votre message, je dois vous informer que j'ai reçu des ordres du général en chef de la zone des opérations en ce qui concerne la sécurité aussi bien des blessés que de toute autre personne qui arrivera jusqu'à ce poste. L'accord avec la Croix-Rouge internationale, comme tout autre accord entre hommes d'honneur, sera toujours respecté par moi et par ceux qui se trouvent sous mon commandement.

» À l'heure qu'il est, la Croix-Rouge n'est pas encore arrivée à ce poste, mais nous savons qu'elle ne va pas tarder. Nonobstant, si vous le souhaitez, vous pouvez évacuer les blessés à votre choix, et jusque-là ils seront soignés par notre département sanitaire avec tout ce qui sera en notre pouvoir et avec la même sécurité que celle de la Croix-Rouge.

» Croyez bien que nous avons pris bonne note de votre lettre et que nous en avons informé nos supérieurs afin que les autres unités en tiennent comptent.

» Avec le respect et la considération que vous méritez, je vous salue à nouveau. »

Le ton de ce message laissait percevoir que Durán voyait dans le Che un véritable adversaire digne et organisé, et non le meneur d'une bande de hors-la-loi comme le prétendait la propagande de l'Armée. Il faut reconnaître que le capitaine Durán Batista ne commit ni crimes ni abus pendant son séjour à Las Vegas. Après avoir été capturé par le Che, il demanda à demeurer avec nous et observa une attitude respectable et coopérative jusqu'à la fin de la guerre.

Le Che répondit immédiatement à ce message par une longue missive que Teté Puebla apporta au poste de commandement ennemi à Las Vegas. Je pense utile de la reproduire ici dans son intégralité :

« Capitaine, je réponds d'urgence à votre communiqué de ce jour afin d'éclaircir quelques-uns des éléments de votre lettre. En outre, je vous annonce qu'étant donné les garanties que vous offrez, je vous enverrai les hommes les plus gravement blessés sans attendre l'arrivée de la Croix-Rouge internationale.

» Ces blessés sont un peu éloignés de ce poste et, étant donné le mauvais état des chemins de la Sierra, je ne peux pas vous préciser l'heure exacte de leur arrivée. Ils doivent être préparés cette nuit si nous voulons qu'ils vous parviennent avant le jour. Je vous assure à nouveau que nous respecterons strictement la trêve. Cependant, nous avons besoin de connaître les limites de la zone de la trêve afin de ne pas y effectuer de manœuvres militaires. Nous éviterons ainsi les heurts qui pourraient ternir ce bel acte de confraternité dans la douleur. Nous avons besoin de quarante-huit heures à partir de l'arrivée du délégué de la Croix-Rouge dont la radio a annoncé qu'elle aurait lieu demain à 14 heures. À partir de cet instant, les hostilités seront rompues, sauf indication expresse.

» Je dois vous préciser que, pour nous, la trêve existe exclusivement dans la zone de Las Vegas, et je vous demande donc de me communiquer avant 6 heures du matin les limites de cette zone telles que les aura fixées votre état-major.

» Pour des raisons évidentes, je dois vous informer que les blessés se déplaceront dans les zones comprises entre les sommets suivants : Las Vegas, Minas de Frío et les hauteurs de Jigüe. Si les bombardements et mitraillages qui ont été réalisés dans cette zone aujourd'hui se répètent, il pourrait se produire des malheurs regrettables.

» Je n'exagère pas en vous avertissant que, par ordre express de notre Commandant en chef Fidel Castro, nous remettrons, en plus des blessés, tous les survivants du bataillon 18, sous les ordres du commandant Quevedo, qui se sont rendus à nos forces. Nous avons pris cette décision pour des raisons humanitaires à cause du niveau de dénutrition qu'a atteint cette troupe après avoir résisté pendant dix jours à notre encerclement, en un sacrifice aussi stérile qu'héroïque.

[...]

» Souhaitant vous serrer la main dans des circonstances plus heureuses pour Cuba, en toute confraternité, je vous salue cordialement,

Che

Commandant de la colonne n° 8 Ciro Redondo. »

Le 22 juillet, depuis son poste de commandement de Bayamo, le général Eulogio Cantillo, chef de la zone des opérations, signa une directive concernant l'évacuation des blessés et des prisonniers. Il y précisait que l'opération se déroulerait le lendemain à 14 heures. La Croix-Rouge viendrait de Manzanillo ou Bayamo jusqu'à Yara et Estrada Palma et formerait un convoi de camions et de jeeps pour arriver à Las Vegas dans la même journée ou le matin du lendemain. Dans cette directive, le général Cantillo précisait: «Les rebelles qui accompagneront les blessés seront traités avec courtoisie, mais fermement. On ne devra pas les laisser dépasser les avancées des unités, ni fraterniser avec la troupe. Dès qu'ils auront remis les blessés et les prisonniers, ils devront repartir.»

Le 23 juillet dans la matinée, Faustino Pérez et Carlos Franqui arrivèrent à Las Vegas avec un groupe de soldats. Ils signèrent, au nom de l'Armée rebelle, l'acte de remise de ces quinze premiers blessés, les plus grièvement atteints. Un peu plus tard, après que le convoi de la Croix-Rouge de Pierre Jacquier fut arrivé, l'impressionnante caravane de deux cent trente-huit prisonniers, dont quarante-deux étaient blessés, sortit de la forêt et entra dans le campement ennemi. Au total, deux cent cinquante-trois soldats furent remis à l'organisation humanitaire ce jour-là. Il importe de dire que l'opération se déroula normalement, sans incident, et que la trêve fut respectée par les deux parties.

La présence d'une femme guérillero – Teté Puebla – eut un effet retentissant auprès des soldats, mais l'arrivée surprise du Che descendant de Mompié sur un mulet créa encore plus d'émotion. Dans la maison de Bismark, il conversa un bon moment avec les représentants de la Croix-Rouge et les chefs de la compagnie assiégée. Ils burent ensemble quelques verres de cognac et le Che alla même, sans que les autres l'accompagnent bien sûr, jusqu'à porter un toast aux victoires les plus récentes. Il était déjà en passe de devenir une légende et les militaires ne négligèrent pas cette occasion d'établir un contact avec le commandant guérillero argentin.

Inutile d'insister sur l'importance de cette remise de blessés et de prisonniers, qui, bien sûr, fut passée sous silence par la propagande ennemie. Cependant, les soldats de Batista témoignèrent spontanément de ce qui s'était passé, et cela auprès de toutes les unités. Ils parlaient autant de l'humanité dont avaient fait preuve les rebelles que du potentiel de nos forces, lesquelles avaient mis en échec un bataillon entier, provoqué sa reddition, détruit ses renforts et capturé au combat une telle quantité d'hommes. De notre côté, nous donnions une démonstration éloquente de l'éthique qui régnait au sein de l'Armée rebelle. Je n'ai pas le moindre doute sur le fait que cette première remise de prisonniers à Las Vegas de Jibacoa eut une influence importante sur le cours ultérieur des événements.

Après cet épisode, nous étions en mesure de commencer les opérations destinées à obtenir la reddition de la troupe encerclée à Las Vegas de Jibacoa. Elle était la seule à demeurer à l'intérieur de la montagne après la retraite vers Las Mercedes, le 27 juillet, des forces d'occupation de Minas de Frío. Nous visions aussi les forces établies à San Lorenzo, en application du nouveau plan d'opérations de l'Armée de Batista, auquel je me suis référé dans le chapitre précédent.

Le 25 juillet, le Che avait réparti tous ses hommes sur les hauteurs qui dominaient le campement ennemi, concentré sur la petite plaine située entre les maisons de Bismark et de Santiago Torres. Les escouades de Joel Iglesias, José Ramón Silva et Luis Crespo devaient mener des actions dans ce secteur. Le Che et les autres escouades rebelles s'étaient postés sur le flanc de la colline d'El Desayuno, directement sur le chemin qu'emprunteraient les soldats de la compagnie 92 s'ils tentaient de s'échapper. Depuis ces positions, le Che contrôlait tout mouvement. En outre, il avait la possibilité non seulement de barrer le chemin d'El Desayuno à toute tentative de fuite, mais aussi de frapper l'ennemi en retraite sur son arrière-garde.

De son côté, suivant la stratégie que nous avions déjà suivie et éprouvée, Camilo et ses hommes stationnaient sur le flanc extérieur de la colline de La Llorosa. Ils étaient prêts à repousser toute tentative de renfort à la troupe assiégée, que ce soit le bataillon 17 depuis Las Mercedes ou le bataillon 23 depuis Arroyón.

On se souvient que l'unique accès à Las Vegas depuis la plaine était un étroit sentier qui passait par la colline d'El Mango et traversait ensuite celle d'El Desayuno, où il serpentait le long d'un défilé, entre le flanc abrupt de cette colline et le cañon du fleuve Jibacoa. Dans cette région, celui-ci coulait entre d'énormes roches et de vastes mares, dont quelques-unes étaient les plus spectaculaires de toute la Sierra.

C'est dans cette portion du chemin, qui ménageait à peine le passage à un véhicule, qu'il aurait été possible de préparer une résistance efficace à l'entrée de l'Armée à Las Vegas. Comme nous l'avons vu, cela ne s'était pas produit, mais j'étais déterminé : cette fois-ci, nos forces devaient profiter au maximum du terrain en vue d'une nouvelle victoire. En outre, les dirigeants de cette opération n'étaient rien moins que le Che et Camilo, et je savais que ni l'un ni l'autre ne connaissait le mot atermoiement.

Autre fait important : si le chemin d'El Desayuno constituait l'unique route d'accès à Las Vegas, c'était aussi la seule voie par laquelle la troupe assiégée pourrait s'en échapper. Il était impensable que l'Armée emprunte un autre chemin car toute alternative l'aurait conduite davantage à l'intérieur de la montagne. Or, à ce moment-là, la troupe ennemie de Las Vegas souffrait de conditions physiques et morales si mauvaises qu'elle n'avait qu'une issue : la fuite. Par ailleurs, ne pas passer par le chemin aurait contraint l'ennemi à escalader la pente impressionnante de La Llorosa ou le flanc non moins escarpé d'El Desayuno. À l'instar de Sánchez Mosquera, le chef de la compagnie 92 ne pourrait pas nous surprendre en effectuant un mouvement hors du chemin existant.

Le 26 juillet, jour où le bataillon 11 commença à se replier depuis Santo Domingo, le Che m'informa que la troupe de Las Vegas était totalement encerclée. Il proposait même de lancer contre elle une attaque en règle dans la nuit, certain qu'elle se rendrait en deux heures. Il décida finalement d'attendre après avoir appris que le capitaine Durán Batista, se rendant compte que sa position était désespérée, était disposé à négocier.

Le 28 juillet, à midi, le Che me demanda l'autorisation de conclure un accord avec le capitaine ennemi pour organiser la sortie des assiégés, moyennant la remise de toutes leurs armes et munitions. Le même jour, il reçut un message du commandant Armando González Finalé, chef du bataillon 23 stationné à Arroyón, qui souhaitait une entrevue. Immédiatement, le Che envoya un messager au capitaine Durán, porteur de la note suivante :

« J'ai entre les mains une communication du commandant Fifnale [Finalé] dans laquelle il me demande un entretien. Vous savez que demain il sera trop tard et j'essaie d'éviter les effusions de sang. [...] Vous savez aussi sûrement que vous êtes encerclés et que vous ne pouvez espérer aucune aide de l'extérieur. Cela fera couler du sang des deux côtés, mais principalement du vôtre.

» Si vous n'acceptez pas une entrevue, par esprit chevaleresque, je dois vous conseiller d'abandonner les maisons et de vous protéger dans des tranchées ; nous occupons toutes les hauteurs. Je vous propose de partir de là avec tous vos hommes en conservant les armes de poing, sans remplir les formalités des prisonniers. C'est le mieux que je puisse faire, étant donné le nombre d'hommes dont je dispose et la certitude absolue que vous êtes perdus.

» Je fais appel à vos sentiments patriotiques pour que vous ne fassiez pas passer en priorité un orgueil déplacé et évitiez un bain de sang inutile. »

Durán répondit au Che qu'il lui donnerait sa réponse le lendemain ou qu'il viendrait lui-même s'entretenir avec lui, mais il devait auparavant informer son chef de cette proposition. En plus, il indiquait qu'il attendait un convoi de ravitaillement, ce qui lui rendait impossible tout déplacement dans l'immédiat.

Mais les événements se précipitèrent. Le haut commandement de la tyrannie avait décidé d'envoyer le bataillon 23 au secours des assiégés. C'était cela, le « convoi de ravitaillement » auquel se référait Durán Batista. Inévitablement, il tomba dans les embuscades de Camilo à El Mango (carte p. 624).

Ce même 28 juillet, avant de combattre le renfort, Camilo m'envoya le message suivant : « Je suis posté comme me l'a indiqué le Che. J'ai bien tout repéré et je prie pour qu'un dieu inconnu nous envoie une troupe par ici. J'ai préparé *l'épervier*[1] pour en pêcher au moins vingt-cinq ou trente. Hier, pendant la grande fusillade de S. Domingo, ceux d'Arroyón couraient comme des fous, la panique s'est emparée des troupes ennemies, les nouvelles courent à toute vitesse, il semble [qu'] ils sont au courant des derniers coups de bâton que nous avons donnés. »

Ce jour-là, des camions avec des soldats et du ravitaillement sortirent du campement d'Arroyón. Le convoi de renforts constitué de trois compagnies d'infanterie était soutenu par deux tanks légers T-17 et une batterie d'obus de 75 millimètres qui se postèrent sur la hauteur de La Güira. Ils étaient sous les ordres du lieutenant-colonel Ferrer da Silva. Un des tanks T-17 précédait le convoi commandé par le capitaine Victorino Gómez Oquendo, chef de la compagnie des tanks du poste de commandement de Bayamo. Les véhicules se déplacèrent sans encombre jusqu'à l'embranchement du chemin qui monte depuis Las Mercedes, et ils continuèrent à avancer en direction de Los Isleños, et au-delà, vers la colline d'El Mango.

Depuis le flanc de La Llorosa, les hommes de Camilo virent s'approcher l'ennemi. L'aviation bombarda et mitrailla les positions où elle supposait que se trouvaient les rebelles. En contrebas,

1. N.d.t. : filet de pêche, nasse.

directement sur le chemin truffé de mines et de tranchées destinées à barrer le passage aux véhicules, attendaient les escouades d'Orestes Guerra et de Lázaro Soltura.

Lorsque le convoi s'engagea dans le tronçon où le chemin rétrécissait, entre la pente escarpée de la colline et le cañon du Jibacoa, les rebelles ouvrirent le feu. Les camions stoppèrent et les soldats sautèrent à terre pour chercher à se protéger. Le tank continua à avancer, ses occupants faisant confiance à son blindage. Mais, sur l'autre rive du fleuve, depuis la colline d'El Desayuno occupée par l'escouade de César Suárez, de la troupe du Che, l'on entendit le bruit sourd caractéristique d'un tir de bazooka. À la surprise de tous, le tank ne recula pas. Au contraire, après quelques secondes pendant lesquelles il sembla que le véhicule blindé allait revenir en arrière, le tank accéléra, descendit jusqu'au fleuve, le traversa et commença à monter sur le chemin d'El Desayuno. Deux ou trois tirs de bazookas échouèrent à atteindre leur cible : bientôt, le T-17 dépassa la fusillade rebelle et pénétra dans Las Vegas, sous les clameurs du campement ennemi.

De leur côté, les hommes de Camilo s'étaient jetés sur le reste du convoi paralysé. Certains des soldats choisirent de se dégager en direction du fleuve et parvinrent à s'échapper. En définitive, l'essentiel des renforts fut arrêté et l'approvisionnement fut saisi. Dix-sept militaires furent tués et il y eut de nombreux blessés, dont le lieutenant-colonel Ferrer da Silva. Après la retraite de l'ennemi, les rebelles mirent le feu à une jeep, à un tracteur et à un camion commando. Ils mirent aussi la main sur des fusils, des caisses de rations de campagne, des grenades, des cartouchières et des balles.

Une anecdote à propos du tank ennemi qui était parvenu à s'infiltrer dans Las Vegas de Jibacoa mérite d'être contée... Le capitaine Gómez Oquendo fut reçu par ses compagnons d'armes avec effusion. On louait son courage et sa détermination. Oquendo, homme simple et modeste – qui, après avoir été capturé, demanda à rester dans nos rangs –, coupa vite court aux félicitations et expliqua ce qui suit, d'après ce que l'on m'a raconté plus tard et qu'a confirmé Gómez Oquendo lui-même: «Non, non, attendez, cela n'a pas été du courage! Voilà ce qui s'est passé: lorsque nous avons ressenti le premier tir de bazooka, nous n'arrivions pas à le localiser pour répliquer avec notre propre canon. J'ai donc donné l'ordre de reculer. Mais le conducteur était très nerveux: la marche arrière s'est coincée et il n'y avait pas moyen de bouger. Dans ces conditions, nous étions une proie facile pour un autre tir de bazooka. J'ai donc donné l'ordre d'avancer à toute vitesse et nous avons eu la chance de pouvoir passer.»

En pratique, ce fut donc une fuite en avant!

Le lendemain du combat sur la colline d'El Mango, et après avoir repoussé la tentative de renfort aux assiégés, le Che reçut deux officiers de la compagnie 92 envoyés par le capitaine Durán. Le chef de la troupe remerciait le Che pour sa proposition mais il ne l'acceptait pas car «l'honneur militaire» ne lui permettait pas de déposer les armes sans combattre. Entendant cette réponse, le Che déclara que les hostilités étaient rouvertes.

Dans l'après-midi, après avoir incendié ses provisions et une partie de ses munitions, la compagnie 92 entreprit de fuir. Le Che ordonna immédiatement à toutes ses escouades de poursuivre et harceler la troupe, pendant que les combattants postés sur la colline d'El Desayuno, soutenus pas les forces de Camilo sur El Mango, s'efforçaient de lui barrer la route. Les escouades des capitaines Joel Iglesias, José Ramón Silva et Luis Crespo, entre autres, participèrent à l'opération. Ce furent les escouades de Cesar Suárez, Orestes Guerra et Lázaro Soltura qui, depuis El Desayuno et El Mango, coupèrent le chemin. Camilo et ses hommes continrent et repoussèrent les tentatives du bataillon 23 – depuis Arroyón – de venir en aide aux troupes de Las Vegas.

Le combat, intense, dura jusqu'à la tombée de la nuit. Selon le premier bilan rédigé par le Che, quarante soldats furent faits prisonniers, huit tués, et cinq blessés. En définitive, le total des prisonniers s'éleva à quatre-vingt-dix-huit, pratiquement toute la compagnie. Le tank T-17 fut capturé, presque intact, avec un canon de 57 millimètres, un mortier avec quatre-vingts obus, deux mitrailleuses de tripode calibre 30, divers fusils automatiques Browning, vingt carabines San Cristóbal, quarante fusils Springfield et vingt mille cartouches, entre autres munitions. Le capitaine Gómez Oquendo fut capturé pendant l'action, et nous n'eûmes à déplorer qu'un blessé, le combattant Angelito Frías.

Au moment où ce rapport fut rédigé, le capitaine Durán se trouvait encore parmi ses hommes, mais on savait qu'il avait été blessé. Il fut fait prisonnier le lendemain matin. Cet officier courageux et chevaleresque choisit, lui aussi, de rester avec nous dans la Sierra, de même que Gómez Oquendo. Ce dernier et le commandant Quevedo rendirent de précieux services pendant les derniers mois de la guerre dans les contacts et négociations avec les chefs ennemis.

Le 29 juillet, Las Vegas de Jibacoa était donc définitivement libérée et une autre unité ennemie, la compagnie 92, avait été détruite et anéantie. C'était une nouvelle victoire éclatante. Il ne restait plus, aux alentours de la montagne, que les forces du bataillon 23 du commandant Finalé à Arroyón, et du bataillon 17, du commandant Corzo, stationné à Las Mercedes depuis le début de l'offensive. Nous décidâmes d'agir immédiatement contre elles, en vue de la victoire.

22

Le combat de Jobal

JUIL 1958						
DIM	LUN	MAR	MER	JEU	VEN	SAM
--	--	1	2	3	4	5
6	7	8	9	10	11	12
13	14	15	16	17	18	19
20	21	22	23	24	25	26
27	28	29	30	31	--	--

Dans la soirée du 29 juillet 1958, après la fin des actions contre le bataillon 11 de Sánchez Mosquera, je rejoignis la troupe de Camilo sur la colline de La Llorosa. Deux cent cinquante hommes se trouvaient à mes côtés. Les forces de Guillermo García et de Lalo Sardiñas – que j'avais élevés les 22 et 23 juillet au grade de commandant, ainsi que Ramón Paz, remarquable combattant promu le 26 juillet – étaient descendues avec moi de Providencia. Nous avaient également ralliés les forces de Daniel, la troupe de Paz et les escouades dirigées par les capitaines Pinares, Calixto García, Huber Matos et Eddy Suñol, les lieutenants Hugo del Río, William Gálvez, et Félix Duque, El Vaquerito, entre autres... Depuis le début de la guerre, jamais autant de rebelles n'avaient été rassemblés en un même point.

J'avais d'abord eu l'intention d'attaquer le renfort qui tenterait d'aider la troupe assiégée à sortir de Las Vegas, mais après avoir pris connaissance des opérations de ce 29 juillet, j'avais changé d'avis et j'avais pris sans attendre les mesures nécessaires pour capturer et détruire le bataillon 23 stationné à Arroyón. Pour cela, je devais d'abord savoir si le Che avait trouvé un terrain d'entente avec le chef de cette troupe, le commandant Armando González Finalé. J'appris qu'aucun accord n'avait été conclu, nous avions donc les mains libres pour préparer notre action.

Dans la nuit du 29 au 30 juillet, je répartis les hommes sur leurs positions respectives. Guillermo et Lalo, avec cent trente combattants et un bazooka, devaient se poster dans la zone de Cuatro Caminos, à mi-distance entre Cerro Pelado et Arroyón. Ils entreraient en jeu lorsque nous aurions attaqué le bataillon 23 : ils seraient chargés de contenir et de repousser tout renfort envoyé par l'Armée depuis Cerro ou Estrada Palma. Nous venions en effet d'apprendre que des soldats étaient arrivés en nombre à Estrada, avec l'intention évidente de secourir les troupes d'Arroyón et de Las Mercedes. Guillermo plaça ses effectifs sur les flancs de la colline de Los Popa, pendant que Lalo répartissait les siens sur la colline d'Estrella Bello. De là, ils dominaient le chemin qui va du Cerro à Arroyón, par où passeraient les renforts.

Pour sa part, Daniel reçut l'ordre de préparer une solide embuscade à l'endroit qui lui paraîtrait opportun entre Arroyón et Cuatro Caminos. Il devait empêcher le départ du bataillon 23. Même si l'offensive de l'Armée était vouée à l'échec, j'étais persuadé qu'elle tenterait de sauver cette troupe. Et si cette dernière ne bougeait pas, alors Daniel avancerait dès le lendemain sur la position ennemie pendant que Camilo attaquerait l'arrière-garde depuis El Mango et La Llorosa. Quoi que choisisse notre adversaire, notre victoire était assurée.

Pour cette opération, Daniel disposait de cent vingt hommes, les forces de Pinares et les escouades d'Hugo del Río, William Gálvez et Calixto García l'ayant rejoint. Peu après le lever du soleil, Daniel décida de situer son embuscade à Jobal, à l'endroit où le chemin d'Arroyón descend vers un modeste vallon et traverse le ruisseau (carte p. 626). Il posa une mine à la traversée du cours d'eau et répartit ses hommes de l'autre côté du vallon. Ce petit terrain, composé surtout de pâturages et de quelques bouquets d'arbres, était pratiquement plat. À quelques mètres du chemin se dressait la fermette de Porfirio Enríquez, sur la ligne même de l'embuscade. Sa femme et lui reçurent les combattants avec beaucoup d'amabilité. Aujourd'hui, au musée de Las

Mercedes, on peut encore voir le banc en bois sur lequel Daniel s'assit pour boire le café qu'on lui avait offert. Lorsque le couple de paysans apprit qu'un combat se préparait, il mit tranquillement ses quelques possessions en lieu sûr, et après avoir pris congé des rebelles, il partit à la recherche d'un refuge.

Alors qu'il se trouvait chez Porfirio Enríquez, Daniel reçut un message l'avertissant que Lalo et Guillermo s'étaient retirés de leurs positions en vue de la reddition de l'ennemi à Las Vegas et qu'ils se dirigeaient vers le mont d'El Espejo. Daniel décida aussitôt d'envoyer Pinares et quarante hommes pour couvrir le chemin venant d'Estrada et protéger ainsi son arrière-garde. Mais, peu après le départ de Pinares, un autre message lui parvint : je le prévenais que j'avais demandé à Lalo et Guillermo de retourner sur leurs positions antérieures ! Daniel fit revenir Pinares.

« C'est la fin de Batista », écrivis-je à Lalo et Guillermo au petit matin du 30 juillet. Je leur confirmai aussi mes instructions et je les informai que le reste des hommes qui m'avaient accompagné se trouvaient sur la colline de La Herradura pour participer à l'encerclement de la troupe stationnée à Las Mercedes.

Ce matin-là, j'envoyai également à Celia, qui était restée à La Plata, un long message dans lequel je lui détaillais les dispositions que j'avais prises. J'ajoutai :

« Bien que l'envie me démangeât d'aller à Las Vegas pour jouir du plaisir de voir à nouveau la ville entre nos mains, je suis d'abord descendu pour répartir les hommes en contrebas d'Arroyón et sur le terrain de La Herradura, en face de Las Mercedes, afin de ne pas laisser les troupes qui restent s'échapper. Nos compagnons ont réalisé un exploit extraordinaire. Ils sont allés de bataille en bataille pendant cinq semaines consécutives. C'est incroyable de voir comment ils ont résisté.

» J'imagine que tu as envie, toi aussi, de descendre à Las Vegas. Si je peux, j'y arriverai dans la nuit ou au petit matin.

» J'ai le sentiment que tout va se terminer très vite. J'éprouve de la joie après toutes ces victoires, mais elles résultent de tant de sacrifices et d'efforts que je me sens aussi triste. »

Exactement comme je l'avais prévu, le 30 juillet au matin, l'ennemi stationné à Arroyón se mit en route vers Cerro et Estrada Palma. Un renfort venu de Las Mercedes l'avait rejoint avec à sa tête le commandant Roberto Barragán. La compagnie 84 du bataillon 21, sous les ordres du capitaine Bonilla León, se trouvait à l'avant-garde. Les compagnies 91 et 93 du bataillon 19 la suivaient avec un char T-17. Il semble que ces deux troupes étaient venues en renfort du bataillon 17, quelques jours auparavant, à Las Mercedes. La longue colonne du bataillon 23 du commandant Armando González Finalé composait l'arrière-garde. Cette troupe était aussi escortée d'un char T-17, d'une batterie de quatre obus de 75 millimètres et d'une batterie de mortiers.

Vers 11 h 30, la pointe de l'avant-garde atteignit le croisement du ruisseau de Jobal. La mine que nous avions placée là n'explosa pas. Daniel ordonna alors d'attaquer et le combat commença. Les soldats furent surpris par les tirs des fusils rebelles et de la mitrailleuse 30 – manipulée par Orlando Avilés –, qui causèrent tout de suite les premières pertes parmi les militaires. Après une demi-heure, alors que le volume des tirs ennemis diminuait, nos forces exhortèrent les soldats à se rendre.

Daniel ordonna un cessez-le-feu, puis, avec un groupe de combattants, il franchit la distance qui le séparait du chemin. Il put constater qu'un seul des trente-deux hommes de l'avant-garde se tenait toujours debout, et encore, il était blessé aux jambes. Les autres, dont un officier, étaient morts ou gravement touchés. Daniel fit transporter les blessés dans une petite maison près du chemin. Téméraire, il prit le reste de ses effectifs avec lui et ils commencèrent à avancer vers le gros du bataillon 23 qui continuait à tirer, mais apparemment avec moins d'intensité. Daniel et ses compagnons parcoururent cent mètres, jusqu'à la ferme d'un paysan nommé Manuel Rodríguez, et décida d'y installer la mitrailleuse 30 et un fusil automatique Browning.

Si les tirs ennemis semblaient avoir faibli, c'est que le commandant Finalé avait donné l'ordre de déployer sa batterie d'obus à environ cinq cents mètres des positions rebelles. L'artillerie commença donc à viser directement nos lignes. L'aviation nous attaqua avec insistance. Deux bombardiers B-26, deux avions de chasse P-47 et deux avions de chasse à réaction T-33 participèrent à ce raid meurtrier, lâchant sur nos hommes des bombes, des fusées et des balles calibre 50.

Pendant ce temps, le bataillon 20 du capitaine Caridad Fernández – l'assassin de Manzanillo, coupable notamment du meurtre de Juan Manuel Márquez[1] à la suite du débarquement du *Granma* – était parti d'El Cerro pour venir appuyer la troupe d'Arroyón. Peu après, il tomba dans l'embuscade tendue par les hommes de Guillermo et Lalo à Cuatro Caminos. Après un combat intense, l'avancée de ce renfort fut stoppée et la troupe se replia. À Jobal, les rebelles continuèrent à combattre énergiquement et réussirent à contenir la retraite de la troupe de l'Armée, en dépit de la pluie d'obus calibre 75 qui s'abattait sur eux.

À l'avant de la ligne rebelle, mal protégé par le mur en yaguas[2] de la chaumière de Manuel Rodríguez, Daniel continua à tirer et encouragea sans relâche les hommes qui l'entouraient. Une partie de ses compagnons venaient de Santiago, ils s'étaient battus sous ses ordres lors de la lutte clandestine de la plaine et ils lui vouaient une admiration particulière pour la façon dont il avait assumé la direction du Mouvement 26 juillet et la lutte à Santiago, un an plus tôt exactement, après l'assassinat de Frank País.

Un obus ennemi tomba sur la chaumière dans laquelle se trouvait Daniel. Ce chef héroïque de la guérilla ne fut pas tué sur le coup, mais il souffrait d'une hémorragie interne importante

1. Commandant en second de l'expédition du *Granma*, Juan Manuel Márquez fut capturé par la Garde rurale quelques jours après le débarquement et assassiné le 16 décembre 1956.

2. N.d.t. : Écorce du tronc du palmier royal qui servait à fabriquer les murs des chaumières.

et il perdit connaissance. Orlando Avilés était aussi grièvement touché. Les deux combattants furent transportés par leurs compagnons dans un petit renfoncement du ruisseau. Entre-temps, une rumeur alarmante courut dans les rangs rebelles : « Ils ont tué le commandant ! Ils ont tué le commandant ! »

Cette annonce sema le désarroi parmi les rebelles, qui ralentirent la fréquence de leurs tirs. Certains commencèrent même à se replier. D'autres, comme Pinares, Fernando Vecino et Rigoberto Fernández, qu'on appelait Rigo Montañés, reprirent vite leurs esprits et tentèrent de réorganiser la résistance. Pinares hurlait à pleins poumons pour redonner du courage aux combattants, mais dans le même temps, le commandant du bataillon 23, ayant entendu que le chef rebelle était mort, incitait sa troupe à redoubler d'efforts pour s'échapper. Le regain de combativité de l'ennemi associé à l'affaiblissement général de nos lignes réussit aux militaires, qui parvinrent à forcer nos positions et à poursuivre leur retraite en direction de Cerro Pelado. Devant la supériorité des soldats, la situation des rebelles, à découvert, et l'abattement dans nos rangs, Pinares ordonna la retraite.

Après le combat contre le renfort, Lalo et Guillermo se replièrent vers la colline d'Estrella Bello et l'Armée put continuer sa fuite, dans le désordre et non sans avoir subi de nouvelles pertes.

Daniel fut transporté dans la maison d'Antonio Estrada, à El Hormiguero, d'où l'on partit chercher un médecin rebelle à Las Vegas de Jibacoa. Le Che, suivi de Sergio del Valle, se précipita dès qu'il apprit la nouvelle. Mais il n'y avait plus rien à faire et Daniel expira à 18 heures. Conséquence directe de sa mort, il fut impossible d'encercler et d'anéantir la troupe d'Arroyón. Cependant, l'objectif stratégique de cette opération était atteint : nous avions délogé cette troupe et libéré ce vaste secteur des abords de la montagne. L'ennemi comptait au moins vingt morts et dix-sept blessés. Une autre de ses unités était démantelée et démoralisée, et nous avions bien failli nous emparer de sa batterie d'obus.

Je rédigeai un compte-rendu, destiné à Radio Rebelle, sur le combat de Jobal et la mort de Daniel.

« Cet après-midi, à 16 heures, nos forces ont à nouveau combattu la troupe ennemie en pleine retraite, lui causant de nombreuses pertes. Au cours de cette action, le commandant rebelle René Ramos, plus connu dans la clandestinité sous le nom de Daniel, a trouvé la mort en avançant au front avec ses hommes. Il était aussi le secrétaire politique du Mouvement 26 juillet depuis la mort, il y a un an jour pour jour, de Frank País. La disparition de Daniel, un compagnon courageux, constitue une perte considérable pour notre organisation. Daniel n'a pas été assassiné sans défense : il est tombé les armes à la main sur le champ de bataille, et c'est une consolation au milieu de notre douleur. »

Ce message fut lu le 1er août sur notre radio. Le 31 juillet, j'avais aussi écrit au Che : « Hier soir, je n'ai pas bougé car j'en étais incapable physiquement, et les autres étaient dans le même état. Je crois qu'ils subissent en plus les conséquences de l'épuisement général et de la mort des officiers. Celle de Daniel, hier, a gâché les bénéfices de l'embuscade. »

Le lendemain, je me rendis à Jobal Arriba, près de la scierie des frères González. L'un d'eux, Luis, était entré en contact avec nous quelques jours plus tôt pour nous proposer sa collaboration. Je décidai d'installer mon poste de commandement chez eux pendant le déroulement de la dernière opération qu'il nous restait à accomplir : l'encerclement du bataillon 17 à Las Mercedes.

23

Las Mercedes : les quatre premiers jours du siège

JUIL 1958						
DIM	LUN	MAR	MER	JEU	VEN	SAM
--	--	1	2	3	4	5
6	7	8	9	10	11	12
13	14	15	16	17	18	19
20	21	22	23	24	25	26
27	28	29	30	31	--	--

AOÛT 1958						
DIM	LUN	MAR	MER	JEU	VEN	SAM
--	--	--	--	--	1	2
3	4	5	6	7	8	9
10	11	12	13	14	15	16
17	18	19	20	21	22	23
24	25	26	27	28	29	30
31	--	--	--	--	--	--

Le 29 juillet, non seulement j'avais transféré les hommes de Daniel pour qu'ils tendent une embuscade à la troupe d'Arroyón, et ceux de Guillermo et Lalo pour combattre un éventuel renfort ennemi, mais j'avais aussi envoyé une autre force bien équipée à Las Mercedes. Je mettais en pratique un plan qui nous avait déjà réussi auparavant : il s'agissait d'encercler la troupe principale et de former une ligne qui permette de repousser tout renfort venant au secours des assiégés.

Dans ce cas précis pourtant, il fallait prendre en compte de nouvelles considérations. Le terrain de Las Mercedes présentait en effet des caractéristiques particulières. Même s'il n'est pas complètement plat, il est beaucoup moins accidenté qu'à l'intérieur de la montagne. Le village où campait le bataillon 17 était presque totalement cerné de petites ondulations ou de collines de pâturages, dépourvues de bois dans leur majeure partie. Au sud-ouest, les hauteurs de La Güira – où Cuevas avait combattu avec succès le 19 juin – et celles de Jigüe – un autre Jigüe, évidemment, pas celui de la grande bataille du Sud – fermaient le panorama en un arc. Au sud-est, à partir du même hameau, le terrain s'élevait brusquement vers le mont d'El Moro, et au-delà vers la colline d'El Gurugú, positions qu'avaient occupées plus tôt les escouades de Raúl Castro Mercader et d'autres capitaines rebelles, dans la montée vers la Maestra par la zone de San Lorenzo. Cependant, à l'est, le terrain glissait subitement vers la plaine, en direction de la zone de Bajo Largo et, plus loin, vers El Jíbaro et Jibacoa. Au nord, Las Mercedes était séparée de la plaine par le grand arc de la colline de La Herradura où l'escouade d'Angelito Verdecia avait opposé la première résistance effective à l'offensive ennemie dans ce secteur.

En partant de l'hypothèse que tout renfort qui tenterait de secourir la troupe assiégée passerait très probablement par le chemin carrossable qui venait d'Estrada Palma et d'El Cerro, le combat contre ce renfort se déroulerait donc sur un terrain quasiment plat et dépourvu de bois.

Deuxième facteur important dans le cadre de cette nouvelle opération : la configuration du terrain et l'existence de ce chemin permettraient à l'ennemi d'utiliser tous les moyens mécaniques disponibles. Je fais ici allusion non seulement aux camions et aux chars légers, mais aussi aux tanks lourds. C'était une possibilité très concrète que nous devions obligatoirement envisager. En conséquence, il nous fallait tirer le meilleur parti des mines que nous poserions sur le chemin et employer les bazookas que nous avions saisis mais qui présentaient un inconvénient : nos hommes avaient été peu entraînés à les manipuler.

À la lumière de ces éléments, sur les deux cent cinquante hommes réunis à La Llorosa, j'en envoyai pas moins de cent à Las Mercedes. Je transférai sans perdre une minute Guillermo et les combattants les plus aguerris des forces de Daniel, placés maintenant sous les ordres de Pinares, vers une zone difficile du cercle de Las Mercedes : les collines entourant le cimetière, entre le village et le flanc intérieur de la colline de La Herradura. Nul besoin d'être devin pour prévoir qu'il s'agissait du secteur où l'ennemi tenterait de rompre le cercle, puisque c'était la direction qui le mènerait le plus directement à la protection relative des troupes cantonnées à El Cerro et Estrada Palma. C'était donc le secteur qui devait être le plus renforcé. L'autre troupe de réserve, celle de Lalo Sardiñas, fut postée vers les hauteurs de Jigüe avec l'ordre de soutenir Guillermo au cas où l'Armée tenterait de rompre le cercle dans le secteur du cimetière. Les pelotons de Guillermo García et de Lalo Sardiñas avaient déjà été envoyés à Cuatro Caminos pour participer à l'opération contre la troupe d'Arroyón.

Je décidai de confier le commandement de l'encerclement au Che. Le 30 juillet, au lendemain de la capture de la troupe de Las Vegas, celui-ci avait rejoint Las Mercedes avec tous ses hommes, et ils avaient couvert tout le secteur allant des hauteurs d'El Moro à celles de Jigüe. C'est là qu'il répartit les escouades de Joel Iglesias, José Ramón Silva et d'autres chefs.

Le cercle commençait donc à se dessiner, même si on ne pouvait pas considérer qu'il était complet dans la zone la plus plate. Pour le renforcer, j'allais envoyer, dans la matinée du 31 juillet, une escouade placée sous les ordres de Reinaldo Mora. Elle se posta près du chemin d'El Jíbaro en prévision d'une éventuelle avancée ennemie depuis Cayo Espino en passant par le chemin de Purial de Jibacoa et El Jíbaro. Pour repousser les renforts, je décidai de situer la ligne principale à la hauteur de Sao Grande, à environ deux kilomètres de La Herradura, au milieu de la plaine. C'était à mon avis l'endroit qui convenait le mieux le long de tout ce trajet, ou, pour être plus précis, le moins mauvais. Là, le chemin traversait le hameau de Sao Grande, et, au moins, il serpentait un peu, ce qui pourrait aider à surprendre l'ennemi dans sa progression.

J'y envoyai d'abord Félix Duque, El Vaquerito, Luis Crespo, Eddy Suñol et plusieurs autres groupes, soit quelque cinquante hommes au total, auxquels se joignit Felipe Cordumy, porteur d'un bazooka. Un peu plus tard, je transférai Crespo et son escouade dans le secteur sud-est du cercle de Las Mercedes, qui me paraissait le plus vulnérable.

Tous ces mouvements avaient été effectués en dépit du fait que, dans la nuit du 30 au 31 juillet, nous n'avions toujours aucune certitude quant à la présence de l'ennemi à Las Mercedes. Nous avions reçu quelques informations confuses selon lesquelles les soldats avaient évacué cette position en même temps que le bataillon 23 avait quitté Arroyón. Il fallait éclaircir la situation. Pendant que je me déplaçais vers la zone de Jigüe, autour de Las Mercedes, le Che envoya Raúl Castro Mercader et quelques hommes explorer les alentours du campement ennemi. Ils constatèrent qu'en fait un grand nombre de soldats se trouvaient encore à Las Mercedes.

Le 31 juillet, à 2 h 10 du matin, le Che envoya un message à Camilo, qui se trouvait toujours sur le flanc de la colline La Llorosa :

« Il reste des soldats à Las Mercedes. Nous allons les attaquer. Préviens Fidel pour qu'il nous envoie le mortier, qui nous serait bien utile. Toi aussi, tu peux descendre, puisque tu ne fais rien là-bas. La tripode nous serait aussi d'un grand secours.

» Il faut contacter Fidel. Daniel est mort hier à 18 heures. Envoie-moi le détonateur de la bombe de toute urgence. »

Un peu plus d'une heure plus tard, Camilo lui répondit :

« Che, Fidel a emporté le détonateur avec la bombe. Je vais essayer de le contacter. Personne n'est venu et je ne sais pas où il peut être. Je dois laisser quelques hommes ici : au cas où un message arriverait, ils nous le feraient parvenir immédiatement.

» Je vais mobiliser les gens tout de suite pour descendre le plus rapidement possible.

» Il va falloir chercher Fidel, je crois que je n'ai personne qui connaisse le chemin. »

Dans ce même message, Camilo mettait le Che en garde sur ses plans d'attaque : « [...] Il faut que tu fasses très attention en avançant : le plan de Fidel était aussi de cerner les soldats à Las Mercedes. Veille à ce qu'il n'y ait pas de confusion et que les rebelles ne t'attaquent pas en te prenant pour l'ennemi. Il ne me semble pas très sûr d'avancer sans concertation. »

Cette nuit-là, en effet, pendant quelques heures, le Che et Camilo avaient perdu le contact avec moi. Je m'étais dirigé vers les hauteurs de Jigüe, derrière Las Mercedes. Quarante combattants m'accompagnaient, parmi lesquels Pedro Miret avec deux mortiers et la mitrailleuse 50 de Curuneaux. J'avais l'intention de bombarder les positions ennemies dès l'aube. Finalement, nous y renonçâmes, d'une part à cause de l'inexpérience de nos tireurs de mortiers improvisés, d'autre part à cause du mauvais état des projectiles des mortiers de 60 millimètres.

À 6 h 45, le Che répondit à son tour à Camilo :

« L'attaque est coordonnée ; je suis en contact avec Suñol, et par son intermédiaire avec Huber. J'ai aussi communiqué avec Lalo et Guillermo. Las Mercedes est assiégé, nous ne savons pas combien il y a de soldats, mais ils sont bien retranchés et répartis.

» Le problème du détonateur est grave. Je n'arrive pas à trouver quelqu'un qui en ait un bon et il est la garantie que Suñol ne laissera pas passer les renforts ni les troupes qui sont à l'intérieur. Je donne l'ordre dès maintenant de ne pas tirer une seule fois tant qu'ils n'essaient pas de sortir.

» Tu peux venir cette nuit et envoyer ce plan à Fidel. Les travaux de réparation du tank n'ont rien donné et j'ai peur qu'ils l'abîment. »

Le plan auquel le Che faisait allusion était un croquis des premières positions de l'encerclement qu'il avait dessiné lui-même. Le Che avait décidé de lancer les opérations la nuit suivante, même si les soldats n'ébauchaient aucun mouvement de toute la journée. Il en informa Camilo : « On va attaquer simultanément de tous les postes, de façon coordonnée. Fais passer. » Le Che lui demanda enfin de se préparer sans tarder à abandonner La Llorosa et à avancer en direction de Las Mercedes.

Depuis son arrivée dans le village, le 26 mai, le commandant Corzo Izaguirre, chef du bataillon 17, avait installé son poste de commandement dans une belle maison du centre, celle de Sarita Álvarez. Il y vivait depuis deux mois dans une relative tranquillité mais l'heure d'entrer en action avait sonné pour sa troupe, et il le savait. Après les événements récents, Izaguirre était conscient que chaque minute supplémentaire passée à Las Mercedes menaçait la sécurité de ses hommes. Il devait s'échapper de la montagne, il n'avait pas d'autre solution. Mais avant de poursuivre, je dois préciser que Sarita Álvarez avait rendu d'innombrables services à la cause rebelle avant l'arrivée de Corzo. D'ailleurs, après la libération de Las Mercedes, le Che utilisa sa maison pendant plusieurs semaines : il y établit à son tour son poste de commandement. De là, il réorganisa sa colonne 8 Ciro Redondo avant l'invasion de l'ouest. C'est aussi chez Sarita que fut effectuée la seconde remise de prisonniers – principalement les soldats capturés à Las Vegas – après la bataille. Et c'est sous le porche de cette maison que mourut le combattant de Manzanillo Beto Pesant, lorsqu'un obus de mortier qu'il tentait de désamorcer éclata dans ses mains.

Toutes les dispositions nécessaires à l'encerclement furent prises à temps. En effet, dès le 31 juillet à 9 heures, le commandant Corzo Izaguirre tenta de s'extraire du piège où nous l'avions enfermé (carte p. 628). L'affrontement dura jusqu'à la tombée de la nuit et, en dépit de tous ses efforts, l'ennemi fut à nouveau repoussé vers le village. Cette action marqua le début de la bataille de Las Mercedes, soit une longue semaine de combats intensifs, la dernière opération de l'offensive.

Un premier compte-rendu allait être diffusé sur les ondes de Radio Rebelle le 1er août : « La bataille s'est poursuivie pendant toute la journée d'hier, la nuit et jusqu'à ce matin. Les renforts ennemis marchent depuis Estrada Palma dans un effort désespéré pour empêcher ce bataillon de succomber devant la poussée irrésistible de nos forces. L'aviation, les tanks et l'artillerie de l'Armée participent au combat pendant que nous utilisons des mortiers et des bazookas. La lutte se déroule dans la plaine, à une distance de plus en plus grande du massif montagneux de la Sierra Maestra. »

En réalité, dans ce communiqué, nous prenions un peu d'avance sur les événements. Il n'y avait encore eu aucun combat contre les renforts et nous n'avions pas encore utilisé de bazooka. Bien que cela paraisse incroyable, le commandement ennemi n'avait pas fait le moindre geste pour venir en aide à la troupe qui tentait désespérément de s'échapper. On pouvait en conclure qu'il n'avait pas encore rassemblé à Estrada Palma les forces suffisantes. Il attendait peut-être l'arrivée, depuis Bayamo, des tanks lourds Sherman.

À la fin de ce communiqué, Radio Rebelle annonça de façon erronée : « Nous réitérons notre appel à la Croix-Rouge internationale pour qu'elle envoie d'urgence des délégués à la raffinerie d'Estrada Palma pour la remise de cent soixante prisonniers, dont beaucoup sont blessés, et certains grièvement. »

Le seul point sur lequel nous n'avions pas exagéré concernait l'utilisation de mortiers par nos forces : nous essayions en effet de nous en servir depuis la nuit du 30 juillet.

Le 31 juillet, pendant les premiers combats, j'avais appris par deux prisonniers que les troupes assiégées comptaient trois cent soixante-dix soldats fortement armés, avec un char T-17, deux bazookas, deux mortiers de 81 millimètres et 12 mitrailleuses calibre 30. En outre, ils étaient bien retranchés sur des points stratégiques. Si on les attaquait en donnant l'assaut, ce serait au prix de nombreuses vies humaines. C'est pourquoi je donnai l'ordre à toutes les forces rebelles de creuser des tranchées, de commencer le harcèlement et de réduire systématiquement l'espace du campement ennemi.

Le Che et moi étions parvenus à la conclusion que les positions de Camilo à La Llorosa et El Mango n'avaient plus de sens après la reddition de l'Armée à Las Vegas de Jibacoa. Je pensai donc envoyer Camilo remplacer Lalo et Guillermo à Cuatro Caminos. À mon avis, c'était un poste clef dans le combat contre les renforts. En effet, le moment venu, nous pourrions faire pression sur leur flanc mais aussi les cerner par l'arrière-garde. Pour cette raison, à l'aube du 31 juillet, j'interceptai le déplacement de Camilo en direction de Las Mercedes et je lui ordonnai de se poster à Cuatro Caminos.

À 13 heures, Camilo apprit mon arrivée à la scierie de Jobal Arriba. Il m'écrivit immédiatement :

« [...] On se bat depuis ce matin à Las Mercedes. Nous avons deux blessés légers. Guillermo et Lalo sont ici, et [Reinaldo] Mora vient d'arriver. Je t'envoie le plan que j'ai reçu du Che.

» Nous avons besoin d'un détonateur. Tout va bien. J'espère t'envoyer la prochaine lettre depuis Bayamo. »

À 13 h 10, alors que je n'avais pas encore reçu ce message, j'avais écrit au Che :

« Depuis ce matin, l'artillerie, la mitrailleuse 50 et quarante hommes sont prêts. Je me trouve sur une hauteur d'où l'on peut observer la zone de combat. Mais il est impossible de déplacer les mulets sans que les avions les voient.

» On ne peut pas compter sur plus de soixante mortiers car un obus sur cinq explose. C'est pourquoi je n'ai pas pu les bombarder hier matin. Mais j'attends d'excellents résultats du mortier de 81 millimètres.

» Il faut immobiliser les soldats jusqu'à la nuit. Cet après-midi, une troupe protégera l'entrée de tout renfort par Cuatro Caminos, et cette nuit, je la mobiliserai pour préparer une attaque avec l'appui de mortiers.

» Ce matin, j'ai envoyé un peloton avec Reinaldo Mora vers Las Mercedes. Guillermo est aussi parti dans cette direction. Je n'ai pas encore eu de contact avec Lalo mais il savait qu'il devait aller là-bas. »

Je précisai enfin :

« Sur la base des communications que nous avons interceptées, c'est Corzo qui est encerclé à Las Mercedes. Il semble que leur char a reçu trois impacts. Ils ont demandé des munitions pour les mitrailleuses 30 et pour la Cristóbal.

» Je monterai par le chemin d'Arroyones vers la colline du

Jigüe, sauf si les soldats se déplacent, auquel cas nous essaierons de les intercepter dans quelque direction que ce soit. »

J'ajoutai en post-scriptum : « Cette fois, je crois que je te donnerai l'occasion de m'arracher une dent, car elle me fait mal. »

Je suivais continuellement les déplacements de l'ennemi depuis mon poste de commandement de Jobal Arriba grâce au matériel à ondes courtes que nous avions saisi. C'est ainsi qu'à 15 h 50 j'informai le Che de ce qui suit :

« Un renfort arrive avec deux tanks. Je ne sais pas exactement par où ils vont passer, mais je suppose que ce sera par le chemin de Sao Grande. Un tank disait à l'autre de prendre des précautions *surtout en arrivant au fleuve.*

» Même si le renfort arrive et parvient à entrer, c'est une question de bazookas. Je crois qu'il faut que vous alliez vers l'endroit où viendront les renforts. Cette nuit, nous pouvons lancer une attaque générale avec l'appui des mortiers. »

Et je terminais par ces mots : « J'ai reçu le plan. Je serai là-bas dans la soirée, vers 20 h 15. »

En fait, je n'arrivai sur les hauteurs de Jigüe qu'un peu après 21 heures. Je pris rapidement contact avec le Che pour l'informer des mesures que j'avais adoptées, y compris l'envoi de Camilo à Cuatro Caminos. Il m'apprit en détail les dispositions qu'il avait prises quant à l'encerclement de la troupe à Las Mercedes. Après que nous eûmes échangé nos impressions sur la situation, le Che partit avec Pedro Miret et l'escouade de mortiers pour se placer à l'endroit adéquat d'où ils lanceraient l'attaque dès le lever du jour.

Miret prit ses positions, mais faute d'avoir exploré le terrain au préalable, les premiers tirs furent totalement inefficaces. Aussi Pedrito décida-t-il de se replier pour éviter de gaspiller des munitions et dans l'espoir de localiser les objectifs ennemis. Le 1er août au petit matin, le Che donna l'ordre à une patrouille issue du peloton de Lalo Sardiñas et dirigée par Silvio García Planas d'effectuer une nouvelle exploration du campement de

Las Mercedes. Le groupe s'approcha tellement des militaires que le lever du soleil les surprit sur la rive du Jibacoa d'où ils ne pouvaient plus partir sans être vus. Silvio et ses hommes étaient coincés : ils durent rester dissimulés toute la journée sur les bords du cours d'eau en attendant la tombée de la nuit. À 5h25, le Che m'alerta : « On a reçu des nouvelles de l'escouade. Un des hommes est venu. Ils sont sur le ruisseau et ne peuvent pas en partir avant la nuit. Ils doivent avoir un autre appareil à ondes courtes dans le tank [...]. Il faudrait vraiment que je puisse prendre des décisions rapidement.

» Je ne sais rien des autres positions. L'ennui, c'est que Pedro et ses hommes sont partis. Ils ne peuvent pas étudier dès maintenant la meilleure position pour tirer et, pendant la nuit, il se passe ce qui est arrivé aujourd'hui. Le tank serait d'une grande utilité dans la journée, mais la nuit il ne sert à rien car il ne peut pas aller jusqu'aux soldats et ils sont parfaitement à l'abri dans les tranchées. Ils sont à peu près cinquante par tranchée. Il serait possible de prendre Las Mercedes, mais avec l'appui du bazooka pour "son collègue". »

Le Che faisait allusion au char capturé à Las Vegas de Jibacoa que nous essayions de faire fonctionner pour l'utiliser dans la bataille.

Dès l'aube le 1er août, l'aviation a commencé à mitrailler les positions rebelles, sans résultat appréciable. Ce jour-là, l'ennemi ne fit aucune tentative pour briser le cercle ; les rebelles poursuivirent le harcèlement du campement.

Le Che ordonna de mettre la mitrailleuse 50 de Curuneaux sur un terrain proche. Gonzalo Camejo la manœuvrait, mais ses compagnons se trompèrent d'endroit et la placèrent trop à découvert, à portée de l'aviation, du feu des mitrailleuses 30 et des mortiers ennemis qui étaient situés sur des positions bien fortifiées. Aussi la mitrailleuse 50 fut-elle retirée immédiatement. À 9h30, le Che m'informa des mauvais résultats de la manœuvre : « L'aviation n'a pas fait de gros dégâts, mais de notre côté, cela a été la merde. Le terrain que j'avais choisi n'était pas le bon. Résultat : la 50 était à la portée des [mitrailleuses] 30, sans tranchées, et les mortiers tiraient dans tous les sens. »

Dans l'après-midi, Huber Matos se posta sur la colline de La Herradura, suivant les instructions de Guillermo, et resserra un peu plus le cercle autour du campement.

J'entendis par l'appareil à ondes courtes que les renforts étaient en chemin depuis Estrada Palma pour empêcher les assiégés de Las Mercedes de succomber à la poussée rebelle. J'en avertis Suñol et j'ajoutai : « Je suis sûr que vous ne les laisserez pas passer par là [par Sao Grande]. Retranche-toi bien. La bataille sera gagnée si les renforts ne passent pas. Nous avons une troupe solide à Cuatro Caminos. Une patrouille est chargée de harceler les soldats par l'arrière-garde lorsqu'ils se heurteront à tes hommes. »

La troupe solide de Cuatro Caminos était, comme je l'ai dit, celle de Camilo. La patrouille était une escouade dirigée par Rafael Verdecia, notre Pungo.

Le 2 août, troisième jour de la bataille, les soldats essayèrent par trois fois de rompre le cercle… Et par trois fois ils furent repoussés par les hommes de Guillermo, qui les forcèrent à retourner dans leurs tranchées. Ce jour-là, le Che conseilla à Guillermo : « Si c'est possible, laisse sortir quelques membres de la troupe pour leur mettre la main dessus hors de leurs tranchées. Suspends les tirs inutiles. Fais très attention aux tanks. Il y en a deux en bas. Celui d'en haut semble avoir des avaries. S'ils arrivent à s'en aller, il faut leur tomber dessus par derrière, où qu'ils aillent. »

Le Che avait déjà prévu la possibilité qu'un renfort bénéficiant de l'appui des chars lourds Sherman, qui venaient d'arriver à Estrada Palma, réussisse à rompre le cercle rebelle et fasse sortir les assiégés. C'est la raison pour laquelle il indiquait de poursuivre implacablement les militaires dans leur retraite, même jusqu'à Estrada Palma si cela était nécessaire. Quant au char d'avance rapide posté à Las Mercedes, il fut mis définitivement hors d'usage par un tir de bazooka ajusté par le combattant nord-américain Herman Marks, de la troupe du Che. Il avait appris le maniement de cette arme au cours de la guerre de Corée. Le char en question se trouve toujours à Las Mercedes, au lieu même où il reçut l'impact dévastateur du bazooka, en témoignage matériel de la victoire rebelle contre l'offensive.

L'aviation persista dans ses attaques de nos positions. Ce jour-là, elles causèrent la mort du lieutenant Godofredo Verdecia, de la troupe de Guillermo. Par ailleurs Félix Mendoza, un homme du Che, fut blessé. Cependant, malgré les attaques aériennes, les rebelles continuèrent à harceler le bataillon encerclé.

Après l'échec de l'utilisation de la mitrailleuse 50, depuis mon poste de commandement de Jobal Arriba, j'envoyai vite chercher Braulio Curuneaux ainsi que les hommes chargés de cette mitrailleuse. Il était évident que cette arme aurait un rôle efficace dans le combat contre les renforts. J'avais l'intention de voir Curuneaux dans la scierie et de lui donner des instructions précises avant qu'il se place, dans la nuit, sur sa nouvelle position.

Bien que tout parût indiquer que l'effort principal pour secourir les assiégés proviendrait d'Estrada Palma, il restait possible que le commandement ennemi tente un effort secondaire depuis Cienaguilla et El Jíbaro, où il avait concentré quelques troupes. C'est pourquoi, peu après midi, j'envoyai le message suivant au Che :

«Je viens de recevoir tes deux notes sur Fonso [Alfonso Zayas] et l'affaire du mortier.

» J'avais suggéré d'envoyer celui-ci sur la zone de Cienaguilla en considérant qu'il y a là-bas une troupe appelée à venir en renfort. Dès qu'elle amorcera un mouvement, il conviendrait donc qu'elle rencontre de la résistance et qu'elle ne puisse pas arriver facilement jusqu'à Jíbaro. Puisqu'ils ont retiré la troupe de Purial [de Jibacoa], cela ne me paraît pas très logique qu'ils essaient maintenant d'envoyer des renforts par là.

» Tu as bien fait, d'après moi, de retenir Fonso tant que Silva n'aura pas reçu de renforts. Une fois que ce sera fait, je pense que Fonso devrait s'approcher le plus possible de Cienaguilla en s'embusquant sur le chemin qui vient par là. J'ai chargé Guerrita [Felipe Guerra Matos] de tendre une embuscade pour l'arrière-garde de Cienaguilla. Si tu considères que la ligne de ce côté n'est pas assez solide, prends des hommes qui sont par là et utilise aussi ceux qui sont stationnés entre Las Mercedes et la Maestra, car ils ne servent plus à rien à cet endroit. »

J'avais appris dans l'après-midi que les troupes ennemies stationnées à Purial de Jibacoa s'étaient retirées. Felipe Guerra Matos, qui m'avait apporté cette nouvelle, était une sorte de commandant en second de la colonne de Crescencio Pérez. On s'en souvient, Crescencio avait pour mission de couvrir les accès à Las Mercedes depuis les plaines au sud-est du village. Dans la nuit, j'écrivis au Che :

« Guerrita est ici. Il m'a dit que les troupes sont parties de Purial depuis deux jours. Le peloton d'Alfonso [Zayas] doit harceler la troupe de Cienaguilla en avançant jusque là-bas et en essayant de tendre une embuscade à l'arrière-garde.

» Si ça n'était pas possible parce qu'une patrouille de Guerrita l'aurait déjà fait, que Fonzo s'embusque au plus près de la troupe sur le chemin qui y mène. Mora et Crespo doivent se poster sur le point qui permet de prévenir toute avancée depuis Cayo Espino par le chemin de Purial et Jíbaro. »

En réalité, le mouvement des forces ennemies fut effectué selon un nouveau plan décidé le 26 juillet à Bayamo, auquel nous avons fait référence dans les chapitres précédents. Ce plan prévoyait, entre autres, que le bataillon 12 d'Infanterie devait se retirer de Purial de Jibacoa pour aller à Cienaguilla.

Le 2 août, je décidai d'appliquer une tactique similaire à celle que j'avais adoptée pendant la bataille de Jigüe. Elle consistait à suspendre complètement les tirs afin de semer la confusion dans l'esprit de l'ennemi et de lui faire croire que les rebelles s'étaient retirés. Cela ferait sortir les soldats de leurs tranchées.

À 16 heures, j'envoyai le message suivant au Che :

« Il y a ici deux mortiers et un seul tireur. L'autre est malade. Lalo a un garçon nommé Emilio [Rodríguez] qui sait bien manipuler le mortier car il a été pendant longtemps avec Pedro [Miret] et il est très brave. Essaie de le localiser de ton côté, j'essaierai du mien.

» Si nous suspendons totalement les tirs sur le cercle, il vaudra mieux utiliser la [mitrailleuse] 50 contre les renforts. Nous ne ferons qu'arrêter de tirer avec les fusils, mais on se servira de la 50. Elle pourra faire très peur là-bas. Tu pourras recourir aux mortiers si les soldats tentent une sortie. »

À ce moment-là, toutes les tentatives de réparation et de mise en marche du char pris à Las Vegas restaient infructueuses, mais je persistais. Dans l'après-midi, je préparai le transport de ce char à l'aide d'un tracteur vers mon poste de commandement de Jobal Arriba pour continuer à essayer de le réparer. J'en fis part à Arturo Aguilera à 18 h 45 : « Je suis à côté du tank. Je vais l'emmener à la scierie cette nuit. Je voudrais que vous ameniez un tracteur pour le sortir le plus tôt possible. »

À 21 heures, j'informai Guillermo de notre nouvelle stratégie : « Nous allons adopter la même tactique que celle de Jigüe. Nous cesserons complètement les tirs pour faire croire aux soldats que nous sommes partis. Passe la consigne à tous ceux qui sont de ton côté. Personne ne doit tirer. Tout le monde doit s'arranger pour ne pas être vu, pour que les soldats ne s'aperçoivent pas de notre présence. Il faut veiller à n'ouvrir le feu que s'ils tentent de sortir et de s'échapper d'un côté ou de l'autre. Comme ça, nous économiserons des munitions et sèmerons la confusion dans l'esprit de l'ennemi. »

Comme je l'avais demandé, après avoir cherché du carburant pour le tracteur, on commença à bouger lentement le char. Mais le sol avait été trempé par une grosse averse, l'engin glissa dans la boue et il fut impossible de continuer. À 23h45, contrarié par ce nouveau contretemps, j'écrivis à Camilo (document p. 588) : « Cela fait deux jours que j'attends ce fichu tank pour faire une incursion à fond vers l'arrière-garde ennemie. Pedrito doit bombarder Estrada Palma cette nuit depuis deux grues pour compliquer et gêner la concentration des troupes ennemies. » J'ajoutai cette recommandation : « Je t'envoie une mine, un détonateur, un câble et une amorce. Souviens-toi qu'il faut enterrer la mine antichar au milieu du chemin. »

Telle était la situation à l'aube du quatrième jour de la bataille. Pendant toute la nuit, les rebelles du cercle avaient maintenu le cessez-le-feu.

À 16h45, le 3 août, le Che m'envoya un nouveau message :

« Je ferai comme tu me l'as dit. Le chemin qui mène à Cayo Espino sans traverser Jíbaro doit obligatoirement passer par La Herradura. Je ne pense pas qu'il faille affaiblir davantage le cercle car ils pourraient tenter une sortie désespérée et briser nos lignes sur un point plus vulnérable en sauvant une partie de la troupe qui ne doit pas l'être. »

Plus loin, il ajoutait : « Il me paraît important d'avoir ici la [mitrailleuse] 50 dans deux jours car, ainsi, on pourra toucher l'explorateur. [...] Sinon, ils continueront indéfiniment à lancer de la nourriture et des munitions. »

En parlant de l'explorateur, le Che faisait allusion au petit avion monoplan de reconnaissance ennemi qui, en dehors de sa mission d'orienter le tir et le bombardement, parachutait impunément du ravitaillement et des munitions sur le campement ennemi.

Enfin, le Che me chargea, dans le même message, d'une affaire qui le préoccupait beaucoup : « Il faut que je te demande de localiser mon mulet. Quelqu'un l'a fait sortir et je ne suis pas disposé à passer là-dessus. Ici, ils se fichent de tout avec un culot incroyable. Je te prie de me rendre le mulet avec celui qui l'a pris pour qu'il bénéficie d'un bon jeûne. »

Dans la matinée, Guillermo ordonna à Huber Matos de rester embusqué le long du terrain de La Herradura pour empêcher la sortie du bataillon. Ce jour-là, Huber Matos m'envoya deux femmes qui avaient été arrêtées par ses combattants. Elles apportaient des lettres, des médicaments et des vêtements aux assiégés. Indubitablement, les hommes de Suñol leur avaient permis de passer.

Pendant le reste de la matinée et une partie de l'après-midi, l'aviation mitrailla indistinctement les zones de Gabiro, de Las Vegas de Jibacoa, d'Arroyones, de La Herradura et les alentours. En revanche, seul le petit avion de reconnaissance survola le campement ennemi. Pendant ce temps, Camilo et ses hommes restèrent embusqués sur les collines d'Estrella Bello, de Los Popa et à Cuatro Caminos dans l'attente des renforts. Cet après-midi-là, le Che écrivit un message à Camilo :

« Ici, tout va bien. Aujourd'hui l'aviation nous a laissé un répit. [...]

» Je ne te souhaite pas d'attraper un tank parce que Fidel va te l'enlever. »

24

Las Mercedes : les trois derniers jours

AOÛT 1958						
DIM	LUN	MAR	MER	JEU	VEN	SAM
--	--	--	--	--	1	2
3	4	5	6	7	8	9
10	11	12	13	14	15	16
17	18	19	20	21	22	23
24	25	26	27	28	29	30
31	--	--	--	--	--	--

Au matin du lundi 4 août, les forces rebelles encerclaient toujours le bataillon 17 à Las Mercedes. Et pour la cinquième journée consécutive, nos embuscades se tenaient prêtes à intercepter les renforts envoyés par l'ennemi au secours des assiégés.

Je demeurai la plupart du temps à mon poste de commandement situé à Jobal Arriba, sur les hauteurs du village, à côté de la scierie de Luis González. J'étais seulement accompagné de Celia, de quelques messagers et de la petite escouade du Commandement dont étaient membres, entre autres, Manuel Fajardo Sotomayor, Universo Sánchez et Marciano Arias Sotomayor. Je ne sais plus si le cuisinier Miguelito Milanés nous avait déjà rejoints à cette époque. Ce qu'il nous mijotait laissait parfois à désirer, mais ses blagues nous distrayaient toujours...

À 6h45 ce matin-là, j'envoyai un message à Eddy Suñol, qui était encore embusqué avec sa troupe à Sao Grande (document p. 590).

« [...] Je sais que les gens ont commis beaucoup d'erreurs, mais, cette fois-ci, les fautes ne vont pas rester impunies. Préviens les lieutenants et leurs hommes qu'ils ne doivent pas laisser passer les militaires, quoi qu'il arrive. Je n'admettrai aucune excuse. S'il manque des hommes, j'en enverrai, mais je n'admettrai pas que les soldats brisent cette ligne. Si la position est découverte, il faut creuser de nouvelles tranchées plus avant, mais ne jamais reculer d'un pouce.

» Je dispose de vingt combattants près d'El Cerro. Ils ont pour mission d'attaquer par le flanc toute troupe qu'ils rencontreront. Si j'arrive aujourd'hui à faire descendre le tank, nous allons mettre nos ennemis en pièces. Camilo est à Cuatro Caminos. »

Ces vingt rebelles, on s'en souvient, faisaient partie de la patrouille de Pungo Verdecia.

On peut deviner, au ton de mon message, que je n'étais pas satisfait du comportement des hommes chargés de la principale embuscade contre le renfort ennemi. Ils constituaient pourtant le point clef du bon déroulement de toute la bataille. Comme nous aurions eu besoin de Paz ou de Cuevas dans ces circonstances ! En tout état de cause, il me semblait qu'il était déjà bien tard pour effectuer des déplacements. C'est la raison pour laquelle je m'attachai à renforcer le moral de Suñol et de ses troupes, et à leur donner conscience de leur rôle fondamental dans la stratégie destinée à empêcher la dernière troupe ennemie de s'enfuir.

Les rebelles qui participaient directement aux opérations à Las Mercedes étaient toujours dirigés par le Che. Celui-ci avait déjà montré combien il était digne de la confiance que je lui accordais. J'étais certain que grâce à lui et aux capitaines déterminés qui soutenaient le siège, dont Guillermo, Lalo et Raúl Castro Mercader, il n'y aurait pas le moindre problème sur ce front.

Le Che m'écrivit ce matin-là : « Hier, j'ai retrouvé le mulet, ce qui m'a fait un peu passer l'humeur noire à la Fidel dans laquelle je me trouvais[1]. Ici, tout est tranquille, je fais creuser des tranchées sur le chemin en bas, nous nous approchons de Las Mercedes. La [mitrailleuse] 50 est la bestiole dont nous aurions besoin pour faire tomber l'explorateur. »

1. N.d.t. : Le Che emploie cette expression pour se moquer gentiment du caractère parfois emporté de son compagnon d'armes.

Dans ma réponse, je racontai au Che mes efforts infructueux pour remettre d'aplomb le char pris à Las Vegas. Cette affaire était pratiquement devenue une obsession pour moi car j'avais conscience de ce qu'aurait pu apporter la manipulation d'une telle arme. « Toi avec ton mulet, et moi avec *mon* char... On a cherché du gasoil, on a trouvé du gasoil... et le tracteur n'a pas marché ! Le char, qui avançait bien, s'est pris une averse et il s'est mis à patiner. Aujourd'hui, j'ai fait atteler des bœufs pour le sortir de là. C'est désespérant le temps qu'on perd ! »

J'expliquai aussi, comme je le faisais toujours, les mesures que j'avais l'intention de prendre et je lui répondis à propos de la mitrailleuse 50 :

« Il semble qu'Estrada Palma soit le point de concentration ennemie. Cette nuit, je vais le faire bombarder par le [mortier] 81 et je vais faire tendre une embuscade entre Cerro et Estrada Palma. Nous allons aussi renforcer la ligne de La Herradura et Sao Grande. Occuper Cuatro Caminos comporte beaucoup d'avantages, car cela menace le flanc du renfort qui viendrait par Sao Grande. En ce qui concerne le char, s'il finit par arriver, il y aura d'autres plans.

» Fais préparer de bonnes tranchées pour y mettre la 50 ainsi que l'antiaérienne du char que manipule Joel [Iglesias]. Il paraît qu'elle tire à une vitesse fantastique.

» Avec ces deux mitrailleuses bien positionnées, on pourra arrêter les parachutages. Mais encore une fois, il faut qu'elles soient protégées par de bonnes tranchées. Fais-les creuser cette nuit. »

Nous avions appris que le commandement de l'Armée rassemblait depuis quelques jours des hommes, des chars et du matériel de guerre à la raffinerie d'Estrada Palma, à une heure de Las Mercedes, le long de chemins plats et dégagés où les tanks pouvaient évoluer sans difficulté. C'était sûr : l'ennemi mettrait tous les moyens pour sauver le bataillon encerclé et obtenir ainsi une victoire, même limitée. J'étais convaincu qu'il serait bien difficile d'arrêter et de repousser ce déploiement de forces exceptionnel.

Cependant, j'avais encore l'espoir d'arriver à quelque chose avec le bazooka placé à Sao Grande, quelques mines et un bon comportement de nos combattants sur cette ligne de défense.

Par ailleurs, les lignes d'encerclement au cimetière de Las Mercedes, où se trouvaient Lalo et Guillermo, ainsi que la ligne de soutien de La Herradura sous la responsabilité d'Huber Matos contribueraient sans doute à ce que la fuite du bataillon 17 et de son renfort ne soit pas la promenade militaire à laquelle l'ennemi s'attendait.

Comme lors de la bataille de Jigüe, je prévoyais d'utiliser le matériel et les haut-parleurs de Radio Rebelle comme moyen de pression psychologique, et j'en informai le Che : « J'ai envoyé chercher le haut-parleur et les techniciens. Nous avons pris à deux femmes un paquet de lettres destinées aux soldats et nous pourrons les utiliser avec succès en lisant les noms de leurs destinataires, de ceux qui les ont écrites et en proposant qu'ils envoient quelqu'un pour les récupérer. »

Peu avant midi, le 4 août, Lalo Sardiñas m'informa qu'il fermait toujours le secteur occidental du cercle. Il ajoutait qu'un peu plus à droite, après avoir pris du terrain, Guillermo avait ouvert une brèche en direction de La Herradura. Si la troupe assiégée essayait de sortir par là, elle serait coupée en deux et Lalo pourrait prendre ses tranchées par l'arrière-garde. Mais pour le moment, les soldats ne bougeaient pas.

Dans la matinée, Lalo avait observé le petit avion qui parachutait des paquets sur les positions ennemies et un hélicoptère qui était descendu sur le campement. Il me demandait l'autorisation de tirer dessus s'il revenait. Je lui répondis : « L'arrivée de l'hélicoptère signifie clairement que les soldats croient que nous sommes partis, que l'aviation en a fini avec nous, etc. Maintenant, il faut attendre qu'ils sortent pour leur donner un bon coup de bâton. Peu importe que l'hélicoptère aille et vienne autant qu'il voudra, sauf s'il tente d'évacuer la troupe par voie aérienne.

Quand le combat recommencera, nous aurons la [mitrailleuse] 50 et l'antiaérienne du char pour éviter tout parachutage supplémentaire. Nos hommes sont déjà prêts à poursuivre l'offensive dans la plaine. Veille bien à ce qu'ils ne passent par ta ligne et profite du temps que tu as pour faire creuser des tranchées pendant la nuit. »

Vers midi, un suspect fut arrêté par l'embuscade de Suñol à Sao Grande. Il prétendait qu'il venait de Gabiro et il assura que les soldats avançaient en direction de Las Mercedes. Suñol l'envoya, sous bonne garde, dans la maison où se trouvait normalement El Vaquerito, mais celui-ci n'était pas là. L'homme fut alors transféré sur la position de Rubén Fonseca, mais personne n'avertit ce dernier qu'on lui amenait là un détenu… Lequel s'enfuit peu après, en direction, semble-t-il, d'El Cerro. On pouvait supposer qu'il allait dénoncer les positions rebelles.

Vers 16 heures, Suñol et Duque me racontèrent ce qui s'était passé. En conséquence, je relevai aussitôt Suñol de ses fonctions et demandai à Duque de prendre en charge l'embuscade de Sao Grande.

L'aviation continua à mitrailler pendant toute la journée. Dans l'après-midi, à Sao Grande, une rafale atteignit au ventre un combattant de l'escouade de Dunney Pérez Álamo qui faisait partie de la troupe de Duque.

Finalement, pour secourir le bataillon 17 encerclé, le commandement ennemi décida de créer le plus grand rassemblement de soldats depuis le début des hostilités. Un bataillon d'assaut pourvu d'armes automatiques, précédé de trois tanks moyens Sherman, commença à avancer d'Estrada Palma en direction d'El Caney, Sao Grande et Las Mercedes. Il était suivi du bataillon 12, sous les ordres du commandant Pedraja Padrón, avec, devant lui, deux chars T-17. Le bataillon 25 fermait l'arrière-garde. Ils étaient à peu près neuf cents soldats. Derrière, plus à l'ouest, de Cerro Pelado vers Cuatro Caminos et Arroyón, avançaient les trois cents hommes du bataillon 10 du commandant Nelson Carrasco Artiles. Ainsi, au total, les renforts ennemis comptaient quatre bataillons, trois chars Sherman et deux chars T-17, pour environ mille deux cents militaires.

Dans l'après-midi, les renforts établirent leur campement à El Caney de Las Mercedes, là où se trouve aujourd'hui la Ciudad Escolar Camilo Cienfuegos[1]. Ils avaient parcouru la moitié du chemin et pensaient poursuivre leur avancée le lendemain. Camilo m'envoya alors ce message depuis sa position sur les collines de Cuatro Caminos :

«J'ai appris qu'une troupe progresse sur le chemin de Las Mercedes. Elle campe dans une palmeraie. Il y a deux chars lourds ou rapides, devant quelque cent cinquante soldats. Derrière, un autre char, deux tanks ou chars rapides, et un autre groupe de cent à cent cinquante soldats. Ils se sont arrêtés il y a une ou deux heures. Verdecia surveille leurs mouvements pour aller les attaquer sur le flanc ou l'arrière-garde quand ils ouvriront le feu.

» Nous attendons quelques combattants pour demain. Dommage qu'ils ne viennent pas dès aujourd'hui, la fête serait complète avec le mortier 81. Pedro [Miret] partira tôt vers son objectif. »

À 19h15, Camilo, impatient, envoya de nouvelles informations : « Une troupe de peut-être trois cents hommes campe tout près d'ici. Ça serait formidable, je crois, de les bombarder cette nuit. Pedro est du même avis que moi. Nous attendons que tu nous dises quoi faire. Cette troupe est en chemin vers Las Mercedes. Je pense qu'ils vont avancer demain [...] Verdecia est à trois cents mètres d'eux. »

Toujours concentré sur mon effort pour faire avancer le petit char, je répondis brièvement à Camilo (document p. 594) : «Je

1. Cette cité scolaire fut inaugurée en 1960 par Fidel Castro. Elle pouvait accueillir 20000 enfants et était le symbole de la lutte contre l'analphabétisme qui sévissait dans la campagne pendant les années Batista.

suis allé jusqu'à mobiliser des bœufs pour bouger le char. S'il arrive, je te l'enverrai dans la nuit. Que Pedrito reste avec toi en appui. »

À 20h25, je faisais parvenir des informations au Che sur les renforts et les nouvelles actions à organiser :

« Je suis en train de prendre des mesures pour faire face à la situation. Entre autres, j'ai demandé à Duque de prendre la tête de la troupe qui surveille ce chemin. Le maudit char est toujours en rade ; et j'en ai vraiment besoin maintenant pour l'envoyer à Camilo derrière les soldats.

» La 50 arrivera au lever du jour sur la position de Guillermo entre Jíbaro et Purial, avec pour instruction d'aller appuyer Silva si les soldats essaient de partir par cette direction. Tout le monde doit préparer de bonnes tranchées sur des points stratégiques et bien étudier le terrain car il y a un chemin par là-bas qui va à Cayo Espina sans passer par Jíbaro, bien que je croie qu'il traverse La Herradura avant. »

J'ajoutai quelques considérations sur la répartition des forces réalisée jusque-là : « Mobiliser autant de gens pour le siège a été une erreur. Ils ont gaspillé des balles sans aucun contrôle. Les hommes de Guillermo disposent seulement de quinze tirs et cela peut être très grave, maintenant et plus tard. Je ne veux même pas penser à la situation de Crespo et Raúl [Castro Mercader]. J'ai ordonné à Ramirito de ne pas donner une seule cartouche sans mon autorisation expresse. Il vaut mieux subir les inconvénients de ces formalités plutôt que les conséquences de nous retrouver sans une seule balle. »

Plus loin, je revins sur le sujet : « Le fait d'avoir placé trop d'hommes sur l'encerclement présente d'autres désavantages que le seul gaspillage des balles ; nos forces sont concentrées devant les bombardements et nos positions censées affronter les renforts sont faibles. La ligne d'encerclement n'a pas besoin d'être aussi fournie car la troupe assiégée ne pousse pas beaucoup et peut être attaquée de toutes parts si elle tente le moindre mouvement. Il va falloir déplacer les hommes peu à peu. »

Malheureusement, j'étais arrivé à cette conclusion trop tard. Si on me demandait maintenant la raison pour laquelle j'ai consacré autant de forces à l'encerclement, je ne trouverais aucune explication cohérente. À Jigüe, les troupes concentrées sur le cercle étaient beaucoup moins nombreuses que celles qui avaient pour mission de repousser les renforts. J'avais d'ailleurs appliqué cette logique, qui avait donné d'excellents résultats, dans toutes nos opérations antérieures. Cette fois, peut-être avais-je inconsciemment pris en compte le fait que le siège de Las Mercedes s'effectuait sur un terrain sensiblement différent, où l'ennemi avait davantage de manœuvres possibles. En tout cas, à ce moment de la bataille, j'avais certes changé d'opinion, mais il y avait un problème : je ne pouvais plus rien faire.

Dans le même message, je disais au Che :

« En ce qui concerne l'utilisation des mortiers 60, il faut aussi observer le cessez-le-feu. Sinon, nous ne pourrons pas donner l'impression à l'ennemi que nous nous sommes repliés. L'économie de munitions revêt la plus grande importance et il me semble que, si les mortiers continuent à tirer, cela va créer de la confusion dans l'esprit des nôtres et ils ne vont pas suivre la consigne. Ouvre le feu avec les mortiers si tu considères qu'il le faut vraiment, si l'Armée organise une bataille en règle pour se retirer. En revanche, si elle mobilisait un ou deux pelotons comme ballon d'essai, alors il vaudrait mieux attendre qu'ils se heurtent à notre ligne.

» Si nous poursuivons les opérations offensives, le temps sera avec nous, et en attaquant ou en menaçant d'autres points, nous attirerons les avions dans d'autres directions. Le jour du combat près d'Estrada Palma, les avions qui venaient à Las Mercedes ont lâché toutes leurs bombes là-bas. Je vois que l'Armée est impressionnée au plus haut point et il faut que nous en profitions.

» Aujourd'hui, le gasoil est enfin arrivé pour le tracteur. Ça va nous permettre de bouger le tank et je crois que nous allons pouvoir faire quelque chose. Cela a été une vraie perte de temps, mais, par chance, l'ennemi est complètement groggy. »

Enfin, j'insistai auprès du Che sur la nécessité de placer une troupe pour surveiller l'avancée probable de l'ennemi depuis Cienaguilla : «J'ai oublié de te dire que Fonso étant posté à El Aguacate, près de Cienaguilla, il peut harceler par le flanc ou l'arrière-garde toute troupe qui avancerait depuis Cayo Espino vers Las Mercedes en prenant un chemin qui va d'El Aguacate à Purial en passant par Cupeyal, ce qui prend une heure et demie au maximum. Théoriquement, bien sûr, parce que, dans la pratique, certains ont raté des occasions qu'ils regretteront toute leur vie. »

Dans la nuit du 4 au 5 août, j'écrivis à Camilo :

« Il y a quelque temps, je t'ai demandé d'indiquer à Pedrito de ne rien faire cette nuit et de rester avec toi pour te soutenir avec le mortier. Je serais partisan, si les soldats avancent et se heurtent à nos hommes à Sao Grande, qu'on les mette en pièces sur l'arrière-garde avec le bazooka. Il faudrait aussi conserver un mortier pour compléter la fête au cas où ils enverraient des renforts ou [si] les casqués reculent.

» Il faut que tu agisses en fonction des circonstances. J'envoie les obus de mortiers qui restent. Tu n'imagines pas tout ce que je fais pour pouvoir te faire parvenir le char. S'il n'arrive pas aujourd'hui, tu l'auras sûrement demain, je vais récolter tous les attelages de bœufs que je trouverai par ici. »

Le 5 août au matin, comme on pouvait s'y attendre, la puissante troupe qui venait au secours du bataillon 17 continua à avancer sur le chemin de Sao Grande en direction de Las Mercedes. Dès l'aube, l'aviation mitrailla et bombarda avec une violence inouïe les positions qu'elle supposait occupées par les rebelles. Vers midi, les pelotons de Félix Duque et Eddy Suñol, embusqués à Sao Grande, commencèrent le combat contre l'avant-garde ennemie qui avançait avec les tanks. La puissante mine que j'avais envoyée la nuit précédente avait bien été placée sur le chemin, mais elle n'explosa pas, vraisemblablement à cause d'un défaut du détonateur électrique. Le premier tank progressa donc sans dommages mais il fut bientôt la cible de deux tirs du bazooka manipulé par Felipe Cordumy. Les soldats se déployèrent devant le feu rebelle qui provoqua les premières pertes dans leurs rangs.

Sous la pression du tank qui prit la tête de l'attaque, et face au déploiement de l'infanterie, les combattants de Duque et de Suñol résistèrent plus d'une heure à l'avancée des militaires. Depuis sa tranchée, Felipe Cordumy tira encore trois fois au bazooka sur le tank et finit par l'immobiliser. Mais Felipe fut repéré par un autre char qui lui asséna plusieurs coups de canon. L'impact tua le brave combattant, détruisit son bazooka et blessa Suñol et deux autres rebelles qui se trouvaient dans la même tranchée.

Devant la supériorité de l'ennemi et ne pouvant plus compter sur le bazooka pour arrêter l'avancée des tanks, les combattants de Duque et Suñol, de même que les escouades d'El Vaquerito et de Rubén Fonseca, se virent dans l'obligation de se replier en direction de la colline de La Herradura.

À 13h30, j'envoyai au Che le rapport suivant :

« Le combat contre les renforts a débuté à midi à Sao Grande. Auparavant, l'Armée avait beaucoup bombardé et mitraillé toute la zone. Depuis mon observatoire, j'ai pu apprécier tous les foyers le long de la route. J'ai surtout confiance dans l'attaque que mènera le peloton de [Rafael Pungo] Verdecia qui a campé cette nuit à trois cents mètres des soldats en suivant leur itinéraire. J'ai recommandé à Huber de poster des groupes sur les flancs. À première vue, il est évident que l'avancée de l'ennemi est stoppée. Un des tanks n'a plus de carburant. Je crois qu'ils vont en amener deux autres.

» J'ai dit à Camilo de lancer un groupe sur l'arrière-garde avec le bazooka et de disposer une autre force avec le mortier 81 pour attaquer tout nouveau renfort.

» Pour l'instant, je ne peux encore t'assurer de rien. »

Une heure plus tard, j'écrivis à Camilo : « Il semble que les soldats ont gagné du terrain à Sao Grande. Seule une attaque, cette nuit, pourra conclure la situation. Informe-moi des mesures que tu as prises. »

La puissante force ennemie continua à progresser sur le chemin en direction de la colline de La Herradura, profitant des caractéristiques du terrain pour se déployer sur un front de plusieurs centaines de mètres. Les rebelles qui défendaient cette position, rejoints par ceux qui s'étaient repliés depuis Sao Grande, opposèrent peu de résistance. L'aviation continua à labourer le terrain de bombes et de mitraillages. Huber Matos donna le signal de la retraite le long du terrain de La Herradura, vers Bajo Largo. En conséquence, Duque n'eut pas d'autre choix que de se retirer vers les positions de Guillermo.

Nous subîmes quelques pertes dans cette phase du combat. Les combattants Lorenzo Véliz et Gaudencio Santiesteban furent tués. Le combattant Nicolás Ul et le sympathisant paysan Ibrahim Escalona trouvèrent la mort en essayant de désamorcer un projectile lancé par un des tanks contre la troupe de Raúl Castro Mercader, sur les hauteurs d'El Moro, et qui n'avait pas explosé.

Après la retraite des rebelles de La Herradura, les soldats continuèrent à avancer. Ils s'approchaient de plus en plus des positions défendues par le peloton de Guillermo, de l'autre côté du terrain.

À 16 h 5, le Che expédia un message urgent à Guillermo : « Nous avons entendu une conversation entre deux groupes de l'Armée. Ils disaient qu'ils allaient envoyer deux groupes de bazookas pour attaquer une position que, disaient-ils, nous préparions *sans vergogne*. Je crois qu'ils parlaient de ta tranchée et je te préviens pour que tu prennes les mesures nécessaires. Ils ont l'intention d'attaquer avec un bazooka pendant qu'ils chargent l'autre. »

Plus tard, à 17 h 15, le Che m'écrivit :

« Nous avons surpris une conversation au cours de laquelle on prévenait le commandant qu'un groupe était en train de creuser des tranchées *sans vergogne* et qu'ils allaient poster deux bazookas par là. J'ai pensé que c'était pour Guillermo et je lui ai envoyé un message d'urgence, mais à ce moment-là, j'ai reçu la nouvelle (par le même intermédiaire) que les tirs avaient été réalisés. Le poste de commandement demandait où était *la caravane du renfort*, mais je n'ai pas réussi à intercepter la réponse.

» S'il faut des effectifs, je peux envoyer deux escouades, une de Camilo et l'autre de Lalo. Je les avais gardées en réserve pour leur tomber dessus par derrière.

» [...] Je me trouve là où j'étais au tout début, sur la colline de Jigüe Abajo. Tu peux m'y envoyer tes messages. J'ai la tripode et une vingtaine d'armes. »

Guillermo et ses hommes retournèrent sur leurs positions et, avec l'appui des pelotons de Lalo Sardiñas et de Duque, ils résistèrent pied à pied à l'avancée ennemie. La troupe rebelle subit plusieurs pertes pendant le combat. Luciano Tamayo, entre autres, fut tué.

Au nord, à Cuatro Caminos, Camilo Cienfuegos et ses hommes réussirent à empêcher l'ennemi d'occuper les hauteurs à proximité du chemin. À 17 heures, Camilo m'envoya un message.

« [...] Tout va bien. L'Armée est montée et, comme nous en étions convenus, Verdecia est parti derrière eux. Quand une averse est tombée, il a réussi à s'approcher, mais avec seulement sept hommes. Un autre groupe est passé par un autre chemin et se trouve ici. Ils n'ont rien fait. Parmi les combattants qui accompagnaient Verdecia, il y a un blessé à un bras, mais légèrement. Verdecia n'est pas arrivé. Je ne sais pas ce qu'il a pu faire. Je n'ai pas déplacé le bazooka parce que j'ai entendu le bruit des véhicules, et plus tard, un tank est passé, suivi d'une nombreuse troupe de soldats.

» Ils – un groupe de je ne sais pas combien d'hommes – sont en train d'essayer d'occuper le terrain sur notre gauche, là où était Verdecia. J'envoie un contingent dans ce secteur. S'ils prennent cet endroit, ils domineront facilement tout le terrain. Mais je crois que mes hommes arriveront avant eux. Ils ont mitraillé et envoyé des tirs de mortiers dans cette direction.

» Nous avons vu les soldats à Sao Grande et, comme je l'ai dit précédemment, un autre groupe est passé et il en reste encore là où ils ont campé cette nuit (ce groupe est passé longtemps après le début des tirs).

» En ce qui concerne ceux qui étaient partis sur l'arrière-garde, huit d'entre eux, qui sont revenus, n'ont pas tiré une seule fois. Ils disent qu'ils ne savaient pas où étaient les soldats et où étaient les nôtres. Ils ont tout fait de travers. L'un d'eux est venu me prévenir qu'ils se lançaient aux trousses de l'ennemi. Alors que j'étais occupé à envoyer une escouade sur le chemin qui vient de Sao Grande, là où Daniel est mort, il est parti sans m'attendre et sans me laisser de guide.

» [...] Nous surveillons le chemin et nous n'avons pas vu revenir de soldats. »

En dépit de la résistance des combattants de Guillermo, le puissant renfort continua à avancer. À la tombée de la nuit, après presque cinq heures d'affrontements, le bataillon d'assaut et les tanks entrèrent finalement dans Las Mercedes, non sans avoir subi de nombreuses pertes. Le reste des forces ennemies prit position le long du chemin entre Las Mercedes et Cerro Pelado pour couvrir la retraite et éviter l'encerclement des renforts, comme cela s'était produit à Las Vegas de Jibacoa.

Pour notre part, nous déplorions quatre morts et dix blessés, dont quelques-uns grièvement. Au milieu de l'après-midi, je reçus un compte-rendu très critique de Guillermo sur l'action de la troupe rebelle à La Herradura :

« Huber vient de me raconter la retraite. Il me dit qu'il a ordonné aux hommes de Suñol de se replier après qu'ils eurent subi douze pertes, d'après ce qu'il a vu. Je lui ai indiqué qu'il fallait tenir au maximum sur le terrain de La Herradura, mais il est dans un tel état d'esprit qu'ils ne vont pas du tout résister.

» Je crois qu'ils n'ont fait que de la merde. Huber dit qu'ils nettoient le terrain à coups de canon et de mitrailleuse et que l'Armée se répand de tous les côtés.

» J'irai évaluer la situation cette nuit. »

Si l'on excepte le comportement des hommes sur La Herradura, évoqué par Guillermo, il faut dire que nos autres forces avaient combattu avec courage et ténacité ce 5 août 1958. On ne pouvait pas les blâmer si l'avant-garde des renforts avait atteint son objectif: le commandement ennemi avait réuni de puissants moyens. Mais nos hommes le lui avaient fait payer au prix fort. Et même si les rebelles effectuèrent un repli tactique le long du chemin d'Estrada Palma, le siège du campement fut maintenu et les soldats furent surpris par la résistance que nous leur avions opposée. Plus important encore, le dispositif préparé pour agir au moment du repli du bataillon assiégé et de ses renforts resta intact. Bien que nous ayons échoué à empêcher l'entrée du renfort, nous pouvions être satisfaits, en général, du rôle de nos hommes ce jour-là.

Les forces rassemblées à Las Mercedes tenteraient de fuir le lendemain, je n'en doutais pas une seconde. J'étais aussi convaincu que le commandement ennemi avait brûlé ses dernières cartouches et qu'il ne pourrait pas réunir davantage de soldats et de matériel pour prendre une autre initiative. Par ailleurs, maintenir le bataillon 17 et son renfort à Las Mercedes serait non seulement suicidaire pour l'Armée, mais cela ne la mènerait à rien du point de vue strictement militaire. En conséquence, le 5 août à 19h45, j'envoyai un long message au Che dans lequel, après avoir commenté de façon assez détaillée le déroulement des opérations, je l'informai des mesures à prendre sans tarder (document p. 595) :

« Les soldats sont passés. Aux alentours de midi, ils sont tombés dans l'embuscade qui, à l'évidence, n'était pas un secret pour eux. La mine, la grande que j'avais envoyée dans la nuit, n'a pas explosé. Il semble que le détonateur était déficient car tout avait été préparé ici. Le garçon chargé de la faire exploser a été blessé après avoir essayé, en vain, de la faire fonctionner.

» Cordobí [Felipe Cordumy] a tiré cinq fois avec le bazooka et a rendu le tank inutilisable. Mais il a été attaqué par un autre tank et il a été tué. Notre bazooka est hors d'usage. Suñol, Wizo et un autre garçon qui étaient dans la même tranchée ont été blessés : Suñol gravement, mais ce n'est pas mortel, les deux autres légèrement.

» Il y a sept blessés en plus, sans compter un homme de Guillermo et un des tireurs de la 50. Parmi eux, on compte trois cas graves. En tout, les pertes s'élèvent à treize ou quatorze rebelles.

» Lorsqu'ils n'ont plus eu le bazooka pour les protéger des tanks, ils se sont repliés. Ils ont été courageux, sans pour autant faire des prodiges, et ils se sont retirés en ordre. Le moral est bon. Duque et Huber se sont repliés par les hauteurs de La Herradura jusqu'à l'autre côté.

» Guillermo s'est un peu déplacé pour se mettre davantage à couvert, mais il maintient le cercle à proximité de l'ennemi. Lalo n'a pas bougé. Il est important qu'Huber maintienne le haut de La Herradura à l'ouest du chemin. Essaie d'entrer en contact avec lui cette nuit pour qu'il protège le plus possible la partie du terrain du côté où il est le plus haut. Si tu ne trouves pas Huber, il faut envoyer un autre peloton, quel qu'il soit. Il faut absolument maintenir le cercle pour que les soldats ne puissent se retirer que par le couloir qui est à portée de fusil.

» De ce côté, voilà ce qu'il en est : Lalo sur sa position, Guillermo sur la sienne. Ceux qui étaient embusqués à Sao Grande se posteront sur la ligne qui couvre le dos de Guillermo contre tout encerclement depuis Sao Grande ou du côté du terrain occupé par les soldats sur les hauteurs de La Herradura. Lalo et Guillermo attaqueront de ce côté dès que l'ennemi tentera un repli.

» Je renforcerai Camilo avec les quarante hommes que j'ai gardés en réserve. Il aura pour objectif d'attaquer le bataillon par en dessous lors de sa retraite, en plus de toute autre action si les circonstances s'y prêtent. »

Un peu plus tôt, Guillermo m'avait précisé les décisions qu'il avait prises en vue de l'entrée du renfort :

« J'ai envoyé Huber sur le chemin de La Herradura et Duque arpente le terrain jusqu'à la position de Reinaldo Mora sur le fleuve vers Jíbaro. Je me trouve face à l'Armée, au bord du cimetière. Quand ils avanceront et se heurteront à Huber, je les attaquerai par le centre pour les séparer en deux colonnes. Des hommes de Lalo sont prêts, lorsqu'on ouvrira le feu, à avancer par les pâturages de ce côté de la route vers tous ceux qui se disperseront et essaieront de s'en aller entre Cuatro Caminos et Sao Grande.

» Lalo stationne sur le flanc droit pour prendre leurs tranchées lorsqu'ils sortiront. »

Toujours dans le message que j'envoyai au Che à 19 h 45, je lui fis part de mon intention de rejoindre Camilo dans la nuit pour échanger mes impressions avec lui, et j'ajoutai : « Nos projets sont loin d'avoir abouti comme nous l'aurions souhaité, mais il faut poursuivre la lutte. Notre situation, en général, ne présente pas de danger, et il ne semble pas que ce sera une bataille décisive qui, si nous la perdons, pourrait aliéner les succès que nous avons déjà remportés. Nous avons encore l'opportunité de leur compliquer la situation. »

J'espérais toujours pouvoir utiliser le petit char que nous avions pris à l'ennemi car dix bœufs attelés étaient en route pour le sortir de l'ornière. Si nous y parvenions, nous pourrions faire une fâcheuse surprise à l'ennemi le lendemain. Mais un avis de dernière minute mit fin à mon projet. Dans le post-scriptum de mon message au Che, j'écrivis donc : « Je viens de recevoir une mauvaise nouvelle : ils ont réussi à sortir le tank, mais le timon s'est cassé et l'engin n'a donc plus de direction. Mes espoirs sont anéantis. Il y a longtemps que je ne m'étais pas fait autant d'illusions en vain. »

À 21 h 10, le Che m'écrivit : « J'ai attendu jusque-là pour t'écrire car j'espérais te donner des nouvelles un peu plus fraîches. À 19 heures, nous avons attrapé la dernière conversation au cours de laquelle ils disaient à Corzo que l'avant-garde était arrivée avec deux tanks *mollassons* munis de grands canons. Corzo a demandé le nombre de pertes et ils ont répondu qu'il y avait eu cinq morts, dont un lieutenant, et quelques blessés, et qu'ils avaient combattu pendant quatre heures. Il y a un bataillon commandé par le colonel Merob Sosa. Ils sont ensuite convenus de donner davantage de détails à 20 heures, mais ils ne l'ont pas fait, et à 21 heures non plus.»

Le Che poursuivait en m'exposant les mesures qu'il avait prises au cas où l'ennemi continuerait à avancer en direction de Las Vegas de Jibacoa dès le lendemain : «J'ai fait creuser deux fosses antichar sur ce chemin et une sur celui que protège Raúl [Castro Mercader] au cas où. S'ils essaient de monter sur Las Vegas, la route est presque à découvert. J'assurerai la deuxième résistance sur la Loma del Hoyo et la troisième devant El Desayuno, mais je ne vois pas comment les chars passeraient. Dis-moi si tu penses qu'il faut creuser des fossés de ce côté ou pas.»

À 23 heures, je lui répondis :

«J'approuve les mesures que tu as prises contre les chars. Cependant, je ne pense pas que l'ennemi va essayer d'avancer davantage. Encore moins si c'est Meroc [Merob] Sosa. S'ils ne sont pas partis demain soir, nous pourrons les bombarder de bons tirs de mortiers pour que le nouveau bataillon reçoive aussi sa part.

» D'après ce que dit Camilo, il doit y avoir un autre bataillon en chemin.

» Pour se replier sans encombre, il faudrait qu'ils prennent d'assaut nos positions d'encerclement et ça n'est pas facile car ils devraient passer à travers champ, où les chars ne pourraient pas avancer. En plus, nos compagnons ont creusé de bonnes tranchées.

» Il est de la plus haute importance d'occuper la partie du terrain de La Herradura qui se trouve à côté. On pourra bien la défendre avec des tranchées et ils n'auront pas d'autre solution que de passer par un couloir étroit en abandonnant Las Mercedes sous les tirs. En conséquence, je pourrai envoyer le mortier 81 par ici. Comme on ne peut pas compter sur le tank, il est difficile de prendre l'offensive depuis Cuatro Caminos comme je l'avais pensé et le mortier serait plus utile ici que là-bas. Je prendrai ma décision après avoir discuté avec Camilo.

» C'est vraiment dommage que la mine n'ait pas fait exploser le char.

» Nous n'avons pas beaucoup de chance ces jours-ci. »

Ces événements m'avaient empêché de dormir depuis plusieurs jours et la nuit à venir, celle du 5 au 6 août, serait aussi blanche. Je m'apprêtais à la passer dans l'attente du combat décisif du lendemain. De plus, j'avais décidé d'aller rejoindre Camilo, sur les hauteurs de Cuatro Caminos, dans le but de coordonner les opérations de ce secteur. Il fallait couper la retraite de l'ennemi jusqu'à El Cerro.

Camilo m'informa qu'il avait envoyé Pungo Verdecia occuper une hauteur près d'El Cerro, à trois cents mètres du chemin où était stationnée une troupe ennemie. Il devait placer à cet endroit un bazooka et un mortier de 81 millimètres. En plus, avec l'accord de Camilo, j'envoyai cinquante hommes pour couper la route qui passait par un ruisseau et j'y fis poser deux mines.

Peu après mon retour, au petit matin, à mon poste de commandement, je reçus un message de Camilo qui m'informait que l'embuscade prévue n'avait pas pu être tendue.

« Verdecia est revenu et il dit [que] l'Armée est sur le lieu de l'embuscade et qu'on ne peut rien faire. On n'a pas pu poser la bombe, il y a deux véhicules sur le chemin et il n'y a aucun endroit, selon Pinar, qui se prête à l'embuscade. J'ai envoyé un groupe en renfort là où est le bazooka et le reste protège le flanc parallèle au chemin de Las Mercedes. J'ai demandé qu'on effectue des explorations et que plusieurs hommes se déplacent vers le point qu'ils considéreront favorable pour attaquer l'ennemi quand le feu cessera sur la colline, s'ils tentent de prendre le terrain où se trouvent les bazookas. En ce moment, on entend des bruits de moteur, et d'après nos hommes, quelques soldats se dirigent vers Las Mercedes.

» S'il n'y a pas de problème jusqu'à la nuit, dis-moi si nous pouvons tirer avec les mortiers et les attaquer. Je suis certain que nous pouvons leur infliger quelques pertes. »

Depuis Jobal Arriba, j'observai très tôt dans la matinée des mouvements dans le campement qui indiquaient que les militaires avaient l'intention d'abandonner le champ de bataille. Aussi, à 8h45, répondis-je à Camilo :

« Au moment où je reçois ton message, les soldats ont, à l'évidence, l'intention de partir. Ils mettent le feu à toutes leurs tranchées. À partir de là, il faut que nous commencions à les poursuivre sans relâche.

» Voici la mission de tes hommes : continuer à surveiller l'endroit désigné pour l'embuscade afin de l'occuper si les militaires l'abandonnent à un moment ou à un autre, et commencer à les frapper durement pendant leur retraite. S'ils n'arrivent pas à occuper cette position, tes forces, le bazooka et le mortier devront rester en alerte pour attaquer l'ennemi avec la plus grande force depuis la colline pelée et tout au long du flanc, dès qu'il apparaîtra par là.

» Dans l'état actuel des choses, il ne faut pas commencer l'attaque ni le bombardement avant que les assiégés et les renforts soient en pleine retraite. En effet, si nous découvrons notre position avant, et s'il faut l'abandonner ensuite en considérant son piètre pouvoir de défense, le champ sera laissé libre à l'ennemi. Il faut donc attaquer au moment de la retraite, et le faire avec la plus grande violence possible. »

Dans le post-scriptum, je répétai que l'objectif essentiel n'était autre que d'« essayer de couper ou de rendre le plus difficile possible le repli de l'ennemi, qui serait poursuivi par d'autres forces depuis ma position ».

Je ne considérai pas nécessaire d'envoyer des indications au Che car j'étais sûr qu'il était au courant des intentions des soldats et qu'il connaissait sa mission et celle des forces responsables de l'encerclement dans cette éventualité : poursuivre implacablement le bataillon dans sa fuite.

À midi moins le quart, après avoir reçu une fausse information (ce qui arrive en temps de guerre), le Che m'apprit qu'un combattant de la troupe de Raúl Castro Mercader avait été tué par un obus de mortier et il me donna des indications sur la situation du campement ennemi depuis Las Mercedes :

« Ils nous ont bombardés de mortiers et mitraillés sans que nous ayons subi de perte, mais la fête continue. Raúl a perdu un homme après un tir de mortier sur un bohío.

» Ce matin, un groupe [de soldats] demandait à un autre ce qu'ils allaient faire et il a répondu : *Je suppose que nous irons vers le bosquet.* Ensuite, ils ont donné l'ordre de la retraite en précisant qu'ils sortiraient tous ensemble, suivis par les chars. Ils ont envoyé un bazooka à l'avant-garde et ils ont dit *qu'il partirait d'un côté.* J'ai prévenu d'urgence Silva et El Guajiro [Crespo] qu'ils doivent se tenir prêts à venir à la rescousse [...]. »

En réalité, le combattant tué était Nicolás Ul. Il fut touché non pas par un tir de mortier mais par l'explosion d'un projectile tiré par un tank, qu'il tentait de désamorcer comme nous l'avons relaté plus haut.

Le Che poursuivait : « [...] Je pense qu'Huber n'est pas sur sa position (il n'a pas répondu au message que je lui ai envoyé d'urgence cette nuit) et les soldats sortiront tranquillement sans que je puisse faire grand-chose avec les hommes dont je dispose. » En effet, Huber Matos s'était replié à Gabiro Arriba, loin du théâtre du combat, avec ses forces et quelques compagnons de Duque.

À 14 h 45, je répondis au Che. Après lui avoir raconté ma visite à Camilo et les dispositions que nous avions prises, je lui dis : « Je n'ai pas reçu davantage de nouvelles. Mais après midi, on a entendu une fusillade nourrie, des tirs de mortiers, etc. Je n'ai pas non plus de nouvelles de Guillermo ni de Lalo. Tout le monde était prêt à attaquer dès le début de la retraite. »

Par ailleurs, en ce qui concerne un message confus de Luis

Crespo qu'avait reçu le Che à propos de la présence de soldats à Cayo Espino, je lui envoyai ce commentaire : « Ce que tu me dis sur El Guajiro [Luis Crespo] m'inquiète beaucoup, surtout à cause du manque d'éléments précis. Il y a une possibilité que cette troupe soit allée de Sao Grande à Cayo Espino en empruntant le chemin dont je t'ai déjà parlé. Mais Huber et Duque doivent bien être quelque part. J'espère toujours qu'ils ont occupé la hauteur. S'il n'en est pas ainsi, [les soldats] ont le chemin presque libre. »

Et j'ajoutai : « Il a beaucoup plu depuis deux heures. Je ne sais pas comment ils vont se débrouiller pour sortir les chars. S'ils ne peuvent pas partir aujourd'hui, nous allons les bombarder intensément au mortier cette nuit. Je vais demander à Ramiro trente ou quarante obus 60. Essaie de placer les tiens [tes mortiers] avant la tombée de la nuit, quand on peut observer les tirs. Je pense transférer le 81 cette nuit pour leur envoyer le plus grand nombre d'obus possible, en guise d'adieu. Est-il envisageable que nous ne puissions pas les prendre, même pas leurs havresacs ? »

En réalité, à ce moment-là, les derniers soldats du bataillon 17 et du renfort qui venait d'arriver abandonnaient les tranchées de Las Mercedes. Ils étaient couverts dans leur fuite par les tirs des deux autres bataillons postés tout au long du chemin, ainsi que par l'aviation. Cependant, le repli ne fut pas facile car les forces rebelles les poursuivirent et les harcelèrent sur tout le trajet. L'ennemi bénéficia seulement du fait que La Herradura n'était pas couverte par l'escouade d'Huber Matos, censée couper cette issue.

Vers 16 heures, les forces de l'Armée tentèrent de prendre les hauteurs que défendaient les troupes de Camilo, près de Cuatro Caminos. Après plus d'une heure d'un combat intense, elles furent contraintes de se replier. Le combattant rebelle José Díaz, surnommé El Gallego Pinín, trouva la mort pendant cette opération.

Arriva alors ce que je craignais tant. Nous avons oublié tout ce que nous avions appris pendant la bataille de Jigüe. Quand j'essayai de rectifier le placement de nos troupes, il était déjà trop tard. C'est triste car le coup asséné au bataillon 11 du colonel Sánchez Mosquera à Jigüe avait été si fort et si rapide que la guerre aurait presque pu s'achever à ce moment-là. Et elle aurait sûrement pris fin à Las Mercedes si nous avions appliqué la même méthode qu'avec le bataillon 18 de Quevedo, et cela malgré la réputation de Mosquera, la combativité de sa troupe et leurs quatre cents armes automatiques et semi-automatiques.

Avec un minimum de pression, ici à Las Mercedes, les autres bataillons stationnés dans la Sierra Maestra auraient déposé les armes. Le 17 put s'échapper par notre faute. Il fut vaincu, mais pas anéanti.

Le nombre excessif d'hommes dans l'encerclement de Las Mercedes avait eu de graves conséquences : il y avait eu davantage d'effectifs localisés pour les attaques aériennes, davantage de munitions dépensées chaque jour, davantage de cibles pour les mortiers, les mitrailleuses et les fusils ennemis. Et aussi, moins de pelotons, d'escouades et d'officiers pour combattre les renforts. Camilo aurait dû avoir avec lui non seulement les bazookas, les mortiers et les mines, mais aussi la mitrailleuse calibre 50 de Curuneaux. La bataille serait gagnée en combattant les renforts ennemis et ses chars lourds dans la plaine. Nous le pressentions, mais nous ne l'apprîmes que lorsqu'il ne nous resta pas d'alternative.

À 18 h 15, j'écrivis à Camilo : « Nous avons entendu à la radio que les soldats sont coincés, qu'ils demandent des tracteurs et que *depuis l'arrière-garde, ils avaient tiré un million de balles*. Essaie de leur résister. Une centaine de nos hommes viennent sur l'arrière-garde et il en arrivera cent autres par ici pour essayer de prendre leurs chars. Que Pedrito attende. Maintenant, ce qui est important, c'est de ne pas les laisser bouger pour leur tomber dessus dès que la lune se lèvera. »

À ce moment-là, le 6 août, les troupes de l'Armée fuyaient précipitamment. Les forces rebelles avaient repris les hauteurs et ouvraient le feu sur l'ennemi en retraite, accélérant sa débandade et lui faisant subir de nouvelles pertes.

À 18 heures, Camilo m'avait envoyé un message que je reçus plus tard.

« Les soldats ont essayé de prendre le terrain, nos hommes se sont repliés en désordre lorsque l'aviation est arrivée : je leur ai ordonné d'y retourner, mais comme la situation était insoutenable, ils se sont repliés.

» Je leur ai alors donné l'ordre de se positionner un peu en arrière. Ils nous ont tué El Gallego [José Díaz]. Nous sommes remontés sur le terrain il y a une heure et demie, quand un homme qui était resté en haut avec un groupe m'a dit que [les soldats] se repliaient. Nous avons ouvert un feu nourri, je crois qu'il n'en reste plus.

» Nous avons pris un Springfield, trois Cristóbal, un revolver 45, un dispositif de Springfield.

» Il semble que quelques soldats sont tombés car il y avait des traces de sang et des bandages.

» Nous nous trouvons au même endroit, il y a une *flopée* de gens de la troupe de Fiallo, Pinar et Verdecia qui ne sont pas présents. William Gálvez m'a laissé un message disant qu'ils sont dispersés par là-bas.

» C'est vrai que ça a été dur de résister entre l'aviation, les tanks et les balles. Le bazooka était sur le terrain, mais il n'a tiré qu'une seule fois. Le tireur m'a dit qu'il en avait assez de charger et de tirer et il s'est arrêté. »

La poursuite des fuyards se prolongea au-delà de Cerro Pelado jusqu'à près de quatre kilomètres de la raffinerie d'Estrada Palma. Dans la même après-midi, nos troupes occupèrent Las Mercedes. À 23 heures, j'écrivis au Che :

« Devant la possibilité qu'il n'y ait plus personne là-bas, je n'ai pas très envie de faire le chemin à pied sans avoir dormi une minute depuis deux jours. Je demande à Almeida de contacter Camilo pour s'assurer de la situation et d'entrer en communication avec toi.

» Si, comme je le pense, il ne reste plus un seul soldat sur le chemin, nous considérerons que la contre-offensive est terminée. »

À 23 h 15, j'envoyai aussi un message à Camilo : « J'allais venir, mais je remets mon voyage après ton message où tu me dis qu'ils sont tous partis.

» S'il en reste encore en chemin et qu'il existe des possibilités indubitables de succès en les attaquant, contacte le Che, qui vient à Sao Grande, et combinez un plan.

» S'ils sont partis, la contre-offensive est terminée. »

C'est ainsi que la bataille de Las Mercedes se termina le 6 août, après sept jours d'action pratiquement ininterrompue. Pour nous, le prix de la bataille était élevé : huit morts et dix-sept blessés. Mais nous avions pu comptabiliser au cours de l'action vingt-quatre cadavres ennemis et un nombre incalculable de blessés. Nous fîmes deux prisonniers et nous saisîmes des fusils et un char d'assaut, ainsi qu'un char d'action rapide, tous deux inutilisables.

Si cette bataille ne nous rapporta pas, comme les précédentes, un butin important, elle constitua sans aucun doute un des plus beaux triomphes des forces rebelles. Nous avions soutenu un combat inégal contre des tanks et contre l'aviation, qui avait mitraillé et bombardé les positions rebelles pendant sept jours consécutifs. Tout le matériel de guerre de la tyrannie avait été mis en action mais il n'avait pas réussi à faire céder les rebelles.

Une nouvelle unité ennemie, le bataillon 17, était démantelée. Mais le résultat stratégique le plus significatif était que la dernière parcelle du territoire de la Sierra Maestra avait été définitivement libérée de l'occupation ennemie. Comme je le dis à Camilo et au Che dans les messages cités plus haut, notre contre-offensive, destinée à mettre en déroute de façon écrasante l'offensive ennemie, était bien achevée.

25

Bilan final de la bataille

AOÛT 1958

DIM	LUN	MAR	MER	JEU	VEN	SAM
--	--	--	--	--	1	2
3	4	5	6	7	8	9
10	11	12	13	14	15	16
17	18	19	20	21	22	23
24	25	26	27	28	29	30
31	--	--	--	--	--	--

La semaine de combats à Las Mercedes s'acheva sur une victoire éclatante de la guérilla.

Avec la retraite des dernières unités de l'Armée de la tyrannie, la grande offensive contre le territoire rebelle du Premier front de la Sierra Maestra était définitivement écrasée. Le sort même du régime de Batista était scellé, dans la mesure où l'effondrement de toute son Armée, à l'évidence, était imminent.

Le commandement militaire de la dictature avait pourtant lancé ses moyens les plus puissants dans l'intention de détruire le noyau central de la Révolution. Mais le courage, la ténacité, l'héroïsme et l'aptitude des combattants rebelles dans la défense implacable et parfaitement organisée de leurs positions, ainsi que l'application efficace de tous les choix tactiques de la guérilla, étaient parvenus à anéantir l'offensive.

Les combats, intenses et incessants, avaient duré soixante-quatorze jours.

Parmi nos hommes au comportement brillant, plusieurs officiers aguerris et pertinents avaient particulièrement contribué à ce dénouement victorieux. Ils avaient lutté en première ligne, avec intelligence et courage, à la tête de leurs troupes. Je dois, dans ce bilan final, citer tout d'abord le Che et Camilo

Cienfuegos, qui accomplirent parfaitement leur devoir en étant pour moi de parfaits principaux lieutenants, de même qu'Andrés Cuevas, Ramón Paz, Daniel, Angelito Verdecia, Ramiro Valdés, Guillermo García, Lalo Sardiñas et Pinares, entre autres.

Comme je l'écrivis dans le communiqué lu par Radio Rebelle le 7 août, le lendemain de la fin de la bataille de Las Mercedes (document p. 603) :

« L'offensive a été liquidée. Le plus grand effort militaire qui ait été réalisé dans notre histoire républicaine s'est terminé pour notre orgueilleux dictateur par le plus terrible désastre imaginable. Ses troupes en déroute, après deux mois et demi de défaites successives, sonnent le glas de son régime odieux. La Sierra Maestra est totalement libérée de l'ennemi. »

Le même jour, je rédigeai une lettre à l'attention du général en chef Eulogio Cantillo, qui avait dirigé toute la campagne depuis son poste de commandement de Bayamo. Je confirmai que nous détenions environ cent soixante prisonniers, que beaucoup d'entre eux étaient blessés et que nous étions prêts à entreprendre les négociations pour les remettre à l'Armée. Après des tractations compliquées, cette seconde remise de prisonniers s'effectua quelques jours plus tard à Las Mercedes.

Au cours de l'ensemble des combats, nos forces eurent à déplorer trente morts. Autant de tristes nouvelles qui ne découragèrent jamais nos hommes, même si la victoire eut parfois un goût amer. Et encore, nous aurions pu perdre davantage de combattants si l'on prend en compte l'intensité, la durée et la violence des actions terrestres, ainsi que les attaques aériennes. C'est grâce à l'extraordinaire compétence acquise par nos guérilleros dans la nature agreste de la Maestra, et grâce à la solidarité qui régnait entre eux, que le bilan de nos pertes resta limité. À maintes reprises, des hommes grièvement blessés purent être sauvés parce que leurs compagnons firent l'impossible pour les transporter là où les médecins pourraient les soigner, et cela malgré les accidents de terrain et les balles qui sifflaient à leurs oreilles.

J'ai mentionné tout au long de ces pages le nom de ceux qui sont tombés, mais je souhaite les citer tous à nouveau pour offrir en une seule fois le tableau complet de nos martyrs, qui méritent le souvenir éternel, le respect et l'admiration du peuple tout entier.

Les commandants Andrés Cuevas, Ramón Paz et René Ramos Latour, *Daniel*.

Les capitaines Ángel Verdecia et Geonel Rodríguez.

Les lieutenants Teodoro Banderas, Fernando Chávez, *El Artista*, et Godofredo Verdecia.

Les combattants Misaíl Machado, Fernando Martínez, Albio Martínez, Wilfredo Lara, *Gustavo*, Wilfredo González, *Pascualito*, Carlos López Mas, Eugenio Cedeño, Victuro Acosta, *El Bayamés*, Francisco Luna, Roberto Corría, Luis Enrique Carracedo, Elinor Teruel, Juan Vázquez, *Chan Cuba*, Giraldo Aponte, *El Marinero*, Federico Hadfeg, Felipe Cordumy, Lorenzo Véliz, Gaudencio Santiesteban, Nicolás Ul, Luciano Tamayo, Ángel Silva Socarrás et José Díaz, *El Galleguito*.

Les compagnons paysans : Lucas Castillo et des membres de sa famille, Juan de Dios Zamora et Ibrahim Escalona Torres.

Honneur et gloire éternelle, infini respect et affection pour ceux qui sont tombés.

L'ennemi subit plus de mille pertes, parmi lesquelles il y eut plus de trois cents morts et quatre cent quarante-trois prisonniers. Au moins cinq grandes unités complètes furent anéanties, capturées ou démantelées. Nous saisîmes cinq cent sept armes, y compris deux chars, dix mortiers, divers bazookas et douze mitrailleuses calibre 30.

Il faut ajouter à cela l'impact moral de ce dénouement et sa portée sur la suite de notre combat : à partir de ce moment, l'initiative stratégique était définitivement entre les mains des rebelles, qui régnaient en maîtres absolus sur un vaste territoire dans lequel l'ennemi ne s'aventurerait plus. La Sierra Maestra était en effet libérée pour toujours.

La victoire sur la grande offensive ennemie de l'été 1958 marqua le virage irréversible de la guerre. L'Armée rebelle triomphante et extraordinairement renforcée par l'énorme quantité d'armes conquises était en condition pour initier son offensive stratégique finale.

Une nouvelle et ultime étape de la guerre de libération s'ouvrit après ces événements. Elle se caractérisa par l'invasion du centre du pays, la création du Quatrième front oriental et celle du front de Camagüey. La lutte s'étendit à tout le pays. La grande offensive finale de l'Armée rebelle conduisit, avec la campagne foudroyante d'Orient et de Las Villas, à la défaite irrévocable de l'Armée de la tyrannie, et, en conséquence, à l'échec militaire du régime de Batista et à la prise du pouvoir par la Révolution triomphante.

La contre-offensive victorieuse de décembre 1958 se conclut par le triomphe de près de trois mille hommes équipés des armes que nous avions saisies.

Les colonnes du Che et de Camilo, avançant sur les plaines d'El Cauto et de Camagüey, arrivèrent au centre du pays. L'ancienne colonne 1 avait entraîné plus de mille recrues supplémentaires à Minas de Frío. Avec des chefs recrutés dans leurs propres rangs, ils prirent les villages et les villes de la route centrale entre Bayamo et Palma Soriano. De nouveaux chars T-17 furent détruits, les chars d'assaut et l'aviation ne purent empêcher la prise de villes cent fois plus grandes que le petit village de Las Mercedes.

Les forces du Second front oriental Frank País rejoignirent la colonne 1. C'est ainsi que nous occupâmes la ville de Palma Soriano le 27 décembre 1958.

Le 1er janvier 1959 exactement – date mentionnée dans la lettre adressée à Juan Almeida avant que ne commence l'ultime offensive de la dictature contre la Sierra Maestra –, la grève générale décrétée par l'intermédiaire de Radio Rebelle, depuis Palma Soriano, paralysa le pays. Le Che et Camilo avancèrent sur la Route centrale jusqu'à la capitale sans rencontrer la moindre résistance.

Cantillo, au cours d'une réunion avec Raúl, Almeida et moi, reconnut que la dictature avait perdu la guerre. Mais peu après, il fomenta dans la capitale des manœuvres contre-révolutionnaires et pro-impérialistes, sans accomplir ce qui avait été convenu dans le cadre d'un armistice. Malgré cela, en trois jours, nous disposions des cent mille armes, des bateaux et des avions qui, un peu avant, avaient aidé et permis la fuite du dernier bataillon qui avait pénétré dans la Sierra Maestra.

Nous libérâmes sans conditions les prisonniers de guerre. Nous respectâmes leur droit à la vie, nous soignâmes les blessés et les protégeâmes au cours des combats.

Nous fîmes notre entrée dans La Havane le 8 janvier 1959. J'aurais aimé être rejoint par de nombreux militaires de carrière de qualité qui n'étaient coupables de rien, mais ce ne fut pas possible. En revanche, une marée humaine issue du peuple révolutionnaire s'incorpora à notre troupe. Avec les vétérans de Moncada, du *Granma*, de la plaine et de la Sierra, elle alimenta de gens sains, nouveaux et vigoureux les rangs de ce que seraient, peu de temps après, nos Forces armées révolutionnaires. La vie, finalement, nous comblait au-delà de nos prédictions et de nos rêves.

Le 11 novembre 1958, j'étais parti de La Plata avec trente hommes armés et mille recrues sans armes pour conquérir la patrie suivant les aspirations rebelles et dans le but d'entrer, cette fois-ci, dans Santiago. Le 1er janvier 1959, après l'épopée écrite dans les montagnes, les champs et les villes, personne ne put barrer la route au triomphe de l'indépendance définitive et de la justice à Cuba.

Photographies

Une partie de l'équipe de Radio Rebelle. Au centre, la speakerine Violeta Casals.

Eduardo Fernández, technicien chargé de l'émetteur de Radio Rebelle.

Les muletiers ont toujours aidé les guérilleros dans le transport d'approvisionnement.

Le dentiste stomatologue Luis Borges Alducín soigne Evelio Laferté.

À gauche, Vilo Acuña, combattant à la bataille de Jigüe. Il fit partie de la guérilla du commandant Che Guevara en Bolivie, où il mourut au combat. À droite, Ignacio Pérez Zamora, chef d'un peloton qui s'illustra à la bataille de Jigüe. Il mourut au combat de San José del Retiro, à Jiguaní. Il fut élevé au grade de commandant à titre posthume en décembre 1958.

Le commandant René Ramos Latour, dit Daniel, participa avec sa troupe aux opérations de Providencia.

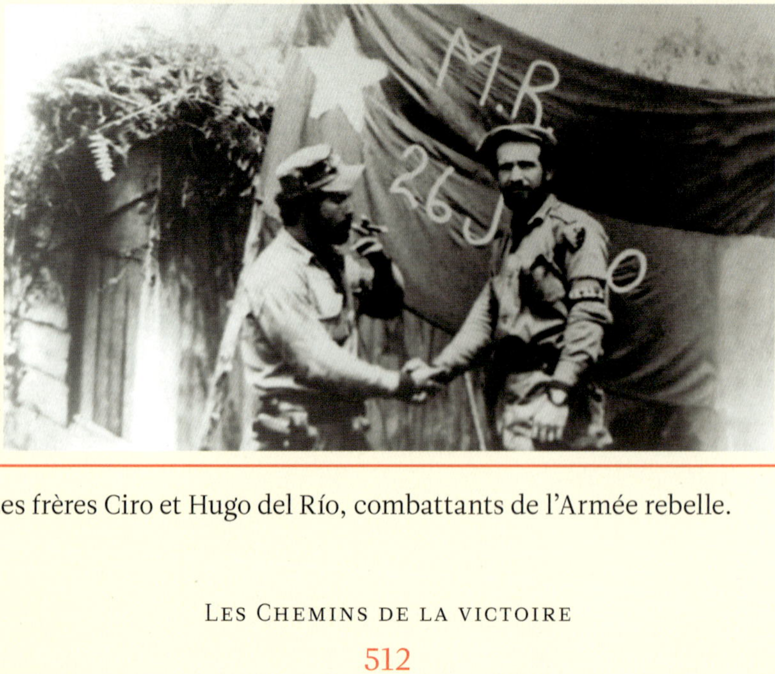

Les frères Ciro et Hugo del Río, combattants de l'Armée rebelle.

Le courageux capitaine Ramón Paz. Il mourut au combat à Providencia et fut élevé au grade de commandant à titre posthume.

Remise de prisonniers à Las Vegas de Jibacoa.

Assis à l'extrême droite, le capitaine César Suárez, en compagnie d'autres combattants de l'Armée rebelle.

Les combattants rebelles Antonio Sanchez Díaz, alias Pinal ou Pinares, et William Gálvez Rodríguez, pendant les actions contre l'offensive ennemie.

Pendant un entraînement dans les montagnes de la Maestra, Fidel tire avec un Browning.

Fidel Castro Ruz

Les commandants Camilo Cienfuegos et Ramiro Valdés, vétérans de l'Armée rebelle.

Orestes Guerra à l'affût. Il fut un remarquable combattant pendant les opérations contre l'offensive ennemie.

Une halte en attendant le début d'un combat.

Le capitaine Felipe Guerra Matos et le commandant Crescencio Pérez.

Au premier plan, de droite à gauche, le lieutenant Eddy Suñol et le combattant Fidel Vargas, ainsi que d'autres rebelles.

Le combattant rebelle Roberto Rodríguez, dit El Vaquerito.

Le Commandant Fidel Castro pendant une entrevue avec les membres de la Croix-Rouge internationale et de la Croix-Rouge cubaine. À l'extrême gauche et à l'extrême droite, les docteurs Bernabé Ordaz et Borges Alducín.

Remise de prisonniers à la Croix-Rouge par l'Armée rebelle à Las Mercedes.

Après avoir été soignés par les médecins de l'Armée rebelle, les prisonniers blessés sont remis à la Croix-Rouge.

Fidel contemplant l'imposant paysage de la Sierra.

2 6
26 JULIO

Fidel dans la maison où était installée Radio Rebelle, au Commandement de La Plata.

Documents historiques

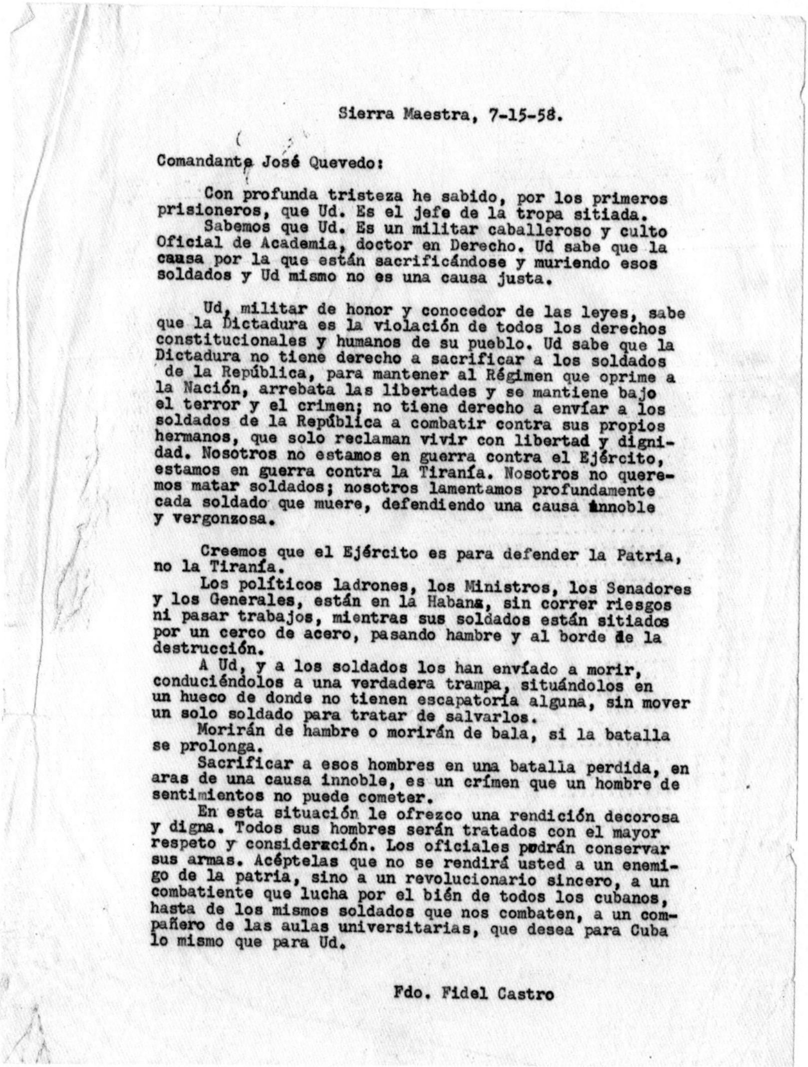

Sierra Maestra, 7-15-58.

Comandante José Quevedo:

Con profunda tristeza he sabido, por los primeros prisioneros, que Ud. Es el jefe de la tropa sitiada.
Sabemos que Ud. Es un militar caballeroso y culto Oficial de Academia, doctor en Derecho. Ud sabe que la causa por la que están sacrificándose y muriendo esos soldados y Ud mismo no es una causa justa.

Ud, militar de honor y conocedor de las leyes, sabe que la Dictadura es la violación de todos los derechos constitucionales y humanos de su pueblo. Ud sabe que la Dictadura no tiene derecho a sacrificar a los soldados de la República, para mantener al Régimen que oprime a la Nación, arrebata las libertades y se mantiene bajo el terror y el crimen; no tiene derecho a envíar a los soldados de la República a combatir contra sus propios hermanos, que solo reclaman vivir con libertad y dignidad. Nosotros no estamos en guerra contra el Ejército, estamos en guerra contra la Tiranía. Nosotros no queremos matar soldados; nosotros lamentamos profundamente cada soldado que muere, defendiendo una causa innoble y vergonzosa.

Creemos que el Ejército es para defender la Patria, no la Tiranía.
Los políticos ladrones, los Ministros, los Senadores y los Generales, están en la Habana, sin correr riesgos ni pasar trabajos, mientras sus soldados están sitiados por un cerco de acero, pasando hambre y al borde de la destrucción.
A Ud, y a los soldados los han envíado a morir, conduciéndolos a una verdadera trampa, situándolos en un hueco de donde no tienen escapatoria alguna, sin mover un solo soldado para tratar de salvarlos.
Morirán de hambre o morirán de bala, si la batalla se prolonga.
Sacrificar a esos hombres en una batalla perdida, en aras de una causa innoble, es un crímen que un hombre de sentimientos no puede cometer.
En esta situación le ofrezco una rendición decorosa y digna. Todos sus hombres serán tratados con el mayor respeto y consideración. Los oficiales podrán conservar sus armas. Acéptelas que no se rendirá usted a un enemigo de la patria, sino a un revolucionario sincero, a un combatiente que lucha por el bién de todos los cubanos, hasta de los mismos soldados que nos combaten, a un compañero de las aulas universitarias, que desea para Cuba lo mismo que para Ud.

Fdo. Fidel Castro

Lettre du Commandant en chef Fidel Castro à José Quevedo, chef du bataillon 18 en campement à Jigüe. Il lui propose une reddition honorable. 15 juillet 1958.

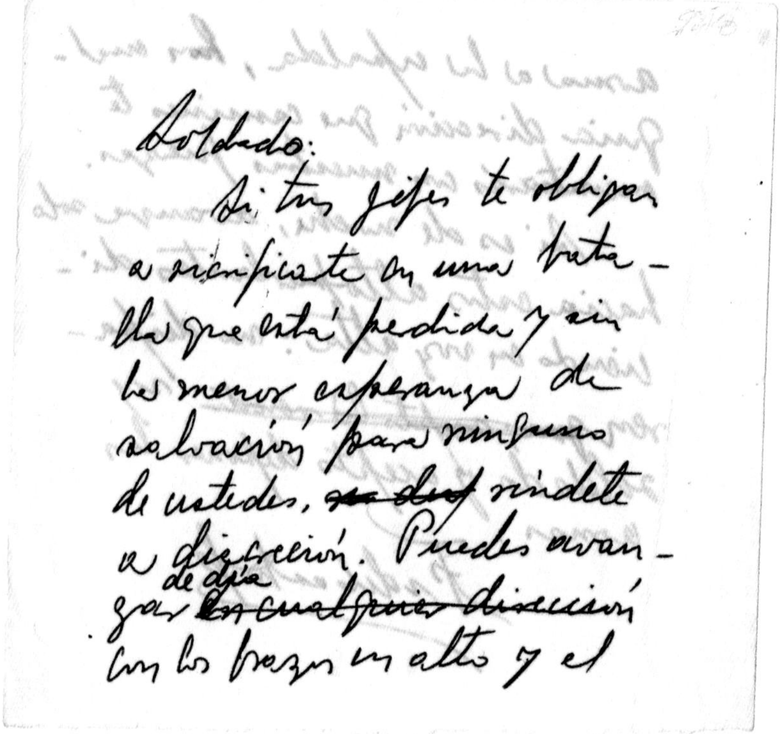

Soldado:
Si tus jefes te obligan
a sacrificarte en una bata-
lla que está perdida y sin
la menor esperanza de
salvación para ninguno
de ustedes, ~~se deb~~ ríndete
a discreción. Puedes avan-
zar de día ~~en cualquier dirección~~
con los brazos en alto y el

(1/2)

Message de Fidel aux soldats du bataillon 18, dans lequel il les enjoint de se rendre.

arma a la espalda, hacia cual-
quier dirección que camines te
encontrarás con nuestras fuerzas.

Si es de noche, avanza solo
hacia estos altoparlantes di-
ciendo en voz alta: no dispa-
ren, ~~que acepto la rendi~~ soy
soldado y acepto deponer las
armas.

Fidel Castro R.

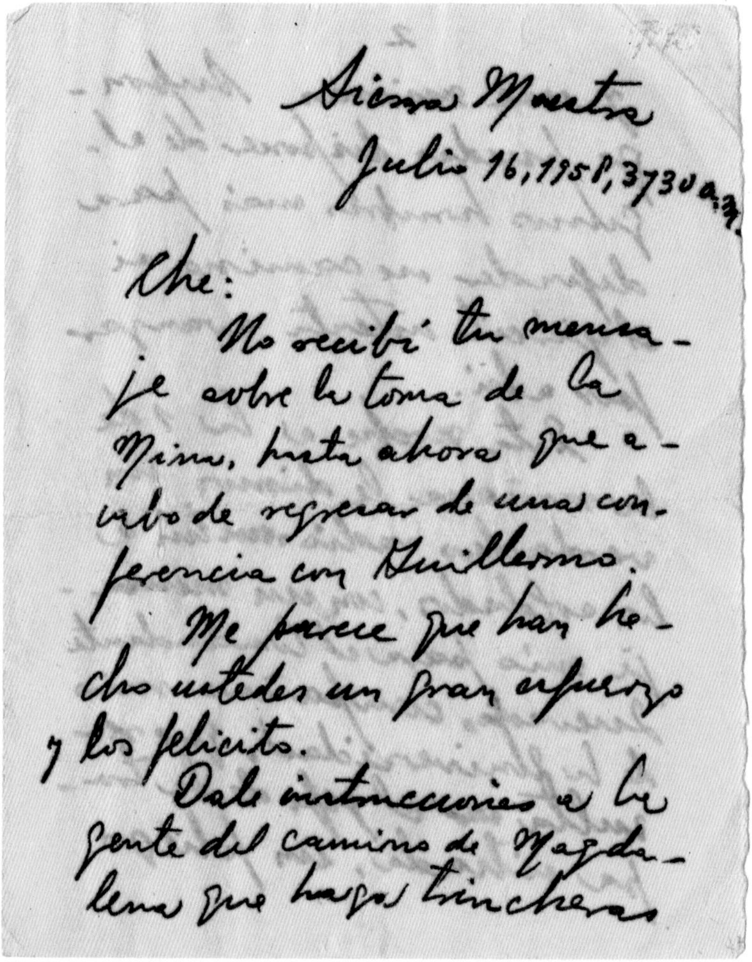

Sierra Maestra
Julio 16, 1958, 3730 a.m.

Che:

No recibí tu mensaje sobre la toma de la Mina, hasta ahora que acabo de regresar de una conferencia con Guillermo.

Me parece que han hecho ustedes un gran esfuerzo y los felicito.

Dale instrucciones a la gente del camino de Magdalena que haga trincheras

(1/6)

Missive de Fidel Castro au Che dans laquelle il le félicite pour son action, lui donne des instructions et le met au courant des événements ainsi que de ses plans à Jigüe. 16 juillet 1958.

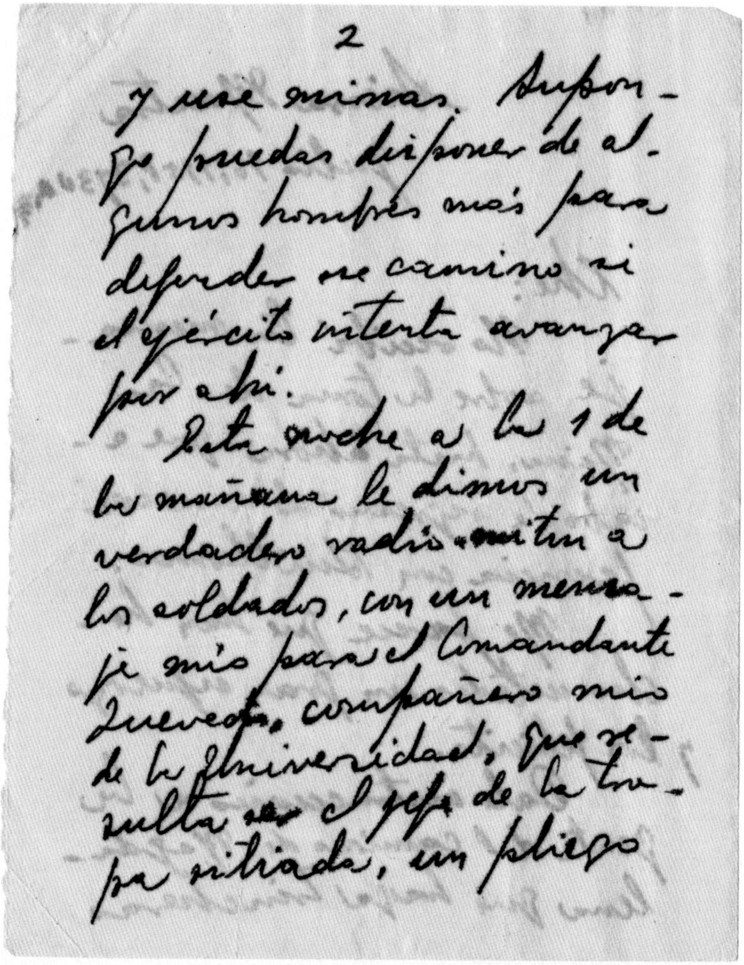

2

y use minas. Supon-
go puedas disponer de al-
gunos hombres más para
defender ese camino si
el ejército intenta avanzar
por ahí.

Esta noche a la 1 de
la mañana le dimos un
verdadero radio-mitin a
los soldados, con un mensa-
je mío para el Comandante
Quevedo, compañero mío
de la Universidad, que re-
sulta ser el jefe de la tro-
pa sitiada, un pliego

(2/6)

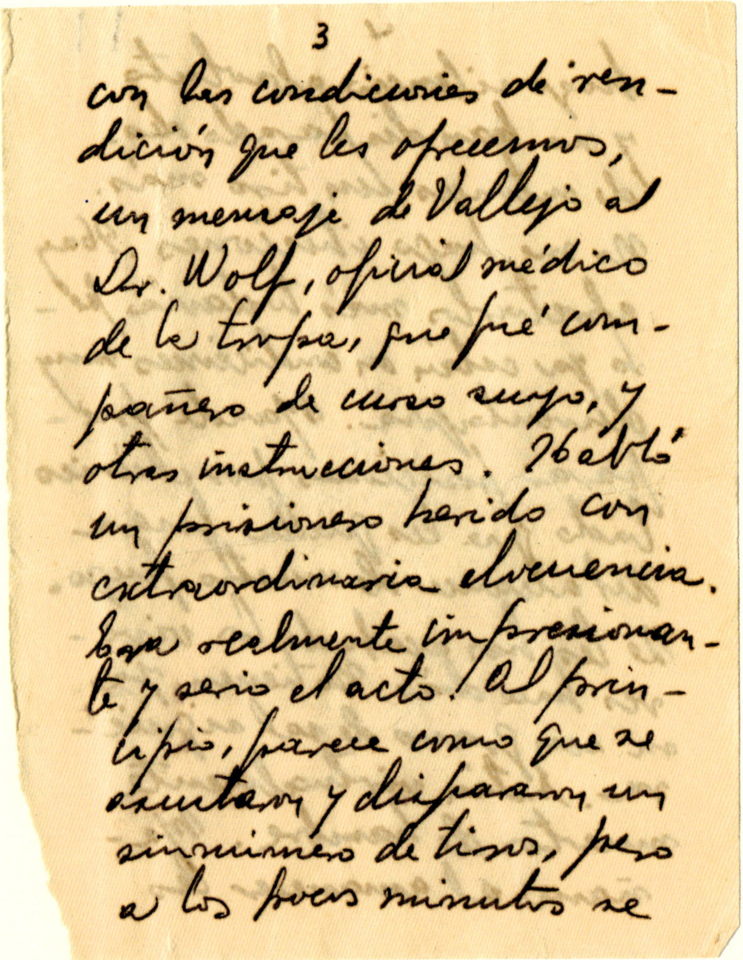
3

con las condiciones de rendición que les ofrecemos, un mensaje de Vallejo al Dr. Wolf, oficial médico de la tropa, que fue compañero de curso suyo, y otras instrucciones. Habló un prisionero herido con extraordinaria elocuencia. Era realmente impresionante y serio el acto. Al principio, parece como que se asustaron y dispararon un sinnúmero de tiros, pero a los pocos minutos se

(3/6)

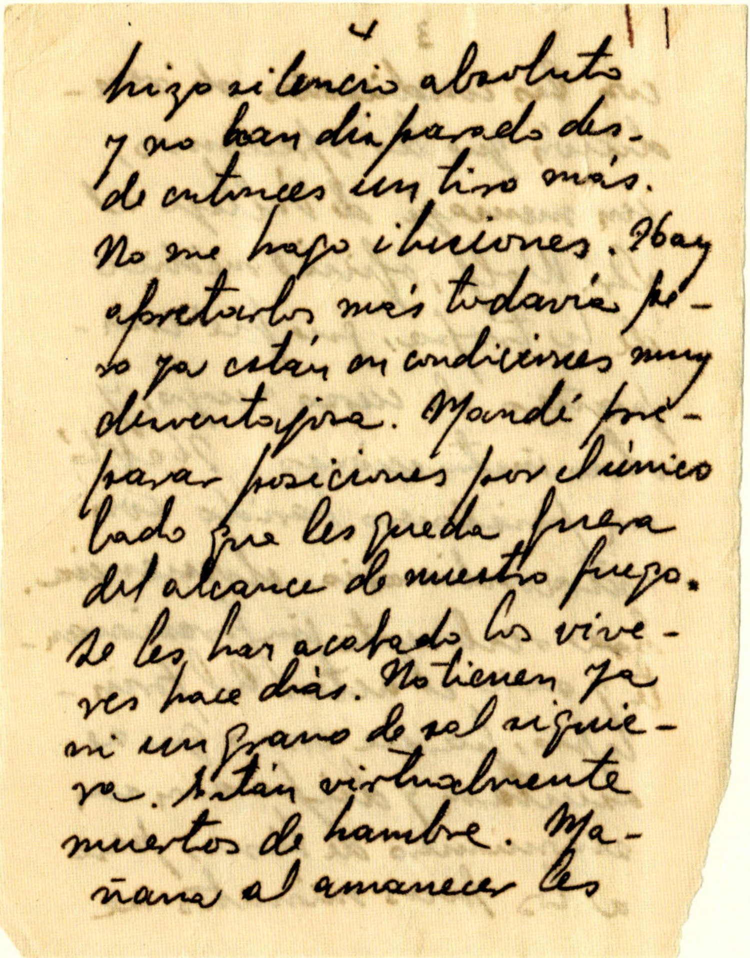
4

hizo silencio absoluto
y no han disparado des-
de entonces un tiro más.
No me hago ilusiones. Hay
apretarlos más todavía pe-
ro ya están en condiciones muy
desventajosa. Mandé pre-
parar posiciones por el único
lado que les queda fuera
del alcance de nuestro fuego.
Se les han acabado los víve-
res hace días. No tienen ya
ni un grano de sal siquie-
ra. Están virtualmente
muertos de hambre. Ma-
ñana al amanecer les

(4/6)

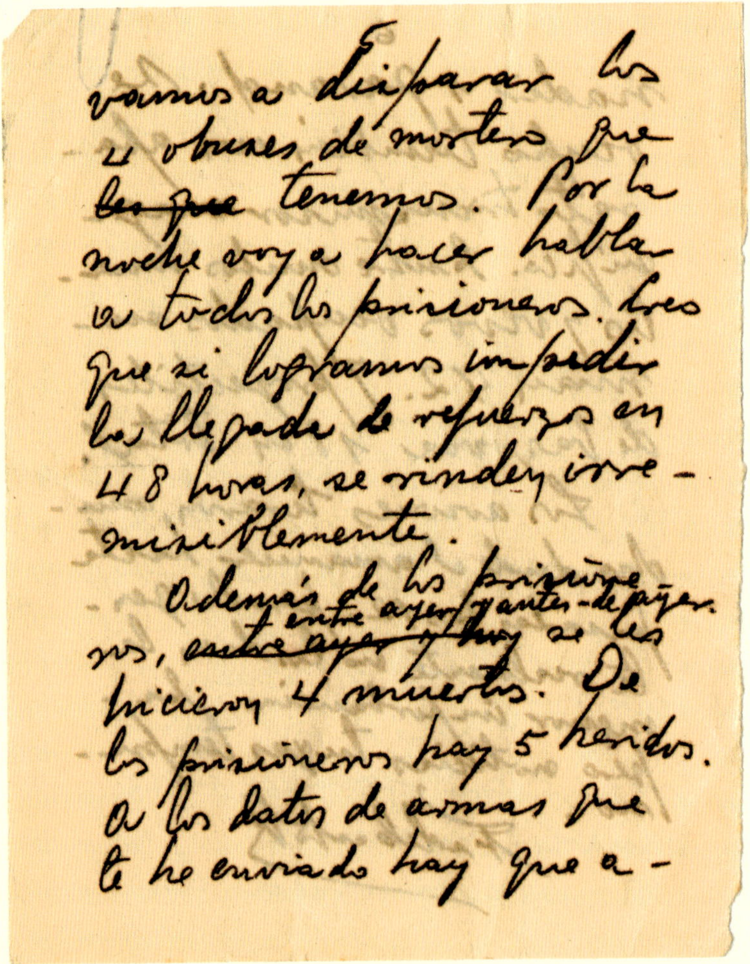

vamos a disparar los
2 obuses de mortero que
~~les que~~ tenemos. Por la
noche voy a hacer hablar
a todos los prisioneros. Creo
que si logramos impedir
la llegada de refuerzos en
48 horas, se rinden irre-
misiblemente.
Además de los prisione-
ros, ~~entre ayer y hoy~~ entre ayer y antes-de-ayer se les
hicieron 4 muertos. De
los prisioneros hay 5 heridos.
A los datos de armas que
te he enviado hay que a-

(5/6)

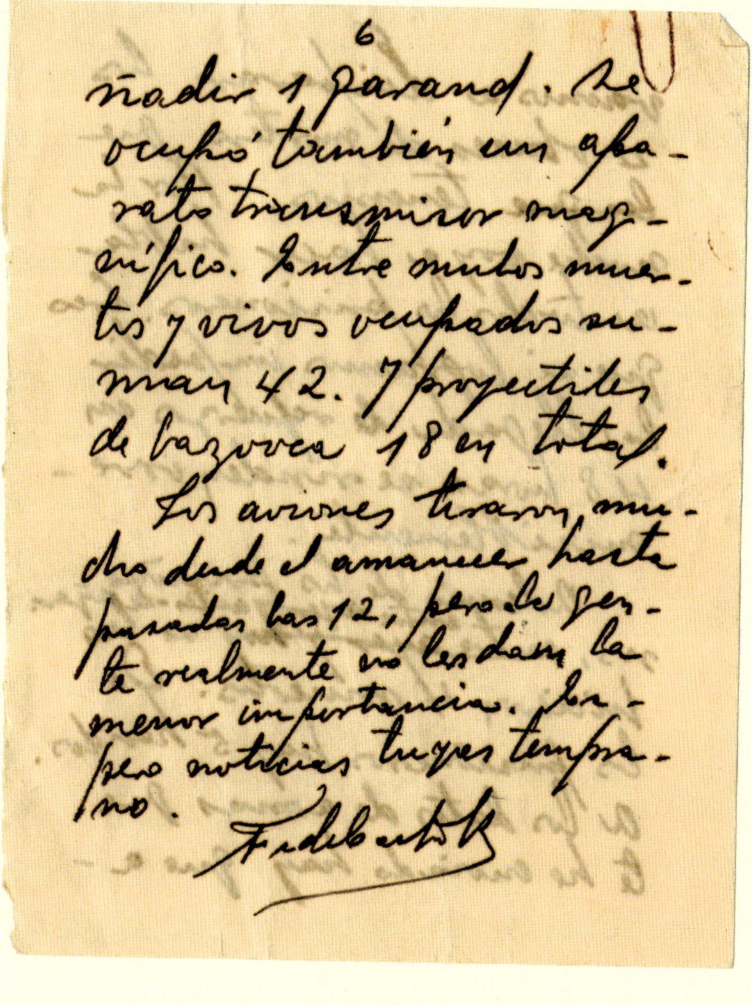
6

ñadir 1 garand. Se
ocupó también un apa-
rato transmisor mag-
nífico. Entre [illegible] muer-
tos y vivos ocupados su-
man 42. 7 proyectiles
de bazooca 18 en total.

Los aviones tiraron mu-
cho desde el amanecer hasta
pasadas las 12, pero la gen-
te realmente no les daba la
menor importancia. Es-
pero noticias tuyas tempra-
no.

Fidel Castro

(6/6)

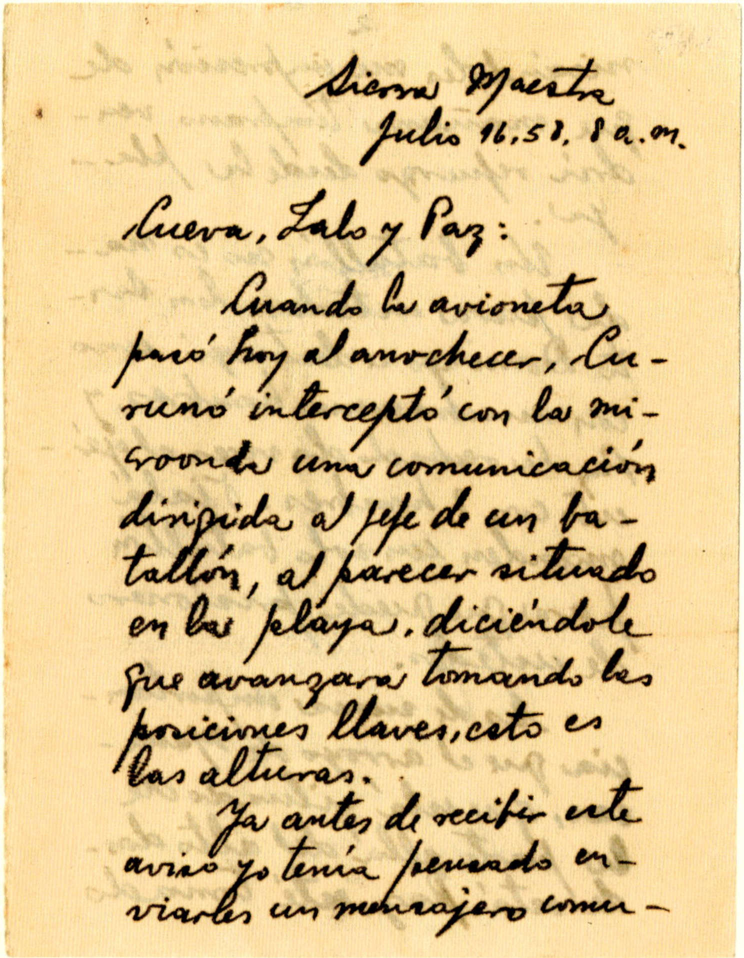

Sierra Maestra
Julio 16, 58, 8 a.m.

Cueva, Lalo y Paz:

Cuando la avioneta pasó hoy al anochecer, Cu-reño interceptó con la mi-croonda una comunicación dirigida al jefe de un ba-tallón, al parecer situado en la playa, diciéndole que avanzara tomando las posiciones llaves, esto es las alturas.

Ya antes de recibir este aviso yo tenía pensado en-viarles un mensajero comu-

(1/7)

Pages du message de Fidel aux capitaines Andrés Cuevas, Lalo Sardiñas et Ramón Paz, dans lequel il leur donne des ordres et leur précise leurs positions et les mouvements à accomplir pour repousser les renforts ennemis. 16 juillet 1958.

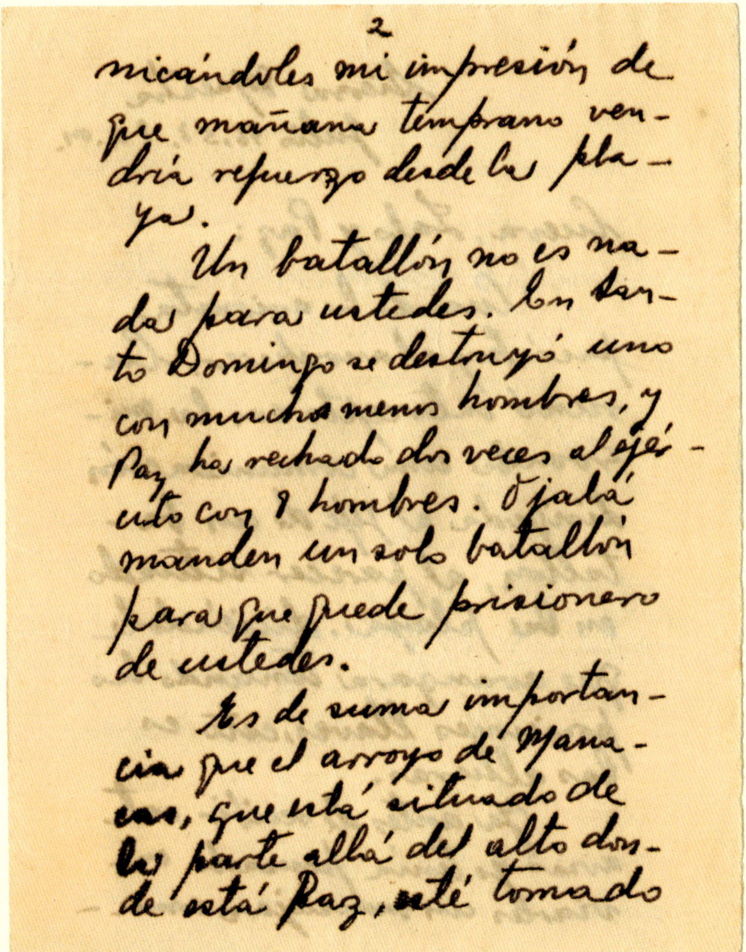
2

nicándoles mi impresión de
que mañana temprano ven-
dría refuerzo desde la pla-
ya.

Un batallón no es na-
da para ustedes. En San-
to Domingo se destruyó uno
con muchos menos hombres, y
Paz ha rechazado dos veces al ejér-
cito con 8 hombres. Ojalá
manden un solo batallón
para que quede prisionero
de ustedes.

Es de suma importan-
cia que el arroyo de Mana-
cas, que está situado de
la parte allá del alto don-
de está Paz, esté tomado

(2/7)

3

por nosotros, para que no intenten dar un rodeo por allí. Considero conveniente reforzar a Paz con una escuadra por lo menos para que con algunos hombres más suyos, la sitúe en dicho arroyo a unos seiscientos u ochocientos metros del camino. Paz que se sitúe en el ~~lugar~~ ~~punto~~ más alto posible del punto que le señalé, tratando de que los guardias no hagan contacto con él en los primeros momentos, en cuyo caso, los ~~tropa~~ del arroyo Manacas deben atacar por el flanco a los guardias que lleguen al alto donde esté

(3/7)

4

él.

Lo perfecto es que los guardias crucen sin chocar con Paz y el combate comience cuando caigan en la emboscada de Lalo y Cuevas, para que sean encerrados; ya ustedes saben lo que pasa cuando eso ocurre, no hay quien venga a sacarlos. Lalo y Cuevas, deben tener bien tomados todos los firmes y altos que ellos puedan intentar tomar para rechazarlos completamente.

No dejen de usar las minas, ~~sobre~~ sobre todo las bombas de cien libras.

Tomen todas las dis-

(4/7)

5

posiciones desde bien tempra-
no para que les alcance el tiempo.
No se preocupen de ninguna
otra cosa. Concentren la aten-
ción en la tarea de ustedes. Es
posible que el avión ametralle
primero; eso los hará venir
más confiado.

Yo no he querido mover
un solo hombre de ahí, por-
que nuestro propósito en esta
batalla decisiva debe ser muy
ambicioso, no sólo rendir
la tropa sitiada, sino, des-
truir también los refuerzos.
Esto puede ser el fin de

(5/7)

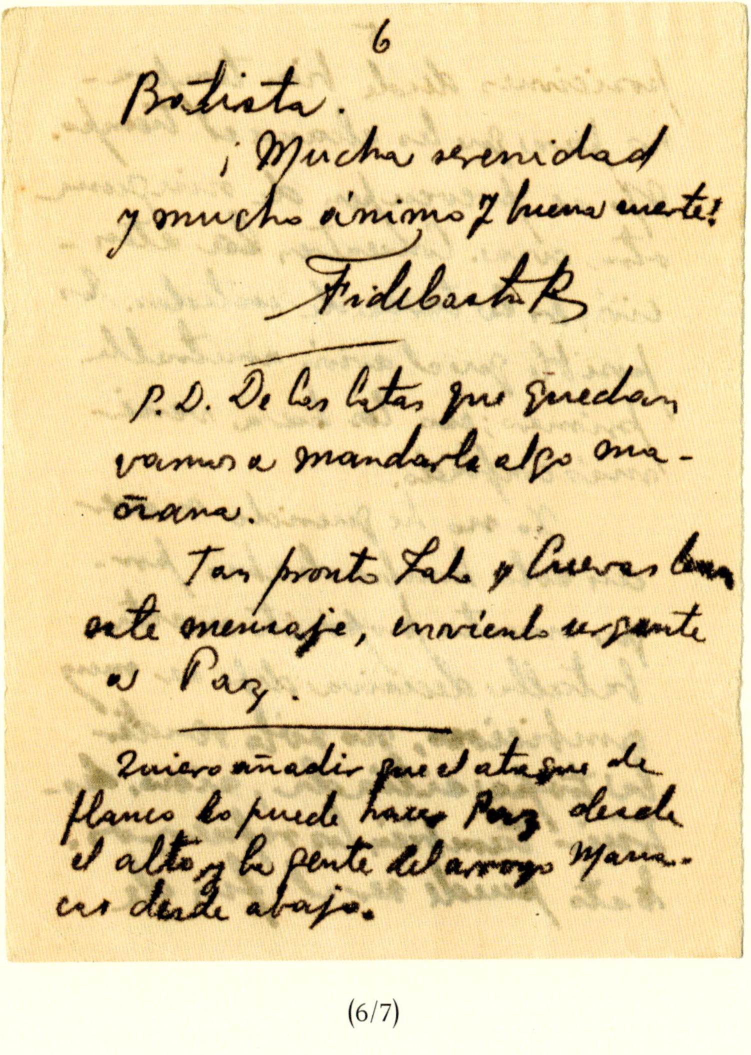
6

Batista.

¡Mucha serenidad y mucho ánimo y buena suerte!

Fidel Castro

P.D. De las latas que quedan vamos a mandarle algo mañana.

Tan pronto Lalo y Cuevas lean este mensaje, envíenlo urgente a Paz.

Quiero añadir que el ataque de flanco lo puede hacer Paz desde el alto y la gente del arroyo Maracas desde abajo.

(6/7)

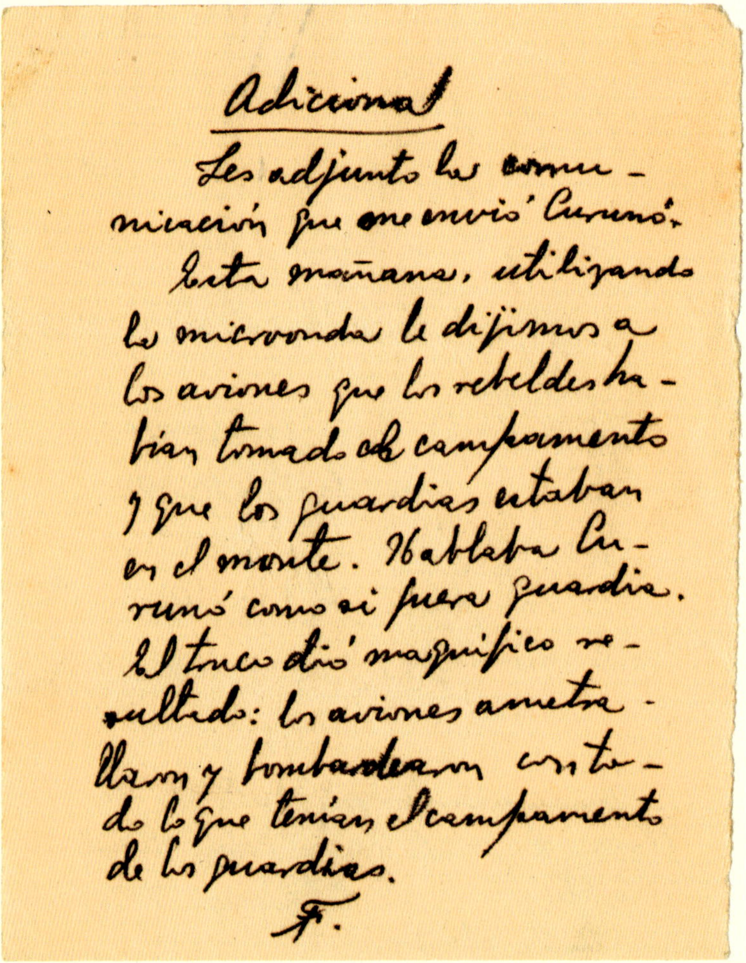

Adicional

Les adjunto la comunicación que me envió Curunó.
Esta mañana, utilizando la microonda le dijimos a los aviones que los rebeldes habían tomado el campamento y que los guardias estaban en el monte. Hablaba Curunó como si fuera guardia.
El truco dió magnífico resultado: los aviones ametrallaron y bombardearon con todo lo que tenían el campamento de los guardias.

F.

(7/7)

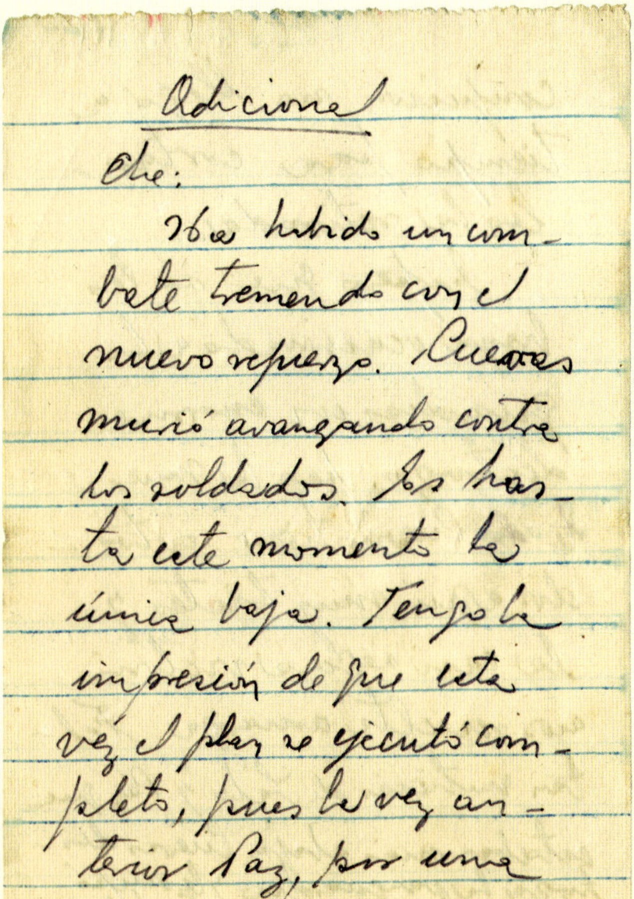
Adicional

Che:

Ha habido un combate tremendo con el nuevo refuerzo. Cuevas murió avanzando contra los soldados. Es hasta este momento la única baja. Tengo la impresión de que esta vez el plan se ejecutó completo, pues la vez anterior Paz, por una

(1/2)

Message de Fidel au Che où il évoque la mort au combat du capitaine Andrés Cuevas. 16 juillet 1958.

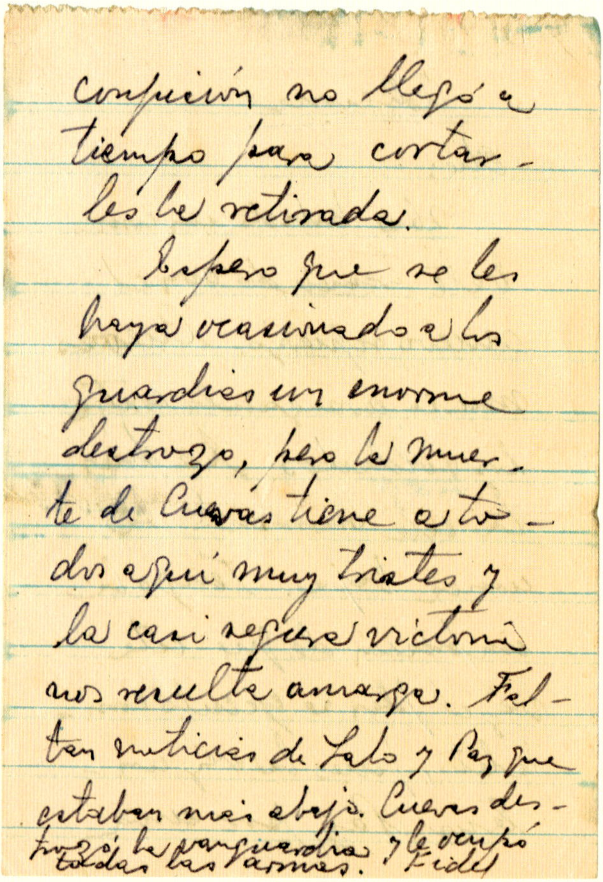
confusión no llegó a
tiempo para cortar-
les la retirada.
Espero que se les
haya ocasionado a los
guardias un enorme
destrozo, pero la muer-
te de Cuevas tiene a to-
dos aquí muy tristes y
la casi segura victoria
nos resulta amarga. Fal-
tan noticias de Lalo y Paz que
estaban más abajo. Cuevas des-
trozó la vanguardia y le ocupó
todas las armas. Fidel

(2/2)

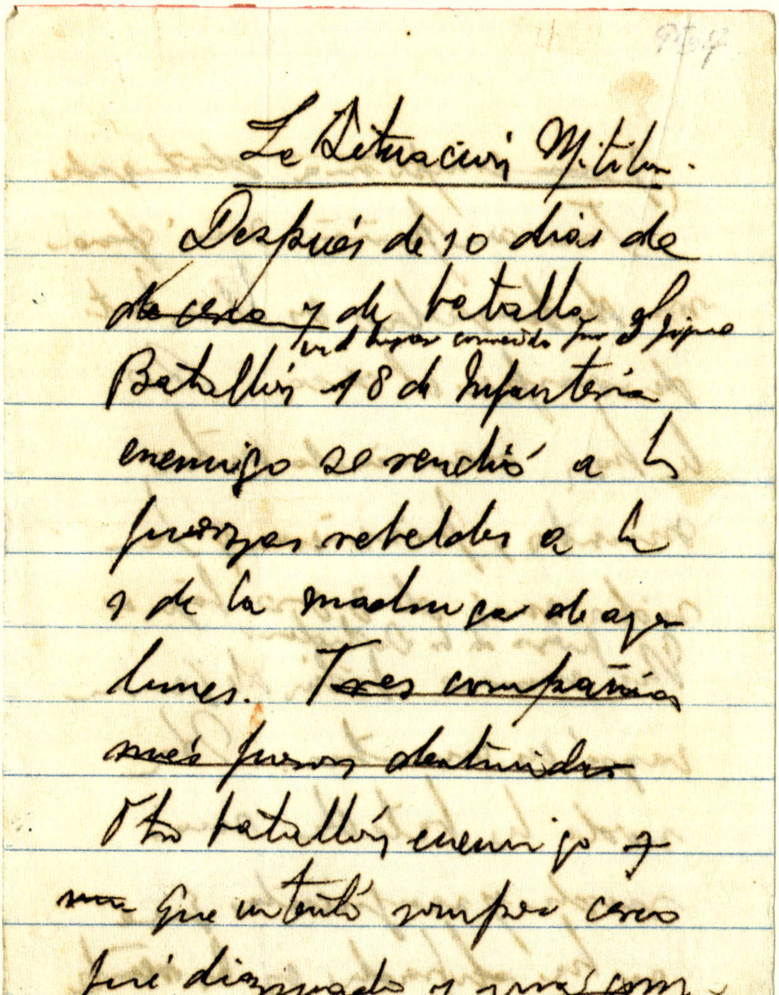

La Situación Militar

Después de 10 días de ~~de cerco~~ y de batalla el Batallón 18 de Infantería enemigo se rindió a las fuerzas rebeldes a la 1 de la madrugada de ayer lunes. ~~Tres compañías más fueron destruidas~~ Otro batallón enemigo y ~~una~~ que intentó romper cerco fué diezmado y una com-

(en el lugar conocido por el Jigüe)

(1/4)

Rapport militaire signé par Fidel qui informe sur les combats de Jigüe, préludes d'une victoire décisive pour l'Armée rebelle.

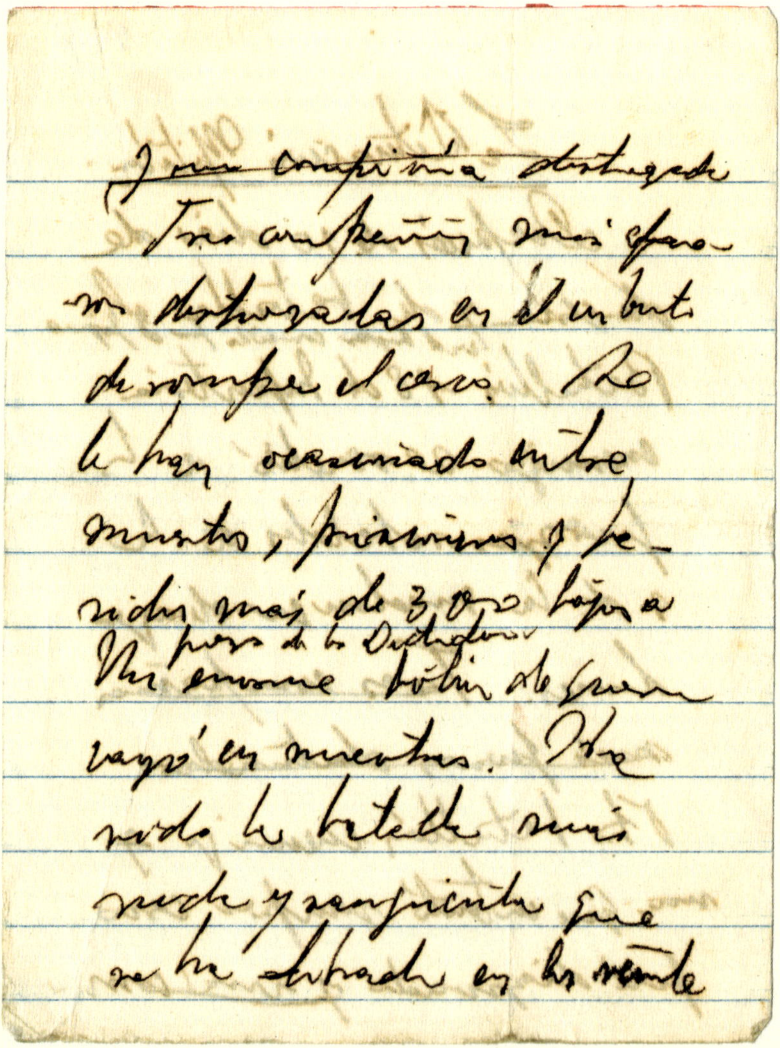

~~Y una compañía destrozada~~
Tres compañías más fueron destrozadas en el intento
de romper el cerco. Se
le han ocasionado entre
muertos, prisioneros y he-
ridos más de 3.000 bajas a
las fuerzas de la Dictadura
Un enorme botín de guerra
cayó en nuestras. Ha
sido la batalla más
ruda y sangrienta que
se ha librado en los veinte

(2/4)

menos de lucha en la Sierra
Maestra.
Mañana se informará
al pueblo con todos sus de-
talles el número de prisione-
ros, muertos y heridos, así
como las armas y balas ocu-
padas, una narración exac-
ta de la forma que se desa-
rrolló la batalla desde el día
17 a las 5.45 de la mañana
hasta ayer martes a la 1 de la

(3/4)

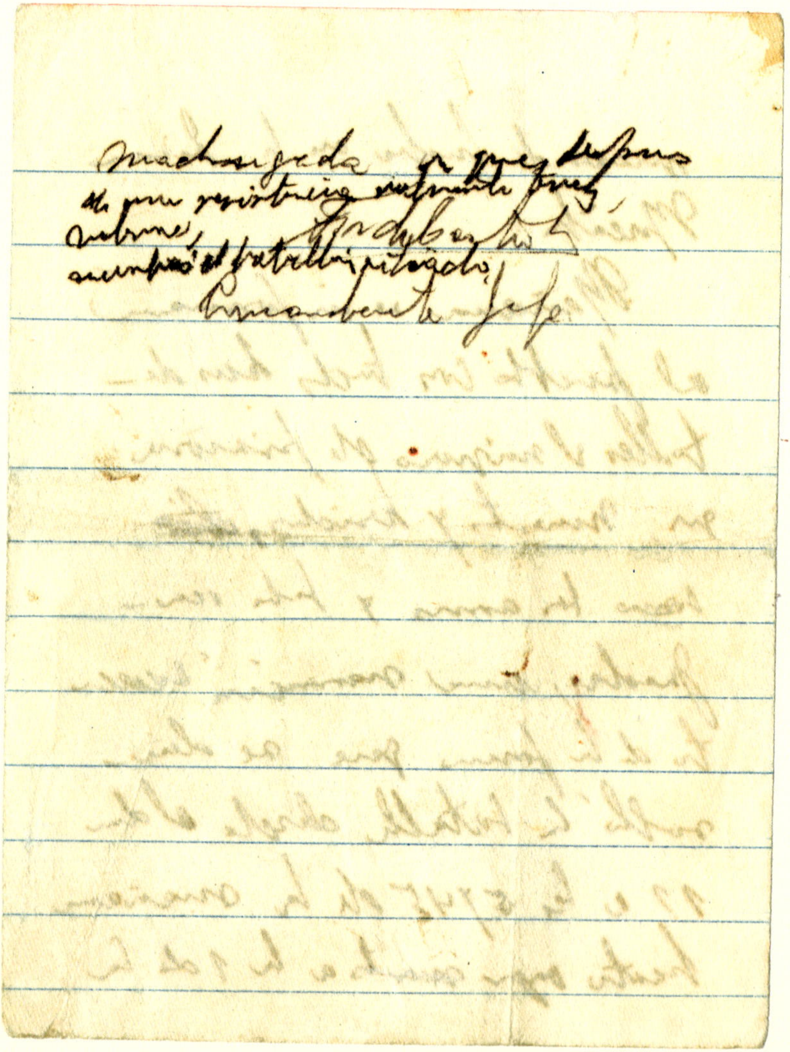
madrugada [illegible] que despues
de una resistencia [illegible]
[illegible]
[illegible] el batallon [illegible]
Comandante Jefe

(4/4)

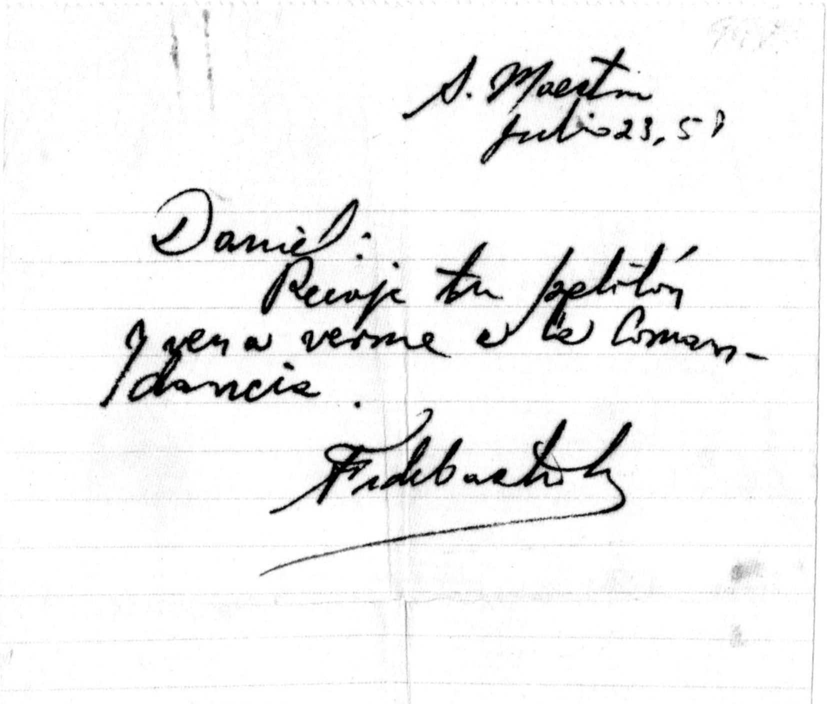
S. Maestra
julio 23, 58

Daniel:
Recoje tu pelotón y ven a verme a la Comandancia.

Fidel Castro

Message de Fidel au commandant Daniel, lui demandant de se présenter au Commandement avec son peloton. 23 juillet 1958.

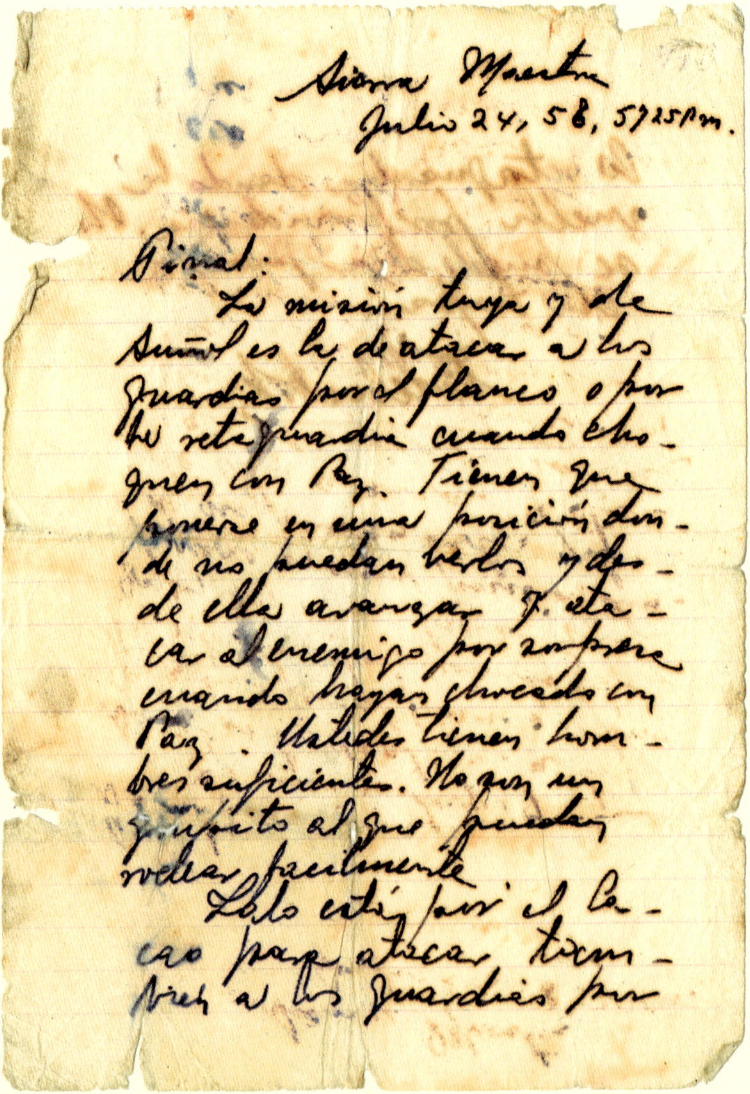

Sierra Maestra
Julio 24, 58, 5'25 pm.

Pinal:
La misión tuya y de Samuel es la de atacar a los guardias por el flanco o por la retaguardia cuando choquen con Paz. Tienes que ponerte en una posición donde no puedan verlos y desde ella avanzar y atacar al enemigo por sorpresa cuando hayan chocado con Paz. Ustedes tienen hombres suficientes. No son un grupito al que puedan rodear fácilmente.
Lalo está por el Cacao para atacar también a los guardias por

(1/2)

Message du Commandant Fidel à Antonio Sánchez Díaz, plus connu sous le nom de Pinal ou Pinares, auquel il donne des ordres précis. 24 juillet 1958.

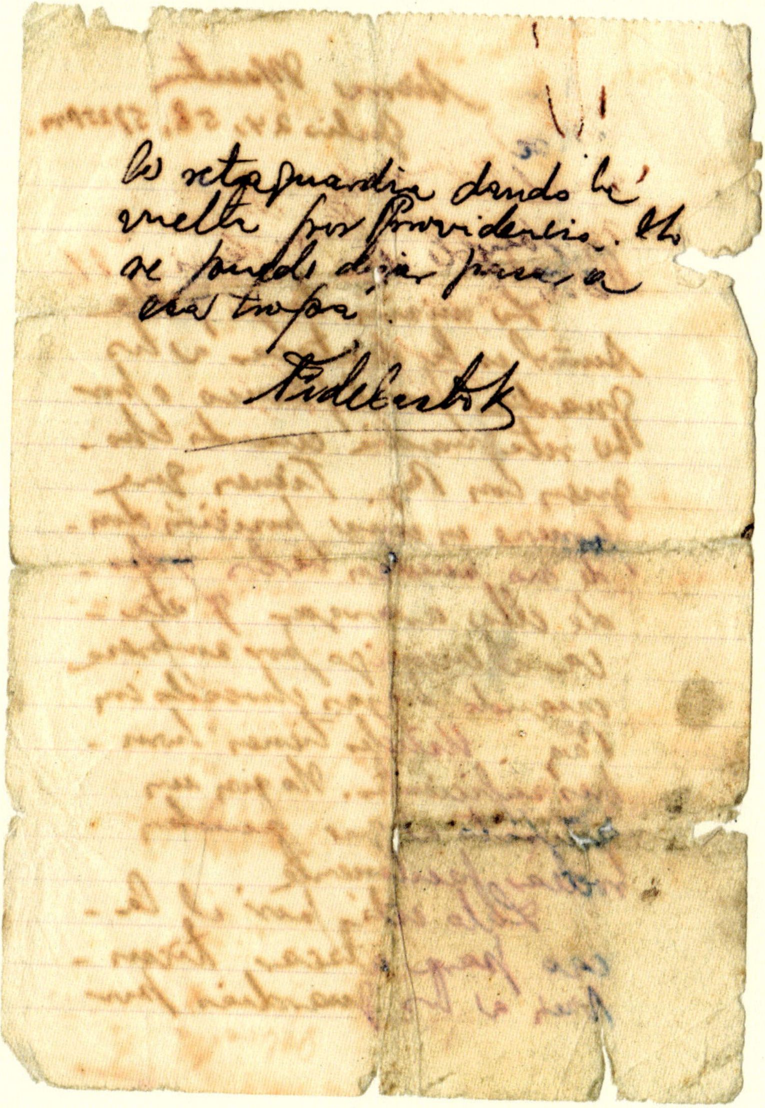

la retaguardia dando la vuelta por Providencia. No se puede dejar pasar a esa tropa.

Fidel Castro

(2/2)

ANEXO 64

Secc G-3 No 5-MS-958

Pto Mando Zona Opns
Bayamo, 26 Jul 958

PLAN DE OPERACIONES

ENEMIGO:

Calidad: El enemigo posee tropas muy bien entrenadas para el tipo de operaciones (Guerrilla) que desarrolla, puesto que casi toda es natural de la región, y los Jefes llevan mucho tiempo en zona y son muy conocedores del terreno. Además, en espera de la Ofensiva FC concentró a su alrededor los mejores jefes a quienes hizo venir de muy lejos con tropas escogidas.

Cantidad: Varía mucho el cálculo, pero pueden considerarse entre 1000 y 2000 combatientes de primera clase, bastante bien armados. Además casi todo habitante de la zona alta dominada por los rebeldes es confidente, correo o informante (hombre, mujer o niño).

Armamento: Para esta Operación el enemigo solicitó de cada Jefe de zona, le mandara el mejor personal, con el mejor armamento, haciendo una concentración de su mejor personal y equipo. A esto se agrega el armamento tomado a los prisioneros de SANTO DOMINGO y el de las dos Cos que incalificablemente fueron entregadas, y entregados intactos y con todo su parque al enemigo por el Comandante QUEVEDO; además del que se le tomó a la Co G-4 del propio Bn cuando intentó subir al JIGUE; y parque y armamento regado que deja la tropa cuando ha huído en escaramuzas o combates.

Organización: La típica de la Guerrilla: Pequeños grupos que se esconden y se infiltran dentro de nuestras tropas en marcha y a veces en alto. Ultimamente se esconden en árboles y malezas, y a la vez se lanzan sobre la Unidad sorprendiéndola y desarmándola. Se reunen en cantidad para un golpe determinado.

Salud: Estado sanitario malo; muy desnutridos pero con mucha resistencia física. Pueden soportar días enteros en un lugar sin moverse, comer, ni tomar agua.

Moral: Los últimos éxitos en copar y rendir Unidades les ha levantado mucho la moral; han adquirido gran cantidad de armamentos, parque y comida y los ha hecho más atrevidos; han adquirido también Mini-packs y PRC-10 nuestros.

EJERCITO:

Calidad: La calidad del Soldado actual, en casi todos los grados, es en más de un 75% de 4ta. clase para este tipo de operaciones, que supone gran resistencia física al esfuerzo y las privaciones; mucha iniciativa en todos los grados, y la voluntad constante de buscar el enemigo y vencer.

Cantidad: La Ofensiva General planeada incluía 2 Bns más, que servirían para descanso en rotación, para tapar una brecha en caso necesario, o para

(1/2)

Première page du plan des opérations de l'ennemi, où sont reconnus le bon entraînement, la résistance physique et le moral des guérilleros ainsi que les faiblesses des soldats de l'Armée de Batista. 26 juillet 1958.

se extiende, fue perdiendo impulso a medida que llegaba al final, hasta el actual impases.

El terreno favorece al enemigo, y sus éxitos lo hacen audaz.

Es aconsejable retirar Unidades a terreno más favorable, donde se pueda maniobrar, disminuyendo a la vez las distancias de apoyo y abastecimientos, y donde pudieramos, si el enemigo nos sigue y cae en nuestro juego. decidir la Campaña.

DECISION

Bn No 11 Inf se mueve hoy SABADO hasta cerca de PROVIDENCIA, donde fortificará el terreno y ocupará posiciones con el Bn 22 Inf.

Bn No 17 Inf se mueve de LOMA DEL FRIO a SAN LORENZO a LAS MERCEDES y ocupa posiciones este último lugar.

Co 93 baja del GABIRO a LAS VEGAS DE JIBACOA y se incorpora a su Bn.

Co 91 baja de LAS MERCEDES a LAS VEGAS DE JIBACOA y se incorpora a su Bn.

Co 51 al llegar el Bn No 17 Inf a LAS MERCEDES se incorpora a su Bn en ARROYON.

Bn No 12 Inf regresa al área de CIENEGUILLA.

Todas las Unidades que estaban en LA PLATA se reembarcan a SANTIAGO, al Puesto de Mando, para ser utilizadas en el área de ESTRADA PALMA y CANABACOA.

PLAN:

Atraer al enemigo hacia un área que nos favorece y que estará formada por puntos fuertes enlazados entre sí y con capacidad de maniobra y facilidad de abastecimientos. Además una masa de maniobras en el flanco OESTE nuestro y una reserva y Punto de Abastecimiento principal en ESTRADA PALMA.

Reorganizar nuestras fuerzas, acorta nuestras líneas, alargar las del enemig y ponerlo en situación desventajosa.

De usted respetuosamente,

"POR LA LIBERTAD DE CUBA".

(Fdo.)
E. A. Cantillo,MMN y P
May Gen Jefe ZOpnes.

(2/2)

Dernière page du plan des opérations de la tyrannie, avec les positions de l'Armée. 26 juillet 1958.

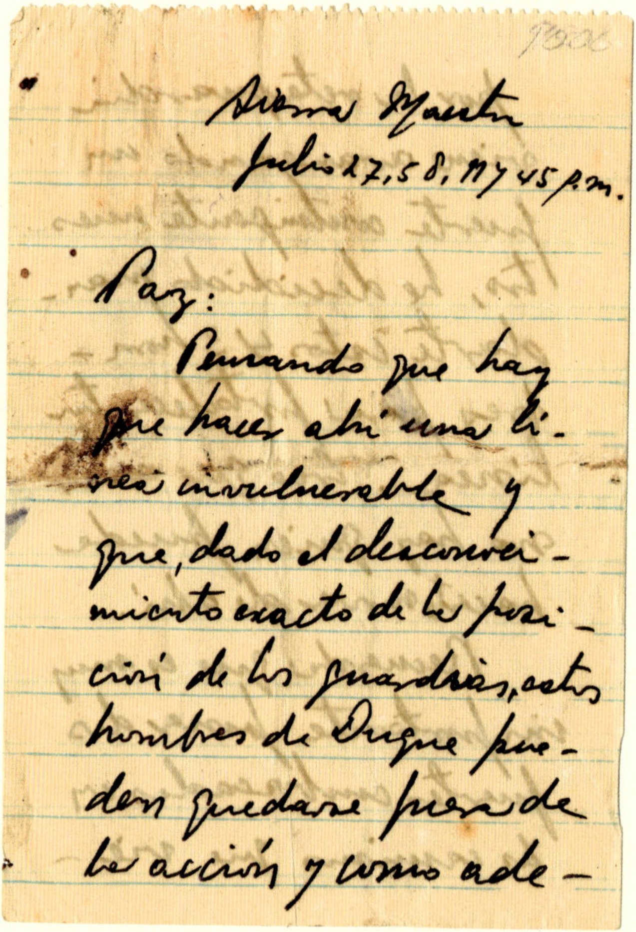
Sierra Maestra
Julio 27, 58, 11 y 45 p.m.

Paz:
Pensando que hay que hacer ahí una línea invulnerable y que, dado el desconocimiento exacto de la posición de los guardias, estos hombres de Duque pueden quedarse fuera de la acción y como ade-

(1/4)

Message du Commandant en chef au capitaine Ramón Paz lui indiquant les positions à occuper. 27 juillet 1958.

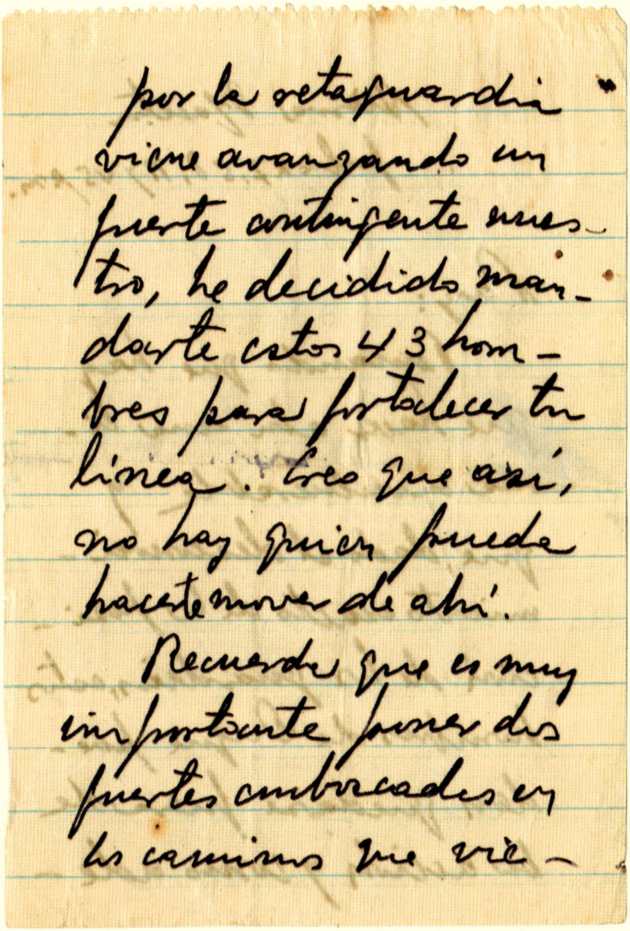

por la retaguardia
viene avanzando un
fuerte contingente nues-
tro, he decidido man-
darte estos 43 hom-
bres para fortalecer tu
línea. Creo que así,
no hay quien pueda
hacerte mover de ahí.

Recuerda que es muy
importante poner dos
fuertes emboscadas en
los caminos que vie-

(2/4)

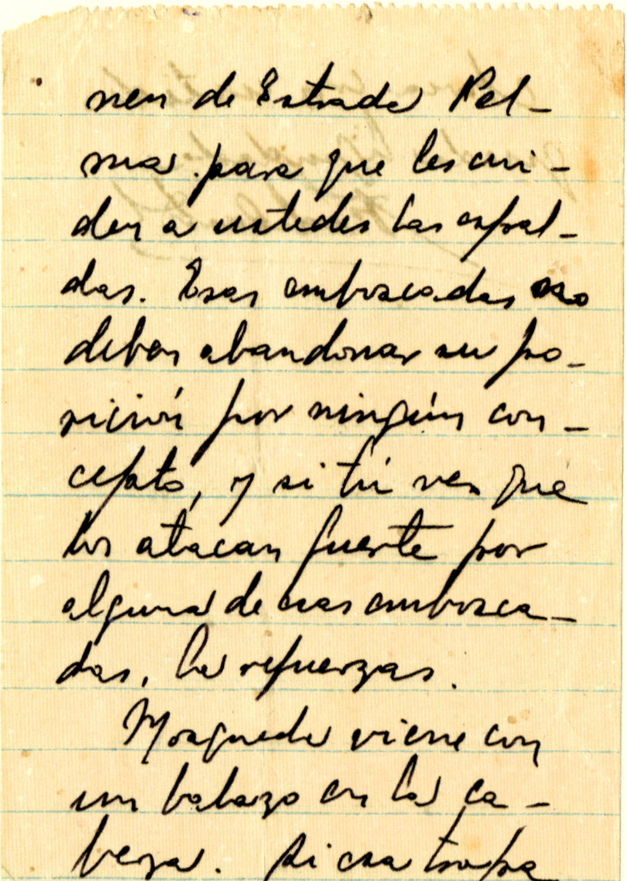

nen de Estrada Pal-
mas para que les cui-
den a ustedes las espal-
das. Esas emboscadas no
deben abandonar su po-
sición por ningún con-
cepto, y si tú ves que
los atacan fuerte por
alguna de esas embosca-
das, la refuerzas.

Moquedo viene con
un balazo en la ca-
beza. Si esa tropa

(3/4)

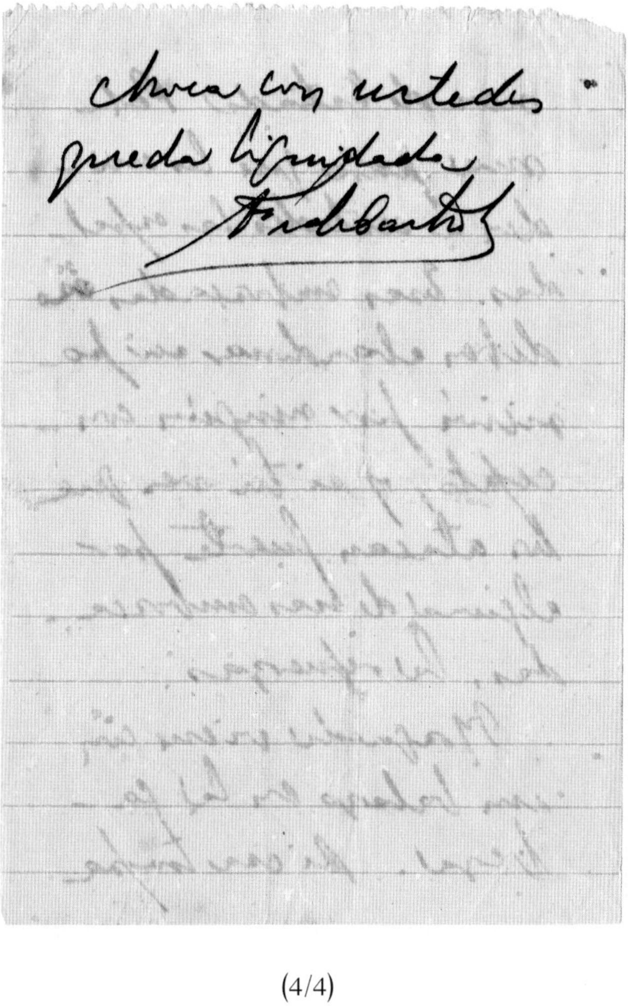

ahora con ustedes
queda liquidada.
Fidel Castro

(4/4)

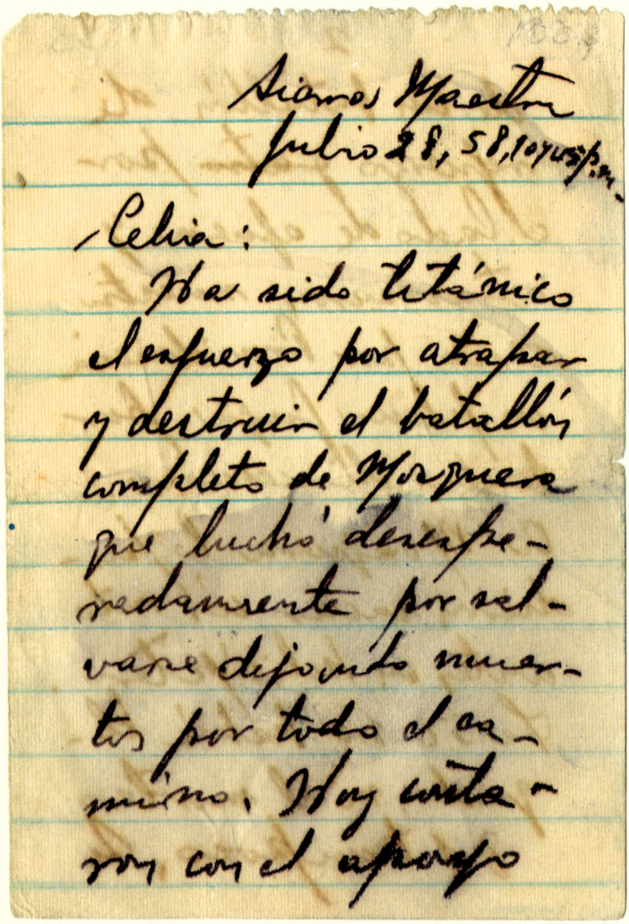

Sierra Maestra
Julio 28, 58, 10 y 45 p.m.

Celia:
Ha sido titánico
el esfuerzo por atrapar
y destruir el batallón
completo de Mosquera
que luchó desespe-
radamente por sal-
varse dejando muer-
tos por todo el ca-
mino. Hoy esta-
mos con el apoyo

(1/11)

Message de Fidel à Celia lui relatant les événements de la nuit du 28 juillet 1958.

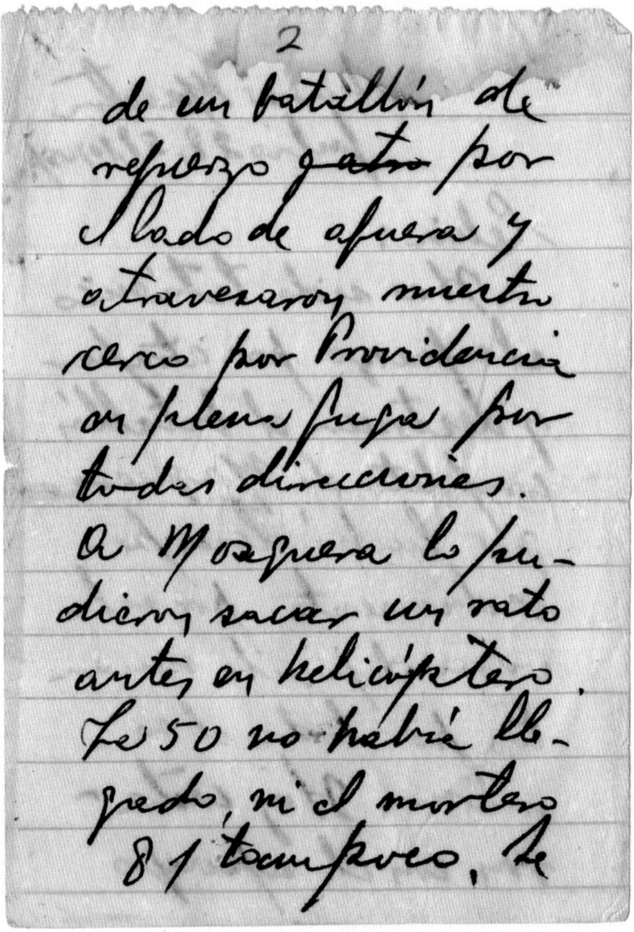

2

de un batallón de
refuerzo ~~gatro~~ por
el lado de afuera y
atravesaron nuestro
cerco por Providencia
en plena fuga por
todas direcciones.
A Mosquera lo pu-
dieron sacar un rato
antes en helicóptero.
La 50 no había lle-
gado, ni el mortero
81 tampoco. Se

(2/11)

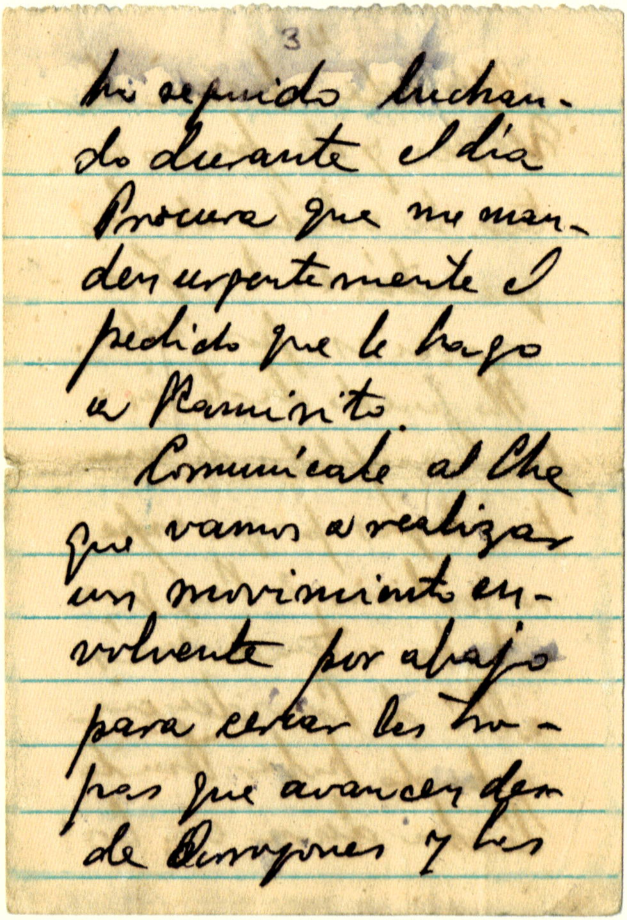
3

he seguido luchan-
do durante el día
Procura que me man-
den urgentemente el
pedido que le hago
a Ramirito.
Comunícale al Che
que vamos a realizar
un movimiento en-
volvente por abajo
para cortar las tro-
pas que avancen des-
de Arroyones y las

(3/11)

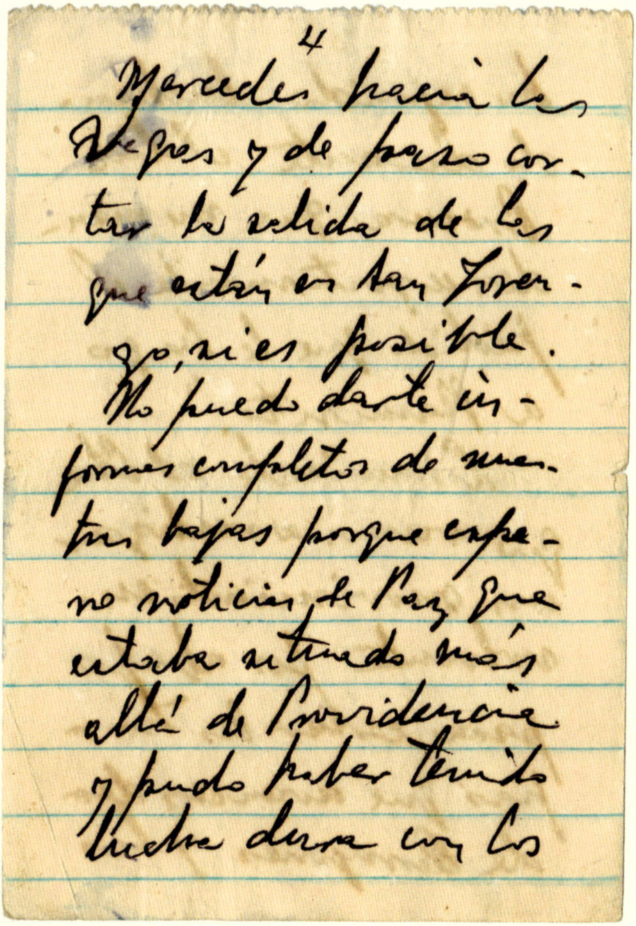
4

Mercedes hacia las
Vegas y de paso con-
tar la salida de los
que están en San Loren-
zo, si es posible.
No puedo darte in-
formes completos de nues-
tras bajas porque espe-
ro noticias de Paz que
estaba situado más
allá de Providencia
y pudo haber tenido
lucha dura con los

(4/11)

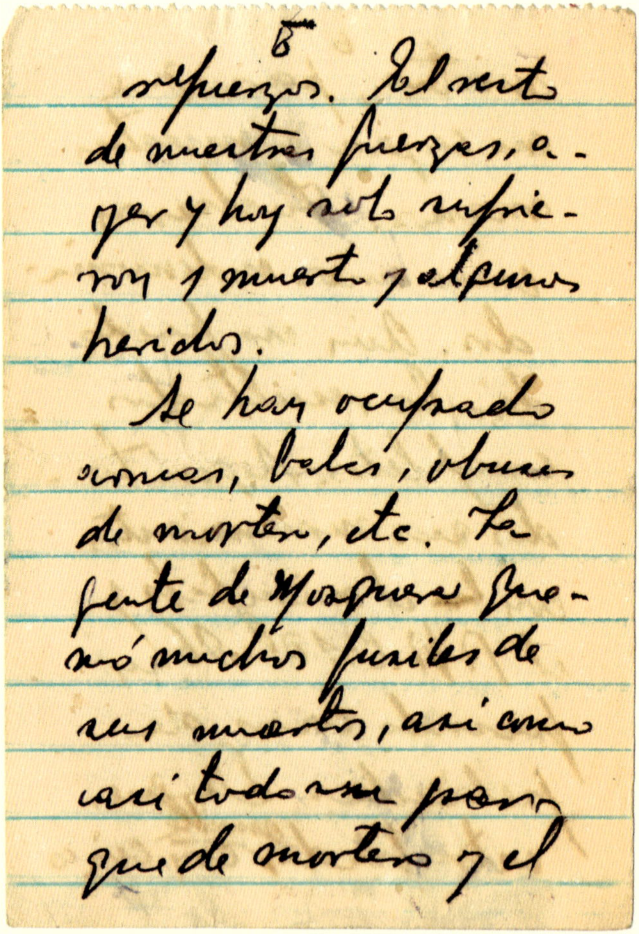
8

refuerzos. El resto
de nuestras fuerzas, a-
yer y hoy solo sufrie-
ron 1 muerto y algunos
heridos.
Se han ocupado
armas, balas, obuses
de mortero, etc. La
gente de Mosquera que-
mó muchos fusiles de
sus muertos, así como
casi todo su parque
de mortero y el

(5/11)

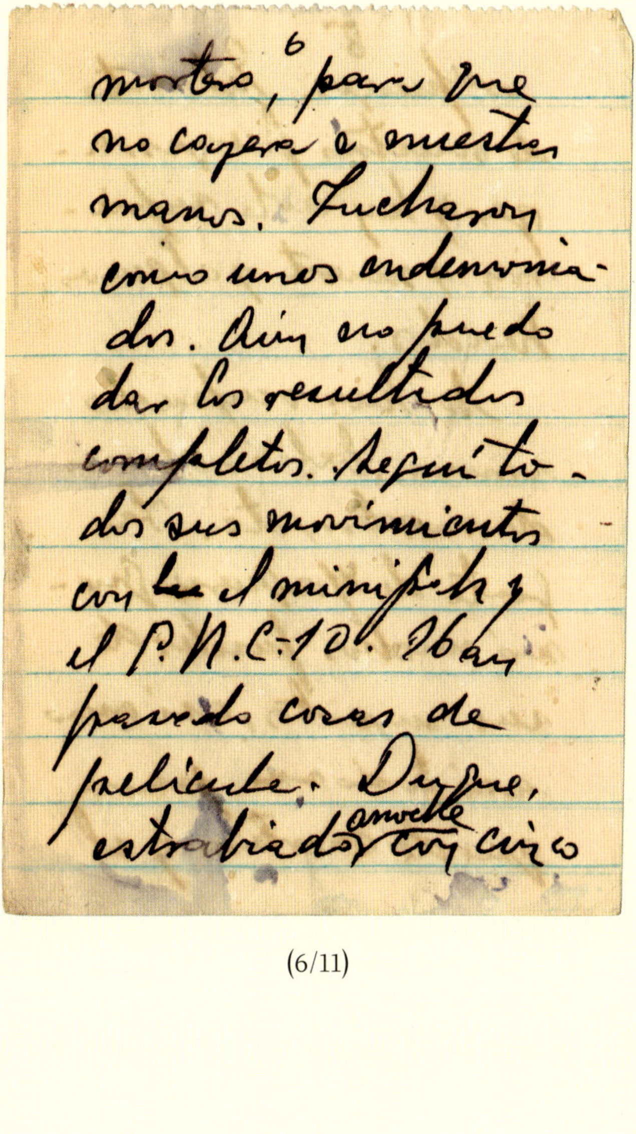
muerto, o para que
no cayera en nuestras
manos. Lucharon
como unos endemonia-
dos. Aún no puedo
dar los resultados
completos. Seguí to-
dos sus movimientos
con ~~las~~ el minifilm y
el P.R.C.-10. Han
pasado cosas de
película. Duque,
extraviado anoche con cinco

(6/11)

7

hombres fué a
parar a una pos-
ta de los guardias,
confundidos él y con-
fundidos aquellos,
pues aunque estaba
entre el campamento
de ellos y las postas,
se pusieron a ha-
blar, aunque creyen-
do que eran rebeldes
y los guardias que
eran guardias. Al

(7/11)

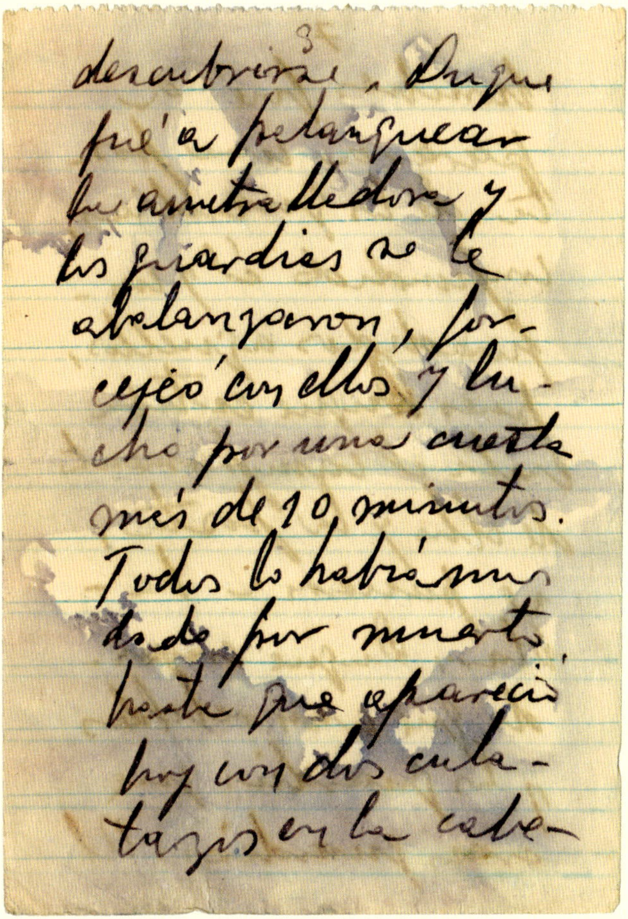
3

descubrirse. Aunque
fue a palanquear
la ametralladora y
los guardias se le
abalanzaron, for-
cejeó con ellos y lu-
chó por una cuesta
más de 10 minutos.
Todos lo habíamos
dado por muerto,
hasta que apareció
hoy con dos cula-
tazos en la cabe-

(8/11)

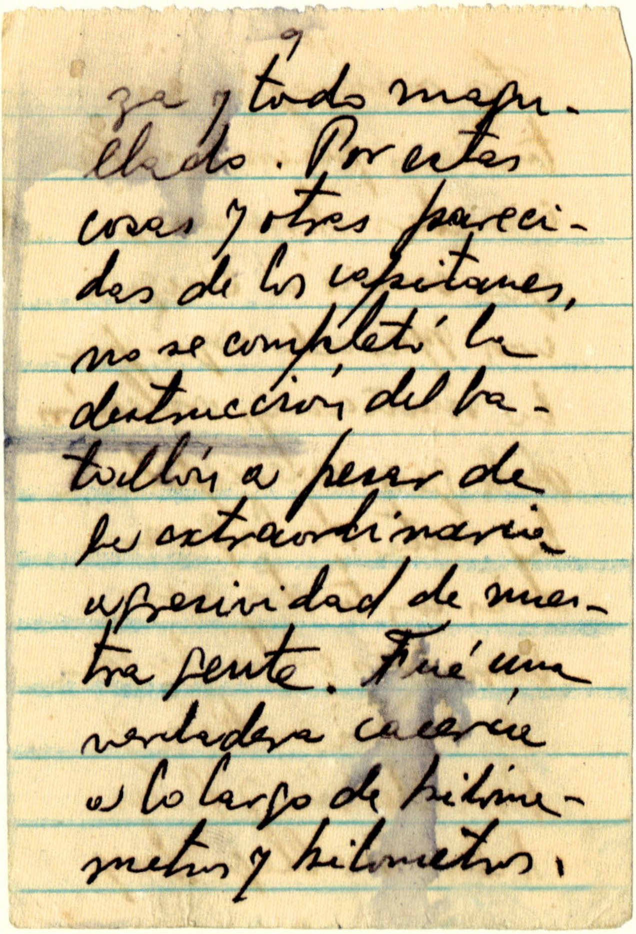
9

za y todos magu-
llados. Por estas
cosas y otras parecí-
das de los capitanes,
no se completó la
destrucción del ba-
tallón a pesar de
la extraordinaria
agresividad de nues-
tra gente. Fué una
verdadera cacería
a lo largo de kilóme-
metros y kilómetros.

(9/11)

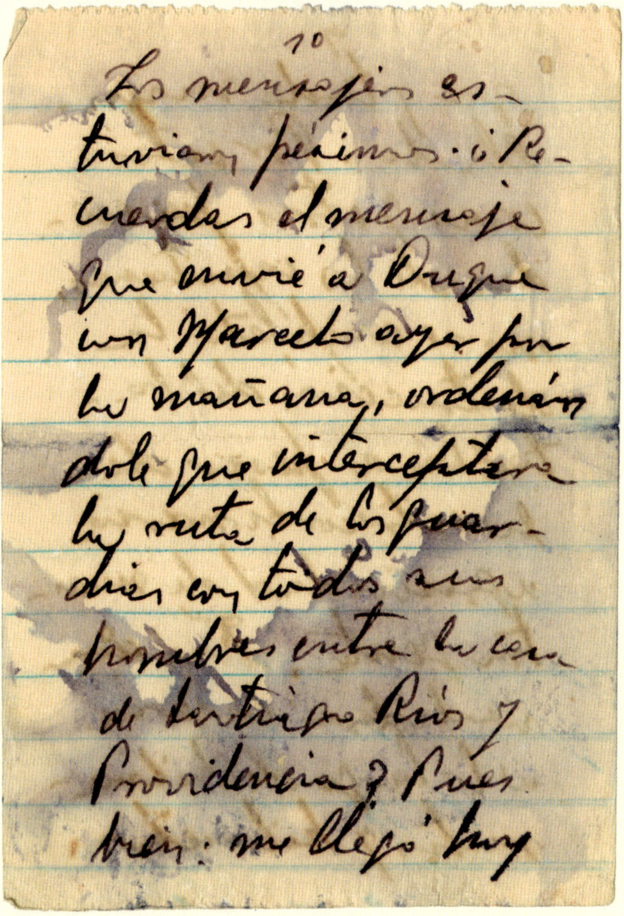
10

Los mensajes es-
tuvieron pésimos. ¿Re-
cuerdas el mensaje
que envié a Duque
con Marcelo ayer por
la mañana, ordenán-
dole que interceptara
la ruta de los guar-
dias con todos sus
hombres entre la casa
de Santiago Ríos y
Providencia? Pues
bien: me llegó muy

(10/11)

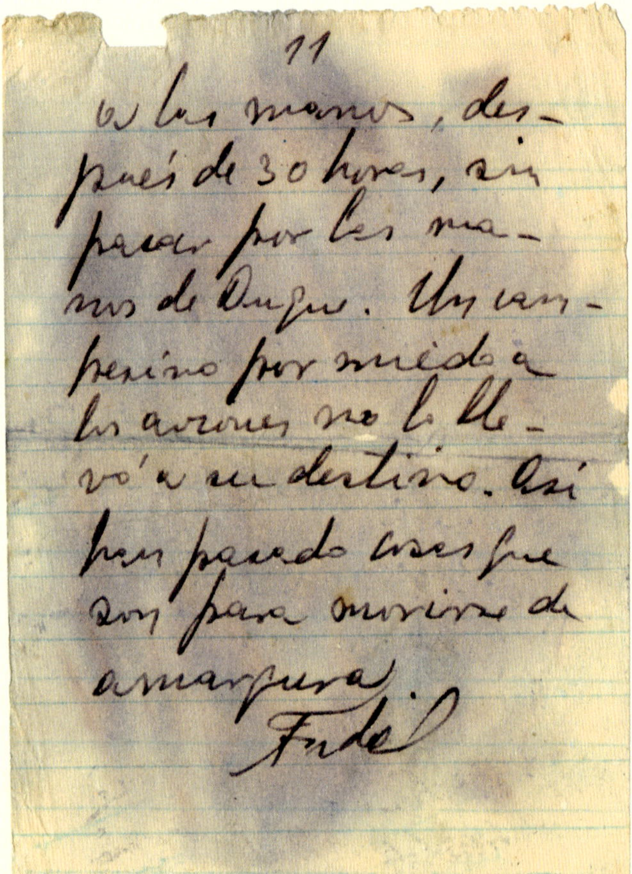
11

os las manos, des-
pués de 30 horas, sin
pasar por las ma-
nos de Angel. Un cam-
pesino por miedo a
los aviones no lo lle-
vó a su destino. Así
han pasado cosas que
son para morirse de
amargura

Fidel

(11/11)

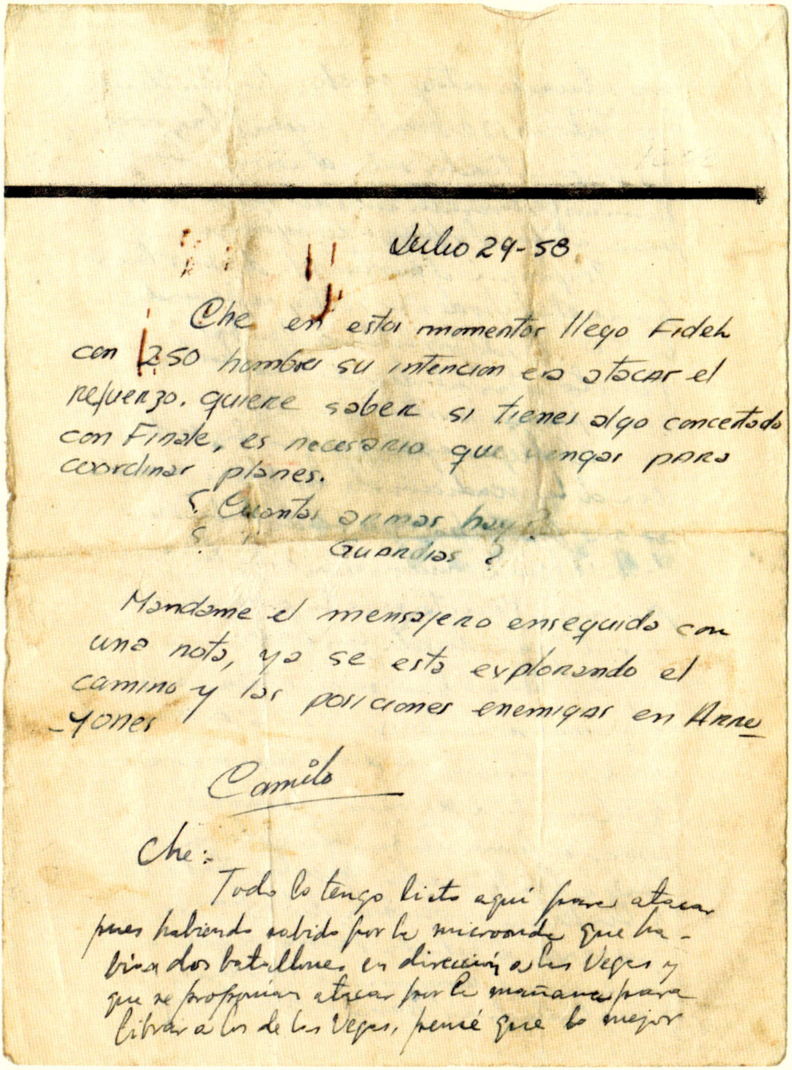

Julio 29-58

Che en estos momentos llegó Fidel con 250 hombres su intencion es atacar el refuerzo. quiere saber si tienes algo concertado con Finale, es necesario que vengas para coordinar planes.

¿Cuantas armas hay?
¿ Guardias ?

Mandame el mensajero enseguida con una nota, ya se esta explorando el camino y las posiciones enemigas en Arro-yones

Camilo

Che:
Todo lo tengo listo aquí para atacar pues habiendo sabido por la microonda que había dos batallones en dirección a las Vegas y que se proponían atacar por la mañana para librar a los de las Vegas, pensé que lo mejor

(1/3)

Message du Commandant en chef au Che, écrit en bas d'une note de Camilo, détaillant ce qui s'est passé le 29 juillet 1958.

va atacarlos estas noche. A Guillermo y a Lalo con 130 hombres y una bazooca los tengo situados entre el Cerro y Cuatro Caminos (estarán allí antes del amanecer) para atacar el refuerzo del refuerzo.

Tengo aquí el mortero 81, dos morteros 60, cuatro trípodes 30 y estoy esperando las 50. Desde por la tarde Hubert y Pedrito están estudiando las posiciones para los morteros.

Al llegar aquí y saber la noticia de la rendición de las Vegas ~~espero~~ ~~a~~ me preocupa que pueda haber habido alguna comunicación entre tú y Finalé. Necesito saberlo urgentemente para decidir qué hacer.

El plan ahora no es atacar con el grueso de las fuerzas, sino enviar los 250 hombres, en dos columnas a rodear los de Arroyones por abajo y tomar el firme de la Herradura frente a las Mercedes. Mientras Lalo y Guillermo se ocupan del refuerzo que venga de Estrada Palma y atacar a estos de Arroyones con morteros y ametralladoras para intimidarlos

(2/3)

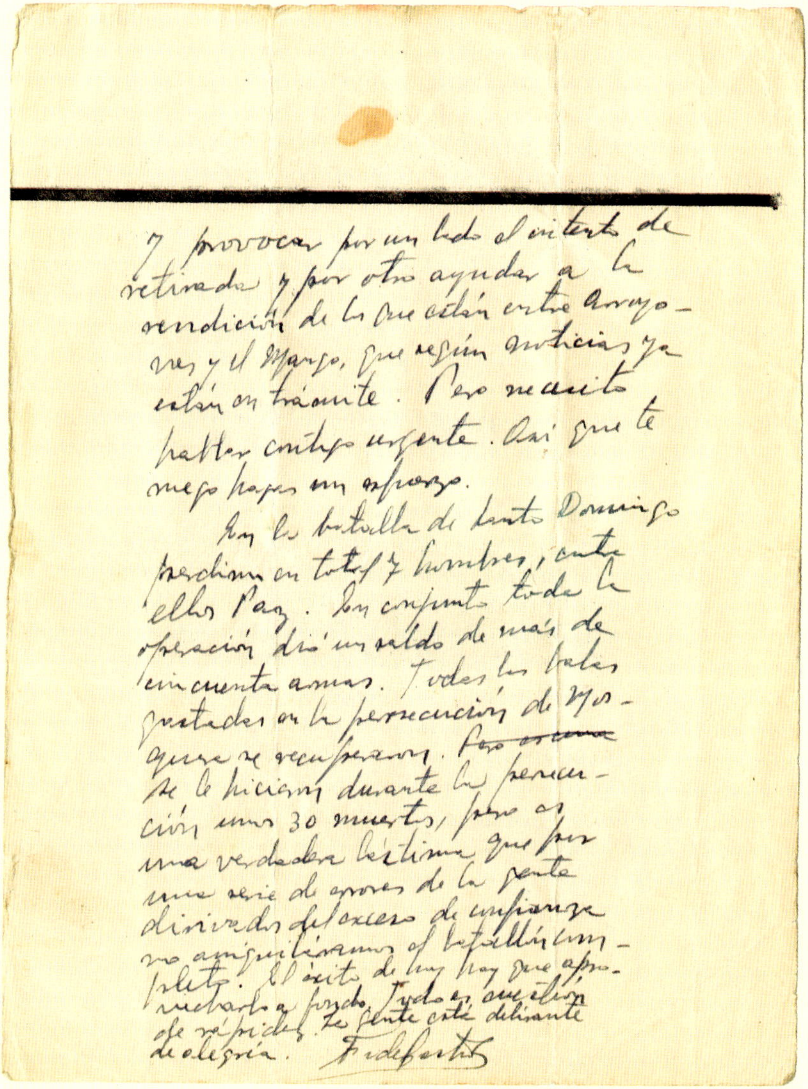

y provocar por un lado el intento de retirada y por otro ayudar a la rendición de los que están entre Arroyones y el Mango, que según noticias ya están en trámite. Pero necesito hablar contigo urgente. Así que te ruego hagas un esfuerzo.

En la batalla de Santo Domingo perdimos en total 7 hombres, entre ellos Paz. En conjunto toda la operación dió un saldo de más de cincuenta armas. Todas las balas gastadas en la persecución de Mosquera se recuperaron. Se le hicimos durante la persecución unos 30 muertos, pero es una verdadera lástima que por una serie de errores de la gente derivados del exceso de confianza no aniquiláramos el batallón completo. El éxito de hoy hay que aprovecharlo a fondo. Todo es cuestión de rapidez. La gente está delirante de alegría.

Fidel Castro

(3/3)

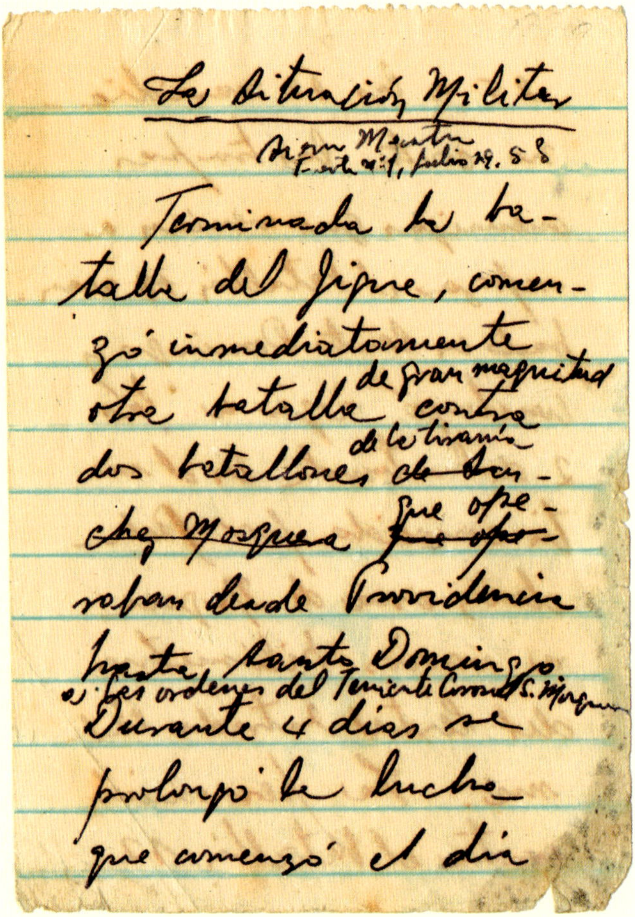

La Situación Militar

Sierra Maestra
Frente nº 1, julio 29. 58

Terminada la batalla del Jigüe, comenzó inmediatamente otra batalla de gran magnitud contra dos batallones de la tiranía ~~de Sánchez Mosquera que~~ que operaban desde Providencia hasta Santo Domingo a las órdenes del Teniente Coronel S. Mosquera. Durante 4 días se prolongó la lucha que comenzó el día

(1/14)

Compte-rendu retransmis par Radio Rebelle sur la situation militaire le 29 juillet 1958.

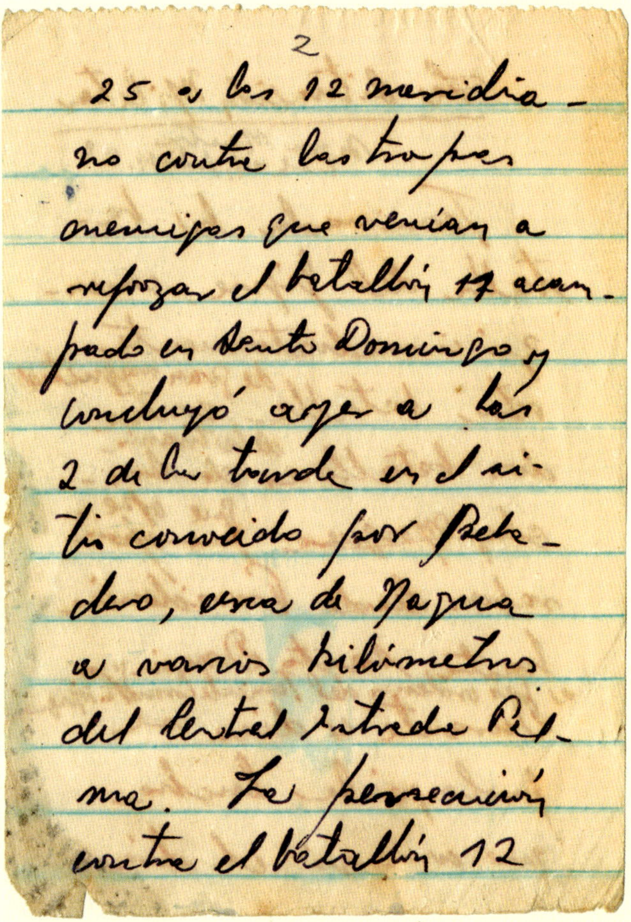

2

25 a las 12 meridia-
no contra las tropas
enemigas que venían a
reforzar el batallón 17 acam-
pado en Santo Domingo y
concluyó ayer a las
2 de la tarde en el si-
tio conocido por Beta-
dero, cerca de Yagua
a varios kilómetros
del Central Estrada Pal-
ma. La persecución
contra el batallón 12

(2/14)

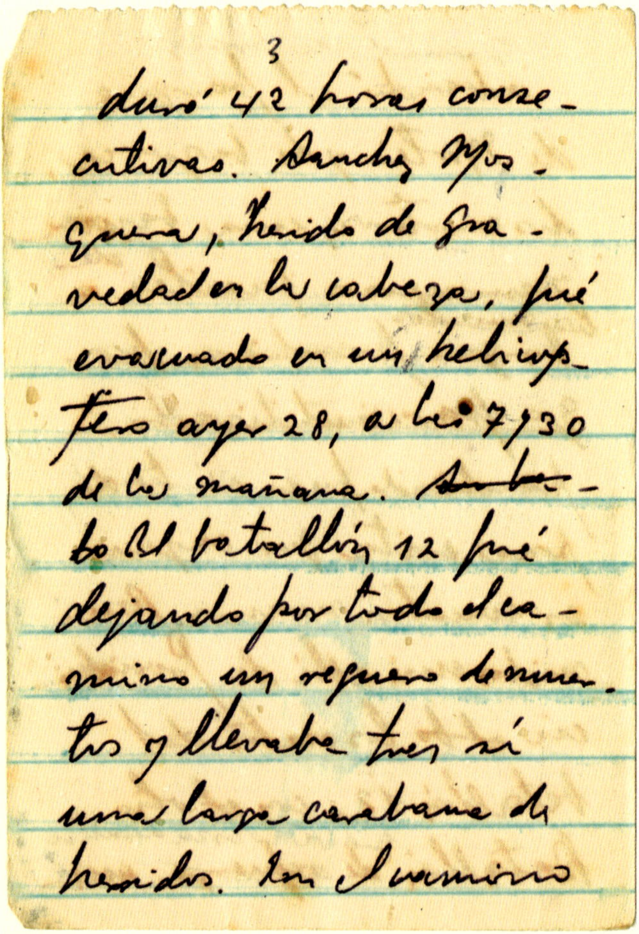
3

duró 42 horas conse-
cutivas. Sánchez Mos-
quera, herido de gra-
vedad en la cabeza, fué
evacuado en un helicóp-
tero ayer 28, a las 7.30
de la mañana. ~~Sube~~-
bo el batallón 12 fué
dejando por todo el ca-
mino un reguero de muer-
tos y llevaba tras sí
una larga caravana de
heridos. En el camino

(3/14)

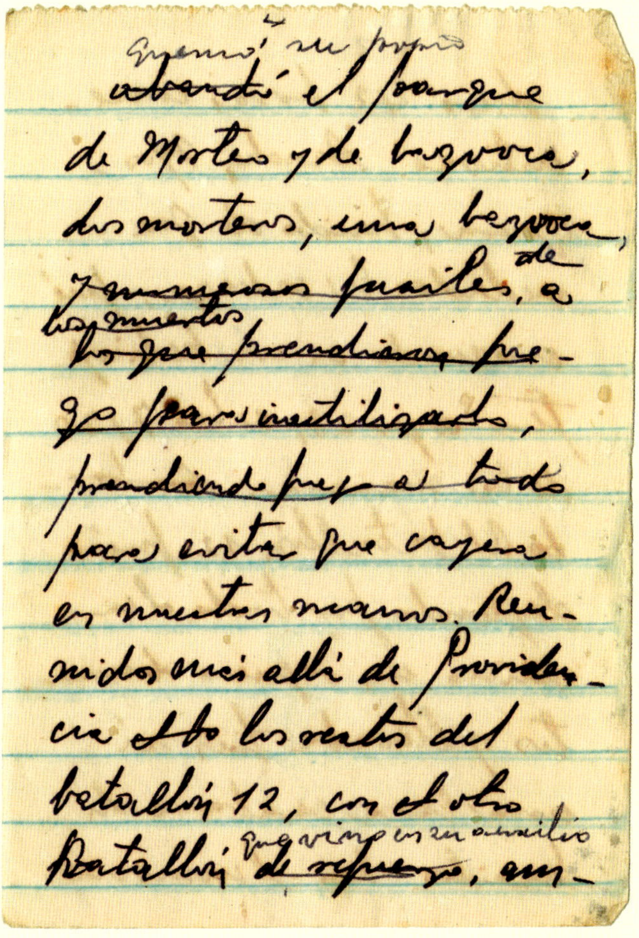
quemó su propio
~~abandonó~~ el parque
de Morteros y de bazooka,
dos morteros, una bazooka,
~~y numerosos fusiles~~ de, a
los muertos ~~los que prendíamos fue-~~
~~go para inutilizarlos~~,
~~prendiendo fuego a todo~~
para evitar que cayera
en nuestras manos. Reu-
nidos casi allí de Providen-
cia todos los restos del
batallón 12, con el otro
batallón que venía en su auxilio ~~de refuerzo~~, au-

(4/14)

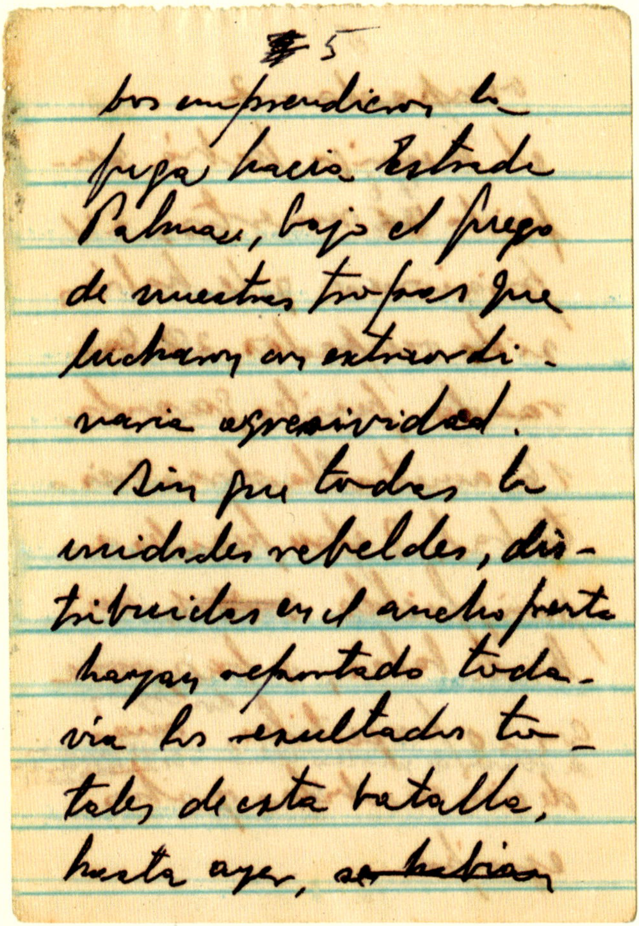
5
los emprendieron la
fuga hacia Estrada
Palma, bajo el fuego
de nuestras tropas que
luchaban con extraordi-
naria agresividad.
Sin que todas las
unidades rebeldes, dis-
tribuidas en el ancho frente
hayan reportado toda-
vía los resultados to-
tales de esta batalla,
hasta ayer, se sabían

(5/14)

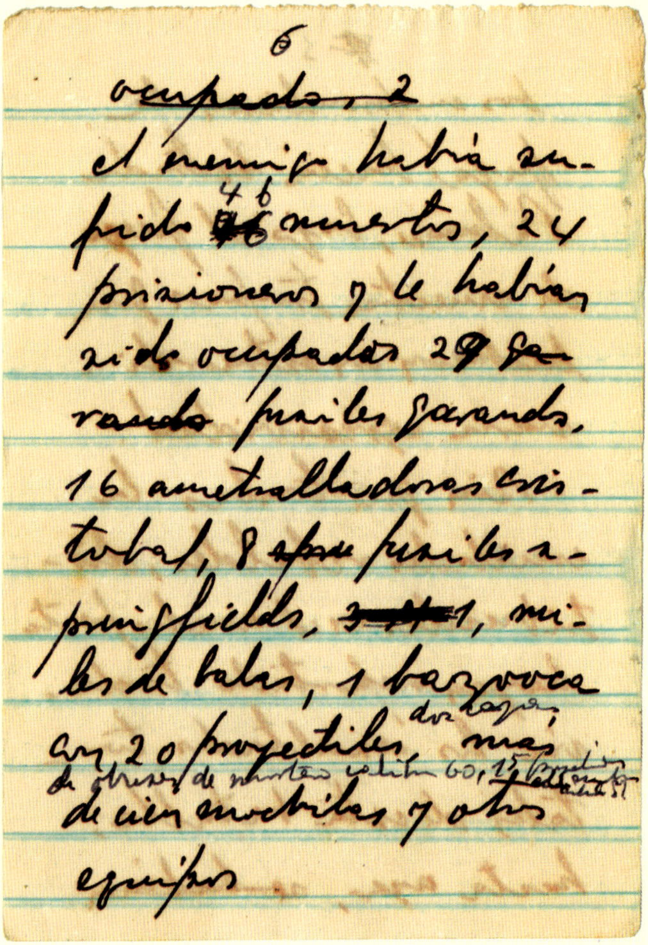

6

~~ocupados, 2~~

el enemigo había su-
frido 46 muertos, 24
prisioneros y le habían
sido ocupados 29 ~~ga-~~
~~rands~~ fusiles garands,
16 ametralladoras cris-
tobal, 8 ~~afus~~ fusiles s-
pringfields, ~~[illegible]~~ 1, mi-
les de balas, 1 bazooca
con 20 proyectiles, dos cajas más
de obuses de mortero calibre 60, 15 proyectiles de mortero calibre 81
de cien mochilas y otros
equipos

(6/14)

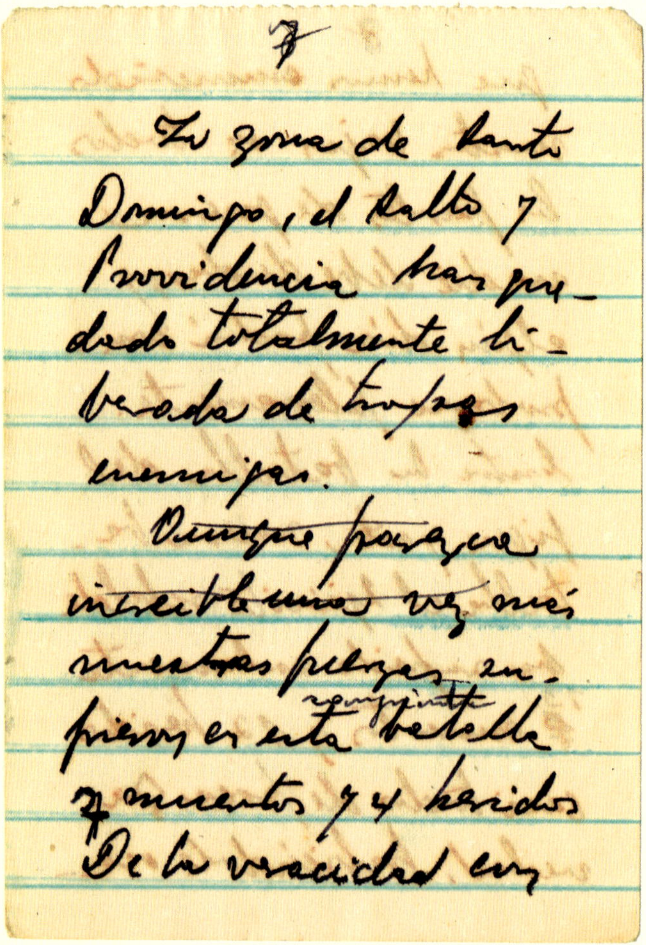

7

La zona de Santo Domingo, el Salto y Providencia han quedado totalmente liberada de tropas enemigas.

~~Aunque parezca increíble una~~ vez más nuestras piezas sufrieron en esta [illegible] batalla 7 muertos y 4 heridos. De la veracidad con

(7/14)

8

que hemos enunciado
nuestras bajas en todos
los partes de guerra
nadie debe dudar y
algún día podrá com-
probarse plenamente.
Entre la batalla del
Jigüe y esta nueva ba-
talla el Ejército rebelde
ha sufrido solamente
13 muertos y 12 heridos
casi todos de poca gra-
vedad, habiéndole oca-

(8/14)

sionado a las fuerzas y batidas dos ocasiones
de la tiranía más de
cuatrocientas bajas entre
muertos, prisioneros y
heridos, habiéndole ocu-
pado más de 300 armas
y casi cien mil balas.
El Ejército rebelde ha ~~Quiero decir~~
aumentado extraordi-
nariamente sus efecti-
vos de combate y pron-
que la lucha contra
los restos de las fuerzas

He de decir que nosotros jamás podremos conmemorar con júbilo el sacrificio de nuestros enemigos; ni ocuparlo porque

(9/14)

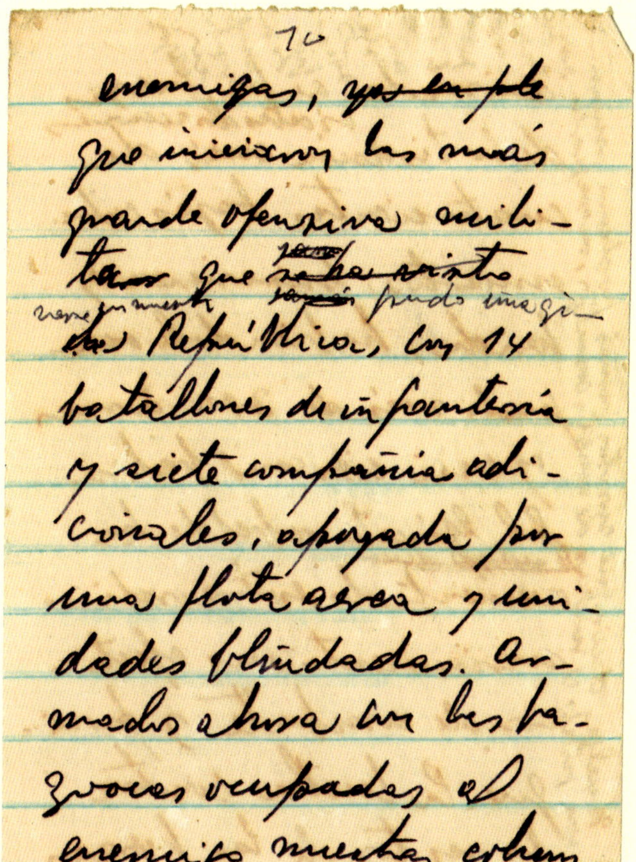

10

enemigas, ya en ple
que iniciaron la más
grande ofensiva mili-
tar que jamás se ha visto
seguramente jamás pudo imagi-
nar la República, con 14
batallones de infantería
y siete compañías adi-
cionales, apoyadas por
una flota aérea y uni-
dades blindadas. Ar-
mados ahora con las ba-
zookas ocupadas al
enemigo nuestras colum-

(10/14)

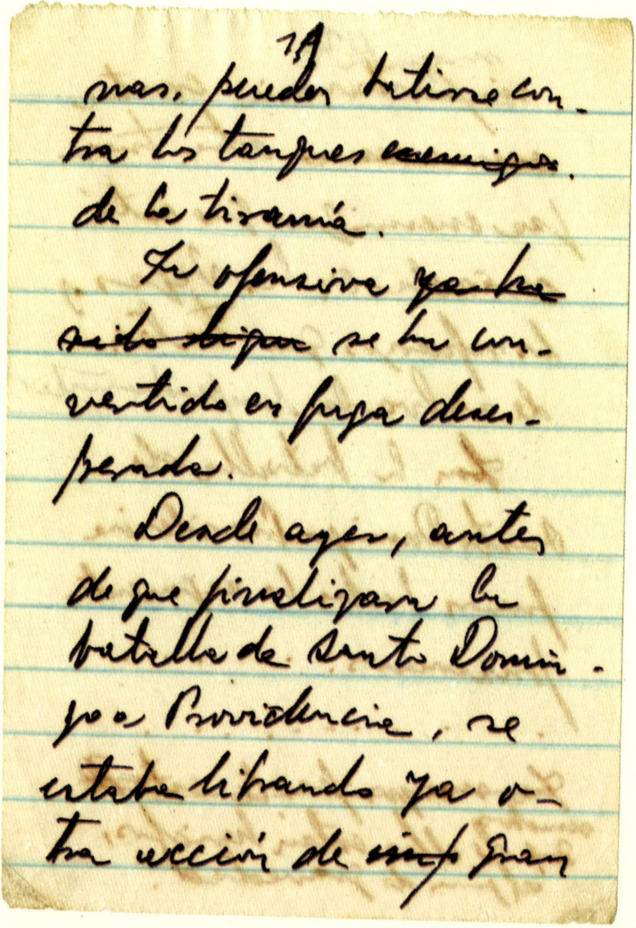

19

mas, pueden batirse con-
tra los tanques ~~enemigos~~.
de la tiranía.
La ofensiva ~~ya ha~~
~~sido derrotada~~ se ha con-
vertido en fuga deses-
perada.
Desde ayer, antes
de que finalizara la
batalla de Santo Domin-
go o Providencia, se
estaba librando ya o-
tra acción de ~~tiempo~~ gran

(11/14)

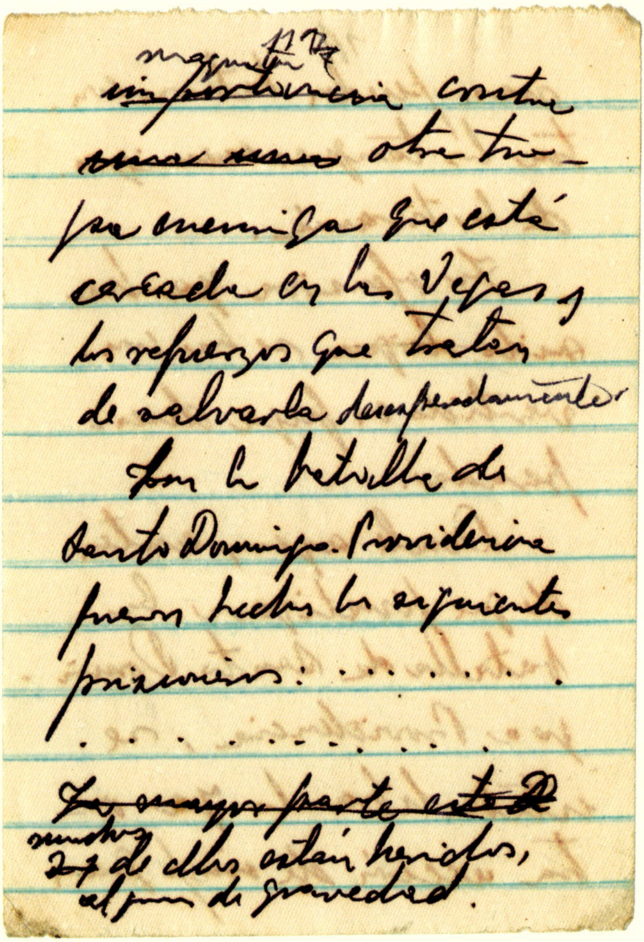

11 Vta

magnitud ~~importancia~~ contra ~~una una~~ otra tro-
pa enemiga que está
cercada en las Vegas y
los refuerzos que trataron
de salvarla desesperadamente.
Con la batalla de
Santo Domingo. Providencia
fueron hechos los siguientes
prisioneros: . . . .
. . . .
~~La mayor parte está~~
muchos ~~27~~ de ellos están heridos,
algunos de gravedad.

(12/14)

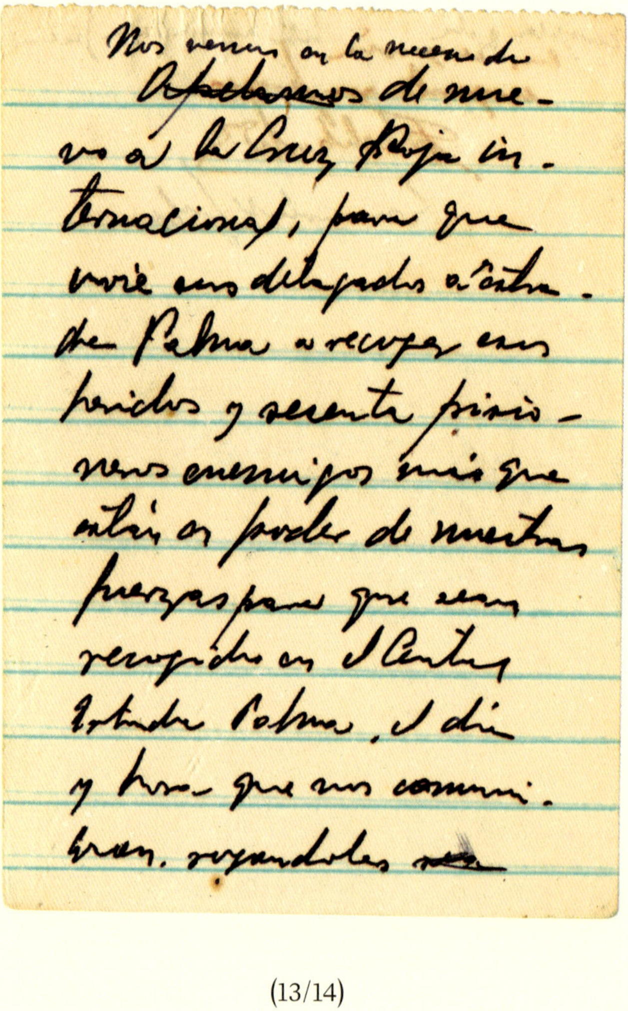
Nos vemos en la necesidad de
~~Apelaremos~~ de nue-
vo a la Cruz Roja in-
ternacional, para que
envíe sus delegados a Estra-
da Palma a recoger esos
heridos y sesenta prisio-
neros enemigos más que
están en poder de nuestras
fuerzas para que sean
recogidos en el Central
Estrada Palma, el día
y hora que nos comuni-
quen, rogándoles ~~sea~~

(13/14)

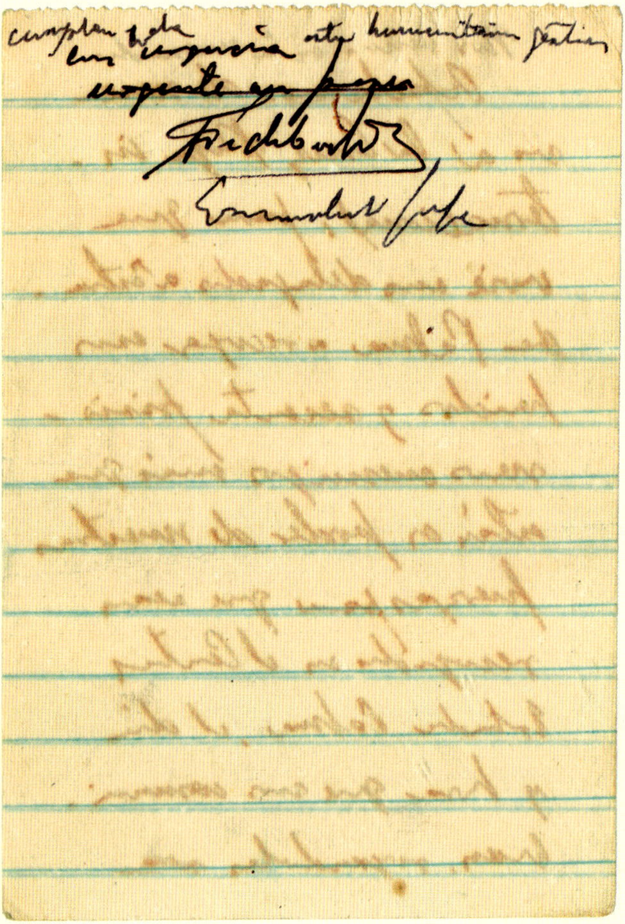
cumplan toda
con exigencia otra humanitaria gestión
urgente ya pagada
Fidel Castro
Comandante Jefe

(14/14)

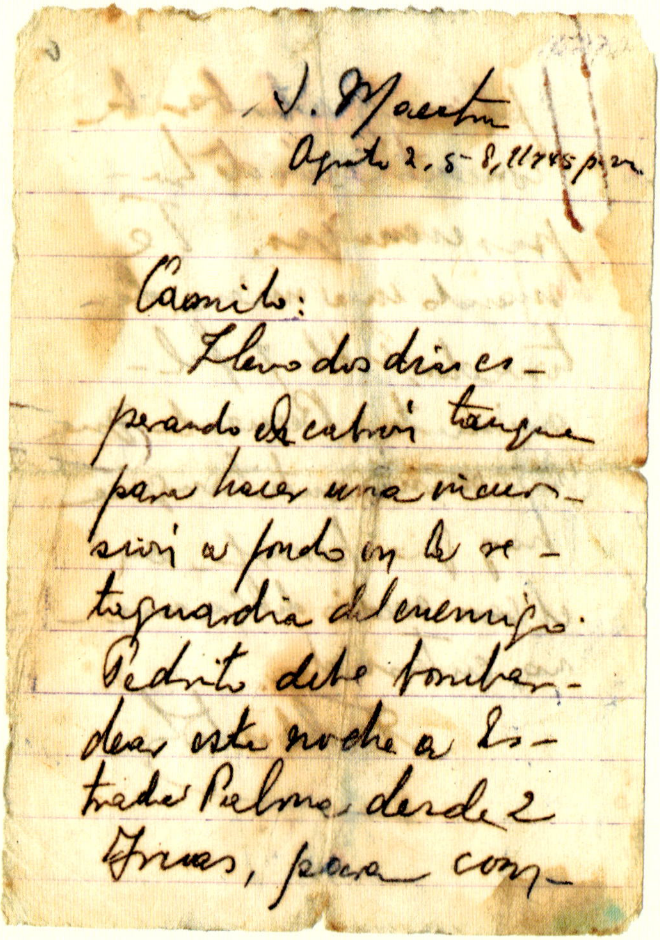

S. Maestra
Agosto 2, 58, 11:45 p.m.

Camilo:
Llevo dos días esperando el cabrón tanque para hacer una incursión a fondo en la retaguardia del enemigo. Pedrito debe bombardear esta noche a Estrada Palma desde 2 horas, para com-

(1/2)

Message de Fidel à Camilo lui indiquant de poser une mine au milieu du chemin pour empêcher la retraite ennemie. 2 août 1958.

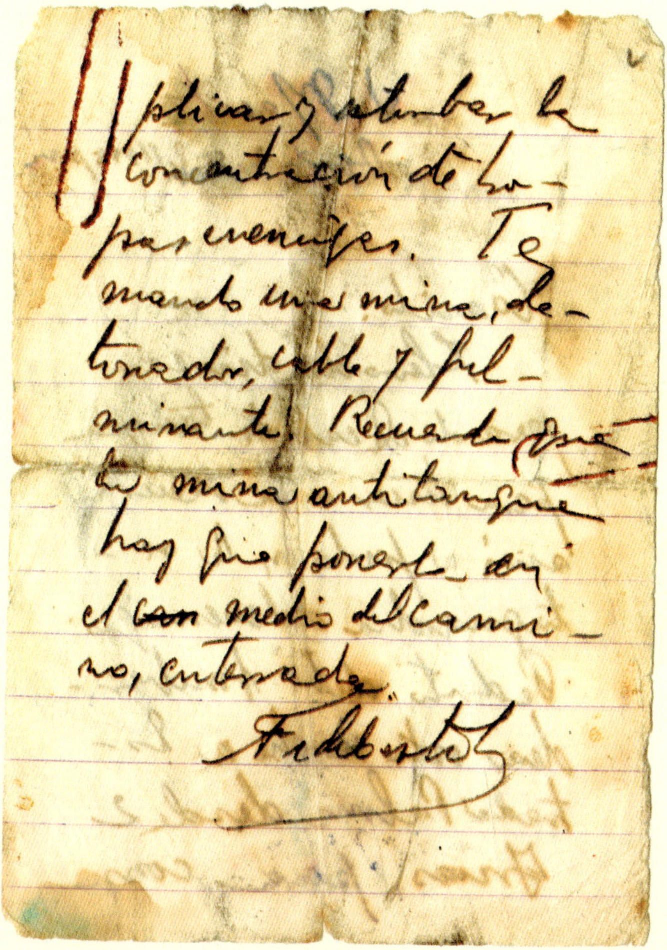

plicar y retardar la
concentración de las tro-
pas enemigas. Te
mando una mina, de-
tonador, cable y ful-
minante. Recuerda que
la mina antitanque
hay que ponerla en
el ~~con~~ medio del cami-
no, enterrada.

Fidel Castro

(2/2)

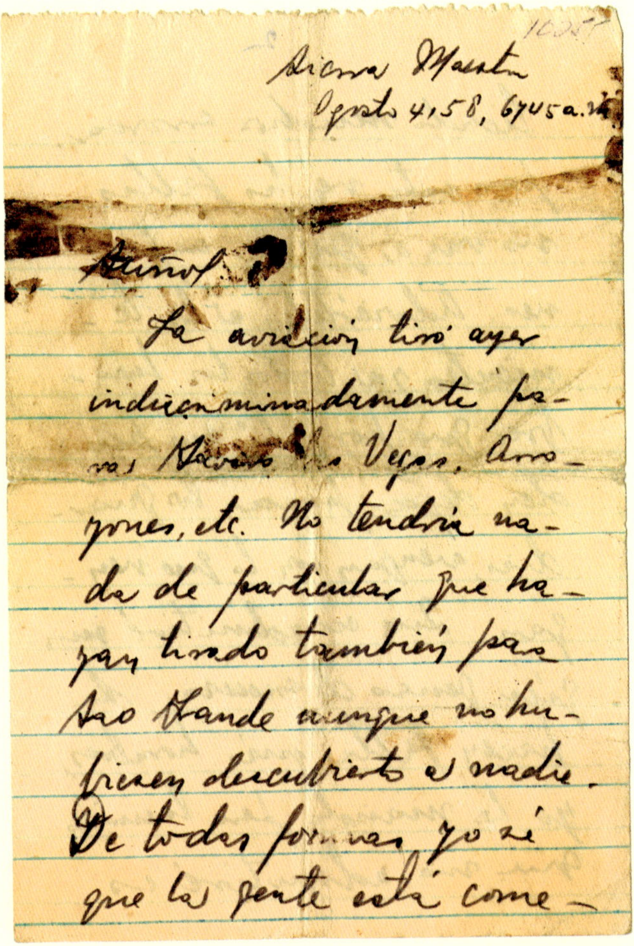

Sierra Maestra
Agosto 4, 58, 6:45 a.m.

Suñol:

La aviación tiró ayer indiscriminadamente para [illegible] Las Vegas, Arroyones, etc. No tendría nada de particular que hayan tirado también para Aso Grande aunque no hubieran descubierto a nadie. De todas formas yo sé que la gente está come-

(1/4)

Message de Fidel à Eddy Suñol le 4 août 1958, dans lequel il le met au courant des bombardements et mitraillages ennemis sur Las Vegas et Arroyones.

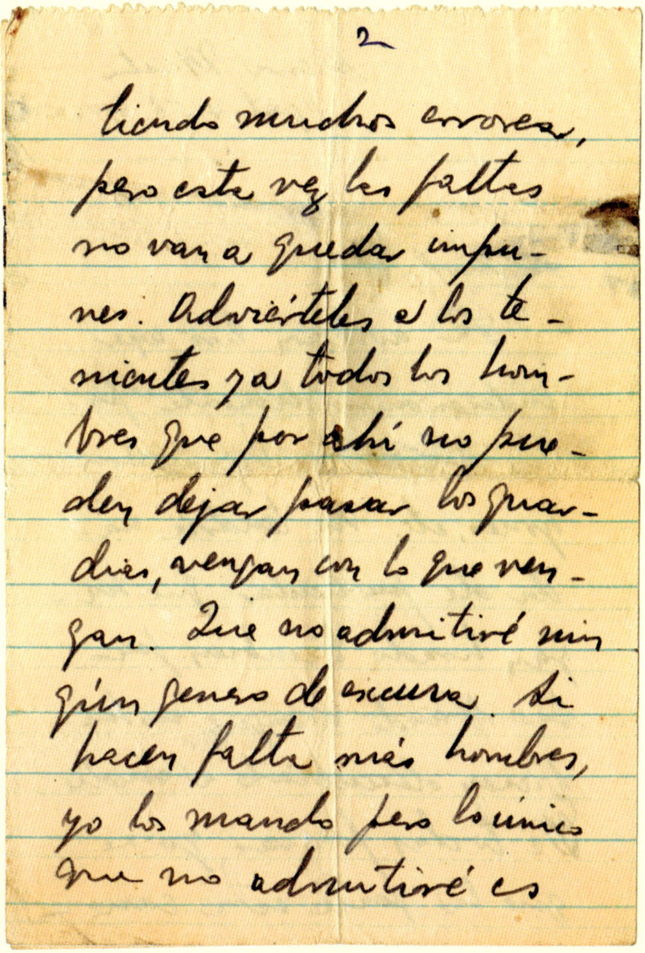

2

tiendo muchos errores,
pero esta vez las faltas
no van a quedar impu-
nes. Adviérteles a los te-
nientes y a todos los hom-
bres que por ahí no pue-
den dejar pasar los guar-
dias, vengan con lo que ven-
gan. Que no admitiré nin
gún género de excusa. Si
hacen falta más hombres,
yo los mando pero lo único
que no admitiré es

(2/4)

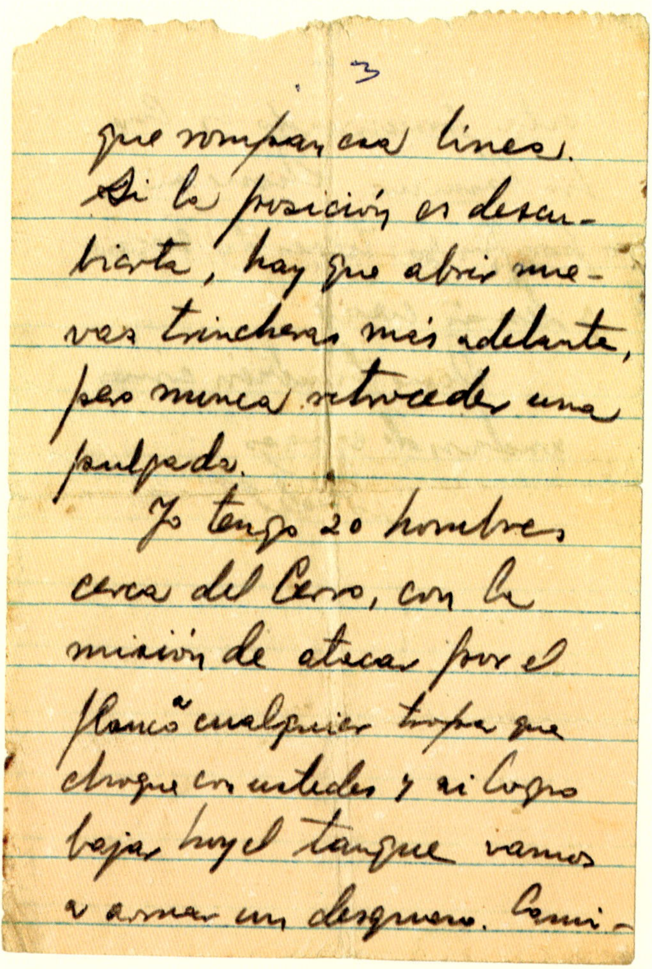
3

que rompan esa línea.
Si la posición es descubierta, hay que abrir nuevas trincheras más adelante, pero nunca retroceder una pulgada.
Yo tengo 20 hombres cerca del Cerro, con la misión de atacar por el flanco a cualquier tropa que choque con ustedes y si logro bajar hoy el tanque vamos a armar un desguero. Cami-

(3/4)

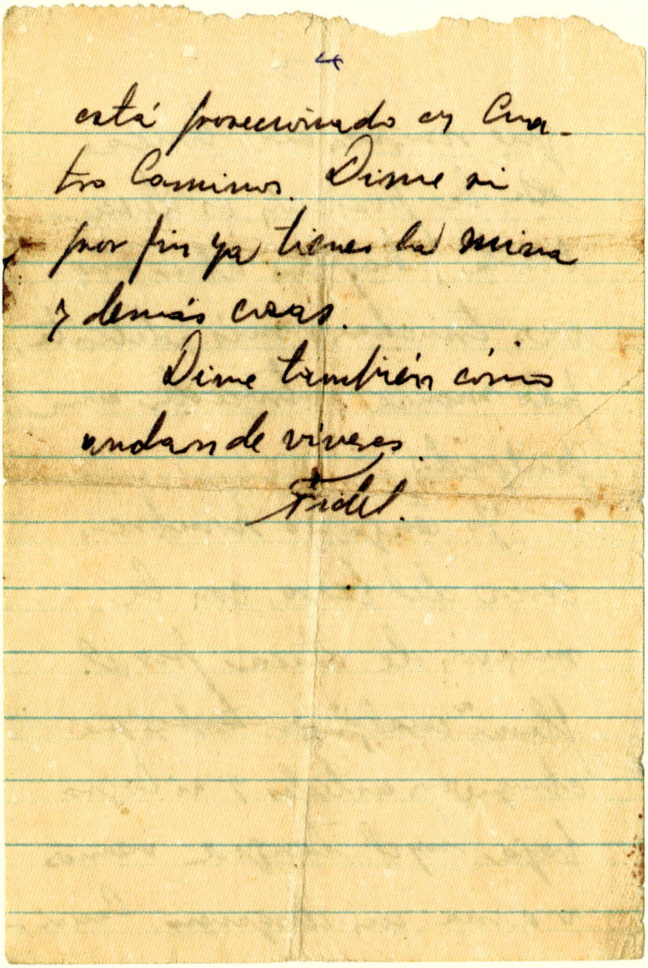
4

está posecionando en Cuatro Caminos. Dime si por fin ya tienes la misa y demás cosas.

Dime también cómo andan de víveres.

Fidel.

(4/4)

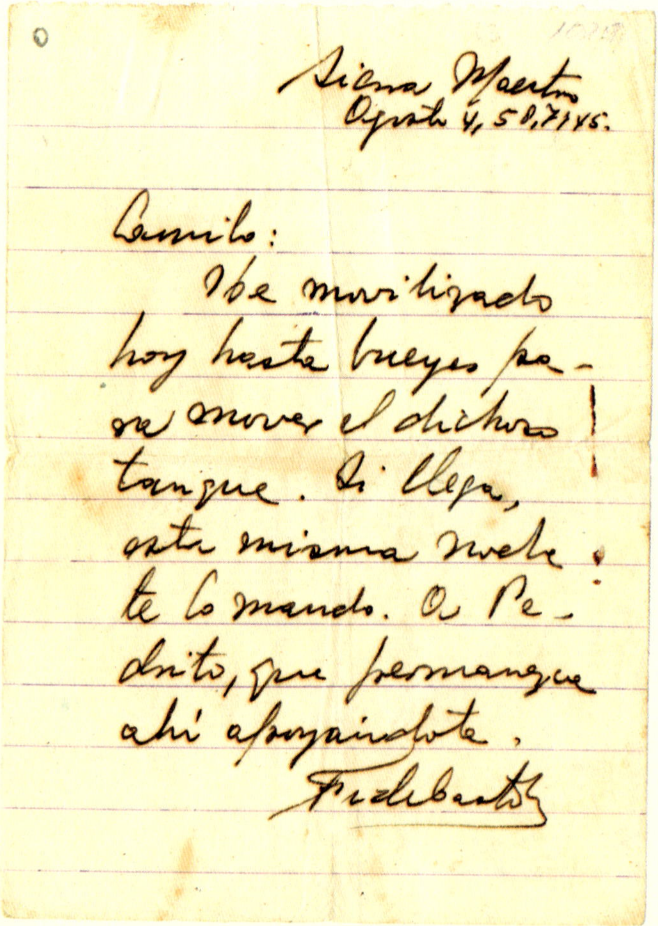

Sierra Maestra
Agosto 4, 58, 7 y 45.

Camilo:

He movilizado hoy hasta bueyes para mover el dichoso tanque. Si llega, esta misma noche te lo mando. A Pedrito, que permanezca ahí apoyándote.

Fidel Castro

Message de Fidel à Camilo sur la possibilité de lui envoyer un tank. 4 août 1958.

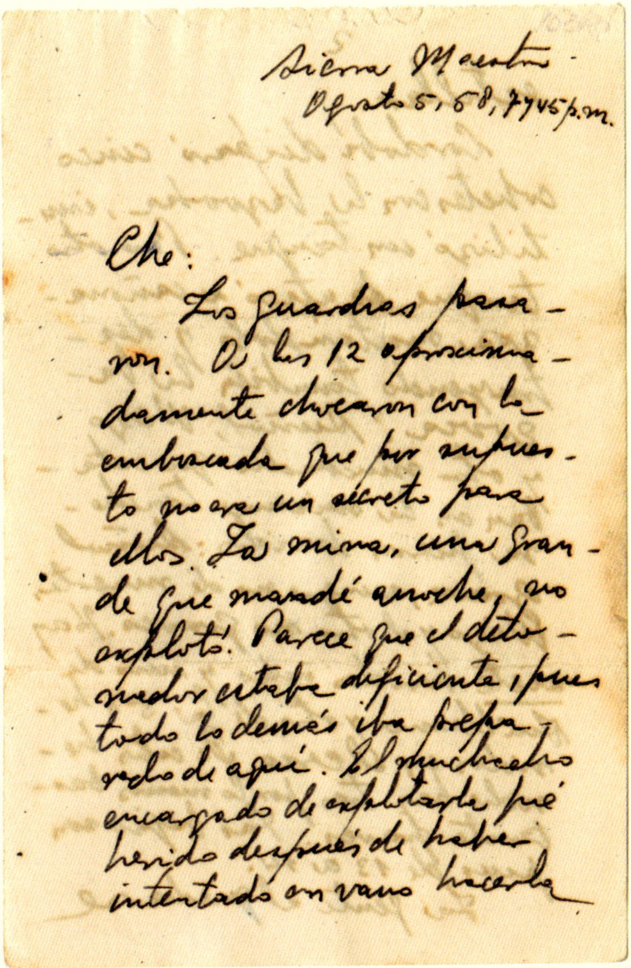

Sierra Maestra.
Agosto 5, 58, 7:45 p.m.

Che:

Los guardias pasaron. A las 12 aproximadamente chocaron con la emboscada que por supuesto no era un secreto para ellos. La mina, una grande que mandé anoche, no explotó. Parece que el detonador estaba deficiente, pues todo lo demás iba preparado de aquí. El muchacho encargado de explotarla fué herido después de haber intentado en vano hacerla

(1/8)

Message de Fidel au Che où il lui donne des nouvelles des combats et lui précise la situation des rebelles pour empêcher la retraite ennemie. 5 août 1958.

2

estallar.

Cordobí disparó cinco cohetes con la bazooka, inutilizó un tanque. Pero otro tanque lo atacó a cañonazos, matándolo y destruyendo también la bazooka. Buñol, Wicho y otro muchacho que estaban en la misma trinchera fueron heridos: Buñol grave, aunque no de muerte, Wicho y el otro no graves. Hay siete heridos más y uno de Guillermo y otro de los 50 heridos en el cerco. De estos heridos hay tres por lo menos bastante graves. Las bajas son pues de 13 a 14.

La gente al quedarse

(2/8)

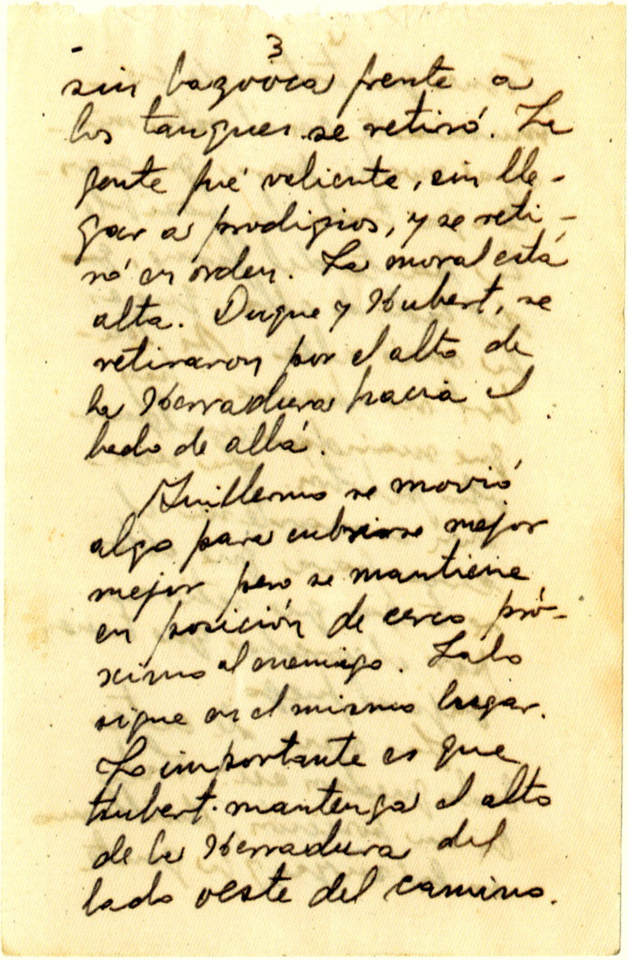

3

sin bazooka frente a
los tanques se retiró. La
gente fué valiente, sin lle-
gar a prodigios, y se reti-
ró en orden. La moral está
alta. Duque y Hubert, se
retiraron por el alto de
la Herradura hacia el
lado de allá.

Guillermo se movió
algo para cubrirse mejor
mejor pero se mantiene
en posición de cerco pró-
ximo al enemigo. Lalo
sigue en el mismo lugar.
Lo importante es que
Hubert mantenga el alto
de la Herradura del
lado oeste del camino.

(3/8)

Tienes que tratar de co-
municarte con él esta mis-
ma noche para que man-
tenga todo lo posible
la parte del firme, ~~qu~~
del lado de allá, que es
la más alta. Si Hu-
bert no aparece, hay
que mandar cualquier
otro pelotón. La cues-
tión es mantener el
cerco para que ellos
se tengan que retirar
por el corredor que tienen
bajo el fuego.
Las cosas de este
lado quedan así: Lalo
en su posición, Guillermo
en la rueda y la gente

(4/8)

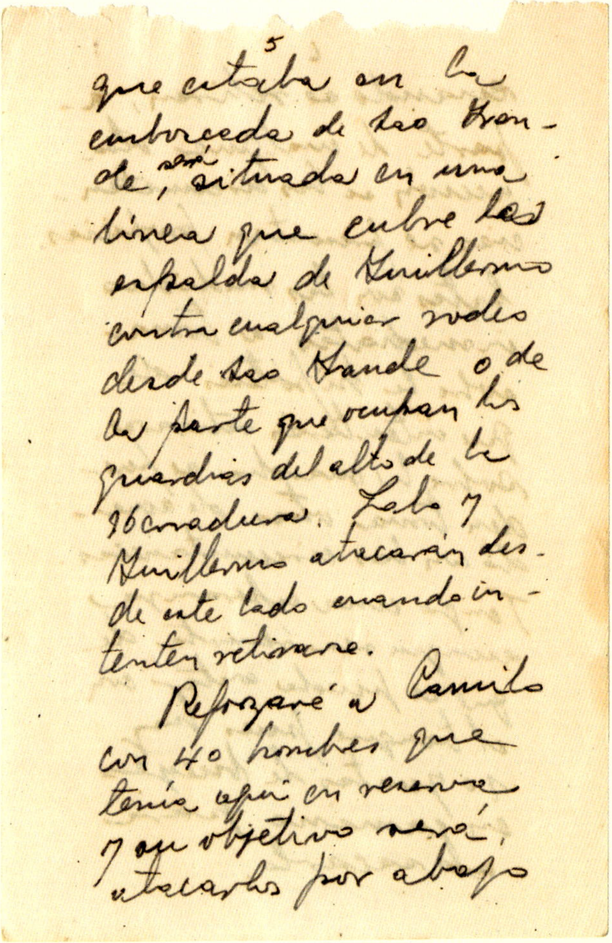
5

que estaba en la
emboscada de Sao Gran-
de, será situada en una
línea que cubre las
espaldas de Guillermo
contra cualquier rodeo
desde Sao Grande o de
la parte que ocupan los
guardias del alto de la
Herradura. Lalo y
Guillermo atacarán des-
de este lado cuando in-
tenten retirarse.

Reforzaré a Camilo
con 40 hombres que
tenía aquí en reserva
y su objetivo será
atacarlos por abajo

(5/8)

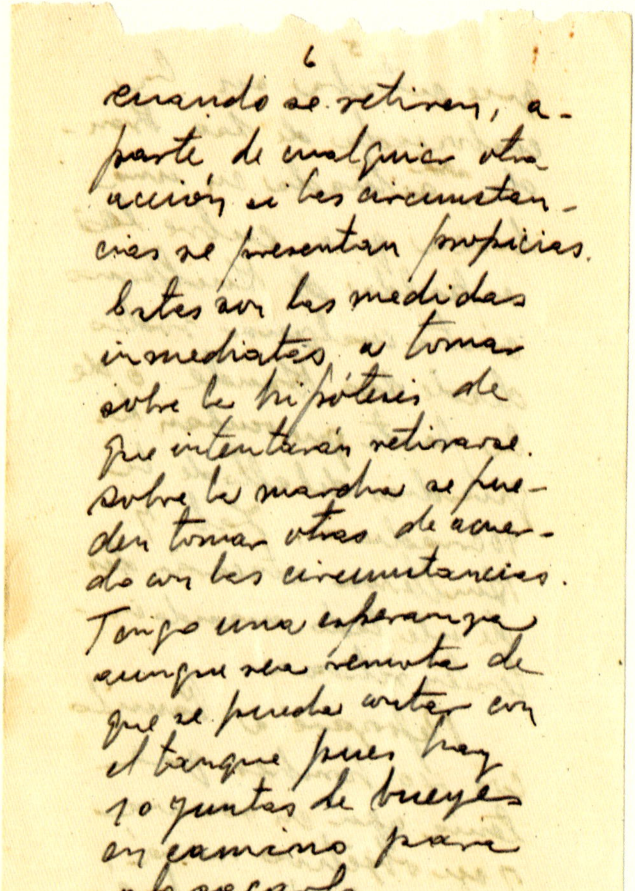
6

cuando se retiren, a-
parte de cualquier otra
acción si las circunstan-
cias se presentan propicias.
Estas son las medidas
inmediatas a tomar
sobre la hipótesis de
que intentarán retirarse.
Sobre la marcha se pue-
den tomar otras de acuer-
do con las circunstancias.
Tengo una esperanza
aunque sea remota de
que se pueda contar con
el tanque pues hay
10 juntas de bueyes
en camino para
~~a~~ sacarlo.

(6/8)

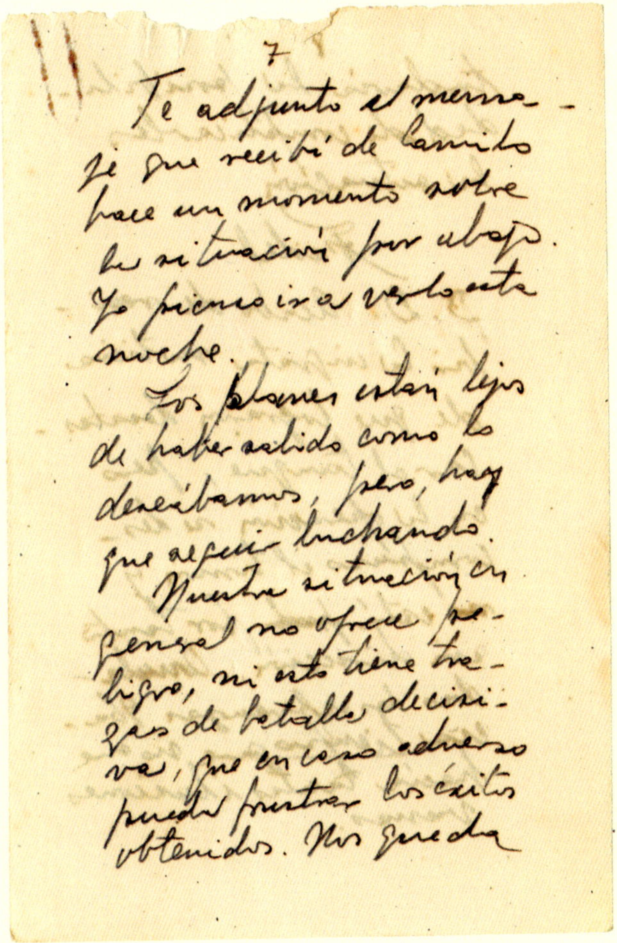

7

Te adjunto el mensaje que recibí de Camilo hace un momento sobre la situación por abajo. Yo pienso ir a verlo esta noche.

Los planes están lejos de haber salido como lo deseábamos, pero, hay que seguir luchando.

Nuestra situación en general no ofrece peligro, ni esto tiene trazas de batalla decisiva, que en caso adverso pueda frustrar los éxitos obtenidos. Nos queda

(7/8)

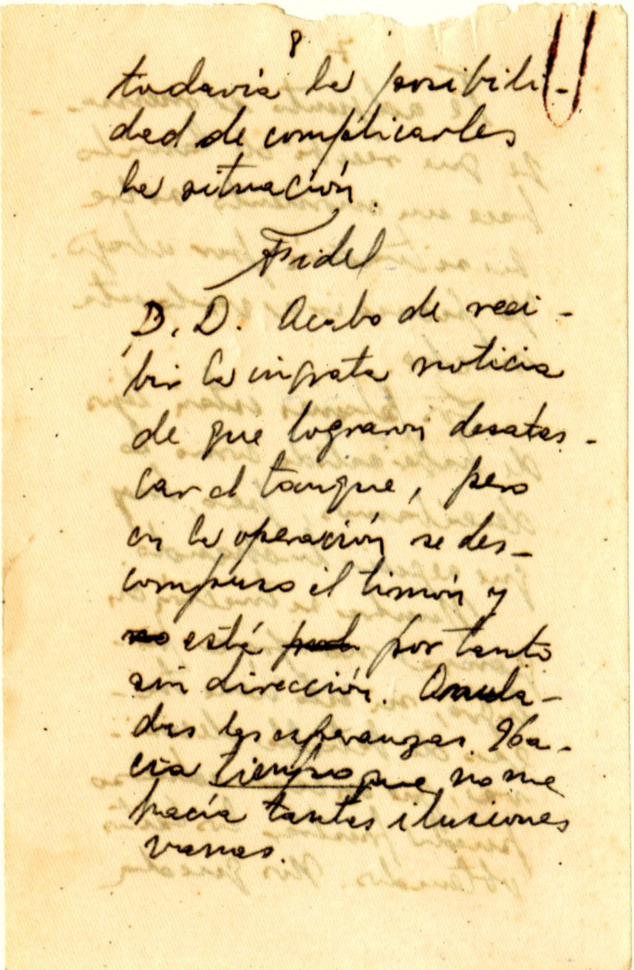
8

todavía la posibili-
dad de complicarles
la situación.

Fidel

P.D. Acabo de reci-
bir la ingrata noticia
de que lograron desatas-
car el tanque, pero
en la operación se des-
compuso el timón y
~~no~~ está ~~pa~~ por tanto
sin dirección. Anula-
das las esperanzas. Ha-
cía tiempo ~~que~~ que no me
hacía tantas ilusiones
vanas.

(8/8)

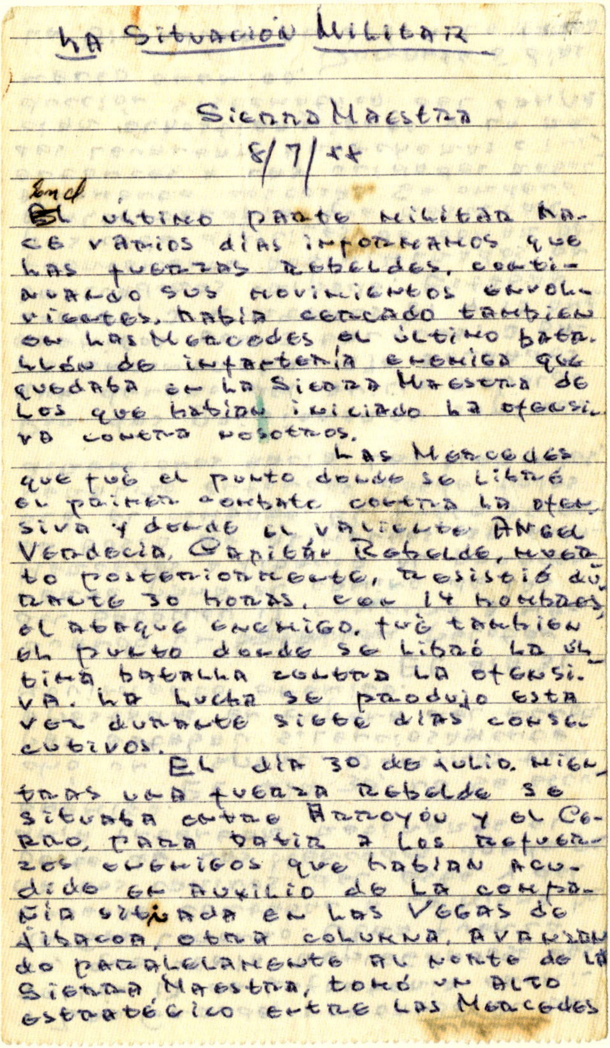

La Situación Militar

Sierra Maestra
8/7/58

En el último parte militar hace varios días informamos que las fuerzas rebeldes, continuando sus movimientos envolventes, habían cercado también en Las Mercedes el último batallón de infantería enemiga que quedaba en la Sierra Maestra de los que habían iniciado la ofensiva contra nosotros.

Las Mercedes que fué el punto donde se libró el primer combate contra la ofensiva y donde el valiente Angel Verdecia, Capitán Rebelde, muerto posteriormente, resistió durante 30 horas con 14 hombres el ataque enemigo, fué también el punto donde se libró la última batalla contra la ofensiva. La lucha se produjo esta vez durante siete días consecutivos.

El día 30 de julio, mientras una fuerza rebelde se situaba entre Arroyón y el Cerro, para batir a los refuerzos enemigos que habían acudido en auxilio de la compañía situada en Las Vegas de Jibacoa, otra columna, avanzando paralelamente al norte de la Sierra Maestra, tomó un alto estratégico entre Las Mercedes

(1/9)

Rapport militaire dicté à Celia par Fidel le 7 août 1958 qui fut retransmis dans la nuit par Radio Rebelle. Fidel y annonce la victoire contre l'offensive ennemie qui débuta et s'acheva à Las Mercedes.

y Zao Grande, cortando la retirada al ba-
tallón 17 de infantería enemi-
ga, que venía replegándose des-
de San Lorenzo. Otra fuerza
rebelde cortaba a la misma ho-
ra los caminos del este y del
oeste de Las Mercedes, donde po-
dría intentar retirarse el
enemigo.
El día 30, no se escu-
chó un disparo. Nuestras tro-
pas estaban silenciosamente
apostadas en espera del menor
movimiento enemigo.
El día 31,
cuando un ~~batallón~~ pelotón
del batallón 17 comenzó a mo-
verse para el camino de Las
Mercedes a Jibacoa al parecer
en busca de alimentos, se enta-
bló el combate. El fuego se ge-
neralizó entonces desde todas
direcciones hacia Las Mercedes.

Por dos prisioneros supimos
que dentro del anillo rebelde
se encontraban 370 soldados
enemigos, con 3 tanques, 2 ba-
zookas, 2 morteros 81 y 12 ame-
tralladoras trípode. Estaban
fuertemente atrincheradas en
posición difíciles que de tomar por
asalto, tendrían que resultar
altamente costosas. Se ordenó
entonces a las unidades rebel-
des levantar trincheras e ini-
ciar el hostigamiento y la re-
ducción sistemática del campa-
mento enemigo.
Durante 5 días
la Dictadura se dió a la tarea

(2/9)

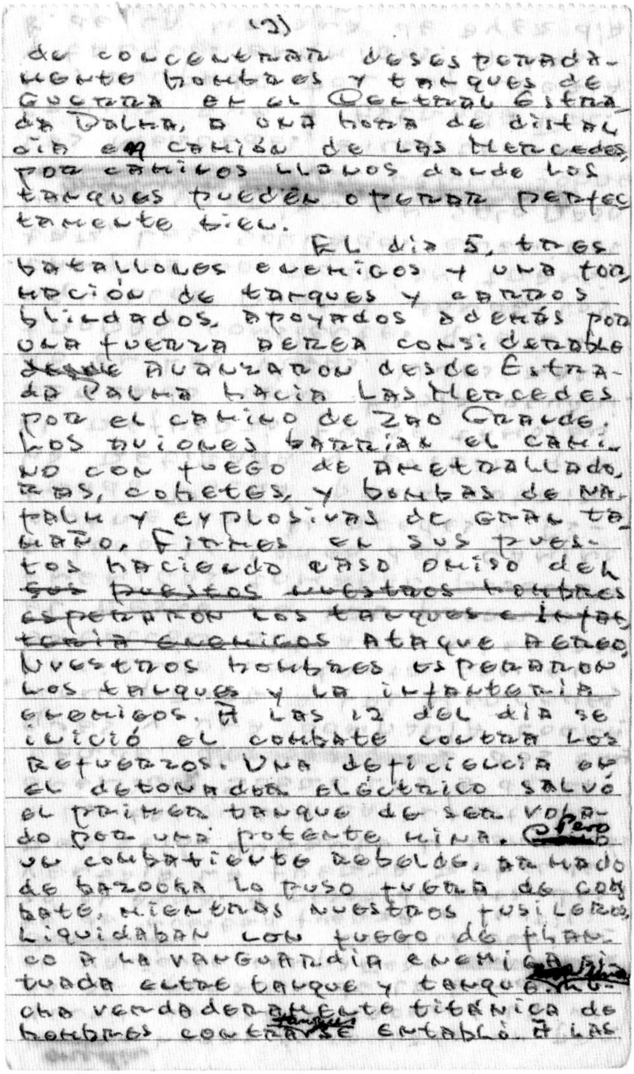
(3)

de concentrar desesperadamente hombres y tanques de guerra en el Central Estrada Palma, a una hora de distancia en camino de Las Mercedes, por caminos llanos donde los tanques pueden operar perfectamente bien.

El día 5, tres batallones enemigos y una formación de tanques y carros blindados, apoyados además por una fuerza aérea considerable ~~desde~~ avanzaron desde Estrada Palma hacia Las Mercedes por el camino de Zao Grande. Los aviones barrían el camino con fuego de ametralladoras, cohetes, y bombas de napalm y explosivas de gran tamaño. Firmes en sus puestos haciendo caso omiso del ~~sus puestos nuestros hombres esperaron los tanques e infantería enemigos~~ ataque aéreo, nuestros hombres esperaron los tanques y la infantería enemigos. A las 12 del día se inició el combate contra los refuerzos. Una deficiencia en el detonador eléctrico salvó el primer tanque de ser volado por una potente mina. ~~Cuando~~ Pero un combatiente rebelde, armado de bazooka lo puso fuera de combate, mientras nuestros fusileros liquidaban con fuego de flanco a la vanguardia enemiga situada entre tanque y tanque. Lucha verdaderamente titánica de hombres contra tanques se entabló. A las

(3/9)

media ~~[illegible]~~ horas de combate un pro-
yectil de cañón tronchó la vi-
da al operador de la bazooka,
el valiente compañero ~~[illegible]~~
~~[illegible]~~ Cordoví, tenien-
te de nuestra fuerza, e inutili-
zó el arma. A pesar de esta des
ventaja la fuerza rebelde
resistió durante 4 horas más
a los tanques y la infantería
enemigos. Sobre las 5 de la
tarde, ~~[illegible]~~ dos tan
ques y una compañía logra-
ron pasar a Las Mercedes,
haciendo contacto con el
batallón sitiado, mientras
el resto de las fuerzas
enemigas tomaban posición
a todo lo largo del camino
entre Las Mercedes y Es-
trada Palma para cubrir
la retirada y evitar que
el refuerzo fuese también
cercado como había ocurri-
do en Las Vegas. Nuestras
tropas, consientes que en
aquellos puntos donde los
tanques no podrían transi-
tar, los soldados enemigos
no avanzarían ~~[illegible]~~ resueltamente un solo paso,
mantuvieron ~~[illegible]~~ el cerco sobre
las Mercedes, excepto en el
camino que a Estrada Pal-
ma, ocupado por infantería
y tanques enemigos. A las
8 de la mañana de ayer día

(4/9)

(3)

día 6, se abrió fuego de nuevo contra el batallón 17 y los refuerzos recién llegados. A las 12 del día se hizo evidente que el enemigo, lejos de aceptar el reto, se aprestaba a retroceder abandonando el campo de batalla. Los últimos soldados de la Dictadura abandonaron las trincheras de Las Mercedes en plena fuga, dejando abandonado un tanque de guerra, que había sido unitilizado por fuego de bazooka. Pero la retirada de [redacted] las fuerzas enemigas que pasaban en conjunto de 1,500 hombres y siete tanques [redacted], no fué todavía fácil. Una fuerza rebelde, con un mortero 81 y una bazooka fué apostado en un alto, a cuatro kilómetros de Estrada Palma, en las proximidades del Cerro y al pasar las tropas enemigas por su ruta de retirada abrió fuego sobre ellos, a las 5 de la tarde, precipitando su huida y causándoles numerosas bajas. El Ejército Rebelde quedó dueño de Las Mercedes y de todo el territorio hasta cuatro kilómetros del Central Estrada Palma. Si esta batalla no dejó como otras el saldo de un cuantioso botín de guerra fué uno de los triunfos más hermosos obtenidos por nuestras armas, en una batalla contra tanques y contra la aviación

(5/9)

que durante siete dias consecutivos ametralló y bombardeó nuestras posiciones con Napalm y explosivos desde las 5 y 30 de la mañana hasta las siete de la noche. Todos los recursos bélicos de la tirania fueron ~~que la~~ puestos en juego, no lograron que nuestros hombres cedieran en su tenaz empeño. Cuando se presentó a la Dictadura la ocasión de librar una batalla decisiva, que pudiera compensar las derrotas anteriormente sufridas abandonó vergonzosamente el campo de batalla. Fueron hechos dos prisioneros y ocupados 4 fusiles y un tanque inutilizado que servirá de piezas de repuesto al tanque el que en perfectas condiciones nuestras fuerzas ocuparon en Las Vegas. En el curso de la batalla se pudieron contar 24 cadáveres enemigos. Un elicoptero realizó numerosos vuelos recogiendo incontable número de heridos.

Nuestras fuerzas sufrieron 8 muertos y 17 heridos.

Los partes de guerra, que ha dado sobre esta batalla, adelantándose a su derrota, el Estado Mayor de la tirania cuyas fuer-

(6/9)

(4)

ZAS ABANDONAN EL TERRITORIO EN PLENA FUGA, CONSTITUYE LA PRUEBA MAS ELOCUENTE DEL CAOS MATERIAL Y MORAL QUE sacude AL RÉGIMEN EN ESTOS INSTANTES.

DE LA HONRADEZ Y sinceridad CON QUE EN NUESTROS PARTES DE GUERRA SON ANUNCIADAS LAS BAJAS ENEMIGAS Y NUESTRAS, SON TESTIGOS NO SOLO NUESTROS HOMBRES Y LOS PROPIOS SOLDADOS ENEMIGOS QUE HAN PARTICIPADO EN LAS BATALLAS, SINO QUE TAMBIEN LA HISTORIA DIRÁ ALGUN DIA SU TESTIMONIO definitivo.

LA OFENSIVA HA SIDO LIQUIDADA. EL MAS GRANDE ESFUERZO MILITAR QUE SE HAYA REALIZADO EN NUESTRA HISTORIA REPUBLICANA, CONCLUYÓ EN EL MAS ESPANTOSO DESASTRE QUE PUDO IMAGINARSE EL SOBERBIO DICTADOR CUYAS TROPAS EN PLENA FUGA, DESPUES DE DOS MESES Y MEDIO DERROTA EN DERROTA ESTÁN SEÑALANDO LOS DIAS FINALES del RÉGIMEN ODIOSO. LA SIERRA MAESTRA ESTÁ totalmente libre de fuerzas enemigas.

CONSIENTE DE QUE LA LUCHA DEBE PROSEGUIR SIN TREGUA NI DESCANSO EL EJERCITO REBELDE CON MAS MORAL, MÁS EXPERIENCIA Y MÁS ARMAS QUE NUNCA SE PREPARA PARA PROSEGUIR SU ESFUERZO VICTORIOSO.

EN NUESTRO PODER QUEDAN TODAVIA 160 PRISIONEROS QUE ELEVAN

(7/9)

a más de 400 el número total
de los que cayeron en nues-
tras redes, cuyas vidas fue-
ron respetadas y cuyos he-
ridos fueron atendidos cui-
dadosamente, como correspon-
de a nuestros sentimientos
de hombres civilizados y a nues-
tros condiciones de revolu-
cionarios que si no nos des-
alentamos en los días di-
fíciles y duros no empa-
ñaremos hoy ni mañana
con el ~~asesinato cobarde~~
mal trato de hombres inde-
fensos las victorias que he-
mos obtenido con tanta ab-
negación y sacrificio.

Los pri-
sioneros y los heridos que
quedan en nuestro poder
solo esperan por los dele-
gados de la Cruz Roja pa-
ra ser entregados a ellos.

Si la jefatura de opera-
ciones de las fuerzas ene-
migas tiene interés en
esos prisioneros, sobre to-
do los heridos, que son
sus ~~[illegible]~~ compañeros de armas,
que otorgue salvo conducto
a la Cruz Roja Interna-
cional ó Cubana, para que
haga contacto con Delega-
dos nuestros, entre el Ce-
rro y Cuatro Camino, para
la inmediata evacuación de

(8/9)

(5)

Los mismos algunos de los cuales necesitan urgente asistencia que solo puede brindarse en hospitales dotados de todos los recursos. Además, aunque parezca increíble el Hospital de Sangre donde están recluidos esos heridos a pesar de estar amparado por una bandera de la Cruz Roja, ha sido reiteradamente ametrallado por los propios aviones del régimen que han ocasionado algunas bajas en sus propios compañeros que yacen indefensos en sus lechos de heridos por defender la tiranía.

Fidel Castro

Fidel Castro R.

Comte-Jefe.

(9/9)

Cartes

Bataille de Jigüe
11 juillet 1958

Encerclement du bataillon 18 sous les ordres
du commandant José Quevedo.
Combat sur le fleuve La Plata.

Légende

- Commandant Fidel Castro
- Première embuscade de Guillermo García
- Tranchées rebelles
- Mitrailleuse calibre 50
- Mitrailleuse calibre 30
- Haut-parleur
- Zone occupée
- Mouvement des deux pelotons de la compagnie EC
- Repli et retraite de l'ennemi
- Bombardier B-26
- Avion de chasse bombardier P-47 D
- Caserne provisoire de l'Armée

N
EL PINO
LA PLATA
JIGÜE
ALTOS DE CAHUARA
Roberto Rodríguez
(El Vaquerito)
Ignacio Pérez
Bataillon 18
JIGÜE
Hugo del Río
Braulio Curuneaux
A HOYA
PALMA MOCHA
2 pelotons de la compagnie EC
Guillermo García
Andrés Cuevas
Ramón Paz
Lalo Sardiñas
LA PLATA
GRAN TIERRA
PURIALÓN

Bataille de Jigüe
14 juillet 1958

L'encerclement du bataillon 18 se resserre.
Combat sur le fleuve La Plata.

Légende

- Commandant Fidel Castro
- Seconde embuscade de Guillermo García
- Tranchées rebelles
- Mitrailleuse calibre 50
- Mitrailleuse calibre 30
- Haut-parleur

- Zone occupée
- Mouvement de la compagnie EC
- Refoulement, démantèlement et retraite de deux pelotons vers le commandement du bataillon
- Débandade d'un peloton
- Bombardier B-26
- Avion de chasse bombardier P-47 D
- Caserne provisoire de l'Armée

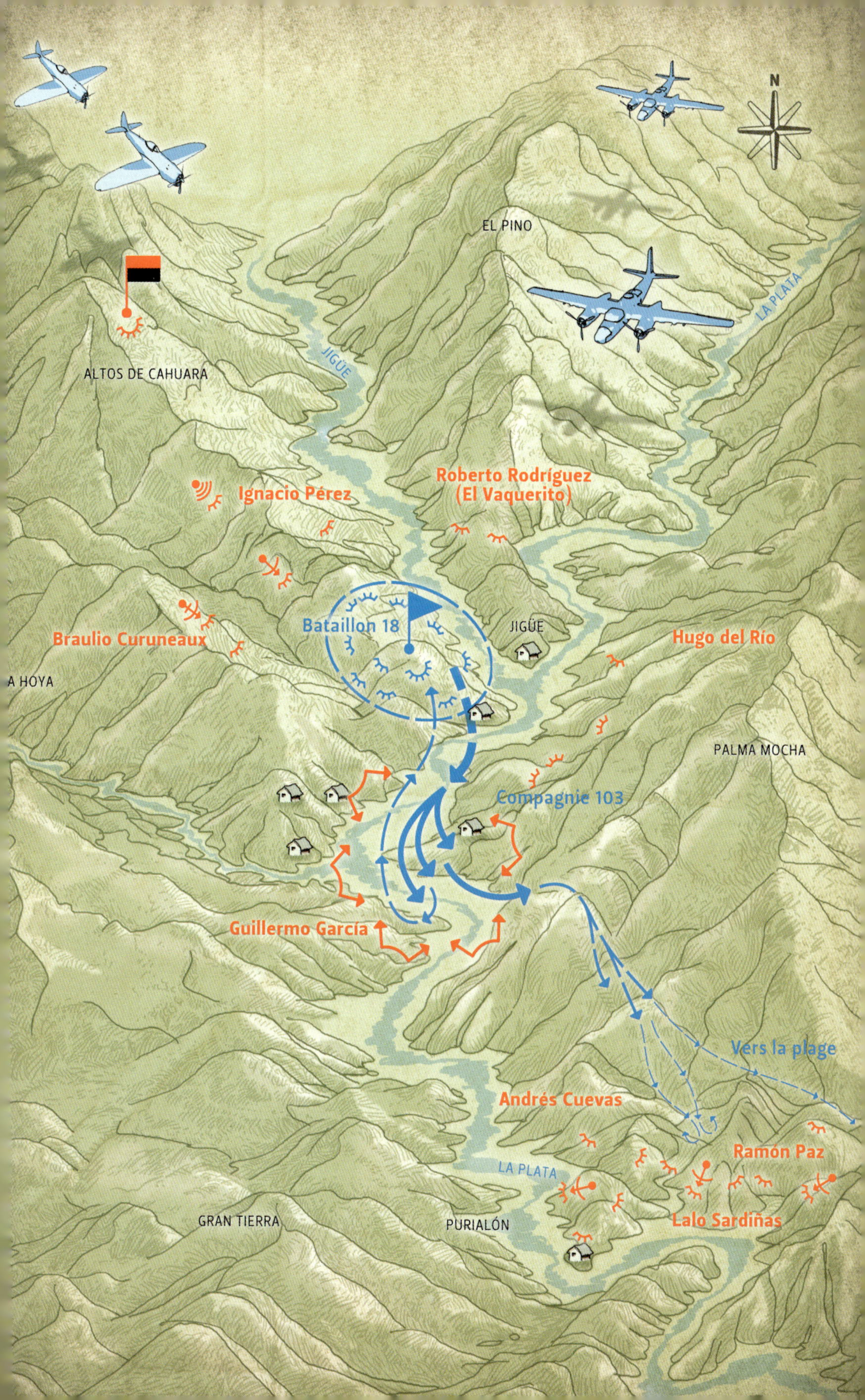
N
EL PINO
LA PLATA
JIGÜE
ALTOS DE CAHUARA
Ignacio Pérez
Roberto Rodríguez
(El Vaquerito)
Bataillon 18
JIGÜE
Braulio Curuneaux
Hugo del Río
A HOYA
PALMA MOCHA
Compagnie 103
Guillermo García
Vers la plage
Andrés Cuevas
Ramón Paz
LA PLATA
Lalo Sardiñas
GRAN TIERRA
PURIALÓN

Bataille de Jigüe
17 juillet 1958

Combat de Purialon contre le premier renfort venu du nord. Victoire notable des rebelles.

LÉGENDE

Commandant Fidel Castro

1 Ignacio Pérez

2 Rogelio Acevedo

3 Braulio Curuneaux

4 Guillermo Garcia

5 Hugo del Río

6 Roberto Rodríguez

7 Raúl Podio

8 Andrés Cuevas

9 Lalo Sardiñas

10 Ramón Paz

Mitrailleuse calibre 50

Mitrailleuse calibre 30

Tranchées rebelles

Haut-parleur

Embuscade

Caserne provisoire de l'Armée

Zone occupée

Mouvement de la compagnie G-4

Refoulement, destruction et retraite

Débandade

Retraite en direction de la plage

Bombardier B-26

Avion de chasse bombardier P-47 D

Avion monoplan Beaver L-20

Bombardement au napalm

Frégate

N
LA PLATA
EL PINO
TOS DE CAHUARA
JIGÜE
PICO MANACAS
Bataillon 18
PURIALÓN
PRIMER PICO
PALMA MOCHA
Compagnie G-4
LA GRAN TIERRA
LA PLATA
MAGDALENA
LA CEIBA
MER DES CARAÏBES
1
2
3
4
5
6
7
8
9
10

Bataille de Jigüe
19 juillet 1958

Combat intense à Purílalon contre le second renfort ennemi. Il dura plus de trois heures.

Légende

- Commandant Fidel Castro
- Ignacio Pérez (1)
- Rogelio Acevedo (2)
- Braulio Curuneaux (3)
- Guillermo García (4)
- Hugo del Río (5)
- Roberto Rodríguez (6)
- Raúl Podio (7)
- Andrés Cuevas (8)
- Lalo Sardiñas (9)
- Ramón Paz (10)
- Vilo Acuña (11)
- Mort d'Andrés Cuevas
- Embuscade

- Caserne provisoire de l'Armée
- Zone occupée
- Mouvement du bataillon « Los Livianos »
- Refoulement, destruction et retraite
- Débandade
- Retraite en direction de la plage et rembarquement
- Bombardier B-26
- Avion de chasse bombardier P-47 D
- Avion monoplan Beaver L-20
- Bombardement au napalm
- Frégate
- Batterie d'obus

EL PINO
LA PLATA
LTOS DE CAHUARA
JIGÜE
PICO MANACAS
Bataillon 18
PURIALÓN
PRIMER PICO
PALMA MOCHA
Bataillon « Los Livianos »
LA PLATA
LA GRAN TIERRA
MAGDALENA
LA CEIBA
MER DES CARAÏBES
1
2
3
4
5
6
7
8
9
10
11

Seconde bataille de Santo Domingo du 25 au 28 juillet 1958

Refoulement et destruction des renforts envoyés à l'aide du bataillon 11. Poursuite et mise en déroute de celui-ci.

Légende

Commandant Fidel Castro

Forces de Guillermo García (1)

Forces de Lalo Sardiñas (2)

Forces de Vilo Acuña (3)

Forces de Pinares (4)

Forces de Ramón Paz (5)

Forces de René Ramos Latour (6)

Forces d'Eddy Suñol (7)

Forces de William Gálvez (8)

Forces de Félix Duque (9)

Forces de Zenén Meriño (10)

Forces de Braulio Curuneaux (11)

Forces de Roberto Rodríguez (12)

Forces de Dunney Pérez (13)

Mort de Ramón Paz, F. Chávez et F. Hadfeg

Mouvements rebelles

Retraite des troupes

Munitions détruites

Blessure de Sánchez Mosquera

Arrivée du renfort

Évacuation de Sánchez Mosquera

Positions

Bombardier B-26

Avion de chasse bombardier P-47 D

Avion de chasse T-33

Avion monoplan Beaver L-20

N
Bataillon 22
NAGUAS
PROVIDENCIA
SITUATION
LE 28 JUILLET
YAYAL
EL SALTO
SITUATION
LE 27 JUILLET
TUATION
E 25 JUILLET
Compagnie P
Bataillon 22
EL BRAZÓN
EL CACAO
GALLÓN
DEL PERÚ
CASA DE PIEDRA
LA MANTECA
YARA
LA GORRA
SITUATION
LE 26 JUILLET
Bataillon 11
LEONCITO
SANTO DOMINGO
LOS TÁRTAROS
SABICÚ
ALTO DE EL NARANJO

Combats de Las Vegas de Jibacoa du 28 au 30 juillet 1958

Siège de troupes à Las Vegas
et refoulement des tentatives des renforts ennemis.

Légende

Forces d'Ernesto Guevara 1

Forces de Manuel Frías 2

Forces de Luis Crespo 3

Forces de José Ramón Silva 4

Forces de Joel Iglesias 5

Forces de César Suárez 6

Forces de Camilo Cienfuegos 7

Avancée rebelle

Compagnie ennemie capturée

Tranchées

Maison de Bismark Galán Reina A

Caserne provisoire de l'Armée

Zone occupée

Avancée

Retraite

Batterie d'obus

Char d'avance rapide T-17

LA HERRADURA
N
Bataillon 23
CIMETIÈRE
ARROYÓN
LAS MERCEDES
SCIERIE
Compagnie 84 du bataillon 21
O DE EL MORO
Compagnie 93
URUGÚ
Compagnie 91 du bataillon 19
7
LA LLOROSA
EL MANGO
SITUATION LE 28 JUILLET
6
4
EL DESAYUNO
ESMAJAGUA
MODESTO
SITUATION LE 29 JUILLET
1
PURGATORIO
Compagnie 92 du bataillon 19
5
VEGAS DE JIBACOA
A
2
4
3
POLO NORTE
LA YEGUA

Combat de Jobal
30 juillet 1958

Tentative de capture et de destruction de la troupe ennemie qui s'échappe d'Arroyón.

Légende

- Forces de Guillermo García (1)
- Forces de Lalo Sardiñas (2)
- Forces de René Ramos Latour, dit Daniel (3)
- Blessure de Daniel
- Transfert de Daniel
- Mort et sépulture de Daniel
- Avancée rebelle

Habitations des paysans :

- Pedro Enríquez (A)
- Porfirio Enríquez (B)
- Manuel Rodríguez (C)
- Antonio Estrada (D)
- Estrella Bello (E)

- Tranchées
- Embuscade

- Caserne provisoire de l'Armée
- Avancée
- Retraite des troupes
- Batterie d'obus
- Char d'avance rapide T-17
- Bombardier B-26
- Avion de chasse bombardier P-47 D
- Avion de chasse T-33

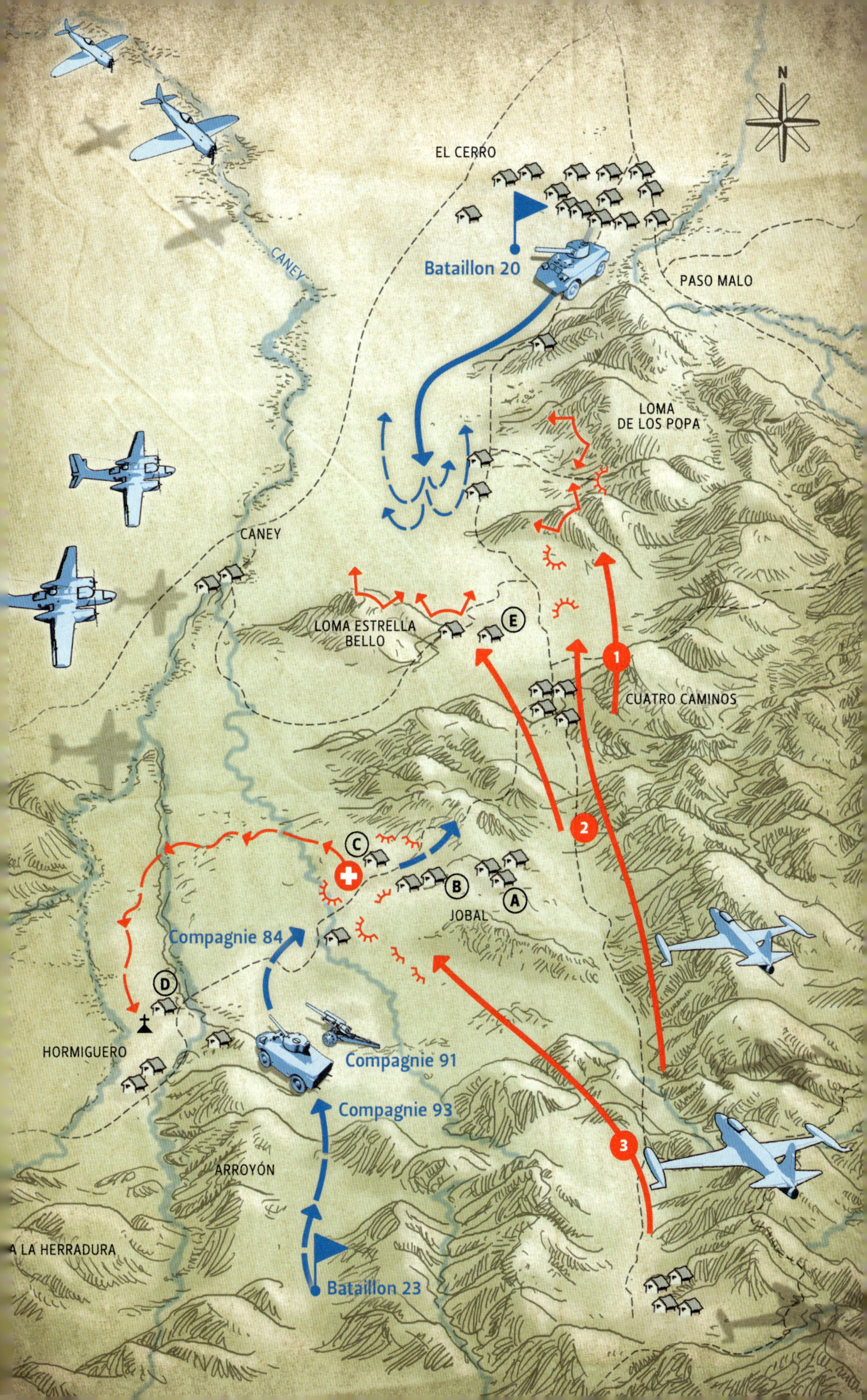
N
EL CERRO
CANEY
Bataillon 20
PASO MALO
LOMA
DE LOS POPA
CANEY
LOMA ESTRELLA
BELLO
E
1
CUATRO CAMINOS
2
C
B
A
JOBAL
Compagnie 84
D
HORMIGUERO
Compagnie 91
Compagnie 93
3
ARROYÓN
A LA HERRADURA
Bataillon 23

Bataille de Las Mercedes
du 31 juillet au 6 août 1958

Après 74 jours de combat, l'offensive d'été de l'ennemi est définitivement vaincue à l'endroit où elle a débuté.

Légende

Commandant Fidel Castro	Caserne provisoire de l'Armée
Ernesto Guevara (1)	Avancée des troupes d'infanterie
Lalo Sardiñas (2)	Retraite définitive des bataillons
Guillermo García Frías (3)	Tanks Sherman M-4
Huber Matos (4)	Char d'avance rapide T-17
Eloy Popa (5)	Char d'avance rapide T-17 détruit par le tir de bazooka d'Herman Marks
Rubén Fonseca et Roberto Rodríguez (6)	Bombardier B-26
Eddy Suñol et Félix Duque (7)	Avion de chasse bombardier P-47 D
Camilo Cienfuegos (8)	Avion de chasse T-33
José Ramón Silva (9)	
Repli des positions	
Bazooka	
Tranchées	

CERRO PELADO
N
PASO MALO
Bataillon 25
LOMA DE LOS POPA
CANEY
Bataillon 12
Bataillon 10
8
CUATRO CAMINOS
Bataillon d'assaut
LOMA ESTRELLA BELLO
HORMIGUERO
JOBAL
SAO GRANDE
6
7
5
4
CIMETIÈRE
JIBACOA
3
9
Bataillon 17
SCIERIE DES FRÈRES GONZÁLEZ
AS MERCEDES
2
1
LA GÜIRA

L'armement

Cet inventaire des armes débute avec les deux fusils qu'utilisait le Commandant en chef Fidel Castro Ruz pendant la guerre. Le fusil belge à mire télescopique est celui qu'il a manipulé pendant presque toute la guérilla dans la Sierra Maestra car il en appréciait particulièrement la précision. Pour la bataille de Guisa, au vingt-quatrième mois de la guerre, il considéra qu'il était nécessaire de se servir d'un fusil automatique. En effet, pour le type d'actions en cours, le volume de tirs revêtait une importance vitale. Il choisit alors le fusil FAL qui lui fut envoyé par solidarité du Venezuela.

Sont exposées ensuite les armes et équipements de l'Armée de la tyrannie. Ce sont les plus modernes de l'époque. La plupart de ces armes faisaient partie de l'équipement normal de l'Armée des États-Unis. Elles furent vendues et fournies à la dictature de Batista sous l'égide de différents traités, ce qui prouve la complicité entre les deux gouvernements. Contrairement à ce qu'escomptaient les États-Unis, une partie importante de cet arsenal servit la cause révolutionnaire car, victoire après victoire, elle devint un butin de guerre des forces rebelles.

L'Armée de Batista lança toute sa puissance militaire contre le territoire du Premier front rebelle dans la Sierra Maestra pendant l'offensive de l'été 1958.

Fusil belge à viseur télescopique

Provenance	*Belgique*
Calibre	*30.06*
Longueur	*1 335 mm*
Longueur du canon	*735 mm*
Poids	*4,1 kg*
Capacité du chargeur	*5 cartouches*
Portée (précision absolue)	*1 000 m*
Portée (précision relative)	*2 000 m*
Portée maximum avec variantes	*Jusqu'à 5 000 m (selon le type de projectile et d'objectif, l'ambiance, la distance et le tireur, entre autres paramètres).*
Vitesse initiale du projectile	*Environ 1 500 m/s (avec un projectile léger de type militaire).*
Cadence de tir	*5 tirs/min (selon l'habileté et le confort du tireur).*
Lunette télescopique	*Montée le plus bas possible sur le fusil pour faciliter son utilisation. Avec une puissance ou une capacité de quatre diamètres et une vision de 60 (luminosité). Spéciale pour les zones tropicales et boisées.*
« Llamador de pelo » ou double gâchette	*Demande une certaine pratique pour l'utiliser, ce que le Commandant reconnut et accepta, de même que la lunette.*
Autres caractéristiques	*Courroie spéciale qui permet aussi de tirer en étant appuyé sur les coudes.*

Fusil FN FAL

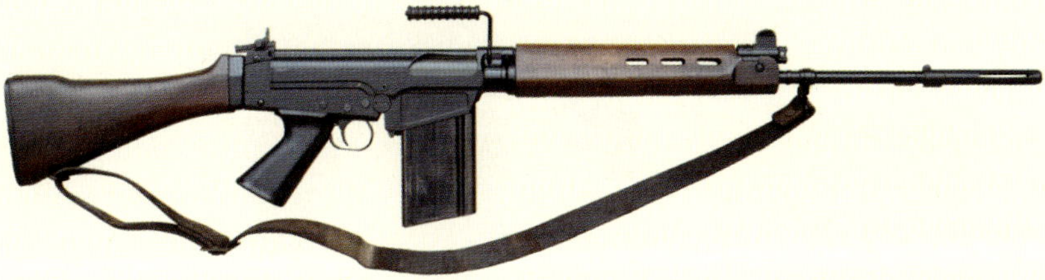

Provenance	*Belgique*
Calibre	*7,62 mm*
Longueur	*1 090 mm*
Longueur du canon	*533 mm*
Poids	*4 à 4,5 kg*
Capacité du chargeur	*20 à 30 cartouches*
Portée maximum	*2 000 m*
Portée pratique	*500 m*
Vitesse initiale du projectile	*607 m/s*
Cadence de tir	*650 à 700 tirs/min*

Le 8 décembre 1958, un avion venant du Venezuela atterrit à Cienaguilla, à l'ouest du terrain de la Maestra. Il était chargé d'armes que la Junte patriotique militaire – qui avait renversé, le 23 juin de la même année, le dictateur Marcos Pérez Jiménez – envoyait du Venezuela à l'Armée rebelle. En témoignage de solidarité, l'amiral Wolfgang Larrozábal fit parvenir au Commandant en chef Fidel Castro le fusil FAL. Le 12 décembre, Fidel écrivit une lettre de remerciement : « Il faut avoir mené deux années de lutte avec tous les obstacles, les armes confisquées avant leur arrivée à Cuba, les fruits des sacrifices de tant de compatriotes perdus, pour la majeure partie par la persécution des gouvernements, pour comprendre avec quelle émotion et gratitude nous recevons l'aide que vous nous envoyez de la part du Venezuela. » Pendant les derniers jours de la guerre, au lieu d'utiliser son fusil de haute précision, Fidel préféra employer cette arme automatique pour son volume de tirs.

MITRAILLEUSE THOMPSON M-1928

Provenance	*États-Unis*
Calibre	*45*
Longueur	*852 mm*
Longueur du canon	*267 mm*
Poids	*4,9 kg*
Capacité du chargeur	*20 à 30 cartouches*
Portée maximum	*1600 m*
Vitesse initiale du projectile	*282 m/s*
Cadence de tir en automatique	*120 tirs/min*
Cadence de tir à portée	*40 tirs/min*

CARABINE M-1

Provenance	*États-Unis*
Calibre	*30*
Longueur	*904 mm*
Longueur du canon	*458 mm*
Poids	*2,36 kg*
Capacité du chargeur	*15 à 30 cartouches*
Portée maximum	*2000 m*
Portée pratique	*300 m*
Vitesse initiale du projectile	*607 m/s*
Cadence de tir	*semi-automatique*

CARABINE SAN CRISTÓBAL

Provenance	*République Dominicaine*
Calibre	*30*
Longueur	*945 mm*
Longueur du canon	*409 mm*
Poids	*3,51 kg*
Capacité du chargeur	*25 à 30 cartouches*
Portée maximum	*1500 m*
Portée pratique	*300 m*
Vitesse initiale du projectile	*563 m/s*
Cadence de tir	*580 tirs/min*

FUSIL AUTOMATIQUE BROWNING M-1918

Provenance	*États-Unis*
Calibre	*30.06*
Longueur	*1214 mm*
Longueur du canon	*610 mm*
Poids	*7,2 à 8,8 kg (sans chargeur)*
Capacité du chargeur	*10 à 20 cartouches*
Portée pratique	*458 m*
Cadence de tir	*300 à 650 tirs/min*

FUSIL GARAND

Provenance	*États-Unis*
Calibre	*30.06*
Longueur	*1104 mm*
Longueur du canon	*254 mm*
Poids	*4,3 kg*
Poids avec baïonnette	*4,8 kg*
Capacité du chargeur	*8 cartouches*
Portée maximum	*3200 m*
Portée pratique	*600 m*
Vitesse initiale du projectile	*865 m/s*
Cadence de tir	*240 tirs/min*

FUSIL SPRINGFIELD M-1903

Provenance	*États-Unis*
Calibre	*30.06*
Longueur	*1097 mm*
Longueur du canon	*610 mm*
Poids	*3,94 kg*
Capacité du chargeur	*5 cartouches*
Portée maximum	*2000 m*
Portée pratique	*300 m*
Vitesse initiale du projectile	*853 m/s*

PISTOLET MITRAILLEUR BERETTA M-38

Provenance	*Italie*
Calibre	*38*
Longueur	*953 mm*
Longueur du canon	*318 mm*
Poids	*4,19 kg*
Capacité du chargeur	*10 à 40 cartouches*
Portée pratique	*500 m*
Vitesse initiale du projectile	*417 m/s*
Cadence de tir	*550 à 600 tirs/min*

BAZOOCA M-1 A1

Provenance	*États-Unis*
Calibre	*60 mm*
Longueur	*2,05 m*
Poids	*6,8 kg*
Poids des projectiles	*1,33 kg*
Alimentation	*Manuelle par la culasse*
Portée maximum	*360 m*
Portée pratique	*135 m*
Personnel	*2 soldats*

MITRAILLEUSE LOURDE BROWNING M-1917 A1

Mitrailleuse moyenne de fabrication nord-américaine, utilisée à la fin de la Première Guerre mondiale. Possède un système de refroidissement à eau dans son canon. A incorporé les munitions 30.06 de Springfield en bandes de 150 cartouches.

Provenance	*États-Unis*
Calibre	*30.06*
Longueur	*609 mm*
Poids de l'assemblage	*47 kg avec le trépied, l'eau et les munitions*
Alimentation	*Par bandes*
Vitesse initiale de tir	*853 m/s*
Portée maximum	*1 000 m*
Cadence de tir	*600 tirs/min*
Personnel	*2 soldats*

MITRAILLEUSE LÉGÈRE BROWNING M-1919 A4

Ce matériel introduisit une variante par rapport à son prédécesseur, la M-1917, qui avait pour caractéristique d'être lourde. Le modèle M-1919 fut doté d'un refroidissement par air dans le canon, ce qui l'allégea considérablement. En plus de son utilisation conventionnelle pour les combats terrestres, elle fut adaptée par l'Armée de Batista pour les petits avions de reconnaissance dans le but de mitrailler les positions rebelles.

Provenance	*États-Unis*
Calibre	*30.06*
Longueur	*964 mm*
Poids de l'assemblage	*14 kg avec le trépied*
Alimentation	*Par bandes*
Portée maximum	*1 370 m*
Vitesse initiale de tir	*853 m/s*
Cadence de tir	*400 à 600 tirs/min*
Personnel	*2 ou 3 soldats*

Mitrailleuse lourde Browning
BMG M-2 HB

Créée à la fin de la Première Guerre mondiale. Très efficace contre l'infanterie, les véhicules et les embarcations légèrement armées, ainsi que contre les fortifications légères et l'aviation à basse altitude. L'Armée de Batista disposait d'équipements et de munitions importants pour cette arme.

Provenance	*États-Unis*
Calibre	*50*
Longueur	*1650 mm*
Poids d'assemblage	*58 kg avec le trépied*
Alimentation	*Par bandes*
Vitesse initiale de tir	*887,1 m/s*
Portée maximum	*1800 m*
Cadence de tir	*450 à 575 tirs/min*
Personnel	*3 ou 4 soldats*

CHAR DE COMBAT RAPIDE T17 STAGHOUND

Développé initialement pour l'armée des États-Unis en 1941, il participa cependant à la Seconde Guerre mondiale avec l'Armée anglaise dans la campagne d'Afrique. À la fin du conflit, ce char changea successivement de propriétaire. La dictature d'Anastasio Somoza (président de la République du Nicaragua de 1937 à 1947, puis de 1951 à 1956, qui avait accédé au pouvoir par un coup d'État et fut assassiné en 1956) vendit trente de ces chars de combat à la tyrannie de Batista.

Provenance	*États-Unis*
Longueur	*5,49 m*
Largeur	*2,69 m*
Hauteur	*2,36 m*
Masse	*14 t*
Blindage	*9 à 44 mm*
Autonomie	*724 km*
Vitesse	*89 km/h*
Équipage	*4 soldats*
Armement principal	*Tourelle rotative avec canon de 37 mm M6*
Armement secondaire	
Mitrailleuse Browning M3.30	*De 2 à 3*

Char léger Sherman M-4

Créé en 1942. Entra en service pendant la Seconde Guerre mondiale sur les principaux théâtres d'opérations auxquelles participèrent les troupes nord-américaines. Ils furent achetés par la tyrannie de Batista et intégrés au Régiment mixte de chars, avec des détachements dans les villes principales du pays.

Provenance	*États-Unis*
Longueur	*5,84 m*
Largeur	*2,62 m*
Hauteur	*2,74 m*
Masse	*30,3 t*
Blindage	*63 mm*
Autonomie	*193 km*
Vitesse	*40 à 48 km/h*
Équipage	*5 soldats*
Armement principal	*Canon de 75 mm M-3L/40 ; 90 charges*
Armement secondaire	
Mitrailleuse 50 Browning M2HB	*1 (300 tirs)*
Mitrailleuse 30 Browning M-1919 A4	*2 (4 750 tirs)*

MORTIER DE 60 mm M-2

Créé en 1940 à partir de son équivalent plus lourd de 81 mm dans le but d'alléger son transport et de garantir une augmentation du volume de feu. Il consiste en un tube lisse appuyé sur le sol moyennant une base rectangulaire et un bipode. Il a une puissance de feu considérable comparé aux armes similaires de cette époque.

Provenance	*États-Unis*
Calibre	*60 mm*
Longueur	*726 mm*
Poids d'assemblage	*19,05 kg*
Élévation	*40 à 85°*
Alimentation	*Manuelle par l'avant*
Vitesse initiale de tir	*158 m/s*
Portée maximum	*1 815 m*
Cadence de tir	*18 tirs/min*
Personnel	*3 soldats*

MORTIER DE 81 mm M-1

Vendu à la dictature de Batista par les États-Unis dans les années qui suivirent la Seconde Guerre mondiale, il fut très utilisé dans les opérations antiguérilla pendant l'offensive de 1958.

Provenance	*États-Unis*
Calibre	*81 mm*
Longueur	*1,21 m*
Poids de l'assemblage	*61,5 kg*
Alimentation	*Manuelle par l'avant*
Vitesse initiale de tir	*213 m/sec*
Portée maximum	*3 000 m*
Cadence de tir	*18 tirs/min (soutenu) et 30 à 35 tirs/minute (maximum)*
Personnel	*4 soldats*

OBUSIER DE 75 mm M-1 AVEC CHARRETTE M-8

L'obusier M-1 de 75 mm fut créé pour l'armée des États-Unis dans les années 1920. Il était conçu pour être utilisé sur les terrains montagneux et accidentés. Il pouvait être démonté et transporté à dos de bêtes de somme. Les troupes de l'Armée de la tyrannie utilisèrent ces pièces pour accroître leur puissance de feu contre les forces rebelles pendant l'offensive de 1958.

Provenance	*États-Unis*
Calibre	*75 mm*
Longueur	*3,86 m*
Largeur	*1,22 m*
Hauteur	*0,92 m*
Poids	*587 kg*
Élévation	*5 à 45°*
Recul	*Hydropneumatique ; recharge à l'arrière*
Portée maximum	*8 925 m*
Cadence de tir	*3 à 6 tirs/min*
Vitesse initiale de tir	*381 m/s*
Poids du projectile	*6,24 kg*
Personnel	*6 soldats*

Havilland L-20 Beaver

Aéronef utilisé par la force aérienne de la tyrannie pour les missions de liaison, d'observation et de transport de troupes. Une mitrailleuse légère calibre 30 a été adaptée sur un des côtés de son fuselage. Elle lançait en direction des supposées positions rebelles des grenades en verre, destinées à faire sortir les combattants des tranchées.

Provenance	*Canada*
Longueur	*9,22 m*
Envergure	*14,63 m*
Hauteur	*2,74 m*
Poids maximum au décollage	*2 313 kg*
Vitesse maximum	*255 km/h*
Autonomie	*530 km*
Équipage	*1*
Capacité	*6 passagers*

PIPPER PA-22 TRI PACER

Aéronef fabriqué en 1950. Fut détaché pour les régiments de Santiago de Cuba, Holguín, Camagüey et Santa Clara. Il faisait partie de l'escadrille de liaison et des hélicoptères de la force aérienne. Il était utilisé par les forces de la tyrannie pour des missions d'observation et de transport ainsi que des communications entre les différentes raffineries de sucre.

Provenance	*États-Unis*
Longueur	*6,28 m*
Envergure	*8,93 m*
Hauteur	*2,53 m*
Poids maximum au décollage	*907 kg*
Vitesse maximum	*227 km/h*
Autonomie	*862 km*
Équipage	*1*
Capacité	*3 passagers*

Bombardier Douglas B-26B/C Invader

La mission aérienne des États-Unis à Cuba proposa d'acquérir une escadrille de ces aéronefs pour faire office de bombardiers légers, capables de transporter 4 000 livres de bombes. Il avait été testé pendant la guerre de Corée (1950-1953). Pour mener à bien les opérations dans la Sierra Maestra et garantir un meilleur rayon d'action, le haut commandement de l'Armée ordonna de créer, sur la base aérienne de Camagüey, un détachement mixte de la force aérienne composé d'avions de combat, de liaison et d'entraînement.

Provenance	*États-Unis*
Longueur	*17,75 m*
Envergure	*21,64 m*
Hauteur	*6,55 m*
Poids en charge	*16,780 kg*
Vitesse maximum	*454 km/h*
Autonomie	*1 850 km*
Plafond pratique	*6 400 m*
Équipage	*4*
Mitrailleuses Browning M2	*11 calibre 50*
Bombes	*2 359 kg*

CHASSEUR P-47D REPUBLIC THUNDERBOLDT

Construit en 1943, il fit son apparition sur la base de Columbia en 1952 pour la mission militaire nord-américaine dans l'île. Seize de ces appareils furent intégrés à l'escadrille de poursuite et de combat. Au moment de la guérilla, ils n'étaient plus commercialisés par les États-Unis et ils étaient vendus depuis l'Amérique latine. Ils dataient de neuf ans et souffraient de nombreux défauts techniques.

Provenance	*États-Unis*
Longueur	*11,02 m*
Envergure	*12,42 m*
Hauteur	*4,47 m*
Poids maximum au décollage	*7 938 kg*
Vitesse maximum	*685 km/h*
Autonomie	*3 060 km (avec trois réservoirs)*
Plafond pratique	*12 495 m*
Équipage	*1*
Mitrailleuses Browning M2	*8 calibre 50*
Bombes et roquettes	*3 grands points d'ancrage et 10 petits avec la capacité d'en charger un ensemble, jusqu'à 907 kg (2 000 livres) en bombes et 10 roquettes HVAR (High Velocity Aircraft Rocket) de 127 mm*

CHASSEUR LOCKHEED T-33A SHOOTING STAR

Acquis en 1953 dans le cadre du Programme d'assistance militaire (MAP, le plan d'aide militaire des États-Unis pour soutenir ses alliés dans la lutte contre le communisme, prévoyant la fourniture de matériel militaire à des conditions avantageuses), ces avions de chasse à réaction furent utilisés par l'Armée de la tyrannie pour attaquer les forces rebelles. Ses pilotes avaient été entraînés aux États-Unis. Ces engins étaient basés sur l'aérodrome de San Antonio de Los Baños, à partir duquel ils effectuèrent une bonne partie de leurs missions de combat.

Provenance	*États-Unis*
Longueur	*11,20 m*
Envergure	*11,50 m*
Hauteur	*3,30 m*
Poids maximum au décollage	*6 865 kg*
Vitesse maximum	*970 km/h*
Autonomie	*2 050 km*
Plafond pratique	*14 600 m*
Équipage	*2*
Mitrailleuses Browning M3	*2 avec 350 projectiles calibre 50*
Bombes	*Jusqu'à 907 kg sur deux points*

HÉLICOPTÈRE LÉGER SIKORSKY S-55

Cet aéronef arriva à Cuba en 1957 après que la mission aérienne des États-Unis eut recommandé d'amplifier la capacité de charge et de transport de troupes de l'Armée de la tyrannie. Il fut utilisé pour l'évacuation des blessés depuis la zone de combat. En dépit de l'importance tactique qu'il aurait pu revêtir dans ce conflit, inexplicablement, le haut commandement de l'Armée ne l'utilisa pas pour le transport des troupes.

Provenance	*États-Unis*
Longueur	*1,91 m*
Diamètre du rotor	*16,16 m*
Envergure	*14,63 m*
Hauteur	*4,70 m*
Poids maximum au décollage	*3 587 kg*
Vitesse maximum	*163 km/h*
Distance franchissable	*652 km*
Plafond pratique	*3 050 m*
Autonomie	*2 h*
Équipage	*2*
Capacité	*12 passagers*

HYDRAVION
CONSOLIDATED PBY OA-10 CATALINA

Construit en 1935, il arriva à Cuba dans le cadre du MAP, pour des missions de reconnaissance aérienne et pour des patrouilles maritimes anti-sous-marins. Cependant, depuis les premiers jours du débarquement du *Granma*, cet appareil fut utilisé pour mitrailler et harceler les positions rebelles.

Provenance	*États-Unis*
Longueur	*19,46 m*
Envergure	*31,70 m*
Hauteur	*6,15 m*
Poids maximum au décollage	*10 067 kg*
Vitesse maximum	*280 km/h*
Autonomie	*3 782 km*
Plafond pratique	*4 000 m*
Équipage	*8*
Mitrailleuses Browning M3 cal. 30	*3*
Mitrailleuses Browning M2HB cal. 50	*2*
Bombes	*Jusqu'à 1 814 kg (4 000 livres) en bombes, charges de profondeur y compris torpilles*

FRÉGATE

Les frégates 301, *José Martí*, 302, *Antonio Maceo*, et 303, *Máximo Gómez*, furent construites en 1943. Les entraînements étaient effectués à partir de la base navale de Guantánamo. Ces navires furent employés en mission d'appui, de débarquement et de harcèlement des positions rebelles.

Nationalité	*Cuba*
Déplacement	*2199*
Déplacement en pieds	*304 (longueur)* *37,50 (largeur)* *13,70 (tirant d'eau)*
Vitesse	*20 nœuds*
Armement	*3 canons de 3 pouces, calibre 50* *2 canons AA de 40 mm,* *sauf* le Máximo Gómez, *qui était équipé de 6 canons AA de 20 mm*
Équipage	*15 officiers et 185 engagés (sauf* le José Martí, *qui en comptait 135)*

Table des matières

À paraître

Tome 2

De la Sierra Maestra à Santiago de Cuba

LE TRIOMPHE DE LA LIBERTÉ

conception
réalisation
mise en page
pca
44405 Rezé cedex

Imprimé en France
Dépôt légal : janvier 2012
N° d'imprimeur : 12336
ISBN : 978-2-7499-1400-8
LAF 1420A